समकालीन राजनीतिक सिद्धांत

समकालीन राजनीतिक सिद्धांत

करुणेश प्रताप मिश्र
प्राध्यापक, राजनीति विज्ञान
शासकीय तिलक स्नातकोत्तर महाविद्यालय
कटनी (मध्य प्रदेश)

ओरियंट ब्लैकस्वॉन

समकालीन राजनीतिक सिद्धांत

ओरियंट ब्लैकस्वॉन प्राइवेट लिमिटेड
मुख्य कार्यालय
3-6-752 हिमायतनगर, हैदराबाद 500 029 (तेलंगाना), भारत
ई-मेल : centraloffice@orientblackswan.com

शाखाएँ
बंग्लुरू, भोपाल, कोलकाता, चेन्नई, गुवाहाटी, हैदराबाद, जयपुर,
लखनऊ, मुंबई, नई दिल्ली, नोएडा, पटना, विशाखापट्टनम

पहला संस्करण 2020

ISBN 978-93-5287-988-5

031717

लेज़रटाइपसेटर
ए. एंड डी. कं., दिल्ली

मुद्रक
राजीव बुक बाइंडिंग हाउस, दिल्ली

प्रकाशक
ओरियंट ब्लैकस्वॉन प्राइवेट लिमिटेड
3-6-752 हिमायतनगर, हैदराबाद 500 029 (तेलंगाना), भारत
ई-मेल : info@orientblackswan.com

विषयानुक्रम

प्राक्कथन एवं आभार

मेरे लिए पढ़ना उन्मुक्त पंछी की तरह आकाश में उड़ने जैसा है तो लिखना बैल की तरह खूँटे से बँध जाना। इसलिए बिना किसी भारी दबाव के लिखना संभव ही नहीं था। वह दबाव दोतरफा था। पिताजी के साथ सामान्य चर्चा में पुस्तक लिखने का जिक्र-भर किया था। लेकिन उन्होंने उसे पकड़ लिया और तब तक दबाव बनाए रखा, जब तक यह किताब पूरी न हो गई। दूसरी ओर विद्यार्थियों का दबाव था। हर वर्ष उनका यह प्रश्न बेचैन कर देता था – ''सर इस पेपर में किस किताब से पढ़ें?'' इस प्रकार अंततः लिखने का निर्णय लिया। इस पुस्तक के पूरा होने में अनगिनत लोगों का योगदान है। मुझे पता ही नहीं कि किससे क्या सीखा? लेकिन कुछ लोगों का स्थायी और दीर्घकालीन प्रभाव पड़ा। राजनीतिक सिद्धांत की दुनिया में प्रवेश कराने और उसमें रुचि जगाने का श्रेय मेरे गुरुवर स्वर्गीय डॉ. एल.एन. शर्मा (अवकाश प्राप्त प्राध्यापक एवं विभागाध्यक्ष, राजनीति विज्ञान विभाग, पटना विश्वविद्यालय, पटना) को जाता है। हो सकता है, इस पुस्तक में लिखित बहुत सारे विचार उनके हों। लगातार तीन दशकों से अधिक समय तक मेरी सोच को विकसित और विस्तृत करने में प्रो. तरुण कुमार (प्राध्यापक, हिन्दी, पटना विश्वविद्यालय, पटना) का योगदान अमिट है। उनसे मुझे यह सीखने को मिला कि कैसे किसी प्रश्न पर विविध विषयों के परिप्रेक्ष्य में विचार करना चाहिए। उनका ज्ञान अनेक विषयों तक फैला है। उनका मैंने भरपूर लाभ लिया है। सहपाठियों में डॉ. विजय कुमार (राँची) और पी.एन. झा (पटना) ने मुझे हमेशा प्रेरित किया। अध्यापकीय दौर के मित्रों में के.जे. सिन्हा (सहायक प्राध्यापक, अर्थशास्त्र, कटनी, मध्य प्रदेश) ने राजनीतिक सिद्धांत के आर्थिक पक्ष को समझने में काफी मदद की। सामग्री संकलन में धर्मेन्द्र कुमार (प्राध्यापक, राजनीतिविज्ञान, बैतूल, मध्य प्रदेश) ने सहायता की। अन्य मित्रों में डॉ. नवीन कुमार (प्राध्यापक, राजनीतिविज्ञान, सतना, मध्य प्रदेश) और दैनिक चर्चा के साथी जी. एम. मुस्तफा (सहायक प्राध्यापक, अंग्रेजी, कटनी, मध्य प्रदेश), अशोक श्रीवास्तव (सहायक प्राध्यापक, हिन्दी, कटनी, मध्य प्रदेश), डॉ. आर.के. वर्मा और डॉ. अरुण कुमार (प्राध्यापक, राजनीतिविज्ञान, कटनी, मध्य प्रदेश) और डॉ. के.बी. सिंह (प्राध्यापक, राजनीतिविज्ञान, सीधी, मध्य प्रदेश) का भरपूर प्रोत्साहन मिला। मेरे विद्यार्थी आनंद मोहन द्विवेदी ने कई अध्यायों के टंकण में सहयोग किया। इसी प्रकार श्रीकांत पासेबंद, सागर पटेल और दीपेन्द्र चतुर्वेदी का भी वांछित सहयोग मिला। इसके लिए इन सबका आभारी हूँ। परिवार के दो सदस्यों के योगदान के बगैर इस पुस्तक का पूरा होना संभव नहीं था। मैंने पत्नी, वंदना मिश्रा (सहायक प्राध्यापक, राजनीतिविज्ञान, कटनी) द्वारा संगृहीत पुस्तकों का भरपूर उपयोग किया। उसके साथ-साथ उनकी टिप्पणियों से पुस्तक को आकार देने में काफी मदद मिली। अथक परिश्रम किया-मेरे अनुज योगेश प्रताप शेखर (सहायक प्राध्यापक,

हिन्दी, दक्षिण बिहार केंद्रीय विश्वविद्यालय, गया, बिहार) ने। उसने पांडुलिपि और उसके टंकण की गलतियों को सुधारने में अपना काफी समय और श्रम दिया। उसके कई सुझावों ने मेरी राह को आसान कर दिया। पुत्र, अवीक्षित प्रताप जी भी यदा-कदा 'ज्ञान' देने से नहीं चूके! इस पुस्तक के प्रकाशन में ओरियंट ब्लैकस्वॉन का भरपूर सहयोग प्राप्त हुआ। सभी के सहयोग से यह पुस्तक पूरी हुई।

यह पुस्तक मूलतः स्नातकोत्तर कक्षा के विद्यार्थियों के लिए लिखी गई है। यह एक प्रकार से एक शिक्षक का अपने विद्यार्थियों से संवाद है। कक्षा में पूछे गए सवालों के रूप में वे इस किताब में मौजूद हैं। विद्यार्थियों को ध्यान में रखते हुए पुस्तक में यथासंभव विचारों को स्पष्ट और भाषा को सरल रखने का प्रयास किया गया है। मुझसे जो जैसा बन पड़ा, वह आपके सामने है। हर अध्याय के अंत में सहायक पुस्तकों और लेखों की सूची दी गई है। विदेशी भाषाओं के लेखकों के नाम हिन्दी भाषा के स्वरूप के अनुसार दिए गए हैं। इसलिए हो सकता है कि कहीं-कहीं कुछ नाम त्रुटिपूर्ण लगें। इसके लिए क्षमाप्रार्थी हूँ। इस पुस्तक के संबंध में विद्वानों, मित्रों और विद्यार्थियों से अनुरोध है कि वे अपने सुझाव, अपनी आलोचनाएँ और टिप्पणियाँ मुझे अवश्य भेजें। आपके प्रयास से ही यह पुस्तक आगे और परिमार्जित हो सकती है।

करुणेश प्रताप मिश्र
प्राध्यापक, राजनीति विज्ञान
शासकीय तिलक स्नातकोत्तर
महाविद्यालय
कटनी (मध्य प्रदेश)

1
विषय-प्रवेश

प्रसिद्ध इतिहासकार एरिक हॉब्सबाम (1917-2012 ई.) ने बीसवीं सदी को 'पराकाष्ठाओं का युग' (Age of Extremes) कहा है। उनके लिए यह सदी 'छोटी' (Short) है जिसका काल 1914 ई. से 1991 ई. तक है। हॉब्सबाम के अनुसार बीसवीं सदी का प्रारंभ प्रथम विश्व युद्ध के शुरू होने से होता है और उसका अंत सोवियत संघ के विघटन से। उनका निष्कर्ष है कि 1991 ई. में विश्व इतिहास के एक युग का अंत हुआ और नए युग का प्रारंभ हुआ।

यदि पिछली सदी का लेखा-जोखा लिया जाए तो कौन सी तस्वीर उभरती है? प्रथम विश्व युद्ध के दौरान सोवियत संघ में समाजवादी क्रांति के साथ मानव मुक्ति के स्वप्न के साकार होने की आशा और समाजवादी तानाशाही, 1930 ई. की भीषण आर्थिक मंदी, फासीवाद और नाजीवाद जैसी विचारधाराओं का उदय और उन पर आधारित तानाशाही शासन, द्वितीय विश्व युद्ध, महाविनाशक परमाणु अस्त्रों का आविष्कार और उनका उपयोग, द्वितीय विश्व युद्ध के बाद अमेरिका और सोवियत संघ के रूप में अंतर्राष्ट्रीय स्तर पर दो महाशक्तियों का उदय और उनके बीच शीत युद्ध और विचारधारात्मक संघर्ष, एशियाई-अफ्रीकी राष्ट्रों की स्वतंत्रता, विज्ञान और तकनीक विशेषकर सूचना एवं संचार साधनों का अभूतपूर्व विकास, सोवियत संघ की समाजवादी व्यवस्था का टूटना आदि महत्त्वपूर्ण घटनाओं के साथ विविध रंगों वाली तस्वीर सामने आती है। इसमें दमन, अत्याचार और युद्ध के स्याह पक्ष भी हैं। इसलिए ब्रिटिश चिंतक इसायाह बर्लिन (1909-1997 ई.) बीसवीं सदी को 'पश्चिमी इतिहास की सबसे भयंकर सदी' के रूप में याद करते हैं। एरिक हॉब्सबाम की पुस्तक में उद्धृत इस पक्ष के विपरीत इस सदी की तस्वीर में विज्ञान द्वारा प्रगति में विश्वास और मुक्ति के सपनों के रंग भी मिले हुए हैं। लेकिन इस सदी के अंत तक शोषण और असमानता से रहित और स्वतंत्रता और समानता पर आधारित दुनिया के निर्माण का स्वप्न भी भंग हुआ।

प्रस्तुत पुस्तक बीसवीं सदी पर केंद्रित है। इसमें इस सदी के राजनीतिक सिद्धांतों की विवेचना की गई है। लेकिन इसका आशय यह नहीं कि यह केवल उन सिद्धांतों पर केंद्रित है जो विशुद्ध रूप से इसी सदी में पनपे। विचार और सिद्धांत इतिहास की घटनाओं की तरह प्रारंभ नहीं होते और किसी समय विशेष में उनका पूरी तौर पर अंत भी नहीं होता। विचारों और सिद्धांतों के प्रभाव दीर्घकालिक होते हैं। इसलिए बीसवीं सदी के राजनीतिक सिद्धांतों पर उन्नीसवीं सदी में विकसित सिद्धांतों का प्रभाव है। काल के साथ-साथ इस पुस्तक की देश संबंधी सीमा भी है। इसकी विषयवस्तु पश्चिमी देशों, विशेषकर अमेरिका में उत्पन्न और

विकसित राजनीतिक सिद्धांत हैं। इसका यह आशय नहीं है कि एशियाई देशों में राजनीतिक सिद्धांतों का अस्तित्व ही नहीं है। लेकिन भारतीय विश्वविद्यालयों के राजनीतिक सिद्धांत के पाठ्यक्रमों में पश्चिमी राजनीतिक सिद्धांतों का ही प्रमुख स्थान है। इस प्रकार यह पुस्तक बीसवीं सदी के पश्चिमी राजनीतिक सिद्धांतों को समझने का एक प्रयास है।

बीसवीं सदी में एक विषय के रूप में राजनीति विज्ञान और उसकी एक शाखा रूप में राजनीतिक सिद्धांत में भी 'पराकाष्ठाओं' की स्थिति रही। प्राकृतिक विज्ञानों की तरह इस विषय को 'राजनीति का विज्ञान' बना देने का विश्वास और उनकी तरह वैज्ञानिक सिद्धांतों के निर्माण की महत्त्वाकांक्षा पनपी तो दूसरी ओर सदी के अंतिम दशक तक आते-आते विषय के 'केंद्र बिंदु' (Central focus) के हट जाने और 'लंगर' (Anchor) खो जाने (डेविड ईस्टन: 1997 ई.) की बात होने लगी। यहाँ यह प्रश्न उठ सकता है कि क्या यह पुस्तक राजनीतिक सिद्धांत का इतिहास भर है। यदि नहीं तो क्यों? इस प्रश्न के उत्तर में पुनः हॉब्सबाम का जिक्र करना होगा। उनका कहना है कि, ''पुरानी सदी का अंत अच्छे तरीके से नहीं हुआ (The old century has not ended well) और हम नहीं जानते कि हम कहाँ जा रहे हैं'' (We do not know where we are going)? इसलिए बीसवीं सदी के राजनीतिक सिद्धांत को समझना आवश्यक है।

इसी आधार पर हम जान सकते हैं कि राजनीतिक सिद्धांत अभी तक विकास की किन अवस्थाओं से गुजरा और आगे की दिशा क्या होगी? पिछली सदी में उसने आधुनिकता से लेकर उत्तर-आधुनिकता तक की यात्रा पूरी की है। अतः यह देखना होगा कि इस पूरे युग में उसमें किन महत्त्वपूर्ण मुद्दों पर बहस चली और उनके क्या समाधान प्रस्तुत किए गए? उनकी समझ से हमें आज की समस्याओं और उन समस्याओं के संदर्भ में राजनीतिक सिद्धांत के समक्ष उत्पन्न चुनौती को समझने में मदद मिलेगी।

पिछली सदी के राजनीतिक सिद्धांतों पर उन्नीसवीं सदी के दो चिंतकों, अगस्त कॉम्ते (1798-1857 ई.) और कार्ल मार्क्स (1818-1883 ई.) का गहरा प्रभाव पड़ा। काम्ते को प्रत्यक्षवाद का जनक माना जाता है। उनके अनुसार विश्व का इतिहास निरंतर प्रगतिशील है। आधुनिक युग विज्ञान का युग है। यह अब तक की सबसे प्रगतिशील अवस्था है। काम्ते का मानना है कि प्राकृतिक विज्ञानों की तरह समाज का अध्ययन भी वैज्ञानिक पद्धति से संभव है। सामाजिक विकास के वैज्ञानिक नियमों की खोज की जा सकती है और उनके आधार पर उसे निर्देशित किया जा सकता है। उनका यह निष्कर्ष है कि केवल वैज्ञानिक पद्धति से ही यथार्थ ज्ञान की प्राप्ति हो सकती है। अर्थात् यथार्थ ज्ञान वही है जो तथ्यों पर आधारित हो। इसलिए काम्ते समाजशास्त्र को 'समाज का विज्ञान' कहते हैं। 1920-30 ई. के दशक में प्रत्यक्षवाद का नया रूप, तार्किक प्रत्यक्षवाद, सामने आया। यह भी वैज्ञानिक ज्ञान को ही यथार्थ ज्ञान मानता है। इसके द्वारा सत्यापन का सिद्धांत विकसित किया गया। जिसके अनुसार जो निष्कर्ष या ज्ञान अनुभव द्वारा सत्यापित नहीं है, वह निरर्थक है। प्रत्यक्षवाद और तार्किक प्रत्यक्षवाद का गहरा प्रभाव विभिन्न विषयों पर पड़ा। राजनीतिक सिद्धांत भी उनसे अछूता नहीं रहा। उसके कारण दार्शनिक

ज्ञान तथा आदर्शों और मूल्यों से सरोकार रखने वाला राजनीतिक सिद्धांत निरर्थक की श्रेणी में आ गया।

एक स्वतंत्र विषय के रूप में राजनीति विज्ञान 1880 ई. में अस्तित्व में आया। शुरुआती दशकों में वह राज्य और सरकार जैसे विषयों का अध्ययन करता रहा। उसकी पद्धति दार्शनिक, ऐतिहासिक, कानूनी और संस्थागत थी। पहली पीढ़ी के राजनीति वैज्ञानिकों की रुचि राज्य की उत्पत्ति, सरकार के संगठन और उसके उद्देश्य तथा सर्वश्रेष्ठ शासन–व्यवस्था से संबंधित प्रश्नों में थी। लेकिन बीसवीं सदी के प्रारंभिक दशकों में राज्य और सरकार जैसी संस्थाओं के अध्ययन और उनमें अपनाई जानेवाली पद्धतियों के खिलाफ असंतोष पनपने लगा। उसका एक प्रमुख कारण प्रत्यक्षवाद और तार्किक प्रत्यक्षवाद का प्रभाव था। अब राजनीति के अध्ययन में वैज्ञानिक पद्धति के उपयोग पर बल दिया जाने लगा। इसके साथ ही प्राकृतिक विज्ञान की तरह राजनीति विज्ञान को 'राजनीति का विज्ञान' बना देने के प्रयास होने लगे। इस नए परिवर्तन को व्यवहारवादी अध्ययन कहा जाने लगा। हालाँकि उसे व्यवहारवादी क्रांति की भी संज्ञा दी गई। व्यवहारवाद ने राजनीतिक सिद्धांत की प्रकृति के संबंध में एक नए विवाद को जन्म दिया। उसके समर्थकों ने राजनीतिक दर्शन और राजनीति विज्ञान में अंतर करना प्रारंभ किया। राजनीतिक दर्शन के लिए राजनीतिक सिद्धांत का प्रयोग होने लगा। दूसरी ओर आनुभविक राजनीतिक सिद्धांत के लिए राजनीति विज्ञान शब्द प्रचलन में आया। उसके फलस्वरूप राजनीतिक सिद्धांत में राजनीति की अध्ययन–पद्धति और राजनीतिक सिद्धांत की प्रकृति से संबंधित प्रश्नों पर बहस प्रमुखता से चलती रही।

कार्ल मार्क्स सर्वाधिक प्रभावशाली राजनीतिक चिंतकों में से एक हैं। उन्होंने भी अपने सिद्धांतों की वैज्ञानिकता का दावा किया। लेकिन उनकी राय में विज्ञान के द्वारा दुनिया को सिर्फ समझा ही नहीं जा सकता बल्कि उसे बदला भी जा सकता है। इसलिए मार्क्स वैज्ञानिक होने के साथ-साथ क्रांतिकारी भी हैं। उनका दावा है कि उन्होंने सामाजिक विकास के नियमों की खोज कर ली है। उनकी समझ के आधार पर एक नई दुनिया का निर्माण संभव है। मार्क्स के विचारों में राजनीतिक सिद्धांत का अर्थ बदल गया। उनके लिए सिद्धांत और व्यवहार की एकता होती है। इसलिए मार्क्स के अनुसार समझने और बदलने की प्रक्रिया साथ-साथ चलती है। उन्होंने सामाजिक परिवर्तन की कार्ययोजना भी प्रस्तुत की। इसलिए मार्क्सवाद राजनीतिक सिद्धांत का क्रांतिकारी रूप है। मार्क्स के विचारों के आधार पर मार्क्सवाद की शब्दावली प्रयुक्त होने लगी। उसके विकास में नया मोड़ तब आया जब लेनिन के नेतृत्व में सोवियत संघ में समाजवादी क्रांति हुई। उन्होंने मार्क्सवाद के सिद्धांतों में कई महत्त्वपूर्ण संशोधन किए। अब सोवियत संघ की समाजवादी व्यवस्था खुले तौर पर मार्क्सवाद पर आधारित होने का दावा कर रही थी। इसी प्रकार माओ त्से-तुंग के नेतृत्व में चीन में क्रांति (1949 ई.) हुई। उन्होंने चीन की परिस्थितियों के संदर्भ में मार्क्स और लेनिन के विचारों को संशोधित करने का दावा किया। चीन की समाजवादी व्यवस्था भी मार्क्स, लेनिन और माओ के विचारों पर आधारित होने का दावा करती थी। मार्क्सवाद सामाजिक परिवर्तन का सिद्धांत है। इसलिए उसे बदलती सामाजिक परिस्थितियों के अनुरूप

बदला जा सकता है। लेकिन शासन-व्यवस्था से जुड़ जाने के बाद उपर्युक्त दोनों देशों के शासकों और नेताओं के लिए यह खुला सिद्धांत नहीं रह गया बल्कि उसका हठवादी स्वरूप सामने आया। सोवियत संघ और चीन की समाजवादी क्रांति की परिणति तानाशाही में हुई। लेनिन और उनके बाद स्टालिन का सोवियत संघ की सत्ता पर पूर्ण नियत्रंण था। कुछ हद तक लेनिन के समय तक सैद्धांतिक बहस की गुंजाइश थी। लेकिन स्टालिन के समय वह संभावना भी खत्म हो गई। इसी प्रकार चीन में सत्ता पर माओ का नियंत्रण था। उनके द्वारा की गई मार्क्सवाद की व्याख्या के पीछे राजनीतिक शक्ति थी। सोवियत संघ में स्टालिन और चीन में माओ मार्क्सवादी सिद्धांत के आधिकारिक व्याख्याकार माने जाने लगे। उसके कारण मार्क्सवादी राजनीतिक सिद्धांत शासन-व्यवस्था के कठोर नियंत्रण में आ गई। उस स्थिति में मार्क्सवाद की उनकी व्याख्या पर बहस की संभावना उन देशों में नहीं थी। इसलिए उनकी व्याख्या को 'रूढ़ मार्क्सवाद' (Orthodox Marxism) की संज्ञा दी जाने लगी। उसके विरोध में कई पश्चिमी विद्वानों द्वारा मार्क्सवादी सिद्धांत की नई व्याख्याएँ प्रस्तुत की गईं। उनमें अंतोनियो ग्राम्शी, ज्याँ पाल सार्त्र और लुइस अल्थूसर के द्वारा की गई व्याख्याओं को इस पुस्तक में शामिल किया गया है।

1930 ई. का दशक यूरोप के लिए गभीर संकट का समय था। विश्वव्यापी आर्थिक मंदी तो थी ही, जर्मनी और इटली जैसे औद्योगिक रूप से विकसित और लोकतांत्रिक शासन-व्यवस्था वाले देशों में तानाशाही शासन स्थापित हो गया था। जर्मनी में नाजीवाद और इटली में फासीवादी विचारधारा का उदय लोकतंत्र के सिद्धांत के लिए भी चुनौती थी। इसलिए यह लोकतांत्रिक शासन-व्यवस्था के संकट के साथ-साथ सैद्धांतिक संकट भी था। राजनीतिक सिद्धांतकार तानाशाही के उत्पन्न होने की परिस्थितियों को समझने और उससे निपटने में असफल रहे। जर्मनी और इटली की तानाशाही व्यवस्थाओं का अंत द्वितीय विश्व युद्ध के साथ हुआ। उसके बाद कई महत्त्वपूर्ण परिवर्तन हुए। युद्ध में पहली बार महाविनाशक परमाणु अस्त्रों का उपयोग हुआ। युद्ध की समाप्ति के बाद एशिया और अफ्रीका के अधिकांश राष्ट्र विदेशी दासता से स्वतंत्र हुए। विश्व पटल पर दो महाशक्तियों का उदय हुआ- अमेरिका और सोवियत संघ। पूरे विश्व में अपने प्रभाव विस्तार को लेकर दोनों के बीच संघर्ष की जो स्थिति थी उसे शीतयुद्ध की संज्ञा दी गई। उसने राजनीतिक सिद्धांत को गहराई से प्रभावित किया। उस दौरान उसका उपयोग शीतयुद्ध के एक अस्त्र के रूप में होने लगा। इसलिए उसका विचारधारात्मक स्वरूप प्रमुख हो गया। अमेरिका उदारवादी विचारधारा पर आधारित उदारवादी लोकतांत्रिक व्यवस्था का पक्षधर था तो सोवियत संघ मार्क्सवादी विचारधारा के प्रति प्रतिबद्धता का दावा करता था। सिद्धांततः उदारवाद व्यक्ति की स्वतंत्रता और राज्य के हस्तक्षेप से मुक्त बाजार व्यवस्था का समर्थन करता है। हालाँकि 1930 ई. के दशक के आर्थिक संकट और द्वितीय विश्व युद्ध के बाद आर्थिक पुनर्निर्माण की आवश्यकता के कारण अमेरिका में लोककल्याणकारी राज्य का विचार लोकप्रिय हुआ। उसके अनुसार रोजगार, शिक्षा, स्वास्थ्य और सामाजिक सुरक्षा को उपलब्ध कराने में राज्य की महत्त्वपूर्ण भूमिका को मान्यता प्राप्त हुई। उसके अनुरूप अमेरिका में आर्थिक नीतियों का निर्माण और उनका क्रियान्वयन किया गया। सोवियत संघ राज्य नियंत्रित अर्थव्यवस्था और योजनाबद्ध आर्थिक विकास का मॉडल प्रस्तुत करता था।

राजनीति विज्ञान के अमेरिकी विद्वानों का उद्देश्य सोवियत संघ की शासन-व्यवस्था की तुलना में अपने यहाँ की उदारवादी-लोकतंत्रिक व्यवस्था की श्रेष्ठता को साबित करना था। उसका दावा वैज्ञानिक पद्धति के आधार पर किया जा रहा था। उसी आधार पर यह भी स्थापित करने का प्रयास किया जा रहा था कि एशिया और अफ्रीका के पिछड़े देशों के विकास के लिए सोवियत संघ के मॉडल की तुलना में अमेरिकी उदारवादी लोकतांत्रिक व्यवस्था ज्यादा उपयुक्त है। उसका उद्देश्य एशियाई-अफ्रीकी देशों में साम्यवाद के प्रभाव को बढ़ने से रोकना भी था। इसलिए अमेरिकी राजनीतिक सिद्धांतकारों की भूमिका सैद्धांतिक के साथ-साथ राजनीतिक भी थी। उस दौर में अमेरिकी विश्वविद्यालयों विशेषकर शिकागो विश्वविद्यालय में व्यवहारवादी शोध में काफी प्रगति हुई। आनुभविक सिद्धांतों के निर्माण के सामूहिक प्रयास जोर-शोर से हो रहे थे। डेविड ईस्टन ने व्यवस्था सिद्धांत का विकास किया था। उसके द्वारा यह बतलाने का प्रयास किया गया था कि कोई राजनीतिक व्यवस्था किस प्रकार कार्य करती है। वे अपने सिद्धांत को सभी देशों की राजनीतिक व्यवस्थाओं पर लागू करते थे। इसी प्रकार ग्रेबियल आमंड (1911-2002 ई.) ने एशिया-अफ्रीका के नवोदित एवं विकासशील देशों का पश्चिमी देशों के साथ तुलनात्मक अध्ययन किया। इन अध्ययनों में विकासशील देशों को एक समरूप इकाई के रूप में देखा जा रहा था। उसके साथ ही इस बात पर बल दिया जा रहा था कि इन राष्ट्रों के लिए भी विकास का रास्ता वही है जिससे होकर पश्चिमी देश गुजर चुके हैं। उनके लिए विकास की प्रक्रिया आधुनिकीकरण की है। उसके द्वारा इन देशों में परंपरागत समाज को बदलकर आधुनिक रूप दिया जा सकेगा।

व्यवहारवादी शोध के उत्कर्ष के दौर में उसके प्रमुख प्रणेता डेविड ईस्टन (1917-2014 ई.) ने 1951 ई. में एक नए विवाद को जन्म दिया। उनकी स्थापना थी कि आदर्शात्मक राजनीतिक सिद्धांत का पतन हो गया है। बाद में अन्य विद्वानों ने इस विवाद में सैद्धांतिक हस्तक्षेप किया। इस विवाद की पृष्ठभूमि में फासीवाद और नाजीवाद से उत्पन्न चुनौतियों का सामना करने में आदर्शात्मक राजनीतिक सिद्धांत की विफलता थी। राजनीतिक सिद्धांत के पतन के विरुद्ध प्रतिक्रिया स्वरूप विद्वानों द्वारा उसके उत्थान पर बल दिया गया। उनके द्वारा व्यवहारवादी शोध और उसमें लगे व्यवहारवादियों की कटु आलोचना की गई। इस दशक का सर्वाधिक महत्त्वपूर्ण विवाद विचारधारा के अंत को लेकर था। उसका मूल स्वर राजनीतिक था। उसके पीछे राजनीतिक उद्देश्य था। विचारधारा के अंत के आधार पर समाजवादी विचारधारा के अंत की बात की जा रही थी। वह साम्यवादी विचारधारा के प्रभाव को रोकने संबंधी राजनीतिक कार्ययोजना का एक हिस्सा था। अमेरिका की संस्था 'कांग्रेस फॉर कल्चरल फ्रीडम' के द्वारा 1955 ई. में मिलान में सम्मेलन आयोजित किया गया। उसमें विचारधारा के अंत की बात प्रमुखता से उठाई गई। उसका आशय यह था कि अब समाजवादी विचारधारा अपनी परिवर्तनकामी क्षमता खो चुकी है। विचारधारा के अंत से संबंधित सभी विचारक मार्क्सवादी और समाजवादी विचारधारा को सोवियत संघ की व्यवस्था के समानार्थी समझ रहे थे। उसे एक राजनीतिक सिद्धांत के रूप में प्रस्तुत अवश्य किया जा रहा था, लेकिन वह शीतयुद्ध का एक अस्त्र था।

1960 ई. का दशक अमेरिका के लिए उथल-पुथल भरा था। क्यूबा संकट (1962 ई.), अमेरिकी राष्ट्रपति कैनेडी की हत्या (1963 ई.), वियतनाम युद्ध (1955-75 ई.), अश्वेतों का नागरिक अधिकारों के लिए संघर्ष (1954-1968 ई.), विश्वविद्यालय के नवयुवकों में संस्कृति विरोधी प्रवृत्तियाँ आदि घटनाओं ने अमेरिकी समाज को हिलाकर रख दिया था। 1930 ई. के दशक की तरह पुन: राजनीतिक सिद्धांत कठघरे में था। यह तर्क बल पकड़ने लगा कि उन वैज्ञानिक सिद्धांतों की क्या उपयोगिता है जो उपर्युक्त संकटों को समझने और उनका समाधान तलाशने में विफल रहे? उसके बाद अमेरिका में व्यवहारवादी शोध के उत्कर्ष में कमी आई। अब ईस्टन (1969 ई.) 'प्रासंगिकता और क्रियानिष्ठता' पर बल देने लगे थे। उनका कहना था कि राजनीतिक सिद्धांतकार के लिए सामाजिक परिवर्तन का वाहक बनना आवश्यक है। स्पष्ट तौर पर अब व्यवहारवाद समय की माँग पर खरा नहीं उतर रहा था। इसलिए ईस्टन उत्तर-व्यवहारवाद की बात करने लगे। अब वैज्ञानिक सिद्धांतों के निर्माता समाज को समझने के साथ-साथ बदलने पर बल देने लगे। 1971 ई. में अमेरिकी विद्वान जॉन रॉल्स (1921-2002 ई.) की पुस्तक *ए थियरी ऑफ जस्टिस* प्रकाशित हुई। उसके बाद न्याय की अवधारणा राजनीतिक बहस का प्रमुख विषय हो गई। उससे आदर्शात्मक राजनीतिक सिद्धांत और आगे बढ़ा। व्यवहारवाद की तरह मार्क्सवादी सिद्धांत की दृष्टि से भी यह दौर अच्छा नहीं रहा। 1968 ई. में फ्रांस में विश्वविद्यालयों के विद्यार्थियों और मजदूरों ने मिलकर क्रांति की। लेकिन वहाँ के साम्यवादी दल ने क्रांति का समर्थन नहीं किया। उससे फ्रांसीसी बुद्धिजीवियों का मार्क्सवाद और उसके साथ-साथ परिवर्तनकामी राजनीति से मोहभंग हो गया। वह उत्तर-आधुनिकता के उदय का एक प्रमुख कारक माना जाता है।

1970 ई. के दशक में पूरी दुनिया के स्तर पर पुन: भीषण आर्थिक संकट आया। पेट्रोल की कीमतों में चौगुनी वृद्धि, मुद्रास्फीति, बेरोजगारी में वृद्धि, उद्योगपतियों के मुनाफे में कमी आदि कारकों ने लोककल्याणकारी राज्य और उस पर आधारित नीतियों पर गंभीर प्रश्न खड़े कर दिए। दिलचस्प है कि एक समय उन्हीं नीतियों के सहारे आर्थिक संकट (1930 ई.) का समाधान किया गया था। उस समय राज्य के अहस्तक्षेप और स्वतंत्र बाजार पर आधारित अर्थव्यवस्था तथा व्यक्तिगत स्वतंत्रता का समर्थन करनेवाले शास्त्रीय उदारवाद को आर्थिक संकट के लिए उत्तरदायी माना गया था। अब उसे आर्थिक संकट के समाधान के रूप में देखा जाने लगा। शास्त्रीय उदारवाद के पुनर्जीवित रूप को नव-उदारवाद (Neo-liberalism) कहा जाता है। 1980 ई. के दशक में उसके अनुरूप अमेरिका और ब्रिटेन में अर्थव्यवस्था पर राज्य के नियंत्रण में कमी लाने और निजीकरण को बढ़ावा देने संबंधी नीतियों को लागू किया गया। उसके बाद उदारीकरण और निजीकरण का दौर प्रारंभ हुआ। उसे लोककल्याणकारी राज्य के कारगर विकल्प के रूप में देखा जाने लगा। नव-उदारवाद का केंद्रीय सरोकार अर्थव्यवस्था है। स्वतंत्रतावाद (Libertarianism) आर्थिक क्षेत्र में नव-उदारवाद का समर्थन करता है। इसलिए यह भी स्वतंत्र बाजार व्यवस्था का पक्षधर है। लेकिन इसके साथ ही यह राजनीतिक क्षेत्र में व्यक्तिगत स्वतंत्रता और संपत्ति के अमर्यादित अधिकार को भी न्यायोचित ठहराता है। इस आधार पर यह लोककल्याणकारी राज्य का कटु आलोचक है। स्वतंत्रतावाद भी

नव-उदारवाद की तरह शास्त्रीय उदारवाद का नया रूप है। फ्रेडरिक हैक (1899-1992 ई.) और रॉबर्ट नॉजिक (1938-2002 ई.) इसके दो प्रमुख विचारक हैं। इस पुस्तक में दोनों के विचारों पर विस्तृत चर्चा है।

उत्तर-आधुनिकता के उदय के संबंध में विद्वानों में मतभेद है। लेकिन इतना तय है कि उसे 1980 ई. के दशक में प्रमुखता प्राप्त हुई। उत्तर-आधुनिकता के कारण 'उत्तर' उपसर्ग एक बौद्धिक फैशन बन गया। कई विचारधाराओं के पहले उसका प्रयोग किया जाने लगा जैसे, उत्तर-उदारवाद, उत्तर-मार्क्सवाद, उत्तर-नारीवाद, उत्तर-संरचनावाद आदि। इस उपसर्ग का उपयोग दो प्रकार से होता है। कुछ विद्वान उत्तर के बाद संयोजक चिह्न (-) लगाते हैं। इसका अर्थ यह लिया जाता है कि उत्तर उपसर्ग मूलत: आलोचनात्मक है। उदाहरण के लिए उत्तर-आधुनिकता आधुनिकता की, उत्तर-उदारवाद उदारवाद की, उत्तर-मार्क्सवाद मार्क्सवाद की, तो उत्तर-नारीवाद नारीवाद की आलोचना है। विद्वानों का दूसरा समूह उत्तर के बाद कोई चिह्न नहीं लगाता। वह उत्तरआधुनिकता शब्द का प्रयोग करता है। इसका आशय यह है कि 'उत्तर' उपसर्ग विकास की एक उच्च अवस्था का द्योतक है। इस अर्थ में उत्तरआधुनिकता आधुनिकता का एक क्रमिक और विकसित रूप है। प्रस्तुत पुस्तक में उत्तर-आधुनिकता शब्द का प्रयोग किया गया है। इसका कारण यह है कि उत्तर-आधुनिकता आधुनिकता का कोई सुसंगत विकल्प प्रस्तुत नहीं करता। यह मूलत: आलोचनात्मक है। सर्वप्रथम आधुनिकता की पूरी परियोजना सवालों के घेरे में आ गई। उत्तर-आधुनिकता ने मानव प्रगति और मानव मुक्ति जैसे महाआख्यानों को निरर्थक सिद्ध कर दिया। यहाँ तक कि उसने किसी प्रकार के निश्चित ज्ञान की संभावना को ही नकार दिया। उसके अनुसार किसी भी सार्वभौम सत्य या विचारधारा का कोई अस्तित्व नहीं है। इसका निहितार्थ है कि लोकतंत्र, अधिकार, श्रेष्ठ शासन-व्यवस्था आदि का कोई ऐसा सिद्धांत नहीं हो सकता जो सभी देशों के लिए सत्य और कारगर हो। इस प्रकार उत्तर-आधुनिकता राजनीतिक सिद्धांत के लिए सबसे बड़ी चुनौती है।

आधुनिकता की सर्वप्रमुख विचारधारा उदारवाद मानी जाती है। 1980 ई. के दशक में उसकी कटु आलोचना होने लगी। इसके साथ ही कई नई वैकल्पिक विचारधाराओं को भी प्रमुखता मिली। उनमें नारीवाद, सामुदायिकवाद, बहुसंस्कृतिवाद और पारिस्थितिकीवाद प्रमुख हैं। वे सभी उदारवादी विचारधारा के विभिन्न दोषों को मुद्दा बनाते हैं। उसके साथ ही उनके समर्थकों में उदारवादी विचारधारा को माननेवाले लोग भी हैं। नारीवाद का तर्क है कि उदारवादी विचारधारा पितृसत्ता की पोषक है और वह महिलाओं के मुद्दों की उपेक्षा करती है। सामुदायिकवाद व्यक्ति की उदारवादी पहचान को केंद्रीय समस्या के रूप में देखता है। उदारवाद व्यक्ति को विवेकशील, समाज से स्वतंत्र और स्वायत्त कर्ता मानता है। सामुदायिकवाद व्यक्ति की इस पहचान को अस्वीकृत करता है तथा उसकी सामुदायिक पहचान पर बल देता है। इसी प्रकार बहुसंस्कृतिवाद (Multiculturalism) भी व्यक्ति की पहचान की उदारवादी अवधारणा को नकार देता है। उसके स्थान पर वह उसकी सांस्कृतिक पहचान को महत्त्वपूर्ण मानता है। इसलिए वह विभिन्न संस्कृतियों को राज्य के द्वारा संरक्षण और सार्वजनिक जीवन में उन्हें बराबरी का स्थान देने का प्रबल पक्षधर है। पारिस्थितिकीवाद (Ecologism) आधुनिकता और उदारवाद की सशक्त आलोचना है। वह

विज्ञान द्वारा प्रगति की अवधारणा और उससे संबंधित विश्वास को अस्वीकृत कर देता है। इसके साथ ही वह 'मनुष्य केंद्रित विश्व' के आधुनिक एवं उदारवादी परिप्रेक्ष्य को भी नकार देता है। मनुष्य और प्रकृति के बीच किस तरह के संबंध हों? पारिस्थितिकीवाद के लिए यह एक महत्त्वपूर्ण सैद्धांतिक प्रश्न है। राजनीतिक सिद्धांत के अंतर्गत इस प्रश्न पर प्रमुखता से विचार नहीं किया गया। अत: पारिस्थितिकीवाद राजनीतिक सिद्धांत का विस्तार करता है क्योंकि वह प्रकृति-मनुष्य संबंध को बहस के केंद्र में ला देता है। इन सभी विचारधाराओं पर इस पुस्तक में संक्षिप्त चर्चा की गई है। वे सभी किसी-न-किसी विशिष्ट मुद्दे से मूल सरोकार रखती हैं। कई देशों में उन मुद्दों पर केंद्रित राजनीतिक आंदोलन भी चलते रहते हैं। यहाँ दो प्रश्न अत्यंत महत्त्वपूर्ण हैं। क्या वे विचारधाराएँ समग्र और व्यापक परिवर्तन का कोई विचार प्रस्तुत करती हैं? और क्या उनमें सामूहिक संघर्ष की कोई कार्ययोजना है?

1991 ई. में सोवियत संघ का विघटन हो गया। इसके साथ ही युगोस्लाविया, चेकोस्लोवाकिया, हंगरी आदि पूर्वी यूरोप के देशों की समाजवादी व्यवस्थाएँ बिखर गईं। उसके साथ ही उदारवादी लोकतंत्र और पूँजीवादी अर्थव्यवस्था का विकल्प भी खत्म हो गया। उस स्थिति में राज्य के नियंत्रण से मुक्त स्वतंत्र बाजार व्यवस्था का समर्थन करने वाली नव-उदारवादी विचारधारा का आधिपत्य स्थापित हो गया। हार्वर्ड विश्वविद्यालय के अमेरिकी राजनीतिशास्त्री फ्रांसिस फुकुयामा (1952 ई.–) ने 'इतिहास के अंत का सिद्धांत' प्रस्तुत किया। वस्तुत: यह समाजवादी व्यवस्थाओं के अंत के संदर्भ में हीगल के दर्शन की नई व्याख्या थी। फुकुयामा की मूल स्थापना है कि फासीवाद और समाजवादी व्यवस्था के पतन के बाद उदारवादी लोकतंत्र को चुनौती देनेवाली कोई विचारधारा नहीं रह गई। उसके फलस्वरूप विचारधारात्मक संघर्ष की स्थिति नहीं है। उस आधार पर फुकुयामा का मानना है कि उदारवादी लोकतंत्र विचारधारात्मक विकास की अंतिम और पूर्ण अवस्था है। यही इतिहास का अंत है। इसके साथ-साथ वे पूँजीवाद को सर्वाधिक कारगर अर्थव्यवस्था के रूप में देखते हैं। हालाँकि वर्तमान समय में पूरे विश्व के स्तर पर पूँजीवादी व्यवस्था गंभीर रूप से संकटग्रस्त है। आर्थिक असमानता तेजी से बढ़ रही है। बेरोजगारी में वृद्धि, बार-बार आनेवाली आर्थिक मंदी, पर्यावरणीय संकट आदि गंभीर समस्याएँ सामने हैं। इनके आधार पर इतिहास के अंत की तीखी सैद्धांतिक आलोचनाएँ हुईं। उन आलोचकों में उदारवादी और मार्क्सवादी दोनों विचारधारा के लोग शामिल हैं। प्रस्तुत पुस्तक में फुकुयामा के इतिहास के अंत संबंधी तर्कों की विवेचना की गई है।

भूमंडलीकरण का प्रारंभ 1980 ई. के दशक में अमेरिका और ब्रिटेन की नव-उदारवादी आर्थिक नीतियों से होता है। लेकिन 1990 ई. के दशक में सोवियत संघ और पूर्वी यूरोप की अर्थव्यवस्थाओं के विघटन के बाद उसमें तेजी आई। अब अमेरिका एकमात्र महाशक्ति था। अंतर्राष्ट्रीय मुद्राकोष और विश्व बैंक जैसी अंतर्राष्ट्रीय वित्तीय संस्थाओं की निर्णय प्रक्रिया पर उसका नियंत्रण था। इन संस्थाओं ने विकासशील देशों पर उदार आर्थिक नीतियों को लागू करने, व्यापार को सरकारी प्रतिबंधों से मुक्त करने, तथा विदेशी निवेश को बढ़ावा देने के लिए दबाब बनाया। अर्थव्यवस्था में सरकारी हस्तक्षेप को न्यूनतम करने और सरकार के नियंत्रण में संचालित उद्योगों के निजीकरण के प्रयास को बढ़ावा दिया गया। विकास के लिए कर्ज देने के लिए ये शर्तें

निर्धारित की गईं। उनके फलस्वरूप दुनिया के अधिकांश देशों द्वारा अर्थव्यवस्था को सरकारी नियंत्रण से मुक्त करने का प्रयास किया गया। विदेशी पूँजी निवेश के लिए अर्थव्यवस्था में उदारीकरण की प्रक्रिया तेज हुई। उसके फलस्वरूप विभिन्न देशों के बीच वस्तुओं, सेवाओं और पूँजी का मुक्त व्यापार संभव हुआ। 1990 ई. के दशक में इंटरनेट जैसे संचार साधनों ने उसे गति दी। उन सबके परिणामस्वरूप सभी देशों की अर्थव्यवस्थाएँ एक-दूसरे से जुड़ गईं और उनमें परस्पर निर्भरता बढ़ गई। पूरी दुनिया की अर्थव्यवस्था का स्वरूप एकीकृत होने लगा। इस प्रकार भूमंडलीकरण के दौर में व्यापार और वित्त का अंतर्राष्ट्रीयकरण हो गया। 1995 ई. में 'विश्व व्यापार संगठन' की स्थापना हुई। 160 से अधिक देश उसके सदस्य हैं। उसका उद्देश्य देशों के बीच मुक्त व्यापार को बढ़ावा देना है। वह व्यापार के लिए सीमा शुल्क की दरें निर्धारित करने के साथ-साथ विश्व व्यापार के मार्ग में आनेवाली बाधाओं को दूर करने का प्रयास करता है। इसके लिए वह अपने सदस्य देशों की व्यापारिक नीतियों का पर्यवेक्षण करता है। भूमंडलीकरण केवल आर्थिक क्षेत्र तक सीमित नहीं है। उसके राजनीतिक और सांस्कृतिक आयाम भी हैं। भूमंडलीकरण के दौर में राष्ट्र-राज्यों की संप्रभुता पर विपरीत प्रभाव पड़ा। अतंर्राष्ट्रीय वित्तीय संस्थाओं के दबाव में उन्हें उदार आर्थिक नीतियों का निर्माण और उन्हें लागू करना पड़ता है। सरकारों को अंतर्राष्ट्रीय वित्तीय सस्थाओं के द्वारा आरोपित शर्तों के कारण अपने खर्चों में कटौती करनी पड़ती है। उसके फलस्वरूप शिक्षा, स्वास्थ्य, सामाजिक सुरक्षा आदि क्षेत्रों में सरकारी व्यय में कमी आने लगती है। वे अर्थव्यवस्था के संबंध में स्वतंत्र रूप से निर्णय ले पाने की स्थिति में नहीं होते। इस प्रकार किसी भी राष्ट्र-राज्य की सरकार स्वतंत्र रूप से आर्थिक निर्णय ले पाने में सक्षम नहीं रह गई। इसका असर यह हुआ कि राजनीति हाशिये पर चली गई। लोकतंत्र, समानता, स्वतंत्रता, अधिकार आदि के लिए संघर्ष का दायरा राज्य ही था। अब राज्य की प्रादेशिकता बहुत हद तक अप्रासंगिक हो गई। भूमंडलीकरण की प्रक्रिया संस्कृतियों पर विपरीत प्रभाव डालती है। उसके माध्यम से पश्चिमी, विशेषकर अमेरिकी संस्कृति का प्रसार हुआ। उसे 'दुनिया का अमेरिकीकरण' (Americanisation of the world) की संज्ञा दी जाती है। उससे विभिन्न विकासशील देशों की संस्कृतियाँ खतरे में पड़ गईं। पश्चिमी संस्कृति, रहन-सहन और मूल्यों का प्रभुत्व कायम होकर परंपरागत मूल्य और सामाजिक संबंधों के परंपरागत प्रतिमान नष्ट होने लगे।

अब प्रश्न यह उठता है कि भूमंडलीकरण की परिस्थितियाँ राजनीतिक सिद्धांत के समक्ष कौन-सी चुनौतियाँ प्रस्तुत करती हैं? *पहली चुनौती* पूँजीवादी व्यवस्था के विश्लेषण और उसके विकल्प से संबंधित है। राजनीतिक एवं सांस्कृतिक जीवन पर पूँजीवादी व्यवस्था का क्या प्रभाव पड़ रहा है? भूमंडलीकरण के दौर में लोकतंत्र पर कौन से खतरे हैं? पूँजीवादी व्यवस्था का विकल्प क्या हो? क्या मार्क्सवाद कोई विकल्प प्रस्तुत कर सकता है या उसकी कोई प्रासंगिकता नहीं है? राजनीतिक सिद्धांत को इन सवालों से टकराना होगा। *दूसरी महत्त्वपूर्ण चुनौती* भिन्नता से संबंधित है। आज प्रत्येक देश एक बहुसांस्कृतिक इकाई है। उसमें धर्म, भाषा, प्रजाति, संस्कृति आदि पर आधारित भिन्न-भिन्न समूह रहते हैं। इन भिन्नताओं में संगति कैसे कायम की जाए? यह एक गंभीर प्रश्न है। अब तक राजनीतिक सिद्धांत व्यक्ति के नागरिक होने की

पहचान को केंद्रीय स्थान देता रहा। व्यक्ति की बहुल पहचानों के बीच सामंजस्य की समस्या राजनीतिक सिद्धांत के लिए नई है। *तीसरी चुनौती* विचारधारात्मक आधिपत्य की है। राजनीतिक सिद्धांत का एक प्रमुख कार्य प्रभुत्वशाली विचारधारा और संस्थागत प्रतिमान को चुनौती देना है। आज नव-उदारवादी विचारधारा का आधिपत्य है। इसके साथ-साथ धार्मिक कट्टरता पर आधारित विचारधाराएँ भी प्रभावी हैं। ये दोनों राजनीतिक सिद्धांत के लिए गंभीर चुनौती प्रस्तुत करते हैं। इनका सामना कैसे किया जाए? यह एक महत्त्वपूर्ण प्रश्न है। पूँजीवादी व्यवस्था आर्थिक वृद्धि को केंद्रीय महत्त्व देती है। धन के पुनर्वितरण के प्रश्न से उसका कोई सरोकार नहीं है। इसके फलस्वरूप पूँजीवादी अर्थव्यवस्था घोर असमानता पैदा करती है। यह राजनीतिक सिद्धांत के समक्ष *चौथी महत्त्वपूर्ण चुनौती* है। क्या वैश्विक स्तर पर पुनर्वितरण का कोई सिद्धांत संभव है? राजनीतिक सिद्धांत के लिए इसका उत्तर खोजना आवश्यक है। उसका एक प्रमुख सरोकार अच्छे समाज की रूपरेखा प्रस्तुत करना है। इसे उपयुक्त लक्ष्यों को सामने रखना है जिन्हें सामूहिक जीवन में प्राप्त किया जाना संभव हो। राजनीतिक सिद्धांत को वंचितों और शोषितों की मुक्ति के स्वप्न का चित्र प्रस्तुत करना है। यह उसकी *पाँचवीं चुनौती* है। क्या राजनीतिक सिद्धांत इन चुनौतियों का सामना कर पा रहा है? इस प्रश्न का उत्तर उसके भविष्य से जुड़ा है।

∢ सहायक पुस्तकों एवं लेखों की सूची ∢

∢ पुस्तकें

हॉब्सबाम, एरिक, *दि एज ऑफ एक्स्ट्रीम्स : 1914-1991*, अबाकस, लंदन, 1994.

∢ लेख

ईस्टन, डेविड, ''दि फ्यूचर ऑफ पोस्टविहेविरल फेज इन पॉलिटिकल साईंस'', के. आर. मुनरो द्वारा संपादित, *कटेंम्परारी इमपिरिकल पॉलिटिकल थियरी*, में संकलित, यूनिवर्सिटी ऑफ कैलिफोर्निया प्रेस, 1997, पृ. 13-46.

2[I]

राजनीतिक सिद्धांत : अर्थ, प्रकृति एवं महत्त्व

आम तौर पर राजनीति को अच्छा नहीं समझा जाता है। लोग इसे जोड़-तोड़ और छल-कपट के पर्याय के रूप में देखते हैं। लेकिन यह धारणा सही नहीं है। इतना अवश्य है कि राजनीति का विवाद से गहरा संबंध है। यदि किसी अवधारणा या प्रश्न पर विवाद या असहमति नहीं है तो वह राजनीतिक नहीं है। राजनीति विवादों को जन्म भी देती है और उनके समाधान का प्रयास भी करती है। इसलिए यह समाज की एक महत्त्वपूर्ण गतिविधि है। इसके माध्यम से ही सामाजिक जीवन से संबंधित महत्त्वपूर्ण फैसले लिए जाते हैं। एक गतिविधि के अतिरिक्त राजनीति विषय या अनुशासन भी है। यह समाज में चल रही राजनीतिक गतिविधियों और कार्यशील राजनीतिक संस्थाओं का अध्ययन करता है। राजनीतिक सिद्धांत राजनीति नामक अनुशासन की एक शाखा है। लेकिन यह विषय के स्वरूप को निर्धारित करता है। सिद्धांत ही किसी विषय को व्यवस्थित रूप देता है। इसलिए राजनीति विषय में राजनीतिक सिद्धांत सर्वाधिक महत्त्वपूर्ण है। यह बुनियादी राजनीतिक प्रश्नों से सरोकार रखता है। समाज को कैसे संगठित होना चाहिए? व्यक्ति को नियंत्रित करने वाली व्यवस्था कौन-सी हो? व्यक्ति की स्वतंत्रता का अर्थ क्या है? उसकी सीमा क्या है? सामाजिक मामलों में निर्णय लेने का अधिकार किसे हो और उसकी प्रक्रिया क्या हो? क्या व्यक्ति को उन निर्णयों के विरोध का अधिकार भी हो? ये सभी प्रश्न समाज के राजनीतिक पहलू से संबंधित हैं और राजनीति विषय के भी महत्त्वपूर्ण प्रश्न हैं। राजनीतिक सिद्धांत इन प्रश्नों के उत्तर खोजने का प्रयास करता है।

राजनीतिक क्या है?
(What is Political?)

सामाजिक जीवन के कौन-से मामले राजनीतिक हैं, इस पर मतैक्य नहीं है। व्युत्पत्ति की दृष्टि से राजनीतिक विशेषण का प्रारंभ यूनानी भाषा के 'पोलिश' (Polis) शब्द से होता है। उसका अर्थ नगर-राज्य है। यूनान छोटे-छोटे नगर-राज्यों में बँटा था और उनसे संबंधित मामलों को राजनीतिक माना जाता था। यूनान में नगर-राज्य एक समुदाय था। उसमें रहने वाले लोग एक-दूसरे से घनिष्ठ तौर पर जुड़े होते थे। इसलिए सामाजिक और राजनीतिक मामलों में अंतर नहीं किया जाता था। मनुष्य के लिए राज्य को उसी तरह स्वाभाविक माना जाता था, जैसे परिवार और गाँव। उसके बावजूद सामुदायिक जीवन में निर्णय लेने वाली गतिविधियाँ

राजनीतिक मानी जाती थीं। उनका उद्देश्य समुदाय के सदस्यों को अच्छा जीवन उपलब्ध कराना था। इस प्रकार राजनीति की यह अवधारणा काफी व्यापक हो जाती है। यही कारण है कि अरस्तू ने अपनी पुस्तक *पॉलिटिक्स* में राज्य की उत्पत्ति और उसकी प्रकृति, संविधान, नागरिकता, दासता, संपत्ति, क्रांति, शिक्षा आदि सभी विषयों पर विचार किया है। आधुनिक युग में जब विभिन्न विषयों के बीच विभाजन हुआ तब राजनीति को राज्य तक सीमित कर दिया गया। राज्य में समाज की सर्वोच्च बाध्यकारी शक्ति निहित होती है जिसका प्रयोग सरकार करती है। इसलिए राज्य और सरकार (व्यवस्थापिका, कार्यपालिका, न्यायपालिका, नौकरशाही आदि) से संबंधित मामले उसी प्रकार राजनीतिक माने गए जैसे समाज से संबंधित मामले सामाजिक तो अर्थव्यवस्था से संबंधित मामले आर्थिक। किसी समाज के बने रहने के लिए राजनीति अपरिहार्य है। राजनीति के बिना समाज में नियंत्रणकारी व्यवस्था नहीं रहेगी। उसके बगैर कोई समाज न तो बन सकता है और न टिका रह सकता है। अतः राजनीति को समाज में शक्ति और नियंत्रण से संबंधित गतिविधियों से जोड़कर देखा जाता है। लेकिन मार्क्स ने राजनीति की स्वायत्तता को नकार दिया। उन्होंने आर्थिक कारकों को प्रमुखता दी। उनके अनुसार शक्ति, उत्पादन के साधनों पर नियंत्रण द्वारा निर्धारित होती है। जिस सामाजिक समूह के पास यह नियंत्रण होता है, वह सर्वोच्च शक्तिशाली होता है। राज्य और सरकार उसी के हितों की पूर्ति के साधन हैं। इस प्रकार राजनीति का क्षेत्र आर्थिक मामलों तक विस्तृत हो गया। बीसवीं सदी के पूर्वार्द्ध में व्यवहारवादियों ने शक्ति को अपने अध्ययन का प्रमुख विषय बनाया। वे मार्क्स द्वारा प्रतिपादित आर्थिक कारकों की प्रमुखता को स्वीकार नहीं करते। उनके अनुसार राजनीति को राज्य, सरकार, या अर्थव्यवस्था से संबंधित गतिविधियों तक सीमित नहीं किया जा सकता। राजनीति का यह अर्थ संकीर्ण है। व्यवहारवादियों ने इस बात पर बल दिया कि राजनीतिक गतिविधि शक्ति को प्राप्त करने या उसका उपयोग करने से संबंधित है। लेकिन समाज में शक्ति केवल राज्य या सरकार में केंद्रित नहीं होती। यह समाज के विभिन्न स्तरों पर काम करती है। संसाधनों के वितरण में शक्ति की भूमिका प्रमुख होती है। इसलिए लासवेल का कथन है कि, ''राजनीति का संबंध इससे है कि कौन, क्या और कैसे पाता है?'' हर गतिविधि, भले ही वह आर्थिक, सांस्कृतिक या बौद्धिक क्यों न हो, जो शक्ति को निर्धारित या प्रभावित करती हो, वह राजनीतिक है। इस प्रकार व्यवहारवादियों ने राजनीतिक को व्यापक अर्थ में प्रस्तुत किया। वे यह मानते हैं कि राजनीति सार्वजनिक क्षेत्र की गतिविधि है। सार्वजनिक जीवन में ही व्यक्ति या व्यक्ति समूह हितों के लिए संघर्ष करते हैं। इसी क्षेत्र में स्वतंत्रता, समानता, न्याय आदि मूल्यों के संबंध में विभिन्न दावे किए जाते हैं तथा उनके संबंध में निर्णय लिए जाते हैं। इसलिए व्यक्ति के निजी जीवन से संबंधित जैसे पारिवारिक मामले, राजनीति के अंतर्गत नहीं आते। राजनीति के इस दृष्टिकोण को कुछ नारीवादी विचारकों ने चुनौती दी। वे सार्वजनिक क्षेत्र और निजी क्षेत्र के विभाजन को पूरी तौर पर नकार देते हैं। उनके अनुसार पारिवारिक संबंध भी शक्ति संबंधों के रूप हैं, जहाँ पुरुष का वर्चस्व होता है और महिलाओं की भूमिका अधीनस्थ की होती है। उन नारीवादियों की दृष्टि में परिवार के लैंगिक संबंध समाज के शक्ति संबंधों को बल प्रदान करते हैं। समाज में

पुरुषों के वर्चस्व का साधन परिवार है। इसलिए पारिवारिक मामलों को राजनीति से बाहर नहीं समझा जा सकता। उत्तर-संरचनावादी विचारक मिशेल फूको ने ज्ञान और सत्य को शक्ति का परिणाम माना। वे शक्ति के द्वारा नियंत्रित किए जाते हैं। यहाँ तक कि भाषा भी शक्ति के द्वारा निर्धारित होती है। फूको शक्ति को सूक्ष्म तरीके से समझने के पक्षधर हैं। उसके लिए वे पागलपन, कारागृह और कामुकता जैसे विषयों का अध्ययन करते हैं। उनके लिए ये विषय भी राजनीतिक हैं। इसी प्रकार समलैंगिकता के समर्थकों के लिए विवाह, तो पर्यावरणवादी चिंतकों के लिए मनुष्य और प्रकृति के संबंध एक महत्त्वपूर्ण राजनीतिक प्रश्न हैं। इस प्रकार व्यक्ति के दैनिक जीवन की अधिकांश गतिविधियाँ राजनीतिक हो जाती हैं। इस स्थिति में राजनीति की विशिष्ट पहचान और उसकी सीमा का निर्धारण कठिन है। इससे राजनीतिक सिद्धांत के विषय क्षेत्र को लेकर भी जटिलता पैदा होती है।

राजनीतिक की उपर्युक्त विविध और जटिल अवधारणाओं के बावजूद निष्कर्ष के तौर पर यही कहा जा सकता है कि सार्वजनिक जीवन में शक्ति से संबंधित सभी गतिविधियाँ राजनीतिक हैं। लेकिन निजी समझी जाने वाली गतिविधियाँ तभी राजनीतिक हो जाती हैं जब वे सार्वजनिक जीवन में बहस का हिस्सा बन जाती हैं तथा जिनके संबंध में दावे-प्रतिदावे किए जाते हैं। उदाहरण के लिए, परिवार जैसे घरेलू क्षेत्र को पहले भले ही राजनीति से परे समझा जाता हो, लेकिन आज ऐसा नहीं है। परिवार के अंतर्गत होने वाले अन्याय और उत्पीड़न राजनीतिक बहस के प्रश्न हो गए हैं। इसके फलस्वरूप उन्हें रोकने के लिए राज्य को हस्तक्षेप करना पड़ा। भारत में घरेलू हिंसा को रोकने के लिए कानून बनाए गए। इस प्रकार पति-पत्नी या पिता-पुत्री संबंध पहले राजनीतिक नहीं थे, लेकिन वे अब राज्य द्वारा नियंत्रित किए जा रहे हैं। इस स्थिति में इन संबंधों को गैर-राजनीतिक नहीं माना जा सकता। अतः किन मामलों को राजनीतिक माना जाए, यह बदलती परिस्थितियों के साथ बदलता रहता है। इस बदलती अवधारणा का सीधा प्रभाव राजनीतिक सिद्धांत पर पड़ता है।

सिद्धांत का अर्थ

सिद्धांत अंग्रेज़ी भाषा के 'थियरी' (Theory) शब्द का हिंदी अनुवाद है। यह शब्द यूनानी भाषा के 'थियरिया' (Theoria) से निकला है। उसका एक ऐतिहासिक परिप्रेक्ष्य है। यूनान नगर-राज्यों में विभिन्न प्रकार के खेलों और त्योहारों के आयोजन होते थे। एक नगर-राज्य के लोग दूसरे नगर-राज्य के उन आयोजनों को देखने जाया करते थे। उसी को 'थियरिया' कहा जाता था। वह एक प्रकार से ज्ञान प्राप्ति के लिए दूसरे देशों की यात्रा थी। इसके साथ ही सिद्धांत व्यावहारिक दुनिया से अलग नहीं बल्कि उससे गहरे तौर पर जुड़ा था। इसलिए सिद्धांत वास्तविक गतिविधियों के पर्यवेक्षण की क्रिया है। उनको देखनेवाला व्यक्ति खुद उन गतिविधियों में शामिल नहीं है। वह तटस्थ भाव से उनका अवलोकन करता है। अतः सिद्धांत का अर्थ घटनाओं को समझने की गतिविधि है। यह घटना और उसका पर्यवेक्षण करने वाले व्यंक्ति के बीच एक माध्यम का काम करता है। दूसरे शब्दों में सिद्धांत एक चश्मे की तरह

है जिसका उपयोग घटनाओं को देखने-समझने में किया जाता है। सिद्धांत के द्वारा ही व्यक्ति किसी घटना की समझ को व्यवस्थित रूप प्रदान करता है। अत: सिद्धांत के संबंध में पहली बात तो यह स्पष्ट होती है कि यह एक व्यवस्थित चिंतन है। यह किसी चीज को समझने की सुचिंतित दृष्टि है। इससे यह भी साफ होता है कि सैद्धांतिक क्रिया एक विवेकसम्मत क्रिया है। सिद्धांत तर्कों पर आधारित होता है। इनके आधार पर ही निष्कर्ष निकाले जाते हैं। उदाहरण के लिए यदि कोई विचारक व्यक्तिगत स्वतंत्रता की तुलना में समानता पर बल देता है तो उसे इसके लिए तर्क प्रस्तुत करना होगा। इसी प्रकार 2019 ई. के लोकसभा चुनाव में भारतीय जनता पार्टी के बहुमत की व्याख्या के लिए सिद्धांतकार को बुद्धिसंगत कारणों की तलाश करनी होगी। सिद्धांत के संबंध में दूसरी बात यह है कि इसमें विभिन्न प्रकार की अवधारणाओं का प्रयोग होता है। उनके आधार पर ही घटनाओं और विभिन्न पदों के अर्थ स्पष्ट होते हैं। उदाहरण के लिए स्वतंत्रता का अर्थ क्या है, उसे सिद्धांत के द्वारा ही स्पष्ट किया जाता है। इसी प्रकार आम बोलचाल की भाषा में शक्ति, सत्ता और प्रभाव को समानार्थी समझा जाता है, लेकिन सिद्धांत उनके अलग-अलग अर्थ स्पष्ट करता है। इसलिए सिद्धांतकार अपनी अवधारणाओं के अर्थ और उनके उपयोग के प्रति काफी सजग होता है। प्लेटो न्याय की अपनी अवधारणा को सामने रखते हैं तो जॉन रॉल्स उससे भिन्न अवधारणा प्रस्तुत करते हैं। दोनों के द्वारा प्रतिपादित न्याय सिद्धांत उनकी अपनी-अपनी अवधारणा पर आधारित हैं। सिद्धांत का तीसरा विशिष्ट लक्षण है कि यह सत्य को जानने का प्रयास है। इसलिए सिद्धांत एक प्रकार की खोज है। यहाँ पर प्राकृतिक विज्ञान और सामाजिक विज्ञान के बीच के अंतर को ध्यान में रखना होगा। प्राकृतिक विज्ञान प्राकृतिक घटनाओं की व्याख्या करता है। यह वैज्ञानिक सिद्धांत पर आधारित होता है। वैज्ञानिक सिद्धांत निश्चित और सार्वभौम रूप से सत्य होते हैं। लेकिन सामाजिक विज्ञानों में उस तरह के सत्य की प्राप्ति संभव नहीं। उनके सत्य बहुत हद तक एक विशिष्ट संदर्भ लिए होते हैं। इसी प्रकार सामाजिक विज्ञानों में अध्ययनकर्ता प्राकृतिक विज्ञानों की तरह पूरी तौर पर वस्तुनिष्ठ नहीं हो सकता। समाज, अर्थव्यवस्था और राजनीति को समझने की प्रक्रिया में मूल्यांकन अंतर्निहित होता है। अध्ययन करने वाला किसी सामाजिक-राजनीतिक स्थिति को समझने के साथ-साथ उसके उचित-अनुचित के संबंध में अपनी राय भी कायम करता है। उसके द्वारा की गई व्याख्या इससे प्रभावित होती है। इसलिए सामाजिक विज्ञानों में सिद्धांत, व्याख्या के साथ मूल्यांकन से भी संबंधित है। यह सामाजिक-राजनीतिक जीवन से संबंधित प्रचलित विश्वासों और मान्यताओं का परीक्षण करता है। इसलिए सामाजिक विज्ञान में सिद्धांत को आलोचनात्मक खोज के रूप में देखा जाता है।

सिद्धांत में सामान्य निष्कर्ष होते हैं। यह इसका चौथा लक्षण है। यह दोनों, प्राकृतिक और सामाजिक, विज्ञानों के लिए समान है। उदाहरण के लिए गुरुत्वाकर्षण या गति का सिद्धांत किसी एक वस्तु या स्थान पर लागू नहीं होता बल्कि सभी वस्तुओं और स्थानों में इसके निष्कर्ष समान होते हैं। सामाजिक विज्ञानों में सामान्य निष्कर्ष पर पहुँचने का प्रयास किया जाता है। सिद्धांतकार किसी विशिष्ट स्थिति का अध्ययन करता है। वह उसी आधार

पर निष्कर्ष निकालता है। लेकिन वह अपने निष्कर्ष का सामान्यीकरण करता है। उदाहरण के लिए प्लेटो का न्याय सिद्धांत यूनान के नगर-राज्यों के अध्ययन और विश्लेषण पर आधारित है। लेकिन उन्होंने उसे सभी देशों के लिए उपयुक्त माना। इसी प्रकार ईस्टन का राजनीतिक व्यवस्था से संबंधित सिद्धांत मूलतः अमेरिका जैसे पश्चिमी लोकतांत्रिक देशों के अध्ययन पर आधारित है। लेकिन उन्होंने इसका सामान्यीकरण कर दिया और उसे सभी देशों की राजनीतिक व्यवस्था के लिए सही माना।

उपर्युक्त विवेचन से यह स्पष्ट होता है कि सिद्धांत (i) व्यवस्थित चिंतन है जो तार्किक संगति पर आधारित होता है, (ii) इसमें विभिन्न अवधारणाओं का उपयोग होता है, (iii) यह राजनीतिक वास्तविकता और राजनीतिक आदर्श से संबंधित सत्य की खोज है और (iv) यह सामान्य निष्कर्ष प्रस्तुत करता है। लेकिन यह याद रखना होगा कि प्राकृतिक विज्ञानों और सामाजिक विज्ञानों में सिद्धांत निर्माण की प्रक्रिया एवं स्वरूप भिन्न-भिन्न होते हैं।

राजनीतिक सिद्धांत का अर्थ

राजनीतिक सिद्धांत के सर्वमान्य अर्थ का निर्धारण कठिन है। सामान्य तौर पर राजनीतिक सिद्धांत का अर्थ राजनीति का व्यवस्थित ज्ञान है। यह राजनीति से संबंधित विभिन्न तर्कों, अवधारणाओं तथा सामान्य निष्कर्षों पर आधारित होता है। उनके आधार पर राजनीति की समझ को व्यवस्थित ज्ञान का रूप दिया जाता है। प्रारंभ में राजनीति को राज्य और सरकार के संदर्भ में समझने का प्रयास किया गया। इसलिए राजनीतिक सिद्धांत को राज्य और सरकार से संबंधित मामलों का व्यवस्थित ज्ञान माना गया। यह राज्य और सरकार जैसी राजनीतिक संस्थाओं की कार्यप्रणाली की व्याख्या तथा उनको औचित्यपूर्ण ठहराने वाले विचारों का विश्लेषण करता है। यह उनके दोषों को भी सामने लाता है। इस रूप में राजनीतिक सिद्धांत व्याख्या के साथ-साथ मूल्यांकन का भी कार्य करता है। मूल्यांकन का आधार अच्छे समाज और राज्य तथा व्यक्ति के अच्छे जीवन से संबंधित अवधारणाएँ होती हैं। उनके आधार पर राजनीतिक सिद्धांत राज्य और सरकार के लक्ष्यों और उनको प्राप्त करने वाले साधनों से संबंधित विचारों को प्रस्तुत करता है। बाद में व्यवहारवादियों ने राजनीति को संस्थाओं के संदर्भ में समझने के स्थान पर उसे एक प्रक्रिया के रूप में समझने पर बल दिया। उनके अनुसार राजनीतिक सिद्धांत राजनीतिक गतिविधि और उसको प्रभावित करने वाले कारकों का अध्ययन करता है। व्यवहारवादियों ने राजनीतिक अध्ययन में शक्ति के अध्ययन को प्रमुख माना है। इसलिए राजनीतिक सिद्धांत का प्रमुख कार्य शक्ति प्राप्त करने और उसके उपयोग से संबंधित गतिविधियों की व्याख्या करना है। राजनीति की इस व्यापक अवधारणा के अनुसार शक्ति को निर्धारित करने वाली प्रत्येक गतिविधि राजनीतिक सिद्धांत के विषय क्षेत्र में शामिल हो गई। इस प्रकार व्यवहारवादियों के अनुसार राजनीतिक सिद्धांत यथार्थ में घट रही राजनीतिक प्रक्रियाओं की व्याख्या करता है। वे मूल्यांकन को राजनीतिक सिद्धांत का कार्य नहीं मानते। लेकिन व्यवहारवादियों के इस मत को स्वीकार नहीं किया जा सकता। राजनीतिक सिद्धांत का संबंध राजनीतिक वास्तविकताओं के साथ-साथ राजनीतिक आदर्शों

और मूल्यों से भी है। इसलिए यह राजनीतिक गतिविधियों की व्याख्या के साथ-साथ उनका मूल्यांकन भी करता है। ऐंड्रियू हैकर के अनुसार राजनीतिक सिद्धांत, "एक ओर अच्छे राज्य और अच्छे समाज के मूल तत्त्वों की तटस्थ खोज तो दूसरी ओर राजनीतिक और सामाजिक यथार्थ के ज्ञान का संयोजन है।" इसी प्रकार जॉर्ज कैटलिन ने राजनीतिक सिद्धांत के बारे में लिखा है, "राजनीतिक सिद्धांत में राजनीतिक दर्शन और राजनीति विज्ञान शामिल है। यह साधनों से संबंधित है, राजनीतिक दर्शन लक्ष्यों अथवा अंतिम मूल्यों से संबंधित है। जब मनुष्य यह पूछता है कि राष्ट्रीय शुभ क्या है अथवा अच्छा समाज क्या है।" यह 'क्या है' से भी सरोकार रखता है और 'क्या होना चाहिए' से भी। राजनीतिक जीवन में सामूहिक निर्णय कैसे लिए जाते हैं? व्यक्ति और राज्य की बाध्यकारी शक्ति के बीच क्या संबंध हो? किसी समाज में संसाधनों के वितरण का न्यायोचित आधार क्या हो? ये सभी प्रश्न राजनीतिक सिद्धांत के मूलभूत प्रश्न हैं। इसके अतिरिक्त राजनीतिक सिद्धांत किसी समाज में प्रचलित राजनीतिक विश्वासों का परीक्षण करता है। उदाहरण के लिए लोकतंत्र के संबंध में यह विश्वास प्रचलित हो सकता है कि लोकतंत्र बहुमत के शासन का पर्याय है। राजनीतिक सिद्धांत इस विश्वास का परीक्षण कर यह स्पष्ट करता है कि इस धारणा के खतरे क्या हैं? इसी प्रकार वह स्वतंत्रता, समानता, न्याय आदि राजनीतिक अवधारणाओं के अर्थ को स्पष्ट करने का प्रयास करता है। इस प्रकार निष्कर्ष के तौर पर यह कहा जा सकता है कि राजनीतिक सिद्धांत राजनीतिक वास्तविकताओं, राजनीतिक आदर्शों एवं मूल्यों का व्यवस्थित ज्ञान है। वह राजनीति की व्याख्या भी करता है और उसका मूल्यांकन भी। अतः राजनीतिक सिद्धांत के लिए आदर्शात्मक और वैज्ञानिक दोनों प्रकार के अर्थ एक-दूसरे के पूरक हैं।

राजनीतिक सिद्धांत और राजनीतिक विचारधारा

राजनीतिक विचारधारा का अर्थ अत्यंत विवादास्पद है। मोटे तौर पर यह विचारों और विश्वासों का पुंज है। इसमें एक अच्छे समाज की धारणा होती है, वह वर्तमान समाज भी हो सकता है और भविष्य का भी। राजनीतिक विचारधारा इसकी रूपरेखा प्रस्तुत करती है तथा इसे न्यायोचित ठहराने का प्रयास करती है। इसके साथ ही यह उसे व्यावहारिक रूप देने की कार्ययोजना भी प्रस्तुत करती है। इस प्रकार राजनीतिक विचारधारा में विश्वास, विचार और क्रिया का संयोजन होता है। विचारधारा का उद्देश्य वर्तमान व्यवस्था को बनाए रखना, या उसका सुधार करना भी हो सकता है और उसे पूरी तौर पर बदलकर नई व्यवस्था का निर्माण भी। इसी आधार पर विचारधारा को दक्षिणपंथी, मध्यममार्गी और वामपंथी कहा जाता है। दक्षिणपंथी विचारधारा वर्तमान व्यवस्था को श्रेष्ठ मानती है और उसे बनाए रखना चाहती है। इसलिए यह यथास्थितिवादी एवं परिवर्तन विरोधी होती है। दूसरी ओर मध्यममार्गी विचारधारा कार्यरत व्यवस्था में सुधार के पक्ष में होती है। इन दोनों के विपरीत वामपंथी विचारधारा वर्तमान व्यवस्था में आमूल परिवर्तन करना चाहती है। यह परिवर्तनकामी होती है। वाम, मध्यममार्ग और दक्षिण पंथ का एक ऐतिहासिक संदर्भ भी है। फ्रांस की राज्यक्रांति के बाद जब राष्ट्रीय सभा की बैठक प्रारंभ हुई तो राजतंत्र के समर्थकों का समूह अध्यक्ष के दाँयी

ओर तथा राजतंत्रीय व्यवस्था को बदलकर स्वतंत्रता और समानता पर आधारित व्यवस्था के निर्माण के पक्षधर बाँयीं ओर बैठे। व्यवस्था में सुधार के पक्षधर उदारवादियों का समूह बीच में बैठा। तभी से राजनीतिक बहसों में वामपंथ, मध्यममार्गी और दक्षिणपंथी का प्रयोग होने लगा।

राजनीतिक विचारधारा में आदर्शात्मक एवं आनुभविक पहलू होते हैं। यह अपने समय की व्यवस्था की आनुभविक व्याख्या करती है और उसका लेखा-जोखा प्रस्तुत करती है। दूसरी ओर यह एक अच्छे समाज का चित्र भी सामने रखती है। इस प्रकार राजनीतिक विचारधारा राजनीतिक सिद्धांत के दोनों रूपों, आदर्शात्मक और वैज्ञानिक, के कुछ पहलुओं को समेटती है। लेकिन राजनीतिक विचारधारा और राजनीतिक सिद्धांत के प्रश्न पर विद्वानों में मतभेद है। कुछ विद्वान इन दोनों को एक-दूसरे का विरोधी मानते हैं तो कुछ के द्वारा उन्हें समानार्थी समझा जाता है और उनके बीच अंतर नहीं किया जाता। उदाहरण के लिए मार्क्सवाद को राजनीतिक सिद्धांत भी माना जाता है और विचारधारा भी। इसी प्रकार जॉन लॉक को राजनीतिक दार्शनिक के साथ-साथ उदारवादी विचारधारा के जनक के रूप में देखा जाता है। वैज्ञानिक राजनीतिक सिद्धांत के निर्माण गें जुटे व्यवहारवादी राजनीतिक रूप से तटस्थ दृष्टिकोण अपनाते हैं। लेकिन उसका विचारधारात्मक निहितार्थ यथास्थितिवाद का समर्थन होता है। इस प्रकार राजनीतिक दर्शन और राजनीति विज्ञान दोनों के विचारधारात्मक पक्ष होते हैं। इसके बावजूद राजनीतिक समझ की दृष्टि से राजनीतिक विचारधारा और राजनीतिक सिद्धांत के बीच अंतर को ध्यान में रखना आवश्यक है।

राजनीतिक सिद्धांत सत्य की निर्लिप्त खोज है। वैज्ञानिक राजनीतिक सिद्धांत राजनीतिक वास्तविकताओं की तो राजनीतिक दर्शन अच्छे राज्य और समाज की खोज करता है। यह बुद्धिसंगत तरीके से होता है। इनके विपरीत विचारधारा से व्यक्ति का लगाव होता है। वह उसके प्रति तटस्थ दृष्टि नहीं रखता। दूसरी बात यह है कि राजनीतिक सिद्धांत या तो तर्कों पर आधारित होता है या तथ्यों पर। इसके विपरीत विचारधारा विश्वास पर केंद्रित होती है। इसके अनुयायी उसे अंतिम सत्य के रूप में स्वीकार करते हैं। तीसरा अंतर भावना और निष्ठा का है। राजनीतिक सिद्धांत में भावनाओं और निष्ठाओं की कोई जगह नहीं होती। इसके विपरीत विचारधारा से भावना और निष्ठा जुड़ी होती है। किसी विचारधारा को मानने वाले उससे भावनात्मक लगाव रखते हैं। चौथा महत्त्वपूर्ण अंतर क्रियात्मक है। प्रत्येक विचारधारा अपने राजनीतिक लक्ष्य को पूरा करने के लिए एक सुनिश्चित कार्ययोजना प्रस्तुत करती है। राजनीतिक सिद्धांत में यह आवश्यक नहीं होता। कुछ परिस्थितियों में यह संभव है कि कोई राजनीतिक गतिविधि किसी राजनीतिक आदर्श से या राजनीति की व्याख्या करने वाले किसी कारक की समझ से निर्देशित हो, लेकिन यह अनिवार्य स्थिति नहीं है। दूसरी ओर विचारधारा राजनीतिक गतिविधि के लिए प्रेरक होती है। वह अपने अनुयायियों में एक मिशन की भावना भरती है तथा उनमें राजनीतिक गतिविधि के लिए प्रतिबद्धता पैदा करती है।

राजनीतिक विचारधारा और राजनीतिक सिद्धांत के बीच अंतर संबंधी उपर्युक्त बिंदुओं के बावजूद इनके संबंध के प्रश्न पर पर्याप्त विवाद है। मार्क्स राजनीतिक विचारधारा और राजनीतिक सिद्धांत को एक मानते हुए इन्हें भ्रम समझते हैं। व्यवहारवादी केवल वैज्ञानिक

राजनीतिक सिद्धांत को ही सत्य समझते हैं। इसलिए वे भी आदर्शात्मक राजनीतिक सिद्धांत और विचारधारा को असत्य मानते हैं। स्किनर जैसे भाषायी दृष्टिकोण के समर्थक विद्वान राजनीतिक सिद्धांत को राजनीति का ही हिस्सा मानते हैं। इसलिए वे इसकी सही समझ के लिए इसे विचारधारात्मक संदर्भ में देखने की बात करते हैं। इस प्रकार राजनीतिक विचारधारा और राजनीतिक सिद्धांत का संबंध अत्यंत जटिल है।

राजनीतिक सिद्धांत की प्रकृति

राजनीतिक सिद्धांत की प्रकृति क्या है? यह राजनीतिक सिद्धांत का एक विवादास्पद प्रश्न है। परंपरागत रूप से राजनीतिक सिद्धांत, राजनीतिक दर्शन और राजनीतिक चिंतन को समानार्थी समझा जाता है। इसलिए राजनीतिक सिद्धांत को राजनीतिक चिंतन के इतिहास के रूप में देखा जाता है। इसके अतंर्गत प्लेटो से लेकर मार्क्स तक के चिंतकों के ग्रंथों का अध्ययन होता रहा। दूसरी बात यह है कि राजनीतिक सिद्धांत की शब्दावली भी राजनीतिक चिंतन के इतिहास से ही प्राप्त होती है। उदाहरण के लिए राज्य, संविधान, स्वतंत्रता, आज्ञापालन आदि अवधारणाओं को राजनीतिक चिंतन की परंपराओं के संदर्भ में ही समझा जाता है। इसलिए राजनीतिक चिंतन के इतिहास के समीक्षक राजनीतिक चिंतन को ही राजनीतिक सिद्धांत मानते हैं। उदाहरण के लिए विलियम ए. डनिंग ने 1902 से 1920 ई. के मध्य प्रकाशित अपनी पुस्तक का शीर्षक *ए हिस्ट्री ऑफ पॉलिटिकल थियरिज* रखा जो पश्चिमी राजनीतिक चिंतन के इतिहास पर लिखी गई थी। इसी प्रकार जॉर्ज एच. सेबाइन की 1937 ई. में प्रकाशित पुस्तक का नाम *हिस्ट्री ऑफ पॉलिटिकल थियरी* है। इसमें प्लेटो से मार्क्स तक राजनीतिक चिंतकों का विवेचन किया गया है। इसलिए कई विद्वान राजनीतिक सिद्धांत को चिंतन परंपरा के रूप में देखते हैं। इस परंपरा के विभिन्न चिंतक एक ओर अपने समय की राजनीतिक वास्तविकताओं की आलोचनात्मक व्याख्या करते हैं तो दूसरी ओर हमारे सामने राजनीतिक आदर्शों एवं मूल्यों (क्या होना चाहिए) को भी प्रस्तुत करते हैं। वे अपनी अंतर्दृष्टि से अच्छे समाज और अच्छी सरकार की अवधारणा प्रस्तुत करते हैं। यहाँ पर राजनीतिक सिद्धांत का कार्य राजनीति की व्याख्या करने के साथ-साथ उसका मूल्यांकन भी करना है। इसके साथ ही यह राजनीतिक बुराइयों का समाधान भी प्रस्तुत करता है। इसलिए राजनीतिक चिंतन के इतिहास के रूप में राजनीतिक सिद्धांत मूल्यांकनपरक (Evaluative), आदर्शात्मक (Normative) और अनुशंसात्मक (Prescriptive) है। यह राजनीतिक दर्शन का पर्यायवाची है। व्यवहारवादी राजनीतिक सिद्धांत के इस अर्थ से सहमत नहीं हैं। वे राजनीतिक सिद्धांत को राजनीतिक चिंतन के इतिहास से मुक्त रखने पर बल देते हैं। व्यवहारवादियों का लक्ष्य प्राकृतिक विज्ञानों की तरह राजनीति के संबंध में वैज्ञानिक सिद्धांतों का निर्माण है जो कार्य-कारण के आधार पर राजनीतिक घटनाओं की व्याख्या कर सके। उन्होंने आदर्शात्मक राजनीतिक सिद्धांत के लिए राजनीतिक सिद्धांत पदबंध का उपयोग जारी रखा। लेकिन वैज्ञानिक राजनीतिक सिद्धांत के लिए उन्होंने राजनीति विज्ञान का उपयोग करना प्रारंभ किया। आज प्राय: सभी विश्वविद्यालयों में विषय के रूप में राजनीति विज्ञान शब्द की मान्यता है।

लेकिन इस शब्द के प्रयोग की परंपरा अत्यंत प्राचीन है। अरस्तू ने राजनीति को 'सर्वोच्च विज्ञान' (Master Science) की संज्ञा दी है। उनके लिए विज्ञान का अर्थ व्यवस्थित ज्ञान है। वे राजनीति विज्ञान को 'नगर-राज्य के विज्ञान' के रूप में देखते हैं। उसमें तथ्य और मूल्य अभिन्न रूप में शामिल हैं। आज विज्ञान का अर्थ बदल गया है। अब विज्ञान को आदर्शों और मूल्यों से अलग रखने पर बल दिया जाता है। व्यवहारवादियों द्वारा राजनीतिक दर्शन और राजनीति विज्ञान के बीच अंतर किया जाने लगा। पहला जहाँ स्वतंत्रता, समानता, न्याय आदि मूल्यों से संबंधित है तो दूसरे का मुख्य सरोकार राजनीतिक जीवन से संबंधित तथ्यों से है। तथ्यों का आनुभविक सत्यापन संभव है। इसके विपरीत मूल्य उससे परे होते हैं। इसलिए व्यवहारवादियों ने तथ्यों और मूल्यों को अलग-अलग रखने पर बल दिया। उनका तर्क है कि राजनीतिक सिद्धांत मूल्यों से संबंधित है जबकि राजनीति विज्ञान तथ्यों से। पहला आदर्शात्मक है तो दूसरा आनुभविक। दोनों की प्रकृति अलग है। इस आधार पर राजनीतिक सिद्धांत के दो प्रकार बतलाए जाते हैं-आदर्शात्मक या मानकीय (Normative) राजनीतिक सिद्धांत और आनुभविक (Empirical) राजनीतिक सिद्धांत।

आदर्शात्मक राजनीतिक सिद्धांत की प्रकृति

सामान्य रूप से आदर्शात्मक राजनीतिक सिद्धांत ऐसे सिद्धांतों को कहा जाता है जो मुख्य रूप से मानवीय आचरण, समाज और शासन-व्यवस्था के संबंध में आदर्शों और मानकों को प्रस्तुत करता है। आदर्शात्मक राजनीतिक सिद्धांत की दीर्घ परंपरा रही है। यह यूनानी चिंतक प्लेटो और अरस्तू से प्रारंभ होकर आज तक अविच्छिन्न रूप से हमारे सामने है। इसमें विचारों, पद्धतियों और तर्कों की विविधता है। इनके बावजूद आदर्शात्मक राजनीतिक सिद्धांत के कुछ सामान्य मुद्दे हैं जिन पर प्लेटो से लेकर आज के चिंतकों ने विचार किया और उनके उत्तर को खोजने का प्रयास किया। इसलिए दांते जरमीनो आदर्शात्मक राजनीतिक सिद्धांत को 'अन्वेषण की परंपरा' (Tradition of inquiry) के रूप में देखते हैं। उसके अंतर्गत सामाजिक जीवन से संबंधित महत्त्वपूर्ण राजनीतिक प्रश्नों पर विचार किया जाता रहा है। राज्य की प्रकृति क्या है? व्यक्ति राज्य संबंध कैसे हों? सरकार का उद्देश्य और लक्ष्य क्या है? व्यक्ति के अच्छे जीवन के लिए उपयुक्त शासन कौन-सा है? व्यक्ति को राज्य की आज्ञा का पालन क्यों करना चाहिए? सर्वश्रेष्ठ और पूर्ण शासन-व्यवस्था कौन-सी है?

आदर्शात्मक राजनीतिक सिद्धांत प्रारंभ से ही इन सामान्य प्रश्नों पर विचार करता रहा है। इसलिए यह कहा जाता है कि इसके प्रश्न और सरोकार सार्वकालिक और सार्वदेशिक हैं। इसी आधार पर इसे दर्शन की शाखा के रूप में देखा जाता है और इसे राजनीतिक दर्शन की संज्ञा दी जाती है। लेकिन इसका आशय यह नहीं कि इसका व्यावहारिक राजनीति से कोई संबंध नहीं होता। वस्तुतः व्यावहारिक राजनीतिक समस्याएँ राजनीतिक दर्शन के विकास में महत्त्वपूर्ण योगदान करती हैं। उदाहरण के लिए प्लेटो ने अपने समय की यूनानी राजनीति और शासन-व्यवस्था के दोषों के विश्लेषण के बाद आदर्श शासन के स्वरूप पर विचार किया। इसी प्रकार जॉन रॉल्स पूँजीवादी अर्थव्यवस्था में बढ़ती आर्थिक असमानता की समझ के

आधार पर ही न्याय सिद्धांत का प्रतिपादन करते हैं। इसलिए आदर्शात्मक राजनीतिक सिद्धांत व्यावहारिक राजनीति से गहरा सरोकार रखता है। यह अमूर्त अवधारणाओं और सामान्य निष्कर्षों के ढाँचे में राजनीतिक गतिविधि को समझने का प्रयास करता है। इस प्रकार यह व्यावहारिक राजनीति के अर्थ को स्पष्ट तथा व्यवस्थित रूप से प्रस्तुत करता है। इसलिए यह राजनीतिक यथार्थ की आलोचनात्मक समझ विकसित करता है। इस समझ के आधार पर यह राजनीतिक समस्याओं के समाधान के लिए उपयुक्त साधनों की तलाश भी करता है। परंपरागत रूप से आदर्शात्मक राजनीतिक सिद्धांत राजनीतिक चिंतन के इतिहास के रूप में ही आकार ग्रहण करता है। लेकिन यहाँ यह स्पष्ट करना आवश्यक है कि राजनीतिक सिद्धांत राजनीतिक चिंतन को ऐतिहासिक रूप में प्रस्तुत करने से सरोकार नहीं रखता। यह राजनीतिक चिंतन के मूलभूत विचारों और मतों का विश्लेषण करता है। यहाँ पर यह इतिहास से भिन्न हो जाता है।

आदर्शात्मक राजनीतिक सिद्धांत अतीत के चिंतक को ऐतिहासिक रुचि के आधार पर समझने का प्रयास नहीं करता बल्कि यह उस चिंतन में प्रयुक्त अवधारणाओं का विश्लेषण कर उनकी समकालीन प्रासंगिकता पर विचार करता है। उदाहरण के लिए आदर्शात्मक राजनीतिक सिद्धांत केवल इस बात से सरोकार नहीं रखता कि प्लेटो का न्याय सिद्धांत किन ऐतिहासिक परिस्थितियों में विकसित हुआ? यह इस बात की खोज करता है कि क्या प्लेटो के न्याय सिद्धांत के आधारभूत अवयव – ज्ञानियों का शासन, कार्यात्मक विशेषीकरण, अहस्तक्षेप आदि आज के संदर्भ में एक अच्छे समाज के आधार हो सकते हैं या नहीं? यही कारण है कि लियो स्ट्रॉस राजनीतिक चिंतन के इतिहास और राजनीतिक दर्शन यानी आदर्शात्मक राजनीति सिद्धांत में अंतर करते हैं। उनका तर्क है कि अरस्तू के ग्रंथ *पॉलिटिक्स* को हम इतिहास की पुस्तक की तरह नहीं पढ़ते। उसे हम राजनीतिक दर्शन की पुस्तक के रूप में पढ़ते और समझते हैं।

आदर्शात्मक राजनीतिक सिद्धांत की पश्चिमी परंपरा लगभग ढाई हजार वर्षों की है। इसमें कई चिंतन धाराएँ हैं। जरमीनो ने दो मुख्य धाराओं की पहचान की है – ईश्वर केंद्रित और मानव केंद्रित। पहली धारा के अंतर्गत वे यूनानी और ईसाइयत चिंतन को रखते हैं। दूसरी धारा की उत्पत्ति आधुनिक युग में होती है। इसी प्रकार विन्सेंट तीन प्रमुख परपंराओं को रेखांकित करते हैं–पहली परपंरा प्रकृति और व्यवस्था पर केंद्रित है। यह प्लेटो और अरस्तू जैसे यूनानी चिंतकों और मध्यकालीन ईसाइयत के साथ जुड़ी है। इसका मुख्य विचार है कि विश्व में पूर्व-निर्धारित और अपरिवर्तनीय व्यवस्था है। यह प्रकृति या ईश्वर के द्वारा निर्मित है। इसी व्यवस्था में कानून और न्याय समाहित हैं। ये सार्वकालिक और सार्वभौम रूप से उपयुक्त हैं। राजनीतिक सिद्धांत का उद्देश्य इस पूर्व निर्धारित व्यवस्था को उद्घाटित करना तथा इस पर विचार करना है कि इसे व्यवहार में कैसे लागू किया जा सकता है? राजनीतिक सिद्धांत यह निर्दिष्ट करता है कि कार्यशील राजनीतिक और कानूनी संस्थाओं को इसके अनुकूल ढालने का प्रयास किस प्रकार किया जाए। विन्सेंट के अनुसार दूसरी परंपरा अनुभववाद (Empiricism) की है। इसकी जड़ें यूनानी चिंतन में मिलती हैं। लेकिन इसे सोलहवीं-सत्रहवीं सदी में प्रमुखता प्राप्त हुई। यह परंपरा मनुष्य और उसकी तर्कबुद्धि को प्रमुखता देती है। राज्य,

सरकार, कानून आदि सभी मनुष्यों के द्वारा अपनी इच्छा से बनाए गए हैं। इनमें ईश्वर या प्रकृति की कोई पूर्व निर्धारित योजना नहीं होती। अनुभववाद की बुनियादी मान्यता है कि मानवीय अनुभव यथार्थ ज्ञान का स्रोत है। इसलिए मानव व्यवहार से संबंधित तथ्यों के संकलन और उनका परीक्षण कर मनुष्य के राजनीतिक जीवन का सही ज्ञान प्राप्त किया जा सकता है। विन्सेंट का तर्क है कि अनुभववादी परंपरा के प्रमुख प्रतिपादक मैकियावेली और हॉब्स हैं।

आदर्शात्मक राजनीतिक सिद्धांत की तीसरी प्रमुख परंपरा इतिहासवाद (Historicism) की है। इसके अनुसार मानव इतिहास का एक निर्धारित उद्देश्य है। इसे पूरा करने के लिए ऐतिहासिक विकास की प्रक्रिया एक पूर्व निर्धारित पथ पर आगे बढ़ती है। यह निरंतर प्रगतिशील है। मनुष्य चाह कर भी इससे पीछा नहीं छुड़ा सकता। वह अपनी ऐतिहासिक परिस्थितियों से बँधा होता है। इतिहासवाद की परंपरा के प्रमुख विचारक हीगल और मार्क्स हैं। हीगल के अनुसार विचारों के संघर्ष द्वारा ऐतिहासिक विकास की प्रक्रिया निरंतर प्रगति की ओर अग्रसर होती है। यह तब तक चलती है जब तक कि एक पूर्ण अवस्था न आ जाए। हीगल के विपरीत मार्क्स विचारों के संघर्ष के स्थान पर वर्गों के संघर्ष को ऐतिहासिक विकास का निर्धारक मानते हैं। लेकिन दोनों विकास की एक रेखीय प्रक्रिया में विश्वास करते हैं। दोनों सभी देशों के लिए एक ही प्रकार के विकास के प्रतिमान को प्रस्तुत करते हैं। उत्तर-आधुनिकतावादी विचारक इतिहासवाद का खंडन करते हैं। उनके अनुसार ऐतिहासिक विकास की कोई भी प्रक्रिया सभी देशों पर समान रूप से लागू नहीं हो सकती। उत्तर-आधुनिकतावादी चिंतकों का तर्क है कि इतिहास का कोई उद्देश्य नहीं होता और न ही इसका कोई पूर्व निर्धारित पथ है। मानवीय इतिहास महज संयोग का परिणाम है।

ऊपर वर्णित दीर्घकालीन परंपरा के बावजूद आदर्शात्मक राजनीतिक सिद्धांत की राजनीतिक सिद्धांत नामक स्वतंत्र विषय के रूप में पहचान बीसवीं सदी के मध्य में स्थापित हुई। विश्वविद्यालयों में राजनीतिक सिद्धांत की अलग से पढ़ाई होने लगी। 1970 ई. के दशक में राजनीतिक सिद्धांत के शीर्षक से पत्रिकाएँ प्रकाशित होने लगीं। राजनीतिक सिद्धांत के विशेषज्ञों ने अपनी स्वतंत्र पहचान को राजनीतिक चिंतन की परंपरा से जोड़ना प्रारंभ किया। यहाँ पर एक बात स्पष्ट करनी आवश्यक है कि अरस्तू, मैकियावेली, लॉक, रूसो, हीगल, ग्रीन आदि चिंतकों में खुद के राजनीतिक सिद्धांतकार होने की अवधारणा नहीं थी और न ही उन्होंने राजनीति को दर्शन, इतिहास, अर्थशास्त्र, मनोविज्ञान आदि विषयों से अलग करने का प्रयास किया। उनके लिए राजनीति इन विषयों से अभिन्न रूप से जुड़ी थी। इसलिए राजनीति की उनकी समझ इसके वर्तमान अर्थ से भिन्न थी। आज आदर्शात्मक राजनीतिक सिद्धांत को राजनीतिक सिद्धांत नामक अनुशासन के रूप में विश्वविद्यालयों में मान्यता दी गई है। इसके अध्येताओं में राजनीतिक सिद्धांतकार होने की चेतना है। वे राजनीतिक सिद्धांत के पाठ्यक्रम और उसकी अध्ययन-पद्धति को लेकर सजग हैं। इस प्रकार आदर्शात्मक राजनीतिक सिद्धांत को संस्थागत मान्यता प्राप्त हो गई है। जिसके फलस्वरूप अब यह एक अकादमिक अनुशासन के रूप में स्थापित हो सका है। आदर्शात्मक राजनीतिक सिद्धांत की प्रकृति को निम्न. बिंदुओं के आधार पर स्पष्ट किया जा सकता है-

1. आदर्शात्मक राजनीतिक सिद्धांत आदर्शों एवं मानकों (Norms) **से संबंधित है :** आदर्शात्मक राजनीतिक सिद्धांत का प्रमुख सरोकार मानवीय जीवन, समाज और शासन-व्यवस्था की आदर्श प्रकृति की व्यवस्थित खोज है। इसलिए यह उनके उद्देश्यों की विवेचना करता है। मनुष्य को किस प्रकार जीना चाहिए? अच्छे समाज के आधार क्या हो सकते हैं? सर्वश्रेष्ठ शासन-व्यवस्था कौन सी है? आदर्शात्मक राजनीतिक सिद्धांत इन सभी प्रश्नों पर विचार करता है। ये प्रश्न अपने समय के संदर्भ में ही किए जाते हैं। उदाहरण के लिए प्लेटो ने तत्कालीन यूनान की सामाजिक-राजनीतिक परिस्थितियों के संदर्भ में ही आदर्श राज्य की रूपरेखा प्रस्तुत की थी। इसे व्यवहार में कैसे लागू किया जाए, यह प्लेटो के लिए प्रमुख मुद्दा नहीं था। इसलिए आदर्शात्मक राजनीतिक सिद्धांत अच्छे जीवन, अच्छे समाज और अच्छी शासन-व्यवस्था की अवधारणाएँ प्रस्तुत करता है। इन्हें पूरी तौर पर व्यवहार में लागू करना भले संभव न हो। इसके बावजूद ये आदर्श हमारे सामने अपने समय, जीवन, समाज और शासन-व्यवस्था को बेहतर बनाने का मॉडल प्रस्तुत करते हैं। इसके आधार पर हम अपने वर्तमान समाज, राजनीति तथा सरकार के दोषों को समझते हैं और उन्हें बेहतर बनाने की दिशा में प्रयास करते हैं। यदि राजनीतिक जीवन से संबंधित आदर्श और मापदंड न हों तो वर्तमान राजनीति के दोषों की समझ संभव नहीं हो सकती। आदर्शात्मक राजनीतिक सिद्धांत के प्रमुख सरोकार राजनीतिक जीवन से संबंधित तथ्य न होकर मूल्य हैं। इसके अंतर्गत स्वतंत्रता, समानता आदि मूल्यों पर निरंतर बहस चलती रहती है।

2. आदर्शात्मक राजनीतिक सिद्धांत सार्वभौम प्रकृति का है : आदर्शात्मक राजनीतिक सिद्धांत अपनी विशिष्ट परिस्थितियों में उत्पन्न होता है। लेकिन यह इस आधारभूत मान्यता पर आधारित है कि राजनीतिक जीवन के कुछ सामान्य लक्ष्य और शुभ (Common good) होते हैं। वे सभी प्रकार की राजनीतिक स्थिति में सामान्य होते हैं। इसलिए आदर्शात्मक राजनीतिक सिद्धांत सार्वदेशिक और सार्वकालिक प्रश्नों पर विचार करता है। इस आधार पर आदर्शात्मक राजनीतिक सिद्धांत समय और स्थान से परे है। इस संबंध में लियो स्ट्रॉस का कहना है कि सर्वश्रेष्ठ राजनीतिक व्यवस्था से संबंधित प्रश्न सार्वभौम प्रकृति के होते हैं। उनका यह विचार सही है। आदर्शात्मक राजनीतिक सिद्धांत में ऐसे राजनीतिक आदर्शों की खोज की जाती है जो समय और स्थान की सीमाओं से बँधे हुए नहीं होते। यदि लोकतंत्र के सिद्धांत पर विचार होता है तो उसमें किसी देश विशेष की लोकतांत्रिक व्यवस्था पर विचार नहीं होता। आदर्शात्मक राजनीतिक सिद्धांत एक ऐसे लोकतंत्र की रूपरेखा प्रस्तुत करता है जो सभी राजनीतिक स्थितियों के लिए मानक हो।

3. आदर्शात्मक राजनीतिक सिद्धांत मूल्यांकनपरक है : आदर्शात्मक राजनीतिक सिद्धांत राजनीतिक संस्थाओं और गतिविधियों को केवल समझने का प्रयास नहीं करता बल्कि यह उनका मूल्यांकन भी करता है। इसका संबंध इस प्रश्न से नहीं होता कि कोई राजनीतिक धारणा या विश्वास वास्तविक रूप से सत्य है या असत्य। इसका प्रमुख सरोकार उन मतों, विश्वासों और पूर्वधारणाओं से है जो अच्छे-बुरे से संबंधित होते हैं। इसलिए डेविड रैफेल ने राजनीतिक दर्शन का एक प्रमुख कार्य 'विश्वासों का आलोचनात्मक मूल्यांकन' बतलाया है। आदर्शात्मक

राजनीतिक सिद्धांत राजनीतिक विश्वासों और दावों को स्वीकारने या नकारने के औचित्यपूर्ण आधारों को प्रस्तुत करता है। ये आधार बुद्धिसंगत एवं तर्कपूर्ण होते हैं। इस संबंध में स्ट्रॉस का भी मत है कि राजनीतिक दर्शन (स्ट्रॉस आदर्शात्मक राजनीतिक सिद्धांत की जगह राजनीतिक दर्शन का प्रयोग करते हैं) का कार्य राजनीतिक चीजों से संबंधित मतों अथवा विश्वासों का परीक्षण करना है। आदर्शात्मक राजनीतिक सिद्धांत इसके लिए एक आदर्श या मानक प्रस्तुत करता है उसके आधार पर यह परीक्षण किया जाता है। प्लेटो का आदर्श राज्य दार्शनिकों के शासन पर आधारित है। यदि इस मानक पर लोकतंत्र का परीक्षण किया जाए तो वह सर्वश्रेष्ठ शासन–पद्धति नहीं मानी जा सकती। इसके विपरीत लॉक जैसे उदारवादी चिंतकों द्वारा प्रतिपादित व्यक्तिगत स्वतंत्रता और अधिकार के मानक पर लोकतंत्र सबसे अच्छी शासन–व्यवस्था मानी जा सकती है। इस प्रकार आदर्शात्मक राजनीतिक सिद्धांत सत्य–असत्य पर विचार नहीं करता। यह अच्छे–बुरे से संबंधित निर्णयों को हमारे सामने प्रस्तुत करता है।

4. आदर्शात्मक राजनीतिक सिद्धांत दार्शनिक प्रकृति का है : स्ट्रॉस राजनीतिक दर्शन को दर्शनशास्त्र की एक शाखा मानते हैं। दर्शन पूरे विश्व को समग्र दृष्टि से समझने का प्रयास करता है। इसी प्रकार आदर्शात्मक राजनीतिक सिद्धांत किसी देश या समय विशेष की राजनीति पर विचार नहीं करता। यह सामान्य रूप से राजनीतिक चीजों को जानने का प्रयास करता है। इसके लिए यह मानव स्वभाव का विश्लेषण करता है। इसका मानना है कि राजनीति की सही सैद्धांतिक समझ इसके बगैर नहीं हो सकती। व्यक्ति कैसे सोचता है? उसके स्वभाव के अंतर्निहित गुण कौन से हैं? वह निर्णय कैसे लेता है? आदर्शात्मक राजनीतिक सिद्धांत के अनुसार इन प्रश्नों की पड़ताल दार्शनिक पद्धति के द्वारा ही की जा सकती है। दूसरी बात यह है कि यह जिन प्रश्नों और मुद्दों पर विचार करता है, उनके सर्वमान्य उत्तर नहीं मिल सकते। ये प्रश्न और मुद्दे दार्शनिक प्रकृति के होते हैं। दार्शनिक सवालों के अंतिम उत्तर कभी नहीं मिलते।

5. आदर्शात्मक राजनीतिक सिद्धांत अवधारणाओं को स्पष्ट करता है : अवधारणा किसी चीज के संबंध में सामान्य विचार है। उदाहरण के लिए स्वतंत्रता की अवधारणा का अर्थ इसका सामान्य विचार है। आदर्शात्मक राजनीतिक सिद्धांत का एक प्रमुख कार्य राजनीतिक अवधारणाओं का स्पष्टीकरण है। यह इस प्रश्न का उत्तर देने का प्रयास करता है कि राजनीति का अर्थ क्या है और इसकी पहचान कैसे की जा सकती है? हैकर का तर्क है कि (आदर्शात्मक) राजनीतिक सिद्धांत का मुख्य लक्ष्य अवधारणाओं की समझ को बढ़ाना है। इसी प्रकार रैफेल के लिए भी राजनीतिक दर्शन अवधारणाओं को स्पष्ट करता है। स्वतंत्रता, समानता, न्याय आदि राजनीतिक अवधारणाएँ हैं। इन्हें विभिन्न तरीकों से समझा जाता है। उदाहरण के लिए प्लेटो ने न्याय की अवधारणा को जिस रूप में समझा उसी रूप में जॉन रॉल्स नहीं समझते। आदर्शात्मक राजनीतिक सिद्धांत यह स्पष्ट करता है कि विभिन्न अवधारणाओं के विभिन्न अर्थ क्या हैं? उन अर्थों के गुण–दोष क्या हैं? इससे इन अवधारणाओं की सही समझ विकसित होने में सहायता मिलती है। यहाँ पुनः यह स्पष्ट करना आवश्यक है कि इन अवधारणाओं के सर्वमान्य अर्थ प्राप्त नहीं होते। इसके बावजूद आदर्शात्मक राजनीतिक

सिद्धांत इन अवधारणाओं का विश्लेषण करता है। प्रारंभ से लेकर आज तक यह स्वतंत्रता, समानता, न्याय, अधिकार, लोकतंत्र आदि अवधारणाओं का विभिन्न तरीके से विश्लेषण करता रहा है। यह इस पर विचार करता है कि किसी अवधारणा का कौन-सा अर्थ विशिष्ट सामाजिक परिस्थितियों के लिए उपयुक्त है। उदाहरण के लिए रूसो ने लोकतंत्र का जो अर्थ बतलाया वह कम जनसंख्या वाले राज्यों के लिए ही उपयुक्त है।

6. आदर्शात्मक राजनीतिक सिद्धांत निर्देशात्मक (Prescriptive) **है :** आदर्शात्मक राजनीतिक सिद्धांत अच्छे समाज और सरकार का विचार प्रस्तुत करता है। इस प्रकार यह निर्दिष्ट करता है कि समाज या सरकार को कैसा होना चाहिए। इसी आधार पर यह राजनीतिक यथार्थ का मूल्यांकन करता है। इसके साथ ही यह उन साधनों के संबंध में भी सुझाव देता है। प्लेटो का उदाहरण लें। तत्कालीन यूनान की राजनीति में अज्ञानता और स्वार्थ का बोलबाला था। इसलिए प्लेटो ने यह विचार प्रस्तुत किया कि अच्छा समाज और अच्छा शासन तभी संभव है जब शासक ज्ञानी और सदाचारी हो। इसी प्रकार अरस्तू ने भी अपने समय के संविधानों का अध्ययन कर उनके दोषों के निराकरण के उपायों को बतलाया। आदर्शात्मक राजनीतिक सिद्धांत एक चिकित्सक की तरह राजनीतिक बुराइयों को दूर करने के लिए उपयुक्त साधनों का सुझाव देता है। जोवेनेल का कहना है कि राजनीतिक सिद्धांत राजनीतिज्ञों को उचित रास्ता दिखलाने का प्रयास करता है। इस रूप में यह राजनीतिक गतिविधि दिशा-निर्देशन का प्रयास करता है। यह राजनीति को उच्च लक्ष्यों की ओर प्रेरित करता है। बदलती सामाजिक परिस्थितियों के अनुरूप आदर्शात्मक राजनीति सिद्धांत नए लक्ष्यों, आदर्शों और मूल्यों को व्यवस्थित रूप से प्रस्तुत करता है। ये किसी-न-किसी रूप में राजनीतिज्ञों का मार्गदर्शन करते हैं।

7. आदर्शात्मक राजनीतिक सिद्धांत आत्मनिष्ठ (Subjective) **है :** आदर्शात्मक राजनीतिक सिद्धांत तथ्यों के संग्रह, विश्लेषण और उन पर आधारित निष्कर्षों को प्रस्तुत नहीं करता। यह व्यक्ति की अपनी अंतर्दृष्टि पर आधारित होता है। प्रत्येक राजनीतिक दार्शनिक कुछ आदर्शों और मूल्यों को प्रस्तुत करता है। इनके लिए वह विभिन्न प्रकार के तर्क प्रस्तुत करता है। दूसरे लोग उनके मूल्यों और उनके समर्थन में दिए गए तर्कों के विपरीत तर्क प्रस्तुत करते हैं। इसलिए आदर्शात्मक राजनीतिक सिद्धांत के केंद्र में तार्किक बहस है। इसमें किसी विचार के व्यावहारिक रूप से सत्य या असत्य होने की पड़ताल नहीं की जाती। आदर्शात्मक राजनीतिक सिद्धांत के अंतर्गत किसी विचारक का मूल्यांकन इस आधार पर होता है कि उसके द्वारा प्रस्तुत किए तर्कों में संगति है या नहीं? इस प्रकार आदर्शात्मक राजनीतिक सिद्धांत की उत्पत्ति व्यक्ति की तर्कशीलता और अतंर्दृष्टि से होती है। इसके साथ ही इसका मूल्यांकन भी बुद्धिसंगत आधारों पर होता है, न कि तथ्यों के आधार पर।

आनुभविक राजनीतिक सिद्धांत

आनुभविक राजनीतिक सिद्धांत राजनीतिक वास्तविकताओं का अध्ययन करता है। इसके अनुसार राजनीति एक गतिविधि है जो मनुष्यों और समूहों के व्यवहार में परिलक्षित होती

है। इसलिए आनुभविक राजनीतिक सिद्धांत का विषय राजनीतिक व्यवहार है। उसका अवलोकन किया जा सकता है। इससे प्राप्त तथ्यों के संग्रह, मापन और सत्यापन से मनुष्य के राजनीतिक व्यवहार की व्याख्या की जा सकती है और इसके संबंध में सामान्य निष्कर्ष निकाले जा सकते हैं। पुनः इन निष्कर्षों का परीक्षण अनुभव के आधार पर हो सकता है। इसलिए आनुभविक राजनीतिक सिद्धांत अनुभवसिद्ध होता है। इसी आधार पर इसे वैज्ञानिक सिद्धांत भी कहा जाता है। आनुभविक सिद्धांत के समर्थकों का मानना है कि राजनीतिक व्यवहार के अध्ययन में वैज्ञानिक पद्धति का उपयोग संभव है। इस आधार पर राजनीति विज्ञान जैसे सामाजिक विज्ञान को पदार्थ विज्ञान जैसे प्राकृतिक विज्ञान के रूप में विकसित किया जा सकता है। मानव व्यवहार के संबंध में आनुभविक रूप से सत्यापित सिद्धांत के निर्माण के पश्चात राजनीति विज्ञान प्राकृतिक विज्ञानों की तरह भविष्यवाणी की क्षमता अर्जित कर सकता है। इस प्रकार आनुभविक राजनीतिक सिद्धांत का निर्माण एक सैद्धांतिक लक्ष्य भी है।

आनुभविक राजनीतिक सिद्धांत के प्रश्न और सरोकार आदर्शात्मक राजनीतिक सिद्धांत से बुनियादी तौर पर भिन्न हैं। यह राज्य और सरकार जैसी संस्थाओं, आदर्श शासन-व्यवस्था की प्रकृति और राजनीतिक चिंतन के इतिहास को अपने अध्ययन का विषय नहीं बनाता। क्या होना चाहिए, से इसका कोई सरोकार नहीं होता क्योंकि इसका उत्तर वैज्ञानिक पद्धति से नहीं दिया जा सकता। इसलिए आनुभविक राजनीतिक सिद्धांत 'क्या है' से सरोकार रखता है। यह चुनाव, मतदान व्यवहार, निर्णय-प्रक्रिया आदि वास्तविक राजनीतिक गतिविधियों का वर्णन करता है। उनमें कौन और कैसे भाग लेता है? इसके साथ ही आनुभविक राजनीतिक सिद्धांत राजनीतिक गतिविधियों के कारणों की भी खोज करता है। निर्वाचन में महिलाओं का मतदान प्रतिशत पुरुषों के तुलना में क्यों कम होता है? महिलाएँ राजनीति में अपनी संख्या के अनुपात में क्यों सक्रिय नहीं होतीं? इन प्रश्नों के उत्तर मानव व्यवहार के अवलोकन से प्राप्त तथ्यों के आधार पर दिए जाते हैं। पुनः इन उत्तरों को दूसरों के द्वारा तथ्यों के आधार पर सत्य या असत्य ठहराया जा सकता है। किसी राजनीतिक गतिविधि या घटना के कारणों की खोज और उनके बार-बार आनुभविक सत्यापन से उन्हें सिद्धांत के रूप में व्यवस्थित किया जा सकता है। उदाहरण के लिए यह सिद्धांत विकसित हो सकता है कि अशिक्षा महिलाओं की कम सहभागिता का कारण है। इस आधार पर आने वाले चुनाव में किसी क्षेत्र विशेष में महिलाओं की शिक्षा के आधार पर उनके मतदान के संबंध में भविष्यवाणी की जा सकती है। इस प्रकार आनुभविक राजनीतिक सिद्धांत के प्रमुख सरोकार राजनीतिक गतिविधियों के वर्णन, उनके कारणों के विश्लेषण और उनके संबंध में भविष्यवाणी की क्षमता प्राप्त करने से है। क्यों महिलाओं की राजनीतिक भागीदारी अधिक होनी चाहिए? यह इस प्रश्न का उत्तर नहीं दे सकता क्योंकि यह प्रश्न समानता के मूल्य से संबंधित है, तथ्य से नहीं। इस प्रश्न के किसी भी उत्तर का आनुभविक सत्यापन नहीं हो सकता। शासक वर्ग को ज्ञानी और सदाचारी होना चाहिए, आनुभविक राजनीतिक सिद्धांत के द्वारा इसे सही या गलत सिद्ध नहीं किया जा सकता। इसके निर्माण की प्रक्रिया तथ्यों की खोज पर आधारित होती है।

आनुभविक राजनीतिक सिद्धांत का विकास 1920 ई. के दशक में अमेरिका में हुआ। शिकागो विश्वविद्यालय इसका केंद्र था। वैसे इसके पूर्व ग्राहम वालास और आर.एफ. बेंटले ने राजनीति के अध्ययन में आनुभविक पहलू पर बल दिया था। राजनीति के आनुभविक अध्ययन को आगे बढ़ाने में शिकागो विश्वविद्यालय के प्रोफेसर चार्ल्स मेरियम का महत्त्वपूर्ण योगदान है। उन्होंने सरकार की वास्तविक प्रक्रिया और वर्णन पर बल दिया। मेरियम के शिष्यों ने सामूहिक तौर पर आनुभविक शोध की दिशा में उल्लेखनीय योगदान किया। इनके कारण बड़े पैमाने पर आनुभाविक शोध हुए और अनुभवसिद्ध सिद्धांतों के विकास के प्रयास किए गए। आनुभविक राजनीतिक सिद्धांत को वैज्ञानिक राजनीतिक सिद्धांत भी कहा जाता है क्योंकि वैज्ञानिक सिद्धांत आनुभविक होता है। इसमें इंद्रियों के द्वारा घटनाओं के अवलोकन और परीक्षण किए जाते हैं। अवलोकन किए गए तथ्यों के आधार पर ही सिद्धांत निर्मित होते हैं। आनुभविक राजनीतिक सिद्धांत की निम्न महत्त्वपूर्ण विशेषताएँ हैं–

1. राजनीतिक प्रक्रिया का विश्लेषण : आनुभविक राजनीतिक सिद्धांत संस्थाओं के स्थान पर राजनीतिक प्रक्रिया का विश्लेषण करता है। समाज में राजनीतिक गतिविधि वस्तुत: किस प्रकार संचालित होती है? मनुष्य इन गतिविधियों में क्यों और कैसे भाग लेता है? संस्थाएँ किस प्रकार कार्य करती हैं? आनुभविक राजनीतिक सिद्धांत इन प्रश्नों का उत्तर मानव व्यवहार के अध्ययन के आधार पर देने का प्रयास करता है। उदाहरण के लिए मतदान प्रक्रिया के अवलोकन से ये तथ्य प्राप्त किए जा सकते हैं कि इसमें कौन लोग सहभागी हैं? उनके मतदान व्यवहार को कौन से कारक प्रभावित करते हैं? आनुभविक राजनीतिक सिद्धांत राजनीतिक गतिविधियों और प्रक्रियाओं का विश्लेषण इसलिए करता है कि इनका अवलोकन हो सकता है। इनके संबंध में तथ्यों को संगृहीत किया जा सकता है। यही कारण है कि यह राज्य जैसी संस्था के अध्ययन के स्थान पर राजनीतिक व्यवस्था का विश्लेषण करता है। ईस्टन के द्वारा प्रतिपादित राजनीतिक व्यवस्था की अवधारणा इस बात पर केंद्रित है कि कोई राजनीतिक व्यवस्था समाज से उठने वाली माँगों पर किस प्रकार निर्णय लेती है? यह संसाधनों का बँटवारा कैसे करती है? इसी प्रकार आमण्ड के विश्लेषण का आधार विभिन्न संरचनाओं द्वारा किए जा रहे विशिष्ट कार्य हैं। आनुभविक राजनीतिक सिद्धांत विधायिका के अध्ययन और विश्लेषण के स्थान पर कानून–निर्माण की प्रक्रिया पर अपना ध्यान केंद्रित करता है। इसका अवलोकन संभव है और इसके आधार पर राजनीति को समझा जा सकता है।

2. आनुभविक राजनीतिक सिद्धांत का स्रोत अनुभव है : आनुभविक राजनीतिक सिद्धांत राजनीतिक वास्तविकताओं का अध्ययन करता है। इसका मानना है कि यथार्थ ज्ञान की प्राप्ति अनुभव से ही हो सकती है। यहाँ अनुभव में व्यक्तिपरक निजी अनुभव शामिल नहीं है। अनुभव का सार्वजनिक होना आवश्यक है ताकि दूसरे लोग भी उसका अवलोकन कर सकें। इसलिए यह उन सिद्धांतों की सत्यता को अस्वीकार करता है जिन्हें अनुभव के द्वारा सत्यापित न किया जा सके। आनुभविक राजनीतिक सिद्धांत का मूल आधार राजनीतिक यथार्थ के संबंध में संगृहीत आनुभविक आँकड़े (Data) हैं। अनुभव से उनका परीक्षण किया जा सकता है। इसके द्वारा उनकी सत्यता को प्रमाणित किया जा सकता है। दूसरे लोग भी

इन्द्रियानुभव के द्वारा उसकी पड़ताल कर सकते हैं। इस प्रकार आनुभविक सत्यापन आनुभविक राजनीतिक सिद्धांत का प्राण तत्त्व है। इसी आधार पर यह आदर्शात्मक राजनीतिक सिद्धांतों की सत्यता से इनकार करता है। हमें कैसे जीना चाहिए? इस प्रश्न का उत्तर आनुभविक रूप से दिया जाना संभव नहीं। इसलिए इस संबंध में यथार्थ ज्ञान की संभावना नहीं है। यही कारण है कि आनुभविक राजनीतिक सिद्धांत केवल उन प्रश्नों पर अपना ध्यान केंद्रित करता है जिनके उत्तर आनुभविक साक्ष्यों के आधार पर दिए जा सकें। इसकी रुचि 'कौन, क्या, कैसे और कब पाता है?' के विश्लेषण में है। इस संबंध में अवलोकन से तथ्य प्राप्त हो सकते हैं। उनके बीच कार्य-कारण संबंध स्थापित किया जा सकता है। पुन: इनका आनुभविक सत्यापन संभव है। इस आधार पर सामान्य निष्कर्ष निकाले जा सकते हैं। इस प्रकार आनुभविक राजनीतिक सिद्धांत आनुभविक साक्ष्यों द्वारा सत्यापित होता है।

3. वैज्ञानिक पद्धति का प्रयोग : आनुभविक राजनीतिक सिद्धांत के निर्माताओं का यह दृढ़ मत है कि प्राकृतिक विज्ञानों और सामाजिक विज्ञानों में पद्धति संबंधी समानता है। इसलिए राजनीति को भी वैज्ञानिक पद्धति से समझा जा सकता है। इसके आधार पर वस्तुनिष्ठ, निश्चित एवं सर्वमान्य सिद्धांतों का विकास संभव है। यही कारण है कि व्यवहारवादी राजनीति के अध्ययन में पद्धति के उपयोग को लेकर काफी सजग हैं। उनके शोध का उद्देश्य आनुभविक सिद्धांतों का निर्माण है। वैज्ञानिक पद्धति अवलोकन एवं प्रयोग पर आधारित होती है। उसमें इंद्रियों के द्वारा घटनाओं का अवलोकन होता है। अवलोकन से प्राप्त तथ्यों में परस्पर संबंध स्थापित करने का प्रयास किया जाता है। उसके आधार पर किसी घटना के संबंध में प्राक्कल्पनाएँ विकसित की जाती हैं। उनका नियमित और बार-बार आनुभविक परीक्षण होता है। इस प्रक्रिया से वैज्ञानिक सिद्धांतों का निर्माण होता है। विज्ञान सार्वकालिक और सार्वदेशिक सत्य की खोज नहीं करता। यह सापेक्ष सत्य को प्रस्तुत करता है। विज्ञान के सामान्य निष्कर्ष अनुभव के आधार पर गलत ठहराए जा सकते हैं। इस प्रकार वैज्ञानिक ज्ञान मानवीय अनुभव पर आधारित होता है। आनुभविक राजनीतिक सिद्धांत के निर्माण में लगे सिद्धांतकार भी इस तरह के वैज्ञानिक राजनीतिक सिद्धांत का विकास करना चाहते हैं। उनका मानना है कि राजनीति विषय को राजनीतिक व्यवहार का विज्ञान बनाया जा सकता है। इस लक्ष्य को पूरे तौर पर तो प्राप्त नहीं किया जा सका। इसके बावजूद उनके द्वारा वैज्ञानिक पद्धति के प्रयोग द्वारा कई सिद्धांतों को विकसित करने का प्रयास किया गया। इनमें व्यवस्था सिद्धांत, निर्णय-निर्माण सिद्धांत, संप्रेषण सिद्धांत आदि महत्त्वपूर्ण हैं।

4. आनुभविक राजनीतिक सिद्धांत वर्णनात्मक (Descriptive) **है :** आदर्शात्मक राजनीतिक सिद्धांत जहाँ अनुशंसात्मक है, वहाँ आनुभविक राजनीतिक सिद्धांत वर्णनात्मक है। पहला राजनीतिक जीवन के लक्ष्यों और उनको प्राप्त करने वाले साधनों की अनुशंसा करता है। दूसरा राजनीतिक घटनाओं और गतिविधियों का वर्णन करता है। राजनीति में कौन भाग लेता है? कौन किन परिस्थितियों में मतदान करता है? शासन किस प्रक्रिया से चलता है? आनुभविक राजनीतिक सिद्धांत इन प्रश्नों के उत्तर खोजने का प्रयास करता है। यह व्यक्ति की राजनीतिक गतिविधियों को निर्धारित करने वाले विभिन्न कारकों को स्पष्ट करता

है। इनसे संबंधित तथ्यों की खोज सिद्धांत निर्माण की दिशा में पहला कदम है। आनुभविक राजनीतिक सिद्धांत व्यक्तियों के राजनीतिक व्यवहार और उसके विभिन्न कारकों में नियमित संबंधों की खोज करता है। सिद्धांत इनका ही वर्णन करता है। इसलिए आनुभविक राजनीतिक सिद्धांत वास्तविक राजनीतिक गतिविधियों और सरकार की प्रक्रियाओं का वर्णन करता है। लेकिन यह व्यक्तियों के अपने आदर्शों एवं मूल्यों से स्वतंत्र होता है। यह तथ्यात्मक होता है। राजनीतिक घटनाओं के वर्णन के दौरान अध्ययनकर्ता मूल्यांकन से बचता है।

5. आनुभविक राजनीतिक सिद्धांत व्याख्यात्मक (Explanatory **है :** विज्ञान का एक प्रमुख कार्य अवलोकन की गई घटना की व्याख्या है। यह उस घटना के कारणों की खोज का प्रयास करता है। विज्ञान में विभिन्न संभावित कारणों का कठोरता से आनुभविक परीक्षण किया जाता है। परीक्षण में सही सिद्ध होने पर कारणों को सिद्धांत का रूप दिया जाता है। इस प्रकार विज्ञान में किसी घटना की व्याख्या का आधार सिद्धांत होता है। उदाहरण के लिए गुरुत्वाकर्षण का सिद्धांत ऊपर फेंकी गई किसी वस्तु के जमीन पर गिर जाने के कारण की व्याख्या करता है। आनुभविक राजनीतिक सिद्धांत के अंतर्गत राजनीतिक गतिविधि और प्रक्रियाओं का अवलोकन किया जाता है। इस दौरान उन कारकों की खोज की जाती है जो नियमित रूप से सामने आते हैं। इन कारकों के बीच अंतर्संबंध स्थापित किए जाते हैं। पुन: इनका आनुभविक सत्यापन होता है। इसके बाद इन्हें सिद्धांत का रूप दिया जाता है। इनके आधार पर राजनीतिक गतिविधि या प्रक्रिया की व्याख्या संभव होती है। आनुभविक राजनीतिक सिद्धांत के समर्थकों का मानना है कि प्राकृतिक विज्ञानों की तरह आनुभविक राजनीतिक सिद्धांत का स्वरूप व्याख्यात्मक है। इसका कार्य यह बतलाना है कि कोई राजनीतिक व्यवस्था किन कार्यों को करती है और किस प्रकार? लेकिन यह इस प्रश्न से सरोकार नहीं रखता कि राजनीतिक व्यवस्था को क्या करना चाहिए? यह व्याख्या का प्रश्न नहीं है। इसका संबंध मूल्यों से है।

6. आनुभविक राजनीतिक सिद्धांत तथ्यों और मूल्यों के पृथक्कीकरण पर आधारित है : वैज्ञानिक सिद्धांत तथ्यों के अवलोकन, वर्गीकरण और मापन पर आधारित होता है। इसलिए इसके निष्कर्ष वस्तुनिष्ठ होते हैं। इसका आशय है कि दूसरे लोगों के अवलोकन के लिए वे तथ्य सामने होते हैं। वे अपने इंद्रियावलोकन से तथ्यों पर आधारित निष्कर्ष की जाँच करते हैं और उससे सहमत या असहमत होते हैं। इस पूरी प्रक्रिया में शोधकर्ता के आदर्श, मूल्य और प्राथमिकताएँ शोध के निष्कर्षों को प्रभावित नहीं करते। वैज्ञानिक सिद्धांतों की सत्यता-असत्यता के संबंध में वैज्ञानिकों के नैतिक मूल्य पूरी तौर पर अप्रासंगिक होते हैं। आनुभविक राजनीतिक सिद्धांतकार अपने अध्ययन में वैज्ञानिक पद्धति के प्रयोग के प्रबल पक्षधर हैं। इसलिए वे तथ्यों और मूल्यों को अलग-अलग रखना चाहते हैं। इसके साथ ही वे यह स्वीकार करते हैं कि यह संभव है। वैज्ञानिक पद्धति से इस प्रश्न का उत्तर नहीं दिया जा सकता कि समाज को समानता पर आधारित होना चाहिए या नहीं? हमें पशुओं के साथ क्रूरतापूर्ण व्यवहार करना चाहिए या नहीं? ये प्रश्न नैतिक मूल्यों और मूल्यांकन से संबंधित हैं। विज्ञान में इनका कोई उपयोग नहीं है। आनुभविक सिद्धांत के अंतर्गत यह प्रयास किया जाता है कि मानव व्यवहार का अध्ययन आनुभविक तरीके से हो। इसके लिए यह आवश्यक है

कि अध्ययनकर्ता अपने मूल्यों और प्राथमिकताओं को अवलोकन से प्राप्त तथ्यों से अलग रखे। व्याख्या और मूल्यांकन बिल्कुल अलग-अलग हैं। राजनीतिक गतिविधियों की सही व्याख्या तभी संभव है जब उससे मूल्यांकन को पृथक रखा जाए। वैज्ञानिक पद्धति से अध्ययन की यह पूर्वशर्त है। इसलिए आनुभविक राजनीतिक सिद्धांत के निर्माता अपने मूल्यों और प्राथमिकताओं को व्यक्त करने से बचते रहे। इस संबंध में डेविड ट्रूमेन का कहना सही है कि राजनीतिक व्यवहार के शोध में इस बात की पड़ताल नहीं की जाती कि मनुष्य को कैसे व्यवहार करना चाहिए? आनुभविक सिद्धांतकारों के लिए यह एक कठिन समस्या है कि वे अपने आनुभविक निष्कर्षों को अपने मूल्यों के प्रभाव से कैसे मुक्त रखें। इस संबंध में ईस्टन का सुझाव है कि शोधकर्ता को अपने मूल्यों की स्पष्ट घोषणा कर देनी चाहिए। उससे दूसरे लोगों के लिए यह संभव हो सकेगा कि वे निष्कर्षों पर मूल्यों के प्रभाव की जाँच-पड़ताल कर सकेंगे। इस प्रकार तथ्य और मूल्य को अलग रखना आनुभविक सिद्धांतवादियों की सबसे प्रमुख समस्या है।

7. आनुभविक राजनीतिक सिद्धांत में परिमाणात्मक पद्धति का उपयोग होता है : आनुभविक राजनीतिक सिद्धांतकारों का लक्ष्य वैज्ञानिक राजनीतिक सिद्धांतों का निर्माण है। इनके आधार पर ही राजनीतिक प्रक्रिया की व्याख्या की जा सकती है। वैज्ञानिक सिद्धांत तथ्यों पर आधारित होते हैं। इनको परिमाणात्मक रूप में प्रस्तुत किया जाता है। वस्तुत: किसी सिद्धांत पर विद्वानों की सहमति का आधार यही है। इसलिए आनुभविक राजनीतिक सिद्धांत के पक्षधर यथासंभव परिमाणात्मक पद्धतियों के उपयोग का सुझाव देते हैं। वे व्यक्ति के राजनीतिक व्यवहार के विभिन्न कारकों से संबंधित आँकड़ों को परिमाणात्मक रूप से प्रस्तुत करने का प्रयास करते हैं। वे तथ्यों को एकत्र करने, उनके वर्गीकरण और विश्लेषण में सांख्यिकीय पद्धतियों का उपयोग प्रमुखता से करते हैं। उदाहरण के लिए व्यवहारवादियों द्वारा मतदान व्यवहार के अध्ययन में 'सैम्पल सर्वे' का भरपूर उपयोग किया जाता है। सांख्यिकीय पद्धति का उपयोग जनमत सर्वेक्षण में भी होता है। इसी प्रकार किसी क्षेत्र के मतदाताओं में से कुछ को 'सैम्पलिंग' के द्वारा चुना जाता है। उनसे साक्षात्कार के माध्यम से उनके रुझान की जानकारी एकत्र की जाती है। पुन: सांख्यिकीय तकनीकों के द्वारा उनका विश्लेषण होता है। उस आधार पर चुनाव परिणाम का पूर्वानुमान लगाया जाता है। परिमाणात्मक रूप से प्रस्तुत तथ्यों में राजनीतिक घटनाओं के विभिन्न कारकों में अंतर्संबंध स्थापित करने में आसानी होती है। उदाहरण के लिए मतदाताओं की शिक्षा और मतदान के परस्पर संबंध को परिमाणात्मक आधार पर ही स्थापित किया जा सकता है। यदि हम शिक्षा की बढ़ती स्थिति का मतदान पर होने वाले प्रभाव का विश्लेषण करना चाहें तो हमें सांख्यिकी में प्रयुक्त होने वाले सहसंबंध (Co-relation analysis) का सहारा लेना होगा। पुन: प्रतिगमन विश्लेषण (Regression analysis) के जरिए हम यह पूर्वानुमान लगा सकते हैं कि मतदाताओं की शिक्षा के स्तर में वृद्धि होने पर मतदान का प्रतिशत कितना बढ़ेगा। आनुभविक राजनीतिक सिद्धांत के अंतर्गत परिमाणात्मक पद्धतियों के उपयोग पर बल देने का एक प्रमुख कारण यह है कि यदि शोधकर्ता निष्कर्षों को परिमाणात्मक रूप से प्रस्तुत करता है तो उन पर शोधकर्ता के मूल्यों का प्रभाव पड़ने की संभावना कम हो जाती है। इसलिए आनुभविक राजनीतिक

सिद्धांतकारों का आग्रह है कि परिमाणात्मक पद्धति के द्वारा ही राजनीति का विश्वसनीय ज्ञान प्राप्त किया जा सकता है। वस्तुतः आनुभविक या वैज्ञानिक राजनीतिक सिद्धांत परिमाणात्मक पद्धतियों और तकनीकों का परिणाम है।

उपर्युक्त विवेचन से यह स्पष्ट है कि आदर्शात्मक राजनीतिक सिद्धांत यानी राजनीतिक दर्शन और आनुभविक राजनीतिक सिद्धांत, जिसे राजनीति विज्ञान की संज्ञा दी जाती है, की प्रकृति भिन्न है। अध्ययन की इकाई, अध्ययन की पद्धति, यथार्थ ज्ञान के मापदंड, अध्ययन के उद्देश्य और समाज में सिद्धांतकारों की भूमिका के प्रश्नों पर दोनों में अंतर है। आदर्शात्मक राजनीतिक सिद्धांत आदर्शों और मानकों का अध्ययन करता है। इसका संबंध 'क्या होना चाहिए' से है। इसके विपरीत आनुभविक राजनीतिक सिद्धांत राजनीतिक वास्तविकताओं का अध्ययन करता है। इसका प्रमुख सरोकार 'क्या है' से है। दूसरी बात यह है कि आदर्शात्मक राजनीतिक सिद्धांत में दार्शनिक पद्धति से विषयवस्तु पर विचार किया जाता है। इसके विपरीत आनुभविक राजनीतिक सिद्धांत में वैज्ञानिक पद्धति से अध्ययन होता है। तीसरा अंतर यह है कि आदर्शात्मक राजनीतिक सिद्धांत के अंतर्गत ज्ञान के यथार्थ होने का आधार तार्किक संगति है जबकि आनुभविक राजनीतिक सिद्धांत के अंतर्गत वही ज्ञान यथार्थ है जिसका आनुभविक सत्यापन हो। दोनों प्रकार के सिद्धांतों में चौथा अंतर यह है कि आदर्शात्मक राजनीतिक सिद्धांत का उद्देश्य अपने समय की राजनीतिक संस्थाओं का मूल्यांकन करना है जबकि आनुभविक राजनीतिक सिद्धांत इस बात की व्याख्या करता है कि वे किस प्रकार कार्य करती हैं? आदर्शात्मक राजनीतिक सिद्धांत आदर्श शासन-व्यवस्था की खोज करता है तो वैज्ञानिक राजनीतिक सिद्धांत का उद्देश्य राजनीतिक गतिविधियों की व्याख्या है। पाँचवीं बात यह है कि आदर्शात्मक राजनीतिक सिद्धांतकार की भूमिका अनुशंसात्मक है। वह अपने समाज और उसके राजनीतिक संस्थाओं को बेहतर बनाने के साधनों की अनुशंसा करता है दूसरी ओर आनुभविक राजनीतिक सिद्धांतकार एक वैज्ञानिक की भूमिका में होता है जो अपने समय की समस्याओं के समाधान से कोई सरोकार नहीं रखता। उसकी भूमिका एक तटस्थ विश्लेषक मात्र की होती है। लेकिन इन भिन्नताओं का आशय यह नहीं है कि दोनों परस्पर विरोधी हैं और उनमें समन्वय नहीं हो सकता। राजनीतिक सिद्धांत की दृष्टि से दोनों एक ही सिक्के के दो पहलू हैं। इस संबंध में अर्नोल्ड ब्रेख्त ने 1959 ई. में प्रकाशित अपनी पुस्तक, *पॉलिटिकल थियरी : दि फाउन्डेशन्स ऑफ ट्वेन्टिइथ-सेंचुरी पॉलिटिकल थॉट* में वैज्ञानिक मूल्य सापेक्षवाद (Scientific value relativism) की अवधारणा प्रस्तुत की। उनका तर्क है कि समाज के अंतिम लक्ष्यों या सरकार के सर्वोच्च उद्देश्यों का निर्धारण वैज्ञानिक पद्धति से नहीं हो सकता। लेकिन एक बार उद्देश्य या लक्ष्य निर्धारित होने के बाद वैज्ञानिक पद्धति से यह बतलाया जा सकता है कि उसे प्राप्त करने के लिए कौन से साधन उपयुक्त होगें अथवा नहीं? आदर्शात्मक राजनीतिक सिद्धांत लक्ष्यों को निर्धारित करता है तो वैज्ञानिक राजनीतिक सिद्धांत उनको प्राप्त करने के साधनों को बतलाता है। इसलिए ब्रेख्त की दृष्टि में दोनों एक-दूसरे के लिए उपयोगी हैं। इसी प्रकार बुद्धिसंगत चयन सिद्धांत (Rational choice theory) भी उन दोनों में समन्वय का प्रयास करता है। यह पहले अर्थशास्त्र में पनपा। इस सिद्धांत को व्यवस्थित रूप देने में निम्न पुस्तकों का महत्त्वपूर्ण योगदान

है– कैनेथ एरो की *सोशल च्वायस ऐंड इंडीविजुअल वैल्यूज* (1951 ई.), एंथनी डाउन्स द्वारा लिखित *ऐन इकॉनॉमिक थियरी ऑफ डेमोक्रेसी* (1957 ई.) तथा जेम्स बुचानन और गोर्डोन टूलॉक की *दि कैलक्यूलस ऑफ कंसेंट*। 1980 ई. के दशक से राजनीतिक अध्ययन में बुद्धिसंगत चयन सिद्धांत अत्यंत महत्त्वपूर्ण हो गया। यह राजनीतिक प्रक्रिया को समझने में अर्थशास्त्र की तकनीकों का उपयोग करता है। ऐंड्रियू विंसेंट के अनुसार इस सिद्धांत की बुनियादी मान्यताएँ इस प्रकार हैं– 1. यह सिद्धांत राजनीति और समाज की व्याख्या के लिए व्यक्ति की केंद्रीय स्थिति को स्वीकार करता है। इसके अनुसार राजनीति और समाज की व्याख्या व्यक्ति की क्रियाओं के आधार पर संभव है। इस रूप में यह पद्धतिशास्त्रीय रूप से व्यक्तिवादी (Methodological individualism) है; 2. व्यक्ति एक विवेकशील कर्ता है। उसका व्यवहार उसके विवेक से निर्देशित होता है; 3. व्यक्ति अपने विवेक से वैसे विकल्प का चयन करता है जो उसके हितों की पूर्ति के लिए सर्वाधिक उपयुक्त हो; 4. व्यक्ति स्वार्थी है। वह अपने हितों की पूर्ति के लिए प्रयास करता है; और 5. प्रत्येक व्यक्ति विवेकशील कर्ता के रूप में अपने लिए उपयोगिता को बढ़ाने तथा हानि को कम करने का प्रयास करता है। बुद्धिसंगत चयन सिद्धांत राजनीति में मतदाता को उसी प्रकार समझता है जैसे अर्थशास्त्री बाजार में उपभोक्ता को। यह व्यक्ति के व्यवहार को उसकी विवेकशीलता की उपज मानता है न कि सामाजिक कारकों का परिणाम। इसका आशय यह है कि व्यक्ति अपने आदर्शों और मूल्यों का चुनाव बुद्धिसंगत तरीके से करता है। इसके साथ ही जब वह मतदान करता है तो अपने विवेक से ही निर्णय लेता है। इस प्रकार बुद्धिसंगत चयन सिद्धांत आदर्शात्मक राजनीति सिद्धांत और आनुभविक राजनीतिक सिद्धांत को एक सूत्र में पिरोने का प्रयास करता है। ईस्टन का कहना है कि बुद्धिसंगत चयन सिद्धांत ने राजनीतिक दर्शन में नई जान डाल दी। यहाँ यह उल्लेख करना उचित है कि रॉल्स के न्याय सिद्धांत में बुद्धिसंगत चयन के सिद्धांत का समावेश है। दूसरी ओर बुद्धिसंगत चयन सिद्धांत के अंतर्गत आनुभविक अध्ययन जारी रहे। उनमें बड़े पैमाने पर गणितीय मॉडल का उपयोग होने लगा। उनके माध्यम से व्यक्ति के व्यवहार और उसके द्वारा प्राथमिकताओं के चयन की व्याख्या होने लगी। इस प्रकार बुद्धिसंगत चयन सिद्धांत में राजनीतिक सिद्धांत के आदर्शात्मक तथा आनुभविक पहलुओं के बीच संतुलन स्थापित करने का प्रयास किया गया। अत: निष्कर्ष के रूप में यह कहा जा सकता है कि राजनीतिक 'सिद्धांत क्या है' के साथ-साथ 'क्या होना चाहिए' से भी संबंधित हैं। इसमें तथ्यों और मूल्यों को अलग-अलग नहीं किया जा सकता। राजनीतिक घटनाओं के कारणों की खोज में आनुभविक राजनीतिक सिद्धांत की उपयोगिता से इनकार नहीं किया जा सकता। इसी प्रकार समानता, स्वतंत्रता, न्याय आदि मूल्यों के संदर्भ में आदर्शात्मक राजनीतिक सिद्धांत ही उपयोगी हो सकता है।

राजनीतिक सिद्धांत का महत्त्व

राजनीतिक सिद्धांत केवल पाठ्यक्रम का हिस्सा भर नहीं है और न ही यह कोरी बौद्धिक गतिविधि है। यह समाज और उसके राजनीतिक जीवन की महत्त्वपूर्ण गतिविधि है। यह किसी

समाज और उसकी राजनीतिक संस्थाओं को बनाए रखने और उन्हें बदलने में अहं भूमिका निभाता है। राजनीतिक सिद्धांत के महत्त्व को निम्न बिंदुओं के आधार पर समझा जा सकता है–

1. आलोचनात्मक दृष्टि का विकास : राजनीतिक सिद्धांत की परंपरा अत्यंत पुरानी है। यह विभिन्न राजनीतिक प्रश्नों पर विचार करता रहा है। लेकिन यह किसी प्रश्न का अंतिम उत्तर प्रस्तुत करने का दावा नहीं करता। प्रत्येक विचारक अपने विचारों को तर्कपूर्ण तरीके से रखता है। इसलिए राजनीतिक सिद्धांत हमें आलोचनात्मक दृष्टि प्रदान करता है। उसको पढ़ने से हमें यह ज्ञात होता है कि किसी राजनीतिक प्रश्न का सर्वमान्य उत्तर नहीं हो सकता। उदाहरण के लिए व्यक्ति की स्वतंत्रता के कई अर्थ हैं। उनसे संबंधित विभिन्न प्रकार के तर्क हैं। इसलिए राजनीतिक सिद्धांत के द्वारा हम एक ही मुद्दे को विभिन्न दृष्टिकोणों से समझने लायक बनते हैं। इसके साथ ही राजनीतिक सिद्धांत हमें अपने विचारों को तार्किक रूप से प्रस्तुत करने के योग्य बनाता है।

2. राजनीतिक आदर्श एवं लक्ष्य का प्रस्तुतीकरण : राजनीतिक सिद्धांत समाज के समक्ष राजनीतिक आदर्शों और मूल्यों को सामने रखता है। अच्छा जीवन क्या है? उसकी प्राप्ति के लिए कौन-सी राजनीतिक संस्थाएँ उपयोगी होंगी? सरकार को किन लक्ष्यों को प्राप्त करना चाहिए? राजनीतिक सिद्धांत इन प्रश्नों के उत्तर खोजने का प्रयास करता है। इस क्रम में यह मूल्यों की रचना करता है। उदाहरण के लिए यदि व्यक्ति के अच्छे जीवन का आशय समाज के नियंत्रण से मुक्त स्वतंत्र रूप से जीना है तो व्यक्ति की स्वतंत्रता सर्वोच्च मूल्य है और सरकार का उद्देश्य उसकी रक्षा है। दूसरी ओर यदि अच्छे जीवन का अर्थ अपनी रुचि और क्षमता के अनुसार समाज के सदस्य के रूप में सामाजिक भूमिका का निर्वाह करना है तो स्वतंत्रता के स्थान पर सामाजिक हित सर्वोपरि मूल्य होगा। इस प्रकार राजनीतिक सिद्धांत समाज में राजनीतिक आदर्शों और मूल्यों को रखता है और लोगों को उन मूल्यों से संबंधित तर्कों को समझने और उन्हें आत्मसात करने में सहायता करता है। राजनीतिक सिद्धांत सर्वश्रेष्ठ शासन-व्यवस्था, सरकार के उद्देश्य, व्यक्ति-राज्य संबंध, स्वतंत्रता, समानता आदि से संबंधित विभिन्न सिद्धांतों और दृष्टिकोणों को विकसित करता है।

3. राजनीतिक अवधारणाओं का स्पष्टीकरण : राजनीतिक सिद्धांत विभिन्न राजनीतिक अवधारणाओं के अर्थ को स्पष्ट करता है। इसलिए उसका अवधारणात्मक महत्त्व भी है। स्वतंत्रता, समानता, न्याय आदि अवधारणाओं का उपयोग न सिर्फ विश्वविद्यालयों में होता है बल्कि सार्वजनिक जीवन की राजनीतिक बहस भी उन पर केंद्रित होती है। उदाहरण के लिए भारत में कोई जाति नौकरियों में आरक्षण की माँग करती है तो वह इसे सामाजिक न्याय के आधार पर न्यायोचित ठहराती है। संभव है कि यह माँग राजनीतिक विश्वास पर आधारित हो। राजनीतिक सिद्धांत उस विश्वास का परीक्षण करता है। यह हमें बतलाता है कि सामाजिक न्याय का क्या अर्थ है और क्या आरक्षण से सामाजिक न्याय के लक्ष्य को प्राप्त किया जा सकता है?

4. राजनीति की समझ विकसित करना : राजनीतिक सिद्धांत समाज में चल रही विभिन्न प्रकार की राजनीतिक गतिविधियों की व्याख्या करता है। यह उनके कारणों की तलाश करता है। राजनीतिक सिद्धांत को पढ़ने से हमें अपने समाज की राजनीति की समझ

विकसित होती है। इस दृष्टि से यह अत्यंत महत्त्वपूर्ण है। सार्वजनिक जीवन में निर्णय कैसे लिए जाते हैं? चुनावी प्रक्रिया कैसे चलती है? सरकार किस प्रकार कार्य करती है? इन सभी प्रश्नों का विवेचन राजनीतिक सिद्धांत में होता है। इससे हम राजनीति को अच्छे तरीके से समझने के लायक बनते हैं। राजनीति समाज की सर्वाधिक महत्त्वपूर्ण गतिविधि है। यह हमारे जीवन को गहराई से प्रभावित करती है। इसलिए राजनीति की सही समझ हमें जीवन जीने के तरीके को चुनने में सहायता करती है।

5. सामाजिक महत्त्व : व्यक्ति समाज में जीता है। समाज में विभिन्न प्रकार के लोग रहते हैं। उनकी विभिन्न प्रकार की जीवन-पद्धतियाँ होती हैं। राजनीतिक सिद्धांत हमें यह सिखलाता है कि उन भिन्नताओं के बावजूद हम एक साथ कैसे जी सकते हैं? समाज में विभिन्न प्रकार की राजनीतिक संस्थाएँ कार्य करती हैं। कुछ लोगों की दृष्टि में वे संस्थाएं अच्छी हो सकती हैं तो कुछ के लिए बुरी। दोनों के लिए राजनीतिक सिद्धांत आवश्यक बौद्धिक संसाधन प्रदान करता है। राजनीतिक सिद्धांत हमें उन आधारों का ज्ञान देता है जिनके आधार पर कार्यशील राजनीतिक संस्थाओं को न्यायोचित ठहराया जा सकता है। दूसरी ओर यदि हम उन संस्थाओं को बदलना चाहते हैं तो राजनीतिक सिद्धांत से हमें परिवर्तन संबंधी विचार प्राप्त होते हैं। इसलिए राजनीतिक सिद्धांत सामाजिक प्रगति की दृष्टि से महत्त्वपूर्ण है। उदाहरण के लिए फ्रांस की राज्य क्रांति में स्वतंत्रता, समानता और बंधुत्व जैसे राजनीतिक विचारों की प्रभावी भूमिका थी।

6. परस्पर-आदर एवं सहिष्णुता को बढ़ावा : मनुष्य एक विवेकशील प्राणी है। उसकी विवेकशीलता सामूहिक क्रियाकलापों के माध्यम से विकसित होती है। राजनीतिक सिद्धांत हमें यह बतलाता है कि सामूहिक जीवन में क्या चल रहा है? यह विभिन्न सामाजिक-राजनीतिक मुद्दों पर लोगों के बीच विचार विनिमय को बढ़ावा देता है। राजनीतिक सिद्धांत विभिन्न प्रकार के मतों एवं सिद्धांतों के बीच संवाद की प्रक्रिया को बढ़ाता है। इस प्रक्रिया में हम अपने विचारों और मतों के दोषों से अवगत होते हैं और दूसरों के विचारों के गुणों को स्वीकार करते हैं। इससे हम विरोधी विचारों का सम्मान करना सीखते हैं। राजनीतिक सिद्धांत हमें अपने विरोधियों से आदरपूर्वक संवाद करना सिखलाता है। इस प्रकार समाज में वैचारिक सहिष्णुता को बढ़ावा मिलता है।

उपर्युक्त बिंदुओं से राजनीतिक सिद्धांत का महत्त्व स्पष्ट हो जाता है। राजनीतिक सिद्धांत और खुले समाज के बीच गहरा संबंध है। राजनीतिक सिद्धांत के विकास के लिए खुला समाज आवश्यक है। जिस समाज में बौद्धिक बहस की खुली छूट हो, उसी समाज में राजनीतिक सिद्धांत का विकास होता है। दूसरी ओर यह खुले समाज के निर्माण में भी महत्त्वपूर्ण भूमिका निभाता है। यह हमारे सामने उसके प्रतिमान को प्रस्तुत करता है। शासक वर्ग के द्वारा सत्ता का दुरूपयोग खुले समाज के लिए सबसे बड़ी चुनौती है। राजनीतिक सिद्धांत 'शक्तिशालियों को सच्चाई बतला कर' (Speaking truth to power) इस चुनौती का सामना करता है। राजनीतिक सिद्धांत की पश्चिमी परंपरा सुकरात से प्रारंभ होती है जिन्होंने बौद्धिक बहस की स्वतंत्रता के लिए विषपान किया था।

2 [II]

शास्त्रीय परंपरा का महत्त्व और उसकी व्याख्या की समस्या

परंपरा का अर्थ विचार, विश्वास या व्यवहार का एक पीढ़ी से दूसरी पीढ़ी तक संप्रेषण है। इसका अर्थ यह नहीं कि यह रूढ़ है। परंपरा जीवंत और सतत प्रवहमान होती है। समय और स्थान के अनुरूप उसमें कुछ जुड़ता जाता है तो कुछ खत्म होता जाता है। प्रत्येक पीढ़ी अपने समय की माँग के अनुरूप उस परंपरा को ग्रहण करती है और उसकी कुछ चीजों को छोड़ देती है। परंपरा का यह लक्षण उसे इतिहास से व्यापक बना देता है। इतिहास मूलतः तथ्यों और उनके विश्लेषण पर आधारित होता है। पश्चिम में राजनीतिक चिंतन की समृद्ध परंपरा रही है। यह ई. पू. चौथी सदी से लेकर आज तक कायम रही है। लंबे दौर से चली आ रही इस परंपरा में राजनीतिक दर्शन के महान ग्रंथों की रचना हुई। उन्हें 'क्लासिक' यानी शास्त्रीय कृतियों के रूप में देखा जाता है। वे कालजयी कृतियाँ हैं। उदाहरण के लिए प्लेटो की *रिपब्लिक*, अरस्तू की *पॉलिटिक्स*, एक्विनाज की *थम्मा थियोलॉजिका*, मैकियावेली की *दि प्रिंस*, हॉब्स की *लेवियाथन*, रूसो की *दि सोशल कांट्रैक्ट*, जे.एस. मिल की *ऑन लिबर्टी*, मार्क्स द्वारा रचित *दास कैपिटल* आदि का उल्लेख किया जा सकता है। उनकी रचना अलग-अलग कालों में हुई। उनकी शैली भी भिन्न है। उसके बावजूद उनमें एक सामान्य लक्षण है जो उन्हें एक सूत्र में जोड़ता है। उन सभी विचारकों ने राजनीतिक जीवन के कुछ बुनियादी प्रश्नों पर विचार किया। वे प्रश्न सार्वकालिक और सार्वदेशिक हैं। इसलिए जिसे हम शास्त्रीय परंपरा कहते हैं वह उपर्युक्त क्लासिक ग्रंथों की रचना, व्याख्या और मूल्यांकन से बनी है। यहाँ पर राजनीति विज्ञान के विद्यार्थी के मन में यह सहज प्रश्न उठ सकता है कि उपर्युक्त 'क्लासिक' ग्रंथों को क्यों पढ़ते हैं? इससे जुड़ा दूसरा सवाल यह है कि इन ग्रंथों को कैसे पढ़ा और समझा जाए? पहला प्रश्न 'क्लासिक' ग्रंथों के महत्त्व से संबंधित है तो दूसरा उनके अर्थ की व्याख्या (Interpretation) की पद्धति से संबंधित है। इन दोनों प्रश्नों पर विचार करना आवश्यक है।

शास्त्रीय परंपरा का महत्त्व : हम शास्त्रीय ग्रंथों को क्यों पढ़ते हैं?

प्लेटो से मार्क्स तक का चिंतन शास्त्रीय परंपरा के अंतर्गत माना जाता है। यह परंपरा अत्यंत समृद्ध और विविध है। दूसरी बात यह है कि परंपरा के अर्थ को बहुवचन में ही लिया जाता है। इसी तरह राजनीतिक चिंतन की शास्त्रीय परंपरा के अंतर्गत अनेक परंपराएँ हैं। शास्त्रीय पंरपरा का चिंतन कुछ मूलभूत राजनीतिक मुद्दों की पहचान, उनके विश्लेषण और उनके समाधान पर केंद्रित है।

शास्त्रीय परंपरा के चिंतकों को आपस में जोड़ने वाली कड़ी यही है। इसका आशय यह नहीं कि उनके निष्कर्ष एक से हैं। उनके मुद्दे सामान्य हैं, निष्कर्ष नहीं। दूसरे शब्दों में शास्त्रीय परंपरा एक संवादी परंपरा है। उसमें सभी चिंतकों के बीच संवाद की प्रक्रिया निरंतर चलती रही है। वे सभी मानव स्वभाव, मनुष्य के अच्छे जीवन, अच्छे समाज, अच्छे शासन, व्यक्ति-राज्य संबंध आदि से संबंधित प्रश्नों पर विचार करते हैं। वे सभी इनसे संबंधित सत्य की खोज का प्रयास करते हैं। इसलिए शास्त्रीय परंपरा को 'अन्वेषण की परंपरा' के रूप में देखा जाता है। यह परंपरा किसी-न-किसी रूप में आज भी कायम है। उदाहरण के लिए जॉन रॉल्स की रचना *ए थियरी ऑफ जस्टिस* (1971 ई.) को लें। यह न्याय की अवधारणा पर केंद्रित है। आज यह भी एक 'क्लासिक' कृति के रूप में मान्य है। शास्त्रीय परंपरा के महत्त्व को निम्न आधारों पर समझा जा सकता है–

1. अवधारणात्मक महत्त्व : शास्त्रीय परंपरा अवधारणात्मक है। इसमें राज्य, सरकार, स्वतंत्रता, न्याय, आज्ञापालन आदि अवधारणाओं पर काफी विचार-विमर्श हुआ है। इस संबंध में दांते जरमीनो का कहना है कि राजनीति विज्ञान में ऐसी किसी महत्त्वपूर्ण अवधारणा की कल्पना करना कठिन है जिसकी जड़ें राजनीतिक दर्शन के 'क्लासिक' ग्रंथों में न हों। यह सही है। उदाहरण के लिए राजनीति की अवधारणा यूनानी चिंतन से प्रारंभ होती है। इसी प्रकार शक्ति, स्वतंत्रता, समानता आदि अवधारणाओं का प्रारंभ शास्त्रीय ग्रंथों से होता है। इनको पढ़ने और समझने से हमें विभिन्न अवधारणाओं के विभिन्न अर्थों को समझने में सहायता मिलती है। प्रत्येक समाज के राजनीतिक जीवन में इन अवधारणाओं पर बहस चलती रहती है। शास्त्रीय ग्रंथों के अध्ययन से ही हम उस बहस में हिस्सेदार हो सकते हैं। इसके साथ ही हम विभिन्न राजनीतिक तर्कों और दावों का परीक्षण भी कर सकते हैं। इसलिए शास्त्रीय ग्रंथ राजनीति विज्ञान के प्रत्येक विद्यार्थी के लिए अत्यंत महत्त्वपूर्ण हैं। वे विषय के विभिन्न पहलुओं को समझने में सहायक हैं। उदाहरण के लिए अंतर्राष्ट्रीय शांति के लिए कांट को, तुलनात्मक राजनीति में सरकारों के वर्गीकरण के लिए अरस्तू को तो शासकों के राजनीतिक व्यवहार को समझने के लिए मैकियावेली को पढ़ने और समझने से हमें सहायता मिलती है। इतना ही नहीं हर विषय की अपनी भाषा और शब्दावली होती है। शास्त्रीय परंपरा का महत्त्वपूर्ण योगदान यह है कि इसने राजनीति की भाषा और शब्दावली का विकास किया। इसलिए शास्त्रीय ग्रंथों के अध्ययन से हम राजनीतिक अवधारणाओं के अर्थ के साथ-साथ राजनीति विज्ञान की भाषा और शब्दावली भी सीखते हैं।

2. राजनीतिक जीवन से संबंधित विभिन्न प्रकार के परिप्रेक्ष्य : शास्त्रीय परंपरा के समृद्ध होने और इसके प्रति चिर आकर्षण का एक प्रमुख आधार इसमें व्याप्त विविध स्वर हैं। इसलिए शास्त्रीय ग्रंथों को पढ़ने से हमें राजनीति से संबंधित विविध प्रकार के परिप्रेक्ष्य की जानकारी मिलती है। यूनानी चिंतक प्लेटो और अरस्तू ने तत्कालीन यूनानी नगर-राज्य के परिप्रेक्ष्य में अपने चिंतन को प्रस्तुत किया। इसी प्रकार मैकियावेली का चिंतन तत्कालीन इटली की परिस्थितियों के संदर्भ में उत्पन्न हुआ। वहीं सोलहवीं-सत्रहवीं सदी के इंग्लैंड में हॉब्स और लॉक का चिंतन पनपा। हीगल के चिंतन में फ्रांसीसी राज्य क्रांति के बाद की स्थिति, तो मार्क्स की रचनाओं में पूँजीवादी व्यवस्था के शोषण का प्रतिबिंब दिखलाई पड़ता

है। इनके अध्ययन से हमें दुनिया को देखने के विभिन्न प्रकार के नजरियों का ज्ञान होता है। इससे हमें अपने ज्ञान की सीमाओं का भी बोध होता है। इसके फलस्वरूप हम विविध प्रकार के विचारों और पद्धतियों को आत्मसात करते हैं। हमारी दृष्टि आलोचनात्मक बनती है। लेकिन इसके साथ ही हमारे मन में विरोधी विचारों के प्रति सम्मान का भाव भी पनपता है। इस प्रक्रिया में हम बेहतर मनुष्य बनते हैं।

3. राजनीति के अर्थ और महत्त्व की व्याख्या : शास्त्रीय परंपरा का एक प्रमुख सरोकार राजनीति के अर्थ को स्पष्ट करना तथा सामाजिक जीवन में राजनीति की भूमिका का विश्लेषण है। राजनीतिक चिंतन के ग्रंथों में प्रारंभ से ही राजनीति को सार्वजनिक क्षेत्र की गतिविधि के रूप में देखा गया जिसका उद्देश्य सार्वजनिक हित का पोषण है। इसके साथ ही अच्छे समाज के निर्माण में राजनीति की महत्त्वपूर्ण भूमिका को स्वीकृति मिली। यदि हम यूनानी चिंतक प्लेटो की बात करें तो राजनीतिक चिंतन का उद्देश्य अच्छे समाज का चित्र प्रस्तुत करना है। आधुनिक युग में मैकियावेली ने इस बात पर बल दिया कि राजनीति एक गंभीर गतिविधि है जिसमें विशेषज्ञ की सलाह आवश्यक है। शास्त्रीय चिंतन हमें यह भी बतलाता है कि समाज को बदलने में राजनीति की कितनी महत्त्वपूर्ण भूमिका है। रूसो ने अच्छे समाज के निर्माण में जनसहभागिता पर आधारित राजनीति की भूमिका को रेखांकित किया तो मार्क्स ने क्रांतिकारी राजनीति द्वारा अच्छे समाज के निर्माण की बात की। इस प्रकार राजनीतिक चिंतन की शास्त्रीय परंपरा हमें यह बतलाती है कि समाज में राजनीतिक चीजों की पहचान कैसे हो सकती है? इसके साथ ही यह भी स्पष्ट होता है कि राजनीति समाज की सर्वाधिक प्रभावी गतिविधि है। अच्छी राजनीति अच्छे समाज का मार्ग प्रशस्त करती है, वहीं व्यक्तिगत स्वार्थों पर आधारित राजनीति समाज को भ्रष्ट करती है। इसलिए हम राजनीति की उपेक्षा नहीं कर सकते। यह सबक हमें शास्त्रीय ग्रंथों को पढ़ने से मिलता है।

4. अच्छे जीवन, अच्छे समाज और अच्छे शासन की खोज : हम समाज में जीते हैं। हम सभी का उद्देश्य अच्छा जीवन है। लेकिन जब हम अच्छे जीवन के अर्थ को समझना चाहते हैं तो हम मुश्किल में पड़ जाते हैं। शास्त्रीय ग्रंथों को पढ़ने से हमें इसका हल मिलता है। उनके रचनाकारों का एक प्रमुख सरोकार अच्छे जीवन के अर्थ को स्पष्ट करना रहा है। वे इसकी बौद्धिक व्याख्या करते हैं। उदाहरण के लिए प्लेटो के अनुसार अच्छा जीवन वही है जिसमें व्यक्ति अपनी रुचि और क्षमता के अनुसार सामाजिक दायित्वों को निभाता है। इसके विपरीत आधुनिक उदारवाद के अनुसार व्यक्ति का अच्छा जीवन तभी संभव है जब उसे समाज से स्वतंत्रता प्राप्त हो। इस प्रकार अच्छे जीवन की विभिन्न अवधारणाओं का परिचय हमें मिलता है। शास्त्रीय ग्रंथों से प्राप्त यह ज्ञान हमें अपने जीवन के तरीकों को चुनने में सहायता करता है। इसी प्रकार अच्छे समाज की भी विभिन्न अवधारणाएँ हैं। यूनानी चिंतन में अच्छा समाज वह है जिसमें सभी व्यक्ति संपूर्ण समाज के हित में काम करते हैं। इसके विपरीत उदारवाद के अनुसार अच्छा समाज स्वायत्त एवं स्वतंत्र व्यक्तियों का योग है। अच्छे समाज का प्रश्न श्रेष्ठ शासन से संबंधित है। उसके बगैर अच्छे समाज की रचना नहीं हो सकती। प्लेटो के लिए ज्ञानी और सदाचारी लोगों का

शासन सर्वश्रेष्ठ है। यह विशेषज्ञों का शासन है। आज लोकतांत्रिक शासन को अच्छा माना जाता है जो सभी लोगों को शासन में भागीदारी देता है। इस प्रकार शास्त्रीय परंपरा जीवन, समाज और शासन के विभिन्न प्रकारों से हमारा परिचय कराती है। इससे हम वर्तमान समाज और शासन को ठीक से समझने योग्य बनते हैं तथा उनसे संबंधित विभिन्न विकल्पों के चुनाव की क्षमता भी प्राप्त करते हैं।

5. संकटों की पहचान और उनका समाधान : पश्चिमी राजनीतिक चिंतन के इतिहास को पढ़ने पर यह स्पष्ट होता है कि राजनीतिक सिद्धांत संकटकाल में पनपता है। जब यूनानी सभ्यता संकटग्रस्त थी तो प्लेटो और अरस्तू का चिंतन सामने आया। इसी प्रकार सोलहवीं–सत्रहवीं सदी में जब इंग्लैंड में गंभीर संकट उभरे तो हॉब्स और लॉक जैसे चिंतक पैदा हुए। इसलिए शास्त्रीय ग्रंथ संकटकाल में लिखे गए। उन ग्रंथों के माध्यम से लेखकों ने अपने समय के संकटों का विश्लेषण किया तथा एक नए राजनीतिक समाज की झाँकी प्रस्तुत की। शास्त्रीय ग्रंथों के अध्ययन से हमें अपने समय के संकटों की पहचान करने और उनका समाधान तलाश करने में मदद मिलती है। इस संबंध में लियो स्ट्रॉस का विचार महत्त्वपूर्ण है। वे 'अपने समय के संकट' और 'पश्चिम के संकट' की बात करते हैं। उनकी दृष्टि में वह संकट बुनियादी तौर पर एक बौद्धिक संकट है जो राजनीतिक दर्शन के पतन के कारण उत्पन्न हुआ। उनका सुझाव है कि उस संकट को समझने के लिए हमें शास्त्रीय परंपरा की ओर मुड़ना होगा और उसके महान चिंतकों के ग्रंथों को समझने का प्रयास करना होगा। स्ट्रॉस का तर्क है कि यह समझ इतिहास के ग्रंथों की समझ की तरह नहीं है। हम उन ग्रंथों के अध्ययन से अपने समय के संकटों की पहचान करते हैं। यह शास्त्रीय परंपरा की व्यावहारिक उपयोगिता है। इस दृष्टि से यह परंपरा अत्यंत महत्त्वपूर्ण हो जाती है। इससे हमें यह अंतर्दृष्टि मिलती है कि संकट के समय राजनीतिक दर्शन समाज के सामने नए राजनीतिक लक्ष्यों को प्रस्तुत करता रहा है। इससे समाज को नई दिशा मिलती है। इससे यह स्पष्ट होता है कि संकटग्रस्त समाज में राजनीतिक दर्शन की भूमिका कितनी महत्त्वपूर्ण है। वर्तमान समय का एक संकट यही है कि किसी नए लक्ष्य को प्रस्तुत नहीं किया जा रहा है। आज राजनीतिक दर्शन अच्छे समाज की कोई नई झाँकी प्रस्तुत नहीं कर पा रहा है इसलिए शास्त्रीय परंपरा का नए सिरे से अध्ययन और विश्लेषण आवश्यक है।

राजनीतिक दर्शन के शास्त्रीय ग्रंथ राजनीतिक जीवन से संबंधित बुनियादी प्रश्नों की विवेचना करते हैं। ये प्रश्न सार्वभौम प्रकृति के होते हैं। इसलिए ये सभी समय और सभी समाजों के लिए प्रासंगिक हैं। शास्त्रीय ग्रंथों के अध्ययन से हमें इन प्रश्नों को समझने में मदद मिल सकती है। लेकिन यहाँ एक परिमार्जन आवश्यक है। राजनीतिक दर्शन के शास्त्रीय ग्रंथों में पश्चिमी लेखकों के ग्रंथों को ही प्रमुखता दी जाती रही है। विश्वविद्यालयों के पाठ्यक्रमों में भी पश्चिमी राजनीतिक चिंतन को ज्यादा स्थान दिया जाता है। गैर–पश्चिमी समाजों में भी राजनीतिक चिंतन की परंपरा रही है। इस परंपरा के लेखकों ने भी शास्त्रीय ग्रंथों की रचना की है। उदाहरण के लिए कौटिल्य द्वारा रचित *अर्थशास्त्र* को ले सकते है। इसे निर्विवाद रूप से शास्त्रीय ग्रंथ माना जा सकता है। इसलिए आवश्यकता इस बात की है कि पश्चिमी

राजनीतिक चिंतकों और गैर-पश्चिमी राजनीतिक चिंतकों के बीच संवाद कायम किया जाए। कौटिल्य और अरस्तू का समय लगभग एक है। इन दोनों की रचनाओं का तुलनात्मक अध्ययन राजनीतिक दर्शन को निश्चित तौर पर समृद्ध कर सकेगा। इसी प्रकार शास्त्रीय ग्रंथों में बौद्ध ग्रंथों और चीनी दार्शनिकों के ग्रंथों के अध्ययन को शामिल किया जा सकता है। इस प्रकार पूरी मानव जाति के राजनीतिक चिंतन की शास्त्रीय परंपरा की झलक मिल सकेगी। इससे राजनीतिक दर्शन निश्चित रूप से अधिक समृद्ध हो सकेगा।

शास्त्रीय ग्रंथ : अर्थ की व्याख्या यानी 'इंटरप्रेटेशन' की समस्या

राजनीतिक चिंतन के शास्त्रीय ग्रंथों को किस प्रकार पढ़ा और समझा जाए, यह एक प्रमुख समस्या है। ये ग्रंथ आज से कई शताब्दी पूर्व लिखे गए। उनके लेखकों का समय आज से बिल्कुल भिन्न था। इस स्थिति में राजनीतिक चिंतन के ग्रंथों के अर्थ की व्याख्या का प्रश्न जटिल हो जाता है। इसका कोई सर्वमान्य उत्तर नहीं दिया जा सका है। मोटे तौर पर इस संबंध में दो दृष्टिकोण प्रचलित हैं। पहला दृष्टिकोण राजनीतिक चिंतकों की रचनाओं यानी 'टेक्स्ट्' (Text) को पढ़ने पर बल देता है। यह पाठविषयक दृष्टिकोण (Textual approach) है। इसके विपरीत दूसरा दृष्टिकोण किसी लेखक और उसकी रचना को ऐतिहासिक संदर्भों में समझना चाहता है। इसे संदर्भात्मक दृष्टिकोण (Contextual approach) कहा जाता है। इसी से जुड़ा एक दृष्टिकोण भाषाविषयक (Linguistic approach) है। यह किसी लेखक के ऐतिहासिक परिप्रेक्ष्य की तुलना में भाषाई संदर्भ को ज्यादा महत्त्व देता है। लेकिन इन दृष्टिकोणों के समर्थक विद्वानों में भी आपसी मतभेद हैं। इन दृष्टिकोणों की संक्षिप्त चर्चा नीचे की जा रही है–

1. पाठविषयक दृष्टिकोण (Textual approach) : राजनीतिक चिंतन के शास्त्रीय ग्रंथों (क्लासिक्स) के अर्थ को स्पष्ट करने या समझने का एक दृष्टिकोण पाठविषयक है। इसके प्रमुख पक्षधर लियो स्ट्रॉस (Leo Strauss), जॉन पालमनाज (John Palmanatz), एंड्रियू हैकर (Andrew Hacker) और एलेन ब्लूम (Allen Bloom) हैं। उनमें आंतरिक मतभेद हैं। लेकिन वे सभी इस बात पर सहमत हैं कि राजनीतिक चिंतकों के ग्रंथों में राजनीतिक प्रश्नों से संबंधित ऐसे सत्य हैं जो समय काल से परे हैं। उन ग्रंथों को ऐतिहासिक परिस्थितियों के दायरे में सीमित मान लेना गलत है। अतः 'टेक्सटुअल' यानी पाठविषयक दृष्टिकोण राजनीतिक चिंतन के 'क्लासिक' ग्रंथों को ऐतिहासिक दृष्टिकोण से समझने का विरोध करता है। उदाहरण के लिए प्लेटो और अरस्तू का लेखन तत्कालीन यूनान की परिस्थितियों में हुआ। उस समय यूनान छोटे-छोटे नगर-राज्यों में बँटा था, तो क्या यह माना जाए कि प्लेटो और अरस्तू द्वारा रचित ग्रंथ केवल यूनान के नगर-राज्यों के संदर्भ में ही सत्य और प्रासंगिक हो सकते हैं? आधुनिक युग की स्थिति में उन ग्रंथों में निहित सत्य अब निरर्थक हो गए हैं? पाठविषयक दृष्टिकोण के समर्थक इस बात से इनकार करते हैं। उनका तर्क है कि प्लेटो और अरस्तू द्वारा लिखे गए ग्रंथ इसीलिए 'क्लासिक' कहे जाते हैं कि उनमें

सार्वदेशिक और सार्वकालिक सत्य हैं। उन ग्रंथों को हम इतिहास की पुस्तकों की तरह नहीं पढ़ते। इसलिए उन्हें उनके ऐतिहासिक संदर्भों में समझने का प्रयास गलत है। पाठविषयक दृष्टिकोण शास्त्रीय ग्रंथों के पाठ (Text) पर बल देता है। प्लेटो के विचारों को जानने के लिए हमें प्लेटो की मूल रचनाएँ पढ़नी चाहिए। प्लेटो द्वारा लिखित *रिपब्लिक* या *लॉज* के 'टेक्स्ट' को उसके मूल रूप में पढ़ना आवश्क है। इसी तरीके से उन ग्रंथों के अर्थ को समझा जा सकता है। इसके लिए उन ऐतिहासिक परिस्थितियों को जानने-समझने की कोई आवश्यकता नहीं है, जिनमें उन ग्रंथों की रचना हुई। उनमें ऐसे राजनीतिक विचार हैं जो चिरस्थायी हैं। उनकी सत्यता समय और काल की सीमाओं के परे है। इसलिए पाठविषयक दृष्टिकोण के प्रतिपादक 'मूल पाठ' को पढ़ने पर बल देते हैं। उसके अर्थ की सही समझ और उसमें अंतर्निहित विचारों के विश्लेषण से राजनीतिक चिंतन की ठीक-ठीक समझ बन सकती है। इसलिए पाठविषयक दृष्टिकोण को विश्लेषणात्मक दृष्टिकोण भी कहा जाता है।

पाठविषयक दृष्टिकोण के प्रबल समर्थक लियो स्ट्रॉस हैं। उनका तर्क है कि राजनीतिक चिंतन के ग्रंथों में राजनीति के संबंध में शाश्वत और पूर्ण सत्य निहित हैं। ये सत्य परिवर्तित नहीं होते। स्ट्रॉस का सुझाव है कि उनका ज्ञान प्राप्त करने के लिए मूल पाठ यानी 'टेक्स्ट' को सही तरीके से पढ़ना और समझना आवश्यक है। यह तभी संभव है जब हम राजनीतिक दर्शन की पुस्तकों को उसी रूप में समझने का प्रयास करें जिस रूप में उनके लेखकों ने समझा। स्ट्रॉस के अनुसार उन लेखकों का एक प्रमुख प्रश्न सर्वश्रेष्ठ राजनीतिक व्यवस्था का है। इसका उत्तर समय और परिस्थितियों के संदर्भ में देने का प्रयास नहीं किया गया। स्ट्रॉस का मानना है कि राजनीतिक दार्शनिकों ने सर्वश्रेष्ठ राजनीतिक व्यवस्था का जो विचार प्रस्तुत किया है वह सदा के लिए और सभी स्थानों के लिए सत्य है। इसलिए उनका आग्रह है कि राजनीतिक दर्शन के ग्रंथों को ऐतिहासिक दृष्टि से समझने का प्रयास गलत है। उन्होंने स्पष्ट तौर पर कहा है कि अरस्तू के ग्रंथ *पॉलिटिक्स* को इतिहास की किताब के रूप में नहीं पढ़ा जाता बल्कि उसे एक आधिकारिक 'टेक्स्ट' के रूप में पढ़ा और समझा जाता है। इसलिए उसके सही अर्थ की समझ तभी हो सकती है जब उस पुस्तक के मूल पाठ को दार्शनिक दृष्टिकोण से पढ़ा जाए।

पाठविषयक दृष्टिकोण के दूसरे प्रमुख समर्थक जॉन पालमनाज हैं। उनकी बहुपठित पुस्तक *मैन एंड सोसायटी* है। यह 1963 ई. में प्रकाशित हुई। वे यह स्वीकार करते हैं कि राजनीतिक चिंतन के इतिहास का एक बुनियादी सवाल अर्थ की व्याख्या यानी इंटरप्रेटेशन का है। पालमनाज का तर्क है कि मनुष्य और समाज में राजनीतिक चिंतन की चिरस्थायी रुचि रही है। स्ट्रॉस की तरह वे भी स्वीकार करते हैं कि राजनीतिक चिंतन के ग्रंथों में जो तर्क और विचार हैं, उनकी प्रांसगिकता चिरस्थायी है। उनकी सही समझ 'टेक्स्ट' के विश्लेषण से ही हो सकती है। उदाहरण के लिए हम हॉब्स के राजनीतिक चिंतन को उनके द्वारा रचित पुस्तक *लेवियाथन* को मूल रूप से पढ़कर और उसके सही अर्थ को ग्रहण कर ही समझ सकते हैं। क्योंकि पालमनाज के लिए 'टेक्स्ट' ही अर्थ निर्धारण और व्याख्या का प्रमुख विषय है। उनके ऐतिहासिक संदर्भों को समझने की कोई आवश्यकता नहीं है। वे स्पष्ट

रूप से यह कहते हैं कि ऐतिहासिक और दार्शनिक समझ बिल्कुल भिन्न हैं। वे राजनीतिक चिंतन के ग्रंथों की दार्शनिक समझ पर बल देते हैं। इसके लिए 'टेक्स्ट' को उसी अर्थ में समझना आवश्यक है जिस अर्थ में लेखक ने लिखा है। पालमनाज यह स्वीकार करते हैं कि प्रत्येक चिंतक अपने समय से प्रभावित होता है। इसलिए क्लासिक ग्रंथों पर भी उसके ऐतिहासिक संदर्भों का असर आता है। लेकिन उनमें जो विचार समाहित हैं, वे समय से परे होते हैं। यह राजनीतिक चिंतन के ग्रंथों का सर्वाधिक महत्त्वपूर्ण पक्ष है। इसलिए हमें उन ग्रंथों की पद्धतियों, तर्कों और विचारों का विश्लेषण करना चाहिए। वे किन परिस्थितियों में उत्पन्न हुए, यह महत्त्वपूर्ण नहीं है।

ऐंड्रियू हैकर पाठविषयक दृष्टिकोण के प्रबल पक्षधर हैं। उनके अनुसार राजनीतिक सिद्धांत का एक अर्थ राजनीतिक विचारों का इतिहास है। इस रूप में राजनीतिक सिद्धांत की विषयवस्तु शास्त्रीय ग्रंथ हैं। हैकर भी यह स्वीकार करते हैं कि उनके अध्ययन से वर्तमान राजनीति और समाज के संबंध में हमारी समझ बढ़ती है। इसके साथ-साथ भविष्य के संबंध में अंतर्दृष्टि मिलती है। इसलिए उन ग्रंथों के संदर्भ में यह महत्त्वहीन है कि वे कब, कहाँ और किन परिस्थितियों में लिखे गए। इस आधार पर हैकर का सुझाव है कि उन ग्रंथों के मूलपाठ को संपूर्णता में पढ़ने और समझने के सिवा और कोई विकल्प ही नहीं है। प्लेटो से लेकर मार्क्स तक के विचारकों के ग्रंथों में राजनीति के सामान्य तत्त्व समाहित हैं। इसलिए उनका शाश्वत महत्त्व है। बदलती परिस्थितियों के बाद भी उनकी प्रासंगिकता बनी रहती है। आज के राजनीतिक प्रश्नों को समझने और उनका समाधान खोजने में उन ग्रंथों की उपयोगिता है। इसलिए आवश्यकता इस बात की है कि राजनीतिक चिंतन के ग्रंथों को बुद्धिसंगत तरीके से समझा जाए।

स्ट्रॉस के शिष्य रह चुके एलेन ब्लूम भी राजनीतिक दर्शन को समझने के लिए 'टेक्स्ट' के अध्ययन पर बल देते हैं। उन्होंने राजनीतिक चिंतन के ग्रंथों को गहराई से पढ़ने और समझने पर बल दिया है। वे यह स्वीकार नहीं करते कि राजनीतिक दार्शनिकों का चिंतन सामाजिक-आर्थिक कारकों से निर्धारित होता है। उनका कहना है कि महान राजनीतिक चिंतकों के बीच सवांद होता है। भले ही उनका समय भिन्न हो। उसके फलस्वरूप राजनीतिक दर्शन आगे बढ़ता है।

उपर्युक्त वर्णन से यह स्पष्ट है कि पाठ विषयक दृष्टिकोण राजनीतिक चिंतन के ग्रंथों के अध्ययन और विश्लेषण पर बल देता है। यह इस मान्यता पर आधारित है कि उनमें सार्वकालिक और सार्वदेशिक सत्य निहित हैं। इसलिए वे सामाजिक-आर्थिक परिस्थितियों से परे हैं। पाठ विषयक दृष्टिकोण के समर्थकों का आग्रह है कि विभिन्न राजनीतिक चिंतकों द्वारा लिखी पुस्तकों को स्वतंत्र एवं मूल रूप से पढ़ा और समझा जाना चाहिए। राजनीतिक चिंतन को समझने का यही सही तरीका है।

2. संदर्भात्मक दृष्टिकोण (Contextual Approach) : संदर्भात्मक दृष्टिकोण के अनुसार राजनीतिक चिंतन के ग्रंथों को स्वतंत्र रूप से पढ़ना और समझना गलत तरीका है। किसी भी विचार या ग्रंथ का अर्थ निर्धारण उसके संदर्भों से होता है। इसलिए हमें उन ऐतिहासिक, सामाजिक

और आर्थिक परिस्थितियों को समझने की जरूरत हैं जिनमें कोई विचार उत्पन्न होता है या किसी ग्रंथ की रचना की जाती है। इसलिए संदर्भात्मक दृष्टिकोण को ऐतिहासिक दृष्टिकोण भी कहा जाता है। यह इस मान्यता पर आधारित है कि कोई भी ज्ञान सामाजिक-आर्थिक परिस्थितियों की देन है। इसलिए इस दृष्टिकोण के समर्थक 'ज्ञान के समाजशास्त्र' में विश्वास करते हैं। इसका निहितार्थ है कि ज्ञान समय और स्थान सापेक्ष है, उनसे निरपेक्ष नहीं। इसलिए राजनीतिक चिंतन के ग्रंथ में भी सापेक्ष सत्य ही निहित होते हैं। वे वैसे निरपेक्ष सत्य को प्रस्तुत नहीं करते जो सार्वकालिक और सार्वदेशिक हों। इस प्रकार संदर्भात्मक दृष्टिकोण पाठविषयक दृष्टिकोण के विपरीत है। डब्लू. ए. डनिंग, जॉर्ज एच. सेबाइन, सी. बी. मैकफरसन आदि लेखक संदर्भात्मक दृष्टिकोण के समर्थक हैं। वे सभी इस बात पर सहमत हैं कि किसी पुस्तक का अर्थ उसके संदर्भ से ही निकलता है।

डनिंग की पुस्तक संभवत: राजनीतिक चिंतन के इतिहास की पहली पुस्तक थी। वे राजनीतिक सिद्धात और राजनीतिक चिंतन के इतिहास को समानार्थी मानते हैं। उनके अनुसार राजनीतिक चिंतन के इतिहास का प्रारंभ तब होता है जब राज्य को परिवार और गोत्र (Clan) से अलग समझा जाने लगा। इसलिए वे राजनीतिक सिद्धांत को राजनीतिक संस्थाओं के विकास से संबंधित मानते हैं। राजनीतिक चिंतक अपनी रचना में अपने समय की संस्थाओं की विवेचना करता है। इसलिए डनिंग ने राजनीतिक चिंतन की पश्चिमी परंपरा को ऐतिहासिक संदर्भ में प्रस्तुत करने का प्रयास किया। वे राजनीतिक चिंतन के इतिहास को सतत विकासशील मानते हैं। यह इतिहास यह बतलाता है कि मनुष्य की राजनीतिक चेतना कैसे उत्तरोत्तर रूपांतरित होती गई है इसलिए डनिंग के अनुसार राजनीतिक चिंतन की सही समझ उसके ऐतिहासिक संदर्भों की जानकारी से ही हो सकती है।

संदर्भात्मक दृष्टिकोण को प्रभावी बनाने में सबसे महत्त्वपूर्ण योगदान जॉर्ज एच. सेबाइन का है। राजनीतिक चिंतन के इतिहास पर लिखी गई उनकी पुस्तक अमेरिकी विश्वविद्यालयों के विद्यार्थियों के लिए एक महत्त्वपूर्ण पाठ्यपुस्तक बन गई। सेबाइन राजनीतिक चिंतन के ग्रंथों को ऐतिहासिक दृष्टिकोण से समझने पर बल देते हैं। प्रत्येक विचार, सिद्धांत या रचना का जन्म एक विशिष्ट परिस्थिति में होता है। अत: उसे ठीक से तभी समझा जा सकता है जब उसे उत्पन्न करने वाली परिस्थितियों या संदर्भों की सही और गहरी समझ विकसित की जाए। सेबाइन का तर्क है कि राजनीति का सिद्धांत या राजनीतिक चिंतन राजनीति का हिस्सा है। राजनीतिक चिंतन अपने समय की संस्थाओं, सरकारों और राजनीतिक समस्याओं के संदर्भ में पनपता है। इसलिए वे राजनीतिक चिंतन को सांस्कृतिक परंपरा से जोड़कर देखते हैं। पश्चिमी सांस्कृतिक परंपरा में वे दो कालों को रेखांकित करते हैं। पहला एंथेस में ईसा पूर्व तीसरी और चौथी सदी का काल है। वह यूनान में काफी उथल-पुथल का भी समय था। उन ऐतिहासिक परिस्थितियों में प्लेटो और अरस्तू द्वारा महान ग्रंथों की रचना की गई। दूसरा काल इंग्लैंड का है। वहाँ 1640-1690 ई. के बीच व्यापक राजनीतिक परिवर्तन हुए। उसी समय हॉब्स और लॉक ने अपने राजनीतिक सिद्धांतों को विकसित किया। सेबाइन का तर्क है कि राजनीतिक चिंतन संकट काल में ही पनपता है। राजनीतिक विचारक अपने समय के संकटों से वैचारिक तौर पर टकराता है। उसी

प्रक्रिया में नए विचार उत्पन्न होते हैं। इसलिए सेबाइन का सुझाव है किसी विचार, चिंतन या विचारक को सही तरीके से समझने के लिए हमें उनकी ऐतिहासिक परिस्थितियों का गहराई से विश्लेषण करना चाहिए। वे अपने दृष्टिकोण को सामाजिक सापेक्षवाद (Social relativism) कहते हैं। उनके अनुसार राजनीतिक चिंतन अपने परिस्थितिजन्य संदर्भों में सत्य होता है इसलिए उसे सार्वभौम सत्य नहीं माना जा सकता। लेकिन इसके साथ ही सेबाइन यह भी स्वीकार करते हैं कि राजनीतिक चिंतन भविष्य का मार्गदर्शन भी करता है। वे मांटेस्क्यू का उदाहरण देते हैं। मांटेस्क्यू (1689–1755 ई.) ने शक्ति पृथक्कीकरण के आधार पर अपने समय की ब्रिटिश सरकार की विवेचना की। बाद में उनके विचारों ने अमेरिकी संविधान निर्माताओं को प्रभावित किया। इस प्रकार सेबाइन के अनुसार राजनीतिक चिंतन ऐतिहासिक परिस्थितियों में उत्पन्न होता है और उसे उसी संदर्भ में समझा जाना चाहिए। लेकिन उसमें भविष्य की घटनाओं और विचारों को प्रभावित करने की संभावना होती है।

सी.बी. मैकफरसन मार्क्सवाद से प्रभावित हैं। उन्होने अपनी पुस्तक *दि पॉलिटिकल थियरी ऑफ पजेसिव इंडीविजुअलिज्म* (1962 ई.) में राजनीतिक चिंतन को संदर्भात्मक दृष्टिकोण से समझने का प्रयास किया। वे सत्रहवीं सदी में इंग्लैंड के राजनीतिक चिंतन का विश्लेषण करते हैं। उस काल में हॉब्स और लॉक इंग्लैंड के दो प्रमुख चिंतक थे। मैकफरसन ने उनके चिंतन की व्याख्या तत्कालीन इंग्लैंड में पनप रहे बाजार आधारित समाज के संदर्भ में की है। उनके अनुसार राजनीतिक चिंतन के अर्थ को स्पष्ट करने का यही सही तरीका है।

3. भाषाई दृष्टिकोण (Linguistic Approach): संदर्भात्मक दृष्टिकोण किसी विचार को उसके ऐतिहासिक-सामाजिक-आर्थिक संदर्भों में समझने का पक्षधर है। इसलिए इस दृष्टिकोण के समर्थक टीकाकार किसी राजनीतिक चिंतन की सामयिक परिस्थितियों के विश्लेषण पर बल देते हैं। लेकिन 1960 ई. के दशक में एक नया दृष्टिकोण उभरा। उसे भाषाई दृष्टिकोण कहा जाता है। यह किसी विचारक के भाषाई संदर्भ का विश्लेषण करने पर बल देता है। उसके अनुसार राजनीतिक चिंतन के ग्रंथ की व्याख्या और उसके अर्थ को समझने में भाषा सर्वाधिक महत्त्वपूर्ण है। प्रत्येक विचारक भाषा के माध्यम से ही अपने विचारों को व्यक्त करता है। अत: उस विचारक के समय प्रचलित भाषा को ध्यान में रखना आवश्यक है। इसके प्रमुख विचारक क्वेन्टिन स्किनर (1940 ई.-), जे.जी.ए. पोकॉक (1924 ई.-), तथा जॉन डन (1940ई.-) हैं। ये सभी कैंब्रिज स्कूल ऑफ हिस्ट्री से जुड़े हैं और सभी पाठविषयक तथा संदर्भात्मक दृष्टिकोण को अनुपयुक्त मानते हैं।

क्वेन्टिन स्किनर (Quentin Skinner) ने 1969 ई. में प्रकाशित अपने लेख ''मीनिंग ऐंड अंडरस्टैंडिग इन दि हिस्ट्री ऑफ आइडियाज'' में भाषाई दृष्टिकोण को स्पष्ट रूप से रखने का प्रयास किया। उन्होंने राजनीतिक चिंतन के अर्थ को समझने के लिए पाठविषयक और संदर्भात्मक, दोनों दृष्टिकोणों को अपर्याप्त माना। उनके स्थान पर वे भाषाई अन्वेषण को प्रमुखता देते हैं। उनका तर्क है कि किसी ग्रंथ के अर्थ को समझने का आधार लेखक का अभिप्राय है। किसी लेखक ने किस अभिप्राय से, किन पाठकों या श्रोताओं को ध्यान में रखते हुए, तथा किस विशेष समस्या के समाधान के लिए कोई पुस्तक लिखी है, यह

जानना आवश्यक है। उस पुस्तक का अर्थ किस प्रकार ग्रहण किया जाए, इस संबंध में स्वयं उस लेखक का अभिप्राय महत्त्वपूर्ण है। इसलिए स्किनर का कहना है कि किसी पाठ के अर्थ को समझने के लिए लेखक के अभिप्राय को पहचानना आवश्यक है। वे यह स्वीकार करते हैं कि यह काफी जटिल होता है। लेकिन सही समझ के लिए उसकी खोज आवश्यक है। स्किनर का दूसरा तर्क है कि लेखक के अभिप्राय को उसके समाज की बौद्धिक परंपराओं के संदर्भ में ही समझा जा सकता है। उस समाज की प्रचलित भाषाई और बौद्धिक बहस का ढाँचा यह तय करता है कि कोई लेखक अपने अभिप्राय को किस प्रकार व्यक्त करता है? इतना अवश्य है कि उस प्रक्रिया में वह अपने समय की भाषिक परंपरा को चुनौती देता है और उसका परिमार्जन करता है। लेकिन कोई लेखक उससे पूरी तौर पर स्वतंत्र नहीं हो सकता। उसे अपने समाज की भाषाई परंपरा का सहारा लेना ही पड़ता है। इसलिए स्किनर का आग्रह है कि किसी लेखक और उसकी रचना को समझने का कारगर तरीका यही है कि लेखक के अभिप्राय और उसके समय में उपलब्ध भाषाई परंपरा की पहचान की जाए।

भाषाई दृष्टिकोण के दूसरे प्रमुख विद्वान जे. जी. ए. पोकॉक (J.G.A. Pocock) हैं। उन्होंने 1980 ई. में प्रकाशित अपने लेख ''पॉलिटिकल आयडियाज ऐज हिस्टॉरिकल इवेंट्स: पॉलिटिकल फिलॉसॉफर्स ऐज हिस्टॉरिकल एक्टर्स'' में यह तर्क दिया कि कोई चिंतन एक सामाजिक और ऐतिहासिक घटना है। पोकॉक थॉमस कुन के 'पाराडाइम' (Paradigm) या प्रतिमान की अवधारणा से काफी प्रभावित हैं। कुन ने उसका प्रयोग विज्ञान के क्षेत्र में किया था। पोकॉक उसे भाषाई क्षेत्र में लागू करते हैं। उनका तर्क है कि प्रत्येक लेखक या विचारक अपने समय के भाषाई प्रतिमान के अंतर्गत सोचता है और उसी के माध्यम से अपने विचारों को व्यक्त करता है। इसलिए उनकी राय में राजनीतिक चिंतन का इतिहास राजनीतिक भाषा के उपयोग और उसके परिष्कार का इतिहास है। वे यह स्वीकार करते हैं कि भाषा परंपरागत और संस्थागत होती है। इसीलिए किसी लेखक या उसके द्वारा लिखी गई पुस्तक के अर्थ को समझने के लिए आवश्यक है कि उसके समय के भाषाई प्रतिमान को समझा जाए।

जॉन डन (John Dunn) का लेख ''दि आइडेंटिटी ऑफ हिस्ट्री ऑफ आइडियाज'' 1968 ई. में प्रकाशित हुआ। उनके विचार में क्लासिक ग्रंथों की प्रकृति दार्शनिक होने के साथ-साथ ऐतिहासिक भी है। वस्तुत: प्रत्येक चिंतन ही ऐतिहासिक है। चिंतन में भाषा सर्वप्रमुख भूमिका अदा करती है। भाषा एक सामाजिक व्यवहार है। इसलिए प्रत्येक विचारक की सोच और उसकी रचना उसके समय के सामाजिक, ऐतिहासिक एवं भाषाई परिप्रेक्ष्य में ही आकार ग्रहण करते हैं। इसलिए डन का आग्रह है कि किसी विचारक या ग्रंथ को तभी समझा जा सकता है कि जब उसकी पहचान भाषाई एवं सामाजिक गतिविधि के रूप में की जाए।

भाषाई दृष्टिकोण के अनुसार प्रत्येक पाठ एक भाषाई इकाई है। भाषा सामाजिक एवं ऐतिहासिक होती है। मनुष्य अपने समय और समाज में उपलब्ध भाषा के माध्यम से अपने विचारों को व्यक्त करता है। इसलिए भाषाई दृष्टिकोण के समर्थक किसी पाठ के अर्थ की

व्याख्या करने के लिए उसके भाषाई परिप्रेक्ष्य की पहचान और उसके विश्लेषण को आवश्यक मानते हैं। इसका अर्थ यह नहीं है कि यह दृष्टिकोण सामाजिक–आर्थिक संदर्भों को पूरी तौर पर नकार देता है। स्किनर ने स्वयं कहा है कि केवल भाषा पर ही ध्यान केंद्रित करने से लेखक के अभिप्राय की समझ गलत हो सकती है।

राजनीतिक चिंतन के अर्थ की व्याख्या के विभिन्न दृष्टिकोण हैं। उनके माध्यम से राजनीतिक चिंतकों की विभिन्न व्याख्याएँ होती रही हैं। इसलिए किसी एक दृष्टिकोण को पूर्णतः सही नहीं कहा जा सकता। वे सभी दृष्टिकोण एक–दूसरे के पूरक हैं। सभी अपने–अपने तरीके से राजनीतिक चिंतन के ग्रंथों के अर्थ की व्याख्या करते हैं। इस संबंध में टेरेंस बाल का सुझाव उपयोगी है। उनका कहना है कि हम जिस समस्या का समाधान खोजना चाहते हैं, उसके अनुरूप दृष्टिकोण अपनाया जाए। उनका तर्क है कि लॉक, रूसो या जे.एस. मिल को हम इसलिए नहीं पढ़ते कि हम उनके समय या उनके लेखन के बारे में सबकुछ जानना चाहते हैं। हम उन्हें इसलिए पढ़ते है कि हमारे समक्ष कुछ समस्याएँ हैं। कोई प्रतिनिधित्यात्मक लोकतंत्र को दोषपूर्ण समझता है और इसके विकल्पों की तलाश करना चाहता है तो उसकी रुचि रूसो में हो सकती है। इसी प्रकार यदि हम लोकतांत्रिक व्यवस्था के अंतर्गत व्यक्ति की स्वतंत्रता पर खतरा देखते हैं तो उसके समाधान के लिए मिल को पढ़ते हैं। राजनीतिक चिंतन में बार–बार पढ़ने, समझने और मूल्यांकन की गतिविधि चलती रहती है। इसलिए राजनीतिक चिंतन के इतिहास में प्लेटो, अरस्तू, मैकियावेली आदि लेखकों की रचनाओं के साथ–साथ उनकी विभिन्न व्याख्याएँ भी शामिल हैं। ये उन रचनाओं को और उनके साथ–साथ राजनीतिक चिंतन को जीवंत रखते हैं।

◀ सहायक पुस्तकों एवं लेखों की सूची ▶

◀ पुस्तकें

गुप्ता, दमयंती, *पॉलिटिकल थॉट ऐंड इंटरप्रेटेशन*, प्वाइंटर पब्लिशर्स, जयपुर, 1990.

गूनेल, जी.जॉन, *पॉलिटिकल थियरी : ट्रेडिशन ऐंड इंटरप्रेटेशन*, विन्थ्रोप पब्लिशर्स, मेसाचूसेट्स, 1979.

गूडिन, ई.रॉबर्ट, ऐंड हंस–डायटर क्लिंगमान, *ए न्यू हैंडबुक ऑफ पॉलिटिकल साइंस*, ऑक्सफोर्ड यूनिवर्सिटी प्रेस, न्यूयार्क, 1996.

ग्रीनस्टीन, फ्रेड आई. ऐंड नेल्सन, डब्लू., पोल्सबी (सं), *पॉलिटिकल साइंस : स्कोप ऐंड थियरी*, ऐडिसन–वेल्गले पब्लिशिंग कंपनी, फिलीपिन्स, 1975.

गौस, एफ.गेराल्ड, ऐंड चंद्रन, कुकाथास (सं), *हैंडबुक ऑफ पॉलिटिकल थियरी*, सेज पब्लिकेशन्स, लंदन, 2004.

पालमनाज, जॉन, *मैन ऐंड सोसायटी*, लांगमैन पब्लिशर्स, लंदन, 1963.

ब्रेख्त, अर्नोल्ड, *पॉलिटिकल थियरी : दि फाउन्डेशन्स ऑफ ट्वेन्टिइथ–सेंचुरी पॉलिटिकल थॉट*, प्रिंसटन यूनिवर्सिटी प्रेस, न्यू जेरसी, 1959.

भार्गव, राजीव, *ह्वाट इज पॉलिटिकल थियरी ऐंड ह्वाइ डू वी नीड इट?*, ऑक्सफोर्ड यूनिवर्सिटी प्रेस, नई दिल्ली, 2010.

मैकफरसन, सी.बी., *दि पॉलिटिकल थियरी ऑफ पजेसिव इंडीविजुअलिज्म : फ्रॉम हॉब्स टू लॉक*, क्लेरेनडॉन प्रेस, यू.के. 1962.

रिचटर, एल.विलियम, *एप्रोचेज टू पॉलिटिकल थॉट*, रॉमेन ऐंड लिटिलफील्ड पब्लिशर्स, मेरीलैंड, यू. के., 2009.

रैफेल, डी.डी., *प्राब्लम्स ऑफ पॉलिटिकल फिलॉस्फी*, मैकमिलन प्रेस, 1976.

वोलिन, एस. शेल्डन, *पॉलिटिक्स ऐंड विजन*, प्रिंसटन यूनिवर्सिटी प्रेस, न्यू जेरेसी, 1960.

विन्सेन्ट, ऐंड्रियू, *दि नेचर ऑफ पॉलिटिकल थियरी*, ऑक्सफोर्ड यूनिवर्सिटी प्रेस, न्यूयार्क, 2004.

सेबाइन जी.एच., *ए हिस्ट्री ऑफ पॉलिटिकल थियरी*, ऑक्सफोर्ड ऐंड आइ. बी. एच. पब्लिशिंग कं. नई दिल्ली, 1973 (पहली बार 1937 ई. में प्रकाशित).

सुलिवान, ओ नोएल, (सं), *पॉलिटिकल थियरी इन ट्रांजिशन*, रुटलेज पब्लिकेशन्स, लंदन 2000.

हैकर, ऐंड्रियू, *पॉलिटिकल थियरी: फिलॉस्फी, आइडियोलॉजी*, साइंस, पहला भारतीय संस्करण, सुरजीत पब्लिकेशन्स, नई दिल्ली, 2006.

हेवुड, ऐंड्रियू, प*ॉलिटिकल थियरी: एन इंट्रोडक्शन*, पॉलग्रेव मैकमिलन, न्यूयार्क, 2004.

ह्वाइट, के. स्टीफेन, ऐंड गे. डोनाल्ड मून (सं), *ह्वाट इज़ पॉलिटिकल थियरी?*, सेज पब्लिकेशन्स, लंदन 2004.

◂ लेख

डन जॉन, ''दि आइडेंटिटी ऑफ हिस्ट्री ऑफ आइडियाज'', *फिलॉस्फी*, कैंब्रिज यूनिवर्जिटी प्रेस, अंक 43, नं. 164, 1968, पृ. 85-104.

पोकॉक, जे.जी.ए., ''पॉलिटिकल आइडियाज ऐज हिस्टॉरिकल इवेंट्स : पॉलिटिकल फिलॉसॉफर्स ऐज हिस्टॉरिकल एक्टर्स'', मेलविन रिचटर द्वारा संपादित *पॉलिटिकल थियरी ऐंड पॉलिटिकल एजुकेशन* में संकलित, प्रिंसटन, 1980, पृ. 139-158.

बाल, टेरेंस, ''हिस्ट्री ऐंड दि इन्टरप्रेटेशन ऑफ टेक्स्ट्स'', गेराल्ड एफ. गौस एंड चंद्रन कुकाथास द्वारा संपादित *हैंडबुक ऑफ पॉलिटिकल थियरी*, सेज पब्लिकेशन्स, लंदन, 2004, पृ. 18-30.

स्किनर, क्वेंटिन, ''मीनिंग ऐंड अंडरस्टैंडिग इन दि हिस्ट्री ऑफ आइडियाज'', *हिस्ट्री ऐंड थियरी*, 8, नं.1 वायले-ब्लैकवेल पब्लिशिंग, यू.एस.ए., 1969, पृ. 3-53.

3

व्यवहारवाद एवं उत्तर-व्यवहारवाद

व्यवहारवाद (Behaviouralism)

व्यवहारवाद का कोई निश्चित एवं सर्वमान्य अर्थ बताना कठिन है। कुछ विद्वानों के लिए यह एक बौद्धिक प्रवृत्ति है, शोध की एक दृष्टि है, तो कुछ लोग इसे एक सफल आंदोलन मानते हैं। दिलचस्प बात यह है कि व्यवहारवाद के समर्थकों में से कोई भी अपने को व्यवहारवादी नहीं कहता। यह एक छतरी की तरह है जिसमें विभिन्न प्रकार के लोग हैं। उनको जोड़ने वाली एक सामान्य कड़ी है- विषय के परंपरागत दृष्टिकोण एवं अध्ययन पद्धति के प्रति असंतोष। रॉबर्ट डॉल (Robert Dahl) का कहना है कि व्यवहारवाद एक विरोध आंदोलन है जो राजनीतिक अध्ययन के परंपरागत स्वरूप से असंतुष्ट है और उसे अपर्याप्त मानते हुए अस्वीकार करता है। यह प्रमुख रूप से प्रथम विश्व युद्ध के बाद अमेरिका में पनपा। व्यवहारवाद के समर्थक विद्वान राजनीतिक अध्ययन को नई दिशा की ओर ले जाना चाहते हैं। उन पर प्रत्यक्षवाद का गहरा प्रभाव है। वे प्रत्यक्षवाद की इस मान्यता को स्वीकार करते हैं कि केवल वही ज्ञान यथार्थ और प्रामाणिक है जिसका आनुभविक सत्यापन हो सके। उनकी राय में इस तरह का ज्ञान केवल वैज्ञानिक पद्धति से ही प्राप्त हो सकता है। व्यवहारवादियों का यह दृढ़ विश्वास है कि प्राकृतिक घटनाओं की तरह राजनीति को भी इस पद्धति से समझा जा सकता है। इसके उपयोग से ऐसे सिद्धांतों का विकास संभव है जो आनुभविक रूप से सत्यापित हों। व्यवहारवादियों ने अपने लिए यह महत्त्वाकांक्षी लक्ष्य निर्धारित किया कि वे राजनीति विज्ञान को उसी तरह 'राजनीति का विज्ञान' बना देंगे जैसे भौतिकशास्त्र पदार्थ का विज्ञान है। इस प्रकार व्यवहारवाद विषय के स्वरूप को आमूल-चूल रूप से बदलने का पक्षधर है।

व्यवहारवाद का अर्थ

व्यवहारवाद के अर्थ को निम्न चार आधारों पर समझा जा सकता है- 1. अध्ययन और विश्लेषण की इकाई, 2. अध्ययन की पद्धति, 3. अध्ययन का लक्ष्य और 4. अन्य सामाजिक विज्ञानों से संबंध।

1. अध्ययन और विश्लेषण की इकाई : परंपरागत अध्ययन राज्य और सरकार जैसी राजनीतिक संस्थाओं को कानूनी एवं ऐतिहासिक दृष्टिकोण से समझने का प्रयास करता रहा। इसके साथ ही इन संस्थाओं के आदर्श स्वरूप की भी खोज की जाती रही। व्यवहारवाद

राज्य और सरकार को अध्ययन की इकाई मानने से इनकार करता है। मूलतः यह मनुष्य के व्यवहार का अध्ययन करना चाहता है। इसके लिए राजनीति मानवीय क्रियाओं की स्थितियों एवं परिणामों से संबंधित है। अतः यह जानना आवश्यक है कि मनुष्य राजनीतिक रूप से क्या करता है और उसका अर्थ क्या है? व्यवहारवादी राजनीतिक संस्थाओं को भी इसी आधार पर समझना चाहते हैं। वे यह मानते हैं कि राजनीतिक संस्थाओं को उनमें काम करने वाले लोगों की गतिविधियों के अध्ययन के द्वारा सही ढंग से समझा जा सकता है। इसलिए उनकी रुचि किसी संस्था में कार्यरत व्यक्तियों के व्यवहार पर संबंधित संस्थाओं के प्रभावों को समझने में है। उनके अनुसार संस्थाएँ व्यक्तियों के व्यवहारों के प्रतिमानों से अलग कुछ भी नहीं है। इसलिए व्यवहारवादी राजनीतिक अध्ययन एवं विश्लेषण में मानव व्यवहार और उसको प्रभावित करने वाले विभिन्न कारकों पर अपना ध्यान केंद्रित करते हैं।

2. अध्ययन की पद्धति : व्यवहारवादी राजनीतिक अध्ययन में वैज्ञानिक पद्धति के उपयोग के प्रबल पक्षधर हैं। वे तथ्यों का संकलन करना चाहते हैं जिनका आनुभविक सत्यापन हो सके। इसलिए वे मूल्यों और आदर्शों को अपने अध्ययन से अलग रखने के समर्थन में हैं। मूल्य और आदर्श व्यक्ति की अपनी नैतिकता से संबंधित होते हैं। उनके उचित या अनुचित होने का निर्णय अनुभव पर आधारित साक्ष्यों के आधार पर नहीं हो सकता। यही कारण है कि व्यवहारवादी परंपरावादियों के आदर्शात्मक दृष्टिकोण का परित्याग कर देते हैं। उनका संबंध राजनीतिक वास्तविकताओं यानी 'क्या है' से है। इसके विपरीत परंपरावाद का प्रमुख ध्यान राजनीतिक आदर्शों अर्थात 'क्या होना चाहिए' पर होता है। व्यवहारवाद तथ्यों को मूल्यों से अलग रखने पर बल देता है और उसकी दृष्टि में यह संभव है।

3. अध्ययन का लक्ष्य : व्यवहारवाद के अनुसार शोध और सिद्धांत परस्पर संबंधित हैं। शोध का लक्ष्य सिद्धांत निर्माण है। ऐसे सिद्धांतों का निर्माण जो निश्चित हों और जिनको आनुभविक तौर पर सत्यापित किया जा सके। व्यवहारवादियों का तर्क है कि इस प्रकार के सिद्धांतों के आधार पर राजनीतिक गतिविधियों की न सिर्फ व्याख्या की जा सकती है बल्कि उनके संबंध में भविष्यवाणी भी की जा सकती है। उनके अनुसार राजनीतिक गतिविधि के सतत अवलोकन से प्राप्त निष्कर्षों का मापन एवं सत्यापन संभव है। इस प्रकार सत्यापित निष्कर्षों को सिद्धांत के रूप में व्यवस्थित किया जा सकता है। अंतिम रूप से व्यवहारवाद राजनीति विज्ञान को शुद्ध विज्ञान का रूप देना चाहता है। उसके अनुसार विज्ञान का कार्य दुनिया को समझना है, बदलना नहीं। अतः व्यहारवादियों का प्रस्ताव है कि राजनीति विज्ञान अपने को सिर्फ राजनीति को समझने तक सीमित रखे।

4. अन्य सामाजिक विज्ञानों से संबंध : व्यवहारवादी यह स्वीकार करते हैं कि मनुष्य का राजनीतिक व्यवहार विविध कारकों से प्रभावित होता है। इनमें आर्थिक, सामाजिक, सांस्कृतिक एवं मनोवैज्ञानिक पहलू शामिल हैं। इसलिए व्यवहारवाद उन सभी कारकों का अध्ययन करना चाहता है जो राजनीतिक व्यवहार या गतिविधि को प्रभावित करते हैं। उनसे संबंधित तथ्य दूसरे सामाजिक विज्ञानों में उपलब्ध होते हैं। व्यवहारवादी उनका उपयोग करने के पक्षधर हैं। तथ्यों के अतिरिक्त वे दूसरे सामाजिक विज्ञानों में उपलब्ध परिष्कृत

तकनीकों का उपयोग करना चाहते हैं। उनसे सिद्धांत निर्माण में मदद मिल सकती है। इस प्रकार व्यवहारवाद का दृष्टिकोण अंतरानुशासनात्मक (Interdisciplinary) है। यह सभी सामाजिक विज्ञानों के समायोजन का पक्षधर है।

उपरोक्त विवेचन से व्यवहारवाद का अर्थ स्पष्ट हो जाता है। इसके साथ ही परंपरावाद से उसकी भिन्नता भी स्पष्ट दिखाई पड़ती है। व्यवहारवाद दर्शनशास्त्र और नीतिशास्त्र के प्रभाव से मुक्त कर राजनीति विज्ञान को प्राकृतिक विज्ञान के समकक्ष ले जाना चाहता है। इसलिए उसका संबंध राजनीतिक प्रक्रिया की व्याख्या मात्र से है। मूल्यांकन या नैतिक निर्णय से उसका कोई सरोकार नहीं है। कोई भी विज्ञान इसके लिए उपयुक्त नहीं होता।

व्यवहारवाद के पूर्व राजनीति विज्ञान विषय की स्थिति

व्यवहारवाद की उत्पत्ति, विकास और अवसान का केंद्र अमेरिका है। अमेरिकी विश्वविद्यालयों में राजनीतिक अध्ययन का प्रारंभ उन्नीसवी सदी के उत्तरार्द्ध में हुआ। सर्वप्रथम 1857 ई. में कोलंबिया विश्वविद्यालय में इतिहास और राजनीति विज्ञान के संयुक्त विभाग की स्थापना हुई। फ्रांसिस लीबर को उसका अध्यक्ष नियुक्त किया गया। वे जर्मनी से अमेरिका आए थे। उस दौर में अमेरिका एक राष्ट्र के रूप में आकार ग्रहण कर रहा था और अपनी राष्ट्रीय पहचान को स्थापित करने के प्रयास में था। उल्लेखनीय है कि 1861-1865 ई. में अमेरिका में गृहयुद्ध हुए। उसमें अमेरिका के दक्षिणी हिस्से के कई राज्यों ने अमेरिकी संघ से अलग होने के लिए संघर्ष किया। वह अत्यंत खूनी संघर्ष था। उसमें केंद्र सरकार बनाम राज्य का मुद्दा प्रमुख था। गृहयुद्ध की समाप्ति के बाद वहाँ संघीय सरकार की सर्वोच्चता स्थापित हुई। पहले राज्य ही अमेरिकी राजनीति के केंद्र हुआ करते थे। अब राष्ट्रीय राजनीति प्रमुख हो गई। इसलिए यह आवश्यक समझा गया कि अमेरिकी जनता को राष्ट्रवाद और लोकतंत्र के अनुरूप राजनीतिक शिक्षण दिया जाए। 1880 ई. में कोलंबिया विश्वविद्यालय में ही स्वतंत्र रूप से स्कूल ऑफ पॉलिटिकल साइंस बनाया गया। जॉन डब्लू. बर्गेस इसके निर्देशक बने। उनकी शिक्षा भी जर्मनी में हुई थी। उन्होंने भी राष्ट्र पर बल दिया। बर्गेस ने अमेरिकी गृहयुद्ध में संघ के पक्ष में भागीदारी की थी। इस प्रकार अमेरिका में राजनीति विज्ञान की उत्पत्ति राष्ट्रीय आवश्यकताओं के कारण हुई। थियोडोर लोवी का यह कथन सही है कि अमेरिकी राजनीति विज्ञान वस्तुत: 'अमेरिकी राज्य का उत्पाद' है। उसी दौर में 1861 ई. में इटली और 1871 ई. में जर्मनी राज्य के रूप में संगठित हुए। उन स्थितियों में विद्वानों द्वारा राज्य के अध्ययन पर ध्यान केंद्रित करना स्वाभाविक था। इसलिए शुरुआती दशकों में राजनीति विज्ञान राज्य की अवधारणा पर केंद्रित था। एक प्रकार से यह राष्ट्रवाद को सैद्धांतिक आधार प्रदान करता था। लेकिन इसकी एक और वजह थी। राजनीति विज्ञान की विषयवस्तु का प्रश्न भी महत्त्वपूर्ण था। राज्य ही एक ऐसा विषय था जिस पर यह अपना दावा प्रस्तुत कर सकता था। इसके अतिरिक्त राज्य का अध्ययन राजनीति विज्ञान को यूनानी चिंतन परंपरा से जोड़ता था। इन कारणों से अमेरिका में राजनीति विज्ञान के अध्ययन के प्रमुख विषय राज्य

और सरकार थे। सरकार राज्य का व्यावहारिक रूप है। प्रारंभिक दौर में अमेरिकी विद्वानों की रचनाएँ राज्य पर केंद्रित रहीं। राजनीति विज्ञान को राज्य के अध्ययन का समानार्थी समझा गया। उदाहरण के लिए 1877 ई. में प्रकाशित थियोडोर ड्वाइट वूल्जे (Woolsey) की पुस्तक का शीर्षक था- *पॉलिटिकल साइंस ऑर दि स्टेट थियरिटकली ऐंड प्रैक्टिकली कंसीडर्ड*। इसी प्रकार डब्लू.डब्लू. विलोबी की *दि नेचर ऑफ दि स्टेट* (1896 ई.) और वुडरो विल्सन की *दि स्टेट: एलीमेंट्स ऑफ हिस्टॉरिकल ऐंड प्रैक्टिकल पॉलिटिक्स* (1889 ई.) प्रमुख हैं। इन रचनाओं में आधुनिक राष्ट्र-राज्य, सरकार, प्रशासन तथा नागरिकों के अधिकार केंद्रीय विषय थे। इन विषयों पर ऐतिहासिक, कानूनी और संस्थागत दृष्टिकोण से विचार किया गया था। इसके साथ ही इन अध्ययनों का संबंध शास्त्रीय राजनीतिक सिद्धांतों से भी जुड़ता था। अरस्तू के काल से ही राजनीति विज्ञान को राज्य (नगर-राज्य) के विज्ञान के रूप में समझा गया।

अमेरिकी राजनीतिशास्त्रियों की पहली पीढ़ी ने फ्रांस और जर्मनी में शिक्षा प्राप्त की थी। वे जर्मनी के इतिहास के प्राध्यापकों के शिष्य थे। इसलिए उन पर इतिहास का प्रभाव अधिक था। यही कारण है कि उन्होंने सरकार के विभिन्न रूपों पर विचार करते वक्त इतिहास को आधार बनाया। इस दौरान उन्होंने इस प्रश्न का उत्तर खोजना प्रारंभ किया कि कौन-सी शासन-प्रणाली अच्छी है? लेकिन यह प्रयास अमेरिकी विद्वानों ने सक्रिय राजनीति से दूर रहकर और उसको समझे बगैर पुस्तकालयों और अपने अध्ययन कक्ष में किया। बाद में चलकर उपर्युक्त ऐतिहासिक-आदर्शात्मक दृष्टिकोण से असंतोष उभरना प्रारंभ हुआ। यह कहा जाने लगा कि राजनीति को ठीक से समझने के लिए अध्ययन के तरीके में बदलाव आवश्यक है। इसके फलस्वरूप, सरकार वस्तुत: किस प्रकार कार्य करती है, के अध्ययन पर बल दिया जाने लगा। अब राजनीतिशास्त्रियों ने यथार्थवादी दृष्टिकोण अपनाना प्रारंभ किया। इस यथार्थवादी धारा के चिंतकों में वुडरो विल्सन, जेम्स ब्राइस और लॉरेंस लावेल का स्थान प्रमुख है। विल्सन ने अपनी पुस्तक *कांग्रेसनल गवर्नमेंट* (1885 ई.) में राजनीति को समझने के लिए सामाजिक ताने-बाने को समझने पर बल दिया। सरकार की गतिविधियों पर इसका प्रभाव होता है। जेम्स ब्राइस की पुस्तक *अमेरिकन कॉमनवेल्थ* (1888 ई.) है। उन्होंने यह दावा किया कि उनका उद्देश्य अमेरिकी संस्थाओं की वास्तविक स्थिति का वर्णन है। उन्होंने राजनीतिक जीवन से संबंधित तथ्यों के संग्रह पर अत्यधिक बल दिया। उनका कहना था- तथ्य, तथ्य और तथ्यों के सिवा कुछ नहीं। इसलिए यथार्थवाद की धारा में ब्राइस का स्थान अग्रणी है। लावेल ने 1889 ई. में प्रकाशित अपनी पुस्तक *एसेज ऑन गवर्नमेंट* में इस बात पर बल दिया कि संस्थाओं के कार्यों का अध्ययन करना आवश्यक है। उनका मानना था कि शासन के वास्तविक यंत्र को तभी समझा जा सकता है जब उसे उसकी क्रियाशील अवस्था में देखा जाए। लावेल का आग्रह था कि संस्थाओं को प्रभावित करने वाले कारकों को समझने के बाद ही संस्थाओं की सही समझ हो सकती है। इसके पूर्व अंग्रेज लेखक वाल्टर बेगहॉट (1826-1877 ई.) ने भी राजनीतिक संस्थाओं पर सामाजिक परिस्थितियों के प्रभावों के विश्लेषण पर बल दिया था।

1903 ई. में अमेरिकन पॉलिटिकिल साइंस एसोसिएशन की स्थापना हुई। इससे राजनीति विज्ञान को संस्थागत रूप प्राप्त हुआ। यह एक ऐसा मंच बना जिसके माध्यम से अमेरिकी राजनीतिशास्त्री विभिन्न राजनीतिक मुद्दों पर विचारों का परस्पर आदान-प्रदान कर सकते थे। इसके प्रथम अध्यक्ष फ्रेंक गुडनाऊ थे। वे अमेरिकी सरकार में भी काफी प्रभावशाली थे। राष्ट्रपति द्वारा नियुक्त कई आयोगों में वे शामिल थे। इसी प्रकार लॉरेंस लावेल (जिनकी ऊपर चर्चा की गई है), विलोबी आदि कई विद्वान थे। इन लोगों ने राजनीति विज्ञान और सरकार के संबंध को काफी विस्तृत कर दिया। उससे सरकारी संगठनों में राजनीति वैज्ञानिकों का महत्त्व काफी बढ़ गया। उसके साथ ही यह मत दृढ़ हुआ कि राजनीतिक अध्ययन का सीधा संबंध व्यावहारिक राजनीति से होना चाहिए। 1906 ई. से एसोसिएशन के द्वारा अपनी पत्रिका, 'अमेरिकन पॉलिटिकल साइंस रिव्यु' का प्रकाशन प्रारंभ हुआ। यह पत्रिका एसोसिएशन से जुड़े विद्वानों के विचारों की सामूहिक अभिव्यक्ति का साधन थी।

आर.एफ. बेंटले का योगदान

1908 ई. में बेंटले की पुस्तक *दि प्रोसेस ऑफ गवर्नमेंट* आई। उन्हें व्यवहारवादी शोध का प्रणेता माना जा सकता है। उनके द्वारा प्रस्तावित नई बात यह थी कि राजनीतिक शोध और विश्लेषण की इकाई समूह की गतिविधियाँ हैं। विभिन्न समूह एक-दूसरे को प्रभावित करते हैं और एक-दूसरे से प्रभावित होते हैं। इसी क्रम में वे अपने विशिष्ट हितों को पहचानते हैं। इस प्रकार बेंटले किसी समूह के पूर्वनिर्धारित हितों (जैसा मार्क्स ने वर्ग के बारे में कहा था) को अस्वीकार कर देते हैं। उनका दूसरा प्रमुख योगदान राजनीतिक अध्ययन में वस्तुनिष्ठता पर बल देना है। उन्होंने अध्ययन में व्यक्तिगत भावनाओं, अनुभूतियों और विचारों को अलग रखने पर बल दिया। वे सामाजिक शोध के क्षेत्र में परिष्कृत पद्धतियों का विकास करना चाहते थे जिनके माध्यम से बदलते अमेरिकी समाज का विश्लेषण संभव हो सके। इस प्रकार बेंटले ने वस्तुनिष्ठ विज्ञान की रूपरेखा प्रस्तुत की। उनका प्रयास परंपरावाद की अस्वीकृति और व्यवहारवादी शोध और पद्धति का प्रारंभ बिंदु था।

ग्राहम वालास का योगदान

ब्रिटिश लेखक ग्राहम वालास ने 1908 ई. में प्रकाशित अपनी पुस्तक *ह्यूमन नेचर इन पॉलिटिक्स* में संस्थाओं के स्थान पर व्यक्तियों की मनोवैज्ञानिक प्रवृत्तियों के अध्ययन पर बल दिया। उनका कथन था, ''राजनीति के लगभग सभी विद्यार्थी संस्थाओं का विश्लेषण करते हैं और मनुष्य के विश्लेषण को अनदेखा कर देते हैं।'' मनुष्य ही राजनीतिक संस्थाओं का निर्माण करते हैं। उनकी गतिविधियाँ ही संस्थाओं को क्रियाशील बनाती हैं। इसलिए वालास ने राजनीति को समझने के लिए मानव स्वभाव के विश्लेषण पर बल दिया। उनके अनुसार राजनीति को मनुष्य के आवेगों और सहज वृत्तियों के संदर्भ में ही समझा जा सकता है।

उपर्युक्त दोनों दृष्टिकोण (समाजशास्त्रीय और मनोवैज्ञानिक) अलग-अलग कहे जा सकते हैं। लेकिन दोनों का व्यवहारवाद के विकास में महत्त्वपूर्ण योगदान है। 1920 ई. के दशक से

अमेरिका में व्यवहारवाद का तेजी से विकास हुआ। रॉबर्ट ए. डाल ने इसके लिए निम्न छह कारकों को उत्तरदायी माना है-(1) चार्ल्स ई. मेरियम का योगदान; (2) सामाजिक विज्ञान शोध परिषद की स्थापना; (3) 1930 ई. के दशक में बड़ी संख्या में यूरोपीय विद्वानों का अमेरिका में बस जाना; (4) द्वितीय विश्व युद्ध के बाद की परिस्थितियाँ; (5) सर्वेक्षण पद्धति का विकास; और (6) विभिन्न संस्थाओं द्वारा व्यवहारवादी शोध के लिए आर्थिक सहायता। इन पर संक्षिप्त चर्चा व्यवहारवाद के विकास को समझने में उपयोगी होगी।

1. चार्ल्स ई. मेरियम का योगदान : चार्ल्स ई. मेरियम (1874-1953 ई.) 1900 ई. में शिकागो विश्वविद्यालय में राजनीति विज्ञान के शिक्षक नियुक्त हुए। 1911 ई. में वे विभागाध्यक्ष बने और इस पद पर अवकाश पर्यंत (1940 ई.) बने रहे। उन्होंने अपनी पी-एच.डी. के दौरान पेरिस और बर्लिन के विश्वविद्यालय में अध्ययन किया था। मेरियम कई अमेरिकी राष्ट्रपतियों के सलाहकार रहे जिनमें टाफ्ट, वुडरो विल्सन, हूवर और फ्रैंकलिन डी. रूजवेल्ट शामिल हैं। उनकी प्रारंभिक रचनाएँ राजनीतिक विचारों के इतिहास पर हैं। लेकिन बाद में उन्होंने आनुभविक राजनीतिक शोध को बढ़ावा देने में महत्त्वपूर्ण योगदान दिया। उन्होंने बेंटले और वालास के दृष्टिकोणों को समन्वित किया। उनका प्रमुख आग्रह समूहों के राजनीतिक व्यवहार को आकार देने वाले सामाजिक एवं मनोवैज्ञानिक कारकों की खोज पर था। उन्होंने अमेरिकी लोकतंत्र की तत्कालीन समस्याओं पर अपना ध्यान केंद्रित किया। उनकी राय में अमेरिकी लोकतांत्रिक व्यवस्था के संकट का प्रमुख कारण था -जनता में वैज्ञानिक राजनीतिक मनोवृत्ति का अभाव। जनता की मानसिकता कृषि आधारित समाज वाली थी। अब अमेरिका एक औद्योगिक समाज का रूप ले रहा था। अतः मेरियम के अनुसार सामाजिक विज्ञानों की सहायता से अमेरिकी परंपराओं को, बगैर क्रांति का सहारा लिए, आधुनिक बनाया जा सकता था। इसी उद्देश्य से उन्होंने 'नागरिक शिक्षा' (Civic education) पर बल दिया। वे अमेरिकी समस्याओं के प्रति तटस्थ नहीं रहना चाहते थे। वे राजनीति विज्ञान का विकास अमेरिका की तत्कालीन समस्याओं के समाधान के लिए करना चाहते थे। मेरियम अमेरिका में राजनीति के आधुनिक विज्ञान के निर्माता थे। उनकी बौद्धिक उपलब्धियों से ज्यादा उनकी क्रियाशीलता प्रभावी थी। मेरियम के नेतृत्व में 1922-24 ई. तक लगातार शिकागो विश्वविद्यालय में राजनीति विज्ञान के सम्मेलन हुए। इनका विषय था-'राजनीति का विज्ञान'। इन सम्मेलनों में शामिल विद्वानों ने यह लक्ष्य निर्धारित किया कि वे राजनीति विज्ञान को प्राकृतिक विज्ञान की तरह एक विज्ञान का रूप दे सकेंगे। इनका मानना था कि राजनीति के संबंध में वैज्ञानिक सिद्धांतों का निर्माण संभव है और वांछनीय भी। अगर इस प्रकार के सिद्धांतों का विकास हो जाता है तो उनकी सहायता से राजनीतिक घटनाओं के निश्चित कारणों की खोज की जा सकती है। उनके आधार पर भविष्यवाणी की क्षमता भी अर्जित की जा सकेगी। उपर्युक्त सम्मेलनों ने शिकागो विश्वविद्यालय को व्यवहारवादी अध्ययन का केंद्र बना दिया। मेरियम की पुस्तक *न्यू ऑस्पेक्ट्स ऑफ पॉलिटिक्स* 1925 ई. में प्रकाशित हुई। इसमें उन्होंने राजनीतिक अध्ययन में परिमाणात्मक तकनीकों के उपयोग पर बल दिया। मेरियम के नेतृत्व में व्यवहारवादी शोध को काफी बढ़ावा मिला।

हेराल्ड डी. लासवेल उनके सहकर्मी थे। वी.ओ.की., हर्बर्ट साइमन, ग्रेबियल आमंड आदि मेरियम के विद्यार्थी थे। जिन्होंने आगे जाकर व्यवहारवादी शोध में महत्त्वपूर्ण भूमिका निभाई। इसलिए मेरियम को व्यवहारवाद का बौद्धिक जनक माना जा सकता है। बौद्धिक प्रयत्नों के साथ-साथ उनका संगठनात्मक योगदान भी महत्त्वपूर्ण है।

2. सामाजिक विज्ञान शोध परिषद (Social Science Research Council) **की स्थापना :** सामाजिक विज्ञान शोध परिषद की स्थापना 1923 ई. में हुई। इसकी पहल मेरियम ने की थी। वे इसके सह-संस्थापक थे। इस परिषद में अर्थशास्त्र, समाजशास्त्र, सांख्यिकी, मनोविज्ञान, इतिहास, मानवविज्ञान आदि विषयों के विद्वान शामिल हुए। यह एक ऐसा मंच बना जिसमें अलग-अलग विषयों के विद्वान विभिन्न समस्याओं पर अपने विचारों का आदान-प्रदान कर सकते थे। परिषद के सदस्यों का मानना था कि सामाजिक विज्ञानों का बुनियादी कार्य वास्तविक समस्याओं का आनुभविक अध्ययन है। इस उद्देश्य की पूर्ति के लिए परिषद ने शोध प्रशिक्षण का कार्यक्रम प्रारंभ किया। उसने कृषि, अपराध, औद्योगिक संबंध, दबाव समूह, प्रचार, सामाजिक सुरक्षा आदि विषयों पर शोध कार्यक्रमों को प्रायोजित किया। उल्लेखनीय है कि फ्रैंकलिन डी. रूजवेल्ट 1928-1931 ई. तक इस परिषद के बिजनेस रिसर्च की सलाहकारी समिति के सदस्य थे। बाद में जब वे राष्ट्रपति बने तब इस परिषद को प्रशासन से पर्याप्त सहयोग प्राप्त हुआ। 1945 ई. में इस परिषद ने राजनीतिक व्यवहार के अध्ययन के लिए समिति गठित की। द्वितीय विश्व युद्ध के बाद के दशकों में इस परिषद ने तुलनात्मक राजनीतिक अध्ययन एवं क्षेत्रीय अध्ययन को बढ़ावा दिया। इनमें ग्रेबियल आमण्ड और लूसियन पाई का योगदान महत्त्वपूर्ण है। इस प्रकार सामाजिक विज्ञान शोध परिषद ने अंतरानुशासनात्मक (Interdisciplinary) शोध को बढ़ावा देकर सामाजिक विज्ञानों को एक सूत्र में पिरोने का कार्य किया। इसलिए व्यवहारवादी शोध के विकास में इसका योगदान महत्त्वपूर्ण माना जाता है।

3. बड़ी संख्या में यूरोपीय विद्वानों का अमेरिका में बस जाना : 1930 ई. के दशक में कई यूरोपीय विद्वान, विशेषकर जर्मनी से शरणार्थी के रूप में अमेरिका आए। उन प्रवासी विद्वानों ने व्यवहारवाद के विकास में महत्त्वपूर्ण योगदान किया जिनमें फ्रेंच न्यूमैन, पॉल लेजासफेल्ड, कार्ल डायच, हंस मार्गेन्थाउ आदि उल्लेखनीय हैं। ये विद्वान अगस्त काम्ते, दुर्खीम, मोस्का, परेटो आदि समाजशास्त्रियों से प्रभावित थे। इसके कारण इन लोगों ने राजनीति के प्रति समाजशास्त्रीय दृष्टिकोण का प्रसार किया। व्यवहारवाद पर सर्वाधिक गहरा प्रभाव काम्ते के प्रत्यक्षवाद का है। काम्ते सामाजिक अध्ययन में वैज्ञानिक पद्धति के प्रयोग के प्रबल पक्षधर थे। उनका लक्ष्य सामाजिक गतिविधियों की व्याख्या करने योग्य वैज्ञानिक सिद्धांतों का निर्माण था। समाजशास्त्रीय दृष्टिकोण के प्रभाव के कारण राजनीतिक समाजशास्त्र जैसे विषय का विकास हुआ। सिंगमंड न्यूमैन, पॉल लेजासफेल्ड आदि विद्वानों ने समाजशास्त्रीय दृष्टिकोण से व्यवहारवादी शोध को काफी आगे बढ़ाया।

4. द्वितीय विश्व युद्ध के बाद की परिस्थितियाँ : द्वितीय विश्व युद्ध भी व्यवहारवाद के विकास में प्रेरक बना। दो महाशक्तियों, अमेरिका और रूस के बीच शीतयुद्ध प्रारंभ हो चुका

था। यह हथियारों से ज्यादा विचारों, विचारधाराओं और प्रचार के द्वारा लड़ा जानेवाला युद्ध था। द्वितीय विश्व युद्ध के पूर्व उदारवादी लोकतंत्र को फासीवाद ने चुनौती दी थी। अब यह चुनौती साम्यवाद की ओर से थी। इससे राजनीतिक वैज्ञानिकों का स्वप्न भंग हुआ। उन्हें यह एहसास हुआ कि वे फासीवाद और साम्यवाद की चुनौतियों को ठीक से समझने में विफल रहे। इसके अतिरिक्त राजनीति वैज्ञानिक दूसरे विषय के विद्वानों के मुकाबले पिछड़ गए थे। नीति–निर्माण और सरकार के सलाहकार के रूप में अर्थशास्त्रियों की भूमिका ज्यादा महत्त्वपूर्ण हो गई थी क्योंकि द्वितीय विश्व युद्ध के बाद के दशकों में कृषि एवं औद्योगिक उत्पादन में वृद्धि, मुद्रास्फीति पर नियंत्रण, आदि महत्त्वपूर्ण समस्याओं के विश्लेषण और समाधान में अर्थशास्त्रियों की भूमिका महत्त्वपूर्ण थी। इससे यह एहसास हुआ कि राजनीति विज्ञान अन्य सामाजिक विज्ञानों की तुलना में पिछड़ गया था। अपनी प्रतिष्ठा को पुन: स्थापित करने के लिए राजनीति विज्ञान के विद्वान राजनीतिक यथार्थ को गहराई से समझना चाहते थे। अमेरिकी समाज में राजनीतिक परिवर्तन को खतरनाक समझा जाने लगा था। अमेरिकी बुद्धिजीवी विचारधारा को ही संदेह की दृष्टि से देखने लगे थे। उस दौर में राजनीतिक सिद्धांत शीतयुद्ध का हथियार बन गया। यहाँ तक कि सामाजिक विज्ञान से समाजवाद का भ्रम पैदा होता था, इसलिए सामाजिक विज्ञानों को व्यवहारवादी विज्ञान कहा जाने लगा। अमेरिकी औद्योगिक समाज का मध्य वर्ग राजनीतिक गतिविधियों में भाग लेने की तुलना में अपने आंर्थिक हितों को सुरक्षित करने के प्रति ज्यादा सजग था। इन सभी चीजों का असर राजनीति वैज्ञानिकों पर भी पड़ा। वे राजनीतिक भूमिका निभाने से विमुख होकर अपने विषय को राजनीतिक प्रक्रिया का शुद्ध विज्ञान बनाने में लग गए। परिवर्तन की गतिविधि से अपने को अलग रखते हुए तटस्थ एवं आनुभविक दृष्टि से राजनीति को समझना उनका प्रमुख कार्य हो गया। वामपंथ की चुनौती से निपटने के लिए उन्हें यही तरीका कारगर लगा। व्यवहारवादी विद्वानों ने मेरियम जैसे अग्रजों की सुधारवादी राजनीति का परित्याग कर दिया था।

5. सर्वेक्षण पद्धति (Survey Method) **का विकास :** व्यवहारवादी शोध को आगे बढ़ाने में सर्वेक्षण पद्धति का योगदान महत्त्वपूर्ण है। मतदाताओं के रूझान, उनके चयन और व्यवहार को समझने में सर्वेक्षण पद्धति अत्यंत उपयोगी साबित हुई। यही कारण है कि मतदान व्यवहार का अध्ययन व्यवहारवादियों का प्रिय क्षेत्र बन गया। लेजासफेल्ड, बेरेलसन और गॉडेट ने अपनी पुस्तक *दि पीपुल्स च्वाइस* (1944 ई.) में मतदान के अध्ययन में सर्वेक्षण के महत्त्व को स्थापित कर दिया था। इसमें 1940 ई. में संपन्न अमेरिकी राष्ट्रपति के चुनाव का अध्ययन किया गया था। इसी प्रकार बेरेलसन, लेजासफेल्ड और मैफी की पुस्तक *वोटिंग* 1954 ई. में आई। इसी क्रम में कैम्पबेल, गुरिन और मिलर ने *दि वोटर डिसाइड्स* (1954 ई.) नामक पुस्तक लिखी। पुन: 1960 ई. में कैम्पबेल और उनके साथियों ने *दि अमेरिकन वोटर* नामक पुस्तक में 1956 ई. के चुनाव में मतदान व्यवहार के अध्ययन को प्रस्तुत किया।। मतदान व्यवहार के अतिरिक्त व्यवहारवादियों ने शक्ति और व्यक्तित्व के अध्ययन पर भी बल दिया। इसकी शुरुआत हेराल्ड डी. लासवेल से होती है। उन्होंने अपनी पुस्तक हू *गेट्स व्हॉट, व्हेन ऐंड हाउ* (1936 ई. में प्रकाशित) में अभिजनों को शक्ति का मुख्य केंद्र मानते हुए उनका विश्लेषण किया था।

इसी प्रकार 1947 ई. में प्रकाशित उनकी पुस्तक *दि एनालिसिस ऑफ पॉलिटिकल विहेवियर* व्यवहारवादी अध्ययन के क्षेत्र में मील का पत्थर मानी जाती है। एर्डोनो ने 1950 ई. में प्रकाशित अपनी पुस्तक *दि ऑथिरिटेरियन पर्सनैलिटी* में अभिजनों की संरचना का अध्ययन किया। लेकिन शोध की दिशा पर पूँजीपतियों का नियंत्रण था। अत: व्यवहारवादियों ने किसी भी प्रकार की परिवर्तनकारी गतिविधि से अपने को अलग कर लिया था। उनका कार्य संस्थाओं की गतिविधियों की व्याख्या करना तथा यह दिखलाना था कि ये संस्थाएँ लोकतांत्रिक हैं। अमेरिकी लोकतंत्र का संकट उनके लिए सैद्धांतिक था। उनका विश्वास था कि लोकतंत्र के सही सिद्धांत का निर्माण करने से समस्याएँ हल हो जाएँगी। इस संदर्भ में यह भी कहा जा सकता है कि व्यवहावादी शोध प्रत्यक्ष या परोक्ष रूप से पूँजीपतियों के हित में किए जा रहे थे। उनका उद्देश्य साम्यवाद के प्रसार को रोकना और वैज्ञानिक सिद्धांत की आड़ में उदारवादी लोकतंत्र की श्रेष्ठता को स्थापित करना था।

6. विभिन्न संस्थाओं द्वारा व्यवहारवादी शोध के लिए आर्थिक सहायता: व्यवहारवादी आनुभविक अध्ययन पर बल देते हैं। उसमें बड़े पैमाने पर तथ्यों के संग्रह की आवश्यकता पड़ती है। इसलिए व्यवहारवादी शोध अत्यंत खर्चीला होता है। अमेरिका में व्यवहारवादी शोध के लिए पूँजीपतियों द्वारा संचालित कार्नेगी, रॉकफेलर और फोर्ड जैसे संस्थानों ने प्रचुर मात्रा में धन दिया। न सिर्फ शिकागो विश्वविद्यालय बल्कि हार्वर्ड और मिशीगन जैसे विश्वविद्यालयों में भी व्यवहारवादी अध्ययन के लिए बड़ी मात्रा में संसाधन उपलब्ध कराए गए। उसके अभाव में शायद बड़े पैमाने पर व्यवहारवादी शोध संभव न हो पाता। उन संस्थानों ने मुख्य तौर पर मतदान व्यवहार के अध्ययन को प्रोत्साहित किया। द्वितीय विश्व युद्ध के बाद व्यवहारवाद के उत्कर्ष में उनका योगदान महत्त्वपूर्ण था।

उपर्युक्त सभी कारकों ने व्यवहारवाद को विकसित होने में मदद की। ये सभी परस्पर-संबंधित हैं। उनके साथ ही अमेरिका की सामाजिक-आर्थिक परिस्थितियाँ और लोकतांत्रिक व्यवस्था के संकटों ने व्यवहारवाद के लिए उत्प्रेरक का कार्य किया। यही कारण है कि व्यवहारवादी शोध एक सामूहिक गतिविधि के रूप में बड़े पैमाने पर अमेरिका में ही पनपा। व्यवहारवादी आंदोलन का केंद्र अमेरिका था। लेकिन इसका प्रभाव अन्य यूरोपीय देशों और जापान जैसे एशियाई देशों पर भी पड़ा। 1958 ई. में अमेरिका, यूरोप और जापान के राजनीतिक वैज्ञानिकों एवं राजनीतिक समाजशास्त्रियों के एक समूह का गठन किया गया। उसके द्वारा पाँच खंडों में *इंटरनेशनल इयरबुक ऑफ पॉलिटिकल विहेवियर रिसर्च* का प्रकाशन हुआ। इसी प्रकार ब्रिटेन में मतदान व्यवहार से संबंधित कई अध्ययन हुए जिनमें मार्क बेनी द्वारा 1956 ई. में *हाउ पीपुल वोट* और बटलर और स्टोक्स के द्वारा 1969 ई. में *पॉलिटिकल चेंज इन ब्रिटेन* प्रमुख हैं। इसी प्रकार कनाडा, फ्रांस और जर्मनी के विद्वानों ने भी जनमत, मतदान व्यवहार, दबाव समूहों की गतिविधि आदि विषयों का आनुभविक अध्ययन प्रारंभ किया।

व्यवहारवाद की मूल मान्यताएँ

व्यवहारवाद के प्रमुख व्याख्याकार डेविड ईस्टन ने व्यवहारवाद की बौद्धिक आधारशिला के रूप में निम्न मूल लक्षणों का उल्लेख किया है –

1. नियमितताएँ (Regularities) : व्यवहारवादियों के अनुसार राजनीति को मनुष्य की गतिविधियों के आधार पर समझा जा सकता है। इसलिए वे व्यक्ति के राजनीतिक व्यवहार को अध्ययन की प्रमुख इकाई मानते हैं। व्यक्ति की विभिन्न प्रकार की राजनीतिक गतिविधियाँ होती हैं, वह राजनीतिक दल के भीतर सक्रिय होता है, वह जुलूस और प्रदर्शनों में भाग लेता है, वह मतदान करता है। ये सभी राजनीतिक व्यवहार कहे जा सकते हैं। प्रत्येक राजनीतिक गतिविधि की अपनी परिस्थिति होती है। इसके साथ ही उस गतिविधि में संलग्न व्यक्ति की मनोवृत्तियों का भी प्रभाव उस पर पड़ता है। इसलिए व्यवहारवादी राजनीतिक व्ययवहार के दो प्रमुख आयामों पर बल देते हैं–परिस्थिति और व्यक्ति की मनोवैज्ञानिक प्रवृत्ति। वे सरकार जैसी राजनीतिक संस्थाओं को भी उन संस्थाओं में काम करने वाले व्यक्तियों के व्यवहार के माध्यम से समझना चाहते हैं। उदाहरण के लिए व्यवस्थापिका को लें। यह कानून निर्माण का कार्य करती है। उसमें इसके सदस्यों की भागीदारी होती है। इसलिए व्यवस्थापिका और उसकी गतिविधि को उसमें भाग लेने वाले सदस्यों के व्यवहार के अध्ययन के आधार पर ही समझा जा सकता है। व्यवहारवादियों का तर्क है कि व्यक्ति के राजनीतिक व्यवहार में नियमितता होती है। वह प्राय: एक सी परिस्थिति में एक ही तरीके से व्यवहार करता है। इसलिए व्यक्ति के राजनीतिक व्यवहार के अवलोकन से नियमितताओं की खोज की जा सकती है। उनके आधार पर सामान्य निष्कर्ष निकाले जा सकते हैं। उन निष्कर्षों को सिद्धांत का रूप दिया जा सकता है। इसलिए व्यवहारवादियों का प्रबल आग्रह है कि व्यक्ति के राजनीतिक व्यवहार और उसे प्रभावित करने वाले सामाजिक और मनोवैज्ञानिक कारकों को सही तरीके से गहराई में जाकर समझा जाए।

2. सत्यापन (Verification) : व्यवहारवादी राजनीति के संबंध में विश्वसनीय ज्ञान की खोज करना चाहते हैं। इसलिए वे सत्यापन पर बल देते हैं। यह वैज्ञानिक पद्धति का मूल आधार है। वैज्ञानिक ज्ञान इसलिए विश्वसनीय होता है कि उसका आनुभविक सत्यापन हो सकता है। कोई भी व्यक्ति प्रयोगशाला में जाकर पानी पर प्रयोग कर सकता है और इसका परीक्षण कर सकता है कि उसमें दो भाग हाइड्रोजन और एक भाग ऑक्सीजन है या नहीं। इसी प्रकार व्यवहारवादी यह मानते हैं कि राजनीतिक घटनाओं के अवलोकन से प्राप्त निष्कर्ष ऐसे होने चाहिए जिनका आनुभविक परीक्षण संभव हो सके। वे शोध की प्रक्रिया को ऐसी पूर्वकल्पनाओं पर आधारित करना चाहते हैं जिन्हें आनुभविक तरीके से सत्य या असत्य ठहराया जा सके। इसलिए व्यवहारवादी अध्ययन का उद्देश्य व्यक्ति के व्यवहार के संबंध में ऐसे निष्कर्षों की खोज है जो आनुभविक रूप से सत्यापित हों। उनके आधार पर ही वैज्ञानिक सिद्धांतों का निर्माण संभव हो सकता है। व्यवहारवादियों का सत्यापन सिद्धांत तार्किक प्रत्यक्षवाद पर आधारित है। यह प्रत्यक्षवाद का ही नया रूप है।

इसे 'वियना सर्किल' के विचारकों द्वारा विकसित किया गया था। उनमें मारित्ज श्लिक, रूडोल्फ कार्नप, ऑटो न्यूराथ आदि शामिल थे। उनमें रूडोल्फ कार्नप 1936 ई. से 1952 ई. तक अमेरिका के शिकागो विश्वविद्यालय में दर्शनशास्त्र के प्राध्यापक रहे। व्यवहारवादियों पर उनका गहरा प्रभाव है। तार्किक प्रत्यक्षवाद, प्रत्यक्षवाद की इस स्थापना से सहमत है कि वैज्ञानिक ज्ञान ही यथार्थ है। इसलिए सभी ज्ञान अनुभव पर आधारित हैं। तार्किक प्रत्यक्षवादियों द्वारा प्रतिपादित सत्यापन सिद्धांत कठोर रूप से अनुभववादी हैं। उनके अनुसार जिन कथनों को आनुभविक रूप से सही नहीं ठहराया जा सकता, वे कथन निरर्थक हैं। इसलिए उनकी दृष्टि में दार्शनिक ज्ञान का कोई अर्थ नहीं है। सत्यापन सिद्धांत सबंधी बहस में कार्ल पॉपर ने महत्त्वपूर्ण हस्तक्षेप किया। वे वियना सर्किल के सदस्य नहीं हैं। वे ब्रिटिश विचारक हैं। उन्होंने सत्यापन के स्थान पर 'खंडनीयता' (Falsification) का सिद्धांत प्रस्तुत किया। उनके अनुसार वैज्ञानिक कथन को प्रयोगों द्वारा, चाहे उनकी मात्रा कितनी भी हो, अंतिम रूप से सही नहीं ठहराया जा सकता। इसलिए पॉपर का तर्क है कि कोई सिद्धांत तभी तक सही है जब तक कि वह खंडित नहीं हो जाता। इसलिए वैज्ञानिक शोध में सत्यापन की तुलना में 'खंडनीयता' ज्यादा उपयुक्त है। पॉपर का सिद्धांत आइंस्टीन के सापेक्षता सिद्धांत के अनुकूल है। आंइस्टीन का कथन है– ''प्रयोगीकरण की कोई मात्रा मुझे सही नहीं साबित कर सकती, एक प्रयोग मुझे गलत साबित कर सकता है।'' इस प्रकार, आइंस्टीन और पॉपर, दोनों के अनुसार वैज्ञानिक ज्ञान सापेक्ष है। लेकिन व्यवहारवादियों का लक्ष्य ऐसे सिद्धांतों का निर्माण है जो सभी देशों पर लागू हो सके।

3. तकनीक (Techniques) : परंपरागत राजनीतिक चिंतन में अध्ययन की तकनीक पर चर्चा नहीं होती थी। राजनीति विज्ञान के जनक अरस्तू ने यूनानी नगर-राज्यों के संविधानों का अध्ययन कर उनके संबंध में आँकड़े एकत्र किए थे लेकिन उन्होंने इसका उल्लेख नहीं किया कि वे किस तरीके से जुटाए गए। इसलिए व्यवहारवादियों का मानना है कि शोध में पद्धति और तकनीक संबंधी जागरूकता आवश्यक है। उसी से यह स्पष्ट होता है कि राजनीति को किस प्रकार समझा जाए? उसके स्पष्ट हो जाने के बाद यह प्रश्न खड़ा हो सकता है कि विषय के संबंध में तथ्य किस प्रकार से एकत्र किए जाएँ? यह मामला शोध की तकनीक से संबंधित है। व्यवहारवादी तथ्यों को एकत्र करने और उनके विश्लेषण के लिए उपयुक्त शोध तकनीक का विकास करना चाहते हैं। इतना ही नहीं वे अपने अध्ययन में दूसरे विषयों में विकसित तकनीकों के उपयोग पर बल देते हैं। पहले यह स्पष्ट किया जा चुका है कि व्यवहारवादी अध्ययन को आगे बढ़ाने में सैम्पल सर्वे तकनीक की कितनी महत्त्वपूर्ण भूमिका रही है। इसी प्रकार राजनीतिक जीवन से संबंधित तथ्यों के संग्रह, वर्गीकरण और विश्लेषण में व्यवहारवादी गणितीय और सांख्यिकीय तकनीकों का खुल कर प्रयोग करते हैं। व्यवहारवादियों का आग्रह है कि शोधकर्ता को हमेशा तकनीकों के उपयोग के संबंध में सतर्क और जागरूक रहने की आवश्यकता है। सही तकनीक के उपयोग से ही सही, विश्वसनीय और पर्याप्त तथ्य एकत्र किए जा सकते हैं।

4. परिमाणीकरण (Quantification) : वैज्ञानिक पद्धति अवलोकन एवं प्रयोग पर आधारित होती है। शोधकर्ता किसी घटना की व्याख्या करने या उसे समझने के लिए इनका उपयोग करता है। वह अपने निष्कर्षों को इस रूप में प्रस्तुत करता है कि दूसरे उनका परीक्षण कर सकें। यह तभी संभव है जब उन्हें परिमाणात्मक रूप से प्रस्तुत किया जाए। परिमाणात्मक आँकड़ों के आधार पर ही वैज्ञानिक ज्ञान का परीक्षण संभव है। उदाहरण के लिए अपने अनुभव से कोई किसान भी वर्षा का अनुमान लगा सकता है और हो सकता है, कुछ मामलों में, वह सही साबित हो। लेकिन उसका यह ज्ञान वैज्ञानिक नहीं कहा जा सकता। वह अपने निष्कर्ष को दूसरों तक इस रूप में नहीं व्यक्त कर सकता कि उसका परीक्षण हो सके। इसके विपरीत वैज्ञानिक अन्वेषण के द्वारा आर्द्रता, तापमान आदि के संबंध में परिमाणात्मक जानकारी एकत्र की जाती है। निष्कर्ष उन पर ही आधारित होते हैं। उनका परीक्षण दूसरों के द्वारा संभव है। अतः वैज्ञानिक ज्ञान परिमाणात्मक रूप से ही प्रस्तुत किया जाता है। इसी रूप में उसे दूसरों तक पहुंचाया जाता है। दूसरे लोग इस ज्ञान से संबंधित डाटा का परीक्षण कर निष्कर्ष से सहमत होते हैं या उसे गलत साबित करते हैं। व्यवहारवादी राजनीतिक घटनाओं की व्याख्या के लिए, जहाँ तक हो सके, परिमाणीकरण के पक्षधर हैं। उनका आग्रह है कि राजनीतिक घटनाओं के संबंध में परिमाणात्मक आँकड़े एकत्र किए जाएँ। उनके आधार पर सिद्धांत निर्मित किए जाएँ और उनका परीक्षण हो। इस प्रक्रिया से राजनीतिक घटनाओं का वैज्ञानिक अध्ययन संभव हो सकता है तथा वैज्ञानिक सिद्धांतों का निर्माण किया जा सकता है।

5. मूल्य (Values) : वैज्ञानिक ज्ञान तथ्यों पर आधारित होता है। उस पर शोधकर्ता की अपनी पसंद-नापसंद, मूल्यों, आदर्शों, प्राथमिकताओं आदि का कोई प्रभाव नहीं पड़ता। दूसरी बात यह है कि विज्ञान का कार्य घटना की व्याख्या करना है। उसका मूल्यांकन उसके क्षेत्र से बाहर है। विज्ञान यह नहीं बतला सकता कि परमाणु बम बनाया जाना चाहिए या नहीं? वह केवल यह स्पष्ट करता है कि किस तरह के बम से कितना क्षेत्र प्रभावित होगा? इस प्रकार वैज्ञानिक पद्धति और उससे प्राप्त ज्ञान में मूल्यों और आदर्शों की कोई जगह नहीं होती। यह वस्तुनिष्ठ होता है। अब यहाँ यह प्रश्न खड़ा होता है कि क्या राजनीति को इस नजरिए से समझा जा सकता है? व्यवहारवादी 'राजनीति का विज्ञान' बनाने के लक्ष्य के लिए प्रतिबद्ध हैं। इसलिए उनके लिए यह एक प्रमुख समस्या है कि शोधकर्ता अपने मूल्यों और आदर्शों को अपने शोध से अलग कैसे रखे? ईस्टन का तर्क है कि, नैतिक मूल्यांकन और आनुभविक व्याख्या, दोनों को विश्लेषण की दृष्टि से अलग-अलग रखना आवश्यक है। हालाँकि वे यह स्वीकार करते हैं कि सामाजिक-राजनीतिक शोध में शोधकर्ता अपने मूल्यों से अपने को अलग नहीं रख सकता। उसके मूल्य और आदर्श उसके द्वारा शोध के लिए चुनी जाने वाली समस्या, तथ्यों के चयन और उनके विश्लेषण के तरीके को प्रभावित करते हैं। शोधकर्ता के मष्तिष्क में मूल्य गहरे तौर पर धँसे होते हैं। इसलिए ईस्टन का सुझाव है कि शोधकर्ता को अपनी नैतिक धारणाओं और आदर्शों के प्रति पूरी तौर पर सचेत होना चाहिए और उसे उन्हें पूरी तौर पर स्पष्ट कर देना चाहिए। ईस्टन का निष्कर्ष है कि मूल्यों को स्पष्ट कर देने से शोध पर नैतिक मूल्यों के प्रभावों का परीक्षण संभव हो सकेगा। ईस्टन के इन सुझावों के

बाद भी राजनीति के वैज्ञानिक अध्ययन में अपने आदर्शों और मूल्यों को परे रखना अत्यंत कठिन है। राजनीतिक अध्ययन में कारणों की व्याख्या के साथ-साथ उनके उचित-अनुचित का भी निर्णय होता है। यहाँ व्याख्या और मूल्यांकन साथ-साथ चलते हैं। इसलिए राजनीति के संबंध में मूल्यों से पूर्ण स्वतंत्र शोध हमेशा संभव नहीं हो सकता है। कुछ हद तक मतदान व्यवहार के अध्ययन में यह संभव है।

6. व्यवस्थापन (Systematization): व्यवहारवादियों का लक्ष्य प्राकृतिक विज्ञानों की तरह राजनीतिक घटनाओं के संबंध में वैज्ञानिक सिद्धांतों का निर्माण है। इस कारण वे राजनीतिक शोध के व्यवस्थित होने पर बहुत बल देते हैं। उनके अनुसार शोध का उद्देश्य सिद्धांत निर्माण होना चाहिए और शोध की दिशा भी इसी पर आधारित होनी चाहिए। व्यवहारवादियों के अनुसार शोध यदि सिद्धांत से निर्देशित नहीं है तो वह महत्त्वहीन हो सकता है। इसी प्रकार सिद्धांत यदि तथ्यों के आधार पर पुष्ट नहीं है तो वह निरर्थक हो सकता है। इसलिए व्यवहारवादी अपने शोध को व्यवस्थित रूप देकर सिद्धांत निर्माण की दिशा में अग्रसर होना चाहते हैं। इसके साथ ही उनका प्रयास ऐसे सिद्धांतों का विकास करना है जिनका आनुभविक परीक्षण हो सके। उनकी आशा है कि राजनीति के संबंध में इस प्रकार के सिद्धांतों का निर्माण संभव है। उनके माध्यम से राजनीतिक घटनाओं की उसी प्रकार व्याख्या हो सकेगी जैसे प्राकृतिक घटनाओं की व्याख्या प्राकृतिक विज्ञानों द्वारा की जाती है।

7. शुद्ध विज्ञान (Pure Science): व्यवहारवादी इस बात पर बल देते हैं कि सिद्धांत और उसका उपयोग परस्पर-संबंधित है। राजनीति की सैद्धांतिक समझ से राजनीतिक समस्याओं के समाधान में सहायता मिल सकती है। अत: व्यवहारवादियों के अनुसार सिद्धांत और प्रयोग वैज्ञानिक प्रक्रिया के अंग हैं। लेकिन वे यह स्वीकार करते हैं कि राजनीतिक व्यवहार की वैज्ञानिक समझ और उसकी व्याख्या पहली आवश्यकता है। इसलिए वे शुद्ध अनुसंधान पर ज्यादा बल देते हैं। उससे प्राप्त ज्ञान वह आधार हो सकता है जिसके माध्यम से समाज की ज्वलंत समस्याओं का समाधान हो सके। लेकिन प्राथमिकता ज्ञान की है। व्यवहारवादी शोध के अंतर्गत किसी समस्या को समझना पहली आवश्यकता है, उसका समाधान बाद का प्रश्न है।

8. समायोजन (Integration): व्यवहारवादी राजनीति विज्ञान को अन्य सामाजिक विज्ञानों से जोड़ना चाहते हैं। वे सामाजिक मनोविज्ञान, समाजशास्त्र, सांस्कृतिक मानवविज्ञान आदि विषयों से राजनीति विज्ञान का विशेष संबंध स्थापित करना चाहते हैं। व्यवहारवादियों के अनुसार मनुष्य के राजनीतिक व्यवहार विभिन्न सामाजिक, आर्थिक, सांस्कृतिक आदि कारकों से प्रभावित होते हैं। अत: किसी राजनीतिक व्यवहार या घटना के व्यवस्थित अध्ययन के लिए उसके विभिन्न पहलुओं को समझना आवश्यक हो जाता है। यही कारण है कि व्यवहारवादी सभी सामाजिक विज्ञानों का समायोजन करना चाहते हैं ताकि किसी विषय में विकसित तकनीकों और संगृहीत तथ्यों का उपयोग दूसरे विषयों के अध्ययन में किया जा सके। इसलिए वे सभी सामाजिक विज्ञानों को एक सूत्र में पिरोकर 'व्यवहारवादी विज्ञान' की संज्ञा देते हैं। आवास, रोजगार, शांति आदि से संबंधित प्रश्नों को केवल किसी एक विषय के नजरिए से समझने का प्रयास नहीं होता बल्कि इनमें सभी विषयों के उपलब्ध ज्ञान का उपयोग होता है।

व्यवहारवाद : उपलब्धियाँ

द्वितीय विश्व युद्ध के बाद अमेरिकी विश्वविद्यालयों में व्यवहारवादी अध्ययन अत्यंत प्रभावी हो गया। वह अब अमेरिकी राजनीति विज्ञान की मुख्य धारा में था। उसमें अमेरिकी पॉलिटिकल साइंस एसोसिएशन के वार्षिक सम्मलेनों ने महत्त्वपूर्ण योगदान दिया। उदाहरण के लिए 1956 ई. में राजनीतिक व्यवहार पर बहस के कई दौर चले। इसी प्रकार 1959 ई. में राजनीतिक दलों, विधायन, लोकप्रशासन आदि के क्षेत्र में किए गए व्यवहारवादी अध्ययनों पर चर्चा की गई। व्यवहारवादियों की सर्वाधिक उल्लेखनीय उपलब्धि मतदान व्यवहार का अध्ययन थी। मतदान को निर्धारित करने वाले सामाजिक और मनोवैज्ञानिक कारकों का अध्ययन व्यवहारवादियों की रुचि का प्रमुख क्षेत्र था। वे व्यक्ति के मतदान व्यवहार पर धर्म, पारिवारिक पृष्ठभूमि, प्रजाति, व्यवसाय आदि सामाजिक कारकों के प्रभाव का अध्ययन करते थे। इसके साथ ही उनका प्रयास मतदाताओं के मनोवैज्ञानिक पहलुओं को भी समझना था। व्यवहारवादी प्रमुख तौर पर दो बातों पर अधिक बल दे रहे थे। एक तो शोध में अधिकाधिक परिष्कृत तकनीकों का उपयोग तो दूसरा सिद्धांत निर्माण का प्रयास। डेविड ट्रूमैन का मानना है कि तकनीक के क्षेत्र में व्यवहारवादियों ने उल्लेखनीय सफलताएँ प्राप्त कीं जबकि सिद्धांत के क्षेत्र में उल्लेखनीय प्रगति नहीं हुई। इसके बावजूद व्यवहारवादियों ने राजनीतिक अध्ययन के स्वरूप को बदलने का अथक प्रयास किया। उनकी महत्त्वपूर्ण उपलब्धियाँ इस प्रकार हैं :

1. राजनीतिक विश्लेषण में व्यक्ति के राजनीतिक व्यवहार को केंद्रीय स्थान : परंपरागत रूप से राजनीति विज्ञान राज्य और सरकार जैसी संस्थाओं का अध्ययन करता आ रहा था। व्यवहारवादियों ने राजनीतिक संस्थाओं को अपने अध्ययन की प्रमुख इकाई मानने से इनकार कर दिया। उनका तर्क था कि संस्थाएँ व्यक्तियों के व्यवहार से अलग कुछ भी नहीं है। ये व्यवहारों की एक व्यवस्था हैं। इसलिए व्यवहारवादी अध्ययन के अंतर्गत संस्थाओं के स्थान पर विभिन्न राजनीतिक भूमिकाओं में व्यक्ति के व्यवहार को अध्ययन की प्रमुख इकाई माना जाता है। व्यक्ति की अपनी राजनीतिक भूमिका भी उसकी अपनी मनोवृत्तियों एवं अभिरुचियों से निर्देशित होती है। अत: व्यवहारवादियों ने व्यक्ति की राजनीतिक भूमिका एवं व्यवहार की व्याख्या उसको प्रभावित करने वाले कारकों के संदर्भ में की। व्यक्ति के राजनीतिक क्रियाकलाप के अध्ययन को प्रमुखता दी जाने लगी। इसके परिणामस्वरूप संस्थाओं के अध्ययन का स्थान राजनीतिक प्रक्रिया ने ले लिया। अब विधायिका जैसी संस्थाओं के स्थान पर कानून निर्माण का अध्ययन ज्यादा उपयुक्त समझा जाने लगा। इसके फलस्वरूप राजनीतिक विश्लेषण पहले की तुलना में अधिक गहन और सूक्ष्म तरीके से होने लगा।

2. वैज्ञानिक पद्धति एवं परिष्कृत तकनीकों का उपयोग : व्यवहारवादी अपने अध्ययन में पद्धति के प्रति अत्यधिक जागरूक हैं। वे राजनीति के अध्ययन में वैज्ञानिक पद्धति के प्रयोग के प्रबल पक्षधर हैं। इसलिए वे तथ्यों के संग्रह, विश्लेषण और मापन के लिए परिष्कृत तकनीकों का उपयोग करना चाहते हैं। पूर्व में यह उल्लेख किया गया है कि सैम्पल सर्वे

की तकनीक से किस प्रकार व्यवहारवादी शोध को बढ़ावा मिला। इसी तरह समाजशास्त्र में विकसित समाजमिति (Sociometry) तकनीक का उदाहरण दिया जा सकता है। अब राजनीतिक अध्ययन में इसका उपयोग किया जाता है। इसके द्वारा किसी समूह के अंतर्गत व्यक्तियों के परस्पर-संबंधों का मापन किया जाता है। व्यवहारवादी राजनीतिक अध्ययन में दूसरे विषयों में विकसित तकनीकों का उपयोग करने पर बल देते हैं। आज आम चुनाव के दौरान जनमत सर्वेक्षण एक रोचक विषय है। इसी प्रकार मतदान के बाद सर्वेक्षण एवं साक्षात्कार के आधार पर किया गया 'एग्जिट पोल' मीडिया और जनता के बीच अत्यंत लोकप्रिय है। अब राजनीतिक विषयों से संबंधित आँकड़ों के संग्रह और विश्लेषण में गणितीय एवं सांख्यिकीय तकनीकों का बड़े पैमाने पर उपयोग होने लगा है। आज के कम्प्यूटर युग में ऐसे कई सॉफ्टवेयर विकसित हुए हैं जिनके माध्यम से आँकड़ों का परिष्कृत तरीके से विश्लेषण होने लगा है। इस प्रकार यह कहा जा सकता है कि व्यवहारवादियों की एक बड़ी उपलब्धि राजनीतिक अध्ययन में परिष्कृत तकनीकों का उपयोग है।

3. सामाजिक विज्ञानों की एकता का प्रयास : व्यवहारवाद की यह मान्यता है कि व्यक्ति के राजनीतिक व्यवहार विभिन्न कारकों से प्रभावित होते हैं। अत: राजनीतिक व्यवहार के अध्ययन के लिए अन्य सामाजिक विज्ञानों में उपलब्ध तथ्यों का उपयोग किया जाना चाहिए। इससे व्यक्ति के संपूर्ण व्यवहार के संदर्भ में उसके राजनीतिक व्यवहार की जानकारी मिल सकेगी। इस प्रकार व्यवहारवाद अंतरानुशासनात्मक (Interdisciplinary) है और यह विभिन्न सामाजिक विज्ञानों की एकता का पक्षधर है क्योंकि सभी सामाजिक विज्ञानों के अध्ययन के केंद्र में मनुष्य ही है। व्यवहारवादियों द्वारा किए गए शोध के फलस्वरूप राजनीति विज्ञान का मनोविज्ञान, समाजशास्त्र और मानव विज्ञान से गहरा संबंध स्थापित हुआ। इसके परिणामस्वरूप राजनीतिक समाजशास्त्र जैसे नए विषय भी विकसित हुए। आज तो प्राकृतिक विज्ञानों के साथ सामाजिक विज्ञानों का एकीकरण होने लगा है। इसके कारण सामाजिक विज्ञान की नई-नई विशेषीकृत शाखाएँ अस्तित्व में आ गई हैं जैसे न्यूरोलॉ, न्यूरोइथिक्स, न्यूरोइकॉनॉमिक्स आदि।

4. सिद्धांत निर्माण का प्रयास : व्यवहारवादियों की महत्त्वाकांक्षा राजनीति विज्ञान को प्राकृतिक विज्ञानों की तरह 'राजनीति का विज्ञान' बना देने की थी। इसलिए उनका लक्ष्य व्यवस्थित एवं आनुभविक सिद्धांतों का निर्माण था जिनके आधार पर राजनीतिक घटनाओं की व्याख्या हो सके। यही कारण है कि वे शोध और सिद्धांत के परस्पर-संबंध पर बल दे रहे थे। व्यवहारवादियों को न्यूटन के गुरुत्वाकर्षण के सिद्धांत जैसे राजनीतिक सिद्धांतों के निर्माण में सफलता भले न मिली हो, लेकिन इनकी सैद्धांतिक उपलब्धियाँ महत्त्वपूर्ण कही जा सकती हैं। उदाहरण के लिए प्रशासनिक व्यवहार के संबंध में हर्बट साईमन, तुलनात्मक राजनीति के क्षेत्र में ईस्टन और आमंड, अंतर्राष्ट्रीय राजनीति के अंतर्गत स्नाईडर और रॉबिन्सन जैसे लेखकों के द्वारा सिद्धांतों का प्रतिपादन किया गया है। इन सैद्धांतिक प्रयासों से राजनीति की समझ पहले की तुलना में ज्यादा विकसित और परिष्कृत हुई है।

5. अवधारणाओं में परिवर्तन : व्यवहारवाद की एक महत्त्वपूर्ण सफलता राजनीति विज्ञान की भाषा एवं शब्दावली में परिवर्तन है। व्यवहारवादियों ने नई-नई अवधारणाओं

का प्रयोग किया तथा विषय के नए आयामों को विकसित किया। आज राजनीतिशास्त्र के अंतर्गत सीमा अनुरक्षण, सौदेबाजी, शक्ति संरचना, निर्णय-निर्माण, अपकार्य, राजनीतिक समाजीकरण आदि नई अवधारणाओं का प्रयोग होने लगा है। इनके फलस्वरूप राजनीतिक अध्ययन परंपरावादियों की तुलना में अधिक परिष्कृत हो सका है।

6. शोध के व्यावसायिक प्रशिक्षण का विकास : किसी विषय में उत्कृष्ट शोध तभी संभव है जब शोधकर्ता शोध के विभिन्न पहलुओं में पूरी तौर पर प्रशिक्षित हो। व्यवहारवादियों ने इसके महत्त्व को समझा। अमेरिका में चार्ल्स मेरियम और उनके शिष्य लासवेल ने प्रशिक्षित शोधार्थियों को तैयार करने में महत्त्वपूर्ण योगदान दिया। इसी प्रकार ईस्टन और आमंड ने भी अपने अध्यापन और लेखन के माध्यम से यह दायित्व निभाया। व्यवहारवादियों की यह एक प्रमुख सफलता कही जाएगी कि आज विश्व के अधिकांश विश्वविद्यालयों में शोध पद्धति (Research Methodology) एक महत्त्वपूर्ण विषय है। अब शोध के पूर्व शोध के विभिन्न पहलुओं से विद्यार्थियों को अवगत कराना आवश्यक समझा जाता है। शोध पद्धतिशास्त्र के अंतर्गत व्यवहारवादियों द्वारा विकसित एवं उपयोग में लाए गए परिमाणात्मक पद्धतियों को महत्त्वपूर्ण स्थान प्राप्त है। उनके अध्यापन और प्रशिक्षण के द्वारा शोधकर्ताओं में शोध कौशल को विकसित करने का प्रयास होता है। आज सामाजिक विज्ञानों के अतिरिक्त व्यवसाय, प्रबंधन, वाणिज्य आदि के क्षेत्र में परिमाणात्मक शोध की काफी माँग है। इसलिए शोध में व्यावसायिक रूप से प्रशिक्षित लोगों का उपयोग निजी कंपनियों के द्वारा किया जा रहा है। उनकी प्राथमिकता किसी उद्देश्य विशेष के लिए शोध कराना होता है। इन कंपनियों द्वारा पोषित शोध कार्यों में सामाजिक विज्ञान के क्षेत्र का अग्रणी समूह लगा हुआ है।

व्यवहारवाद : सीमाएँ

व्यवहारवाद की उपर्युक्त सफलताओं ने उसकी सीमाओं और असफलताओं को भी स्पष्ट कर दिया। सिद्धांत निर्माण के प्रयास में परिमाणात्मक तथ्यों के ढेर लग गए। लेकिन उन तथ्यों की प्रासंगिकता संदेह के घेरे में थी। इसी प्रकार परिमाणात्मक तकनीकों के उपयोग की सीमाएँ भी स्पष्ट रूप से सामने आईं। इसलिए क्रिश्चियन बे, यूजीन मीहान, सिबली आदि विद्वानों ने व्यवहारवाद की कटु आलोचना की। उनके अनुसार व्यवहारवाद की कुछ महत्त्वपूर्ण सीमाएँ और असफलताएँ इस प्रकार हैं-

1. मानव व्यवहार की जटिलता : व्यवहारवादी मनुष्य के राजनीतिक व्यवहार को अध्ययन की प्रमुख इकाई मानते हैं। वे इसमें नियमितताओं की खोज करना चाहते हैं और उनके आधार पर वे सिद्धांत निर्माण करना चाहते हैं। मनुष्य का व्यवहार काफी जटिल होता है। यह कुछ हद तक व्यक्ति की अपनी रुचियों, मनोवृत्तियों और परिवेश से निर्धारित होता है। लेकिन व्यक्ति अपने विवेक से अपने व्यवहार का प्रतिमान स्वयं तय करता है। वह इसे निरंतर बदलता भी रहता है। इसलिए यह संभव है कि एक सी राजनीतिक स्थिति में एक ही व्यक्ति भिन्न तरीके से व्यवहार करे। यह भी संभव है कि एक ही परिवेश में पले व्यक्तियों के

व्यवहार बिल्कुल भिन्न हों। इसलिए मानव-व्यवहार का न तो आनुभविक तरीके से अध्ययन संभव है और न ही उसके संबंध में किसी निश्चित प्रतिमान की खोज। व्यवहारवादियों ने व्यक्ति के राजनीतिक व्यवहार के एक रूप, मतदान, का काफी विस्तृत अध्ययन किया। इसके बावजूद वे इस संबंध में निश्चित सिद्धांतों का निर्माण करने में असफल रहे। इसी प्रकार चुनाव परिणामों के संबंध में व्यवहारवादी शोध के आधार पर की गई भविष्यवाणियाँ प्राय: गलत साबित होती रही हैं।

2. दोषपूर्ण सामान्यीकरण : व्यवहारवादी अध्ययन लघु इकाइयों (Micro unit) के विश्लेषण में उपयोगी है। लेकिन बड़ी इकाइयों (Macro unit) के संबंध में उसके द्वारा निकाले गए निष्कर्ष दोषपूर्ण हो सकते हैं। व्यवहारवादी शोध में व्यक्ति के व्यवहार और उसकी राजनीतिक भूमिका का अध्ययन किया जाता है। यह इस मान्यता पर आधारित है कि समूह या संस्था उनमें कार्यरत व्यक्तियों के पृथक-पृथक व्यवहारों का योग मात्र है। लेकिन समूह के सदस्य के रूप में व्यक्ति का व्यवहार गुणात्मक रूप से भिन्न होता है। उदाहरण के लिए, कक्षा में एक शिक्षक के व्यवहार को देख कर आंदोलनकर्ता के रूप में उसके व्यवहार का पूर्वानुमान नहीं किया ज़ा सकता। इसलिए एक व्यक्ति या कुछ व्यक्तियों के अध्ययन के आधार पर निकाले गए सामान्य निष्कर्ष दोषपूर्ण हो सकते हैं।

3. यथास्थितिवाद : व्यवहारवादी 'राजनीति का विज्ञान' बनाने के लक्ष्य के प्रति समर्पित हैं। उन्होंने राजनीतिक घटनाओं से संबंधित तथ्यों के संग्रह, वर्गीकरण और मापन के क्षेत्र में अथक प्रयास किया। उनके आधार पर वस्तुनिष्ठ सिद्धांतों के निर्माण के भी प्रयास हुए। लेकिन उनका परिणाम यह हुआ कि व्यवहारवादियों ने अपने को व्यावहारिक राजनीति और ज्वलंत राजनीतिक समस्याओं से अलग कर लिया। इसलिए उनकी आलोचना यह कह कर की जाती है कि उन्होंने विज्ञान के लक्ष्य को प्राप्त किए बगैर राजनीति का परित्याग कर दिया। उन्होंने स्वतंत्रता, समानता, न्याय आदि से संबंधित प्रश्नों की उपेक्षा कर दी। यहाँ तक कि वे तत्कालीन अमेरिका में नागरिक अधिकारों को लेकर अश्वेतों के आंदोलन के प्रति अनजान बने रहे। उसका निहितार्थ यही था कि व्यवहारवादी अमेरिकी समाज और लोकतंत्र की यथास्थिति को बनाए रखना चाहते थे। इसलिए उन पर यथास्थितिवादी होने का आरोप बहुत हद तक सही है। उनका उद्देश्य राजनीति को समझना मात्र था, उसे बदलना नहीं।

4. छद्म मूल्यनिरपेक्षता : व्यवहारवाद में तथ्यों और मूल्यों को अलग-अलग रखने का प्रयास किया जाता है। व्यवहारवादी विद्वानों ने अपने शोध में मूल्यों से बचने का प्रयास किया। वे मूल्यों से स्वतंत्र सामाजिक विज्ञान का विकास करना चाहते थे। लेकिन वे स्वयं न तो अपने मूल्यों और विचारधाराओं से मुक्त हो सके और न ही उनके शोध और उनके निष्कर्ष ही उनकी मूल्य संबंधी मान्यताओं से बचे रह सके। प्राय: सभी व्यवहारवादी पश्चिमी उदारवादी लोकतंत्र के पक्षधर हैं। वे उसे अब तक की उपलब्ध शासन-प्रणालियों में सर्वश्रेष्ठ मानते हैं। यही कारण है कि वे उसके अनुरक्षण और विस्तार के लिए निरंतर प्रयत्नशील रहे। इसलिए व्यवहारवाद का उद्देश्य वस्तुनिष्ठता और वैज्ञानिकता की आड़ में एक विशिष्ट

विचारधारा का पोषण है। व्यवहारवादी मूल्यों से तटस्थ भी रहना चाहते हैं और उदारवादी लोकतंत्र के संरक्षक भी बने रहना चाहते हैं।

5. राजनीतिक अध्ययन में वैज्ञानिक पद्धति का सीमित उपयोग : कोहेन के अनुसार सामाजिक जीवन से संबंधित तथ्य विज्ञान के तथ्यों से अधिक जटिल होते हैं। इनमें समरूपताओं की अपेक्षा विभिन्नताएँ अधिक होती हैं। इसके अतिरिक्त राजनीतिक-सामाजिक घटनाओं की पुनरावृत्ति नहीं होती। इन कारणों से राजनीति के अध्ययन में वैज्ञानिक पद्धति का प्रयोग सीमित रूप में ही संभव हो सकता है। व्यवहारवादी ऐसे राजनीतिक प्रश्नों का ही चुनाव करते हैं जिनमें वैज्ञानिक पद्धति का प्रयोग संभव हो सके। इसलिए उन पर आरोप है कि प्रणालीवाद (Methodism) ही उनकी विचारधारा है। व्यवहार में देखा जाए तो व्यवहारवादियों के आनुभविक अध्ययन का केंद्रीय विषय मतदान व्यवहार है। ऐसा इसलिए कि उसके अध्ययन में परिमाणात्मक तकनीकों का उपयोग संभव है। राजनीति एक व्यापक और जटिल गतिविधि है। वैज्ञानिक पद्धति से इसके कुछ पहलुओं का ही अध्ययन हो सकता है। इसलिए व्यवहारवादियों का यह दावा सही नहीं है कि वैज्ञानिक पद्धति से राजनीति के हर पहलू का अध्ययन किया जा सकता है।

रॉबर्ट ए. डाल ने 1961 ई. के अपने लेख में यह कहा था कि व्यवहारवादी 'मूड' धीरे-धीरे लुप्त हो जाएगा। इसलिए नहीं कि यह असफल रहा, बल्कि इसलिए कि यह सफल हुआ। व्यवहारवादियों की सफलता इस बात में निहित है कि उन्होंने राजनीति के अध्ययन में नई पद्धति और तकनीक का उपयोग किया। वे 'राजनीति का विज्ञान' बनाने में भले ही असफल रहे हों, लेकिन इस बात से इनकार करना कठिन है कि पहले की तुलना में राजनीतिक अध्ययन का स्वरूप अधिक वैज्ञानिक हो गया है। इस दिशा में व्यवहारवादियों के द्वारा किए गए प्रयासों के कारण विज्ञान की सही अवधारणा, सामाजिक विज्ञानों में वैज्ञानिक पद्धति के उपयोग और उसकी सीमाएँ आदि प्रश्नों पर गंभीर बहस हुई। इससे राजनीति विज्ञान एक विषय के रूप में समृद्ध हुआ। इतना ही नहीं राजनीतिक प्रक्रिया के साथ-साथ राजनीतिक संस्थाओं के अध्ययन भी परिष्कृत हुए। व्यवहारवादियों के इन योगदानों को नकारा नहीं जा सकता। लेकिन उनकी सफलताओं ने ही उन्हें असफल साबित किया। व्यवहारवादी तथ्यों के संग्रह, नई-नई तकनीकों के उपयोग और सिद्धांत निर्माण में इतने निमग्न हुए कि वे समाज और राजनीति से कट गए। वे यह भूल गए कि राजनीति वैज्ञानिक का प्रमुख कार्य अच्छे समाज की रूपरेखा प्रस्तुत करना और मानवीय जीवन को बेहतर बनाने का प्रयास करना है। यह कार्य बगैर मूल्यों और आदर्शों के संभव नहीं हो सकता। व्यवहारवादियों ने अपने इस दायित्व की उपेक्षा कर दी। राजनीतिक वास्तविकताओं का अध्ययन महत्त्वपूर्ण है, लेकिन राजनीतिक आदर्शों की आलोचनात्मक समझ और उनको प्राप्त करने के प्रयास भी उतने ही महत्त्वपूर्ण हैं। यह सबक व्यवहारवादियों ने बाद में सीखा। प्रारंभ में वे राजनीतिक चिंतन की परंपरा की उपयोगिता से इनकार करते रहे लेकिन जब 1960 ई. के दशक के उत्तरार्द्ध में अमेरिकी समाज गहरे संकट में फँस गया, तब उन्हें अपनी भूल का एहसास हुआ। उसकी

स्वीकृति उत्तर-व्यवहारवाद में दिखलाई पड़ती है। उसके बाद परंपरावाद और व्यवहारवाद का परस्पर विरोध भी निरर्थक सिद्ध हो गया। लेकिन यह स्वीकार करना होगा कि व्यवहारवाद ने राजनीति विज्ञान विषय के विकास में महत्त्वपूर्ण योगदान दिया है।

उत्तर-व्यवहारवाद
(Post-behaviouralism)

नया राजनीतिक विचार प्राय: संकटकाल में पनपता है। 1960 ई. के बाद के दशक में अमेरिकी समाज और राजनीति में गहरे संकट उभरे। 1962 ई. के क्यूबा संकट ने दोनों महाशक्तियों को पहली बार परमाणु युद्ध के कगार पर लाकर खड़ा कर दिया था। उसके टल जाने पर पूरी दुनिया ने राहत की साँस ली। 1963 ई. में अमेरिकी राष्ट्रपति जॉन एफ. कैनेडी की हत्या कर दी गई। 1965 ई. में वियतनाम युद्ध में अमेरिका दक्षिणी वियतनाम को सैन्य सहायता प्रदान कर रहा था। उसके खिलाफ अमेरिकी लोगों में रोष था। दूसरी ओर अश्वेत लोग अपने अधिकारों के लिए संघर्षरत थे। उसके परिणामस्वरूप अमेरिका के कई शहरों में प्रजातीय दंगे हुए। उन परिस्थितियों में सरकार पर जनता के विश्वास में काफी कमी आई। अमेरिकी सरकार की कटु आलोचना का केंद्र बिंदु नव-वामपंथ था। वैचारिक रूप से उसके समर्थकों में एकरूपता भले न हो, लेकिन लोकतंत्र और नागरिक अधिकारों का प्रबल समर्थन और वियतनाम युद्ध के घोर विरोध के मुद्दों पर उनमें मतैक्य था। सबसे महत्त्वपूर्ण बात यह कि उसके साथ मुख्य तौर पर विश्वविद्यालय के छात्र जुड़े हुए थे। वे राजनीतिक मुद्दों पर तो विरोध कर ही रहे थे, उन्होंने अमेरिका के सांस्कृतिक मूल्यों का भी विरोध करना प्रारंभ कर दिया था। इसे प्रति-संस्कृति (Counter-culture) की संज्ञा दी गई। विश्वविद्यालय के नवयुवक समाज में स्थापित नैतिक मान्यताओं को अपनाने के बजाए नशीली दवाओं, रॉक संगीत और काम वासना को संतुष्ट करने में लग गए। इस तरह के लोगों का सबसे बड़ा समूह 'हिप्पी' था। यह समूह अपनी दुर्बलताओं के बावजूद राजनीतिक प्रतिरोध में बढ़-चढ़कर हिस्सा ले रहा था। उपर्युक्त स्थितियों ने अमेरिकी जनमानस को हिलाकर रख दिया था। आलोचना के घेरे में विश्वविद्यालय के शिक्षक और उनका पेशा था।

जिस दौर में अमेरिकी समाज और सरकार को नव-वामपंथ और प्रति-संस्कृति से चुनौती मिल रही थी, उस समय राजनीति विज्ञान के अध्येता वैज्ञानिक सिद्धांतों के निर्माण में लगे थे। उस संदर्भ में दो ज्वलंत प्रश्न उठने लगे। ज्ञान केवल ज्ञान के लिए या समाज के लिए? दूसरा प्रश्न बुद्धिजीवियों की भूमिका को लेकर था। जब समाज चौतरफा संकट में हो तो क्या बुद्धिजीवी को तटस्थ भाव से सबकुछ देखते रहना चाहिए? वैज्ञानिक पद्धति के उपयोग का प्रबल आग्रह और वस्तुनिष्ठ एवं निश्चित सिद्धांतों के निर्माण की आकाँक्षा ने व्यवहारवादियों को व्यावहारिक राजनीति से विमुख कर दिया था। राजनीति विज्ञान को 'शुद्ध विज्ञान' का रूप देने के प्रयास में वे तल्लीन थे। उसकी प्राप्ति के लिए सब कुछ तटस्थ भाव से देखना व्यवहारवादियों का धर्म बन गया था। सही-गलत संबंधी मूल्यांकन से भी उनका नाता टूट चुका था। दूसरी ओर अमेरिका में चौतरफा संकट का समय था। जिसके परिणामस्वरूप उन्हें

आलोचनाओं का सामना करना पड़ रहा था। यह कहा जा रहा था कि उन्होंने विज्ञान का लक्ष्य प्राप्त किए बगैर राजनीति का परित्याग कर दिया था। उनकी तटस्थता को यथास्थितिवाद का पोषक समझा जा रहा था। उन पर दूसरा प्रमुख आरोप था पद्धति पर अधिक बल देने और तथ्यों के संग्रह एवं विश्लेषण पर केंद्रित रहने के कारण वे महत्त्वपूर्ण राजनीतिक सवालों को अनदेखा कर रहे थे। व्यवहारवादी शोध में केवल वही विषय चुने जाते थे जिनमें वैज्ञानिक पद्धति का उपयोग हो सके और उन विषयों से संबंधित पर्याप्त तथ्य उपलब्ध हों। इस प्रकार व्यवहारवादी पद्धतिशास्त्र (Methodology) के बंदी बन गए थे। उनकी वैज्ञानिकता एक विचारधारा का रूप ले चुकी थी। इन स्थितियों में व्यहारवादी शोध की उपयोगिता पर भी प्रश्न उठने लगे। राजनीति के विद्वानों के बीच भी तीव्र असंतोष था।

1962 ई. में वैज्ञानिक ज्ञान की मूल मान्यताओं पर गंभीर प्रश्न खड़े किए गए। उसी वर्ष थामस एस. कुन (Thomas S. Kuhn) की पुस्तक *दि स्ट्रक्चर ऑफ साइंटिफिक रिवोल्यूशन्स* प्रकाशित हुई। कुन वैज्ञानिक सिद्धांतों के ऐतिहासिक विकास पर अपना ध्यान केंद्रित करते हैं। उनका तर्क है कि विज्ञान का विकास निरंतर और क्रमिक नहीं होता। विज्ञान कुछ निश्चित पूर्वधारणाओं पर आधारित होता है। वैज्ञानिक समुदाय उनका परीक्षण किए बगैर उन्हें स्वीकार कर लेता है। नए शोधकर्ता के प्रश्न और उसकी पद्धति उनके द्वारा निर्देशित होते हैं। कुन उन्हें प्रतिमान (Paradigm) कहते हैं। वे पहले के वैज्ञानिकों की उपलब्धियों पर आधारित होते हैं। प्राकृतिक विज्ञानों में अन्वेषण और शोध उस समय के वैज्ञानिकों द्वारा स्वीकृत प्रतिमान पर आधारित होते हैं। बाद में चलकर उस प्रतिमान से बिल्कुल भिन्न तथ्य और निष्कर्ष सामने आने लगते हैं। प्रारंभिक दौर में उनको अनदेखा किया जाता है। लेकिन जब वे प्रतिमान के लिए प्रामाणिक समस्या खड़ी करते हैं तो पुराना प्रतिमान अपर्याप्त सिद्ध होने लगता है। वह समस्याओं के समाधान में कारगर नहीं रह जाता। इसके फलस्वरूप वैज्ञानिक शोध के प्रतिमान बदल जाते हैं और नए प्रतिमान उत्पन्न होते हैं। प्रतिमान के बदलने से शोध और तथ्यों की व्याख्या के सैद्धांतिक परिप्रेक्ष्य भी बदल जाते हैं। कुन उसी को वैज्ञानिक क्रांति कहते हैं। उनके निष्कर्ष प्राकृतिक विज्ञानों के संबंध में थे। लेकिन उनका प्रभाव सामाजिक विज्ञानों पर भी पड़ा। वैज्ञानिक शोध में भी पूर्वधारणाएँ और प्रचलित विश्वास होते हैं। नया शोधकर्ता उन्हें सत्यापन के बगैर स्वीकार कर लेता है। कुन के तर्कों के आधार पर व्यवहारवादियों द्वारा मान्य सत्यापन सिद्धांत खंडित हो जाता है। उसके परिणामस्वरूप आनुभविक सिद्धांत की बुनियाद ही हिल जाती है। आनुभविक सिद्धांत के संबंध में यह दावा किया जाता है कि वे विश्वसनीय आनुभविक तथ्यों पर आधारित होते हैं। अब वह संदेह के घेरे में आ गया।

अमेरिकी पॉलिटिकल साइंस एसोसिएशन के भीतर भी विरोध की लहर उठने लगी थी। व्यवहारवादी शोध को बढ़ावा देने में उसकी भूमिका महत्त्वपूर्ण थी। उसके पदाधिकारी भी व्यवहारवादी थे। 1967 ई. में उसके भीतर एक नया समूह उभरा जो नए राजनीति विज्ञान का विकास करना चाहता था। उसका घोषित उद्देश्य था – बेहतर दुनिया के लिए संघर्ष के संदर्भ में राजनीति के अध्ययन को प्रासंगिक बनाना। नए समूह के लोग परिवर्तन चाहते थे। हालाँकि उस समूह के लोगों में वैचारिक एकरूपता नहीं थी। भविष्य की योजनाओं को

लेकर उनके अलग-अलग दृष्टिकोण थे। लेकिन उनमें एक बात पर आम सहमति थी। वे सभी व्यवहारवादी अध्ययन और मूल्यनिरपेक्ष राजनीति विज्ञान के आलोचक थे। उनका मानना था कि व्यवहारवादी समकालीन घोर संकटों और अमेरिकी राजनीतिक व्यवस्था के दोषों का आलोचनात्मक अध्ययन करने में विफल रहे। इस प्रकार उन्होंने अपने सामाजिक दायित्वों की उपेक्षा कर दी थी। 1967 ई. के एसोसिएशन की वार्षिक बैठक में उस समूह ने समकालीन मुद्दों, विशेषकर वियतनाम युद्ध, पर चर्चा करने का प्रस्ताव पेश किया। लेकिन एसोसिएशन के पदाधिकारियों द्वारा उसे अस्वीकृत कर दिया गया। पुन: 1968 ई. की वार्षिक बैठक में नए समूह के द्वारा वियतनाम युद्ध, अमेरिकी शहरों में हाल में हुए दंगे, उसी वर्ष में हुए विश्वविद्यालयों के विद्यार्थियों का विद्रोह आदि मुद्दों पर चर्चा का प्रस्ताव रखा गया। उसका हश्र भी पहले जैसा ही हुआ। उसके विरोध में उस समूह ने 'अमेरिकी लोकतंत्र संकट में' नामक विषय पर अलग से चर्चा प्रारंभ कर दी। उसमें बड़ी संख्या में राजनीति के विद्वानों ने भाग लिया। अब एसोसिएशन के पदाधिकारियों की नींद उड़ गई। उसी वर्ष प्रसिद्ध व्यवहारवादी डेविड ईस्टन को एसोसिएशन का अध्यक्ष चुना गया। उन्होंने परिस्थितियों को समझ लिया था। 1969 ई. में एसोसिएशन की वार्षिक बैठक के अपने अध्यक्षीय भाषण में उन्होंने राजनीति विज्ञान में नई क्रांति के आगमन का उद्घोष किया। उन्होंने नए समूह द्वारा उठाए जाने वाले सभी मुद्दों को अपने वक्तव्य में शामिल कर लिया। मजे की बात यह कि ईस्टन व्यवहारवाद के सबसे बड़े पुजारी थे। उनके इस बदले तेवर के लिए विरोधी समूह एकदम तैयार नहीं था। नए समूह की धार वहीं से कुंद पड़ गई और बाद के वर्षों में वह पूरी तौर पर बिखर गया। अजीब संयोग है कि जो व्यवहारवाद के महत्त्वपूर्ण सिद्धांतकारों में से एक थे, वही उत्तर-व्यवहारवाद (Post-behaviouralism) के भी व्याख्याकार बन गए। अपने भाषण में ईस्टन व्यवहारवादी अध्ययन की खामियों को स्वीकार करने के साथ-साथ राजनीति विज्ञान की नई दिशा का संकेत भी दे रहे थे। यह पूर्व में की गई गलतियों की आत्मस्वीकृति भी थी और व्यवहारवाद का बचाव भी। उत्तर-व्यवहारवाद का प्रारंभ ईस्टन के उसी भाषण से माना जाता है।

उत्तर-व्यवहारवाद कोई सुनिश्चित सिद्धांत नहीं है, न ही यह किसी पद्धति विशेष का पक्षधर है। उसके पीछे विरोध का स्वर प्रमुख था। मूलत: वह राजनीति विज्ञान को प्राकृतिक विज्ञानों के साँचे में ढालने के तरीके के प्रति असंतोष की अभिव्यक्ति थी। व्यवहारवाद की तरह ईस्टन उत्तर-व्यवहारवाद को भी एक आंदोलन और बौद्धिक प्रवृत्ति कहते हैं। आंदोलन से उनका आशय व्यक्तियों के समूह का उससे जुड़ाव था। उनके अनुसार उत्तर-व्यवहारवाद कोई प्रतिक्रिया मात्र नहीं हैं, बल्कि एक वास्तविक क्रांति है। यह सुधारों का पक्षधर है न कि उसका विरोधी। एक विषय के रूप में राजनीति विज्ञान, उसके अध्यापन का पेशा और विश्वविद्यालय उत्तर-व्यवहारवाद की आलोचना के केंद्र में हैं। ईस्टन का तर्क है कि उत्तर-व्यवहारवाद के दो मूलमंत्र हैं– प्रासंगिकता और क्रियाशीलता (Relevance and Action)। वे यह स्वीकार करते हैं कि व्यवहारवादी 1960 ई. के दशक में बुरी तरह विफल रहे। अत: यह प्रश्न सही था कि उस शोध और ज्ञान

की क्या उपयोगिता थी जो संकटों के समाधान में सहायक न हो? दूसरी ओर राजनीति के व्यवहारवादी विद्वानों की तटस्थता भी आलोचना के घेरे में थी। वे तत्कालीन संकटों में कहीं भी सक्रिय नहीं थे। इन कारणों से ईस्टन यह स्वीकार करते हैं कि व्यवहारवादी शोध और व्यवहारवादियों की आलोचना बिल्कुल स्वाभाविक थी। उत्तर-व्यवहारवाद की माँग भी समयोचित थी। दिलचस्प यह है कि अमेरिकी पॉलिटिकल साइंस एसोसिएशन के भीतर जो समूह (ऊपर वर्णित) आलोचना और सुधार का स्वर मुखर कर रहा था, वह उसे कोई सैद्धांतिक रूप या सुनिश्चित पहचान देने में असफल रहा। उस खालीपन को ईस्टन ने ही दूर किया। उन्होंने उत्तर-व्यवहारवाद के सात आधारभूत सिद्धांतों का उल्लेख किया जिनका वर्णन इस प्रकार है :

1. तकनीक की तुलना में सारवस्तु निश्चित रूप से प्राथमिक है (Substance must precede technique) : व्यवहारवाद शोध की परिष्कृत तकनीकों को विकसित करने और उनके उपयोग पर अधिक बल देता है। शोधकर्ताओं द्वारा विषय का चयन उन तकनीकों को ध्यान में रखकर किया जाता रहा। इसके विपरीत उत्तर-व्यवहारवाद तकनीक की अपेक्षा समकालीन ज्वलंत समस्याओं के संदर्भ में शोध के प्रासंगिक होने पर बल देता है। व्यवहारवाद शोध की स्पष्टता पर बल देता है जबकि उत्तर-व्यवहारवाद प्रासंगिकता पर। वैज्ञानिकता और प्रासंगिकता के बीच व्यवहारवाद पहले को प्राथमिक मानता है जबकि उत्तर-व्यवहारवाद दूसरे को। पहले का कथन है – गलत होना उतना बुरा नहीं जितना अस्पष्ट होना। उत्तर-व्यवहारवाद के अनुसार अस्पष्ट होने की तुलना में अप्रासंगिक होना ज्यादा बुरा है।

2. सामाजिक परिवर्तन : ईस्टन उत्तर-व्यवहारवाद की व्याख्या के साथ-साथ व्यवहारवाद के दोषों को भी स्वीकार करते हैं। वे यह मानते हैं कि व्यवहारवाद वैज्ञानिक होने की आड़ में अपनी रूढ़िवादी विचारधारा को छिपा लेता है। वह मूल रूप से तथ्यों के विश्लेषण और घटनाओं के वर्णन तक अपने को सीमित रखता है। उसकी परिणति यथास्थितिवाद के समर्थन में होती है। ईस्टन उसे 'आनुभविक यथास्थितिवाद' (Empirical conservatism) कहते हैं। इसके विपरीत उत्तर-व्यवहारवाद सामाजिक परिवर्तन पर बल देता है। यह परिवर्तनकारी है। यह राजनीति विज्ञान को एक बेहतर दुनिया के निर्माण में उपयोगी बनाना चाहता है। नए समूह में वामपंथी विचारधारा वाले लोगों की प्रमुखता थी। उनकी ओर से ही परिवर्तन की माँग उठी थी। लेकिन ईस्टन ने उनकी माँग को अपने भाषण में सम्मिलित कर उनके विरोध को खत्म करने का प्रयास किया।

3. राजनीतिक यथार्थ से संबद्ध : व्यवहारवादी राजनीतिक प्रक्रिया को समझने और विश्लेषण करने पर बल देते हैं। उस रूप में वे राजनीति के यथार्थ का अध्ययन करते हैं। लेकिन कठिनाई यह थी कि वे वास्तविक राजनीति के कुछ ही विषयों पर ध्यान दे रहे थे, जैसे – मतदान व्यवहार, निर्णय निर्माण, राजनीतिक व्यवस्था का परिचालन आदि। इसके साथ ही वे उन घटनाओं को छूते ही नहीं थे जिनमें मूल्यांकन के प्रश्न निहित हों, मसलन वियतनाम युद्ध में अमेरिका के सैनिक हस्तक्षेप का औचित्य, अश्वेत लोगों के नागरिक अधिकार, महिलाओं की समानता, शहरी दंगे आदि। राजनीतिक वास्तविकताओं से उन्होंने

अपना संबंध विच्छेद कर लिया था। यही कारण है कि उपर्युक्त संकट की स्थिति को समझने में व्यवहारवादी विफल रहे। ईस्टन उसका जिक्र बार-बार करते हैं, खासकर वियतनाम युद्ध का। उत्तर-व्यवहारवाद शोध को राजनीति के उन क्रूर यथार्थों से जोड़ना चाहता है। वह चाहता है कि राजनीतिक अध्ययन और शोध में उन्हें पर्याप्त स्थान मिले और राजनीति वैज्ञानिक अपने ज्ञान के आधार पर विशेषज्ञ की हैसियत से समस्याओं के समाधान का रास्ता सुझाए।

4. मूल्यों का महत्त्व : व्यवहारवादियों का ध्यान मुख्य रूप से वैज्ञानिक पद्धति के माध्यम से विश्वसनीय ज्ञान प्राप्त करने पर था। इसलिए वे दावा कर रहे थे कि उनका अध्ययन उनके मूल्यों और आदर्शों से अलग है। उनका मुख्य कार्य ज्ञान का उत्पादन था। उसके उपयोग या दुरूपयोग के निर्णय से वे अलग थे। हालाँकि उनकी मूल्यनिरपेक्षता छद्म प्रकृति की थी। वे सभी उदारवादी लोकतांत्रिक व्यवस्था के पोषक थे। पुनः मूल्यनिरपेक्षता भी एक मूल्यगत और आदर्शात्मक दृष्टि ही है। परंपरावादियों ने इस आधार पर उनकी कटु आलोचना की थी। ईस्टन व्यवहारवाद के विज्ञान को मूल्यों से जोड़ने का प्रयास करते हैं। उनका तर्क है कि विज्ञान भी मूल्य संबंधी मान्यताओं पर आधारित है। ज्ञान केवल ज्ञान के लिए नहीं हो सकता। ईस्टन का कहना है कि ज्ञान के सही उपयोग के लिए यह आवश्यक है कि उसमें निहित मूल्यों को समझा जाए।

5. बुद्धिजीवियों की जिम्मेदारी : ईस्टन का तर्क है कि उत्तर-व्यवहारवाद समाज में बुद्धिजीवियों की विशिष्ट भूमिका को स्वीकार करता है। उनके ऊपर मानवीय मूल्यों और सभ्यता के संरक्षण का उत्तरदायित्व है। उससे वे बच नहीं सकते। उसके बगैर वे तकनीक के विशेषज्ञ मात्र रह जाएँगे। इसलिए राजनीति वैज्ञानिकों को सार्वजनिक नीतियों के विश्लेषण और राजनीतिक सुधार से अपना सरोकार अवश्य रखना चाहिए, भले ही उसके लिए उन्हें अपने सामाजिक विशेषाधिकारों का त्याग करना पड़े।

6. क्रियानिष्ठता पर बल : उत्तर-व्यवहारवाद की व्याख्या करते हुए ईस्टन कहते हैं कि समाज में बुद्धिजीवी यदि अपनी भूमिका स्वीकार कर लें और वे अपने को सामाजिक समस्याओं से जोड़ लें, तो उन्हें सक्रिय भी होना होगा। ईस्टन इस बात पर बल देते हैं कि ज्ञान का क्रियात्मक होना आवश्यक है। उनके अनुसार– "जानने का अर्थ है कार्य का उत्तरदायित्व अपने हाथों में लेना और कार्यरत होने का अर्थ है समाज के पुनर्निमाण में अपने को लगा देना।" उत्तर-व्यवहारवाद की प्रमुख स्थापना यही है कि जब समाज में मूल्यों और आदर्शों का विखंडन हो तब केवल चिंतन और ज्ञान से काम नहीं चल सकता। ज्ञान के साथ-साथ सक्रियता भी आवश्यक है। उत्तर-व्यवहारवाद मेरियम के 'नागरिक शिक्षा' के विचार से सहमत है। बुद्धिजीवियों का यह दायित्व है कि वे जनता को लोकतांत्रिक मूल्यों की शिक्षा दें। उसके लिए उन्हें अपने अध्ययन कक्ष से बाहर निकलना होगा।

7. सभी पेशों का राजनीतिकरण (Politicization of the Professions): अपने भाषण में ईस्टन यह स्वीकार करते हैं कि चौतरफा संकट का मुकाबला अकेले राजनीति विज्ञान नहीं कर सकता। उसके लिए सभी सामाजिक विज्ञानों को आगे आना होगा। ईस्टन सामाजिक विज्ञानों की एकता की बात को पुनः दुहराते हैं। उनके अनुसार उत्तर-व्यवहारवाद का मानना

है कि राजनीति के प्रति तटस्थता एवं द्रष्टा का भाव सामाजिक रूप से घातक है। समाज में बुद्धिजीवियों की भूमिका अग्रणी है। वे समाज के समक्ष आदर्शों को रखते हैं। इसके साथ ही वे लोगों को उन्हें प्राप्त करने के लिए प्रेरित भी करते हैं। अतः ईस्टन का तर्क है कि यदि बुद्धिजीवी अपनी भूमिका को सही ढंग से निभाना चाहें तो वे राजनीति से अलग रह ही नहीं सकते। इसलिए उनका प्रस्ताव है कि विश्वविद्यालयों सहित सभी संस्थाओं और पेशों का राजनीतिकरण न सिर्फ आवश्यक है बल्कि समाज के लिए वांछनीय भी है।

व्यवहारवाद के विपरीत उत्तर-व्यवहारवाद की स्थापना है कि (1) राजनीतिक शोध में ज्वलंत राजनीतिक समस्याओं को शामिल किया जाना चाहिए और, (2) राजनीति विज्ञान को प्राकृतिक विज्ञान के रूप में नहीं ढाला जा सकता है। उत्तर-व्यवहारवाद द्वारा व्यवहारवाद की कटु आलोचना से यह निष्कर्ष नहीं निकाला जा सकता कि यह परंपरावाद की ओर वापसी है। ईस्टन ने इस संबंध में स्थिति साफ कर दी है। उनका तर्क है कि उत्तर-व्यवहारवाद व्यवहारवाद का ही विस्तार है जो तत्कालीन समस्याओं के समाधान के लिए आवश्यक था। इस प्रकार वह व्यवहारवाद को खारिज नहीं करता बल्कि उसे सुधारने का प्रस्ताव रखता है। दूसरी बात यह है कि वह व्यवहारवादी पद्धति को खत्म करने का पक्षधर नहीं है और न ही वह कोई वैकल्पिक पद्धतिशास्त्र विकसित करता है। वह व्यवहारवादी शोध और तकनीक को समस्याओं के समाधान में कारगर बनाने का प्रस्ताव रखता है। इसलिए उत्तर-व्यवहारवाद को परंपरावाद की ओर वापसी नहीं माना जा सकता। इतना अवश्य है कि उसने परंपरावाद और व्यवहारवाद के बीच समन्वय स्थापित करने का प्रयास अवश्य किया। राजनीति वैज्ञानिक केवल तथ्यों के संग्रह और विश्लेषण तक अपने को सीमित नहीं रख सकता। उसे राजनीतिक जीवन को बेहतर बनाने में भी अपना योगदान करना होगा। इस प्रकार उत्तर-व्यवहारवाद व्यवहारवाद की वैज्ञानिकता का परंपरावाद के मूल्यों और आदर्शों के साथ संयोजन करता है। राजनीति विज्ञान का उद्देश्य राजनीतिक घटनाओं के वर्णन और व्याख्या के साथ उनके सही-गलत का मूल्यांकन और बेहतर राजनीतिक विकल्प की अनुशंसा करना भी है।

उत्तर-व्यवहारवाद शोध की वैज्ञानिकता की अपेक्षा उसकी प्रासंगिकता पर बल देता है। साथ ही उसका सरोकार अमेरिकी राजनीतिक व्यवस्था के संकटों से है। उनके समाधान के लिए वह विद्वानों के क्रियाशील होने की माँग करता है। लेकिन उत्तर-व्यवहारवाद अमेरिकी राजनीति और समाज के संकटों का विश्लेषण नहीं करता। अपवादस्वरूप एक-दो गोष्ठियों को छोड़ दें तो वह मूल रूप से राजनीति विज्ञान में व्यवहारवादी पद्धति और शोध के दोषों पर ही अपना ध्यान केंद्रित करता है। वह अमेरिकन पॉलिटिकल साइंस एसोसिएशन और विषय को नए सिरे से निर्मित करना चाहता है। इस प्रकार वियतनाम युद्ध, परमाणु संकट और सामाजिक असमानता के खिलाफ जो स्वर उभरा, वह अकादमिक विरोध में बदल गया। उत्तर-व्यवहारवाद एक सांगठनिक विरोध मात्र साबित हुआ। ईस्टन के अनुसार उसकी न तो कोई अपनी पद्धति है और न ही कोई संगठित पहचान। यह सही है कि वह व्यवहारवाद की आलोचना के रूप में ही महत्त्वपूर्ण है। इसके साथ एक दूसरी गंभीर समस्या है कि वह विश्वविद्यालय के शिक्षकों से अध्यापन, शोध और व्यावहारिक राजनीति, तीनों में सक्रिय एवं

कुशल भूमिका के संपादन की अपेक्षा रखता है। एक प्राध्यापक एक ही समय में एक साथ विद्वान, राजनीतिज्ञ और सलाहकार, तीनों भूमिकाओं को समान दक्षता के साथ नहीं निभा सकता। यह असंभव को संभव बनाने जैसा है। लेकिन उत्तर-व्यवहारवाद के प्रभाव में राजनीतिशास्त्रियों का प्रमुख क्षेत्र ज्वलंत सामाजिक-राजनीतिक समस्याओं के समाधान के प्रयास में नीतियों का विश्लेषण और वैकल्पिक नीतियों का प्रस्ताव हो गया। नीतियों का अध्ययन करने वाली संस्थाओं की बाढ़ आ गई। राजनीति विज्ञान ने अब प्रमुख तौर पर नीति विज्ञान का रूप ले लिया। इस संदर्भ में पर्यावरण, नारीवादी, प्रजातीय एवं सामाजिक असमानता जैसे मुद्दों में राजनीति विज्ञान के विद्वानों की रुचि बढ़ी। उसके फलस्वरूप राजनीतिक अध्ययन अत्यंत विविधतापूर्ण हो गया। ईस्टन ने 1997 ई. में प्रकाशित अपने लेख "दि फ्यूचर ऑफ पोस्टविहेविरल फेज़ इन पॉलिटिकल साइंस" में उत्तर-व्यवहारवाद की आलोचना करते हुए लिखा कि राजनीति विज्ञान का लंगर खो गया। उसका कोई फोकस नहीं रह गया। उत्तर-व्यवहारवाद ने व्यवहारवादियों की प्रतिबद्धता की भावना को खत्म कर दिया। रही सही कसर उत्तर-आधुनिकता ने पूरी कर दी। ईस्टन स्वयं यह स्वीकार करते हैं कि उत्तर-आधुनिकता विज्ञान का अंत, इतिहास का अंत और वस्तुनिष्ठता की समाप्ति का उद्घोष करता है। इस प्रकार उत्तर-आधुनिकता व्यवहारवाद की वैज्ञानिक पद्धति और निश्चित सिद्धांतों के निर्माण के लक्ष्य को ही नकार देता है। इसके बावजूद आज भी व्यवहारवादी पद्धति और तकनीक से शोध हो रहे हैं, भले ही अब यह उतना प्रभुत्वशाली नहीं रह गया हो।

∢ सहायक पुस्तकों एवं लेखों की सूची ∢

∢ पुस्तकें

ईस्टन, डेविड, *ए फ्रेमवर्क फॉर पॉलिटिकल एनालिसिस*, प्रेंटिस हॉल, न्यू जेरेसी, 1965.

ईस्टन, डेविड, *दि पॉलिटिकल सिस्टम*, भारतीय संस्करण, साइंटिफिक बुक एजेंसी, कलकत्ता, 1971.

चार्ल्सवर्थ, जेम्स सी. (सं.), *कंटेपरेरी पॉलिटिकल एनालिसिस*, दि फ्री प्रेस, न्यूयॉर्क, 1967.

बॉल, हावर्ड और थॉमस पी. लायच (जूनियर)(सं.), *चेंजिंग परस्पेक्टिस इन कंटेपरेरी पॉलिटिकल एनालिसिस: रीडिंग्स ऑन दि नेचर ऐंड डायमेन्सन्स ऑफ साइंटिफिक ऐंड पॉलिटिकल इन्क्वायरी*, प्रेंटिस हॉल, न्यू जेरेसी, 1971.

यूलाओ, हींज (सं.), *विहेवियरल परसुएशन इन पॉलिटिक्स*, रैंडम हाउस, न्यूयॉर्क, 1963.

यूलाओ, हींज (सं.), *विहेवियरलिज्म इन पॉलिटिकल साइंस*, ट्रांजेक्शन पेपरबैक, न्यू जेरेसी, 1969.

वर्मा, एस.पी., *आधुनिक राजनीतिक सिद्धांत*, वाणी एजुकेशनल बुक्स, जयपुर, 1978.

शर्मा, राजीव रंजन, *विहेवियरलिज्म ऐंड पॉलिटिकल थियरी: कंट्रीब्यूशन ऑफ डेविड ईस्टन ऐंड लूसियन पाई*, रावत पब्लिकेशन्स, नई दिल्ली, 2001.

सीडेलमान, रेमण्ड और एडवर्ड जे. हारुम, *डिसइनचेंटेड रियलिस्टस: पॉलिटिकल साइंस ऐंड दि अमेरिकन क्रायसिस 1884-1984*, स्टेट यूनिवर्सिटी ऑफ न्यूयार्क प्रेस, न्यूयार्क, 1985.

∢ लेख

ईस्टन, डेविड, "दि फ्यूचर ऑफ पोस्टविहेविरल फेज इन पॉलिटिकल साईंस", के. आर. मुनरो द्वारा संपादित *कंटेम्परी इमपिरिकल पॉलिटिकल थियरी* में संकलित, यूनिवर्सिटी ऑफ कैलिफोर्निया प्रेस, 1997, पृ. 13-46.

ट्रूमैन ड़ेविड, "दि इम्पैक्ट ऑन पॉलिटिकल साइंस ऑफ दि रिवोल्यूशन इन दि विहेवियरल साइंसेज", हींज यूलाओ द्वारा संपादित *विहेवियरलिज्म इन पॉलिटिकल साइंस* में संकलित, पूर्वोक्त, पृ. 38-67.

डाल, रॉबर्ट, ''दि विहेवियरल एप्रोच इन पॉलिटिकल साइंस : एपीटाफ फॉर मोन्यूमेंट टू ए सक्सेसफुल प्रोटेस्ट,'' वही, पृ. 68-92

मर्केल, पीटर एच., ''विहेविरिस्टीक'' *टेन्डेन्सीज इन अमेरिकन पॉलिटिकल साइंस*, वही, पृ. 141-152.

बे, क्रिश्चियन, ''पॉलिटिक्स ऐंड स्यूडो-पॉलिटिक्स: ए क्रिटिकल एवेलुएशन ऑफ सम विहेवियरल लिटरेचर'', हावर्ड बॉल और थॉमस पी. लायच जूनियर द्वारा संपादित, *चेंजिंग परस्पेक्टिस इन कंटेपरेरी पॉलिटिकल एनालिसिस : रीडिंग्स ऑन दि नेचर ऐंड डायमेन्सन्स ऑफ साइंटिफिक ऐंड पॉलिटिकल इन्क्वायरी* में संकलित, प्रेंटिस हॉल, न्यू जेरेसी, 1971, पृ. 109-140.

शर्मा, एल.एन., ''विहेवियरलिज्म ऐंड पोस्ट-विहेवियरलिज्म'', *जर्नल ऑफ सोशल ऐंड इकोनोमिक स्टडीज*, अंक VII(i), 1979, पृ. 123-147.

4

राजनीतिक सिद्धांत का पतन

द्वितीय विश्व युद्ध के बाद अमेरिका में व्यवहारवादी शोध उत्कर्ष पर था। इससे जुड़े लोग शोध की परिष्कृत तकनीकों के विकास में लगे थे। उन तकनीकों के माध्यम से वैज्ञानिक राजनीतिक सिद्धांत के निर्माण के प्रयास जोर-शोर से हो रहे थे। व्यवहारवादियों का लक्ष्य 'राजनीति के विज्ञान' का विकास करना था। उसमें मूल्यों और आदर्शों की कोई जगह नहीं थी। केवल उन्हीं विषयों के अध्ययन हो रहे थे जिनमें आनुभविक सत्यापन की संभावना थी। इस बीच व्यवहारवाद के पुरोधा डेविड ईस्टन ने एक नए विवाद को जन्म दिया। उन्होंने 1951 ई. में प्रकाशित "दि डिक्लाइन ऑफ मॉर्डन पॉलिटिकल थियरी" नामक लेख में राजनीतिक सिद्धांत के पतन की बात उठाई। राजनीतिक सिद्धांत से उनका आशय आदर्शात्मक राजनीतिक सिद्धांत से है। इसी तरह अल्फ्रेड कोबाँ ने भी अपने लेख "दि डिक्लाइन ऑफ पॉलिटिकल थियरी" (1953 ई.) में इसी तरह की बात की। बाद में चलकर पीटर लैसलेट और रॉबर्ट डॉल (1957 ई.) ने तो राजनीतिक सिद्धांत की मृत्यु तक की घोषणा कर डाली। एक दशक बाद दांते जरमीनो ने भी इस बहस में हिस्सा लिया। उन्होंने राजनीतिक सिद्धांत के पतन के लिए विचारधारा को उत्तरदायी माना। इन विचारकों में राजनीतिक सिद्धांत के पतन पर तो मतैक्य है पर उसके कारणों की व्याख्या उन्होंने अलग-अलग तरीके से की है।

डेविड ईस्टन के विचार

ईस्टन अपने लेख में आदर्शात्मक राजनीतिक सिद्धांत के अतीत एवं वर्तमान की तुलनात्मक स्थिति पर टिप्पणी करते हैं। उनका कहना है कि राजनीतिक सिद्धांत सामाजिक संघर्ष और परिवर्तन की मिट्टी में फलते-फूलते हैं। वे यूनानी चिंतन और सोलहवीं-सत्रहवीं सदी के इंग्लैंड का उदाहरण देते हैं जब सामाजिक उथल-पुथल के कारण नए राजनीतिक सिद्धांत उत्पन्न हुए। उनकी पीड़ा है कि, "हम लोग भी मौलिक परिवर्तन और व्यापक सामाजिक संघर्ष के दौर में जी रहे हैं और अब तक हमारी सभ्यता नियम का अपवाद प्रतीत होती है जो उस नियम को सिद्ध करती है।" ईस्टन की दृष्टि में इसका कारण यह है कि समकालीन राजनीतिक चिंतन आज से एक सदी पुराने चिंतन का पराश्रयी है। उनकी राय में पिछले पचास वर्षों में शोध मुख्य रूप से राजनीतिक विचारों के ऐतिहासिक विश्लेषण पर केंद्रित रहा। यह राजनीतिक सिद्धांत की दरिद्रता का प्रमुख कारण है। राजनीतिक सिद्धांत की भूमिका समाज की समस्याओं और चुनौतियों से निपटने के लिए नए मूल्यों की स्थापना और पुराने

मूल्यों के पुनर्निर्माण की है। ईस्टन की चिंता यही है कि बीसवीं सदी के पूर्वार्द्ध में पश्चिमी जगत में लोकतंत्र को फासीवाद से कड़ी चुनौती मिली। उस संकट की स्थिति में राजनीतिक सिद्धांतकार किसी नए मूल्य सिद्धांत के निर्माण में असफल रहे। इस आधार पर वे मानते हैं कि आदर्शात्मक राजनीतिक सिद्धांत का पतन हो गया। राजनीतिक सिद्धांतकारों की आलोचना के साथ-साथ वे आनुभविक शोध में लगे राजनीति वैज्ञानिकों की भी आलोचना करते हैं कि वे लोग कार्य-कारण पर आधारित सिद्धांतों के निर्माण में सफल नहीं हो सके।

तथ्य और मूल्य

ईस्टन की दृष्टि में मूल्य और तथ्य दोनों राजनीतिक सिद्धांत के अभिन्न अंग हैं। उनका तर्क है कि कोई राजनीतिक सिद्धांत निराधार कल्पना पर आधारित नहीं होता। सभी राजनीतिक चिंतक अपने समय की राजनीति का प्रखर अवलोकन करते हैं। इसके साथ उन्हें मानव इतिहास का भी ज्ञान होता है। वे उनके राजनीतिक चिंतन के आधार होते हैं। इसलिए सभी राजनीतिक सिद्धांतों में तथ्यों की भूमिका होती है। हालाँकि ईस्टन यह मानते हैं कि आदर्श और मूल्य राजनीतिक सिद्धांत के प्रमुख सरोकार रहे हैं। प्रत्येक राजनीतिक चिंतक के कुछ मूल्य और प्राथमिकताएँ होती हैं। उनके आधार पर वह अपने समकालीन समाज और शासन-व्यवस्था का मूल्यांकन करता है। इसके साथ ही वह यह भी बतलाने का प्रयास करता है कि उसकी पसंद की व्यवस्था के निर्माण के लिए कौन से साधन सर्वाधिक उपयुक्त होंगे? इस आधार पर ईस्टन का तर्क है कि राजनीतिक सिद्धांत लक्ष्यों और उनको प्राप्त करने वाले साधनों के मध्य कारणात्मक संबंध स्थपित करने का प्रयास करता है। उदाहरण के लिए जॉन लॉक प्राकृतिक अधिकारों की रक्षा के लिए व्यवस्थापिका और कार्यपालिका के पृथक्कीकरण को उपयुक्त मानते हैं। इसलिए ईस्टन के अनुसार राजनीतिक सिद्धांत के तीन तत्त्व होते हैं-(1) आदर्श या मूल्य, (2) उसको प्राप्त करने वाले साधनों का सुझाव और (3) चयनित लक्ष्यों और साधनों के बीच कार्य-कारण संबंध स्थपित करने का प्रयास।

इस प्रकार राजनीतिक सिद्धांत के तथ्यात्मक एवं मूल्य संबंधी पहलू परस्पर संबंधित होते हैं। राजनीतिक सिद्धांत के स्वरूप को स्पष्ट करने के बाद ईस्टन राजनीतिक सिद्धांत के दो रूपों, मूल्य सिद्धांत (Value Theory) और कारणात्मक सिद्धांत (Causal Theory) की समीक्षा करते हैं।

1. मूल्य सिद्धांत : परंपरागत राजनीतिक सिद्धांत प्रमुख तौर पर आदर्शात्मक है। ईस्टन राजनीतिक सिद्धांत की पुरानी परंपरा के महत्त्व को रेखांकित करते हैं। यूनानी चिंतन से लेकर हीगल और मार्क्स तक सभी ने अपने समय के मानवीय जीवन, समाज और शासन के संबंध में कुछ बुनियादी प्रश्नों को उठाया। इस क्रम में वे समाज के समक्ष कुछ निश्चित आदर्शों और मूल्यों को भी रख रहे थे। इसलिए आदर्शात्मक राजनीतिक सिद्धांत में मानव जीवन और सरकार के आदर्श स्वरूप का विवेचन प्रमुखता से हुआ। वह प्रत्येक राजनीतिक चिंतक के अपने आदर्श एवं मूल्य संबंधी मान्यताओं पर आधारित था। उसके बावजूद उन चिंतकों ने अपने समय के राजनीतिक संकटों का विश्लेषण और उनके समाधान स्वरूप एक आदर्श

समाज का मॉडल प्रस्तुत किया। ईस्टन इस प्रकार के आदर्शात्मक सिद्धांत को रचनात्मक मूल्य सिद्धांत (Creative value theory) कहते हैं। उनकी दृष्टि में वे चिंतक अपने समय के अनुरूप नए मूल्यों की रचना कर रहे थे। ईस्टन की प्रमुख चिंता यही है कि विगत पचास वर्षों में रचनात्मक मूल्य सिद्धांत में कमी आई है। उनका निष्कर्ष कार्लाइल, डनिंग, सेबाइन, लिंडसे आदि लेखकों की रचनाओं के विश्लेषण पर आधारित है। उनका आरोप है कि ये लेखक नए मूल्य सिद्धांत के निर्माण और पुराने मूल्यों के विश्लेषण के प्रति रुचि नहीं रखते। ये प्रमुख तौर पर अतीत के राजनीतिक मूल्यों के अर्थ, उनकी आंतरिक संगति और उनके ऐतिहासिक विकास को समझने में लगे हैं। उससे वर्तमान राजनीतिक संकटों के समाधान और बदली हुई समाजिक स्थिति के अनुरूप नए आदर्शों के निर्माण में कोई मदद नहीं मिलती है। ईस्टन की आलोचना है कि अधिकांश लेखक ऐतिहासिक दृष्टिकोण का प्रयोग करते हैं। वे राजनीतिक मूल्यों के इतिहास पर अपना ध्यान केंद्रित करते हैं। उनका प्रमुख प्रयास उन ऐतिहासिक परिस्थितियों के विश्लेषण के लिए है जिनके कारण वे मूल्य उत्पन्न हुए। उसके फलस्वरूप मूल्य सिद्धांत प्राणहीन हो गया। व्यक्ति एवं समाज की आवश्यकताओं के अनुसार मूल्यों की नई अवधारणा प्रस्तुत ही नहीं की गई। इस प्रकार रचनात्मक सिद्धांत की दिशा में कोई प्रयास नहीं हुए। ईस्टन यह भी स्वीकार करते हैं कि डेवी, बार्कर, क्रोचे और लास्की जैसे लेखक अपवाद हैं। वे नए मूल्यों के निर्माण में लगे हैं, पर उनकी संख्या कम है। ऐतिहासिक दृष्टिकोण अपनाने वाले लेखकों को ईस्टन चार वर्गों में रखते हैं:

(i) **संस्थावादी** (Institutionalists) : पहले वर्ग के लेखकों को ईस्टन संस्थावादी कहते हैं। उनमें कार्लाइल प्रमुख हैं। संस्थावादी लेखक विचारों के इतिहास का अध्ययन गौण रूप में करते हैं– ''समुद्र के फेन की तरह जिसका लहरों की गति पर कोई असर नहीं होता।'' ईस्टन का मानना है कि विचार राजनीतिक गतिविधियों को निर्देशित करते हैं। इसके विपरीत संस्थावादी लेखकों के लिए विचार गौण है जिसका व्यवहारिक राजनीति पर कोई प्रभाव नहीं पड़ता। ईस्टन की आलोचना है कि वे राजनीतिक गतिविधियों के संदर्भ में विचारों की भूमिका की व्याख्या नहीं करते। उन लेखकों की दृष्टि में विचार राजनीतिक हितों और संस्थागत विकास की बुद्धिसंगत व्याख्या के लिए उत्पन्न होते है। अत: उनके राजनीतिक सिद्धांत में उसी प्रकार के विचारों की विवेचना हुई है।

(ii) **अंत:क्रियावादी** (Interactionists) : ईस्टन एलेन को इस श्रेणी में रखते हैं। इस प्रकार के सिद्धांतकारों के अनुसार राजनीतिक जीवन में विचारों की जीवंत भूमिका होती है। वे संस्थाओं के साथ अंत:क्रिया करते हैं। राजनीतिक विचार राजनीतिक संस्थाओं को प्रभावित करते हैं और उनसे प्रभावित होते हैं। इस रूप में वे सामाजिक परिवर्तन की पूरी प्रक्रिया के महत्त्वपूर्ण कारक होते हैं। अत: ईस्टन की दृष्टि में उपर्युक्त सिद्धांतकारों के अनुसार राजनीतिक सिद्धांत का प्रमुख कार्य प्रत्येक ऐतिहासिक अवस्था में विचारों की वास्तविक भूमिका का उद्घाटन है।

(iii) **भौतिकवादी** (Materialists) : ईस्टन की दृष्टि में तीसरी श्रेणी डनिंग और सेबाइन जैसे लेखकों की है। वे उन्हें भौतिकवादी कहते हैं। इस दृष्टिकोण के लेखकों के अनुसार विचार अपने समय की ऐतिहासिक और सांस्कृतिक दशाओं में जन्म लेते हैं। इसलिए वे

राजनीतिक विचारों को प्रभावित करने वाली ऐतिहासिक परिस्थितियों को सामने रखते हैं। उनकी रुचि 'ज्ञान के समाजशास्त्र' में है। वे विचारों को उनके पूरे ऐतिहासिक-सांस्कृतिक संदर्भों में समझना चाहते हैं। इस प्रकार तीसरा समूह सामाजिक परिस्थितियों और विचारों के संबंधों की व्याख्या करता है। उसके अनुसार राजनीतिक सिद्धांत का प्रमुख कार्य उस परिप्रेक्ष्य को स्पष्ट करना है जिसमें कोई विचार उत्पन्न होता है।

(iv) चौथी श्रेणी में ईस्टन ए.डी. लिंडसे जैसे विद्वानों को रखते हैं। ऐसे विद्वान अतीत के राजनीतिक विचारों का वस्तुनिष्ठ रूप से वर्णन नहीं करते और न ही उनकी रुचि ऐतिहासिक प्रक्रिया में राजनीतिक विचारों की भूमिका को समझने में है। उनकी रचनाओं में मूल्यों का स्थान महत्त्वपूर्ण है। ये लोग सोच-समझ कर समकालीन मूल्यों में से किसी एक, जैसे लोकतंत्र, को चुन लेते हैं। उन समकालीन मूल्यों को ऐतिहासिक संदर्भ में समझने का प्रयास किया जाता है। उनकी मान्यता है कि मूल्य सदियों से चली आ रही सभ्यता के विकास के दौरान उत्पन्न होते हैं। वे समय की कसौटी पर खरे उतरे हैं। अत: उन्हें आज भी स्वीकार किया जाना चाहिए। ईस्टन की राय में वे लेखक समकालीन मूल्यों की महत्ता को स्थापित करने के लिए इतिहास का सहारा लेते हैं।

ईस्टन यह स्वीकार करते हैं कि उपर्युक्त चारों श्रेणियों के सिद्धांतकारों के मध्य मतांतर है। लेकिन बुनियादी तौर पर वे सभी इतिहासवादी (Historicist) हैं। मूल्यों के इतिहास का उपयोग वे अंतर्दृष्टि प्राप्त करने के लिए नहीं करते। इसलिए वे वर्तमान संदर्भ में राजनीतिक लक्ष्यों को पुनः परिभाषित करने में असफल हैं। उनकी सोच उन्हें उस दिशा में जाने ही नहीं देती। उनके लिए सर्वाधिक सार्थक कार्य है किसी खास विचारधारा और मूल्यों को उत्पन्न करने वाले कारकों को समझना। परंपरा से प्राप्त मूल्यों का परिस्थितियों के अनुरूप पुनर्निर्माण उनकी सोच और प्रयास का हिस्सा ही नहीं है।

नैतिक सापेक्षवाद (Moral Relativism)

ईस्टन ऊपर वर्णित सिद्धांतकारों के ऐतिहासिक दृष्टिकोण की कटु आलोचना करते हैं। उनकी दृष्टि में ये राजनीतिक सिद्धांतकार से ज्यादा इतिहास-लेखक की भूमिका का निर्वाह करते हैं। राजनीतिक सिद्धांत की बुनियाद समाज के व्यावहारिक संकटों को समझने और उनके हल के प्रयास के कारण पड़ी। ईस्टन की आलोचना है कि बीसवीं सदी के अधिकांश राजनीतिक चिंतकों ने समकालीन सामाजिक समस्याओं को समझने और उनके समाधान तलाशने का प्रयास छोड़ दिया। उन्होंने मूल्यों के पुनर्निर्माण और अच्छे समाज या सरकार की अवधारणा में रुचि लेना बंद कर दिया। उसका परिणाम यह हुआ कि राजनीतिक सिद्धांत व्यावहारिक समस्याओं से अलग हो गया। वह इतिहास की एक शाखा मात्र रह गया। ईस्टन इसके लिए इतिहासवाद को दोषी मानते हैं। इसके प्रभाव में राजनीतिक सिद्धांत तथ्यों और लक्ष्यों को एक-दूसरे से जोड़ने वाले ज्ञान से अलग हो गया। वे इसके दो कारण बताते हैं। पहला कारण मूल्यों के प्रति सापेक्ष दृष्टि का विकास है। दूसरा कारण ऐतिहासिक परिस्थितियाँ हैं। उनका कहना है कि नैतिक सापेक्षवाद की उत्पत्ति डेविड ह्यूम (1711-1776 ई.) की

रचनाओं से होती है। वे एक संशयवादी विचारक हैं। उन्होंने किसी भी प्रकार के सार्वभौम और वस्तुनिष्ठ सत्य की संभावना को ही नकार दिया। इस प्रकार मानवीय आचरण का भी कोई सार्वभौम आदर्श या मूल्य नहीं हो सकता है। मूल्य सापेक्ष होते हैं जो व्यक्ति के अपने अनुभवों को प्रदर्शित करते हैं। ईस्टन का इस संबंध में तर्क है कि एक बार यह मान लेने पर कि किसी व्यक्ति या ऐतिहासिक युग की प्राथमिकताएँ एक-दूसरे से न तो अच्छी हैं और न बुरी, उस स्थिति में उनका अध्ययन राजनीतिक रूप से अर्थहीन हो जाता है। ह्यूम के विचारों का व्यापक असर पड़ा। ईस्टन का कहना है कि मूल्यों के प्रति सापेक्ष दृष्टिकोण को स्पष्ट रूप से मैक्स वेबर (1864-1920 ई.) ने प्रस्तुत किया। उन्होंने तथ्यों और मूल्यों को अलग करना प्रारंभ कर दिया। तथ्यों को अनुभव से सही-गलत साबित किया जा सकता है। इसके विपरीत मूल्यों के संबंध में कोई वस्तुनिष्ठ निर्णय संभव ही नहीं है। वे व्यक्ति की अपनी पसंद और जीवन के अनुभवों की अभिव्यक्ति हैं। यह मान लेने पर किसी मूल्य की सार्वभौम वैधता नहीं रह जाती। उस स्थिति में मूल्य सिद्धांत की संभावना धूमिल हो जाती है।

नैतिक सापेक्षवाद का प्रभाव सामाजिक शोध की पद्धति और दिशा पर भी पड़ा। ईस्टन उसके लिए वेबर को उत्तरदायी मानते हैं। उनके विचारों के प्रभाव के कारण यह स्वीकार कर लिया गया कि आनुभविक शोध से मूल्यों को कठोरतापूर्वक अलग रखा जाए। यह आवश्यक और वांछनीय समझा जाने लगा। आनुभविक शोध को कार्य-कारण ढाँचे में व्यवस्थित किया जा सकता है। यदि उसमें व्यक्तिगत आदर्शों और मूल्यों का घालमेल होता है तो शोध के परिणाम गलत होंगे। ईस्टन मूल्यों से स्वतंत्र शोध के तरीकों की आलोचना करते हैं। यह अलग बात है कि कभी वे स्वयं इस तरह के शोध के प्रबल पक्षधर थे। उनकी यह बात सही है कि चाहे कितना भी प्रयास क्यों न किया जाए, व्यक्ति 'अपने मूल्यों को कोट की तरह उतार कर फेंक नहीं सकता'। वे व्यक्ति के अभिन्न अंग हैं। व्यक्ति की अपनी प्राथमिकताएँ, आदर्श और मूल्य हमेशा उसके साथ रहेंगे। उसके शोध में वे सभी निमग्न हो ही जाते हैं। शोधकर्ता की मूल्य संबंधी मान्यताएँ शोध समस्या के चयन और शोध के परिणामों की व्याख्या को प्रभावित करती हैं। इसलिए ईस्टन का सुझाव है कि शोध की स्पष्टता के लिए यह आवश्यक है कि राजनीति व वैज्ञानिक को अपने मूल्यों के आलोचनात्मक मूल्यांकन के लिए प्रशिक्षित किया जाए। यहाँ पर वे सामाजिक शोध के उद्देश्य की चर्चा करते हैं। उनका कहना है कि सामाजिक शोध का उद्देश्य मानवीय आवश्यकताओं को पूरा करना है। यदि शोधकर्ता मूल्यों के निर्माण से अपने को अलग रखता है तो वह सामाजिक जीवन की ज्वलंत समस्याओं को पहचानने और उनके समाधान की दिशा में प्रयास करने लायक नहीं हो सकता। ईस्टन का निष्कर्ष है कि नीतिशून्य विज्ञान (Amoral science) की खोज और मूल्यों की पुनर्रचना के विरोध का परिणाम यह हुआ कि सामाजिक विज्ञान सामाजिक यथार्थ से अलग हो गया। मानवीय जीवन की महत्त्वपूर्ण समस्याओं को पहचानने और उनके परीक्षण में उसकी उपयोगिता कम हो गई। समाज-वैज्ञानिकों ने इस सवाल से अपने को अलग कर लिया कि 'ज्ञान किसके लिए?' इस संबंध में ईस्टन परंपरागत राजनीतिक सिद्धांत की प्रशंसा करते हैं। उनकी दृष्टि में वह सामाजिक जीवन में तालमेल बनाए रखने के लिए एक संस्था की तरह काम करता था।

अतः राजनीतिक सिद्धांत का पराभव एक संस्था के खत्म होने जैसा है। ईस्टन का निष्कर्ष है कि इतिहासवाद के प्रभाव के कारण राजनीतिक सिद्धांत ज्ञान को सामाजिक लक्ष्यों से जोड़ने में असफल रहा। उसके परिणामस्वरूप ज्ञान और सामाजिक जरूरतों के बीच गहरी खाई पैदा हो गई।

ऐतिहासिक परिस्थितियाँ

ईस्टन राजनीतिक सिद्धांत के पतन के लिए ऐतिहासिक परिस्थितियों को भी उत्तरदायी मानते हैं। वे 1848 ई. से 1918 ई. तक की राजनीतिक स्थितियों का उल्लेख करते हैं। लेकिन वे उसे पूरी तौर पर स्पष्ट नहीं करते। उनका तर्क है कि नैतिक सापेक्षवाद के लिए ऐतिहासिक परिस्थितियाँ उत्तरदायी हैं। उनका कहना है कि उन्नीसवीं सदी के अंत और बीसवी सदी के प्रारंभ तक पश्चिमी जगत में मूल्यों को लेकर गंभीर टकराव नहीं थे, बल्कि सहमति थी। नैतिक मूल्यों के आधार पर विभिन्न समूहों के बीच विभाजन नहीं था। इसलिए बुनियादी तौर पर विरोधी मूल्यों के बीच चयन का प्रश्न नहीं था। अतः इस बात पर सहमति थी कि मूल्यों के पुनर्निर्माण के प्रति उदासीनता रोजमर्रा के राजनीतिक मामलों में ज्यादा महत्त्व नहीं रखती। फासीवाद के विकास और उसके साथ-साथ पश्चिम में सर्वाधिकारवाद के फैलाव के कारण नैतिक मूल्यों के बीच गंभीर टकराव की स्थिति बनी। यह स्पष्ट हो गया कि एक ही समय में मनुष्य एकदम से भिन्न नैतिक प्रतिमानों के आधार पर कार्य कर सकता है। इस स्थिति में यह आवश्यक हो गया है कि प्रचलित राजनीतिक मूल्यों ओर उनके संस्थागत निहितार्थों का विश्लेषण किया जाए। उन पर प्रश्न खड़े किए जाएँ। ईस्टन का तर्क है कि राजनीतिक मामलों में सक्रिय होने के लिए राजनीतिक सिद्धांत के मार्गदर्शन की आवश्यकता है। उनके अनुसार यह, राजनीतिज्ञों और नागरिकों, दोनों के लिए आवश्यक है। उनकी राय में राजनीतिक सिद्धांतकार ही मार्गदर्शक की भूमिका निभा सकता है। वह व्यावहारिक राजनीति से संबंधित आँकड़ों की जानकारी रखता है। इसके साथ ही वह मूल्यों का सिद्धांतकार होता है। इस रूप में उसे लक्ष्यों और उनको प्राप्त करने वाले साधनों का भी ज्ञान होता है। किसी नागरिक और राजनीतिज्ञ के पास वे योग्यताएँ नहीं होतीं। वे न तो अपनी परिस्थितियों को ठीक से समझ सकते हैं और न ही उनमें इस बात की सही समझ हो सकती है कि उन परिस्थितियों में कौन-सी राजनीतिक गतिविधि उपयुक्त होगी? इसलिए उनके लिए राजनीतिक सिद्धांत का मार्गदर्शन आवश्यक हो जाता है। उस उद्देश्य की पूर्ति अपने पूर्वजों के मूल्यों को अपनाने से नहीं हो सकती। इस युग में उन मूल्यों को स्वीकार करने के पहले उनका आलोचनात्मक विश्लेषण और पुनर्निर्माण आवश्यक है। यह तभी संभव है जब राजनीतिक सिद्धांत को उसके पूर्ववर्ती रूप में पुनर्स्थापित किया जाए। ईस्टन की दृष्टि में समकालीन राजनीतिक सिद्धांत इन दायित्वों को निभाने में सफल नहीं रहा। राजनीतिक सिद्धांतकारों को समाज की ज्वलंत समस्याओं के संबंध में सक्रिय भागीदारी करनी थी। वे इस भूमिका का निर्वाह करने में असफल रहे।

2. कारणात्मक सिद्धांत

मूल्य सिद्धांत के बाद ईस्टन कारणात्मक सिद्धांत की समीक्षा करते हैं। उनके अनुसार राजनीतिक सिद्धांत के पतन का एक उत्तरदायी कारण है– कारणात्मक सिद्धांत के प्रति उदासीनता। कारणात्मक सिद्धांत से उनका आशय राजनीतिक व्यवहार के बारे में व्यवस्थित आनुभविक ज्ञान से है। आनुभविक शोध का लक्ष्य इसी तरह के ज्ञान का विकास होता है। यहाँ वे आनुभविक शोध की असफलता का उल्लेख करते हैं। राजनीतिक सिद्धांत के पतन की परिणति आनुभविक शोध में पिछड़ जाने में हुई। यही कारण है कि राजनीतिक व्यवहार और संस्थाओं से संबंधित समकालीन शोध उनके सिद्धांत का विकास नहीं कर सका। शोध और सिद्धांत के बीच दूरी बनी हुई है। इसलिए ईस्टन कहते हैं कि कारणात्मक सिद्धांत के अर्थ में राजनीतिक सिद्धांत का अस्तित्व ही नहीं है। वे परंपरागत राजनीतिक सिद्धांतकारों का उल्लेख करते हुए कहते हैं कि उन्होंने जिन लक्ष्यों का समर्थन किया, उन्हें प्राप्त करने के सर्वश्रेष्ठ साधनों का ब्योरा भी प्रस्तुत किया। उस रूप में वे राजनीति के प्रयुक्त विज्ञान (Applied science) का भी निर्माण करने का प्रयास कर रहे थे। लेकिन राजनीतिक सिद्धांत के स्वर्णिम युगों में भी कार्य–कारण पर आधारित सही सैद्धांतिक ज्ञान का विकास नहीं हो सका। उस समय कुछ विशिष्ट लक्ष्यों को प्राप्त करने के लिए आवश्यक संस्थागत साधनों के वर्णन के प्रयास अवश्य हुए। लेकिन इतिहासवाद के प्रभाव में उस तरह के प्रयास भी समाप्त हो गए। समकालीन राजनीतिक सिद्धांत के बारे में ईस्टन की टिप्पणी है कि उसमें राजनीतिक गतिविधियों और लक्ष्यों को अलग–अलग रखा जाता है। उसके द्वारा कारणात्मक सिद्धांत की दिशा में जो कुछ प्रयास किए गए हैं, वे 'महान सिद्धांतकारों' पर 'ऐतिहासिक टिप्पणियाँ' हैं। वह उनके सिद्धांतों के प्रयुक्त पहलू का वर्णन मात्र करता है।

ईस्टन का तर्क है कि आनुभविक शोध पर आधारित राजनीतिक सिद्धांत के निर्माण में असफलता का कारण केवल इतिहासवाद नहीं है। इसका प्रारंभिक कारण राजनीतिक तथ्यों को देखने का गलत नजरिया है। अवलोकन से प्राप्त तथ्यों के संग्रह पर तो बल दिया जाता रहा लेकिन उनके आधार पर सामान्य निष्कर्षों तक पहुँचने के प्रयास नहीं हुए। इस कारण संग्रह किए गए तथ्यों की समझ कठिन हो गई और उनकी सार्थकता खत्म हो गई। ईस्टन के अनुसार आनुभविक शोध का उद्देश्य सिद्धांत–निर्माण है। लेकिन उस दिशा में उनकी अपेक्षा के अनुरूप प्रगति नहीं हुई। इसलिए राजनीतिक अध्ययन में वैज्ञानिक पद्धति के उपयोग मात्र से बात नहीं बनती। यह आवश्यक है कि किए गए शोध के आधार पर सिद्धांत निर्माण के प्रयास भी हों। इसके विपरीत शोध तथ्यों के संग्रह मात्र पर केंद्रित हो गया। उस दिशा में व्यवहारवादी शोध ने काफी प्रगति की। लेकिन उन तथ्यों के आधार पर वे सैद्धांतिक ढाँचे का विकास करने में असफल रहे। इसके कारण संकलित तथ्यों की कोई उपयोगिता नहीं रह गई।

ईस्टन का तर्क है कि पिछले पचास वर्षों में राजनीतिक सिद्धांतकार राजनीतिक व्यवहार के व्यवस्थित सिद्धांत के निर्माण में असफल रहे। उस दिशा में थोड़े–बहुत प्रयास अवश्य हुए। लेकिन वे उन लोगों के द्वारा किए गए जो मुख्य तौर पर परंपरागत सिद्धांत से जुड़े नहीं थे।

इस संबंध में ईस्टन गीटानो मोस्का (1858-1941 ई.), रॉबर्ट मिचेल्स (1876-1936 ई.), हेराल्ड डी. लासवेल (1902-1978 ई.) और हर्बर्ट साइमन (1916-2001 ई.) के योगदान का उल्लेख करते हैं। मोस्का ने अभिजनवादी सिद्धांत का बुनियादी ढाँचा निर्मित किया। मिचेल्स द्वारा उसका उपयोग राजनीतिक दलों के संबंध में किया गया। अभिजनवादी सिद्धांत को अच्छी तरह प्रस्तुत करने का श्रेय लासवेल को जाता है। साइमन ने लोक प्रशासन में निर्णय-निर्माण सिद्धांत का विकास किया। ईस्टन का विश्वास है कि मनुष्य के राजनीतिक व्यवहार के संबंध में समरूपताओं की खोज संभव है। वे भविष्यवाणी के आधार हो सकते हैं। लेकिन वह तभी संभव है जब शोध सामान्य सिद्धांत के निर्माण के उद्देश्य से प्रेरित हो। उसके अभाव में उन समरूपताओं की अंधाधुंध खोज 'अनगढ़ अनुभववाद' (Crude empiricism) की ओर ले जाता है। उसमें तथ्यों का ढेर लग जाता है। लेकिन उससे किसी उद्देश्य की पूर्ति नहीं होती। ईस्टन यह स्वीकार करते हैं कि भौतिकशास्त्र जैसे प्राकृतिक विज्ञान सामाजिक विज्ञान से सदियों आगे है। इसलिए प्राकृतिक विज्ञानों की तरह पद्धतिशास्त्रीय कठोरता सामाजिक शोध में संभव नहीं है और न ही इस लक्ष्य की प्राप्ति तात्कालिक रूप से हो सकती है। इस संबंध में ईस्टन यह चेतावनी देते हैं कि, "प्राकृतिक विज्ञानों की अपरिपक्व और गुलाम मानसिकता से की गई नकल' से सामाजिक विज्ञान 'विज्ञानवाद' (Scientism) का शिकार हो जाएगा।" सिद्धांत-निर्माण में सामाजिक शोध के पिछड़ जाने और प्राकृतिक विज्ञान की तुलना में पद्धतिशास्त्रीय कमी से संबंधित ईस्टन के तर्क सभी सामाजिक विज्ञानों पर सामान्य रूप से लागू हो सकते हैं। लेकिन राजनीति विज्ञान के संबंध में उनकी पीडा और गहरी है। उनकी राय है कि समकालीन राजनीति विज्ञान अन्य सामाजिक विज्ञानों की तुलना में पिछड़ गया है। इसका कारण है कि राजनीति विज्ञान के समकालीन ज्ञान में सामाजिक विज्ञानों में उपलब्ध शोध पद्धतियों और तकनीकों का उपयोग नहीं होता।

ईस्टन के राजनीतिक सिद्धांत के पतन संबंधी विचारों के परिप्रेक्ष्य में यूरोप में सर्वाधिकारवाद का उदय है। उससे पश्चिमी लोकतांत्रिक व्यवस्था और मूल्यों को कठिन चुनौती मिली। उनका प्रमुख आरोप यही है कि राजनीतिक सिद्धांत उस चुनौती से निपटने में असफल रहा। ईस्टन परंपरागत राजनीतिक सिद्धांत के योगदान को स्वीकार करते हैं, भले ही उसमें पद्धति संबंधी बोध (Methodological innocence) न हो। उसने अपने समय की महान प्रतिभाओं को आकर्षित किया। उसके फलस्वरूप राजनीतिक प्रक्रिया की प्रकृति और राजनीतिक संस्थाओं के संचालन को समझने की अंतर्दृष्टि मिली। ईस्टन के अनुसार आज भी उस तरह का ज्ञान प्रासंगिक है। लेकिन इतिहासवाद के प्रभाव में राजनीतिक सिद्धांत अतीत के राजनीतिक विचारों और मूल्यों पर टिप्पणी करने में लगा रहा। आज आवश्यकता इस बात की है कि आज के संदर्भों में परंपरा से प्राप्त मूल्यों का कठोरता से परीक्षण किया जाए और आवश्यकतानुसार उनकी पुनर्रचना की जाए। इसके साथ ही ईस्टन आनुभविक शोध को भी परिष्कृत रूप देना चाहते हैं। वे, मूल्य सिद्धांत और कारणात्मक सिद्धांत, दोनों को नए सिरे से विकसित करने के पक्षधर हैं। इस प्रकार वे राजनीतिक शोध में तथ्यों और मूल्यों दोनों को पर्याप्त महत्त्व देने की बात करते हैं। यहाँ ईस्टन के दृष्टिकोण में बुनियादी बदलाव दिखलाई

पड़ता है। कभी वे स्वयं तथ्यों और मूल्यों को अलग-अलग रखने के प्रबल पक्षधर थे और मूल्यों से स्वतंत्र राजनीति विज्ञान के निर्माण के लक्ष्य के प्रति समर्पित थे। अत: उन पर भी यह आरोप लगाया जा सकता है कि उन्होंने स्वयं 'राजनीति का विज्ञान' बनाने के प्रयास में राजनीति को छोड़ दिया। लेकिन प्रथम विश्व युद्ध के बाद की उत्पन्न चुनौतियों ने उनके दृष्टिकोण को बदल दिया। वे आदर्शात्मक राजनीतिक सिद्धांत के पतन के साथ-साथ उससे अपनी अपेक्षाओं को भी व्यक्त करते हैं। इसके साथ ही वे व्यवहारवादी शोध की कमियों का भी उल्लेख करते हैं। सबसे महत्त्वपूर्ण बात यह है कि ईस्टन समाज के लिए, आदर्शात्मक और वैज्ञानिक, दोनों प्रकार के राजनीतिक सिद्धांतों को उपयोगी मानते हैं। इस प्रकार वे तथ्यों और मूल्यों के बीच समन्वय के पक्षधर हो जाते हैं। अत: राजनीतिक सिद्धांत के पतन संबंधी उनका लेख उत्तर-व्यवहारवाद का पूर्व सूचक है।

अल्फ्रेड कोबाँ के विचार

अल्फ्रेड कोबाँ ने 1953 ई. में "दि डिक्लाइन ऑफ पॉलिटिकल थियरी" नामक लेख में आदर्शात्मक राजनीतिक सिद्धांत के पतन का मुद्दा उठाया। उनका तर्क था कि राजनीतिक चिंतन के 2500 वर्षों के इतिहास में यह विश्वास कायम रहा कि विचारों द्वारा संस्थाओं को बदला जा सकता है। इसलिए राजनीतिक विचारों की महत्त्वपूर्ण भूमिका को स्वीकार किया जाता रहा। उन्नीसवीं सदी की समाप्ति के बाद विचारों और संस्थाओं के बीच समन्वय समाप्त हो गया। इसलिए कोबाँ राजनीतिक चिंतन की धारा के सूख जाने की बात करते हैं। यही कारण है कि आज राजनीतिक सिद्धांत के क्षेत्र में कोई महान बुद्धिजीवी दिखलाई नहीं पड़ता। वे यह स्वीकार करते हैं कि राजनीतिक विचार अमर नहीं होते। वे पनपते हैं और खत्म होते हैं। इसके साथ-साथ वे नए रूपों में परिवर्तित होते रहते हैं। राजनीतिक सिद्धांत के जीवित रहने के लिए यह अनिवार्य है कि बदलती परिस्थितियों के अनुरूप राजनीतिक विचारों को नया रूप दिया जाए। कोबाँ के विचार में वर्तमान समय में राजनीतिक सिद्धांत के रूपांतरण की प्रक्रिया नहीं चल रही है।

कोबाँ राजनीतिक चिंतन के इतिहास पर दृष्टि डालते हैं। वे देखते हैं कि पूर्व में भी राजनीतिक सिद्धांत पतन की अवस्था से गुजरा है। पश्चिमी सभ्यता में यूनान में राजनीतिक चिंतन पनपा। प्लेटो और अरस्तू की रचनाओं में यूनानी राजनीतिक चिंतन उत्कर्ष पर पहुंचा। उनके द्वारा राजनीतिक सिद्धांत की आधारशिला रखी गई। लेकिन रोमन साम्राज्य के अंतर्गत उसका पतन हो गया। इस संबंध में कोबाँ का तर्क है कि उस दौर में राजनीति का स्वरूप बदल गया। वह दरबारी गुटों और सैनिक तानाशाहों के बीच संघर्ष में केंद्रित हो गई। जिसके परिणामस्वरूप यूनानियों की तरह की राजनीतिक सोच खत्म हो गई। कोबाँ का कहना है कि रोमन साम्राज्य का अनुभव हमारे समय के लिए भी प्रासंगिक है। पूर्व में जिन परिस्थितियों के कारण राजनीतिक सिद्धांत का पतन हुआ था, वे पुन: नए रूपों में हमारे सामने हैं। राजनीतिक सिद्धांत के पतन के लिए कोबाँ दो प्रकार के कारकों को उत्तरदायी मानते हैं- पश्चिम की

राजनीतिक स्थिति और विषय की आंतरिक दुर्बलताएँ। इन्हें बाह्य और आंतरिक कारण के रूप में भी समझा जा सकता है।

राजनीतिक सिद्धांत के पतन के बाह्य कारण

कोबाँ उदारवादी-लोकतांत्रिक और साम्यवादी व्यवस्था का विश्लेषण करते हैं। उनके अनुसार इन व्यवस्थाओं की कुछ प्रवृत्तियाँ एक समान हैं। वे राजनीतिक सिद्धांत के पतन के कारण हैं। कोबाँ राज्य के कार्यक्षेत्र के अत्यधिक विस्तार की चर्चा करते हैं। उनका कहना है कि समाज के भीतर राज्य की भूमिका अत्यधिक बढ़ गई है। इसलिए समाज की अधिकाधिक गतिविधियाँ नौकरशाही के नियंत्रण में आ गई हैं। राज्य के कार्यों पर राजनीतिक नियंत्रण कम हो गया है। कोबाँ नौकरशाही की बढ़ती शक्तियों को राजनीतिक सिद्धांत के पतन के लिए उत्तरदायी मानते हैं। जिसके कारण समाज की अधिकांश गतिविधियाँ राजनीति से अलग हो जाती हैं। इसका नतीजा यह निकलता है कि वे राजनीतिक बहस का हिस्सा ही नहीं बन पातीं। राज्य और उसकी नौकरशाही की शक्तियों में वृद्धि के अतिरिक्त कोबाँ राजनीतिक दलों के अंतर्गत शक्तियों के केंद्रीकरण पर टिप्पणी करते हैं। उनकी दृष्टि में राज्यों की सैन्य शक्ति का बड़े पैमाने पर विस्तार हुआ है। उसके बावजूद नाजी जर्मनी या साम्यवादी रूस में सेना का शासन स्थापित नहीं हुआ। लेकिन उसकी जगह राजनीतिक दलों ने ले ली। दलीय संगठन के प्रबल होने का अर्थ है-अल्पतंत्र क्योंकि सभी दलों के भीतर एक छोटे से समूह का प्रभुत्व स्थापित हो जाता है। दलों के शक्तिशाली होने और उनके केंद्रीकृत संगठन के कारण राजनीतिक जीवन उनके भीतर विभिन्न गुटों के आंतरिक संघर्ष पर केंद्रित हो जाता है। कोबाँ का निष्कर्ष है कि आम जनता का बहुसंख्यक हिस्सा नौकरशाही और दल के घेरे से बाहर होता है। अतः राजनीतिक गतिविधि के केंद्र में जनता नहीं होती। यदि जनता में राजनीतिक चेतना बढ़ती है तो राज्य-सत्ता द्वारा दमनकारी साधनों का प्रयोग किया जाता है। आज राज्य की दमनकारी-शक्तियाँ काफी बढ़ गई हैं। यह स्थिति राजनैतिक सिद्धांत के विकास में बाधक है। उपर्युक्त परिस्थितियाँ केवल साम्यवादी देशों में ही नहीं हैं, पूँजीवादी देशों में भी समान स्थिति है। अतः दोनों में समान रूप से राजनैतिक सिद्धांत का पतन दिखलाई पड़ता है। कोबाँ का यह तर्क सही है कि राजनैतिक सिद्धांत के अस्तित्व में बने रहने के लिए सक्रिय राजनीतिक जीवन आवश्यक है। उनके अनुसार आस्ट्रेलिया के आदिवासियों में, पीटर जैसे लोगों द्वारा शासित रूस में और सीजर के साम्राज्य में राजनीतिक सिद्धांत के पनपने की उम्मीद नहीं की जा सकती है।

लोकतंत्र का सैद्धांतिक संकट

कोबाँ पश्चिम के उदारवादी लोकतंत्र के संकट पर प्रकाश डालते हैं। उनका कहना है कि एक लंबे समय से कोई मौलिक राजनीतिक चिंतन देखने को नहीं मिलता। वे लोकतंत्र का उदाहरण देते हैं। आधुनिक विश्व में लोकतंत्र एक प्रबल विचार है। उसकी अवधारणा अठारहवीं सदी

में उत्पन्न हुई। लेकिन उन्नीसवीं सदी में उस पर नए सिरे से विचार नहीं हुआ। जिसके कारण लोकतंत्र के सिद्धांतों का समयानुरूप विकास नहीं हो पाया। इसके फलस्वरूप लोकतंत्र एक जीवंत विचार नहीं रह गया। कोबाँ यह प्रश्न करते हैं कि आज लोकतंत्र के सिद्धांतकार कहाँ हैं? उन्नीसवीं सदी में उदारवादी लोकतांत्रिक सिद्धांतों का विकास रुक गया। उनके सिद्धांतकार दिखलाई नहीं पड़ते। इस स्थिति में व्यावहारिक राजनीति में लोकतंत्र पर गंभीर बहस नहीं चल रही है। कोबाँ का तर्क है कि राजनीतिक विचारों या सिद्धांतों को सिक्कों की तरह समय-समय पर पुनः ढालने की आवश्यकता पड़ती है। उसके अभाव में उनके मूल्य समाप्त हो जाते हैं। लोकतंत्र के संबंध में कोबाँ के विचारों की पृष्ठभूमि में पश्चिमी उदारवादी लोकतंत्र को प्रथम विश्व युद्ध के बाद फासीवाद और साम्यवाद से मिलने वाली चुनौतियाँ हैं। वे लोकतंत्र के संकट को उसके सिद्धांतों का संकट मानते हैं।

राजनीतिक सिद्धांत के पतन के आंतरिक कारण

कोबाँ की दृष्टि में राजनीतिक सिद्धांत के पतन के लिए उपर्युक्त राजनीतिक-सामाजिक परिस्थितियों की तुलना में विषय की आंतरिक कमजोरियाँ ज्यादा उत्तरदायी हैं। वे उनका विश्लेषण करते हुए कहते हैं कि शायद राजनीतिक सोच में ही कुछ गलत है। वे यह स्वीकार करते हैं कि हमें राजनीतिक सिद्धांत का आविष्कार नहीं करना है। वह तो बहुत पहले हो चुका है। वर्तमान समय में राजनीतिक सिद्धांत के पतन के लिए वे विषय की निम्न प्रवृत्तियों को उत्तरदायी मानते हैं:

1. व्यावहारिक राजनीति से अलगाव : कोबाँ परंपरागत राजनीतिक सिद्धांत पर दृष्टि डालते हुए तर्क देते हैं कि सभी महान राजनीतिक चिंतकों में एक बात समान है कि उन्होंने व्यावहारिक उद्देश्यों को ध्यान में रखकर लिखा। वे अपने विचारों के माध्यम से अपने समय की राजनीति को प्रभावित करना चाहते थे। उस क्रम में उन्होंने अपने समय की संस्थाओं का या तो समर्थन किया या आलोचना की। उनकी दृष्टि में यदि कोई संस्था अच्छी थी तो उसे औचित्यपूर्ण ठहराने का प्रयास किया। इसके विपरीत उन्होंने दोषपूर्ण संस्थाओं को बदलने के लिए नागरिकों को प्रेरित किया। उसी के साथ-साथ वे राजनीतिक लक्ष्यों को भी प्रस्तुत करते रहे। इस प्रकार उनका राजनीतिक सिद्धांत मूलतः व्यावहारिक था जो अपने समय की वास्तविक स्थितियों और व्यावहारिक समस्याओं से गहरा सरोकार रखता था। कोबाँ प्लेटो, अरस्तू, हॉब्स, स्पिनोजा, लॉक, रूसो और मांटेस्क्यू के योगदान का उल्लेख करते हैं। इन सभी ने अपने समय की राजनीतिक समस्याओं पर विचार किया और उनके समाधान संबंधी विचारों को प्रस्तुत किया। उदाहरण के लिए प्लेटो और अरस्तू ने यूनानी नगर-राज्यों की बुराइयों का निदान प्रस्तुत किया। इसी तरह जे.एस. मिल के समय में मजदूरों के शोषण के फलस्वरूप उनमें असंतोष और बढ़ती सामाजिक-आर्थिक असमानता जैसी समस्याएँ थीं। उनके समाधान के लिए आर्थिक मामलों में राज्य का हस्तक्षेप आवश्यक था। यह व्यक्तिगत स्वतंत्रता के विपरीत था। इसलिए मिल ने व्यक्तिगत स्वतंत्रता की नई अवधारणा प्रस्तुत की। उन्होंने व्यक्तिगत स्वतंत्रता और राज्य के कार्यक्षेत्र में समन्वय स्थापित करने का प्रयास

किया। अत: सभी राजनीतिक चिंतक ज्वलंत समस्याओं के विश्लेषण एवं उनके समाधान से गहरा सरोकार रखते हैं।

कोबाँ की आलोचना है कि आज राजनीतिक सिद्धांत एक अकादमिक विषय मात्र रह गया है। व्यावहारिक राजनीति से उसका संबंध टूट चुका है। आज के सिद्धांतकार अतीत के राजनीतिक चिंतकों का अध्ययन तो करते हैं पर उनसे सीखते नहीं। ये अकादमिक निष्पक्षता के नाम पर व्यावहारिक समस्याओं से अपने को अलग रखते हैं। अत: कोबाँ का निष्कर्ष है कि आज के सिद्धांतकारों की यह तटस्थता राजनीतिक सिद्धांत के पतन का एक प्रमुख कारण है। राजनीतिक सिद्धांत तभी जीवित रह सकता है जब उसका संबंध व्यावहारिक राजनीति से हो।

2. इतिहास का प्रभाव : कोबाँ व्यावहारिक समस्याओं से राजनीतिक सिद्धांत के अलग हो जाने के कारणों की खोज करते हैं। परंपरागत राजनीतिक सिद्धांत का उद्देश्य व्यक्तियों की गतिविधियों को प्रभावित करना था। उसमें राजनीति को नैतिकता अथवा आचारशास्त्र की एक शाखा के रूप में देखा जाता था। कोबाँ का तर्क है कि आधुनिक राजनीतिक सिद्धांत ने 'क्या होना चाहिए?' से अपना संबंध विच्छेद कर लिया। ईस्टन की तरह कोबाँ भी इसके लिए राजनीतिक चिंतन पर इतिहास के प्रभाव को उत्तरदायी मानते हैं। इतिहास यह मानकर चलता है कि विचार अस्थायी हैं। वे ऐतिहासिक परिस्थितियों से अनुकूलित होते हैं। ऐतिहासिक अध्ययन में मूल्य संबंधी मापदंड नहीं होते। इसलिए इतिहास के प्रभाव में राजनीतिक सिद्धांतकार नैतिक निर्णय देने से बचते हैं। यह प्रवृत्ति राजनीतिक सिद्धांत की समस्याओं पर विचार करने के खिलाफ जाती है। कोबाँ के अनुसार ऐतिहासिक चिंतन इतिहास के दर्शन में बदल जाता है। तब उसका निहितार्थ ज्यादा खतरनाक हो जाता है। इतिहास के दर्शन के अनुसार पूरी मानव जाति का एक इतिहास है। उसका एक पूर्वनिर्धारित लक्ष्य है। उसकी प्राप्ति के लिए ऐतिहासिक प्रक्रिया निरंतर आगे बढ़ती है। इस स्थिति में मनुष्य ऐतिहासिक विकास का साधन मात्र है। राजनीतिक सिद्धांत का उद्देश्य इतिहास की धारा को समझना है। हीगल और मार्क्स को इतिहास के दर्शन का प्रणेता माना जाता है। इसलिए कोबाँ उनकी आलोचना करते हैं। उनके विचारों के अनुसार मानवीय आचरण के नियम और मापदंड ऐतिहासिक प्रक्रिया से निर्धारित होते हैं। क्या उचित है और क्या अनुचित, इसका निर्धारण इतिहास करता है। उसका परिणाम यह होता है कि नैतिक निर्णय का आधार अल्पकालिक और सीमित ऐतिहासिक घटना होती है। इसलिए कोबाँ का तर्क है कि हीगल और मार्क्स के विचारों के परिणामस्वरूप राजनीति का कोई नैतिक आधार नहीं रह जाता। इसके साथ ही राजनीतिक सिद्धांत द्वारा राजनीति के मार्गदर्शन की संभावना भी खत्म हो जाती है। इस प्रकार आधुनिक राजनीतिक सिद्धांत अपनी परंपरागत भूमिका का निर्वाह नहीं कर पाता। कोबाँ की दृष्टि में राजनीतिक सिद्धांत के पतन का एक प्रमुख कारण सिद्धांतकारों पर इतिहास का अत्यधिक प्रभाव है।

3. विज्ञान का प्रभाव : कोबाँ के अनुसार व्यावहारिक समस्याओं से राजनीतिक सिद्धांत के विमुख हो जाने का दूसरा कारण विज्ञान का प्रभाव है। वे राजनीति पर विज्ञान के प्रभाव

का विश्लेषण करते हैं। उनके अनुसार आधुनिक मष्तिष्क पर इतिहास के प्रभाव को विज्ञान ने चुनौती दी। वर्तमान समय में यह विश्वास था कि प्राकृतिक विज्ञानों में सफल पद्धतियों के माध्यम से राजनीति को समझना संभव है और वांछनीय भी। यहाँ कोबाँ व्यवहारवादियों पर टिप्पणी करते हैं जो राजनीति का विज्ञान बनाने में प्रयत्नशील हैं। उनका तर्क है कि विज्ञान का उद्देश्य यह दिखलाना होता है कि घटनाएँ किस प्रकार घटित हुईं और क्यों? इस प्रकार विज्ञान कार्य–कारण संबंध के ढाँचे में घटनाओं की व्याख्या करता है। वह कोई नैतिक निर्णय नहीं देता कि कोई घटना अच्छी है या बुरी? यह उसका कार्य भी नहीं है। कोबाँ के अनुसार यह दृष्टिकोण राजनीतिक सिद्धांत के लिए उपयुक्त नहीं हो सकता। राजनीतिक सिद्धांतकार मूल रूप से 'क्या होना चाहिए' की बहस से सरोकार रखता है। उसके निर्णय बुनियादी तौर पर नैतिक निर्णय होते हैं। उसका कार्य यह दिखलाना होता है कि कैसे कोई राजनीतिक गतिविधि दूसरे से अच्छी है या बुरी। अत: प्राकृतिक विज्ञानों में जिस तरह की बौद्धिक तटस्थता होती है, वह राजनीतिक सिद्धांत में असंभव है।

कोबाँ की आलोचना है कि यदि राजनीतिक सिद्धांतकार वैज्ञानिक बनता है तो वह अपने को तकनीकों के अध्ययन तक सीमित कर लेता है। वे राजनीति विषय को विज्ञान बनाने के प्रयास की आलोचना करते हुए कहते हैं कि यह विश्वविद्यालय के शिक्षकों द्वारा खोजा गया ऐसा तरीका है कि जिसके द्वारा वे राजनीति की उपेक्षा कर देते हैं और वह भी विज्ञान को प्राप्त किए बिना। वस्तुत: राजनीतिक सिद्धांत विज्ञान का रूप नहीं ले सकता। राजनीति विज्ञान यह बतलाने में सक्षम हो सकता है कि किसी लक्ष्य को प्राप्त करने के लिए किस प्रकार के साधन अपनाए जाने चाहिए पर वह लक्ष्यों का निर्धारण नहीं कर सकता। इसके विपरीत राजनीतिक सिद्धांत के लिए यह एक मौलिक कार्य है।

कोबाँ राजनीतिक सिद्धांत के पतन के लिए इतिहास और विज्ञान के प्रभाव को उत्तरदायी मानते हैं जिसके कारण व्यावहारिक राजनीति से राजनीतिक सिद्धांत का बिलगाव हो गया। लकिन अपने लेख के अंत में वे कहते हैं कि राजनीतिक सिद्धांत के पतन के लिए उत्तरदायी कारणों, इतिहास और विज्ञान, का प्रभाव कम हो रहा है। इतिहासकार इतिहास के दर्शन के खिलाफ हैं। हीगलवादी राजनीति का अंत हो चुका है। यह भी स्पष्ट हो गया है कि मार्क्सवादी राजनीति का लक्ष्य अपने लिए शक्ति प्राप्त करना है। इसी प्रकार राजनीति के वैज्ञानिक अध्ययन की सीमाएँ स्पष्ट हैं। यह माना जाने लगा है कि वह अपर्याप्त है। इन आधारों पर कोबाँ यह मानते हैं कि राजनीतिक सिद्धांत का पतन अल्पकालिक है। वे पुन: यह कहते हैं कि डेढ़ सौ वर्षों से पश्चिमी लोकतंत्र अठारहवीं सदी में प्रस्तुत राजनीतिक विचारों पर जीवित है। बीसवीं सदी में उन पर काम नहीं हुआ। इस आधार पर कोबाँ का निष्कर्ष है कि राजनीतिक वास्तविकताओं और राजनीतिक विचारों के मध्य जो अंतराल है, वह अनवरत बढ़ता गया। उसके परिणामों को स्पष्ट होने में लंबा समय लगा। कोबाँ का सुझाव है कि राजनीतिक सिद्धांतकारों को पश्चिमी राजनीतिक चिंतन की परंपरा का अनुसरण करना होगा। राजनीति और नैतिकता के संयोजन का यही रास्ता है। राजनीतिक सिद्धांत के जीवित रहने के लिए यह आवश्यक है।

दांते जरमीनो के विचार

राजनीतिक सिद्धांत के पतन संबंधी विवाद में एक महत्त्वपूर्ण हस्तक्षेप दांते जरमीनो द्वारा किया गया। उनकी पुस्तक *बियोंड आयडियॉलॉजी: दि रिवाइवल ऑफ पॉलिटिकल थियरी* 1967 ई. में प्रकाशित हुई। वे इस बात से पूरी तौर पर सहमत नहीं हैं कि राजनीतिक सिद्धांत का पतन हो गया है। उनके विचार में द्वितीय विश्व युद्ध तक राजनीतिक सिद्धांत के अवसान की स्थिति रही। लेकिन उसके बाद उसका पुनरुत्थान हुआ है। वे राजनीतिक सिद्धांत पर होने वाले आक्रमण और खतरे की पड़ताल करते हैं। उनकी राय में राजनीतिक सिद्धांत पर सबसे बड़ा आक्रमण विचारधारा की ओर से हुआ। वह एक गंभीर खतरा है। राजनीतिक सिद्धांत के लिए उसकी चुनौती 'पूरी और स्पष्ट' है। जरमीनो के मतानुसार फ्रांस की राज्य क्रांति से लेकर द्वितीय विश्व युद्ध की अवधि में विचारधारा को प्रमुखता प्राप्त हुई। उससे राजनीतिक सिद्धांत को 'ग्रहण' लग गया। वे इस बात पर बल देते हैं कि द्वितीय विश्व युद्ध के बाद राजनीतिक चिंतन का इतिहास 'विचारधारा से परे' जाने में सफल रहा है। अत: विचारधारा के प्रभुत्व के कारण राजनीतिक सिद्धांत में कमी आई। इसलिए जरमीनो विचारधारा के पहले प्रणेता अंतोइने डेस्ट्ट दि ट्रेसी से अपनी बात प्रारंभ करते हैं। मुख्य तौर पर वे दो विचारधाराओं, प्रत्यक्षवाद और मार्क्सवाद, को राजनीतिक सिद्धांत के लिए खतरा मानते हैं। इसलिए वे ट्रेसी, अगस्त कॉम्ते और कार्ल मार्क्स पर टिप्पणी करते हैं। इन्होंने विचारधारा के प्रभुत्व को स्थापित किया। जरमीनो की राय में इनका 'विचारधारात्मक अवसानवाद' (Ideological reductionism) राजनीतिक सिद्धांत के पतन का कारण रहा है। विचारधारात्मक चिंतन राजनीतिक सिद्धांत के प्रतिकूल होता है। विचारधारा के प्रभाव में सिद्धांतकार दुनिया को आलोचनात्मक रूप से समझने के स्थान पर उसे बदलने में लग जाता है।

सिद्धांत का अर्थ

जरमीनो राजनीतिक सिद्धांत के अर्थ को स्पष्ट करने का प्रयास करते हैं। इसमें उनका अंतर्निहित उद्देश्य राजनीतिक सिद्धांत और विचारधारा के बीच अंतर करना है। वे राजनीतिक सिद्धांत को 'अन्वेषण की परंपरा' के रूप में देखते हैं। यह प्लेटो से लेकर हीगल तक चली आ रही है। इस परंपरा में विविधता भी है और एकता भी। राजनीतिक चिंतकों में शैली की एकता है लेकिन उनके विषय और मुद्दे विभिन्न हैं। इसके बावजूद वे सभी मनुष्य के सामाजिक जीवन से संबधित मूलभूत प्रश्नों का तार्किक उत्तर देने का प्रयास करते हैं। वे सभी समाज में मनुष्य की भूमिका को आलोचनात्मक नजरिए से समझना चाहते हैं। इसलिए जरमीनो राजनीतिक सिद्धांत की परंपरा को 'विविधता की एकता' (Unity of diversity) के रूप में देखते हैं। उनके अनुसार राजनीतिक सिद्धांत 'राजनीति का आलोचनात्मक विज्ञान' है। वे यह भी कहते हैं कि राजनीतिक सिद्धांत ही सही अर्थों में राजनीति विज्ञान है। वे इसके कुछ निश्चित लक्षणों का उल्लेख करते हैं जो सभी राजनीतिक सिद्धांतकारों, प्लेटो से हीगल

तक, में सामान्य तौर पर मिलता है। इसलिए जरमीनो प्रामाणिक राजनीतिक सिद्धांत के छह लक्षणों की चर्चा करते हैं :

1. राजनीतिक सिद्धांत में खुलापन होता है। इसका आशय है कि सिद्धांतकार में यह क्षमता होती है कि वह अपने समय के राजनीतिक संघर्षों से परे जा सके। इस प्रकार वह अपने समय की व्यावहारिक गतिविधि से आलोचनात्मक दूरी बनाए रखने में सफल हो पाता है; 2. राजनीतिक सिद्धांत यथार्थ को समझने का प्रयत्न करता है, उसे बदलने का नहीं; 3. राजनीतिक सिद्धांत सार्वभौम प्रश्नों के उत्तर खोजने का प्रयास करता है जैसे, मनुष्य क्या है? मानवीयता के पूर्ण विकास के लिए किस प्रकार का समाज आवश्यक है? आदि। इन प्रश्नों का संबंध किसी व्यक्ति, समाज या समय विशेष से नहीं होता; 4. राजनीतिक सिद्धांत की चौथी विशेषता यथार्थवाद है। राजनीतिक सिद्धांतकार यह जानता है कि उसके द्वारा प्रस्तावित अच्छे समाज के मॉडल को सीधे तौर पर ऐतिहासिक स्थितियों में आरोपित करना उपयुक्त नहीं है। उसका मॉडल यथार्थ की आलोचनात्मक समझ विकसित करने में सहायक होता है; 5. राजनीतिक सिद्धांत कभी भी पूर्ण होने का दावा नहीं करता। यह स्वीकार करता है कि ज्ञान की सीमा है। यह मनुष्य और समाज से संबंधित समस्याओं को आलोचनात्मक तरीके से समझना चाहता है। यह कभी भी यह दावा नहीं करता कि इसने इन समस्याओं का पूर्ण और अंतिम समाधान खोज लिया है; और 6. राजनीतिक सिद्धांत की अंतिम विशेषता बौद्धिक ईमानदारी है। यह आत्मवंचना को खत्म करता है। यह ऐसे दावे या भविष्यवाणियाँ नहीं करता जिन्हें यथार्थ में प्राप्त करना असंभव हो।

ट्रेसी और विचारधारा

जरमीनो राजनीतिक सिद्धांत के पतन का प्रमुख कारण विचारधारा के अभ्युदय को मानते हैं। उन्नीसवीं सदी में विचारधारा का प्रभुत्व स्थापित हो गया। उसने राजनीतिक सिद्धांत को हाशिये पर धकेल दिया। बुद्धिजीवियों के चिंतन पर विचारधारा हावी हो गई। उसके परिणामस्वरूप राजनीतिक सिद्धांत में लोगों की रुचि कम होने लगी। इसलिए जरमीनो विचारधारा शब्द के रचयिता ट्रेसी (1754-1836 ई.) से अपना विश्लेषण प्रारंभ करते हैं। इस शब्द का प्रयोग सर्वप्रथम फ्रांसीसी राज्य क्रांति के बाद हुआ। ट्रेसी एक फ्रांसीसी चिंतक हैं। उन्होंने फ्रांस की राज्य क्रांति में सक्रिय भूमिका निभाई थी। 1801 ई. में फ्रांसीसी भाषा में प्रकाशित अपनी पुस्तक *एलीमेन्टस डि आयडियॉलॉजी* में उन्होंने विचारधारा शब्द की व्याख्या की। उनके अनुसार विचारधारा 'विचारों का विज्ञान' (Science of ideas) है। यह हमें बतलाता है कि विचारों की उत्पत्ति कैसे होती है? ट्रेसी के अनुसार विचार शारीरिक संवेदनाओं की अभिव्यक्ति हैं। मनुष्य को ज्ञान भी संवेदनाओं द्वारा प्राप्त होता है। चिंतन स्नायुतंत्र की गतिविधि है। ट्रेसी डेकार्ट के कथन को उलट देते हैं। डेकार्ट का कहना था - मैं सोचता हूँ, इसलिए मैं हूँ। उसके स्थान पर ट्रेसी का कहना है कि मैं महसूस करता हूँ,

इसलिए मैं हूँ। सोचना महसूस करना ही है। इसलिए इंद्रियों से प्राप्त संवेदनाएँ ही विचारों को उत्पन्न करती हैं। ट्रेसी के अनुसार विचारधारा इस बात को स्वीकार नहीं करती कि शारीरिक संवेदनाओं के परे विचारों का कोई अन्य स्रोत है।

ट्रेसी विचारधारा को भी प्राकृतिक विज्ञानों की तरह एक विज्ञान मानते हैं। उनके अनुसार विचार इंद्रियानुभव के ही प्रतिबिंब हैं। इसलिए वैज्ञानिक पद्धति से उनका अध्ययन संभव है। ट्रेसी के विचार में किसी ज्ञान के सत्यापन का आधार इंद्रियानुभव ही है। उनकी राय में दर्शन एवं धर्म भ्रम और कल्पना हैं क्योंकि उनका आनुभविक सत्यापन संभव नहीं है। वे यह मानते हैं कि मनुष्य के विचारों की उत्पत्ति और विकास को निर्धारित करने वाले नियमों की खोज की जा सकती है। वे प्राकृतिक विज्ञानों के नियमों की तरह वस्तुनिष्ठ और निश्चित होते हैं। इसलिए ट्रेसी विचारधारा को एक ऐसा विज्ञान मानते हैं जिसके माध्यम से मनुष्य के सामाजिक, आर्थिक, राजनीतिक आदि गतिविधियों को निर्देशित किया जा सकता है। वे स्पष्ट तौर पर विचारधारा को जंतु विज्ञान जैसा विज्ञान मानते हैं। इस प्रकार ट्रेसी सामाजिक विज्ञानों को प्राकृतिक विज्ञानों के समान मानते हैं। दोनों की पद्धति और उससे प्राप्त ज्ञान का स्वरूप एक तरह का है। इसलिए वे सभी विज्ञानों की एकता के पक्षधर हैं। उनका यह भी विश्वास है कि विचारों के विज्ञान यानी विचारधारा के आधार पर एक ऐसे समाज का निर्माण संभव है जो धार्मिक पूर्वग्रहों से मुक्त, न्यायपूर्ण एवं सुखी हो। फ्रांसीसी क्रांति के बाद ट्रेसी और उनके साथियों ने राष्ट्रीय शिक्षा की एक योजना तैयार की थी। उन लोगों का यह विश्वास था कि उसके माध्यम से फ्रांसीसी समाज को बुद्धिसंगत एवं वैज्ञानिक बनाया जा सकता है। जरमीनो ट्रेसी द्वारा प्रतिपादित विचारधारा की अवधारणा और उसके उद्देश्य की आलोचना करते हैं। उनका तर्क है कि ट्रेसी ज्ञान को इंद्रियानुभव पर आधारित मानते हैं। इसलिए ज्ञान यथार्थ से संबंधित हैं, उसके परे नहीं। इस स्थिति में ट्रेसी ने मानवीय जीवन के लक्ष्य की आलोचनात्मक समझ से अपने को अलग कर लिया। जरमीनो की दृष्टि में यह राजनीतिक सिद्धांत का मूल कार्य है। ट्रेसी की आलोचना में उनका दूसरा तर्क है कि वे अपने दावे के अनुरूप वस्तुनिष्ठ सामाजिक विज्ञान के लक्ष्य को प्राप्त करने में असफल रहे।

जरमीनो के अनुसार विचारधारा का अर्थ अत्यंत अस्पष्ट है। इसलिए वे इसके अर्थ को स्पष्ट करते हैं। उनके अनुसार विचारधारा, (1) समाज को व्यवस्थित करने से संबंधित विचारों का एक समूह है; (2) यह विज्ञान होने का दावा करता है; (3) यह मनुष्य के सामाजिक जीवन की वास्तविकताओं से बिल्कुल अलग एक अमूर्त लक्ष्य को सामने रखता है; और (4) उसके अनुरूप पूरी दुनिया को रूपांतरित करना चाहता है। इन आधारों पर प्रत्यक्षवाद और मार्क्सवाद विचारधाराएँ हैं। विचारधारा में दुनिया को बदलने के उद्देश्य से उसे समझने का प्रयास किया जाता है। जरमीनो का निष्कर्ष है कि विचारधारा राजनीतिक सिद्धांत के खिलाफ एक विद्रोह है। इसलिए वे प्रत्यक्षवाद और मार्क्सवाद को राजनीतिक सिद्धांत के पतन के लिए उत्तरदायी ठहराने का प्रयास करते हैं। राजनीतिक सिद्धांत में तार्किक बहस की प्रमुखता होती है। इसलिए यह खुले समाज में पनपता है। इसके विपरीत विचारधारा विश्वास पर आधारित होती है। इस कारण विचारधारा बंद समाज का निर्माण करने की दिशा में अग्रसर होती है।

अगस्त कॉम्ते का प्रत्यक्षवाद

अगस्त कॉम्ते (1798–1857 ई.) फ्रांसीसी चिंतक हैं। उन्हें प्रत्यक्षवाद का प्रणेता माना जाता है। प्रत्यक्षवाद से उनका आशय अन्वेषण के सभी क्षेत्रों में आनुभविक एवं वैज्ञानिक पद्धति के प्रयोग से है। उनकी दृष्टि में इंद्रियानुभव से परे कोई यथार्थ नहीं है इसलिए तत्त्वशास्त्रीय, नैतिक और दार्शनिक ज्ञान महज अनुमान हैं, यथार्थ नहीं। इनमें कोई सच्चाई नहीं है। इसलिए ये मूल्यहीन हैं। कॉम्ते ने समाजशास्त्र नामक एक नए विषय का सूत्रपात किया। उनकी राय में यह विषय एक विज्ञान है जो मानवीय व्यवहारों को निर्देशित करने वाले नियमों की खोज कर सकता है। उसी प्रकार सामाजिक विकास के नियमों की खोज संभव है। उन नियमों की जानकारी हो जाने पर मानवीय व्यवहार और सामाजिक विकास की न सिर्फ व्याख्या की जा सकती है बल्कि उनके संबंध में भविष्यवाणी की क्षमता भी अर्जित की जा सकती है। कॉम्ते का यह विश्वास था कि समाजशास्त्र नामक नए विज्ञान की सहायता से एक अच्छे समाज का निर्माण संभव हो सकता है।

जरमीनो राजनीतिक सिद्धांत के पतन के लिए ट्रेसी के बाद अगस्त कॉम्ते को उत्तरदायी मानते हैं। उनका तर्क है कि ट्रेसी ने एक नए युग के आगमन की बात की थी। उसमें उन लोगों का प्रभुत्व होगा जो विचारधारा के 'नए विज्ञान' के विशेषज्ञ होंगे। जरमीनो यह आलोचना करते हैं कि दुनिया को बदलने वाला विचारधारात्मक चिंतन कॉम्ते और मार्क्स में विकसित होता है। वह चिंतन मानव जाति का मसीहा होने का दावा करता है। इसलिए कॉम्ते पर जरमीनो की टिप्पणी है कि वे 'मानवता के महान पुजारी होने के बारे में' आश्वस्त थे। प्रत्यक्षवाद का बुनियादी तर्क है कि केवल तथ्यों पर आधारित ज्ञान ही यथार्थ ज्ञान है। इसलिए वह सभी विषयों के लिए ज्ञान की एक ही पद्धति, वैज्ञानिक पद्धति, को स्वीकार करता है। उसकी मान्यता है कि सभी सामाजिक विज्ञान प्राकृतिक विज्ञान की स्थिति को प्राप्त कर सकते हैं। प्राकृतिक विज्ञान की तरह मानव जीवन से संबंधित किसी भी क्षेत्र में आनुभविक और वैज्ञानिक पद्धति का प्रयोग संभव है। उस पद्धति से प्राप्त ज्ञान का उद्देश्य भविष्यवाणी की क्षमता अर्जित करना है। कॉम्ते का विश्वास था कि भविष्यवाणी की क्षमता से युक्त सामाजिक विज्ञान (कॉम्ते के लिए समाजशास्त्र) सामाजिक परिवर्तन का दिग्दर्शक बन सकता है। इस प्रकार प्रत्यक्षवाद यथार्थ, उपयोगी और निश्चित होने का दावा करता है। उसके विपरीत दार्शनिक और नैतिक ज्ञान तथ्यों पर आधारित नहीं होते। इसलिए वे कल्पना मात्र हैं, अस्पष्ट हैं और अनुपयोगी भी।

जरमीनो की टिप्पणी है कि कॉम्ते ने इस बात पर बल दिया था कि सभी प्रकार के शिक्षण और प्रकाशन, जो प्रत्यक्षवाद से भिन्न हों, उन्हें समाप्त कर दिया जाना चाहिए। यहाँ तक कि भाषा से भी तत्त्वमीमांसीय शब्द हटा दिए जाने चाहिए। इस आधार पर जरमीनो का निष्कर्ष है कि कॉम्ते द्वारा प्रस्तावित समाज में शास्त्रीय अथवा आधुनिक राजनीतिक सिद्धांत का अस्तित्व ही नहीं रह सकता क्योंकि वह आदर्शात्मक होता है। उसका मुख्य कार्य अच्छे समाज के सिद्धांतों की आलोचनात्मक समझ विकसित करना है। प्रत्यक्षवाद के अनुसार वह अर्थहीन

एवं मूल्यहीन है क्योंकि वह यथार्थ पर आधारित नहीं है। प्रत्यक्षवाद की मूल मान्यता है कि सभी चिंतकों का एक ही व्यावहारिक उद्देश्य है- मानवीय पर्यावरण पर नियंत्रण। उसके अनुसार सिद्धांत और विज्ञान का उद्देश्य मनुष्य के व्यावहारिक तथा उत्पादन संबंधी जरूरतों को पूरा करना है ताकि वह अपने पर्यावरण पर पूर्ण विजय प्राप्त कर सके। इस प्रकार ज्ञान तकनीक का समानार्थी हो गया। जरमीनो के अनुसार कॉम्ते ने विज्ञानवाद को एक विचारधारा का रूप दे दिया जिसके सहारे समाज को नियंत्रित कर वांछित परिवर्तन लाया जा सकता है। वे उसे 'अगस्त कॉम्ते का वैज्ञानिक मसीहावाद' (Scientific messianism) कहते हैं।

कॉम्ते का यह दावा है कि उन्होंने मानवीय चिंतन और समाज के विकास को निर्धारित करने वाले नियमों की खोज कर ली है। ये नियम प्राकृतिक विज्ञानों के सिद्धांतों की तरह वस्तुनिष्ठ, निश्चित और सार्वभौम हैं। इनके आधार पर चिंतन और समाज के अतीत की व्याख्या की जा सकती है तथा इनके भविष्य के संबंध में भविष्यवाणी की जा सकती है। कॉम्ते के लिए मानव चिंतन और समाज का विकास एक समान होता है। उन्होंने इस विकास की तीन अवस्थाओं को चिह्नित किया है:

1. **ईश्वरपरक अवस्था** (Theological Stage) : यह मानव चिंतन की शैशवावस्था है। यह 1300 ई. के पहले तक का काल है। इस अवस्था में लोगों का यह विश्वास था कि प्राकृतिक घटनाएँ ईश्वर द्वारा उत्पन्न होती हैं। इस काल में प्राकृतिक शक्तियों को देवता का रूप दे दिया गया। इस अवस्था के तीन सोपान हैं– (i) वस्तुपूजा की अवस्था (Fetishism)- यह ईश्वरपरक अवस्था का प्राथमिक सोपान है। इस अवस्था में लोग पेड़, पहाड़, नदियाँ आदि निर्जीव वस्तुओं की पूजा करते थे; (ii) बहुईश्वरवाद (Polytheism)- इस अवस्था में लोगों का यह विश्वास था कि विभिन्न प्रकार की प्राकृतिक शक्तियाँ भिन्न-भिन्न प्रकार के देवताओं द्वारा नियंत्रित होती हैं। उदाहरण के लिए जल, वर्षा, अग्नि, वायु आदि सभी के लिए अलग-अलग देवताओं पर लोगों का विश्वास था; और (iii) एकेश्वरवाद (Monotheism)- यह ईश्वरपरक अवस्था का अंतिम सोपान है। इस अवस्था में लोग एक ही सर्वोच्च देवता को मानने लगे। उसे ही पूरे ब्रह्मांड के अस्तित्व का कारण समझा गया। ईश्वरपरक अवस्था वाले समाज में सैनिकों का प्रभुत्व था। परिवार बुनियादी सामाजिक इकाई थी।

2. **तत्त्वमीमांसीय अवस्था** (Metaphysical Stage) : कॉम्ते के अनुसार यह अवस्था 1300 ई. के बाद प्रारंभ होती है। यह ईश्वरपरक अवस्था का विस्तार है। इस अवस्था में ईश्वर को अमूर्त माना जाने लगा। लोगों का यह विश्वास था कि विश्व की घटनाएँ अमूर्त शक्ति द्वारा निर्धारित हैं। इस अवस्था में समाज के अंतर्गत पादरियों और वकीलों का प्रभुत्व था। इसी अवस्था में राज्य का उदय होता है और उसे प्रमुखता प्राप्त होती है।

3. **प्रत्यक्षवाद की अवस्था** (Positivist Age) : यह मानव चिंतन और सामाजिक विकास की सर्वोच्च अवस्था है। यह वैज्ञानिक युग होने के साथ आधुनिक भी है। इसका प्रारंभ 1800 ई. से होता है। इस अवस्था में मानवीय जीवन एवं प्राकृतिक घटनाओं की व्याख्या पर्यवेक्षण एवं प्रयोग पर आधारित वैज्ञानिक पद्धति से की जाने लगी। कार्य कारण संबंधों की खोज पर बल दिया जाने लगा। इसके लिए वैज्ञानिक पद्धति को विश्वसनीय माना गया। कॉम्ते का तर्क है

कि आधुनिक समाज में औद्योगिक प्रशासकों का शासन होता है। जीवन के सभी क्षेत्रों में विज्ञान और तकनीक का प्रयोग होने लगता है।

कॉम्ते का यह विश्वास है कि उपयुक्त तीनों अवस्थाएँ एक-दूसरे से बेहतर हैं। मानवीय चिंतन और समाज निरंतर प्रगतिशील है। इसका यह अर्थ नहीं है कि पहली अवस्था जब समाप्त होती है तभी दूसरी अवस्था आती है। यह संभव है कि चिंतन और समाज के स्तर पर तीनों का एक साथ अस्तित्व हो। कॉम्ते समाज की तरह वैज्ञानिक ज्ञान के विकास को भी चरणबद्ध तरीके से देखते हैं। विभिन्न प्रकार के विज्ञान भिन्न-भिन्न अवस्थाओं में अस्तित्व में आए। उनकी राय में सबसे पहले खगोल विज्ञान का विकास हुआ। उसके बाद क्रमशः भौतिक विज्ञान, रसायन विज्ञान, जीव विज्ञान और अंत में समाजशास्त्र का विकास हुआ। कॉम्ते के विचारों में समाजशास्त्र सर्वोच्च विज्ञान है क्योंकि उसमें प्रत्यक्षवादी पद्धति पूर्णता प्राप्त करती है।

तार्किक प्रत्यक्षवाद

1920 ई. के दशक में प्रत्यक्षवाद का एक दूसरा रूप तार्किक प्रत्यक्षवाद (Logical positivism) का विकास आस्ट्रिया के वियना विश्वविद्यालय में हुआ। उसके सर्मथकों को 'वियना सर्किल' कहा गया। उस समूह के दार्शनिकों में मॉरित्ज शिलक (Moritz Schlick), रूडोल्फ कार्नेप (Rudolph Carnap), ओटो वॉन न्यूराथ (Atto von Neurath), विक्टर क्राफ्ट (Victor Kraft) आदि के नाम प्रमुख हैं। हालाँकि उनमें काफी मतभेद हैं लेकिन एक बात पर सहमति है। वे सभी तत्त्वमीमांसा को ज्ञान मानने से इनकार करते हैं। इसका आधार उनके द्वारा प्रतिपादित सत्यापनीयता (Verifiability) का सिद्धांत है। इस सिद्धांत के अनुसार केवल वे ही कथन सत्य हैं जिनका अनुभव के आधार पर सत्यापन हो सके। इस कसौटी पर खरा न उतरने वाले सभी कथन उसके लिए अर्थहीन हैं। इसलिए जरमीनो का कहना है कि तार्किक प्रत्यक्षवाद के दृष्टिकोण से परंपरागत राजनीतिक सिद्धांत, जो व्यक्ति और समाज के लिए अच्छे जीवन पर प्रकाश डालता है, का अनुभव के आधार पर सत्यापन नहीं हो सकता। इसके परिणामस्वरूप यह अर्थहीन है। इस प्रकार तार्किक प्रत्यक्षवाद ने राजनीतिक सिद्धांत की सार्थकता पर ही कुठाराघात कर दिया।

प्रत्यक्षवाद का सामाजिक विज्ञानों पर गहरा प्रभाव पड़ा। सामाजिक शोध में वैज्ञानिक पद्धति का अधिकाधिक प्रयोग होने लगा। इसके साथ ही तथ्यों के संग्रह और विश्लेषण के आधार पर वैज्ञानिक सिद्धांतों का निर्माण शोध का प्रमुख लक्ष्य बन गया। इसमें आदर्शों और मूल्यों की कोई जगह नहीं थी। प्रत्यक्षवाद के आधार पर राजनीति विज्ञान में व्यवहारवाद का उदय हुआ। व्यवहारवादी प्राकृतिक विज्ञानों की तरह 'राजनीति का विज्ञान' बनाने में लग गए। जरमीनो राजनीतिक सिद्धांत के पतन के लिए व्यवहारवाद को एक प्रमुख कारक मानते हैं। व्यवहारवादियों ने तथ्यों पर आधारित आनुभविक राजनीतिक सिद्धांत (राजनीति विज्ञान) और मूल्यों से प्रमुख सरोकार रखने वाले आदर्शात्मक राजनीतिक सिद्धांत (राजनीतिक

सिद्धांत) में अंतर करना प्रारंभ किया। इस संबंध में जरमीनो का तर्क है कि मूल रूप से राजनीतिक सिद्धांत और राजनीति विज्ञान एक-दूसरे के समानार्थी हैं। राजनीतिक सिद्धांत ही पूरे अर्थ में राजनीति विज्ञान है। सिद्धांत के बिना विज्ञान का अस्तित्व नहीं हो सकता क्योंकि विज्ञान सैद्धांतिक खोजों के परिणामों का प्रतिवेदन मात्र है। जरमीनो की दूसरी आलोचना राजनीतिक अध्ययन में व्यवहारवादियों की तकनीक से संबंधित है। व्यवहारवादी परिमाणात्मक तकनीकों का अधिक उपयोग करते हैं। उनमें सर्वेक्षण तकनीक प्रमुख है। जरमीनो का कहना है कि अध्ययन के लिए व्यवहारवादी केवल उन्हीं विषयों को चुनते हैं जिनमें परिमाणात्मक तकनीकों का उपयोग हो सके। इस प्रकार राजनीति वैज्ञानिक की स्थिति एक तकनीकी विशेषज्ञ की हो गई। इसलिए जरमीनो की टिप्पणी है कि तथ्यों पर बल देने और वैज्ञानिक पद्धति के प्रयोग के कारण व्यवहारवादियों ने आलोचनात्मक मापदंड की उपेक्षा कर दी। वैज्ञानिक पद्धति के आधार पर आँकड़ों को व्यवस्थित किया जाता है। जरमीनो आनुभविक शोध को गलत नहीं मानते। इस संबंध में वे अरस्तू द्वारा 158 संविधानों के अध्ययन का उदाहरण देते हैं लेकिन अरस्तू ने अपने अध्ययन में आलोचनात्मक मापदंड का परित्याग नहीं किया था।

विचारधारात्मक अवसानवाद (Ideological Reductionism) की पराकाष्ठा : कार्ल मार्क्स

जरमीनो राजनीतिक सिद्धांत के पतन के लिए ट्रेसी और कॉम्ते के बाद कार्ल मार्क्स को दोषी ठहराते हैं। उनकी राय में मार्क्स ने राजनीतिक सिद्धांत को पूर्ण और प्रामाणिक तरीके से खारिज कर दिया। इसलिए राजनीतिक सिद्धांत के खिलाफ विद्रोह की जो थोड़ी-बहुत कोशिश ट्रेसी और कॉम्ते ने की थी, उसको मार्क्स ने अंतिम परिणति तक पहुंचा दिया। जरमीनो यह स्वीकार करते हैं कि मार्क्स राजनीतिक चिंतन के इतिहास में सर्वाधिक प्रतिभाशाली चिंतकों में से एक थे लेकिन उन्होंने राजनीतिक सिद्धांत की किसी महान कृति की रचना करने के बजाए सिद्धांत-विरोध की महान कृतियों की रचना की। जरमीनो को मार्क्स से यह आपत्ति है कि उन्होंने अपनी रचनाओं के द्वारा आमूल परिवर्तनवादी (Radical) विचारधारात्मक चिंतन को प्रस्तुत किया। उसका स्वरूप मसीहाई था। जरमीनो मार्क्स की प्रारंभिक रचनाओं (1843-50 ई.) पर अपना ध्यान केंद्रित करते हैं। उसके द्वारा वे फ्रांस की राज्य क्रांति के बाद उत्पन्न विचारधारा के उदय के साथ मार्क्स के विचारों का संबंध बतलाना चाहते हैं। इसलिए वे यह बतलाते हैं कि 1844-45 ई. में मार्क्स ने ट्रेसी की पुस्तक का गहरा अध्ययन किया था। उनकी दृष्टि में वह वर्ष मार्क्स के बौद्धिक विकास में प्रमुख है। वे यह मानते हैं कि मार्क्स की प्रारंभिक एवं बाद की रचनाओं में एक निरंतरता है। वे मार्क्स के विचारों की आलोचना निम्न आधारों पर करते हैं-

मानव-प्रकृति पर मार्क्स के विचार

जरमीनो द्वारा मार्क्स की आलोचना का प्रथम बिंदु मानव प्रकृति का स्वरूप है। राजनीतिक

चिंतन में मानव प्रकृति के संबंध में शाश्वत लक्षणों की पहचान का प्रयास किया गया है, जैसे- विवेकशीलता, स्वार्थ, आत्म-रक्षा, सुख प्राप्ति की इच्छा, स्वतंत्रता की चाह आदि। उन स्थायी लक्षणों या सार (Essence) के आधार पर विभिन्न चिंतकों ने राजनीतिक सिद्धांत का निर्माण किया। जरमीनो का तर्क है कि मार्क्स की स्थिति भिन्न है। मार्क्स के अनुसार मनुष्य की प्रकृति में स्थायी तत्त्व जैसी कोई चीज है ही नहीं। मनुष्य अपने जीवन में प्रकृति और समाज से अंत:क्रिया करता है। वह उन्हें रूपांतरित करने का प्रयास करता है और इस प्रक्रिया में वह स्वयं भी परिवर्तित होता है। इसलिए मार्क्स का कहना है कि परिस्थितियाँ मनुष्य को निर्धारित भी करती हैं और उससे निर्धारित भी होती हैं। इसलिए मनुष्य का सामाजिक परिवेश उसके व्यावहारिक-उत्पादक गतिविधियों का परिणाम होता है। सामाजिक संबंध मनुष्य की उन्हीं गतिविधियों के परिणाम होते हैं। 'कोई क्या है?' से ज्यादा महत्त्वपूर्ण है- 'कोई करता क्या है?' इस प्रकार मनुष्य की प्रकृति उसके सामाजिक संबंधों से निकलती है। मानव प्रकृति के संबंध में मार्क्स के दृष्टिकोण को स्पष्ट करने के बाद जरमीनो यह सिद्ध करने का प्रयास करते हैं कि इसके आधार पर दर्शन या सिद्धांत का अस्तित्व नहीं हो सकता।

सिद्धांत और व्यवहार की एकता (Unity of Theory and Practice)

मार्क्सवाद का एक केंद्रीय विचार सिद्धांत और व्यवहार की एकता है। उसके अनुसार सही अर्थों में सिद्धांत क्रियात्मक गतिविधियों से निकलता है। लेकिन इसके साथ ही यह उसका निर्देशन भी करता है। जरमीनो को सिद्धांत की इस मार्क्सवादी अवधारणा से घोर आपत्ति है। उनकी राय में यह सिद्धांत विरोधी है। इस अवधारणा में यह मान लिया गया है कि मनुष्य की गतिविधियों से परे किसी वस्तुनिष्ठ सच्चाई का अस्तित्व नहीं हो सकता। इसलिए मनुष्य अपना भाग्य विधाता स्वयं है। उनके अनुसार मार्क्स के दृष्टिकोण में सिद्धांत व्यावहारिक हितों का उपकरण मात्र है। इस स्थिति में सिद्धांत का आलोचनात्मक कार्य समाप्त हो जाता है। मार्क्स ने विचार को वर्ग हित से जोड़कर देखा था। उनकी राय में- "शासक वर्ग (Ruling class) के विचार, प्रत्येक युग में शासक विचार (Ruling ideas) होते हैं।" किसी समाज में आर्थिक शक्ति जिस वर्ग के पास होती है, उसी के पास बौद्धिक शक्ति भी होती है। जरमीनो इसकी कटु आलोचना करते हुए कहते हैं कि इस दृष्टिकोण के अनुसार प्लेटो से लेकर हीगल तक के सभी राजनीतिक चिंतक अपने समय के शक्तिशाली वर्ग के सेवक हैं।

धर्म और दर्शन वास्तविक नहीं, भ्रम हैं

जरमीनो राजनीतिक चिंतन की परंपरा की दो प्रमुख धाराओं का उल्लेख करते हैं- ईश्वरकेंद्रित मानववाद और और मानवकेंद्रित मानववाद। पहले में ईश्वर को केंद्रीय स्थान प्राप्त है तो दूसरे में मनुष्य को। पहली धारा के तीन प्रमुख स्रोत हैं – शास्त्रीय दर्शन (यूनानी चिंतन); यहूदी धर्म तथा ईसाई धर्म। इस संबंध में जरमीनो का तर्क है कि मार्क्स ने अपनी प्रारंभिक रचनाओं में इन तीनों का खंडन कर दिया था। मार्क्स के अनुसार– "धर्म की आलोचना

सभी आलोचनाओं की पूर्वकल्पना है।'' धर्म मनुष्य को नहीं बनाता बल्कि मनुष्य धर्म बनाता है। मार्क्स की दृष्टि में धर्म विश्व की विकृत चेतना है। जरमीनो का अगला तर्क है कि मार्क्स ने धर्म के साथ-साथ दर्शन को भी अस्वीकार कर दिया। दर्शन तभी सही हो सकता है जब वह सामाजिक परिवर्तन का कारगर हथियार बने। जरमीनो इस संबंध में मार्क्स को उद्धृत करते हैं– ''मुक्ति का मस्तिष्क दर्शन है, इसका हृदय सर्वहारा है। सर्वहारा के विकास के बगैर दर्शन वास्तविक नहीं बन सकता जबकि सर्वहारा दर्शन के वास्तवीकरण (Actualisation) के बगैर अपने को विकसित नहीं कर सकता।'' इस प्रकार दर्शन तभी वास्तविक हो सकता है जब व्यावहारिक जीवन में उसका अनुभव हो सके। जरमीनो का इस पर निष्कर्ष है कि इस स्थिति में दर्शन असंभव है क्योंकि मार्क्स की दृष्टि में चीजों के प्रति तटस्थ दृष्टि संभव ही नहीं है। इसके अतिरिक्त शुद्ध ज्ञान जैसी कोई चीज उनके लिए है ही नहीं। सभी सैद्धांतिक समस्याएँ वस्तुतः मनुष्य के जीवन की वास्तविक समस्याएँ हैं। उनका निराकरण भी बौद्धिक तरीके से न होकर व्यावहारिक तौर पर ही हो सकता है। इसलिए जरमीनो की स्थापना है कि मार्क्सवाद सिद्धांत विरोधी है। सिद्धांत और व्यवहार की एकता संबंधी विचार का यह आवश्यक परिणाम है।

विचारधारा

जरमीनो यह मानते हैं कि मार्क्स ट्रेसी के विचारों के विज्ञान के रूप में विचारधारा की अवधारणा से परिचित थे। लेकिन मार्क्स के अनुसार विचारधारा 'मिथ्या चेतना' (False consciousness) है। इसे भ्रमपूर्ण चेतना भी कह सकते हैं। यह विश्व की भ्रामक दृष्टि प्रस्तुत करता है। यह यथार्थ पर परदा डालने का कार्य करता है। जरमीनो मार्क्स की पुस्तक *दि जर्मन आयडियॉलॉजी* का उल्लेख करते हैं। उसमें धार्मिक, आचारशास्त्रीय, सौंदर्यात्मक, तत्वशास्त्रीय अथवा राजनीतिक, सभी प्रकार के चिंतन को विचारधारात्मक मान लिया गया है। वे सभी सार्वभौम सत्य होने का दावा करते हैं। लेकिन उनका असली और व्यावहारिक उद्देश्य आर्थिक रूप से शक्तिशाली वर्ग के हितों की रक्षा करना है। इसलिए मार्क्स के अनुसार साम्यवाद का उद्देश्य इन सभी के आर्थिक आधार को स्पष्ट करना है। इसके बाद ये सभी भ्रम मात्र रह जाएँगे। जरमीनो का कहना है कि मार्क्स की दृष्टि में साम्यवादी व्यवस्था में सभी प्रकार की विचारधाराएँ समाप्त हो जाएँगी।

वैज्ञानिकता पर बल

मार्क्स क्रांतिकारी होने के साथ-साथ अपने विचारों की वैज्ञानिकता का दावा भी करते हैं। इसलिए जरमीनो को ट्रेसी, कॉम्ते और मार्क्स में एक सामान्य तत्त्व दिखलाई पड़ता है। तीनों इस बात से आश्वस्त हैं कि वैज्ञानिक पद्धति के प्रयोग से प्राकृतिक विज्ञानों की तरह मनुष्य का विज्ञान अस्तित्व में आ सकता है। मार्क्स भी यह मानते हैं कि भविष्य में प्राकृतिक विज्ञानों में मनुष्य का विज्ञान शामिल होगा और मनुष्य के विज्ञान में प्राकृतिक विज्ञान। इस प्रकार एक नए विज्ञान का उदय होगा। जरमीनो का तर्क है कि इसी आधार पर मार्क्स

साम्यवाद के 'वैज्ञानिक' होने की बात करते हैं। उपर्युक्त आधारों पर जरमीनो का निष्कर्ष है कि मार्क्सवाद राजनीतिक सिद्धांत की संभावना को खत्म कर देता है। लेकिन जरमीनो का यह मत अतिरंजित प्रतीत होता है। मार्क्सवाद एक विचार-पद्धति के रूप में खुला है। उसमें बदलती हुई परिस्थितियों के अनुरूप सैद्धांतिक बदलाव की पूरी छूट है। यही कारण है कि मार्क्सवाद की विभिन्न व्याख्याएँ की गईं। प्रसिद्ध फ्रांसीसी मार्क्सवादी विचारक अल्थूसर ने मार्क्सवाद की व्याख्या करते हुए कहा कि ज्ञान में आंतरिक वैधता होती है और वह व्यावहारिक फलितार्थों से संबद्ध नहीं है। इसलिए उनका कहना है कि सिद्धांत स्वायत्त होते हैं। इसी प्रकार दर्शन के अंत से मार्क्स का आशय मुख्य रूप से आदर्शवादी दर्शन का अंत था। मार्क्स का विरोध उसी से था। उसके विपरीत भौतिकवादी दर्शन का वे पुरजोर पक्ष ले रहे थे। यदि जरमीनो द्वारा प्रतिपादित सिद्धांत के अर्थ को लिया जाए तो मार्क्सवाद एक सिद्धांत है। यह प्रभावी तरीके से आलोचनात्मक कार्य करता है। यह पूँजीवादी व्यवस्था को समझने का सबसे कारगर सैद्धांतिक साधन है। इसके साथ ही मार्क्सवाद में भी एक अच्छे समाज (साम्यवादी) की अवधारणा है। मार्क्स के बाद मार्क्सवादी सिद्धांत काफी विकसित हुआ है।

जरमीनो की यह बात सही है कि यदि राजनीतिक सिद्धांत असंभव हो जाए तो खुला समाज भी असंभव है। इसलिए वे अपनी पुस्तक में प्रत्यक्षवाद पर आधारित व्यवहारवादी राजनीतिक सिद्धांत को बंद समाज की ओर ले जाने वाला मानते हैं। उनकी राय में संतोष की बात यह है कि राजनीतिक सिद्धांत कभी भी पूरी तौर पर नष्ट नहीं हुआ। वे यह रेखांकित करते हैं कि प्रत्यक्षवाद के प्रबल होने के दौर में क्रोचे, हेनरी बर्गसन, जूलियन बेंडा आदि विचारकों द्वारा उसका विरोध जारी रहा। इसी प्रकार अभिजनवादी विचारकों में वे राजनीतिक सिद्धांत का आंशिक पुनरुत्थान देखते हैं। जरमीनो द्वितीय विश्वयुद्ध के बाद लियो स्ट्रॉस, माइकेल ऑकशॉट, हन्ना एरेंट, बर्टेंड डि जावेनेल, एरिक वोगेलिन आदि राजनीतिक दार्शनिकों की रचनाओं में राजनीतिक सिद्धांत का पुनरुत्थान देखते हैं। उनका यह आकलन भी सही है कि द्वितीय युद्ध के बाद के दशकों में प्रत्यक्षवाद का प्रभाव कम हो गया। इसलिए जरमीनो राजनीतिक सिद्धांत के भविष्य को लेकर पूरी तौर पर आश्वस्त दिखलाई पड़ते हैं।

∢ सहायक पुस्तकों एवं लेखों की सूची ∢

∢ पुस्तकें

जरमीनो, दांते, *बियोंड आयडियोलॉजी*, हार्पर ऐंड रो पब्लिशर्स, न्यूयार्क, 1967.

वर्मा, एस.पी., *मॉर्डन पॉलिटिकल थियरी*, विकास पब्लिशिंग हाउस, नई दिल्ली, 1975.

∢ लेख

कोबाँ, अल्फ्रेड, "दि डिक्लाइन ऑफ पॉलिटिकल थियरी", *पॉलिटिकल साइंस,* क्वार्टरली खंड 68, अंक 3, 1953, पृ. 321-337.

ईस्टन, डेविड, "दि डिक्लाइन ऑफ मॉर्डन पॉलिटिकल थियरी", *जर्नल ऑफ पॉलिटिक्स*, खंड 23, अंक-1, 1951, पृ. 36-58.

5

राजनीतिक सिद्धांत का पुनरुत्थान

राजनीतिक सिद्धांत के पतन संबंधी दावे के विरुद्ध तीव्र प्रतिक्रिया हुई। जरमीनो के विचार में द्वितीय विश्व युद्ध के बाद राजनीतिक सिद्धांत का उल्लेखनीय पुनरुत्थान हुआ है। उनका कहना है कि यह 'हमारे समय के महत्त्वपूर्ण बौद्धिक एवं सांस्कृतिक विकास' में से एक है। उसे बुद्धिजीवियों द्वारा अनदेखा किया जा रहा है जो 'गंभीर बौद्धिक संकट' है। इतना ही नहीं, जरमीनो राजनीतिक सिद्धांत के उस पुनरुत्थान के संरक्षण के समर्थन के लिए आह्वान करते हैं। उन्होंने 1962 ई. में प्रकाशित अपने लेख "दि रिवाइवल ऑफ पॉलिटिकल थियरी" में राजनीतिक सिद्धांत के पुनरुत्थान को रेखांकित किया। बाद में 1967 ई. में अपनी पुस्तक में उन्होंने इसको विस्तृत रूप दिया। इसी प्रकार इसायाह बर्लिन ने 1962 ई. में प्रकाशित अपने लेख, "डज पॉलिटिकल थियरी स्टिल एक्जिस्ट?" में राजनीतिक सिद्धांत के पतन संबंधी दावे का खंडन किया। दोनों यह मानते हैं कि राजनीतिक सिद्धांत खुले समाज में पनपता है। इसके साथ ही यह खुले समाज के बने रहने के लिए आवश्यक है। राजनीतिक चिंतन के इतिहास में विद्वानों की रुचि पुनः बढ़ी है जो राजनीतिक सिद्धांत के पुनरुत्थान का द्योतक है। इस संबंध में वे पाँच विद्वानों, लियो स्ट्रॉस (1899–1973 ई.), माइकेल ऑकशॉट (1901–1990 ई.), एरिक वोगेलिन (1901–1985 ई.), बरट्रेंड डि जोवेनेल (1903–1987 ई.) और हन्ना एरेंट (1906–1975 ई.) के योगदान को महत्त्वपूर्ण मानते हैं। सामान्य तौर पर वे सभी राजनीतिक दर्शन की महत्त्वपूर्ण भूमिका पर बल देते हैं। इसके साथ ही वे प्रत्यक्षवाद की आलोचना करते हैं। इन सभी का यह मानना है कि राजनीति विज्ञान को प्राकृतिक विज्ञानों के समरूप नहीं बनाया जा सकता। इस अध्याय में इन पाँचों विद्वानों के विचारों की व्याख्या की गई है। इसके साथ ही इसायाह बर्लिन (1909–1987 ई.) और जॉन रॉल्स (1921–2002 ई.) को भी शामिल किया गया है। बर्लिन का उपर्युक्त लेख बहुचर्चित और बहुपठित है। जॉन रॉल्स की पुस्तक *ए थियरी ऑफ जस्टिस* का राजनीतिक सिद्धांत के पुनरुत्थान में महत्त्वपूर्ण योगदान है। इसके बाद न्याय के सिद्धांत पर गंभीर बहस प्रारंभ हुई। इसलिए रॉल्स के विचारों पर भी इस अध्याय में संक्षिप्त चर्चा की गई है।

लियो स्ट्रॉस (Leo Strauss)

लियो स्ट्रॉस 1949 ई. में अमेरिका के शिकागो विश्वविद्यालय में राजनीति विज्ञान के प्राध्यापक बने। वह उनके कैरियर का सर्वाधिक महत्त्वपूर्ण बिंदु है। उनका जन्म जर्मनी में हुआ था। उनकी शिक्षा भी जर्मनी के हैम्बर्ग विश्वविद्यालय में हुई। 1937 ई. में वे अमेरिका पहुँचे।

शिकागो विश्वविद्यालय में अध्यापन के पूर्व वे 1938 ई. से 1948 ई. तक न्यूयार्क के न्यू स्कूल नामक विश्वविद्यालय में कार्यरत थे। यह स्मरण रखना होगा कि शिकागो विश्वविद्यालय में व्यवहारवादी आंदोलन प्रारंभ हुआ था जो द्वितीय विश्व युद्ध के बाद चरमोत्कर्ष पर था। विश्वविद्यालय के प्राध्यापक 'राजनीति का विज्ञान' बनाने के लिए तत्पर थे। उसी दौरान ईस्टन, कोबॉ, रॉबर्ट डाल जैसे विद्वानों ने राजनीतिक सिद्धांत यानी राजनीतिक दर्शन के पतन की बात उठाई। स्ट्रॉस ने व्यवहारवादियों के प्रभुत्व को चुनौती दी। वे राजनीतिक दर्शन की पतनशील अवस्था के लिए उन्हें जिम्मेदार मानते थे। व्यवहारवादी अध्ययन पद्धति और उसके 'विज्ञान' के लक्ष्य के वे कटु आलोचक थे। इसके साथ ही वे 'राजनीति विज्ञान' के स्थान पर राजनीतिक दर्शन की महत्ता और सर्वोच्चता स्थापित करने में निरंतर लगे रहे। इसलिए उन्होंने राजनीतिक चिंतन के इतिहास को अपने अध्ययन का विषय बनाया। यूनानी राजनीतिक दर्शन विशेषकर प्लेटो और अरस्तू में उनकी गहरी अभिरुचि थी। लेकिन यह अतीत के प्रति प्रेम का परिणाम नहीं बल्कि स्ट्रॉस का कहना है कि पश्चिमी समाज की समकालीन समस्याओं के कारण वे यूनानी राजनीतिक चिंतन की ओर मुड़े। उनके लेखन का क्षेत्र काफी विस्तृत है। उन्होंने प्लेटो और अरस्तू, मध्यकाल के मार्सिलियो ऑफ पडुआ तथा आधुनिक चिंतकों में स्पिनोजा, मैकियावेली, हॉब्स, लॉक, रूसो, नीत्शे आदि विचारकों की नए सिरे से विवेचना की है। अपनी नई अंतर्दृष्टि के साथ इतने विस्तृत लेखन के बावजूद वे अपने को राजनीतिक दार्शनिक नहीं मानते। उनका कहना है कि वे राजनीतिक चिंतकों को उसी रूप में प्रस्तुत करना चाहते हैं जैसा कि वे चाहते थे। राजनीतिक चिंतकों पर उनकी रचनाएँ राजनीतिक दर्शन के तथाकथित पतन के खिलाफ एक सशक्त बौद्धिक हस्तक्षेप मानी जाती हैं। स्ट्रॉस अपनी रचनाओं के माध्यम से राजनीतिक दर्शन की उपादेयता पर बल देते हैं। इस प्रयास में उनके शिष्यों ने भी महत्त्वपूर्ण भूमिका निभाई।

स्ट्रॉस ने अपने लेख, "ह्वाट इज पॉलिटिकल फिलॉसफी?" (1957 ई.) में राजनीतिक दर्शन की प्रकृति और उसकी प्रासंगिकता पर विचार किया है। प्लेटो से लेकर हीगल तक के राजनीतिक दार्शनिकों ने मूलभूत राजनीतिक प्रश्नों के उत्तर खोजने का प्रयास किया। उनमें सर्वाधिक महत्त्वपूर्ण प्रश्न यह रहा है कि मनुष्य को किस प्रकार जीना चाहिए? स्ट्रॉस यह स्वीकार नहीं करते कि आज राजनीतिक दर्शन अप्रासंगिक हो गया है। उसकी प्रासंगिकता उसी तरह स्पष्ट है जैसी कि प्रारंभ में थी। उनके अनुसार राजनीतिक दर्शन अपने प्रारंभ से लेकर हाल के समय तक अबाधित रूप से बढ़ता रहा। वे यह स्वीकार करते हैं कि आज राजनीतिक दर्शन पतन की अवस्था में है, भले ही पूरी तौर पर खत्म न हुआ हो। उसकी विषयवस्तु, पद्धतियों और कार्यों पर तो पूर्ण असहमति है ही, उसकी संभावना पर ही प्रश्न उठ रहे हैं। स्ट्रॉस का तर्क है कि राजनीति विज्ञान के शिक्षकों के बीच एक बात पर सहमति है। वह है – राजनीतिक चिंतन के इतिहास के अध्ययन की उपयोगिता। आखिर राजनीतिक दर्शन संदेहास्पद क्यों हो गया? स्ट्रॉस इसका उत्तर देते हैं। उनके अनुसार पहले राजनीतिक दर्शन मूलतः राजनीति विज्ञान के समरूप था। वह मानवीय मामलों का सर्वसमाहित अध्ययन था। आज हमने उसको टुकड़ों में बाँट दिया है। पहली बात यह है कि आज दर्शन और

विज्ञान में अंतर किया जाने लगा है। राजनीति विज्ञान को दर्शन से रहित समझा जाता है और राजनीतिक दर्शन को विज्ञान से रहित।

स्ट्रॉस 'अपने युग के संकट' या 'पश्चिम के संकट' की बात करते हैं। उनके अनुसार इस संकट के सैद्धांतिक और व्यावहारिक पक्ष हैं। पहले पक्ष में वे प्रत्यक्षवाद और इतिहासवाद जैसी दो प्रमुख बौद्धिक प्रवृत्तियों को उत्तरदायी मानते हैं। उन दोनों ने राजनीतिक दर्शन की संभावना पर ही कुठाराघात कर दिया। सैद्धांतिक कारणों के अतिरिक्त संकट का एक व्यावहारिक या राजनीतिक पहलू भी है। स्ट्रॉस का तर्क है कि पश्चिमी जगत अपने उद्देश्य के संबंध में अनिश्चितता की स्थिति में है। पूर्व में विज्ञान द्वारा प्रगति में विश्वास कायम था। अब यह खत्म हो गया। अच्छे जीवन के लक्ष्य की प्राप्ति संदेह के घेरे में है। इस परिप्रेक्ष्य में वे राजनीतिक दर्शन की भूमिका को रेखांकित करते हैं। उसके माध्यम से ही पश्चिमी समाज को दिशा मिल सकेगी। इस प्रकार स्ट्रॉस की रचनाओं के दो ध्रुव हैं। दोनों परस्पर-संबंधित हैं। वे राजनीतिक दर्शन की भूमिका और उपयोगिता को सिद्ध करने का प्रयास करते हैं। उसके साथ ही वे राजनीतिक दर्शन के विरोधी सिद्धांतों, प्रत्यक्षवाद और इतिहासवाद, का खंडन करते हैं।

1. राजनीतिक दर्शन राजनीतिक चीजों के संबंध में सत्य की खोज है: स्ट्रॉस राजनीतिक दर्शन को दर्शनशास्त्र की एक शाखा मानते हैं। यह संपूर्ण का एक अंश है। दर्शन संपूर्ण के ज्ञान की खोज है। यह ज्ञान यदि तात्कालिक रूप से उपलब्ध होता तो यह खोज आवश्यक नहीं होती। स्ट्रॉस यह तर्क देते हैं कि मनुष्य संपूर्ण के बारे में कुछ-न-कुछ चिंतन अवश्य रखता है। वह चिंतन व्यक्तिगत मत (Opinion) होता है। वह दर्शन की पूर्व स्थिति है। दर्शन उन मतों का परीक्षण कर उन्हें ज्ञान के रूप में बदल देता है। अत: वह संपूर्ण के संबंध में मत से प्रारंभ होकर उसके ज्ञान के लक्ष्य को प्राप्त करने का प्रयास है। स्ट्रॉस के अनुसार 'संपूर्ण' का अर्थ 'सभी चीजें' हैं। इनमें ईश्वर, संसार और मनुष्य शामिल हैं। दर्शन आवश्यक रूप से सत्य का अधिकारी होने का दावा नहीं करता बल्कि वह उसकी खोज है। दार्शनिक का यह विशिष्ट लक्षण होता है कि उसे यह ज्ञान होता है कि वह 'कुछ नहीं जानता'। अपनी अज्ञानता की यह अंतर्दृष्टि उसे ज्ञान प्राप्ति के लिए प्रयत्न करने हेतु प्रेरित करती है। स्ट्रॉस के अनुसार– "राजनीतिक दर्शन राजनीतिक चीजों और उचित अथवा अच्छी राजनीतिक व्यवस्था (Political order), दोनों की प्रकृति को जानने का सच्चा प्रयास है।" इससे तीन बातें स्पष्ट होती हैं-(क) राजनीतिक दर्शन राजनीति के संबंध में सत्य की खोज है; (ख) यह बतलाता है कि कौन सी चीजें राजनीतिक हैं और (ग) यह अच्छी शासन-व्यवस्था का ज्ञान प्राप्त करने का प्रयत्न करता है। दर्शन की तरह यह राजनीति से संबंधित मतों को ज्ञान में बदलने का प्रयत्न करता है। जब राजनीतिक विश्वास या मत और ज्ञान के बीच मौलिक अंतर के बारे में सजगता आती है तब राजनीतिक दर्शन गतिशील होता है। राजनीतिक दर्शन राजनीतिक मौलिकताओं के बारे में व्यक्ति के मतों को ज्ञान के रूप में बदलने का सजग, सुसंगत एवं निरंतर प्रयास है। स्ट्रॉस यह स्वीकार करते हैं कि 'संपूर्ण' या राजनीतिक चीजों की प्रकृति के संबंध में अंतिम उत्तर नहीं दिया जा सकता। उसके

बावजूद दार्शनिक या राजनीतिक दार्शनिक उन प्रश्नों से भाग नहीं सकता। उन प्रश्नों पर बहस निरंतर चलती रहती है और उनके संभावित उत्तर खोजने के प्रयास होते हैं। स्ट्रॉस का तर्क है कि राजनीतिक दर्शन निरर्थक नहीं है। यह सही है कि यह राजनीतिक चीजों के संबंध में अंतिम निर्णय तक नहीं पहुँच पाता। उसके बावजूद उसकी उपयोगिता है। राजनीतिक दर्शन राजनीतिक चीजों के अर्थ को स्पष्ट कर देता है। उसके आधार पर ही यह समझ बन पाती है कि कौन से प्रश्न राजनीतिक हैं या नहीं? एक बार यह स्पष्ट हो जाने पर राजनीतिक प्रश्नों के अर्थ को समझना सरल हो जाता हैं। इसी आधार पर वे राजनीतिक दर्शन और राजनीतिक चिंतन के बीच अंतर करते हैं। राजनीतिक चिंतन राजनीतिक विचारों की विवेचना करता है। स्ट्रॉस राजनीतिक विचार को राजनीतिक मौलिकताओं के संबंध में व्यक्ति की सोच के रूप में समझते हैं। उनका कहना है कि राजनीतिक चिंतन मत और ज्ञान के बीच अंतर के प्रति उदासीन होता है। इसलिए स्ट्रॉस का तर्क है कि सभी राजनीतिक दर्शन राजनीतिक चिंतन हैं, पर सभी राजनीतिक चिंतन राजनीतिक दर्शन नहीं हो सकते। राजनीतिक चिंतक, जो राजनीतिक दार्शनिक नहीं है, प्राथमिक रूप से किसी विशेष व्यवस्था या नीति में रुचि रखता है या उससे जुड़ा होता है। इसके विपरीत राजनीतिक दार्शनिक मूलतः सत्य की खोज में रुचि रखता है और उसी से जुड़ा होता है। स्ट्रॉस के अनुसार राजनीतिक चिंतन उतना ही पुराना है जितनी मानव जाति, जबकि राजनीतिक दर्शन बाद में उत्पन्न हुआ।

2. सर्वश्रेष्ठ राजनीतिक व्यवस्था की सार्वभौम अवधारणा : स्ट्रॉस के अनुसार राजनीतिक दर्शन का एक विशिष्ट लक्षण यह है कि वह सर्वश्रेष्ठ शासन-व्यवस्था की खोज करता है। उसकी सत्यता समय और स्थान के परे होती है। स्ट्रॉस यह मानने को तैयार नहीं कि बदलती परिस्थितियों के अनुसार सर्वश्रेष्ठ व्यवस्था की अवधारणा बदल जाती है। आम तौर पर यह माना जाता है कि प्लेटो और अरस्तू का राजनीतिक दर्शन तत्कालीन यूनान के नगर-राज्यों की स्थितियों पर आधारित था और लॉक का चिंतन तत्कालीन इंग्लैंड की परिस्थितियों की देन था। इसलिए सर्वश्रेष्ठ राजनीतिक व्यवस्था की अवधारणा सार्वभौम और कालजयी नहीं हो सकती। स्ट्रॉस के अनुसार प्रत्येक राजनीतिक स्थिति चाहे किसी भी समय की हो, में कुछ ऐसे तत्त्व होते हैं जो सभी राजनीतिक स्थितियों में सामान्य होते हैं। शास्त्रीय परंपरा के राजनीतिक दार्शनिकों ने ऐसी राजनीतिक व्यवस्था (Political order) को खोजने का प्रयास किया जो सभी देशों और प्रत्येक समय के लिए सर्वश्रेष्ठ हो। उनका तर्क है कि उसको केवल इस आधार पर अप्रासंगिक नहीं ठहराया जा सकता कि उससे संबंधित विशिष्ट ऐतिहासिक परिस्थितियाँ बदल गई हैं। स्ट्रॉस राजनीतिक दर्शन के शास्त्रीय और आधुनिक रूप में अंतर करते हैं। उनका तर्क है कि मैकियावेली जैसे आधुनिक राजनीतिक दार्शनिकों की दृष्टि में शास्त्रीय राजनीतिक दर्शन यथार्थ से दूर है। इस कारण वह अनुपयोगी है। स्ट्रॉस के अनुसार शास्त्रीय राजनीतिक दर्शन आधुनिक राजनीतिक दर्शन की तुलना में ज्यादा व्यापक है। मनुष्य और राजनीति के संबंध में शास्त्रीय परंपरा से जो अंतर्दृष्टि प्राप्त होती है, उसमें मानवीय उत्कृष्टता के साथ-साथ मानवीय दुर्बलताओं की भी जानकारी मिलती है। आधुनिक राजनीतिक दर्शन प्रायः मानवीय स्वभाव के बुरे पहलू पर ज्यादा ध्यान

देते हैं। सर्वोच्च शुभ से उसका संबंध नहीं रह गया। इस प्रकार उसका शास्त्रीय परंपरा से विच्छेद हो जाता है।

3. राजनीतिक दर्शन राजनीतिक विश्वासों अथवा मतों का परीक्षण करता है : स्ट्रॉस की दृष्टि में राजनीतिक चीजों के मत में व्यक्ति की कुछ पूर्वधारणाएँ शामिल होती हैं। ये राजनीतिक चीजों की प्रकृति से संबंधित होती हैं। स्ट्रॉस यह उदाहरण देते हैं कि कोई पुलिस को पुलिस के रूप तब तक नहीं देख सकता जब तक उसके मन में कानून और सरकार के संबंध में पूर्वधारणा न हो। इसलिए राजनीतिक मत में सामान्य तौर पर ये पूर्वधारणाएँ मिली होती हैं। प्रत्येक राजनीतिक समुदाय राजनीति, नैतिकता और धर्म के संबंध में अपने नागरिकों के विशिष्ट मतों पर आधारित होता है। उन पर नागरिकों में सहमति होती है। राजनीतिक दर्शन उन प्रचलित एवं स्वीकृत मतों पर प्रश्न खड़े करता है। यह संभव है कि किसी समाज में कार्यशील शासन-व्यवस्था को सर्वश्रेष्ठ माना जाता हो। राजनीतिक दर्शन सर्वश्रेष्ठ शासन-व्यवस्था की अपनी अवधारणा प्रस्तुत करता है। उस आधार पर वह प्रचलित शासन-व्यवस्था का परीक्षण करता है। इसी तरह समाज़ में विभिन्न समूहों के बीच शक्ति संघर्ष चलता रहता है। प्रत्येक समूह अच्छाई और न्याय के आधार पर अपने दावे को न्यायोचित ठहराने का प्रयास करता है। राजनीतिक दर्शन उन दावों का परीक्षण करता है। राजनीति से संबंधित मतों और पूर्वधारणाओं को जब आलोचनात्मक और सुसंगत विश्लेषण का विषय बनाया जाता है तब राजनीति के प्रति दार्शनिक दृष्टिकोण उत्पन्न होता है। इसलिए राजनीतिक दर्शन का कार्य राजनीतिक चीजों से संबंधित मतों अथवा विश्वासों का आलोचनात्मक परीक्षण है। स्ट्रॉस के अनुसार राजनीतिक दर्शन की यह व्यावहारिक उपयोगिता है। यह नागरिकों, राजनीतिज्ञों और कानून निर्माताओं के मतों और दावों का परीक्षण करने के साथ-साथ उनका मार्गदर्शन भी करता है।

4. राजनीतिक दर्शन शुभ (Good) **की खोज है :** राजनीतिक दर्शन के प्रति सामान्य धारणा है कि यह व्यावहारिक राजनीति से संबंध नहीं रखता। इसलिए यह राजनीतिक वास्तविकताओं को ठीक से समझ नहीं सकता। स्ट्रॉस इसका खंडन करते हैं। वे राजनीतिक दर्शन की प्रासंगिकता को राजनीतिक गतिविधि से जोड़कर देखते हैं। उनका तर्क है कि राजनीतिक गतिविधि का उद्देश्य या तो संरक्षण होता है या परिवर्तन। जब हम किसी चीज को बनाए रखना चाहते हैं तो हम उसे बिगड़ने से रोकना चाहते हैं। इसी प्रकार जब हम परिवर्तन चाहते हैं तो कुछ बेहतर लाने का प्रयास करते हैं। इसलिए सभी राजनीतिक गतिविधियाँ बदतर और बेहतर से संबंधित कुछ सोच से निर्देशित होती हैं। इस सोच को मत या धारणा कहा जा सकता है। इस पर प्रश्न खड़े किए जा सकते हैं। यह स्थिति हमें अच्छाई के मत के स्थान पर उसके सही ज्ञान की खोज के लिए प्रेरित करती है। इस प्रकार सभी राजनीतिक गतिविधियाँ अच्छाई के ज्ञान की ओर उन्मुख होती हैं। उनमें अच्छा जीवन अथवा अच्छा समाज शामिल है। यदि हमारा लक्ष्य उनके संबंध में ज्ञान प्राप्त करना होता है तो राजनीतिक दर्शन की उत्पत्ति होती है। यह अच्छे जीवन और अच्छे समाज को जानने का प्रयास करता है। यह प्रयास अव्यावहारिक नहीं। यह हमारी राजनीतिक गतिविधि से संबंधित है।

5. राजनीतिक दर्शन कोई ऐतिहासिक विषय नहीं है : सामान्यतः राजनीतिक दर्शन को राजनीतिक विचारों का इतिहास (प्लेटो से लेकर वर्तमान तक) समझ लिया जाता है। उसके अंतर्गत यह विवेचना होती है कि किसी राजनीतिक दार्शनिक ने अपने समय के राजनीतिक प्रश्नों और संस्थाओं को कैसे समझा और उसने क्या समाधान प्रस्तुत किया? स्ट्रॉस के लिए राजनीतिक दर्शन कोई ऐतिहासिक खोज नहीं है। उसे ऐतिहासिक दृष्टिकोण से नहीं समझा जा सकता। राजनीतिक दर्शन अपने समय और देश के राजनीतिक जीवन की विंशिष्टताओं को समझने का प्रयास करता है। ऐतिहासिक दृष्टिकोण उसमें बाधक हो जाता है। उस दृष्टिकोण में राजनीतिक दर्शन के प्रश्नों और ऐतिहासिक प्रश्नों में कोई मौलिक अंतर नहीं किया जा सकता। उदाहरण के लिए ऐतिहासिक दृष्टिकोण के अनुसार प्लेटो के आदर्श राज्य का प्रश्न विश्लेषण की दृष्टि से ऐतिहासिक है। उसके द्वारा सुझाया गया समाधान भी ऐतिहासिक संदर्भों पर ही केंद्रित है। स्ट्रॉस इस मत का खंडन करते हैं। वे इस बात पर बल देते हैं कि राजनीतिक चीजों की प्रकृति और सर्वश्रेष्ठ राजनीतिक व्यवस्था से संबंधित प्रश्न सार्वभौम प्रकृति के होते हैं। उन्हें दार्शनिक दृष्टिकोण से ही समझा जा सकता है, न कि ऐतिहासिक दृष्टिकोण से। अतः स्ट्रॉस का कहना है कि हम अरस्तू की *पॉलिटिक्स* को इतिहास की किताब के रूप में नहीं पढ़ते। हम उसे इसलिए पढ़ते हैं कि वह राजनीतिक दर्शन की एक आधिकारिक पुस्तक है। उसमें कही गई बातें दार्शनिक प्रकृति की हैं। ऐतिहासिक दृष्टिकोण के खंडन के बावजूद स्ट्रॉस राजनीतिक दर्शन के इतिहास की उपयोगिता स्वीकार करते हैं। उसके अध्ययन से हमें राजनीतिक दर्शन के अर्थ और स्वरूप का ज्ञान होता है। इसके अतिरिक्त उससे वर्तमान समस्याओं को पहचानने में सहायता मिलती है। स्ट्रॉस का कथन है– "बौद्धिक अवसान के युग में रहने वाले लोगों के लिए अतीत के चिंतकों का अध्ययन आवश्यक है क्योंकि यही एकमात्र व्यावहारिक मार्ग है जिसके द्वारा हमें बुनियादी समस्याओं की सही समझ हो सकती है।" राजनीतिक चिंतन के इतिहास को पढ़ने से उन समस्याओं के कई वैकल्पिक समाधानों का ज्ञान प्राप्त हो सकता है। लेकिन उससे यह नहीं जाना जा सकता कि हमारी समस्या के लिए उनमें से कौन-सा समाधान उपयुक्त है? इसलिए स्ट्रॉस का सुझाव है कि हमें अतीत के राजनीतिक दार्शनिकों के विचारों का परीक्षण करना होगा। हमें खुद राजनीतिक दार्शनिक बनने का प्रयत्न करना होगा।

6. राजनीतिक चीजों की समझ उनके मूल्यांकन के बगैर संभव नहीं : व्यवहारवादियों का मानना है कि राजनीतिक सिद्धांत का लक्ष्य राजनीतिक गतिविधियों की व्याख्या है, मूल्यांकन नहीं। दोनों क्रियाओं को अलग रखना संभव भी है और वांछनीय भी। स्ट्रॉस व्यवहारवादियों की स्थापनाओं को अस्वीकृत करते हैं। उनके अनुसार राजनीतिक चीजों की प्रकृति ही ऐसी है कि तटस्थ रहा ही नहीं जा सकता। उनके अनुसार– "राजनीतिक चीजें अपनी प्रकृति से ही पसंद और नापसंद, चयन करने और खारिज करने, प्रशंसा और निंदा के योग्य होती हैं। उनकी प्रकृति ही ऐसी है कि तटस्थ नहीं हुआ जा सकता। ये व्यक्ति की आज्ञाकारिता, निष्ठा, निर्णय अथवा फैसले के दावे करती हैं।" कोई चीज यदि राजनीतिक है और उसे उसी रूप में समझना है तो उसके द्वारा किए गए दावों को न्याय-अन्याय अथवा अच्छाई-बुराई

की कसौटी पर जाँचना आवश्यक है। अत: राजनीतिक चीजों को समझने की प्रक्रिया में उनका मूल्यांकन अंतर्निहित है। इसलिए स्ट्रॉस का तर्क है कि मूल्यांकन किए बगैर किसी राजनीतिक चिंतन या गतिविधि को नहीं समझा जा सकता। मूल्यांकन के लिए सही मापदंड का होना आवश्यक है। यदि राजनीतिक दर्शन अपनी विषयवस्तु के साथ न्याय करना चाहता है तो उसे मापदंडों का सही ज्ञान प्राप्त करना होगा। वे मापदंड विभिन्न प्रकार के राजनीतिक आदर्श ही हो सकते हैं। इसलिए राजनीतिक दर्शन अच्छी राजनीतिक व्यवस्था को जानने का प्रयास करता है। उसके आधार पर कार्यशील व्यवस्थाओं का मूल्यांकन संभव हो सकता है।

7. राजनीतिक दर्शन और राजनीति विज्ञान : स्ट्रॉस की दृष्टि में राजनीतिक दर्शन और राजनीतिक विज्ञान एक-दूसरे से अभिन्न हैं। अरस्तू से लेकर व्यवहारवादियों के द्वारा राजनीति विज्ञान शब्द का प्रयोग किया जाता रहा है। लेकिन स्ट्रॉस व्यवहारवादियों द्वारा प्रयुक्त राजनीति विज्ञान को 'राजनीति के नए विज्ञान' (New Science of Politics) के रूप में देखते हैं। इसका अर्थ वह नहीं है जो अरस्तू का था। अरस्तू के लिए राजनीति विज्ञान और राजनीतिक दर्शन में कोई अंतर नहीं था। दोनों एक-दूसरे से अभिन्न समझे जाते थे। उस समय विज्ञान और दर्शन अलग-अलग नहीं थे। स्ट्रॉस भौतिक विज्ञान (Physics) का उदाहरण देते हैं। यूनानी चिंतन में उसे दर्शन के साथ जोड़कर देखा जाता था। यही कारण था कि भौतिक विज्ञान के पहले दर्शन संबंधी विशेषण का प्रयोग होता था। उसके अनुरूप भौतिक विज्ञान की प्लेटोवादी, अरस्तूवादी, इपीक्यूरियन तथा स्टोइकवादी अवधारणाएँ प्रचलित थीं। इस प्रकार दर्शन और विज्ञान का संयोजन था। स्ट्रॉस के अनुसार सत्रहवीं में उनको अलग-अलग किया गया और दर्शन से अलग नए भौतिक विज्ञान का उदय हुआ। उसी प्रकार राजनीति विज्ञान और राजनीतिक दर्शन में अंतर किया जाने लगा। यह माना जाने लगा कि दोनों एक-दूसरे से पूरी तौर पर असंगत हैं। स्ट्रॉस इस दृष्टिकोण का खंडन करते हैं। उनका तर्क है कि राजनीति वैज्ञानिक उन्हीं तथ्यों का संकलन एवं विश्लेषण करता है जो राजनीतिक प्रकृति के होते हैं। अब विज्ञान यह नहीं बतला सकता है कि कौन-सी चीजें राजनीतिक हैं और कौन-सी नहीं? उसके लिए राजनीतिक दर्शन की सहायता लेनी पड़ेगी। इसलिए राजनीति का वैज्ञानिक अध्ययन राजनीतिक दर्शन की सहायता के बगैर संभव नहीं। यही कारण है कि स्ट्रॉस की दृष्टि में राजनीतिक दर्शन और राजनीति विज्ञान एक-दूसरे के समरूप हैं। वे राजनीति विज्ञान की अरस्तू द्वारा प्रतिपादित अवधारणा से सहमत हैं। लेकिन वे प्राकृतिक विज्ञानों के मॉडल पर आधारित 'नए' राजनीति विज्ञान के कटु आलोचक हैं।

प्रत्यक्षवाद की आलोचना : स्ट्रॉस प्रत्यक्षवाद की आधारभूत मान्यताओं का खंडन करते हैं। प्रत्यक्षवाद यह मानकर चलता है कि ज्ञान का सर्वोच्च रूप वह है जो प्राकृतिक विज्ञानों द्वारा परिभाषित वैज्ञानिक ज्ञान है। केवल वही प्रामाणिक है। उसके विपरीत राजनीतिक दर्शन अवैज्ञानिक है। इस आधार पर प्रत्यक्षवाद राजनीतिक दर्शन और उसकी दार्शनिक पद्धति की सार्थकता को अस्वीकृत कर देता है। वह सामाजिक विज्ञानों को प्राकृतिक विज्ञानों का रूप देना चाहता है। विज्ञान के निष्कर्ष तथ्यों पर आधारित होते हैं। इसलिए वह मूल्यों के संबंध में कोई निर्णय नहीं दे सकता। यही कारण है कि प्रत्यक्षवाद की मूल मान्यता है कि

तथ्यों और मूल्यों में मौलिक अंतर है। सामाजिक शोध में भी उन्हें कठोरता से अलग रखना आवश्यक है। स्ट्रॉस का तर्क है कि प्रत्यक्षवाद पर आधारित सामाजिक विज्ञान (स्ट्रॉस 'प्रत्यक्षवादी सामाजिक विज्ञान' (Positivist Social Science) का प्रयोग करते हैं) मूल्यों से स्वतंत्र होता है। वह अच्छे-बुरे के संघर्ष में तटस्थ रहता है। स्ट्रॉस के अनुसार उसका परिणाम सामाजिक विज्ञानों का गंभीर मुद्दों से पलायन है। कोई व्यक्ति उन पर बहस करने से इस आधार पर बच सकता है कि वे मूल्य संबंधी समस्याएँ हैं। सामाजिक वैज्ञानिकों के लिए यह आवश्यक माना जाता है कि उनके निष्कर्ष तथ्यों पर आधारित होने के साथ-साथ उनके आदर्शों और मूल्यों से मुक्त हों। वैज्ञानिक विश्लेषण की यह अनिवार्य शर्त मानी जाती है। स्ट्रॉस शोधकर्ता के मूल्यों से स्वतंत्र रहने के दृष्टिकोण के व्यावहारिक परिणामों का विश्लेषण करते हैं। मूल्य संबंधी निर्णयों के बगैर सामाजिक घटनाओं को देखने की आंदत का परिणाम यह होता है कि सामाजिक वैज्ञानिक में लक्ष्य के प्रति उदासीनता और उद्देश्यहीनता का विकास होता है। लेकिन एक मनुष्य और नागरिक होने के नाते उसकी अपनी प्राथमिकताएँ होती हैं। जब वह शोधकार्य में संलग्न होता है तो वह उनसे निर्लिप्त रहने का प्रयास करता है। स्ट्रॉस का कहना है कि एक वैज्ञानिक के रूप में सामाजिक वैज्ञानिक की गतिविधि और एक मनुष्य या नागरिक के रूप में उसकी प्राथमिकताओं के बीच संघर्ष की स्थिति रहती है। इस संबंध में स्ट्रॉस की टिप्पणी है कि सामाजिक विज्ञानों में मूल्य संबंधी निर्णयों को सामने के दरवाजे से प्रवेश करने से रोका जाता है तो वे पीछे के दरवाजे से प्रवेश कर जाते हैं। इसलिए मूल्यों से स्वतंत्र सामाजिक शोध की संभावना ही नहीं होती। यह बात राजनीति विज्ञान पर भी लागू होती है।

स्ट्रॉस राजनीति के अध्ययन में वैज्ञानिक पद्धति के उपयोग की सीमाओं को स्पष्ट करते हैं। इस संबंध में वे मूल प्रश्न उठाते हैं। राजनीति विज्ञान के लिए यह आवश्यक है कि वह इस प्रश्न का उत्तर दे कि राजनीतिक क्या है (What is political)? उसके बाद ही राजनीतिक और गैर-राजनीतिक चीजों के बीच अंतर स्पष्ट हो सकता है। लेकिन वैज्ञानिक पद्धति के द्वारा उपर्युक्त प्रश्न का उत्तर नहीं दिया जा सकता। इसलिए राजनीति वैज्ञानिक राजनीतिक चीजों से संबंधित सामान्य समझ को स्वीकार कर लेते हैं। इस प्रकार राजनीति का वैज्ञानिक अध्ययन वैसी पूर्वमान्यता पर आधारित होता है जिसकी सत्यता वैज्ञानिक पद्धति से प्रमाणित नहीं है। स्ट्रॉस का निष्कर्ष है कि वैज्ञानिक पद्धति राजनीतिक और गैर-राजनीतिक चीजों के बीच अंतर ही नहीं कर सकती।

इतिहासवाद की आलोचना : ईस्टन की तरह स्ट्रॉस भी इतिहासवाद के आलोचक हैं। लेकिन दोनों के आधार भिन्न हैं। ईस्टन के लिए इतिहासवाद प्रमुख रूप से अध्ययन का एक दृष्टिकोण है। इसके विपरीत स्ट्रॉस इतिहासवाद को प्रत्यक्षवाद का परिणाम मानते हैं। उनका तर्क है– "प्रत्यक्षवाद आवश्यक रूप से अपने को इतिहासवाद में परिवर्तित करता है।" इसलिए स्ट्रॉस राजनीतिक दर्शन के पराभव के लिए इतिहासवाद को उत्तरदायी मानते हैं। राजनीतिक दर्शन का यह प्रमुख विरोधी है। इसलिए वे उसका खंडन करते हैं। उनके अनुसार इतिहासवाद के प्रमुख प्रतिपादक हीगल हैं। हीगल के अनुसार ऐतिहासिक प्रक्रिया विवकेशील है। उसका एक पूर्वनिर्धारित पथ है। उस पर आगे बढ़ते हुए वह निरंतर प्रगति

की ओर अग्रसर होती है। इतिहासवाद के अनुसार सामाजिक विज्ञानों का उद्देश्य ऐतिहासिक प्रक्रिया को ठीक तरह से समझना है। स्ट्रॉस का कहना है कि इतिहासवाद ने राजनीतिक दर्शन को 'इतिहास के दर्शन' में बदल दिया। उसके अनुसार मनुष्य और राजनीति को इतिहास की रोशनी में ही समझा जा सकता है। उनका तर्क है कि इतिहासवाद का उग्र रूप जर्मन दार्शनिक नीत्शे और अस्तित्ववादी विचारक हायडेगर के विचारों में है। वे हीगल के ऐतिहासिक दृष्टिकोण के तो समर्थक हैं पर वे इस बात से इनकार करते हैं कि ऐतिहासिक प्रक्रिया बुनियादी रूप से विवेकशील और प्रगतिशील है। उनके अनुसार कोई विचार या प्रश्न ऐतिहासिक परिस्थितियों के संदर्भ में उत्पन्न होते हैं। उनकी प्रासंगिकता उन परिस्थितियों तक सीमित होती है। स्ट्रॉस का तर्क है कि इन आधारों पर राजनीतिक दर्शन की संभावना ही खत्म हो जाती है। वैसे सर्वश्रेष्ठ शासन-व्यवस्था के ज्ञान की आशा ही नहीं बचती जो सभी समय और स्थान के लिए सत्य हो। यहाँ तक कि इतिहासवाद राजनीतिक दर्शन द्वारा उठाए गए सार्वभौम प्रश्नों को ही रद्द कर देता है। न्याय क्या है? अच्छी शासन-व्यवस्था कौन-सी है? व्यक्ति-राज्य संबंध कैसे हों? इतिहासवाद के अनुसार ये प्रश्न सार्वभौम नहीं हैं बल्कि वे ऐतिहासिक परिस्थितियों से सबंधित होते हैं और उनके संदर्भ में ही वे सार्थक हैं। इस स्थति में किसी सार्वभौम आदर्श और मूल्य का कोई स्थान नहीं बचता। यही कारण है कि स्ट्रॉस इतिहासवाद को राजनीतिक दर्शन का सबसे सशक्त विरोधी मानते हैं। उनका तर्क है कि इतिहासवाद वैज्ञानिक ज्ञान को भी खंडित करता है। जब सभी ज्ञान और समझ ऐतिहासिक हैं तो उस स्थिति में विज्ञान द्वारा वस्तुनिष्ठ और सार्वभौम ज्ञान की प्राप्ति नहीं हो सकती। विज्ञान भी दुनिया को देखने के विभिन्न दृष्टिकोणों में से एक है। स्ट्रॉस के अनुसार प्रत्येक राजनीतिक समाज कुछ उद्देश्यों और लक्ष्यों पर आधारित होता है जिनकी सत्यता पर लोगों को विश्वास होता है। सत्रहवीं सदी से पश्चिमी समाज सार्वभौम उद्देश्यों से निर्देशित होता रहा। प्राकृतिक अधिकार और उदारवादी लोकतंत्र पर सहमति थी। एक ऐसे समाज के निर्माण का लक्ष्य था जिसमें समृद्धि हो और सभी मनुष्य स्वतंत्र और समान हों। स्ट्रॉस साम्यवाद का उल्लेख करते हैं। साम्यवाद में उस तरह के समाज के निर्माण का विश्वास दिलाया जाता था। लेकिन उसकी परिणति तानाशाही में हुई। स्ट्रॉस का तर्क है कि आधुनिक जीवन के संकट ने इस विश्वास को संदेहास्पद बना दिया कि विज्ञान द्वारा प्रगति का मार्ग प्रशस्त हो सकता है। वे आधुनिक युग के समकालीन संकटों के लिए प्रत्यक्षवाद और इतिहासवाद को प्रमुख कारक मानते हैं। इन दोनों के अनुसार मनुष्य और समाज के अच्छे जीवन की अवधारणा संभव ही नहीं जो सामान्य रूप से सत्य और वैध हो। इस स्थिति में उदारवादी लोकतंत्र की सत्यता भी संदिग्ध हो गई। पश्चिम में लोगों के लिए इसके सिद्धांतों पर विश्वास करना असंभव हो गया। इसलिए स्ट्रॉस का निष्कर्ष है कि प्रत्यक्षवाद और इतिहासवाद के व्यावहारिक परिणाम लक्ष्य के प्रति उदासीनता, उद्देश्यहीनता और भटकाव हैं। वे इस स्थिति को शून्यवाद (Nihilism) कहते हैं।

स्ट्रॉस ने राजनीतिक चिंतन के इतिहास का गहराई से विश्लेषण किया। उनका यह निष्कर्ष सही है कि राजनीतिक दर्शन के स्वरूप को समझने के लिए उसके इतिहास को जानना

आवश्यक है। इसी समझ के आधार पर वे राजनीतिक दर्शन के अर्थ को स्पष्ट करते हैं। उनका मानना है कि राजनीतिक दर्शन को हमेशा राजनीतिक समुदाय के समक्ष अपनी व्यावहारिक उपयोगिता बतलानी पड़ती है। इसके साथ ही उसे 'ज्ञान के प्रतिद्वंद्वी दावेदारों' से भी अपना बचाव करना पड़ता है। राजनीतिक दर्शन के लेखन और उसकी व्याख्या के द्वारा स्ट्रॉस दोनों दायित्वों का निर्वाह करते हैं। वे राजनीतिक दर्शन की सार्थकता और उपयोगिता को रेखांकित करने का प्रयास करते हैं। इसके साथ-साथ वे प्रत्यक्षवाद और इतिहासवाद का खंडन कर राजनीतिक दर्शन का बचाव भी करते हैं। उदारवादी लोकतंत्र के प्रति वे प्रतिबद्ध हैं। वे यह बतलाने का प्रयास करते हैं कि प्रत्यक्षवाद और इतिहासवाद के कारण उदारवादी लोकतंत्र भी संकटग्रस्त हो गया। स्ट्रॉस के अनुसार राजनीतिक दर्शन ही उन संकटों का सामना कर सकता है। अतः उनकी राय में उसको पुनः केंद्रीय स्थान देना होगा ताकि पश्चिमी समाज के सामने लक्ष्यों की स्पष्टता हो सके। इसके लिए अच्छे समाज और अच्छी शासन-व्यवस्था पर समकालीन संदर्भों में पुनः बहस की जरूरत है। स्ट्रॉस हमें, राजनीति वैज्ञानिक और राजनीतिक दार्शनिक, दोनों एक साथ होने की सलाह देते हैं। राजनीति की सही समझ के लिए यह आवश्यक है। राजनीति को समझने का अर्थ केवल उसके कारणों की खोज करना भर नहीं है बल्कि यह भी बतलाना है कि उसमें क्या सही है और क्या गलत है।

माइकेल ऑकशॉट (Michael Okeshott)

आदर्शात्मक राजनीतिक सिद्धांत के पुनर्जीवन में माइकेल ऑकशॉट का प्रमुख स्थान है। उन पर नव-रूढ़िवादी (Neo-conservative) होने का आरोप लगता रहा है। लेकिन राजनीति के सैद्धांतिक एवं आलोचनात्मक विश्लेषण की संभावना को तलाशने में उनकी रचनाओं का महत्त्वपूर्ण स्थान माना जाता है। उनकी पुस्तक *एक्सपेरियंस ऐंड इट्स मोड* (*Experience and its Mode*) 1933 ई. में प्रकाशित हुई। इसमें उन्होंने मानवीय अनुभव के विभिन्न पहलुओं का विश्लेषण किया है। उनकी दूसरी प्रमुख पुस्तक *रैशनलिज्म इन पॉलिटिक्स* (*Rationalism in Politics*) 1962 ई. में प्रकाशित हुई जिसमें उन्होंने बुद्धिवाद की आलोचना की। उनके अनुसार राजनीति के प्रति बुद्धिवादी दृष्टिकोण के कारण विभिन्न राजनीतिक विचारधाराएँ अस्तित्व में आईं। वे उन विचारधाराओं की कटु आलोचना करते हैं। उनकी रचनाओं का उद्देश्य राजनीतिक दर्शन की प्रकृति और उसके कार्य को स्पष्ट करना है। ऑकशॉट के लेखन का क्षेत्र अत्यंत विस्तृत है। उन्होंने न्यायशास्त्र, शिक्षा, विज्ञान, इतिहास, सौंदर्यशास्त्र आदि विषयों पर लिखा है।

1. मानवीय अनुभव : ऑकशॉट के अनुसार अनुभव ही एकमात्र यथार्थ है। सभी बौद्धिक खोज उसी से संबंधित हैं। लेकिन इसका आशय यह नहीं कि ऑकशॉट आनुभविक या वैज्ञानिक पद्धति का समर्थन करते हैं। यह पद्धति इस मान्यता पर आधारित है कि अध्ययनकर्ता अध्ययन करने वाले विषय से अपने को पूरी तौर पर अलग रखे। इस प्रकार अनुभववादी मानवीय मष्तिष्क और बाहरी दुनिया के बीच विभाजन को स्वीकार करते हैं। ऑकशॉट उसे

स्वीकार नहीं करते। उनके अनुसार जाननेवाला (Subject) और विषय (Object) एक-दूसरे से अलग होते हैं तो दोनों अमूर्त हो जाते हैं। न तो जानने वाले से अलग कोई विषय है और न ही पहला दूसरे से स्वतंत्र है। इसलिए ऑकशॉट के अनुसार अनुभव में उन दोनों के बीच ठोस एकता होती है। बाहरी दुनिया की वस्तुएँ तभी यथार्थ समझी जाती हैं जब वे मानवीय अनुभव का हिस्सा बनती हैं, जब उनकी अनुभूति होती है और उन्हें समझने का प्रयास किया जाता है। ऑकशॉट के इस तर्क को एक उदाहरण से समझा जा सकता है। यदि कोई व्यक्ति किसी राजनीतिक जुलूस को देखता है और उसे समझने का प्रयास करना है तब वह उसके अनुभव का अंग हो जाता हैं। इसलिए ऑकशॉट का तर्क है कि अनुभव में मूल्यांकन शामिल है। इस प्रकार वे आनुभविक एवं वैज्ञानिक पद्धति की आधारभूत मान्यता को ही अस्वीकृत कर देते हैं कि समझने का अर्थ किसी घटना की व्याख्या है, उसका मूल्यांकन नहीं।

2. अनुभव को समझने की सीमित दृष्टि : ऑकशॉट के अनुसार मानवीय अनुभव को उसकी संपूर्णता में ही समझा जा सकता है। उसके विभिन्न पहलू एक-दूसरे से अभिन्न रूप से जुड़े होते हैं। किसी एक पहलू को यदि अलग से समझने का प्रयास होता है तो वह अनुभव को विकृत करता है। इसलिए अनुभव को संपूर्णता में ही समझा जा सकता है। लेकिन प्रायः उसे सीमित दृष्टि से देखने का प्रयास होता है। ऑकशॉट उसे अनुभव की विधि (Modes of experience) कहते हैं। उनकी संख्या बहुत है। लेकिन उनकी दृष्टि में तीन विधियाँ महत्त्वपूर्ण हैं- व्यवहार, इतिहास और विज्ञान। बाद में उन्होंने काव्य को भी जोड़ा। यहाँ यह स्पष्ट करना आवश्यक है कि ये सभी विधियाँ संपूर्ण अनुभव को ही समझना चाहती हैं। लेकिन इनका दृष्टिकोण सीमित होता है। इनमें से प्रत्येक कुछ पूर्वमान्यताओं पर आधारित होता है। इन सभी में अनुभव का विश्लेषण करने और उसके संबंध में निष्कर्ष निकालने का अपना तरीका होता है। इसके साथ ही प्रत्येक के लिए सत्यता का भी अपना पैमाना होता है। ऑकशॉट उपर्युक्त विधियों को निम्न रूप से स्पष्ट करते हैं-

(i) **व्यवहार** (Practice) **:** यह विधि इस मान्यता पर आधारित है कि व्यक्ति अपने आप में पूर्ण है। उसकी कुछ इच्छाएँ एवं आवश्यकताएँ हैं जिन्हें वह पूरा करना चाहता है। ऑकशॉट के अनुसार व्यावहारिक दृष्टि से यथार्थ वही है जिसका इंद्रियानुभव हो। इसके अनुसार सत्य वही है जो व्यवहार में काम करता है। इसलिए व्यवहार का मूल्यांकन परिणामों के आधार पर होता है।

(ii) **इतिहास** (History) **:** ऑकशॉट के अनुसार इतिहास मानवीय अनुभव की दूसरी विधि है। इसकी भी अपनी मान्यताएँ हैं। सबसे पहली मान्यता है कि सभी घटनाएँ एक-दूसरे से संबंधित हैं। उन्हें अलग नहीं किया जा सकता। दूसरी मान्यता है कि परिवर्तन यथार्थ है। चीजें बदलती रहती हैं। ऑकशॉट का कहना है कि इतिहासकार इन मान्यताओं के आधार पर अपनी समझ विकसित करता है। इतिहास में सत्यता का परीक्षण अभिलेखों के साक्ष्य पर होता है।

(iii) **विज्ञान** (Science)**:** ऑकशॉट की दृष्टि में विज्ञान प्रमुख तौर पर ऐसी खोज से जुड़ा होता है जिसके परिणाम को मापा जा सकता है। विज्ञान मानवीय अनुभव को मात्रात्मक अवधारणाओं के संदर्भ में समझना चाहता है। यह इस मान्यता पर आधारित है कि जो मात्रात्मक है, उसे

ही वैज्ञानिक ज्ञान के अंतर्गत रखा जा सकता हैं। विज्ञान का उद्देश्य निश्चित ज्ञान की प्राप्ति है। इसके निष्कर्षों की जाँच तथ्यों के आधार पर की जाती है।

(iv) **काव्य** (Poetry) : ऑकशॉट ने अनुभव की विधियों में काव्य को बाद में जोड़ा। इसमें मनन एवं आनंद के अनुभव शामिल हैं। यह सौंदर्यात्मक अनुभूति है। इसकी व्यावहारिक उपयोगिता नहीं होती है। यह सच्चाई से भी संबंधित नहीं होता। काव्य से व्यक्ति की सौंदर्य भावना संतुष्ट होती है।

ऑकशॉट की दृष्टि में मानवीय अनुभव की उपर्युक्त विधियाँ अपनी-अपनी विशिष्ट मान्यताओं पर आधारित हैं। उन पर सवाल नहीं किए जाते। उन्हें स्वीकार कर लिया जाता है। प्रत्येक विधि एक-दूसरे से स्वतंत्र है। एक विधि जिसे सत्य समझता है, दूसरे के लिए उसका कोई मूल्य नहीं। उदाहरण के लिए, जो इतिहास के लिए सत्य है, वह विज्ञान के लिए प्रासंगिक नहीं है। पहले का आधार ऐतिहासिक है तो दूसरे का वैज्ञानिक। दोनों अपने-अपने क्षेत्र और विचारों की दुनिया में सार्वभौम हैं।

3. दर्शन मानवीय अनुभव को समझने की समग्र दृष्टि है : ऑकशॉट के विचारों में दर्शन सभी बौद्धिक खोजों में विशिष्ट है। यह मानवीय अनुभव की संपूर्णता को समग्र रूप से समझने का प्रयास करता है। इसके विपरीत दूसरी विधियाँ सीमित दृष्टिकोण अपनाती हैं। इसलिए दर्शन अन्य सभी से भिन्न है। इसका उद्देश्य 'अनुभवों की संपूर्णता' को समझना और उसके संबंध में निश्चित ज्ञान प्राप्त करना है। वे यह स्पष्ट करते हैं कि दर्शन का प्रयास सार्वभौम रूप से सत्य ज्ञान की खोज नहीं है। ऑकशॉट की दृष्टि में मानवीय अनुभव को उसकी संपूर्णता में समझने के साथ दर्शन का दूसरा कार्य आलोचनात्मक है। वह स्वयं अपनी प्रकृति और पद्धति का परीक्षण करता है। ऊपर यह उल्लेख किया गया है कि अनुभव की प्रत्येक विधि कुछ पूर्वमान्यताओं को स्वीकार करके चलती है, उनका परीक्षण नहीं करती। ऑकशॉट का तर्क है कि दर्शन का एक प्रमुख और विशिष्ट कार्य विभिन्न विधियों की स्वीकृत मान्यताओं का परीक्षण है। यह उनकी तार्किक संरचनाओं का विश्लेषण करता है। इसके साथ ही यह उनकी सीमाओं को भी स्पष्ट रूप से निर्धारित करता है। ऑकशॉट के अनुसार दर्शन का यह आलोचनात्मक कार्य है। इससे यह भी स्पष्ट होता है कि दर्शन अन्य सभी विधियों द्वारा प्राप्त निष्कर्षों का संश्लेषण नहीं हो सकता। लेकिन ऑकशॉट दर्शन को व्यवहार, इतिहास और विज्ञान के ऊपर नहीं रखते। जैसे दार्शनिक को इनसे सीखने की आवश्यकता नहीं है, उसी प्रकार व्यावहारिक मनुष्य, इतिहासकार और वैज्ञानिक को भी दार्शनिक से सीखने की जरूरत नहीं है। यदि हम मानवीय अनुभव की व्यावहारिक, ऐतिहासिक अथवा परिणामात्मक समझ विकसित करना चाहते हैं तो हमें व्यवहार, इतिहास और विज्ञान की ओर मुड़ना होगा, न कि दर्शन की ओर। इस प्रकार ऑकशॉट विभिन्न विधियों का कोई पदसोपान नहीं बनाते और न ही दर्शन को सर्वोच्च स्थान देते हैं। इसके बावजूद दर्शन की आलोचनात्मक भूमिका होने के कारण इसे स्वाभाविक रूप से उच्चतर स्थिति प्राप्त हो जाती है।

बुद्धिवाद (Rationalism) **की आलोचना :** आधुनिक युग में मानवीय विवेक को सर्वोच्च स्थान दिया गया। यह माना गया कि सत्य की प्राप्ति का एकमात्र साधन विवेक है।

यही बुद्धिवाद का मूल आधार है। इसने परंपरा, प्रथा, धार्मिक विश्वास आदि को अविवेकपूर्ण मानते हुए अस्वीकार कर दिया था। यह जीवन के सभी क्षेत्रों में विवेकसम्मत नियमों की खोज का प्रयास करता है। इसमें यह धारणा प्रबल थी कि मानवीय जीवन को संचालित करने वाले नियमों की खोज कर लेने पर मनुष्य की सारी समस्याओं का समाधान हो सकता है। इसलिए बुद्धिवाद के अनुसार विवेकशीलता और उस पर आधारित विज्ञान प्रगति का मार्ग प्रशस्त करता है। इस दावे को ऑकशॉट संदेह की दृष्टि से देखते हैं। लेकिन उनका विशेष सरोकार राजनीति पर उसके प्रभाव से है। उनका तर्क है कि सत्रहवीं सदी से बुद्धिवाद पूर्ण विकसित रूप ले चुका था। उसने मानवीय जीवन की समस्याओं के प्रति विवेकशील और वैज्ञानिक दृष्टि का विकास किया। राजनीति को भी उसी दृष्टि से देखा जाने लगा। राजनीतिक गतिविधि को निर्देशित करने वाले बौद्धिक नियमों की खोज होने लगी। ऑकशॉट राजनीति को समझने की इस दृष्टि के आलोचक हैं। उनके अनुसार राजनीति को ऐतिहासिक स्थितियों के संदर्भ में ही समझा जा सकता है। मनुष्य अपने समाज की परंपराओं में जकड़ा होता है। अत: उसकी गतिविधि को उनके संदर्भ में ही ठीक से समझा जा सकता है। इस प्रकार ऑकशॉट राजनीति के विवेकशील और वैज्ञानिक दृष्टिकोण को सही नहीं मानते। वे यह स्वीकार करने को तैयार नहीं कि किसी वैज्ञानिक सिद्धांत के आधार पर प्रत्येक देश की राजनीति की व्याख्या की जा सकती है। परंपराओं और ऐतिहासिक संदर्भों पर अपना ध्यान केंद्रित करने के कारण ऑकशॉट को रूढ़िवादी माना जाता है।

विचारधारा की आलोचना : ऑकशॉट के अनुसार राजनीति के प्रति विवेकशील और वैज्ञानिक दृष्टिकोण अपनाने के परिणामस्वरूप अनेक विचारधाराएँ अस्तित्व में आ गईं। उनका दावा दुनिया को स्वर्ग बना देने का है। एक ऐसी दुनिया के निर्माण का विश्वास दिलाया जाने लगा जिसमें युद्ध और विशेषाधिकार नहीं होंगे। वह दुनिया न्यायपूर्ण होगी। यह भी तर्क दिया जाने लगा कि राजनीति के द्वारा वह स्वप्न साकार हो सकेगा। ऑकशॉट विचारधारा के इन दावों को अस्वीकार कर देते हैं। उनका तर्क है कि प्लेटो से लेकर हीगल तक किसी चिंतक ने यह दावा नहीं किया कि केवल राजनीतिक गतिविधि के द्वारा मनुष्य को संकटों से मुक्ति मिल सकती है। विचारधारा एक अमूर्त सिद्धांत या परस्पर-संबंधित अमूर्त सिद्धांतों का समूह है। यथार्थ से उसका कोई संबंध नहीं। ऑकशॉट का कहना है कि राजनीतिक जीवन की बहुलता और विविधता के बीच विचारधारा किसी एक अमूर्त लक्ष्य को चुन लेती है और उसे राजनीतिक गतिविधि पर आरोपित कर देती है। वह अपने अनुयायियों को उस लक्ष्य को प्राप्त करने के लिए अचूक साधनों की जानकारी देती है। यहाँ पर यह लग सकता है कि ऑकशॉट अप्रत्यक्ष रूप से मार्क्सवाद की आलोचना कर रहे हैं। लेकिन उन्होंने विचारधारा के क्षेत्र को काफी व्यापक बना दिया। वे लॉक की पुस्तक *(टू ट्रीटाइज ऑन सिविल गवर्नमेंट)*, नागरिक के रूप में मनुष्य के अधिकारों की घोषणा, उदारवाद, लोकतंत्र, अटलांटिक चार्टर आदि सभी को विचारधारा का उदाहरण मानते हैं। इतना ही नहीं समानता, स्वतंत्रता, अधिकतम उत्पादकता आदि को भी वे अमूर्त विचार मानते हैं। उनकी दृष्टि में ये राजनीतिक विचारधारा के सरलतम रूप हैं।

राजनीतिक दर्शन की अवधारणा : ऑकशॉट की राय में व्यावहारिक दुनिया में अपूर्णता है। दार्शनिक अनुभव की दुनिया उससे भिन्न है। उसमें संगति है। राजनीति व्यावहारिक जगत में स्थित है। इसलिए वह अपूर्णता और संगति के बीच में है। यही कारण है कि ऑकशॉट राजनीतिक दर्शन को पूर्ण रूप से दर्शन नहीं मानते। इसी तरह उनका मानना है कि जैसे दर्शन अन्य विधियों का स्थान नहीं ले सकता, उसी प्रकार राजनीतिक दर्शन भी गैर–दार्शनिक खोज का स्थान नहीं ले सकता। राजनीतिक दर्शन अन्य विधियों द्वारा प्रस्तुत व्याख्याओं का परीक्षण करता है। वह उनके सापेक्ष सत्य को निर्धारित करता है और उनके बीच संगति बैठाता है। ऑकशॉट यह स्वीकार करते हैं कि राजनीतिक दर्शन विज्ञान नहीं है। वह ठोस परिणाम नहीं दे सकता। वह निश्चित निष्कर्ष भी नहीं प्रदान कर सकता। ऑकशॉट के अनुसार राजनीतिक दर्शन मानवीय आचरण की आदर्श प्रकृति की खोज करता है। उसके प्रकाश में वह नागरिक और समाज के आदर्श स्वरूप और उनके आधारों को प्रस्तुत करता है। ऑकशॉट राजनीतिक दर्शन की सीमाओं पर भी ध्यान देते हैं। प्लेटो ने अच्छी शासन–व्यवस्था या न्यायपूर्ण समाज के लिए यह आवश्यक माना था कि वह राजनीतिक दर्शन के द्वारा निर्देशित हो। ऑकशॉट इससे इनकार करते हैं। उनकी दृष्टि में दर्शन व्यावहारिक जीवन का पथ प्रदर्शन नहीं कर सकता। इसी प्रकार शासक का दार्शनिक ज्ञान से ओत–प्रोत होना हमारी जरूरतों को पूरा नहीं कर सकता। अत: यह स्पष्ट है कि राजनीतिक दर्शन किसी व्यक्ति की राजनीतिक गतिविधि में सफल होने की क्षमता को बढ़ा नहीं सकता। इसलिए ऑकशॉट की स्पष्ट धारणा है कि दर्शन की तरह राजनीतिक दर्शन भी व्यावहारिक दुनिया की आवश्यकताओं को पूरा नहीं कर सकता। ऑकशॉट के अनुसार राजनीतिक दर्शन के कार्य दो प्रकार के हैं– रचनात्मक एवं आलोचनात्मक।

(i) **राजनीतिक दर्शन का रचनात्मक कार्य :** ऑकशॉट के अनुसार राजनीतिक दर्शन मानवीय अनुभव के पटल पर राजनीति की पहचान करता है। इस क्रम में यह राजनीति की आंतरिक संरचना को स्पष्ट करता है और उसे परिभाषित व उसकी ठोस अवधारणा प्रस्तुत करता है। ऑकशॉट यह स्पष्ट करते हैं कि राजनीति की दुनिया कोई अपने–आप में पूर्ण दुनिया नहीं है। यह व्यवहार की दुनिया का एक पहलू है। इसलिए राजनीतिक दर्शन व्यवहार की दुनिया में राजनीति की पहचान करता है और उसे समग्र दृष्टि से समझने का प्रयास करता है। यह अन्य व्यावहारिक गतिविधियों, जैसे नैतिक, कानूनी, आर्थिक आदि के साथ इसके संबंधों का परीक्षण करता है। इस क्रम में यह व्यावहारिक जीवन के लिए राजनीति के अर्थ और महत्त्व को निर्धारित करता है।

(ii) **राजनीतिक दर्शन का आलोचनात्मक कार्य :** ऑकशॉट राजनीतिक दर्शन को एक आलोचनात्मक खोज मानते हैं। उनका तर्क है कि राजनीति को समझने का प्रयास दूसरे विषय, जैसे इतिहास और विज्ञान, भी करते हैं। वे भी राजनीति का निश्चित एवं पूर्ण लेखा–जोखा प्रस्तुत करने का दावा करते हैं। इसके साथ ही उन विषयों में विभिन्न और परस्पर–विरोधी मत हैं। ऑकशॉट का तर्क है कि एक मत आर्थिक कारक को राजनीति को समझने की कुंजी मानता है। दूसरे मत के लोग सामाजिक, मनोवैज्ञानिक, नैतिक, धार्मिक या किसी अन्य कारक को महत्त्व देते हैं। राजनीति की ये सभी व्याख्याएँ पूरी तौर पर सही होने

का दावा करती हैं। इससे बौद्धिक दुविधा पैदा होती है। ऑकशॉट इसी संदर्भ में राजनीतिक दर्शन की भूमिका को उपयोगी मानते हैं। यह विभिन्न दावों का परीक्षण करता है और यह कार्य केवल राजनीतिक दर्शन ही कर सकता है। इसका कारण यह है कि केवल यही राजनीति को उसकी संपूर्णता में समझता है। इसलिए यही वह मापदंड प्रस्तुत कर सकता है जिसके आधार पर राजनीति की व्याख्याओं को जाँचा जा सके। राजनीतिक दर्शन का यह आलोचनात्मक कार्य है।

ऑकशॉट बौद्धिक खोज की परंपरा के रूप में राजनीतिक दर्शन को महत्त्व देते हैं। उनके अनुसार राजनीतिक दर्शन का इतिहास इसलिए महत्त्वपूर्ण नहीं है कि राजनीतिक दार्शनिकों ने विभिन्न समस्याओं का क्या समाधान प्रस्तुत किया? इसके स्थान पर यह महत्त्वपूर्ण है कि उन्होंने किसी समस्या को कैसे उठाया और उनके समाधान का कौन-सा तरीका खोजा? ऑकशॉट प्रत्यक्षवाद और व्यवहारवादियों द्वारा 'राजनीति का विज्ञान' बनाए जाने के प्रयास की आलोचना करते हैं। वे विज्ञान को एकांगी मानते हैं क्योंकि वह मानवीय अनुभव को समझने का सीमित दृष्टिकोण है। अन्य विधियों की तरह वह भी अपूर्ण है। दर्शन मानवीय अनुभवों को संपूर्णता में ग्रहण करता है। ऑकशॉट के विचारों का निहितार्थ है कि राजनीति विज्ञान राजनीति की सीमित समझ ही विकसित कर सकता है। इसके विपरीत राजनीतिक दर्शन के द्वारा राजनीति को संपूर्णता में समझा जा सकता है। इस आधार पर राजनीतिक दर्शन की सर्वोच्चता स्थापित हो जाती है। ऑकशॉट के अनुसार राजनीति को उसके ऐतिहासिक संदर्भ में ही सही तरीके से समझा जा सकता है। इस आधार पर उन्हें रूढ़िवादी चिंतक माना जाता है। इसका एक कारण यह भी है कि उनके अनुसार राजनीतिक दर्शन का कार्य अच्छे समाज के संबंध में अनुशंसा करना नहीं है। इसका निहितार्थ है कि वह समाज को बदलने में किसी भूमिका का निर्वाह नहीं करता। इस आधार पर ऑकशॉट यथास्थितिवाद के पोषक हो जाते हैं।

एरिक वोगेलिन (Eric Voegelin)

एरिक वोगेलिन एक राजनीतिक दार्शनिक होने के साथ-साथ इतिहास और धर्म के भी दार्शनिक हैं। उनका जन्म जर्मनी में हुआ था। उनकी शिक्षा वियना विश्वविद्यालय में हुई। बाद में वे वहीं अध्यापक बने। नाजी शासन के प्रजातिवाद (Racism) का विरोध करने के कारण उन्हें बर्खास्त कर दिया गया। 1938 ई. में वे अमेरिका आ गए और वहाँ की नागरिकता ग्रहण कर ली। उसके बाद लगातार कई दशकों तक उन्होंने अमेरिका के विभिन्न विश्वविद्यालयों में अध्यापन कार्य किया। कुछ समय के लिए उन्होंने जर्मनी के म्यूनिख विश्वविद्यालय में भी काम किया। उनकी रुचि का क्षेत्र काफी विस्तृत है। उन्होंने दर्शन, अर्थशास्त्र, समाजशास्त्र, इतिहास दर्शन, पुरातत्त्व, भाषा विज्ञान, तुलनात्मक धर्म आदि विषयों का अध्ययन किया था। वोगेलिन विभिन्न विषयों के बीच विभाजन को महत्त्व नहीं देते थे। दूसरी ओर वे व्यवहारवादियों के इस दावे को पूरी तौर पर नकार देते हैं कि राजनीति विज्ञान को मनुष्य के राजनीतिक व्यवहार के विश्लेषण तक सीमित किया जाना आवश्यक है। उनकी पुस्तक

दि न्यू साइंस ऑफ पॉलिटिक्स 1952 ई. में प्रकाशित हुई। उसके बाद वोगेलिन ने *ऑर्डर ऐंड हिस्ट्री* की रचना चार खंडों में (1956–1974 ई.) की। स्ट्रॉस और ऑकशॉट की तरह वोगेलिन आदर्शात्मक राजनीतिक सिद्धांत की प्रासंगिकता पर बल देते हैं और राजनीति शास्त्र को प्राकृतिक विज्ञान की तरह विज्ञान का रूप देने की आलोचना करते हैं। वोगेलिन के विचारों को निम्न शीर्षकों के अंतर्गत समझा जा सकता है:

1. राजनीति विज्ञान मनुष्य, समाज और इतिहास की बौद्धिक (Noetic) **व्याख्या है :** वोगेलिन के अनुसार राजनीतिक यथार्थ को तीन पहलुओं में बाँटा जा सकता है: मनुष्य, समाज और इतिहास। वे इन तीनों को इसी क्रम में देखना चाहते हैं। यही कारण है कि वे हीगल और मार्क्स के इतिहासवाद की आलोचना करते हैं। उन दोनों चिंतकों ने इतिहास को सबसे पहले रखा और मनुष्य को सबसे बाद में। उनके अनुसार मनुष्य इतिहास के पूर्व-निर्धारित लक्ष्य को प्राप्त करने का माध्यम है। वोगेलिन का तर्क है कि यह यथार्थ की गलत प्रस्तुति है। इसमें मनुष्य इतिहास और समाज के बाद आता है। इस प्रकार मनुष्य की भूमिका ही समाप्त कर दी गई है। राजनीतिक दर्शन मनुष्य, समाज और इतिहास के उद्देश्यों का विश्लेषण करता है। वह विश्लेषण आनुभविकं है। वोगेलिन अनुभव के अंतर्गत मानव मस्तिष्क में उत्पन्न होने वाले विचारों को भी सम्मिलित करते हैं। मानसिक विचार इंद्रियों से स्वतंत्र होते हैं। लेकिन फिर भी वे अनुभव के अंतर्गत ही आते हैं। राजनीति विज्ञान व्यक्ति को राजनीतिक वास्तविकताओं को विभिन्न रूपों से देखने और उनकी समीक्षा के योग्य बनाता है। वोगेलिन की राय में राजनीति के अंतर्गत मानवीय जीवन की सभी गतिविधियाँ शामिल हैं और यह मनुष्य के 'सर्वोच्च शुभ' से संबंधित है। उनका तर्क है कि मानवीय जीवन के विभिन्न पहलुओं, जैसे राजनीतिक, आर्थिक, सामाजिक, सांस्कृतिक आदि में अंतर नहीं किया जा सकता। यह अंतर अमूर्त और कृत्रिम हैं। यदि राजनीतिक गतिविधि को ठीक से समझा जाए तो वह संपूर्ण मानवीय जीवन का समानार्थी होगा। इसी संदर्भ में वोगेलिन का कहना है कि राजनीति विज्ञान मनुष्य, समाज और इतिहास की बौद्धिक व्याख्या है।

2. प्रत्यक्षवाद की आलोचना : वोगेलिन प्रत्यक्षवाद के आलोचक हैं। उनके अनुसार प्रत्यक्षवाद का सबसे बड़ा दोष यह है कि वह इतिहास और समाज को मनुष्य के पहले रखता है। इसके अतिरिक्त प्रत्यक्षवाद मानवीय जीवन के विभिन्न पहलुओं को अलग-अलग देखने का पक्षधर है। वोगेलिन इस प्रवृत्ति को दोषपूर्ण मानते हैं। उनकी दृष्टि में प्रत्यक्षवाद का दूसरा प्रमुख दोष है कि वह मानवीय अनुभव को इंद्रियानुभव तक ही सीमित कर देता है। केवल वही वस्तुनिष्ठ हो सकता है। किसी ज्ञान के वैध होने के लिए उसका इंद्रियानुभव द्वारा सत्यापन आवश्यक होता है। वोगेलिन के लिए अनुभव का अर्थ व्यापक है। उसमें बौद्धिक अनुभव भी शामिल है। वह व्यक्तिनिष्ठ (Subjective) होता है। उसे दूसरों तक उस रूप में संप्रेषित नहीं किया जा सकता जिस रूप में हम ज्ञानेन्द्रियों से प्राप्त अनुभवों को साझा करते हैं। इस आधार पर वोगेलिन प्रत्यक्षवाद को एकांगी मानते हैं क्योंकि वह मानवीय अनुभव के कुछ पहलुओं को ही स्वीकार करता है।

3. व्यवहारवाद की आलोचना : वोगेलिन व्यवहारवाद और उसकी पद्धति की आलोचना करते हैं। प्रत्यक्षवाद के आधार पर व्यवहारवादी अध्ययन में तथ्यों और मूल्यों

को अलग-अलग रखने का प्रयास किया जाता है। वोगेलिन इसे एक विकृति मानते हैं। इसी प्रकार उनका तर्क है कि प्राकृतिक विज्ञानों की तरह पद्धति को ज्यादा महत्त्व देने पर सामाजिक विज्ञानों की विषयवस्तु की विशिष्टता समाप्त हो जाती है। विज्ञान की पद्धति अपनाने के कारण सामाजिक विज्ञानों द्वारा केवल उन्हीं विषयों का अध्ययन किया जाता है जो उस पद्धति के अनुकूल होते हैं। इसके विपरीत वोगेलिन का प्रस्ताव है कि सामाजिक विज्ञानों में पद्धति के बजाए विषयवस्तु को प्राथमिकता देनी होगी। वे राजनीतिक गतिविधि को व्यापक परिप्रेक्ष्य में देखने की बात करते हैं। उसे केवल मतदाताओं और निर्वाचन के उम्मीदवारों तक सीमित नहीं किया जा सकता। राजनीतिक गतिविधि बहुआयामी होती है। उसके माध्यम से व्यक्ति सर्वश्रेष्ठ जीवन की तलाश करना चाहता है। वोगेलिन राजनीति की यूनानी परंपरा को स्वीकार करते हैं। वे उसे सरकारों और व्यक्तियों के राजनीतिक व्यवहार तक सीमित नहीं करते। उनका तर्क है कि सरकारें एवं अन्य राजनीतिक संस्थाएँ मनुष्य के सांस्कृतिक, दार्शनिक और धार्मिक अनुभवों से उत्पन्न होती हैं। अतः राजनीति को ठीक ढंग से समझने में व्यवहारवादी अध्ययन पद्धति कारगर नहीं हो सकती। उनका कहना है कि राजनीतिक सिद्धांत कोई विचारधारा, आदर्शलोक या वैज्ञानिक पद्धतिशास्त्र नहीं है। वह 'आत्मा और समाज में उचित व्यवस्था का अनुभवजन्य विज्ञान' (Experiential science of right order in the soul and in society) है।

4. सार्वभौम सत्य की प्राप्ति नहीं हो सकती : विज्ञान के अनुसार प्राकृतिक घटनाओं के संबंध में निश्चित और सार्वभौम सत्य का ज्ञान प्राप्त हो सकता है। इसी का अनुसरण करते हुए व्यवहारवादियों ने राजनीतिक घटनाओं के संदर्भ में इसी तरह का ज्ञान प्राप्त करने का प्रयास किया। वोगेलिन इस प्रवृत्ति के घोर आलोचक हैं। उनके अनुसार सार्वभौम रूप से सत्य ज्ञान की प्राप्ति संभव नहीं है क्योंकि मनुष्य एक विशिष्ट सामाजिक-सांस्कृतिक परिवेश में जीता है। अतः उसके द्वारा प्राप्त कोई भी ज्ञान उस विशिष्ट परिप्रेक्ष्य में ही सत्य हो सकता है, सार्वभौम रूप से सत्य नहीं। वोगेलिन के लिए राजनीतिक सिद्धांत इतिहास से जुड़ा होता है। कोई सिद्धांतकार अपने समाज के इतिहास से बाहर नहीं होता। इसका आशय यह है कि सर्वश्रेष्ठ शासन-व्यवस्था की कोई ऐसी अवधारणा नहीं हो सकती जो सार्वभौम रूप से सत्य हो। इस संबंध में वोगेलिन के विचार यूनानी चिंतकों से भिन्न हैं।

5. वोगेलिन का दार्शनिक मानवशास्त्र : वोगेलिन दर्शन को पर्याप्त महत्त्व देते हैं, विशेषकर मानव के दर्शन को। उनका तर्क है कि दर्शन भी अनुभव पर आधारित है। हर दार्शनिक एक विशेष संस्कृति में जीता है और वह अपने समाज के सांस्कृतिक धरोहर का उत्तराधिकारी होता है। इस प्रकार दर्शन भी जीवन के अनुभव का परिणाम होता है। वोगेलिन के अनुसार राजनीति और दर्शन का गहरा संबंध है। राजनीति का सच्चा सैद्धांतिक विश्लेषण मानवीय स्वभाव के अध्ययन के बगैर संभव नहीं है और मानवीय स्वभाव का ज्ञान दर्शन से ही हो सकता है। वोगेलिन समाज को भी मानवीय स्वभाव के संदर्भ में ही समझना चाहते हैं। उनके अनुसार किसी समाज की प्रकृति शासकीय अभिजन की प्रकृति की मानसिकता

का प्रतिबिंब होती है। अभिजन वह है जो मानवीय प्रकृति के उच्च आदर्शों के अनुरूप होता है। यही कारण है कि अच्छा समाज उन अभिजनों जैसे श्रेष्ठ व्यक्तियों के कारण अस्तित्व में आता है।

6. अच्छे समाज की अवधारणा : यूनानी चिंतन की परंपरा में अच्छे समाज की खोज महत्त्वपूर्ण रही है। प्लेटो ओर अरस्तू जैसे चिंतकों ने किसी-न-किसी रूप में अच्छे सामाजिक जीवन के सिद्धांतों की खोज की है। वोगेलिन यूनानी चिंतन से गहरे रूप से प्रभावित हैं और वे भी अच्छे समाज की अवधारणा प्रस्तुत करते हैं। मूल रूप से उसकी दो विशेषताएँ हैं: (1) वह समाज इतना बड़ा और समृद्धशाली हो जिसमें उस समाज के कुछ लोग बौद्धिकता पूर्ण जीवन बिता सकें तथा (2) वह इस रूप में संगठित हो कि उस समाज की संस्कृति और राजनीतिक गतिविधियों की आत्मा बौद्धिकता का जीवन (Life of reason) हो। दूसरे शब्दों में वोगेलिन बौद्धिक अभिजनों को ज्यादा महत्त्व देते हैं और उनके अनुसार ही समाज को संगठित करना चाहते हैं। इस प्रकार अच्छा समाज बुद्धिमता पर आधारित होता है। लेकिन वोगेलिन यह भी तर्क देते हैं कि इस समाज की बनावट लचीली होती है, कठोर नहीं। इसका आशय है कि समाज व्यक्ति की स्वतंत्रता में बाधक न बने।

वोगेलिन पर अभिजनवादी होने का आरोप लगाया जाता रहा है। कुछ हद तक इसमें सच्चाई है। वोगेलिन स्पष्ट रूप से प्लेटो से प्रभावित दिखते हैं और वे भी अच्छे समाज को बुद्धिमता पूर्ण जीवन जीने वालों पर आधारित मानते हैं। यह स्थिति प्लेटो के दार्शनिक शासन जैसी है। इस आलोचना के बावजूद आदर्शात्मक राजनीतिक सिद्धांत के पुनरुत्थान में वोगेलिन का योगदान महत्त्वपूर्ण माना जाता है। वोगेलिन ने राजनीतिक सिद्धांत को अनुभव पर आधारित विज्ञान माना लेकिन उनके लिए अनुभव का अर्थ व्यापक है। उसमें इंद्रियों एवं मस्तिष्क से प्राप्त अनुभव शामिल हैं। राजनीतिक सिद्धांत का संबंध समाज में उचित व्यवस्था से है। वोगेलिन प्रत्यक्षवाद और व्यवहारवाद को अस्वीकार करते हैं क्योंकि उनमें इंद्रियानुभव से प्राप्त ज्ञान को ही वैध माना गया। वह ज्ञान राजनीतिक घटनाओं की व्याख्या करता है। लेकिन वह अच्छे समाज की रचना में कोई योगदान नहीं करता।

बरट्रेंड डि जोवेनेल (Bertrand de Jouvenel)

बरट्रेंड डि जोवेनेल फ्रांसीसी राजनीतिक दार्शनिक हैं। वे मूल्यों और आदर्शों के प्रति व्यवहारवादियों के तटस्थ दृष्टिकोण के पक्षधर नहीं हैं। उन्होंने शास्त्रीय राजनीतिक चिंतन की 'अच्छा जीवन' और 'सामान्य शुभ' जैसी समस्याओं पर गंभीरता से विचार किया है। इस संदर्भ में वे अपने समय की राजनीतिक स्थितियों का विश्लेषण करते है। अत: उनके प्रश्न शास्त्रीय हैं लेकिन परिप्रेक्ष्य समकालीन। अपने जीवन के कुछ वर्षों तक उन्होंने पत्रकार के रूप में काम किया था। इसलिए अपनी समकालीन परिस्थितियों की उनकी समझ उनके प्रत्यक्ष अनुभव पर आधारित है। उन्होंने ब्रिटिश प्रधानमंत्री लॉयड जॉर्ज और विस्टन चर्चिल से लेकर मुसोलिनी और हिटलर जैसे नेताओं का साक्षात्कार लिया था। हिटलर से साक्षात्कार

के कारण वे विवादों में भी रहे। प्रथम विश्व युद्ध के बाद के दशकों में राज्य की शक्ति काफी बढ़ गई थी। चाहे वह सोवियत संघ की समाजवादी व्यवस्था हो या ब्रिटेन और अमेरिका की लोकतांत्रिक व्यवस्थाएँ। दूसरी ओर मुसोलिनी और हिटलर की तानाशाही थी। द्वितीय विश्व युद्ध के बाद भी राज्य की शक्तियाँ कम नहीं हुईं बल्कि लोक कल्याणकारी राज्य की अवधारणा के कारण राज्य की शक्तियाँ बढ़ीं। इसलिए जोवेनेल के चिंतन का एक प्रमुख प्रश्न राज्य की बढ़ती शक्ति है। वे इसके विकास का गहराई से विश्लेषण करते हैं। वे व्यक्ति की स्वतंत्रता के प्रबल समर्थक हैं। उनकी दृष्टि में राज्य की बढ़ती शक्ति स्वतंत्रता के लिए सबसे बड़ा खतरा है। उसका प्रमुख कारण यह है कि आधुनिक युग में व्यक्ति राज्य पर आश्रित हो गया है। उसके लिए वे व्यक्तिवादी विचारधारा को उत्तरदायी मानते हैं। जोवेनेल व्यक्ति की स्वतंत्रता के लिए राज्य की शक्ति पर नियंत्रण के प्रबल पक्षधर हैं। लेकिन उसके लिए वे मध्य युग की ओर देखते हैं। उस समय चर्च और कुलीन वर्ग का राजा पर नियंत्रण होता था। उसके साथ ही वे लोकप्रिय संप्रभुता और उस पर आधारित लोकतंत्र के आलोचक हैं। इस प्रकार वे आम तौर पर मान्य विचारों और संस्थाओं पर सवाल उठाते हैं। जोवेनेल की रचनाओं में रुचि का यह एक प्रमुख कारण है। जोवेनेल द्वारा लिखित तीन पुस्तकें काफी चर्चित रहीं–*ऑन पावर : दि नेचुरल हिस्ट्री ऑफ इट्स ग्रोथ* (1945 ई.), *सोवेरेनिटी : एन इन्क्वायरी इनटू दि पॉलिटिकल गुड* (1955 ई.) और *दि प्योर थियरी ऑफ पॉलिटिक्स* (1963 ई.)। कई दशकों तक इन रचनाओं पर विद्वानों ने पर्याप्त ध्यान नहीं दिया। लेकिन बाद में राजनीतिक दर्शन के पुनरुत्थान में उनके योगदान को महत्त्वपूर्ण माना जाने लगा।

राज्य की शक्ति-विस्तार की आलोचना

अपनी पहली पुस्तक में जोवेनेल की प्रमुख समस्या पश्चिमी यूरोप और अमेरिका में समाज पर राज्य के बढ़ते नियंत्रण की है। इसलिए वे आधुनिक राज्य की शक्तियों का विश्लेषण करते हैं। उनका प्रमुख प्रश्न है कि किस प्रकार आधुनिक राज्य व्यक्ति की स्वतंत्रता के लिए खतरा बन गया? दो विश्व युद्धों और लोक कल्याणकारी राज्य की अवधारणा के कारण राज्य की शक्तियों का काफी विस्तार हुआ और उसका संपूर्ण समाज पर नियंत्रण स्थापित हो गया। जोवेनेल राज्य के इस सर्वाधिकारवादी (Totalitarian) स्वरूप के कट्टर विरोधी हैं। उनकी राय में केवल फासीवादी अथवा नाजीवादी और साम्यवादी शासन ही नहीं बल्कि लोकतांत्रिक व्यवस्थाओं में भी राज्य ने सर्वाधिकारवादी स्वरूप ग्रहण कर लिया है। राज्य की शक्ति में वृद्धि के लिए जोवेनेल सामान्य रूप से दो प्रवृत्तियों को उत्तरदायी मानते हैं–शक्ति प्राप्त करने की मानवीय इच्छा और राजनीतिक प्रतिद्वंद्विता। पहली प्रवृत्ति के कारण यदि व्यक्ति किसी शक्तिशाली पद पर पहुँचता है तो वह अपना पूर्ण आधिपत्य कायम करना चाहता है। शक्तियों के केंद्रीकरण का दूसरा कारण राजनीतिक प्रतिद्वंद्विता है। राजनीतिक समुदायों के लिए एक-दूसरे की सैनिक चुनौती से बचने के लिए यह आवश्यक समझा जाता है कि उनका राजनीतिक नेतृत्व पूरी शक्ति से निर्णायक कार्यवाही करे। जोवेनेल इस संबंध

में पश्चिमी देशों का उदाहरण देते हैं। सोलहवीं और सत्रहवीं सदी में शक्तिशाली स्पेन की बराबरी करने के लिए इंग्लैंड और फ्रांस के शासकों ने अपने हाथों में शक्तियों को केंद्रित करने का प्रयास किया। इसी प्रकार द्वितीय विश्व युद्ध के दौरान नाजीवादी जर्मनी से युद्ध में ब्रिटेन और अमेरिका में शक्तियों का केंद्रीकरण हुआ।

जोवेनेल आधुनिक लोकतांत्रिक युग में राज्य की शक्तियों में वृद्धि के कारणों की खोज करते हैं। उनके अनुसार इसके तीन प्रमुख कारण हैं। पहला कारण लोकप्रिय संप्रभुता का सिद्धांत है। इसके अनुसार सर्वोच्च शक्ति जनता में निहित है। इसने ईश्वरीय कानून के स्थान पर मनुष्यों द्वारा निर्मित कानून को मान्यता दी। जोवेनेल के अनुसार इससे समाज में निरपेक्ष शक्ति का उदय हुआ। उनका तर्क है कि लोकप्रिय संप्रभुता छोटे समुदायों के लिए ही उपयुक्त है। बड़े समुदायों में जनता स्वयं अपना शासन नहीं चला सकती। इस कारण उसके नाम पर कोई व्यक्ति या व्यक्ति समूह शासन करता है। वह अपने हाथों में शक्तियों को केंद्रित करने का प्रयास करता है। जोवेनेल का अगला तर्क है कि लोकप्रिय संप्रभुता का सिद्धांत इस मान्यता पर आधारित है कि राज्य लोगों की भलाई का साधन है। इसके आधार पर राज्य की शक्ति बढ़ती है। यहाँ पर वे लोक कल्याणकारी राज्य की आलोचना करते हैं। रोजगार कार्यक्रमों को बढ़ावा देना, शिक्षा की व्यवस्था करना, व्यवसाय को नियमित करना आदि कार्यों का दायित्व लोक कल्याणकारी राज्य का है। इसके परिणामस्वरूप राज्य की शक्तियाँ काफी विस्तृत हो जाती हैं। जोवेनेल की दृष्टि में लोकतांत्रिक राज्य की शक्तियों के विस्तार का दूसरा कारण सापेक्षवाद है। उनका तर्क है कि लोकप्रिय संप्रभुता का अर्थ व्यक्ति की संप्रभुता है। इसका निहितार्थ है कि किसी चीज के संबंध में सही-गलत संबंधी निर्णय का अधिकार प्रत्येक व्यक्ति को है। इस आधार पर समाज में नैतिकता का ऐसा कोई वस्तुनिष्ठ मापदंड नहीं रह जाता जो सभी पर लागू हो। प्रत्येक मनुष्य अपनी इच्छा को पूरा करने के लिए स्वतंत्र है। इस स्थिति में नैतिक सिद्धांतों का कोई अर्थ नहीं रह जाता है और नैतिक शून्यता की स्थिति पैदा होती है। इसे ठीक करने के लिए राज्य की शक्ति की आवश्यकता पड़ती है। इस आधार पर जोवेनेल का निष्कर्ष है कि नैतिक भ्रम की स्थिति में सर्वाधिकारवाद की उत्पत्ति होती है। वे लोकतंत्र में राज्य की शक्ति में वृद्धि का तीसरा कारण नागरिक समाज (Civil society) के अवसान को मानते हैं। लोकतांत्रिक शासन-व्यवस्था का मूल आधार व्यक्ति है। राज्य की शक्ति का अंतिम लक्ष्य व्यक्ति और समाज के संबंध को बदलना है। लोककल्याणकारी राज्य का व्यक्ति के जीवन में अधिकाधिक हस्तक्षेप होने लगा। इसका परिणाम यही हुआ कि व्यक्ति राज्य पर अधिक आश्रित हो गया। समाज व्यक्तियों का योग मात्र रह गया। जोवेनेल का तर्क है कि राज्य की शक्ति में वृद्धि के फलस्वरूप समाज अणुवादी (Atomistic) हो जाता है। इसमें प्रत्येक व्यक्ति अलग एवं स्वतंत्र इकाई के रूप में काम करता है। उसके सामाजिक संबंध और उनके आधार पर बनने वाले विभिन्न संगठन गौण हो जाते है। इसका परिणाम यह होता है कि एक ओर व्यक्ति है तो दूसरी ओर राज्य। केवल इन दोनों के बीच संबंध रह जाते हैं। इसलिए जोवेनेल का तर्क है कि इस व्यक्तिवाद के कारण नागरिक समाज समाप्त हो जाता है। व्यक्ति और राज्य के बीच विभिन्न प्रकार के संगठन होते हैं।

लेकिन आधुनिक लोककल्याणकारी राज्य इन संगठनों के कार्यों को अपने हाथ में ले लेता है। इनको पूरा करने का दायित्व राज्य की नौकरशाही पर होता है। इससे उसकी शक्तियाँ काफी बढ़ जाती हैं। जोवेनेल के अनुसार इसका परिणाम यह होता है कि सामाजिक संगठनों की भूमिका समाप्त हो जाती है। इन्हीं संगठनों का ताना-बाना नागरिक समाज है। अतः राज्य नागरिक समाज को समाप्त कर देता है। सामाजिक क्षेत्र में भी व्यक्ति और राज्य-सत्ता का अस्तित्व ही बचता है।

जोवेनेल पश्चिम की लोकतांत्रिक व्यवस्था की खामियों का विश्लेषण करते हैं। इनमें राज्य की शक्तियों में वृद्धि एक सच्चाई है। इसलिए उनकी राय में उदारवादी लोकतंत्र में भी सर्वाधिकारवाद के पनपने का खतरा बना रहता है क्योंकि संसद जैसी प्रतिनिधि संस्थाएँ सरकार को नियंत्रित नहीं कर पातीं। जोवेनेल का मानना है कि लोकतंत्र में संसद शासक-अभिजन के हाथ का यंत्र मात्र है। उसके साथ-साथ दलीय राजनीति सर्वाधिकारवाद को बढ़ावा देती है। इस बात से इनकार नहीं किया जा सकता कि राज्य या सरकार की शक्तियों में वृद्धि से व्यक्ति की स्वतंत्रता खतरे में पड़ जाती है। लेकिन जोवेनेल सर्वाधिकारवाद से रक्षा संबंधी उपायों के मामले में अनुदारवादी हैं। उनका तर्क है कि मध्यकाल में राजा की शक्तियाँ नियंत्रित थीं। उस पर कैथोलिक चर्च का नियंत्रण था। वह दैवी कानून की व्याख्या करता था। राजा ईश्वर का सेवक समझा जा सकता था। दूसरी ओर राजा पर कुलीन वर्ग का नियंत्रण था। राजा उनके समकक्ष हुआ करता था और उनसे धन माँगता था। इन आधारों पर जोवेनेल का निष्कर्ष है कि राज्य-सत्ता के विस्तार को शक्तिशाली समूहों द्वारा प्रभावी तरीके से रोका जा सकता है। अपने ऐतिहासिक विश्लेषण के आधार पर वे तर्क देते हैं कि मध्यकालीन कुलीन वर्ग के अवसान के कारण ही आज 'सर्वाधिकारवादी लोकतंत्र' की स्थिति आ गई है। वे आज के संदर्भ में यह स्वीकार करते हैं कि शक्तिशाली कुलीन वर्ग का अस्तित्व स्वतंत्रता को बनाए रखने के लिए आवश्यक है। इसके अभाव में राज्य में शक्तियों का केंद्रीकरण होता है। वे फ्रांस और ब्रिटेन का उदाहरण देते हुए कहते हैं कि इन देशों में राजा की शक्तियों पर कुलीन वर्ग का अंकुश था। फ्रांसीसी क्रांति के दौरान शक्तिशाली राजा और आम आदमी के बीच जो गठजोड़ हुआ, उसने परंपरागत कुलीन वर्ग की बाधा को खत्म कर दिया। इस प्रकार जोवेनेल व्यक्तिगत स्वतंत्रता के पक्षधर हैं। लेकिन उसकी रक्षा के लिए उनका भरोसा धर्म और समाज के कुलीन वर्ग पर है। इसलिए उन्हें रूढ़िवादी उदारवादी कहा जाता है।

सामान्य शुभ की अवधारणा

अपनी पुस्तक *सोवेरेनिटी* में जोवेनेल ने सामान्य शुभ (Common good) की अवधारणा पर विचार किया है। वे व्यक्तिवाद के कटु आलोचक हैं। उनके अनुसार व्यक्ति विवेकशील है। वह स्वतंत्र और स्वायत्त है। वह अपने जीवन और अपनी दुनिया का निर्माण स्वयं करता है। जोवेनेल व्यक्तिवाद की इन मूल स्थापनाओं को अस्वीकृत कर देते हैं। उनके अनुसार मनुष्य स्वभाव से सामाजिक है। समाज व्यक्ति के जीवन को बनाता है और उसकी रक्षा करता है। जोवेनेल की सामान्य शुभ की अवधारणा इसी पर आधारित है। यह व्यक्तियों के

हितों का योग मात्र नहीं है। आधुनिक युग में सामान्यत: व्यक्तियों की इच्छाओं की संतुष्टि को अच्छा जीवन माना जाता है। जोवेनेल ऐसा नहीं मानते। उनके अनुसार सामान्य शुभ नागरिकों द्वारा एक-दूसरे के लिए मित्रता और अपनत्व की भावना पर निर्भर करते हैं। यह व्यक्ति के मूल स्वभाव में है। वह समुदाय में ही जीने के लिए बना है जहाँ एक-दूसरे के बीच आमने-सामने (Face-to-face) के संबंध होते हैं। सही अर्थों में राजनीतिक समुदाय उसके सदस्यों के पारस्परिक विश्वास और 'सामाजिक मित्रता' पर निर्भर करता है। समाज या समुदाय से स्वतंत्र व्यक्ति का कोई हित नहीं हो सकता। जोवेनेल की दृष्टि में आधुनिक विकसित देशों में सामाजिक संबंधों का कमजोर पड़ना एक रोग है। वे नागरिक समाज के खत्म होने या कमजोर पड़ने को लेकर चिंतित दिखलाई पड़ते हैं। समाज जितना विकसित और जटिल होता जाता है, व्यक्तियों के आपसी संबंध उतने ही कम होते जाते हैं। इसका परिणाम यह होता है कि व्यक्ति केवल राज्य का नागरिक भर रह जाता है। इसलिए जोवेनेल का तर्क है कि सामान्य शुभ की सही अवधारणा में नागरिक समाज की स्वायत्तता को पर्याप्त सम्मान प्राप्त होना चाहिए। इसलिए उनका प्रस्ताव है कि राजनीतिक सत्ता प्राप्त व्यक्तियों का यह प्रमुख कार्य है कि वे नागरिकों के परस्पर-विश्वास को बढ़ावा दें। जोवेनेल के विचार में उदारवाद की यह प्रमुख कमजोरी है कि वह केवल व्यक्ति और राज्य को महत्त्व देता है और समाज गौण हो जाता है।

राजनीतिक सिद्धांत की प्रकृति

जोवेनेल ने अपनी पुस्तक *दि प्योर थियरी ऑफ पॉलिटिक्स* में राजनीतिक सिद्धांत की प्रकृति की विवेचना की है। उस समय अमेरिका में व्यवहारवाद उत्कर्ष पर था। प्राकृतिक विज्ञानों की तरह राजनीति का विज्ञान बनाने के प्रयास जोर-शोर से हो रहे थे। जोवेनेल इस प्रवृत्ति के कटु आलोचक हैं। अपनी पुस्तक की प्रस्तावना में ही वे कहते हैं– "प्रत्येक राजनीतिक स्थिति जटिल और मौलिक होती है।" इसलिए राजनीतिक स्थितियों में समरूपता की खोज करना कठिन है। अत: राजनीतिक घटनाओं के संबंध में सामान्य सिद्धांतों का निर्माण नहीं हो सकता जिनके आधार पर उस तरह की अन्य घटनाओं की व्याख्या की जा सके। राजनीति की व्याख्या पर सहमति नहीं हो सकती। इसके अतिरिक्त राजनीतिक अवधारणाओं का भी कोई एक सरल अर्थ नहीं होता। यही कारण है कि राजनीतिक सिद्धांत विभिन्न और अलग-अलग सिद्धांतों का एक समूह है। व्यवहारवादियों के संबंध में जोवेनेल का दूसरा आक्षेप उनके मूल्य संबंधी दृष्टिकोण पर है। वैज्ञानिक पद्धति से अध्ययन करनेवाला अपने आदर्शों एवं मूल्यों को अध्ययन के विषय से अलग रखता है। इसी प्रकार व्यवहारवादी भी राजनीति के अध्ययन में तथ्यों और मूल्यों को अलग-अलग रखने पर बल देते हैं। उनके अनुसार राजनीति के वैज्ञानिक सिद्धांतों के निर्माण के लिए यह आवश्यक है। जोवेनेल व्यवहारवादियों के इस दृष्टिकोण के विरोधी हैं। उनके अनुसार राजनीति मनुष्यों के परस्पर-व्यवहार से ही बनती है। कोई भी राजनीतिक गतिविधि मनुष्यों के आपसी संबंधों में ही उत्पन्न होती है। व्यवहारवादी मनुष्य के व्यवहार के अध्ययन का दावा करते हैं। लेकिन वे प्रमुख तौर पर मतदान-व्यवहार

का अध्ययन करते हैं। जोवेनेल के अनुसार यह एक 'कमजोर' राजनीतिक व्यवहार है। इसका अध्ययन तथ्यात्मक दृष्टिकोण से किया जा सकता है। लेकिन राजनीति विज्ञान राजव्यवस्था का अध्ययन करता है। इसमें यह दृष्टिकोण उपयोगी नहीं हो सकता। हम मनुष्यों के व्यवहार में एकरूपता की खोज से संतुष्ट नहीं हो सकते। हम उनका मूल्यांकन करना चाहते हैं। इसलिए जोवेनेल का निष्कर्ष है कि राजनीतिक अध्ययन में मूल्यांकन अनिवार्य रूप से जुड़ा होता है। यही कारण है कि राजनीतिक सिद्धांत आदर्शपरक होता है।

राजनीतिक सिद्धांत के पहलू

जोवेनेल व्यवहारवादी अध्ययन पद्धति को अस्वीकार करते हैं। वे राजनीतिक चिंतन में एक नई शुरुआत की बात करते हैं। इसलिए राजनीतिक सिद्धांत के अंतर्गत तथ्य और मूल्य, दोनों को शामिल करना चाहते हैं। जोवेनेल का तर्क है कि राजनीतिक सिद्धांतकार को राजनीतिक जीवन की प्रमुख गतिविधियों का केवल वर्णन ही नहीं करना चाहिए बल्कि उसे उनके मूल्यांकन का आधार भी प्रस्तुत करना चाहिए। उनकी दृष्टि में राजनीतिक सिद्धांत के तीन पहलू हैं :

(i) **राजनीतिक सिद्धांत राजनीति की व्याख्या करता है :** राजनीतिक गतिविधि की एक विशेष परिस्थिति होती है। उसे ठीक से तभी समझा जा सकता है जब उन परिस्थितियों की व्याख्या की जाए। राजनीतिक सिद्धांत का यह कार्य तथ्यों से जुड़ा है। जोवेनेल व्यवहारवादियों से आंशिक रूप से सहमत हैं कि राजनीतिक सिद्धांत द्वारा की गई व्याख्या तथ्यों पर आधारित होनी चाहिए।

(ii) **राजनीतिक सिद्धांत तथ्यों का वर्गीकरण करता है :** जोवेनेल के अनुसार पर्यवेक्षण से राजनीतिक घटनाओं के संबंध में तथ्य जुटाए जाते हैं। लेकिन उनका तब तक कोई अर्थ नहीं रहता जब तक विभिन्न प्रकार के तथ्यों को सही ढंग से व्यवस्थित न किया जाए। इसके साथ ही उनके बीच संबंधों को दिखलाना भी आवश्यक है तभी राजनीतिक घटनाओं की सही समझ विकसित हो सकती है।

(iii) **राजनीतिक सिद्धांत का कार्य अनुशंसात्मक है :** जोवेनेल का यह तर्क है कि राजनीतिक सिद्धांत की पूरी परंपरा राजनीतिज्ञों को सही और उचित रास्ता दिखलाने का प्रयास है। इसलिए राजनीतिक सिद्धांत का यह कार्य सर्वाधिक महत्त्वपूर्ण है। राजनीतिक सिद्धांतों का केवल यह सरोकार नहीं हो सकता कि राजनीतिज्ञ वस्तुत: कैसे कार्य करते हैं? जैसा व्यवहारवादी मानते हैं। राजनीतिक सिद्धांत का उद्देश्य मानवीय आचरण के सही मापदंड को प्रस्तुत करना है। इसी आधार पर राजनीतिक नेताओं को शिक्षित किया जा सकता है। जोवेनेल यह स्वीकार करते हैं कि हाल के दशकों में राजनीतिक सिद्धांतों के अंतर्गत वर्णन और व्याख्या को प्रमुख माना जा रहा है। लेकिन उनकी राय में आदर्शों और मूल्यों को प्रस्तुत करना यानी राजनीतिक लक्ष्यों की अनुशंसा राजनीतिक सिद्धांत का महत्त्वपूर्ण कार्य है। इस प्रकार वे राजनीतिक सिद्धांतों के अंतर्गत तथ्यों और मूल्यों को शामिल करते हैं। राजनीतिक घटनाओं के वर्णन एवं व्याख्या के साथ-साथ मूल्यांकन भी राजनीतिक सिद्धांत का महत्त्वपूर्ण कार्य है। इसके साथ ही राजनीतिक दर्शन का एक नैतिक कार्य भी है। इसका

कार्य शक्तिशाली व्यक्ति के आचरण को सुधारना तथा उसे उच्च लक्ष्य की ओर प्रेरित करना है। अच्छा समाज वही है जहाँ लोगों के बीच मित्रता और अपनत्व की भावना मजबूत हो। इसी प्रकार का समाज मानवीय हो सकता है। जोवेनेल की आलोचना है कि आधुनिक युग में व्यक्ति या तो उत्पादक है या उपभोक्ता। इन दोनों के बीच वह बँटा हुआ है। इस प्रकार व्यक्ति अधूरा रह गया है। उनका प्रस्ताव है कि मनुष्य के सही स्वभाव का सम्मान आवश्यक है। उसके पारिवारिक और सामाजिक संबंध होते हैं। वे उसके जीवन को पूर्णता प्रदान करते हैं। इसलिए वे सामुदायिक जीवन को पुनर्स्थापित करना चाहते हैं। परस्पर-विश्वास और प्रेम के आधार पर ही समाज को मानवीय बनाया जा सकता है। इच्छाओं की संतुष्टि के लिए व्यक्तियों के बीच गलाकाट प्रतियोगिता व्यक्ति को समाज से अलग कर देती है। जोवेनेल व्यक्ति की इस स्थिति को बदलना चाहते हैं।

जोवेनेल आधुनिक युग के संकटों का विश्लेषण करते हैं। उनके परिप्रेक्ष्य में वे 'अच्छे जीवन' और 'सामान्य शुभ' जैसी अवधारणा को प्रस्तुत करते हैं। इस प्रकार वे राजनीतिक चिंतन की शास्त्रीय परंपरा की एक कड़ी हैं। प्रारंभ से ही राजनीतिक चितंन अपने समय की समस्याओं का विश्लेषण कर उनका सैद्धांतिक समाधान प्रस्तुत करता रहा है। जोवेनेल ने भी यही किया है। उन्होंने व्यक्तिवादी विचारधारा और उदारवादी लोकतंत्र की गंभीर समस्याओं का विश्लेषण किया है। वे व्यक्तिगत स्वतंत्रता के प्रबल पक्षधर और राज्य की शक्ति में वृद्धि के आलोचक हैं। लेकिन कई मामलों में जोवेनेल रूढ़िवादी हैं। संप्रभुता के लोकप्रिय सिद्धांत एवं सार्वभौम वयस्क मताधिकार का विरोध उनके चिंतन को रूढ़िवादी बना देता है। इसी तरह कुलीन वर्ग पर विश्वास भी मध्यकालीन प्रवृत्ति है। इस प्रकार जोवेनेल समकालीन समस्याओं का विश्लेषण पूरी गहराई और तीक्ष्ण अंतर्दृष्टि से करते हैं। लेकिन उनके द्वारा प्रस्तुत समाधान संतोषजनक नहीं प्रतीत होते। इस कमी के बावजूद राजनीतिक दर्शन में जोवेनेल का महत्त्वपूर्ण योगदान यह है कि उन्होंने इस बात पर बल दिया कि उदारवादी लोकतांत्रिक राज्य में भी व्यक्ति की स्वतंत्रता सुरक्षित नहीं है। उनका यह कहना सही है कि राजनीति विज्ञान अब 'नैतिक विज्ञान' नहीं रह गया। उनका यह सुझाव भी प्रासंगिक है कि राजनीति विज्ञान को व्यक्तियों में नागरिकता के गुणों का विकास करने और समाज को 'अच्छे जीवन' और 'सामान्य शुभ' की अवधारणा के संबंध में शिक्षित करने के दायित्व का संपादन करना चाहिए।

हन्ना एरेंट (Hannah Arendt)

हन्ना एरेंट बीसवीं सदी के प्रभावशाली चिंतकों में से एक हैं। उन्होंने अपनी रचनाओं के माध्यम से राजनीतिक दर्शन को पुनर्जीवित करने में महत्त्वपूर्ण योगदान दिया। हालाँकि वे खुद को राजनीतिक दार्शनिक कहलाना पसंद नहीं करतीं। उन्होंने साफ तौर पर कहा कि उन्होंने दर्शन को 'अलविदा' कह दिया है। उनका मानना है कि दर्शन की दुनिया 'एकांत' (Singularity) की दुनिया है। इसके विपरीत राजनीति का संबंध 'बहुलता' (Plurality) से

है। राजनीति विविध मनुष्यों की क्रियाओं से बनती है। इसलिए एरेंट राजनीति को दर्शन से अलग रखते हुए, स्वतंत्र रूप से समझना चाहती हैं। वे राजनीति के व्यवहारवादी अध्ययन की आलोचना करती हैं। उसमें राजनीतिक क्रियाकलापों को मापन और भविष्यवाणी के लायक समझा जाता है। व्यवहारवादी दृष्टिकोण से राजनीति का सही ज्ञान प्राप्त नहीं हो सकता। राजनीति स्वत:स्फूर्त होती है। उसके परिणामों की भविष्यवाणी नहीं हो सकती। राजनीति के प्रति उनका दृष्टिकोण यूनानी चिंतन से प्रभावित है। उन्होंने स्पष्ट तौर पर कहा– "हम राजनीतिक (Political) को नगर-राज्य के अर्थ में समझते हैं।" लेकिन उनकी पद्धति ऐतिहासिक नहीं है। अतीत की अवधारणाओं के माध्यम से उन्होंने अपने समय के संकटों को समझने का प्रयास किया है। उनके चिंतन पर अस्तित्ववादी दर्शन का पर्याप्त प्रभाव है। वे अस्तित्ववादी चिंतक कार्ल जेस्पर्स की पंक्ति को उद्धृत करती हैं– "अपने आप को अतीत या भविष्य को मत सौंपो। महत्त्वपूर्ण बात वर्तमान में पूर्ण रूप से बने रहना है।" उन्होंने यह स्वीकार किया कि इस वाक्य ने उनके दिल को छू लिया। इसके अतिरिक्त उन्होंने जर्मनी के नाजी तानाशाही के उत्पीड़न को भी नजदीक से देखा था। यहूदी होने के कारण एरेंट को 1933 ई. में जर्मनी छोड़ना पड़ा था। वहाँ से वे चेकोस्लोवाकिया और उसके बाद जेनेवा गईं। कुछ वर्षों तक वे फ्रांस में रहीं। द्वितीय विश्व युद्ध के दौरान जर्मनी ने फ्रांस के उत्तरी हिस्से पर कब्जा कर लिया था। उसके परिणामस्वरूप वहाँ की फ्रांसीसी सरकार पर जर्मनी का नियंत्रण था। 1940 ई. में एरेंट वहाँ भी कैद कर ली गईं। 1941 ई. में वे अमेरिकी राजनयिक की सहायता से अमेरिका आ गईं। यहाँ शिकागो विश्वविद्यालय में 1963 ई. से 1967 ई. तक उन्होंने अध्यापन कार्य किया। *दि ओरिजिन्स ऑफ टोटलिटेरियनिज्म* (1951 ई.), *दि ह्यूमन कंडीशन* (1958 ई.) और *ऑन रिवोल्यूशन* (1963 ई.) उनकी महत्त्वपूर्ण रचनाएँ हैं।

श्रम, कार्य और क्रिया

हन्ना एरेंट के अनुसार मनुष्य की तीन मूल गतिविधियाँ हैं: श्रम (Labour), कार्य (Work) और क्रिया (Action)। लेकिन तीनों एक ही कोटि की नहीं हैं। वे इन तीनों गतिविधियों का विश्लेषण करती हैं। प्रत्येक गतिविधि की एक विशिष्ट मानवीय दशा है। एरेंट तीनों गतिविधियों से संबंधित मानवीय जीवन की दशा को सामने लाती हैं। इस संदर्भ में उनका अलग पैमाना है जिनके आधार पर उन्हें एक-दूसरे से अच्छा माना जाता है। सबसे निचले स्तर पर श्रम जैसी गतिविधि है। इसके द्वारा मनुष्य अपनी आवश्यकताओं की पूर्ति करता है। श्रम का उत्पाद पूर्णत: उपभोग के लिए होता है। श्रम के अंतर्गत जीवन को बनाए रखने के लिए किए जानेवाले क्रियाकलाप और संतानोत्पत्ति को शामिल किया गया है। इनमें मनुष्य की चेतना का स्तर निम्न होता है। श्रम की मानवीय दशा अपने जीवन को बनाए रखना है। जीवन की यह दशा यूनान में दासों के लिए थी। दूसरे स्तर पर कार्य (Work) है। यह टिकाऊ वस्तुओं का उत्पादन करता है। सर्वप्रथम इसी गतिविधि में मनुष्य आत्म चेतन बनता है। इसमें उसे 'निर्माता' और वस्तु के बीच अंतर समझ में आता है।

कार्य के द्वारा वह वस्तुओं की दुनिया में प्रवेश करता है। अतः कार्य की मानवीय दशा भौतिक जगत है। एरेंट के अनुसार कार्य में मनुष्यों के बीच आपसी संबंध स्थापित होते हैं। लेकिन वे सीमित एवं आंशिक होते हैं। उनके बीच उत्पादक के रूप में वस्तुओं के माध्यम से संबंध बनते हैं। वे संबंध परस्पर-विनिमय पर आधारित होते हैं। इसलिए वे बाजार के सिद्धांत पर आधारित होते हैं। तीसरी और सबसे उच्च कोटि की गतिविधि क्रिया है। एरेंट के अनुसार क्रिया के द्वारा एक नए की शुरुआत की जाती है। उनके चिंतन में क्रिया का सिद्धांत काफी महत्त्वपूर्ण है। इसकी विस्तृत चर्चा के पहले निजी और सार्वजनिक क्षेत्र के बीच के अंतर को समझना होगा।

सार्वजनिक और निजी क्षेत्र

एरेंट के अनुसार प्राचीन यूनानी जीवन में निजी और सार्वजनिक का विभाजन स्पष्ट था। निजी क्षेत्र के अंतर्गत संपत्ति और पारिवारिक जीवन शामिल था। यह वैसा क्षेत्र था जहाँ मनुष्य की आवश्यकताओं की पूर्ति होती थी। मानवीय जीवन को बनाए रखने के लिए सभी आवश्यक गतिविधियाँ उसी में शामिल थीं। अर्थव्यवस्था भी उसी के अंतर्गत थी। एरेंट श्रम और कार्य को निजी क्षेत्र में रखती हैं। उनका तर्क है कि यूनान में निजी क्षेत्र की गतिविधियाँ कभी भी सार्वजनिक बहस का विषय नहीं थीं। अतः वे गैर-राजनीतिक थीं। उसके विपरीत सार्वजनिक क्षेत्र में राजनीतिक गतिविधियाँ संपादित की जाती थीं। एरेंट का तर्क है कि अरस्तू के अनुसार उसी क्षेत्र में अमरत्व की प्राप्ति हो सकती थी। इसलिए यूनान में राजनीतिक गतिविधियों में शामिल होना उत्कृष्ट माना गया था। एरेंट के अनुसार मनुष्य एक राजनीतिक प्राणी (Zoon politikon) है। वे सेनेका जैसे मध्यकालीन चिंतकों की आलोचना करती हैं। उनके अनुसार सेनेका ने अरस्तू के शब्दों का गलत अनुवाद किया। यूनानी शब्दावली में 'सामाजिक' शब्द था ही नहीं। एरेंट का तर्क है कि रोमन युग में सामाजिक क्षेत्र के रूप में तीसरा क्षेत्र उभरा। यह निजी हितों पर आधारित है। इसलिए उनका मानना है कि निजी और सामाजिक दोनों क्षेत्र आवश्यकताओं की पूर्ति के क्षेत्र हैं।

क्रिया का सिद्धांत

क्रिया का सिद्धांत एरेंट का सर्वाधिक महत्त्वपूर्ण योगदान माना जाता है। वे इसे उत्कृष्ट राजनीतिक गतिविधि मानती हैं। इसी के द्वारा राजनीतिक संस्थाओं की स्थापना और उनका संरक्षण किया जाता है। क्रिया में मनुष्य की चेतना का स्तर उच्च होता है। एरेंट इसे सार्वजनिक क्षेत्र में रखती हैं। क्रिया बहुलता की दशा में संपादित होती है। यह एकमात्र ऐसी गतिविधि है जिसके द्वारा मनुष्यों के बीच सीधा संबंध स्थापित होता है। एरेंट के अनुसार सभी मनुष्यों में समानता है। इसके बावजूद प्रत्येक की अपनी विशिष्ट पहचान है। क्रिया के द्वारा मनुष्य अपनी पहचान को सामने लाता है। क्रिया के लिए स्वतंत्रता आवश्यक है। क्रिया तभी संभव है जब व्यक्ति को किसी सिद्धांत, विचार या तथ्य को स्वीकारने या अस्वीकार करने की स्वतंत्रता हो। चूँकि क्रिया का क्षेत्र बहुलता है इसलिए इसी के माध्यम से मानवीय संबंधों का जाल बनता है। एरेंट के अनुसार दूसरे की क्रियाएँ एक के लिए परिवेश का निर्माण करती

हैं। इसलिए उनका मानना है कि मानवीय क्रियाओं से अप्रत्याशित परिणामों की ही आशा की जा सकती है। इसलिए वे न तो कभी पूर्व निर्धारित प्रक्रिया के अनुसार चल सकती हैं और न ही उनसे पूर्व निर्धारित लक्ष्यों की प्राप्ति हो सकती है। वे यहाँ पर भाषा को जोड़ती हैं। इसी के सहारे व्यक्ति अपनी क्रियाओं के अर्थ को समझने और समझाने लायक बनता है। भाषा के द्वारा ही मनुष्य दूसरों से अंत:क्रिया करता है। अत: एरेंट का तर्क है कि क्रिया और भाषा गहरे रूप से परस्पर संबंधित हैं।

एरेंट के अनुसार यूनानी नगर-राज्य एक-साथ रहने वाले समान नागरिकों का समुदाय था। समुदाय के भीतर रहने या राजनीतिक होने का अर्थ है कि सभी निर्णय बल और हिंसा के बजाए, भाषा के द्वारा विवेकसम्मत तरीके से लोगों को मनाने के द्वारा होगा। इस प्रक्रिया में निर्बाध बहस और वाद-विवाद के द्वारा सहमति प्राप्त करने का प्रयास किया जाता है। इस प्रकार एरेंट सहभागी लोकतंत्र का समर्थन करती हैं। उनके अनुसार उदारवादी लोकतंत्र की संस्थाएँ व्यक्ति को अपनी स्वतंत्रता के सार्थक प्रयोग का पूर्ण अवसर प्रदान नहीं करती। वह इसका प्रयोग सीमित रूप में ही कर सकता है। उदारवाद में स्वतंत्रता को बहुत हद तक नकारात्मक अर्थ में लिया जाता है। बुनियादी तौर पर इसे सरकारी हस्तक्षेप के खिलाफ सुरक्षा कवच के रूप में देखा जाता है। एरेंट इस अवधारणा की आलोचक हैं। उनका स्पष्ट मानना है कि नागरिकों की सतत् सहभागिता से ही स्वतंत्रता सार्थक हो सकती है। इसी के द्वारा सार्वजनिक क्षेत्र को बनाए रखा जा सकता है। इस संबंध में उनकी चिंता यही है कि आधुनिक युग में सार्वजनिक क्षेत्र निरंतर सिकुड़ता जा रहा है।

परंपरागत राजनीतिक चिंतन की आलोचना

एरेंट परंपरा को सशक्त चुनौती देती हैं। वे चिंतन को परंपरा से मुक्त रखना चाहती हैं। इसका आशय यह नहीं कि वे इतिहास को अनदेखा करती हैं। अतीत के राजनीतिक चिंतन को वे 'परंपरा के बोझ से मुक्त' और उससे निर्देशित हुए बगैर 'नई आँखों' से देखना चाहती हैं। वे परंपरागत राजनीतिक चिंतन के संदर्भ में दो दुनिया का उल्लेख करती हैं। एक दुनिया अनुभव की दुनिया है। उसमें बहुत सारे मनुष्य हैं। उनके विविध मत हैं। अनेक तरह की घटनाएँ हैं। इसके विपरीत दूसरी दुनिया चिंतन की दुनिया है। पहली दुनिया से अलग एकांत और अकेलेपन की दुनिया। प्लेटो का उदाहरण देते हुए एरेंट कहती हैं कि चिंतन का उद्देश्य बहुलता एवं विविधता से भरी दुनिया से परे अंतिम एवं सार्वभौम सत्य की खोज करना है। इसमें मतों की विविधता का कोई स्थान नहीं है। इस प्रक्रिया में चिंतन दैनिक जीवन की घटनाओं से परे चला जाता है। एरेंट का यह भी तर्क है कि प्लेटो के चिंतन में दार्शनिकों के चिंतनशील जीवन को उच्च कोटि का माना गया। यह जीवन कुछ लोगों के लिए था। यह व्यावहारिक एवं ऐंद्रिक दुनिया से न सिर्फ परे है, बल्कि ऊपर है। यहाँ तक कि व्यावहारिक दुनिया की अनिश्चितताओं एवं संघर्षों का समाधान दार्शनिकों के चिंतन और उनके द्वारा सुझाए गए मार्गों को माना गया। एरेंट की आलोचना है कि इस प्रकार का चिंतन राजनीति से ही पलायन था। उनके अनुसार परंपरागत राजनीतिक चिंतन की यही प्रमुख समस्या है।

वे इस पर पुनर्विचार की माँग करती हैं। उनका कहना है कि राजनीतिक चिंतन की जड़ें सामान्य अनुभवों में होनी चाहिए। इसी प्रक्रिया में चिंतन लोकतांत्रिक आकार ले सकेगा। उनके अनुसार– ''प्रत्येक चिंतक चाहे वह कितना प्रसिद्ध क्यों न हो, मेरे और आपकी तरह एक मनुष्य हो।''

वैज्ञानिक पद्धति की आलोचना

एरेंट यह स्वीकार करती हैं कि राजनीतिक दर्शन की परंपरा कमजोर हुई है। इसके स्थान पर वैज्ञानिक पद्धति का महत्त्व बढ़ा है। वे वैज्ञानिक पद्धति को अस्वीकार करती हैं। इसके द्वारा निश्चित ज्ञान की खोज का प्रयास किया जाता है और यह प्रयोग पर आधारित होता है। एरेंट की आलोचना है कि वैज्ञानिक पद्धति से प्राप्त ज्ञान मानवीय इंद्रियों के प्रत्यक्ष अनुभवों पर आधारित नहीं होता। इसके स्थान पर वैज्ञानिक नियमों से निर्देशित प्रयोग से ज्ञान की प्राप्ति होती है। एरेंट के अनुसार वैज्ञानिक पद्धति का उद्देश्य निश्चित, वस्तुनिष्ठ एवं सार्वभौम सत्य की प्राप्ति है। इस प्रकार के ज्ञान की संभावना विविध एवं अलग-अलग मतों से परे जाने पर ही निर्भर करती है। इस प्रकार वैज्ञानिक ज्ञान में मनुष्य के सामान्य एवं विविध प्रकार के अनुभवों का कोई स्थान नहीं रह जाता। एरेंट का भी तर्क है कि राजनीतिक क्रियाओं के परिणाम हमेशा अप्रत्याशित होते हैं। अतः उन्हें न तो मापा जा सकता है और न ही उनके बारे में कोई भविष्यवाणी की जा सकती है। स्पष्ट है कि वे व्यवहारवाद की मूल स्थापनाओं को अस्वीकार करती हैं।

आधुनिकता के संकटों की पहचान

एरेंट आधुनिक युग के संकटों की सैद्धांतिक विवेचना करती हैं। इस युग में आर्थिक गतिविधियों का पर्याप्त विस्तार हुआ। भौतिक सुख-सुविधाओं में वृद्धि हुई। लेकिन इसी युग में फासीवादी-नाजीवादी तथा स्टालिनवादी जैसी सर्वाधिकारवादी विचारधाराएँ और शासन-व्यवस्थाएँ भी अस्तित्व में आईं। एरेंट ने अपनी पुस्तक *दि ओरिजिन ऑफ टोटेलिटेरियनिज्म* में सर्वाधिकारवाद की उत्पत्ति का विश्लेषण किया है। लेकिन वे इसकी ऐतिहासिक व्याख्या नहीं करतीं। इसके स्थान पर वे उसे व्यापक और सैद्धांतिक परिप्रेक्ष्य में समझने का प्रयास करती हैं। इस क्रम में पूरी आधुनिकता के प्रति उनकी एक नकारात्मक दृष्टि उभरती है। एरेंट के अनुसार आधुनिक युग में व्यक्ति अपने-आप से ज्यादा सरोकार रखने लगा। उसकी आवश्यकताओं की पूर्ति सर्वाधिक महत्त्वपूर्ण हो गई। इसके कारण श्रम को सर्वाधिक महत्त्वपूर्ण गतिविधि माना जाने लगा। इस संबंध में एरेंट का तर्क है कि आर्थिक हितों की पूर्ति निजी क्षेत्र का विषय है। वे इस संदर्भ में सामाजिक क्षेत्र के उदय की बात करती हैं जहाँ व्यक्तियों के इन हितों का संचयन होता है। एरेंट के अनुसार बाजार-अर्थव्यवस्था के विस्तार के कारण सामाजिक क्षेत्र ज्यादा विस्तृत और प्रभावी हो गया। उसके फलस्वरूप सभी चीजें उत्पादन और उपभोग का विषय बन गईं। उनका तर्क है कि वे निजी क्षेत्र के अंतर्गत थीं। अब वे गतिविधियाँ सार्वजनिक जीवन में महत्त्वपूर्ण हो गईं। उसका परिणाम यह हुआ

कि सभी आधुनिक समुदाय श्रमिकों और नौकरीपेशा लोगों के समाज में रूपांतरित हो गया। उसका असर मूल्यों पर भी पड़ा। स्वतंत्रता, बहुलता और एकता जैसे मूल्यों के स्थान पर उत्पादकता और प्रचुरता जैसे मूल्य अधिक महत्त्वपूर्ण हो गए। यही कारण है कि सामाजिक क्षेत्र के फैलाव के कारण व्यक्ति अराजनीतिक होता गया। एरेंट के अनुसार आधुनिकता के संकट का मूल बिंदु यही है कि सार्वजनिक क्षेत्र अत्यंत संकुचित हो गया है। व्यक्ति की राजनीतिक गतिविधि के लिए पर्याप्त स्थान उपलब्ध ही नहीं है।

हन्ना एरेंट का चिंतन एक नई और मौलिक अंतर्दृष्टि प्रस्तुत करता है। उन्होंने यूनानी चिंतन की अवधारणाओं का प्रयोग आधुनिक संदर्भों में किया है। उनमें श्रम और कार्य तथा निजी और सार्वजनिक क्षेत्र की अवधारणाएँ शामिल हैं। यूनान में दासों द्वारा गैर-उत्पादक घरेलू कार्य किए जाते थे। उसके अतिरिक्त कारीगरों का समूह उत्पादन में लगा होता था। अरस्तू ने घरेलू एवं उत्पादक कार्यों से स्वतंत्र रहने वाले लोगों को ही राजनीतिक गतिविधि में भाग लेने योग्य समझा था। हन्ना एरेंट उस विभाजन को आधुनिक युग में लागू करना चाहती हैं। आज के संदर्भ में यह विभाजन असंभव-सा है। इसी प्रकार वे राजनीतिक और सामाजिक क्षेत्र के बीच अंतर करती हैं। यह भी सैद्धांतिक रूप से सही नहीं है। आज नागरिक समाज और उसकी संस्थाएँ राजनीतिक गतिविधियों में महत्त्वपूर्ण भमिका अदा करती हैं। एरेंट उदारवादी राजनीतिक संस्थाओं के स्थान पर प्रत्यक्ष सहभागिता पर आधारित यूनानी नगर-राज्य का विकल्प देती हैं। इसमें भी कठिनाई है। आज के संदर्भ में प्रत्यक्ष सहभागिता के लिए संस्थागत व्यवस्था क्या हो? इस प्रश्न का उत्तर हमें एरेंट के चिंतन में नहीं मिलता। इन सैद्धांतिक अपूर्णताओं के बावजूद उनका महत्त्वपूर्ण योगदान यह है कि उन्होंने राजनीतिक दर्शन की परंपरा को चुनौती देने का बौद्धिक साहस दिखलाया। प्रायः राजनीतिक दर्शन व्यावहारिक राजनीति से अलग अमूर्त अवधारणाओं पर आधारित होता है। इस स्थिति में एरेंट की आलोचना सही है। आज का युग उत्तर-आधुनिक युग माना जाता है। इसमें उपभोग प्रमुख हो गया। उपभोक्तावाद एक प्रबल प्रवृत्ति है। इसका दुष्परिणाम यह हुआ है कि समाज के भीतर राजनीतिक प्रश्नों पर बहस और राजनीतिक गतिविधि का क्षेत्र सिमट गया है। इस संदर्भ में हन्ना एरेंट द्वारा राजनीतिक गतिविधि की स्वायत्तता और उसके केंद्रीय महत्त्व को रेखांकित करना अत्यंत प्रासंगिक है। उत्पादन एवं उपभोग जैसी गतिविधियों को सर्वाधिक महत्त्व देना यथास्थितिवाद को बढ़ावा देना है। इस संबंध में हन्ना एरेंट का सुझाव प्रासंगिक है कि राजनीतिक क्रियाकलापों के द्वारा ही सामाजिक परिवर्तन लाया जा सकता है। यदि हम सामाजिक परिवर्तन चाहते हैं तो हमें अपनी आवश्यकताओं की संतुष्टि में ही लिप्त रहने की प्रवृत्ति छोड़नी होगी। हमें राजनीतिक गतिविधि में हिस्सा लेना होगा। हन्ना एरेंट का यह संदेश आधुनिक युग की समस्याओं के समाधान में बहुत हद तक कारगर हो सकता है।

इसायाह बर्लिन (Isaiah Berlin)

इसायाह बर्लिन एक प्रसिद्ध उदारवादी चिंतक हैं। वे व्यक्तिगत स्वतंत्रता, मूल्यों की विविधता और विचारों की बहुलता पर आधारित बहुलवादी समाज के प्रबल पक्षधर हैं। उन्होंने हमेशा

राजनीतिक कट्टरता का विरोध किया। वे दार्शनिक विचारों के इतिहासकार, राजनीतिक सिद्धांतकार तथा निबंध लेखक हैं। वे ब्रिटेन के ऑक्सफोर्ड विश्वविद्यालय में प्राध्यापक रहे। अपनी रचनाओं के माध्यम से उन्होंने हमेशा राजनीतिक दर्शन की सामाजिक उपयोगिता पर बल दिया। उनकी राय में यह स्वीकृत मान्यताओं को चुनौती देता है। इस रूप में यह रूढ़िवादिता का विरोध करता है। लेकिन राजनीतिक दर्शन की भूमिका समाज सुधारक की नहीं हो सकती। बर्लिन की मान्यता है कि यह खुले वातावरण में ही विकसित हो सकता है। यही कारण है कि वे व्यक्तिगत स्वतंत्रता का प्रबल समर्थन करते हैं। व्यक्तिगत स्वतंत्रता बहुल समाज (Plural society) में ही सुरक्षित रह सकती है। एक ऐसा समाज जिसमें विविध प्रकार के लक्ष्य हों, विभिन्न प्रकार की जीवन पद्धतियाँ हों और व्यक्ति अपना चुनाव करने के लिए स्वतंत्र हो। इसी प्रकार के समाज में राजनीतिक दर्शन भी फल-फूल सकता है। इसके विपरीत एकत्ववादी समाज में एक ही लक्ष्य पर सहमति कायम की जाती है। सामूहिक रूप से उसी को प्राप्त करने का प्रयास किया जाता है। इस प्रकार का समाज व्यक्तिगत स्वतंत्रता का विरोधी होता है। बर्लिन के विचारों के कारण स्वतंत्रता पर नए सिरे से बहस प्रारंभ हुई। उसके साथ-साथ राजनीतिक सिद्धांत के पतन संबंधी विवाद में उनका हस्तक्षेप महत्त्वपूर्ण माना जाता है।

ऑक्सफोर्ड विश्वविद्यालय में बर्लिन ने *टू कन्सेप्ट्स ऑफ लिबर्टी* पर अपना व्याख्यान 1958 ई. में दिया। इस व्याख्यान में बर्लिन ने स्वतंत्रता की दो अवधारणाओं का विश्लेषण किया। पहली अवधारणा नकारात्मक है। इस अर्थ में स्वतंत्रता का आशय दूसरों के हस्तक्षेप का अभाव है। व्यक्ति उस सीमा तक स्वतंत्र माना जा सकता है जहाँ तक दूसरों से स्वतंत्र होकर अपनी इच्छानुसार कार्य करता है। इसलिए दूसरों के हस्तक्षेप से मुक्त क्षेत्र जितना विस्तृत होगा, व्यक्ति की स्वतंत्रता उसी के अनुरूप होगी। बर्लिन यह स्वीकार करते हैं कि व्यक्ति की स्वतंत्रता का क्षेत्र क्या हो, इस प्रश्न पर मतभेद संभव है। स्वतंत्रता की नकारात्मक अवधारणा व्यक्तिवादी है। इसके केंद्र में व्यक्ति है। वह समाज के नियंत्रण एवं राज्य के हस्तक्षेप से मुक्त क्षेत्र में अपने हितों की पूर्ति के लिए स्वतंत्र है। बर्लिन स्वतंत्रता की इस नकारात्मक अवधारणा का ही समर्थन करते हैं। सकारात्मक अवधारणा में स्वतंत्रता का अर्थ भिन्न है। व्यक्ति अपना स्वामी स्वयं है। लेकिन यहाँ यह प्रश्न खड़ा होता है कि उसके 'स्व' (Self) का मतलब क्या है? व्यक्ति के 'स्व' को विवेक से जोड़ा जाता है। इसके विपरीत उसकी इच्छाओं को 'निम्न प्रकृति' का माना जाता है। इस संदर्भ में व्यक्ति को तभी स्वतंत्र कहा जा सकता है जब वह अपनी वासनाओं और इच्छाओं पर पूर्ण नियंत्रण रखते हुए अपने विवेक के अनुसार आचरण करे। बर्लिन रूसो का उदाहरण देते हैं। रूसो के अनुसार कानून सामान्य इच्छा की अभिव्यक्ति है। उसका पालन स्वतंत्रता है। इसके विपरीत यदि व्यक्ति अपने स्वार्थों के कारण ऐसा नहीं करता तो वह स्वतंत्र नहीं है। बर्लिन का तर्क है कि स्वतंत्रता की सकारात्मक अवधारणा व्यक्ति को समाज, समुदाय, प्रजाति आदि सामूहिक निकाय का एक अंग मानकर चलती है। इसलिए उसकी स्वतंत्रता को सामूहिक लक्ष्य से जोड़ दिया जाता है। इसी से समस्या पैदा होती है। यह मान लिया जाता है कि सभी व्यक्ति उसी लक्ष्य

का अनुसरण करें। उसके प्रतिकूल जीवन मूल्यों के लिए समाज में कोई जगह नहीं होती। यह स्थिति सर्वाधिकारवाद की ओर ले जाती है। इसलिए बर्लिन स्वतंत्रता की सकारात्मक अवधारणा के दुरुपयोग का सवाल उठाते हैं। इसके बचाव के लिए वे, न्यूनतम मात्रा में ही सही, नकारात्मक स्वतंत्रता को उपयुक्त मानते हैं। इस संबंध में वे यह भी तर्क देते हैं कि नकारात्मक स्वतंत्रता का निहितार्थ है कि मानव जीवन के विविध लक्ष्य और मूल्य हो सकते हैं। वे परस्पर-विरोधी और प्रतियोगी भी हो सकते हैं। उनका चुनाव व्यक्ति पर छोड़ दिया जाता है। इसलिए बर्लिन का निष्कर्ष है कि सकारात्मक स्वतंत्रता की तुलना में, जहाँ व्यक्ति को सामूहिक आदर्श के अनुरूप जीना पड़ता हो, बहुलवाद को पोषित करनेवाली नकारात्मक स्वतंत्रता ज्यादा सच्ची और मानवीय आदर्श हो सकती है।

बर्लिन ने 1962 ई. में प्रकाशित अपने लेख ''डज पॉलिटिकल थियरी स्टिल इग्ज़िस्ट?'' (Does political theory still Exist?) में राजनीतिक दर्शन के पतन के सवाल पर विचार किया। उनके अनुसार अंग्रेजी-भाषी लोगों के बीच राजनीतिक दर्शन की मृत्यु या उसकी मरणासन्न स्थिति की बात बार-बार उठाई जाती रही है। उसका प्रमुख लक्षण यह माना जाता है कि बीसवीं सदी में राजनीतिक दर्शन का एक भी प्रभावी ग्रंथ सामने नहीं आया। लेकिन बर्लिन की दृष्टि में वह कोई ठोस साक्ष्य नहीं है। अत: इस आधार पर वे राजनीतिक दर्शन की मृत्यु को स्वीकार करने के पक्ष में नहीं हैं। अपने लेख में वे दर्शन और विज्ञान की प्रकृति और समाज में राजनीतिक दर्शन की भूमिका का विश्लेषण करने के साथ-साथ व्यवहारवादी अध्ययन पद्धति की भी समीक्षा करते हैं।

1. दर्शन और विज्ञान की प्रकृति : बर्लिन दर्शन और विज्ञान से संबंधित प्रश्नों के बीच अंतर करते हैं। विज्ञान का संबंध ऐसे प्रश्नों से होता है जिनके उत्तर पर्यवेक्षण के आधार पर दिए जा सकते हैं। यहाँ पर्यवेक्षण के तरीकों को जानना आवश्यक होता है। इसलिए सही पद्धति का सही उपयोग विज्ञान के केंद्र में है। बर्लिन के अनुसार विज्ञान की अवधारणाओं, पद्धतियों और निष्कर्षों पर विशेषज्ञों के बीच सामान्यत: सहमति होती है। इसके विपरीत दार्शनिक सवालों के सर्वमान्य उत्तर नहीं हो सकते। वे मूलत: पेचीदे होते हैं। उनके संबंध में निश्चित तौर पर नहीं कहा जा सकता। न्याय क्या है? किसी व्यक्ति के आचरण को किस आधार पर न्यायोचित ठहराया जा सकता है? बर्लिन की दृष्टि में ये प्रश्न प्रारंभ से ही जटिल हैं। इनके समाधान का कोई सुलभ तरीका उपलब्ध नहीं होता। न ही इनका सर्वमान्य हल संभव है। चूँकि ये व्यक्ति के मूल्यों और आदर्शों से संबंधित हैं, अत: इनके आनुभविक उत्तर नहीं दिए जा सकते हैं और न ही इनकी खोज की कोई सर्वमान्य पद्धति संभव है। बर्लिन के अनुसार राजनीतिक दर्शन परंपरागत रूप से समानता, न्याय, अधिकार आदि से संबंधित समस्याओं से सरोकार रखता आ रहा है। उन पर कभी आम राय नहीं हुई। यही लक्षण उन्हें दार्शनिक प्रकृति का बना देता है।

2. राजनीतिक दर्शन और समाज : प्रत्येक दर्शन और विचार समाज के स्वरूप और उसकी स्थितियों से प्रभावित होते हैं। यूनानी राजनीतिक दर्शन के उत्पन्न होने में वहाँ की सामाजिक-राजनीतिक स्थितियों की महत्त्वपूर्ण भूमिका रही। बर्लिन भी यह सवाल उठाते हैं

कि किस तरह के समाज में राजनीतिक दर्शन का अस्तित्व संभव है? वे यह स्वीकार करते हैं कि राजनीतिक दर्शन समाज के समक्ष आदर्शों और लक्ष्यों को सामने रखने का काम करता है। इस प्रकार उसकी सामाजिक भूमिका होती है। प्रत्येक समाज में राजनीतिक दार्शनिकों के द्वारा विभिन्न प्रकार के लक्ष्य प्रस्तुत किए जाते हैं। उन लक्ष्यों के बीच टकराव की स्थिति बनती है। उससे राजनीतिक दर्शन को जीवन मिलता है। अतः राजनीतिक दर्शन की मृत्यु केवल एक ही स्थिति में संभव है जब समाज में लक्ष्यों का टकराव न हो। बर्लिन का तर्क है कि जिस समाज में लक्ष्यों को लेकर गंभीर सवाल न हों और विभिन्न लक्ष्यों के बीच मतभेद न हों, वहाँ राजनीतिक दर्शन मृतप्राय हो जाएगा। इसका कारण है कि फिर उस एकमात्र लक्ष्य को प्राप्त करने के साधनों पर ही बहस हो सकती है। साधनों का प्रश्न तकनीकी और आनुभविक है। उन्हें वैज्ञानिक तरीके से खोजा जा सकता है। बर्लिन के अनुसार इस प्रकार के समाज में इतिहास, मनोविज्ञान, मानव विज्ञान आदि आनुभविक विज्ञानों की ही प्रमुखता होगी। वहाँ राजनीतिक दर्शन की भूमिका कम होगी। राजनीतिक दर्शन एक बहुलवादी समाज में ही जीवित रह सकता है। वहीं लोग विभिन्न लक्ष्यों पर बहस कर सकते हैं एवं उनका अनुसरण कर सकते हैं।

बर्लिन यह प्रश्न उठाते हैं कि क्या कोई ऐसा समाज यथार्थ में हो सकता है जहाँ लोगों के बीच एक लक्ष्य पर सहमति हो? उनका मानना है कि सेंट-साइमन और मार्क्स जैसे चिंतकों ने ऐसे समाज की कल्पना अवश्य की है लेकिन वह मूर्त रूप नहीं ले सकता। बर्लिन का निष्कर्ष है कि वास्तविक रूप से ऐसा समाज नहीं हो सकता जहाँ लक्ष्यों को लेकर मतभेद न हो तथा अन्य लक्ष्यों और मूल्यों की ओर लोगों का ध्यान न जाए। अगर यह मान भी लिया जाए कि समाज में एक लक्ष्य (उदाहरणार्थ पश्चिमी देशों में लोकतंत्र) पर सहमति संभव है, तब भी उससे संबंधित मूल्यों (व्यक्तिगत स्वतंत्रता, समानता आदि) पर टकराव की स्थिति बनेगी। वे तथ्यों से संबंधित नहीं होते। बर्लिन के अनुसार उनके मूल में यह प्रश्न है कि हमें क्या करना चाहिए? अतः तथ्यों के पर्याप्त ज्ञान से उपर्युक्त प्रश्न का समाधान नहीं हो सकता।

बर्लिन के अनुसार मनुष्य को समझने का सवाल तथ्यात्मक न होकर दार्शनिक प्रकृति का है। व्यक्ति कैसे सोचता है या कैसे निर्णय लेता है? इनका उत्तर आनुभविक तरीके से संभव नहीं है। उनकी पड़ताल दार्शनिक पद्धति से ही संभव है। इसलिए बर्लिन का निष्कर्ष है कि राजनीतिक दर्शन के बगैर किसी युग या समाज की कल्पना भी संभव नहीं है। वे यह स्वीकार करते हैं कि राजनीतिक दर्शन की विभिन्न धाराएँ एक-दूसरे को काटती हैं। उसके बावजूद वे प्रत्येक पीढ़ी के जिज्ञासु मष्तिष्क को संतुष्ट करने की क्षमता रखती हैं। भले ही उनका समय और उनकी परिस्थितियाँ बदल गई हों। बर्लिन इस बात पर बल देते हैं कि जब तक मनुष्य की विवकेशील जिज्ञासा रहेगी तथा मानवीय आचरण की व्याख्या और औचित्य से संबंधित प्रश्न होंगे तब तक राजनीतिक दर्शन इस दुनिया में पूर्णरूपेण समाप्त नहीं हो सकता।

3. प्रत्यक्षवाद की आलोचना : बर्लिन प्राकृतिक विज्ञान और मानवीय (सामाजिक) विज्ञान के बीच स्पष्ट अंतर करते हैं। पहला जहाँ प्राकृतिक जगत का अध्ययन करता है तो दूसरा मनुष्यों द्वारा बनाई गई दुनिया को समझने का प्रयास करता है। दोनों के अध्ययन का

विषय बुनियादी तौर पर भिन्न है। इसलिए बर्लिन का कहना है कि दोनों की पद्धति और अध्ययन के लक्ष्य बिल्कुल भिन्न हैं। प्राकृतिक चीजों का अध्ययन वस्तुनिष्ठ तरीके से हो सकता है। लेकिन मानवीय जीवन का अध्ययन उस प्रकार संभव नहीं है। उसके अध्ययन में अध्ययन करने वाले व्यक्ति के अपने अनुभवों की भूमिका होती है। इसी आधार पर वह आगे बढ़ता है। बर्लिन की दृष्टि में प्राकृतिक विज्ञान प्राकृतिक घटनाओं में एकरूपता की खोज करते हैं। उसके आधार पर सामान्य सिद्धांतों की स्थापना की जाती है। इसके विपरीत मानवीय विज्ञान मनुष्य की गतिविधियों का अध्ययन करते हैं। इनमें से प्रत्येक गतिविधि अपने आप में विशिष्ट होती है। इसलिए बर्लिन का निष्कर्ष है कि प्राकृतिक विज्ञानों के मॉडल को मानवीय विज्ञानों के संदर्भ में लागू नहीं किया जा सकता। यही कारण है कि वे प्रत्यक्षवाद की आलोचना करते हैं। इसके अनुसार ज्ञान को आनुभविक तथ्यों और प्राकृतिक विज्ञानों की पद्धतियों पर आधारित होना चाहिए। इस तरह के ज्ञान के अतिरिक्त सभी ज्ञान कल्पनात्मक एवं निरर्थक हैं।

बर्लिन की दृष्टि में प्रत्यक्षवाद राजनीतिक प्रश्नों को वैज्ञानिक तरीके से समझने का प्रयास करता है। यह इस मान्यता पर आधारित है कि मानवीय जीवन कुछ नियमों के अनुसार संचालित होता है। उनकी खोज की जा सकती है। इसी प्रकार मानवीय लक्ष्य वस्तुनिष्ठ होते हैं। अत: सही पद्धति के द्वारा मनुष्य के हितों और लक्ष्यों की पहचान की जा सकती है। उनका ज्ञान प्राप्त होने के बाद उनको प्राप्त करने वाले साधनों का ही प्रश्न शेष रह जाता है। बर्लिन के अनुसार प्रत्यक्षवादियों का यही आदर्श है। लेकिन मानवीय लक्ष्यों का ज्ञान आनुभविक तरीके से संभव ही नहीं है। इसका निहितार्थ है कि राजनीतिक विषयों का अध्ययन व्यवहारवादी पद्धति से संभव नहीं हो सकता।

बर्लिन राजनीतिक विचारों के इतिहास की पड़ताल करते हैं। उनका कहना है कि अठारहवीं सदी के दार्शनिकों ने नैतिक और राजनीतिक दर्शन को आनुभविक विज्ञान में बदलना चाहा। वह सफल नहीं हो सका। राजनीतिक उद्देश्य या लक्ष्य मानवीय होने के अर्थ से जुड़ा है। यह प्रश्न तथ्यों का नहीं बल्कि मूल्यों का है। उसका कोई सर्वमान्य उत्तर नहीं हो सकता। बर्लिन की समझ में प्रत्यक्षवाद से प्रभावित होकर मानवीय विज्ञानों ने भी मनुष्य के वास्तविक व्यवहार, आदतों और उसकी इच्छाओं का विश्लेषण किया। उनके संबंध में आनुभविक साक्ष्यों को जुटाने के प्रयास होते रहे। इस संबंध में बर्लिन का विचार है कि मनुष्य की गतिविधियों के संबंध में जुटाए गए तथ्यों के आधार पर आदर्शात्मक समस्याओं का समाधान नहीं हो सकता। प्रत्यक्षवाद की सबसे बड़ी विडंबना यही है कि वह आदर्शों और लक्ष्यों से संबंधित प्रश्नों को तथ्यात्मक प्रश्नों में बदलने का प्रयास करता है। मानवीय जीवन से संबंधित प्रश्न मूलत: दार्शनिक प्रकृति के होते हैं। वे तथ्यों से संबंधित नहीं हैं। इस कारण बर्लिन का निष्कर्ष है कि प्राकृतिक विज्ञानों की पद्धतियों और प्रतिमानों को मानवीय जीवन के अध्ययन में लागू ही नहीं किया जा सकता। उनके अनुसार जो अध्ययनकर्ता मानवीय व्यवहार के पर्यवेक्षण और उससे संबंधित आनुभविक पूर्वकल्पनाओं तक अपने को सीमित कर लेते हों, वे चाहे कितने भी मौलिक क्यों न हों, राजनीतिक सिद्धांतकार नहीं हो सकते।

इसलिए बर्लिन आनुभविक अध्ययन के प्रति समर्पित लोगों को राजनीतिक सिद्धांतकार मानने के लिए तैयार नहीं है।

बर्लिन ने राजनीतिक दर्शन के पुनरुत्थान में महत्त्वपूर्ण योगदान दिया। उल्लेखनीय है कि जॉन रॉल्स उनसे अत्यंत प्रभावित हुए। उन्होंने राजनीतिक दर्शन के अवसान संबंधी विवाद में भी प्रभावशाली हस्तक्षेप किया एवं प्रत्यक्षवाद की आलोचना के साथ-साथ राजनीतिक दर्शन की सामाजिक उपयोगिता पर बल दिया। वे एक प्रतिबद्ध चिंतक हैं। उन्होंने अपने समग्र लेखन में रूढ़िवादिता और राजनीतिक कट्टरता का विरोध किया। उनका यह सिद्धांत सही है कि राजनीतिक दर्शन तभी जीवंत हो सकता है जब समाज में बौद्धिक बहस की गुंजाइश हो। अतः राजनीतिक दर्शन की दशा सामाजिक स्थितियों से निर्धारित होती है। सामाजिक खुलापन और वैचारिक असहमति की अभिव्यक्ति के अवसर राजनीतिक दर्शन को हमेशा जीवंत रखते हैं। इसी आधार पर बर्लिन ने यह निष्कर्ष निकाला कि राजनीतिक दर्शन की मृत्यु कभी नहीं हो सकती। इस निष्कर्ष ने उनके परवर्ती विचारकों को राजनीतिक दर्शन की ओर उन्मुख किया।

जॉन रॉल्स (John Rawls)

बीसवीं सदी का छठा दशक अमेरिका के लिए उथल-पुथल का दौर था। इस दौर में वियतनाम युद्ध, परमाणु अस्त्रों का आतंक, विश्वविद्यालयों के नवयुवकों द्वारा अमेरिका के स्थापित सामाजिक-सांस्कृतिक मूल्यों का विरोध (प्रति-संस्कृति), नए रूप में वामपंथी विचारधारा का बढ़ता प्रभाव आदि गंभीर चुनौतियाँ सामने आईं। एक ओर अमेरिकी समाज में विघटनकारी स्थिति थी तो दूसरी ओर नागरिक अधिकारों और वियतनाम युद्ध के खिलाफ आंदोलन जोरों पर था। इन परिस्थितियों में राजनीतिक लक्ष्यों और नैतिक मूल्यों से संबंधित प्रश्न अत्यंत महत्त्वपूर्ण थे। अमेरिका के हार्वर्ड विश्वविद्यालय के प्राध्यापक जॉन रॉल्स (1921-2002 ई.) की पुस्तक *ए थियरी ऑफ जस्टिस* 1971 ई. में प्रकाशित हुई। यह द्वितीय विश्व युद्ध के बाद राजनीतिक दर्शन पर लिखी गई सर्वाधिक महत्त्वपूर्ण पुस्तक मानी गई। रॉल्स की यह रचना अमेरिका के तत्कालीन सामाजिक-राजनीतिक परिवेश में एक महत्त्वपूर्ण बौद्धिक हस्तक्षेप मानी जाती है। अमेरिका में 1950 ई. के दशक में राजनीतिक दर्शन के पतन का मुद्दा उठाया जा रहा था। उसके साथ ही राजनीतिक घटनाओं के अध्ययन में वैज्ञानिक पद्धति के प्रयोग और राजनीतिशास्त्र विषय को 'विज्ञान' बनाने की आकांक्षा प्रमुख बौद्धिक प्रवृत्ति थी। 1960 ई. के दशक में उस प्रवृत्ति की घोर आलोचना होने लगी थी। 1969 ई. में डेविड ईस्टन ने उसकी असफलता और उसके कारण उत्पन्न संकटों का उल्लेख किया था। उसके दो वर्षों के बाद रॉल्स की पुस्तक प्रकाशित हुई। वह समयानुकूल थी। उसे अमेरिका में राजनीतिक दर्शन की वापसी समझा जाने लगा। बौद्धिकों के बीच वह पुस्तक अत्यंत लोकप्रिय हुई। यही कारण है कि उसका अनुवाद यूरोपीय भाषाओं के अतिरिक्त चीनी, जापानी एवं कोरियाई भाषाओं में भी हुआ। रॉल्स की अन्य रचनाएँ इस

प्रकार हैं : *दि पॉलिटिकिल लिबरलिज्म* (1993 ई.), *दि लॉ ऑफ पीपुल्स* (1999 ई.) और *जस्टिस एज फेयरनेस : ए रिस्टेटमेंट* (2001 ई.)। अपनी अंतिम पुस्तक में रॉल्स ने न्याय की अपनी अवधारणा में कुछ संशोधन किया है।

रॉल्स राजनीतिक चिंतन की शास्त्रीय परंपरा के प्रतिनिधि कहे जा सकते हैं। वे यूनानी राजनीतिक दर्शन की परंपरा को पुनर्जीवित करते हैं। प्लेटो के चिंतन में न्याय केंद्रीय विषय था। इसी प्रकार रॉल्स ने भी न्याय पर अपना ध्यान केंद्रित किया। उनका प्रयास न्याय के सैद्धांतिक आदर्श का विवरण प्रस्तुत करना है। इस प्रक्रिया में वे स्वतंत्रता, अवसर की समानता, आत्मसम्मान आदि से संबंधित प्रश्नों पर भी विचार करते हैं। लेकिन उनका वैचारिक परिप्रेक्ष्य प्लेटो के चिंतन से भिन्न है। रॉल्स एक उदारवादी चिंतक हैं। उदारवाद में व्यक्तिगत स्वतंत्रता और सामाजिक-आर्थिक समानता के बीच समन्वय एक प्रमुख समस्या रही है। 1960 ई. के दशक में अमेरिका में असमानता की समस्या गंभीर हो गई थी। रॉल्स इस समस्या का समाधान खोजने का प्रयास करते हैं। वे एक न्यायपूर्ण समाज की रूपरेखा प्रस्तुत करते हैं। उसमें उन्होंने स्वतंत्रता और सामाजिक न्याय के बीच संगति बैठाने का प्रयास किया। न्याय की उनकी अवधारणा में स्वतंत्रता और समानता, दोनों का समावेश है। रॉल्स उपयोगितावाद के आलोचक हैं। उपयोगितावाद 'अधिकतम संख्या का अधिकतम सुख' को न्यायोचित मानता है। उसकी आलोचना में रॉल्स का तर्क है कि उपयोगितावाद व्यक्तियों की विशिष्टताओं को अनदेखा करता है तथा 'अधिकतम संख्या के अधिकतम सुख' में समाज के वंचित लोगों के हितों की अवहेलना की जाती है। इसके साथ ही यह व्यक्तिगत स्वतंत्रता का भी उल्लंघन करता है क्योंकि व्यक्ति को दूसरे के हितों का साधन बना दिया जाता है।

रॉल्स न्याय की अवधारणा प्रस्तुत करने के साथ-साथ राजनीतिक दर्शन की प्रकृति और उसकी भूमिका पर भी प्रकाश डालते हैं। इस संबंध में वे राजनीतिक दर्शन की चार प्रकार की भूमिकाओं का जिक्र करते हैं–

1. राजनीतिक दर्शन की व्यावहारिक भूमिका : प्रत्येक समाज में व्यक्तियों के हितों के बीच टकराव होते हैं। इसके साथ ही संपूर्ण समाज के लक्ष्य के संबंध में भी विभिन्न प्रकार के मत होते हैं। इनसे समाज में संघर्ष की स्थिति पैदा होती है। रॉल्स के अनुसार राजनीतिक दर्शन इसके समाधान का प्रयास करता है। यह विभिन्न हितों और लक्ष्यों में सहमति के आधारों की खोज करता है। यदि यह संभव नहीं होता, तो भी राजनीतिक दर्शन राजनीतिक मतभेदों को कम करने का प्रयास करता है। इससे नागरिकों के बीच परस्पर-आदर और सहयोग का मार्ग प्रशस्त होता है। इस रूप में राजनीतिक दर्शन व्यावहारिक भूमिका निभाता है। रॉल्स विभिन्न चिंतकों का उदाहरण देते हैं। उदाहरण के लिए हॉब्स की पुस्तक *लेवियाथन* सरकार की सत्ता के स्रोत और विस्तार तथा व्यक्ति की स्वतंत्रता की सीमाओं के मध्य संतुलन के प्रश्न का समाधान करती है। इसी प्रकार लॉक ने भी इंग्लैंड के गृहयुद्ध के दौरान शांति और व्यवस्था संबंधी समस्याओं पर अपना ध्यान केंद्रित किया। इसी के अनुरूप रॉल्स उदारवादी चिंतन में स्वतंत्रता और समानता के बीच विवाद का उदाहरण देते हैं। यह विवाद केवल सैद्धांतिक नहीं है। यह संस्थाओं की कार्यप्रणाली और सार्वजनिक नीतियों के

संबंध में विभिन्न मतों से भी संबंधित है। राजनीतिक दर्शन स्वतंत्रता और समानता संबंधी परस्पर विरोधी दावों का परीक्षण करता है। इनके क्या अर्थ हैं? इन दोनों में किसे प्रमुखता दी जाए और इसका क्या औचित्य है? राजनीतिक दर्शन इन प्रश्नों का उत्तर खोजने का प्रयास करता है। इस रूप में यह समाज में व्यावहारिक भूमिका निभाता है।

2. व्यक्तियों के दृष्टिकोण को बदलने का प्रयास : रॉल्स के अनुसार राजनीतिक दर्शन व्यक्तियों के दृष्टिकोण को बदलने का प्रयास करता है। यह उन्हें समाज की ओर उन्मुख करता है। यह उनको अपने समाज या राष्ट्र के सदस्य के रूप में सोचने के लिए प्रेरित करता है। राजनीतिक दर्शन यह स्पष्ट करता है कि समाज में व्यक्ति की राजनीतिक भूमिका क्या है? व्यक्ति कैसे सामूहिक लक्ष्य की पहचान कर सकता है तथा वह स्वयं किन लक्ष्यों का अनुसरण कर सकता है? क्या वे लक्ष्य विवेकसम्मत और न्यायपूर्ण हैं? रॉल्स का कहना है कि राजनीतिक दर्शन इन प्रश्नों के उत्तर देता है। इस रूप में यह व्यक्ति को अपने समाज की प्रकृति को व्यापक परिप्रेक्ष्य में देखने का एक नजरिया प्रदान करता है। राजनीतिक दर्शन व्यक्ति में नए दृष्टिकोण का विकास करता है। इस प्रकार यह रूपांतरणकारी भूमिका निभाता है।

3. आदर्श शासन-व्यवस्था और उसकी व्यावहारिक संभावना की पड़ताल : रॉल्स के अनुसार राजनीतिक दर्शन कल्पनालोकीय (Utopian) है। यह आदर्श समाज की कल्पना करता है और उसको तार्किक ढंग से प्रस्तुत करता है। लेकिन इसके साथ ही यह व्यावहारिक संभावनाओं की पड़ताल भी करता है। राजनीतिक दर्शन यह बतलाने का प्रयास करता है कि आदर्श व्यवस्था व्यवहार में संभव हो सकती है या नहीं? उदाहरण के लिए प्लेटो को लिया जा सकता है। उन्होंने अपनी पुस्तक *रिपब्लिक* में आदर्श राज्य का चित्रण किया था। इसके साथ ही उन्होंने यह भी कहा था कि उसे व्यवहार में लाना संभव नहीं हो सकता। इस प्रकार वे अपने आदर्श राज्य की व्यावहारिक संभावनाओं की पड़ताल कर रहे थे। इस रूप में रॉल्स राजनीतिक दर्शन को कल्पनालोकीय मानते हैं। लेकिन उनके अनुसार उसका संबंध यथार्थ से भी है। वह व्यवहार में कार्य करने लायक राजनीतिक व्यवस्था का वर्णन करता है। इसके साथ ही वह किसी समाज में कार्यरत राजनीतिक संस्थाओं का भी अपने आदर्शों के आधार पर परीक्षण करता है। राजनीतिक दर्शन उन स्थितियों को बतलाता है जिनमें कोई व्यवस्था कार्य कर सकती है। यह इस बात से सरोकार रखता है कि कोई समाज अपनी विशिष्ट परिस्थितियों में किन लक्ष्यों का अनुसरण कर सकता है। इसलिए रॉल्स का कहना है कि राजनीतिक दर्शन को यथार्थवादी कल्पनालोकीय रूप में देखा जाता है।

4. सामंजस्यकारी भूमिका : समाज में व्यक्तियों के हितों के बीच प्रतियोगिता होती है। यह संभव है कि लोग अपने हितों की पूर्ति न होने पर अपने समाज से असंतुष्ट हों। रॉल्स का तर्क है कि राजनीतिक दर्शन उनकी निराशा को शांत करने का प्रयास करता है। यह समाज की विभिन्न संस्थाओं को विवेकसम्मत एवं न्यायोचित दिखलाने का प्रयास करता है। इस संदर्भ में यह विभिन्न प्रकार के दृष्टिकोणों को प्रस्तुत करता है तथा उनमें सामंजस्य कायम

करता है। रॉल्स के अनुसार राजनीतिक दर्शन की यह सांमजस्यकारी भूमिका अत्यंत उपयोगी है। लेकिन यहाँ यह जोड़ना आवश्यक है कि राजनीतिक दर्शन विभिन्न संस्थाओं को बनाए रखने के साथ-साथ उनमें परिवर्तन लाने का भी प्रयास करता है। इस प्रकार राजनीतिक दर्शन की भूमिका सामंजस्यकारी होने के साथ-साथ परिवर्तनकारी भी है।

रॉल्स का न्याय सिद्धांत

प्लेटो के समय से ही न्याय राजनीतिक दर्शन का एक महत्त्वपूर्ण विषय रहा है। न्याय का प्रश्न अच्छे समाज की अवधारणा से जुड़ता है। अच्छा समाज तभी बन सकता है जब वह न्याय के सिद्धांतों पर आधारित हो। इसलिए रॉल्स का कहना है कि न्याय 'सामाजिक संस्थाओं का प्रथम सद्गुण' है। न्याय संबंधी अपने विचारों को स्पष्ट करने के लिए वे सामाजिक समझौतावादियों के तरीके का सहारा लेते हैं। सामाजिक समझौते का सिद्धांत राज्य के औचित्य और व्यक्ति द्वारा राज्य के आज्ञापालन की व्याख्या के लिए एक ऐसी स्थिति की कल्पना करता है जब राज्य का निर्माण नहीं हुआ था। उसे प्राकृतिक अवस्था कहा जाता है। उसी तरह रॉल्स न्याय के सिद्धांतों की खोज के लिए एक 'मूल स्थिति' की कल्पना करते हैं। वह ऐतिहासिक न होकर काल्पनिक है।

मूल स्थिति (Original Position) : रॉल्स द्वारा वर्णित मूल स्थिति में सभी व्यक्ति विवेकशील हैं। वे अपने हितों का अनुसरण करते हैं। इसके साथ ही वे समान और स्वतंत्र (नैतिक रूप से) हैं। मूल स्थिति में भी सभी व्यवितयों में न्याय के सिद्धांतो को समझने और उनके अनुसार कार्य करने की क्षमता है। रॉल्स न्याय के सिद्धांत को सहमति पर आधारित करना चाहते हैं। इसलिए उनका तर्क है कि मूल स्थिति में सभी स्वैच्छिक रूप से न्याय के सिद्धांतों की खोज करते हैं। लेकिन यह तभी संभव है जब कोई व्यक्ति दूसरे पर नियंत्रण रखने की स्थिति में न हो। रॉल्स इसे स्वीकार करते हैं। वे कहते हैं कि मूल स्थिति में कोई व्यक्ति बाध्यकारी शक्ति के प्रयोग की स्थिति में नहीं होता। इसका कारण है कि सभी समान स्थिति में है। इसलिए न्याय के सिद्धांत की खोज में सभी स्वतंत्र रूप से भाग लेते हैं।

अज्ञानता का आवरण (Veil of Ignorance) : रॉल्स का तर्क है कि मूल स्थिति में व्यक्ति पूरी स्वतंत्रता और विवेकसम्मत तरीके से न्याय के सिद्धांतों की खोज करता है। यहाँ पर प्रश्न खड़ा होता है कि व्यक्ति न्याय के नाम पर उन सिद्धांतों को प्रस्तुत कर सकता है जो उसके लिए लाभप्रद हैं। न्याय के सिद्धांत की खोज 'उचित स्थिति में उचित तरीके से' होना आवश्यक है। इसके लिए रॉल्स अज्ञानता के आवरण का विचार प्रस्तुत करते हैं। उनका कहना है कि मूल अवस्था में लोगों को अपनी सामाजिक स्थिति, अपनी क्षमता, अभाव की विशिष्ट स्थितियाँ आदि का ज्ञान नहीं है। उन्हें अपने समाज की राजनीतिक स्थिति की जानकारी नहीं है। उन्हें तो यह भी पता नहीं कि वे किस पीढ़ी के हैं? लेकिन वे अपने समाज के संबंध में समान्य जानकारी रखते हैं। उन्हें यह पता है कि समाज में न्यायपूर्ण परिस्थितियाँ आवश्यक हैं। उन्हें सामाजिक संगठन के आधारों का ज्ञान है। रॉल्स के अनुसार यह अवस्था

'चिंतनशील संतुलन' (Reflective equilibrium) की है। यह न्याय के सिद्धांत की खोज की उचित स्थिति है।

मूल संरचना (Basic Structure) : रॉल्स के अनुसार न्याय के सिंद्धातों को समाज की मूल संरचना में लागू होना है। इसका आशय यह है कि समाज का ढाँचा उन सिद्धांतों पर आधारित हो। मूल संरचना के अंतर्गत सामाजिक और आर्थिक व्यवस्था शामिल है। अर्थव्यवस्था व्यक्ति की इच्छाओं, आशाओं, कमियों और महत्त्वाकांक्षाओं को स्पष्ट करती है जबकि सामाजिक व्यवस्था उनकी संतुष्टि के लिए संस्थागत ढाँचा प्रस्तुत करती है। रॉल्स के अनुसार व्यक्ति या समूह की गतिविधियाँ सामाजिक-आर्थिक पृष्ठभूमि में ही संपन्न होती हैं। अत: उनका न्यायपूर्ण होना आवश्यक है। इसलिएं मूल संरचना की भूमिका व्यक्तियों और समूहों के क्रियाकलापों के लिए न्यायपूर्ण दशाओं को सुनिश्चित करने में है। इसलिए रॉल्स मूल संरचना को न्याय का विषय मानते हैं।

उचितता के रूप में न्याय (Justice as Fairness) : रॉल्स के अनुसार मूल अवस्था में होने वाली (कल्पित) वार्ता के परिणामस्वरूप न्याय के निम्न दो सिद्धांतों पर सहमति बनती है। वे इस प्रकार हैं –

1. प्रत्येक व्यक्ति को सर्वाधिक विस्तृत मूल स्वतंत्रताओं का समान अधिकार, जो दूसरों की इसी प्रकार की स्वतंत्रताओं के साथ संगत हो; और
2. सामाजिक-आर्थिक असमानताओं को ऐसे व्यवस्थित किया जाए कि वे (क) कम लाभप्रद लोगों के लिए अधिकतम लाभ पहुंचाने वाले हों; और (ख) अवसर की उचित समानता की दशा के अंतर्गत पद और स्थिति सभी के लिए खुले हों।

रॉल्स के न्याय का पहला सिद्धांत समान स्वतंत्रता (Equal liberty) का है। उनके अनुसार सभी व्यक्तियों को मूलभूत स्वतंत्रताओं का अधिकार है। उसके अंतर्गत वे उन सभी नागरिक एवं राजनीतिक स्वतंत्रताओं को शामिल करते हैं जो सामान्यतया उदारवादी लोकतांत्रिक देशों में नागरिकों को प्राप्त होते हैं। रॉल्स स्वतंत्रता पर एक ही प्रतिबंध को स्वीकार करते हैं। किसी एक व्यक्ति की स्वतंत्रता दूसरों की स्वतंत्रता का अतिक्रमण न करे। इस प्रकार स्वतंत्रता पर प्रतिबंध का आधार स्वतंत्रता ही है। रॉल्स के न्याय का दूसरा सिद्धांत भिन्नता (Difference) का है। उसी के माध्यम से वे स्वतंत्रता और समानता के बीच समन्वय स्थापित करने का प्रयास करते हैं। इस सिद्धांत के दो पहलू हैं; अवसर की उचित समानता और कम लाभप्रद लोगों को अधिकतम लाभ। पहले के अनुसार सभी व्यक्तियों को पदों को प्राप्त करने के समान अवसर हों। इस प्रकार रॉल्स का न्याय सिद्धांत शुद्ध प्रक्रियात्मक न्याय है। वे इसे स्वीकार करते हैं। पदों और स्थिति को प्राप्त करने की प्रक्रिया का न्यायोचित होना आवश्यक है। लेकिन अवसर की समानता के साथ-साथ वस्तुओं का वितरण भी न्याय पर आधारित होना आवश्यक है। रॉल्स वितरण के क्षेत्र में समानता का सिद्धांत लागू नहीं करते। यहाँ वे भिन्नता का पैमाना अपनाते हैं। वे यह मान कर चलते हैं कि बुद्धि और कौशल की दृष्टि से मनुष्यों में असमानता है। उसका परिणाम सामाजिक-आर्थिक असमानता है। इसलिए वे असमानता को समाज के कम लाभप्रद लोगों के हित में व्यवस्थित करना चाहते हैं।

रॉल्स का न्याय सिद्धांत वितरणात्मक है – रॉल्स के अनुसार न्याय का संबंध वस्तुओं के उत्पादन से न होकर वितरण से है। इसलिए न्याय का अर्थ प्राथमिक वस्तुओं का उचित वितरण है। प्राथमिक वस्तुएँ (Primrary Good) दो प्रकार की होती हैं–

1. सामाजिक प्राथमिक वस्तुएँ (Social Primary Good) : इनके अंतर्गत रॉल्स वैसी वस्तुओं को रखते हैं जिनका वितरण सामाजिक संस्थाओं द्वारा प्रत्यक्ष रूप से होता है। वे इनके अंतर्गत निम्न पाँच वस्तुओं को शामिल करते हैं– 1. आमदनी और धन; 2. आजीविका का स्वतंत्र चयन; 3. शक्ति; 4. अधिकार एवं स्वतंत्रता और 5. आत्मसम्मान।
2. प्राकृतिक प्राथमिक वस्तुएँ (Natural Primary Good) : ये वैसी वस्तुएँ हैं जो व्यक्ति की अपनी होती हैं। ये सामाजिक संस्थाओं द्वारा प्रभावित तो होती हैं लेकिन उनके द्वारा इनका प्रत्यक्ष रूप से वितरण नहीं होता। रॉल्स व्यक्ति की बुद्धि, प्रतिभा, कौशल, स्वास्थ्य आदि को प्राकृतिक प्राथमिक वस्तुओं के अंतर्गत शामिल करते हैं।

रॉल्स का कहना है कि न्याय का सिद्धांत सामाजिक प्राथमिक वस्तुओं के वितरण से संबंधित है। वे यह स्वीकार करते हैं कि सभी को उन्हें प्राप्त करने के समान अवसर उपलब्ध होने चाहिए। लेकिन वे यह स्वीकार नहीं करते कि लोगों का सामाजिक वस्तुओं पर दावा उनकी प्राकृतिक क्षमता पर निर्भर हो। यहाँ पर वे भिन्नता का पैमाना अपनाते हैं। इसका आशय समाज के कम लाभप्रद लोगों का अधिकतम हित है। इसलिए रॉल्स का तर्क है कि किसी व्यक्ति की असाधारण प्रतिभा और क्षमता का विशेष पुरस्कार यही है कि उसका उपयोग कम लाभ प्राप्त लोगों के हित में हो। यहाँ पर यह प्रश्न उठता है कि कम लाभप्रद कौन है? इसके उत्तर में रॉल्स का कहना है कि वे सभी व्यक्ति कम लाभप्रद माने जाएँगें जो आमदनी और धन के पैमाने पर समाज के मध्यम (Median) स्थिति से निम्न हों। इस प्रकार कम लाभप्रद की स्थिति सापेक्ष है। यह समाज की आर्थिक स्थिति पर निर्भर करती है। जो व्यक्ति अमेरिकी समाज में कम लाभप्रद स्थिति में होगें, वे भारत में इस स्थिति में नहीं होगें।

रॉल्स के न्याय सिद्धांत के तीन अंग कहे जा सकते हैं–स्वतंत्रता का सिद्धांत, अवसर की उचित समानता और भिन्नता का सिद्धांत। इन तीनों सिद्धांतों की प्राथमिकता का क्रम भी यही है। रॉल्स इसे 'शब्दकोशीय प्राथमिकता' (Lexical priority) कहते हैं। इसका आशय यह है कि व्यक्ति की स्वतंत्रता सर्वोच्च रूप से प्राथमिक है। इसके बाद अवसर की उचित समानता का क्रम आता है। अत: अवसर की उचित समानता के लिए व्यक्ति की स्वतंत्रता का अतिक्रमण नहीं किया जा सकता। तीसरा सिद्धांत इन दोनों के बाद आता है। भिन्नता का सिद्धांत ही वितरण का आधार है। लेकिन यह उपर्युक्त दोनों सिद्धांतों का उल्लंघन नहीं कर सकता।

न्याय का संस्थागत ढाँचा– रॉल्स अपने न्याय सिद्धांत के संस्थागत ढाँचे की भी व्याख्या करते हैं। उनका तर्क है कि मूल स्थिति में न्याय के सिद्धांतों के चयन के बाद लोग संविधान के निर्माण की ओर अग्रसर होते हैं। उसके द्वारा सरकार की शक्तियाँ निर्धारित होती हैं। प्रशासन और न्याय-व्यवस्था अस्तित्व में आती है। व्यक्ति की स्वतंत्रताओं को गारंटी प्राप्त

होती है। इसलिए रॉल्स के अनुसार संवैधानिक लोकतंत्र की स्थिति में ही न्याय का सिद्धांत लागू हो सकता है। वे सरकार की शक्तियों पर संविधान के नियंत्रण को आवश्यक मानते हैं। संवैधानिक लोकतंत्र व्यक्ति की स्वतंत्रताओं को सुरक्षित रखता है। इसके फलस्वरूप व्यक्ति विविध प्रकार के जीवन मूल्यों का अनुसरण करते हैं। अतः रॉल्स का न्याय पर आधारित समाज उदारवादी और लोकतांत्रिक होता है। उसमें रहनेवाले लोगों को न्याय की समझ होती है। वे स्वेच्छा से अपने दायित्वों का पालन करते हैं। न्याय पर आधारित संस्थाओं को जनता का समर्थन प्राप्त होता है। लोग मान्य नियमों और प्रक्रियाओं के आधार पर परस्पर-सहयोग करते हैं। रॉल्स न्याय के सिद्धांतों पर आधारित लोकतांत्रिक व्यवस्था में नागरिकों को विशेष परिस्थिति में अवज्ञा (Civil disbedience) की अनुमति देते हैं। लेकिन यह सार्वजनिक हित में ही हो सकता है। उसका प्रयोग तभी हो सकता है जब न्याय के सिद्धांतों का उल्लंघन हो रहा है। गांधी की तरह रॉल्स नागरिक अवज्ञा का अहिंसक होना आवश्यक मानते हैं।

सरकार द्वारा अर्थव्यवस्था का नियमन : रॉल्स शास्त्रीय उदारवाद द्वारा प्रतिपादित राज्य के हस्तक्षेप से मुक्त स्वतंत्र बाजार पर आधारित अर्थव्यवस्था का समर्थन नहीं करते। इसलिए वे स्वतंत्र प्रतियोगिता पर आधारित अर्थव्यवस्था में राज्य के हस्तक्षेप के पक्षधर हैं। उनके अनुसार अर्थव्यवस्था के नियमन के लिए सरकार की चार शाखाएँ होंगी –

(i) **आबंटन शाखा** – इसका कार्य कीमतों को प्रतियोगी बनाए रखना है। यह किसी कंपनी के किसी वस्तु पर एकाधिकार को रोकने का प्रयास करती है। इसके साथ ही इसका कार्य सामाजिक हित में वस्तुओं को कम कीमत पर उपलब्ध करना है।

(ii) **स्थिरीकरण शाखा** – यह लोगों को रोजगार के अवसर उपलब्ध कराने का कार्य करती है। इसका कार्य यह सुनिश्चित करना है कि लोगों को व्यवसाय के चयन की स्वतंत्रता हो।

(iii) **स्थानांतरण शाखा** – यह सामाजिक सुरक्षा की व्यवस्था करती है। यह लोगों को बेरोजगारी भत्ता और परिवार भत्ता जैसी सुविधाएँ प्रदान करने का कार्य करती है। इसका उद्देश्य सभी व्यक्तियों को न्यूनतम सामाजिक स्तर उपलब्ध कराना है।

(iv) **वितरण शाखा** – सरकार की इस शाखा का कार्य कर लगाना है। यह व्यक्तियों की संपत्ति के अधिकारों में सामंजस्य स्थापित करने तथा संपत्ति के असमान वितरण को संतुलित करने का प्रयास करती है। इसका उद्देश्य धन को कुछ हाथों में केंद्रित होने से रोकना है। यह शाखा भिन्नता सिद्धांत के अनुसार समाज के कम लाभप्रद लोगों के हितों की रक्षा करने का प्रयास करती है।

रॉल्स राज्य के द्वारा स्वतंत्र प्रतियोगिता पर आधारित पूँजीवादी व्यवस्था के दोषों को दूर करने के पक्षधर हैं। वे सामाजिक-आर्थिक असमानता को राज्य की शक्ति द्वारा नियमन करना चाहते हैं। इसके साथ ही वे व्यक्ति की स्वंतत्रता का भी प्रबल समर्थन करते हैं। इस प्रकार उनके न्याय सिद्धांत में स्वतंत्रता और समानता के बीच संतुलन कायम करने का प्रयास किया गया है।

रॉल्स ने राजनीतिक दर्शन की सामाजिक उपयोगिता पर बल दिया। इसके साथ ही उन्होंने न्याय को राजनीतिक बहस के केंद्र में ला दिया। इसे राजनीतिक दर्शन की सशक्त वापसी

के रूप में देखा जाने लगा। न्याय की अवधारणा उनके समकालीन चिंतकों का प्रमुख विषय रहा। स्वतंत्रतावादी चिंतक रॉबर्ट नॉजिक ने रॉल्स के न्याय सिद्धांतों की आलोचना की। उन्होंने न्याय की अपनी अवधारणा प्रस्तुत की। इसी प्रकार सामुदायिकवादी और नारीवादी चितकों ने भी रॉल्स की आलोचना की और अपने-अपने दृष्टिकोण से न्याय की व्याख्या की। इस प्रक्रिया में राजनीतिक दर्शन समृद्ध हुआ। रॉल्स के न्याय सिद्धांत का विशिष्ट पहलू भिन्नता का सिद्धांत है। वह समाज के वंचित लोगों पर केंद्रित है। इसलिए वह सामाजिक न्याय के लक्ष्य के अनुरूप है। उसके द्वारा रॉल्स उदारवाद के दोषों का परिमार्जन करने का प्रयास करते हैं। वे उत्पादन की पूँजीवादी प्रणाली को बनाए रखते हुए संपत्ति के न्यायोचित वितरण का विचार रखते हैं। लेकिन केवल वितरणात्मक न्याय से समाज के वंचित लोगों को न्याय नहीं मिल सकता। इसके लिए उत्पादन में भी न्याय के सिद्धांतों का समावेश आवश्यक है। न्याय पर आधारित समाज का निर्माण तभी संभव है जब उत्पादन के साधनों का भी न्यायपूर्ण वितरण हो। रॉल्स अपने न्याय सिद्धांत में स्वतंत्रता और समानता के बीच संतुलन कायम करने का प्रयास करते हैं। उदारवाद की इन दोनों अवधारणाओं में सही सामंजस्य कायम करना उदारवादी चिंतन की प्रमुख समस्या रही है। इसलिए रॉल्स द्वारा व्यक्तिगत स्वतंत्रता और सामाजिक न्याय के बीच समन्वय स्थापित करने का प्रयास उदारवादी चिंतन में एक महत्त्वपूर्ण योगदान माना जा सकता है।

◂ सहायक पुस्तकों एवं लेखों की सूची ▸

◂ पुस्तकें

ऑकशॉट, माइकेल, *एक्सपेरियंस ऐंड इट्स मोड्स*, कैंब्रिज यूनिवर्सिटी प्रेस, 1933.

ऑकशॉट, माइकेल, *रैशनलिज्म इन पॉलिटिक्स ऐंड अदर एसेज*, मेथ्यून ऐंड कं. लि., लंदन, 1962.

एरेंट, हन्ना, *दि ओरिजिन्स ऑफ टोटलिटेरियनिज्म*, मेरिडिअन, न्यूयार्क, 1951.

एरेंट, हन्ना, *ह्यूमन कंडीशन*, शिकागो विश्वविद्यालय प्रेस, 1958.

क्रेसपिग्नी, डे अंथोनी और केनीथ मिनॉग (सं), *कंटेंपेररी पॉलिटिकल फिलॉसॉफर्स*, डोड मीड ऐंड कंपनी, न्यूयार्क, 1975.

गूनेल, जी. जॉन, *पॉलिटिकल थियरी : ट्रेडिशन ऐंड इंटरप्रेटेशन*, विन्थ्रोप पब्लिशर्स, मेसाचूसेट्स, 1979.

जरमीनो, दांते, *बियांड आयडियोलॉजी*, हार्पर ऐंड रो पब्लिशर्स, न्यूयार्क, 1967

जोवेनेल, डे बरट्रेंड, *ऑन पावर : दि नेचुरल हिस्ट्री ऑफ इट्स ग्रोथ*, हचिंसन, लंदन, 1947.

जोवेनेल, डे बरट्रेंड, *सोवेरेनिटी : ऐन इन्क्वायरी इनटू दि पॉलिटिकल गुड*, कैंब्रिज यूनिवर्सिटी प्रेस, 1957

जोवेनेल, डे बरट्रेंड, *दि प्योर थियरी ऑफ पॉलिटिक्स*, येल यूनिवर्सिटी प्रेस, 1963

बकलर, स्टीव, *हन्ना एरेंट ऐंड पॉलिटिकल थियरी*, एडिनबर्ग यूनिवर्सिटी प्रेस, 2012.

बर्लिन, इसायाह, *फोर एसेज ऑन लिबर्टी*, ऑक्सफोर्ड यूनिवर्सिटी प्रेस, 1979.

महोनी, जे. डेनियल, *बरट्रेंड डि जोवेनेल*, आइ.एस.आई.बुक्स, विल्मिंगटन, 2005.

रॉल्स, जॉन, *ए थियरी ऑफ जस्टिस*, हावर्ड यूनिवर्सिटी प्रेस, 1971

वोगेलिन, एरिक, *दि न्यू साइंस ऑफ पॉलिटिक्स*, शिकागो विश्वविद्यालय प्रेस, 1952

◂ लेख

जरमीनो, दांते, "दि रिवाइवल ऑफ पॉलिटिकल थियरी", फ्रेड आइ., ग्रीनस्टीन और नेल्सन डब्लू. पॉल्सबी

द्वारा संपादित, *पॉलिटिकल साइंस : स्कोप ऐंड थियरी* में संकलित, एडीसन-वेल्से पब्लिशिंग कंपनी, 1975, पृ. 229-262.

पारिख, भीखू, ''दि पॉलिटिकल फिलॉसफी ऑफ माइकेल ऑकशॉट'', *ब्रिटिश जर्नल ऑफ पॉलिटिकल साइंस,* खंड 9, अंक 4 (अक्टू. 1979), पृ. 481-506.

बर्लिन, इसियाह, ''डज पॉलिटिकल थियरी स्टिल इग्जिस्ट?'', पी. लैसलेट और डब्लू. जी. रून्सीमैन द्वारा संपादित, *फिलॉसफी, पॉलिटिक्स ऐंड सोसायटी*, सेकेंड सीरीज में संकलित, ब्लैकवेल, ऑक्सफोर्ड, 1962, पृ. 1-33.

स्ट्रॉस, लिओ, ''ह्वाट इज पॉलिटिकल फिलॉसफी?'', हींज यूलाऊ द्वारा संपादित, *विहेवियरलिज्म इन पॉलिटिकल साइंस* में संकलित, ट्रांजेक्शन पब्लिशर्स, न्यू जेरेसी, अमेरिका, 2011, पृ. 93-108.

6
विचारधारा का अंत

विचारधारा राजनीति के लिए एक बुनियादी कारक है। यह व्यक्तियों और समूहों की राजनीतिक गतिविधियों को प्रेरित भी करती है और निर्देशित भी। इसलिए विचारधारा और राजनीति गहरे तौर पर संबंधित होते हैं। राजनीतिक संघर्ष में विचारधारा की भूमिका अत्यंत महत्त्वपूर्ण हो जाती है। द्वितीय विश्व युद्ध के बाद अंतर्राष्ट्रीय पटल पर दो महाशक्तियों का उदय हुआ– संयुक्त राज्य अमेरिका और सोवियत संघ। अमेरिका उदारवादी–पूँजीवादी विचारधारा का समर्थक था। हालाँकि आर्थिक क्षेत्र में उसने राज्य के हस्तक्षेप से मुक्त स्वतंत्र बाजार व्यवस्था संबंधी शास्त्रीय उदारवाद के सिद्धांतों का परित्याग कर दिया था और राज्य की लोककल्याणकारी भूमिका को स्वीकार कर लिया था। उसके अनुरूप जनता को रोजगार, शिक्षा, स्वास्थ्य, सामाजिक सुरक्षा आदि को उपलब्ध कराना सरकार का दायित्व था। अमेरिकी शासकों, नीतिनिर्माताओं और बुद्धिजीवियों के बीच लोककल्याणकारी राज्य और सरकार की लोककल्याण संबंधी नीतियों पर व्यापक सहमति थी। दूसरी ओर सोवियत संघ में समाजवादी शासन और अर्थव्यवस्था थी। वह मार्क्स और लेनिन के विचारों पर आधारित होने का दावा करती थी। उसकी अर्थव्यवस्था पूरी तौर पर राज्य के नियंत्रण में थी। सर्वहारा वर्ग की तानाशाही के नाम पर साम्यवादी दल के प्रमुख स्टालिन की तानाशाही कायम थी। उसे आर्थिक समानता और शोषण के अंत के आधार पर न्यायोचित ठहराने के प्रयास होते थे। इस प्रकार दोनों महाशक्तियों की राजनीतिक विचारधारा एक–दूसरे की विरोधी थी। दोनों अपनी–अपनी विचारधारा की श्रेष्ठता का दावा करते थे। दोनों पूरी दुनिया में एक–दूसरे के प्रभाव को कम करने और अपना प्रभाव बढ़ाने का प्रयास कर रहे थे। उसे शीत युद्ध की संज्ञा दी गई। अमेरिकी विदेश नीति का एक प्रमुख आधार सोवियत संघ की समाजवादी विचारधारा के प्रभाव को रोकना हो गया। स्वाभाविक तौर पर इस विचारधारात्मक संघर्ष में बुद्धिजीवियों की भूमिका महत्त्वपूर्ण थी।

1950 ई. में यूरोप और अमेरिका के कुछ बुद्धिजीवियों द्वारा 'कांग्रेस फॉर कल्चरल फ्रीडम' नामक संस्था की स्थापना की गई। उसका पहला सम्मेलन उसी वर्ष बर्लिन में आयोजित हुआ। बाद में यह ज्ञात हुआ कि उस संस्था की स्थापना और उसको धन उपलब्ध कराने में अमेरिकी खुफिया एजेंसी, सी. आइ. ए. की गुप्त भूमिका थी। वह सोवियत संघ के साम्यवाद विरोधी बुद्धिजीवियों का संगठन था। उनमें कार्ल जेस्पर्स, जॉन डेवी, जॉन बर्नहम, बर्टेंड रसेल, रेमण्ड एरन, सिडनी हूक, आर्थर केसलर आदि प्रख्यात लेखक एवं बुद्धिजीवी

शामिल थे। उस संगठन का उद्देश्य विभिन्न देशों के साम्यवाद विरोधी बुद्धिजीवियों के बीच आपसी सहयोग को बढ़ावा देना तथा नए बुद्धिजीवियों को साम्यवादी विचारधारा के प्रभाव में आने से रोकना था। कांग्रेस फॉर कल्चरल फ्रीडम खुले तौर पर साम्यवाद विरोधियों का मंच था। उसने इस बात पर बल दिया कि सोवियत संघ जैसी तानाशाही सांस्कृतिक और बौद्धिक स्वतंत्रता के लिए बहुत बड़ा खतरा है। इस प्रकार वह संगठन सांस्कृतिक कम, राजनीतिक अधिक था। वह साम्यवाद-विरोध का राजनीतिक मंच था। कुछ ही वर्षों में इंग्लैंड, फ्रांस, जर्मनी, इटली, जापान, भारत और अमेरिका जैसे पैंतीस देशों में उसकी शाखाएँ स्थापित हो गईं। उसका पहला एशियाई सम्मेलन 1951 ई. में भारत के बंबई शहर (तत्कालीन भारत सरकार ने यह सम्मेलन दिल्ली में आयोजित करने की अनुमति नहीं दी थी) में आयोजित हुआ। उसी क्रम में 1952 ई. में पेरिस में उसके द्वारा कला उत्सव का आयोजन किया गया था।

कांग्रेस फॉर कल्चरल फ्रीडम द्वारा 1955 ई. में इटली के मिलान शहर में एक पाँच-दिवसीय अंतर्राष्ट्रीय सम्मेलन आयोजित किया गया। उसका विषय था- 'स्वतंत्रता का भविष्य' (The Future of Freedom)। उसमें यूरोप, अफ्रीका, एशिया और अमेरिका के डेढ़ सौ से अधिक बुद्धिजीवियों ने भाग लिया। फ्रांसीसी विचारक रेमण्ड एरन (1905-1983 ई.) उसके आयोजकों में से एक थे। उस सम्मेलन में फ्रेडरिक हैक, डेनियल बेल, एडवर्ड शिल्स, एस.एम. लिपसेट आदि प्रमुख विद्वानों ने हिस्सा लिया था। उस सम्मेलन का प्रतिवेदन एडवर्ड शिल्स ने तैयार किया जो 'विचारधारा के अंत?' (End of Ideology ?) शीर्षक से *इनकाउंटर* पत्रिका (सी.आइ.ए. द्वारा गुप्त रूप से पोषित पत्रिका) में उसी वर्ष प्रकाशित हुआ। वहीं से विचारधारा के अंत पर बहस प्रारंभ होती है। उसके बाद 1957 ई. में रेमण्ड एरन की पुस्तक, *दि ओपियम ऑफ इन्टेलेक्चुअल्स* प्रकाशित हुई। इस पुस्तक का निष्कर्ष वाला अध्याय था - "दि एंड ऑफ आयडियोलॉजिकल एज?" (यहाँ भी प्रश्नवाचक चिह्न के साथ)। उसी क्रम में 1960 ई. में दो पुस्तकें प्रकाशित हुईं। पहली पुस्तक व्यवहारवादी अमेरिकी विद्वान एस. एम. लिपसेट की *पॉलिटिकल मैन : दि सोशल बेसेज ऑफ पॉलिटिक्स* थी। इसके परिशिष्ट के रूप में "दि एंड ऑफ आयडियोलॉजी?" (यहाँ भी प्रश्नवाचक) नामक अध्याय शामिल था। 1960 ई. में ही अमेरिकी समाजशास्त्री डेनियल बेल की पुस्तक *दि एंड ऑफ आयडियोलॉजी : ऑन दि एग्जॉस्चन ऑफ पॉलिटिकल आयडियाज इन फिफ्टीज* प्रकाशित हुई। यह पुस्तक बेल के लेखों का संग्रह थी। इसके उपसंहार का शीर्षक "दि एंड ऑफ आयडियोजॉजी इन दि वेस्ट : एन एपीलॉग" था। इसमें कोई प्रश्नवाचक चिह्न नहीं था। अत: यह विचारधारा के अंत का स्पष्ट दावा था। इन दो पुस्तकों ने विचारधारा के अंत को बहस के केंद्र में ला दिया। शिल्स, ऐरन, लिपसेट और बेल सभी इस बात पर सहमत हैं कि पश्चिम में समाजवादी विचारधारा और विचारधारात्मक संघर्ष का अंत हो चुका है। इनका निष्कर्ष एक है। लेकिन उसकी प्रस्तुति और उसके समर्थन के तर्क भिन्न हैं। अत: उनके तर्कों पर संक्षिप्त चर्चा विचारधारा के अंत संबंधी विवाद को समझने में उपयोगी होगी।

एडवर्ड शिल्स के विचार

1955 ई. के मिलान सम्मेलन के अपने प्रतिवेदन में शिल्स इस बात का उल्लेख करते हैं कि उस सम्मेलन में भाग लेने वाले पश्चिम के बुद्धिजीवियों में विचारधारात्मक आग्रह दिखलाई नहीं पड़ा। इसलिए शिल्स 'विचारधारात्मक उत्साह' की समाप्ति का उल्लेख करते हैं। इसके साथ ही वे यह भी जोड़ते हैं कि सम्मेलन में पचास से अधिक पर्चों का एक ही सामान्य विषय था- विचारधारात्मक उन्माद की आलोचना। इसलिए शिल्स विचारधारा के अंत संबंधी प्रश्न को उठाते हैं। उससे संबंधित उनका दूसरा निष्कर्ष है कि सम्मेलन में पश्चिमी बुद्धिजीवियों के बीच तीव्र राजनीतिक संघर्ष देखने को नहीं मिला। एक सामान्य आम सहमति थी कि समाजवाद और राज्य के अहस्तक्षेप और स्वतंत्र बाजार व्यवस्था पर आधारित पूँजीवाद अब कारगर नहीं रह गया। इसलिए वामपंथ और दक्षिणपंथ का पुराना राजनीतिक अंतर अब अप्रासंगिक हो गया है। शिल्स का तर्क है कि उपर्युक्त दोनों विकल्प राजनीतिक समस्याओं के समाधान में असफल साबित हो चुके हैं। इस स्थिति में मिश्रित अर्थव्यवस्था ही प्रगति का एकमात्र और उचित रास्ता है। कई राष्ट्रों ने इसी के द्वारा प्रगति की। शिल्स के अनुसार इस पर बुद्धिजीवियों में आम सहमति दिखलाई पड़ी। हैक जैसे चिंतक अपवादस्वरूप थे। उल्लेखनीय है कि राज्य के नियंत्रण से मुक्त स्वतंत्र बाजार व्यवस्था के प्रबल समर्थक और लोककल्याणकारी राज्य की अवधारणा के कटु आलोचक हैक ने भी इस सम्मेलन में भाग लिया था।

अपने प्रतिवेदन में शिल्स सोवियत संघ के साम्यवाद के संबंध में निष्कर्ष देते हैं। यह उनका तीसरा महत्त्वपूर्ण बिंदु है। उनका कहना है कि सम्मेलन में यह स्वर प्रमुखता से उभरा कि पश्चिम के साथ विचारों के संघर्ष में साम्यवाद हार चुका है। राजनीतिक संघर्ष में विचारधारा की भूमिका अत्यंत महत्त्वपूर्ण हो जाती है। बुद्धिजीवियों के बीच फासीवाद की तरह, उसकी अपील भी खो चुकी है। इस दावे के समर्थन में शिल्स द्वितीय विश्व युद्ध के बाद पश्चिमी राष्ट्रों की आर्थिक प्रगति, पूर्वी यूरोप के देशों में आर्थिक नियोजन की असफलता और उद्योगों के राष्ट्रीयकरण संबंधी नीति की सीमित सफलता का उल्लेख करते हैं। आगे वे स्पष्ट करते हैं कि मिलान सम्मेलन का एक अभिप्राय एशिया और अफ्रीका के स्वतंत्र, लेकिन आर्थिक रूप से कम विकसित राष्ट्रों के बुद्धिजीवियों को साम्यवादी विचारधारा अपनाने से रोकना है। शिल्स सोवियत संघ की साम्यवादी व्यवस्था में स्वतंत्रता के हनन की ओर इशारा करते हैं। उनका निहितार्थ है कि वहाँ आर्थिक प्रगति स्वतंत्रता की बलिवेदी पर प्राप्त की गई है। इसलिए शिल्स की राय में सम्मेलन में एशियाई-अफ्रीकी बुद्धिजीवियों को इस बात के लिए मनाने का प्रयास किया गया कि वे स्वतंत्रता का परित्याग किए बिना भी आर्थिक प्रगति कर सकते हैं।

शिल्प का चौथा बिंदु राष्ट्रवाद से संबंधित है। वे इसकी आलोचना करते हैं। उनकी दृष्टि में राष्ट्रवाद पश्चिमी लोगों के लिए एक 'दुर्भाग्यपूर्ण विकर्षण' है। यह भावनाओं की उपज है। इसलिए उससे अनेक कठिनाइयाँ उत्पन्न होती हैं। शिल्स यह तर्क देते हैं कि उन्नीसवीं

सदी में राष्ट्रवाद एक प्रमुख कारक रहा– 'नाटक के एक सुयोग्य अभिनेता की तरह।' लेकिन उनके अनुसार उन्नीसवीं सदी के इस नाटक का पटाक्षेप हो गया है। शिल्स इस संबंध में एशियाई–अफ्रीकी देशों की भिन्न स्थिति का उल्लेख करते हैं। इन देशों में राष्ट्रवाद उनकी स्वतंत्रता का उसी तरह अनिवार्य हिस्सा है जैसे प्रेस की स्वतंत्रता अथवा भ्रमण की निजी स्वतंत्रता। स्पष्ट है कि शिल्स इन देशों में राष्ट्रवाद के महत्त्व को स्वीकार करते हैं।

शिल्स का अंतिम बिंदु एशिया–अफ्रीका पर केंद्रित है। वे पश्चिम के साथ–साथ अंतर्राष्ट्रीय परिप्रेक्ष्य की बात करते हैं। उनका तर्क है कि वे केवल यूरोपीय या अमेरिकी समाज के संदर्भ में नहीं सोचते। वे पश्चिम के बुद्धिजीवियों से यह आग्रह करते हैं कि स्वतंत्रता, धर्म और प्रगति के बीच संबंध, तथा परंपरा और बौद्धिक स्वतंत्रता संबंधी पश्चिमी सिद्धांतों को इस रूप में निर्मित किया जाए कि उनमें एशिया, अफ्रीका और दक्षिणी अमेरिका के देशों के साथ न्याय हो सके।

शिल्स के उपर्युक्त प्रतिवेदन से पहली बात यह स्पष्ट होती है कि मिलान सम्मेलन का मूल स्वर साम्यवाद का विरोध था। कांग्रेस फॉर कल्चरल फ्रीडम का शुरू से यह पक्ष था। इसलिए कुछ विद्वानों के द्वारा इस सम्मेलन को 'शीत युद्ध सम्मेलन' की संज्ञा दी गई। दूसरी बात यह है कि शिल्स के अनुसार विचारधारात्मक राजनीति का अंत केवल पश्चिम में हुआ है। वे यह स्वीकार करते हैं कि एशियाई–अफ्रीकी देशों में यह राजनीति जारी रहेगी क्योंकि इन देशों के लिए परिवर्तनकामी राजनीति उपयोगी है। संभवतः इसी कारण शिल्स अपने प्रतिवेदन के शीर्षक में प्रश्नवाचक चिह्न का प्रयोग करते हैं। वे विचारधारात्मक राजनीति को आर्थिक विकास के स्तर से जोड़ते हैं। आर्थिक विकास की उन्नत अवस्था विचारधारात्मक राजनीति को खत्म कर देती है। यह शिल्स की स्थापना है। इसलिए शिल्स का विचारधारा का अंत संबंधी प्रतिवेदन वर्णनात्मक भी है और अनुशंसात्मक भी। यह पश्चिमी देशों में दोनों विचारधाराओं, राज्य के अहस्तक्षेप पर केंद्रित उदारवाद और पूर्ण रूप से राज्य नियंत्रित अर्थव्यवस्था पर आधारित समाजवाद के चुक जाने की स्थिति का वर्णन करता है। दूसरी ओर यह नवोदित एशियाई–अफ्रीकी राष्ट्रों के बुद्धिजीवियों को आर्थिक प्रगति के लिए मिश्रित अर्थव्यवस्था अपनाने और साम्यवाद से विमुख रहने की अनुशंसा करता है।

रेमण्ड एरन के तर्क

एरन फ्रांसीसी समाजशास्त्री हैं। मिलान सम्मेलन में उन्होंने सक्रिय भागीदारी की थी। ऊपर वर्णित उनकी पुस्तक पूरी तौर पर मार्क्सवाद की आलोचना पर केंद्रित है। वे मार्क्सवाद को 'धर्मनिरपेक्ष धर्म' (Secular religion) की संज्ञा देते हैं और इसे 'बुद्धिजीवियों की अफीम' कहते हैं। शिल्स की तरह वे भी यह स्वीकार करते है कि पूँजीवाद और समाजवाद के बीच विचारधारात्मक बहस अब अप्रासंगिक हो चुकी है। एरन का तर्क है पश्चिम में सरकार के कार्यों में बड़े पैमाने पर वृद्धि और सार्वजनिक स्वतंत्रता के बीच संयोजन पहले असंभव माना जाता था। लेकिन आज यह संयोजन प्रचलन में है। इसलिए वामपंथ और दक्षिणपंथ का भेद

मिट गया है। इसके साथ ही वे यह भी कहते हैं कि अब इस पर कोई भरोसा नहीं करता कि सामूहिक स्वामित्व और नियोजन से मानवीय दशाओं में सुधार हो सकता है। राष्ट्रवाद के प्रश्न पर भी एरन शिल्स के तर्क से सहमत हैं कि पश्चिम में राष्ट्रवादी विचारधारा को स्वीकृति प्राप्त नहीं है। वे यह जरूर कहते हैं कि राष्ट्रीय भावना अभी भी लोगों को सामूहिक सूत्र में बाँधने का माध्यम है।

आम तौर पर समाजवाद को मजदूर वर्ग तथा पूँजीवाद को पूँजीपति वर्ग की विचारधारा समझा जाता रहा है। एरन की दृष्टि में इन दोनों विचारधाराओं का वर्ग विशेष के साथ जुड़ाव नहीं रह गया है। इसलिए वर्ग विरोध लुप्त हो गया है। इन आधारों पर शिल्स की तरह एरन का भी निष्कर्ष है कि पश्चिम में विचारधारात्मक बहस की परिस्थितियाँ खत्म हो चुकी हैं। यह निष्कर्ष इस तर्क पर आधारित है कि पूरे विश्व में एक ही प्रकार की तकनीकी सभ्यता का प्रसार हो रहा है और सभी देश उससे संबंधित समस्याओं से जूझ रहे हैं। इसलिए वहाँ विचारधारा का अंत हो चुका है। लेकिन एशियाई-अफ्रीकी देशों में विचारधारा महत्त्वपूर्ण है। एरन अमेरिकी समाज की स्थिति का आकलन करते हैं। उनका मानना है कि अमेरिकी जनता के बीच मूल्यों के संबंध में आम सहमति है। इसलिए वह किसी भिन्न समाज या मूल्य की आकांक्षा नहीं रखती। वहाँ का मजदूर वर्ग वर्गीय सोच नहीं रखता। उसके संगठन राज्य की लोककल्याणकारी भूमिका को स्वीकार करते हैं। इसलिए उनकी माँगें इसी के अनुरूप होती हैं। वे पूँजीवादी व्यवस्था को नष्ट करने की बात नहीं करते।

शिल्स के समान एरन भी साम्यवाद की विफलता की बात करते हैं। लेकिन उनकी आलोचना ज्यादा सैद्धांतिक है। एरन साम्यवाद को 'महान विचारधारा' की संज्ञा देते हैं और इसके तीन कारकों के योग का उल्लेख करते हैं: (1) मानवीय आकांक्षाओं के अनुरूप भविष्य का स्वप्न; (2) इसको साकार करने में एक विशिष्ट सामाजिक वर्ग की भूमिका और (3) मजदूर वर्ग की विजय से परे मानवीय मूल्यों में विश्वास। इसके बाद वे तर्क देते हैं कि मजदूर वर्ग को अब परिवर्तन के वाहक के रूप में नहीं देखा जाता। इसके विपरीत बीसवीं सदी की क्रांतियाँ सर्वहारा की क्रांतियाँ नहीं थीं। वे बुद्धिजीवियों के द्वारा की गईं थीं। एरन की दृष्टि में साम्यवाद की आकांक्षा प्रकृति पर विजय प्राप्त करना और गरीबों की दशा में सुधार करना है। लेकिन इसके लिए वह अन्वेषण, विवाद, आलोचना और मत देने की स्वतंत्रता की बलि चढ़ा देता है। स्पष्ट है कि एरन की यह टिप्पणी सोवियत संघ की व्यवस्था पर है।

शिल्स ने अपने प्रतिवेदन में विचारधारा के अर्थ को स्पष्ट नहीं किया था। एरन इस कमी को पूरा करते हैं। उनके अनुसार विचारधारा तथ्यों के साथ-साथ उनकी व्याख्याओं, मानवीय इच्छाओं और उनके पूर्ण होने की भविष्यवाणियों को व्यवस्थित रूप देने का प्रयास करती है। लेकिन एरन विचारधारा को नकारात्मक रूप में देखते हैं। वे इसे 'धर्मनिरपेक्ष धर्म' की संज्ञा देते हैं। उनकी राय में विचारधारा में मतांधता, वैचारिक हठवादिता और बाध्यता जैसे लक्षण होते हैं। इस प्रकार एरन का पक्ष विचारधारा के विरोध का है। वे विचारधारात्मक युग के अंत की बात करते हैं लेकिन प्रश्नवाचक चिह्न के साथ। उनका तर्क है कि मोटे तौर पर फ्रांसीसी क्रांति के पूर्व से लेकर द्वितीय विश्व युद्ध तक की अवधि को विचारधारात्मक युग

माना जा सकता है। उस युग में राष्ट्रवाद, उदारवाद और समाजवाद जैसी विचारधाराएँ उत्पन्न हुई। लेकिन एरन की दृष्टि में उस युग का प्रमुख लक्षण विचारधारात्मक तरीके से चिंतन है। वे इस प्रकार के चिंतन के दो मूल विश्वासों का उल्लेख करते हैं। पहला मानवीय विवेक की शक्ति में विश्वास और दूसरा यह विश्वास कि विज्ञान में समाज को रूपांतरित करने की शक्ति है। एरन का कहना है कि पुरानी पीढ़ी विचारधारात्मक तरीके से सोचती थी। नई पीढ़ी उस ढंग से नहीं सोचती। इसलिए उनका निष्कर्ष है कि पश्चिम में पुरानी विचारधाराओं का क्षय हो गया और इसके साथ ही विचारधारात्मक युग का अंत हो गया।

शिल्स के मिलान सम्मेलन संबंधी प्रतिवेदन और एरन की पुस्तक के अंतिम अध्याय के निष्कर्ष एक ही हैं। दोनों राज्य के अहस्तक्षेप और बाजार व्यवस्था पर आधारित उदारवादी विचारधारा और समाजवाद एवं मार्क्सवाद के अंत की बात करते हैं। लेकिन दोनों मुख्य रूप से मार्क्सवाद और समाजवाद की आलोचना करते हैं। उदारवाद उनकी आलोचना का प्रमुख विषय नहीं बनता। दोनों के निष्कर्ष यही हैं कि पश्चिम में विचारधारा विशेषकर वामपंथी विचारधारा का अंत हो गया है। इसके विपरीत एशियाई-अफ्रीकी राष्ट्रों में विचारधारा की भूमिका महत्त्वपूर्ण है।

एस.एम. लिपसेट के विचार

लिपसेट प्रसिद्ध अमेरिकी राजनीतिक समाजशास्त्री हैं। उन्होंने भी मिलान सम्मेलन में हिस्सा लिया था। लेकिन वे कांग्रेस फॉर कल्चरल फ्रीडम से घनिष्ठ रूप से संबंधित नहीं रहे। 1960 ई. में प्रकाशित उनकी ऊपर उल्लिखित पुस्तक के परिशिष्ट का शीर्षक 'विचारधारा का अंत?' था। उन्होंने यह स्वीकार किया है कि यह शीर्षक शिल्स के मिलान प्रतिवेदन से लिया गया है।

लिपसेट भी विचारधारा को परिभाषित नहीं करते। लेकिन वे इसके अर्थ को समझाने का प्रयास अवश्य करते हैं। उनकी दृष्टि में विचारधारा को समूहों के राजनीतिक चिंतन, उनके राजनीतिक विश्वासों और राजनीतिक मूल्यों के संदर्भ में समझा जा सकता है। वे विचारधारा और आर्थिक कारकों के मध्य संबंध को स्वीकार करते हैं। उनका तर्क है कि किसी समूह के राजनीतिक विश्वास और मूल्य उसकी आर्थिक स्थिति से संबद्ध या निर्धारित होते हैं। लेकिन वे यह स्वीकार नहीं करते कि विचारधारा का एकमात्र निर्धारक आर्थिक कारक है। इसी तरह वे विचारधारा को 'मिथ्या चेतना' नहीं मानते। इस प्रकार विचारधारा संबंधी उनकी अवधारणा मार्क्सवादी नहीं हैं। लेकिन वे विचारधारा के आर्थिक पक्ष को नहीं नकारते।

लिपसेट विचारधारा के अंत संबंधी विचार को पश्चिम के आर्थिक परिप्रेक्ष्य में रखते हैं। पश्चिम के राष्ट्र औद्योगिक रूप से विकसित हैं। औद्योगीकरण की मूल समस्या मजदूर वर्ग की दयनीय दशा और उससे उपजने वाले असंतोष की रही है। लिपसेट का दावा है कि पश्चिमी देशों में 'औद्योगिक क्रांति की मौलिक समस्या का समाधान' हो गया है। इसके पक्ष में उनका तर्क है कि इन देशों में मजदूरों एवं अन्य निम्न वर्गों के जीवनस्तर में उल्लेखनीय

सुधार हुआ है। इन वर्गों के लोग भी शासन करने वाले समूहों में शामिल हैं। इस प्रकार पश्चिमी लोकतांत्रिक देशों में निम्न वर्गों को राजनीतिक व्यवस्था में समाविष्ट कर लिया गया है। इसलिए औद्योगीकरण की बुनियादी समस्या का समाधान हो चुका है। लिपसेट के विचारधारा के अंत संबंधी विचार का यह एक प्रमुख आधार है।

शिल्स और एरन की तरह लिपसेट भी मिलान सम्मेलन का उल्लेख करते हैं। उनकी तरह वे भी यह कहते हैं कि वहाँ वामपंथ और दक्षिणपंथ से संबंधित राजनीतिक मुद्दों के महत्त्वहीन हो जाने पर सहमति थी। सम्मेलन में शामिल बुद्धिजीवी यह तो स्वीकार करते थे कि विभिन्न देशों में राज्य के नियंत्रण में वृद्धि हुई है। लेकिन उससे लोकतांत्रिक स्वतंत्रता में कमी नहीं आई। दूसरी ओर समाजवादी लोग भी अब समाजवाद की वकालत नहीं करते। वे भी राज्य की बढ़ती शक्ति के खतरे से सरोकार रखते हैं। अनुदारवादियों ने लोककल्याणकारी राज्य को स्वीकार कर लिया है। इसी तरह वामपंथी यह मानते हैं कि राज्य की अत्यधिक शक्ति आर्थिक समस्याओं का जितना समाधान नहीं करती उससे ज्यादा स्वतंत्रता के लिए खतरे पैदा करती है। यही कारण है कि यूरोपीय देशों के समाजवादी दलों ने उद्योगों के राष्ट्रीयकरण के लक्ष्य का परित्याग कर दिया है। पश्चिमी देशों में आर्थिक समृद्धि आई है। उसके फलस्वरूप असमानता में कमी आई है एवं वर्ग-व्यवस्था लुप्त हो रही है। इन स्थितियों के आधार पर लिपसेट यह निष्कर्ष निकालते हैं कि पश्चिम देशों में विभिन्न राजनीतिक मूल्यों का प्रतिनिधित्व करनेवाले समूहों के बीच गंभीर बौद्धिक संघर्ष नहीं है। वाम और दक्षिण पंथ जैसे राजनीतिक मुद्दे समाप्त हो गए। इसलिए लिपसेट का निष्कर्ष है कि पश्चिम में विचारधारा पर आधारित वर्ग संघर्ष का अंत हो गया। शिल्स और एरन की तरह उनका भी मानना है कि पश्चिम में समाजवाद और राज्य के हस्तक्षेप से मुक्त स्वतंत्र बाजार व्यवस्था का समर्थन करने वाली उदारवादी विचारधारा समाप्त हो चुकी है या कमजोर पड़ गई है।

विचारधारात्मक संघर्ष के अंत का मतलब लिपसेट यह नहीं लगाते कि पश्चिमी देशों में किसी प्रकार का संघर्ष नहीं है। वे कहते हैं कि इन देशों में 'लोकतांत्रिक वर्ग संघर्ष' जारी रहेंगे। ये संघर्ष 'विचारधारा, लाल झंडे और मई दिवस परेड' के बिना चलेंगे। वस्तुतः लिपसेट अमेरिका की दलीय प्रतियोगिता को वर्ग संघर्ष की संज्ञा देते हैं। उनके लिए वर्ग शब्द का विशुद्ध मार्क्सवादी अर्थ नहीं है। उनके विचार में वर्ग शिक्षा, आमदनी, सामाजिक स्थिति, व्यावसायिक शक्ति आदि बहुल कारकों से निर्धारित होता है। लिपसेट यह तर्क देते हैं कि अमेरिका में वर्गों के बीच मतभेद रहेंगे लेकिन राजनीतिक संघर्ष की प्रकृति के प्रश्न पर उनके बीच सहमति है। उनका अगला तर्क है कि अमेरिका के दोनों राजनीतिक दल, रिपब्लिकन और डेमोक्रेटिक, भिन्न- भिन्न वर्गों का प्रतिनिधित्व करते हैं। यह एक मान्य सच्चाई है। रिपब्लिकन दल के संबध में यह माना जाता है कि यह समाज के समृद्ध लोगों का प्रतिनिधित्व करता है। इसके विपरीत डेमोक्रेटिक दल के बारे में यह स्वीकार किया जाता है कि यह निर्धन एवं निम्न वर्गों का प्रतिनिधित्व करता है। ये दोनों दल विभिन्न आर्थिक हितों का प्रतिनिधित्व करते हैं। लिपसेट का कहना है कि आर्थिक हितों पर आधारित राजनीति जारी रहेगी। यह राजनीति विचारधारात्मक वर्गीय राजनीति का स्थान ले लेगी। इस प्रकार

उनका निष्कर्ष है कि दलों के बीच प्रतियोगिता वर्ग संघर्ष का रूप है। लेकिन यह अमेरिका के लोकतांत्रिक व्यवस्था के स्थायित्व के लिए कोई खतरा नहीं है।

शिल्स और एरन की तरह लिपसेट भी यह स्वीकार करते हैं कि दुनिया के कम विकसित देशों में विचारधारा का महत्त्व है। वे इन देशों में आर्थिक विकास और उपयुक्त राजनीतिक संस्थाओं के विकास से संबंधित समस्याओं का उल्लेख करते हैं। उनका मानना है कि इन समस्याओं से जुड़े विचारधारात्मक संघर्ष इन देशों में लंबे समय तक जारी रहेंगे। इसके साथ ही लिपसेट इन देशों के लिए वामपंथी या समाजवादी विचारधारा को उपयुक्त मानते हैं। इस संबंध में उनकी चिंता सोवियत संघ के साम्यवाद की चुनौती से निबटने की है। उनका तर्क है कि पश्चिमी लोकतांत्रिक देशों के लिए उनकी आंतरिक राजनीति चुनौती नहीं है। साम्यवाद के खतरे का सामना करना गंभीर चुनौती है। इसलिए वे अमेरिकी बुद्धिजीवियों से यह अपील करते हैं कि वे इन देशों में समाजवादी विचारधारा की आवश्यकता को समझने का प्रयास करें। इन देशों में औद्योगीकरण की प्रक्रिया प्रारंभ हुई है। यह स्थिति मजदूर आंदोलन के लिए ज्यादा उपयुक्त है। इस संदर्भ में समाजवादी या मार्क्सवादी विचारधारा प्रासंगिक है। यहाँ लिपसेट समाजवाद या मार्क्सवाद और सोवियत संघ के साम्यवाद में अंतर करते हैं। साम्यवाद की चुनौती से निबटने के लिए वे अमेरिकी बुद्धिजीवियों से इन देशों में समाजवाद की उपयोगिता को स्वीकार करने पर बल देते है। उनकी दृष्टि में साम्यवाद की चुनौती से निबटने की यही रणनीति है।

डेनियल बेल के विचार

अमेरिकी समाजशास्त्री डेनियल बेल द्वितीय विश्ययुद्धोत्तर काल के एक अग्रणी बुद्धिजीवी हैं। उन्होंने कांग्रेस फॉर कल्चरल फ्रीडम द्वारा आयोजित मिलान सम्मेलन में तो भाग लिया ही था, बाद के वर्षों में भी वे उस संस्था से घनिष्ठ तौर पर जुड़े रहे। 1960 ई. में प्रकाशित उनकी पुस्तक (पूर्व में उल्लेख किया गया है) उनके द्वारा लिखे गए निबंधों और पुस्तक समीक्षाओं का संग्रह थी। उनमें 1950 ई. के दशक में होने वाले सामाजिक और वैचारिक परिवर्तनों का लेखा-जोखा था। पुस्तक के शीर्षक में उसी दशक की कालावधि में विचारधारा के अंत का उल्लेख है। दूसरी बात यह है कि उसके उपसंहार, ''दि एंड ऑफ आयडियोलॉजी इन दि वेस्ट: एन एपीलॉग'' में 'पश्चिम' में विचारधारा के अंत की घोषणा थी। इन दोनों को मिलाकर यह स्थिति उभरती है कि बेल 'पश्चिम' में '1950 के दशक में' विचारधारा के अंत की बात कर रहे थे। वे शिल्स, एरन और लिपसेट की तरह किसी प्रश्नवाचक चिह्न का प्रयोग नहीं करते। इसलिए अब विचारधारा का अंत सवालों के घेरे में नहीं था बल्कि यह एक दावा था। इसका स्पष्ट अर्थ था कि विचारधारा के अंत की प्रक्रिया पूर्ण हो चुकी थी। बेल का कहना है– ''विचारधारा जो कभी राजनीतिक गतिविधि का पथ प्रदर्शक हुआ करती थी, अब एक बंद रास्ते पर पहुँच गई।'' यही कारण है कि विचारधारा के अंत संबंधी विवाद में डेनियल बेल सर्वाधिक महत्त्वपूर्ण

हैं। कई दशकों के बाद 1988 ई. में अपनी उपर्युक्त पुस्तक के नए संस्करण में उन्होंने एक अध्याय, ''दि एंड ऑफ आयडियोलॉजी रिविजिटेड'' जोड़ा। इसमें उन्होंने अपनी आलोचनाओं का उत्तर दिया। उन्होंने पुनः यह दावा किया कि विचारधारा के अंत को अस्वीकार नहीं किया जा सकता। इसके साथ ही वे यह भी स्वीकार करते हैं कि उनकी किताब राजनीतिक थी और वे स्वयं 'बौद्धिक युद्ध' के सहभागी थे। यहाँ वे अमेरिका और सोवियत संघ के बीच चल रहे शीतयुद्ध के दौर में विचारधारात्मक संघर्ष का जिक्र कर रहे थे। बेल के तर्कों की संक्षिप्त चर्चा उनके दावे को समझने में उपयोगी होगी।

1. विचारधारा का अर्थ : बेल विचारधारा के अर्थ को स्पष्ट करने का प्रयास करते हैं। इस क्रम में वे उसके ऐतिहासिक विकास की पड़ताल करते हैं। विचारधारा का प्रयोग सर्वप्रथम ट्रेसी ने 'विचारों के विज्ञान' के रूप में किया था। बेल मुख्य रूप से मार्क्स और कार्ल मैनहाइम की विचारधारा संबंधी अवधारणा का विवेचन करते हैं। वे मार्क्स द्वारा प्रतिपादित अर्थ को अस्वीकार कर देते हैं। उनके अनुसार विचारधारा न तो 'मिथ्या चेतना' है और न यह विशिष्ट समूह के हितों का प्रतिनिधित्व करती है। बेल विचारधारा को मैनहाइम की 'पूर्ण विचारधारा' की अवधारणा के रूप में प्रस्तुत करते हैं। मैनहाइम ने विचारधारा के दो रूपों की चर्चा की थी – विशिष्ट विचारधारा और पूर्ण विचारधारा। विशिष्ट विचारधारा विशिष्ट वर्गों या दलों के विचार और विश्वास को कहा जाता है। उसके विपरीत पूर्ण विचारधारा पूरे विश्व को देखने का दृष्टिकोण होती है और इसे किसी समाज या उसके किसी वर्ग या ऐतिहासिक युग के लोगों द्वारा अपना लिया जाता है। मार्क्सवाद इसी तरह की विचारधारा मानी जाती है। बेल विचारधारा के इसी अर्थ को ग्रहण करते हैं। उनके अनुसार पूर्ण विचारधारा में व्यापक यथार्थ का समावेश होता है। वह विश्वासों का पुंज होती है, तथा उसमें भावनाएँ भी जुड़ी होती हैं। विचारधारा जीवन जीने के तरीके को पूर्ण रूप से रूपांतरित करने का प्रयास करती है। इन आधारों पर यदि हम बेल की विचारधारा संबंधी अवधारणा को समझना चाहें तो उसके निम्न लक्षण स्पष्ट होते हैं : 1 यह विश्वासों का पुंज है; 2. उसमें विचारों और आवेगों का संयोजन होता है; 3. वह विचारों को क्रियात्मक रूप देने का प्रयास करती है; और 4. विचारधारा में लोगों को रूपांतरित करने की क्षमता होती है। किसी विचारधारा को माननेवाले लोग उसके द्वारा निर्दिष्ट क्रियाकलापों, विश्वासों और उसके परिणामों के प्रति भावनात्मक लगाव रखते हैं। इस प्रकार बेल विचारधारा के चिंतनात्मक, भावनात्मक और क्रियात्मक पक्ष को रेखांकित करते हैं। उनकी दृष्टि में विचारधारा में बुद्धिजीवी की वही भूमिका होती है जो धर्म में पुरोहित की होती है।

बेल द्वारा विचारधारा के उपर्युक्त स्पष्टीकरण के बावजूद यह आलोचना की जाती है कि उन्होंने विचारधारा के अर्थ को पूरी तौर पर स्पष्ट नहीं किया। उदाहरण के लिए जॉब एल. डिटबरनर ने उनकी विचारधारा संबंधी अवधारणा के नौ अर्थों का उल्लेख किया है जिनमें विचारों की पूर्ण व्यवस्था, मस्तिष्क का विचारधारात्मक ढाँचा, कल्पनालोकीय सोच आदि विभिन्न अर्थ शामिल हैं।

2. विचारधारा के अंत के लिए उत्तरदायी अंतर्राष्ट्रीय स्थिति : बीसवीं सदी का पूर्वार्द्ध पूरी दुनिया के लिए काफी उथल-पुथल वाला दौर था। उसी अवधि में दो महायुद्ध हुए। सोवियत संघ में समाजवादी क्रांति हुई। उसने शोषण रहित समाज की स्थापना की उम्मीद जगाई। दूसरी ओर जर्मनी और इटली में नाजीवाद और फासीवाद जैसी विचारधाराओं का उदय हुआ। डेनियल बेल उन परिस्थितियों का आकलन करते हैं। उन्होंने 1930-1950 ई. के दो दशकों के बीच की चार महत्त्वपूर्ण घटनाओं का उल्लेख किया है। उनमें सर्वप्रमुख सोवियत संघ में समाजवादी व्यवस्था के अंतर्गत स्टालिन की तानाशाही शासन-व्यवस्था की स्थापना है। उस दौर में (1936-1938 ई. में मास्को ट्रायल) स्टालिन की सत्ता द्वारा विरोधियों का घोर दमन किया गया। दूसरी घटना का केंद्र जर्मनी है। बेल के अनुसार जर्मनी सांस्कृतिक रूप से काफी विकसित था। वहाँ हिटलर की तानाशाही स्थापित हुई। वह नाजीवादी विचारधारा पर आधारित थी। उसका एक प्रमुख आधार प्रजातीय शुद्धता थी। उस कारण जर्मनी में बड़ी संख्या में यहूदियों को मौत के घाट उतार दिया गया। यातना गृहों में सत्ता विरोधियों को विभिन्न प्रकार की यातनाएँ दी गईं। बेल की दृष्टि में तीसरी घटना 1939 ई. में नाजी जर्मनी और समाजवादी सोवियत संघ के बीच संधि थी। नाजीवाद वैचारिक तौर पर साम्यवाद की घोर विरोधी विचारधारा थी। लेकिन दोनों राष्ट्रों के शासकों ने अपने विचारधारात्मक विरोध को परे रख कर संधि की। अंतिम घटना हंगरी में मजदूर आंदोलन (1953-1956 ई.) का दमन है। वहाँ सोवियत संघ समर्थक साम्यवादी सरकार के खिलाफ मजदूरों ने आंदोलन कर दिया था। उसे सोवियत संघ की मदद से कुचल दिया गया। उस घटना से सोवियत संघ की समाजवादी व्यवस्था के खिलाफ बुद्धिजीवियों में काफी असंतोष पनपा। बेल के अनुसार उन घटनाओं ने पिछली सदी की क्रांतिकारी आशाओं पर पानी फेर दिया।

3. मार्क्स द्वारा प्रतिपादित वर्ग की अवधारणा उपयोगी नहीं : मार्क्स ने यह घोषणा की थी कि मानव समाज का इतिहास वर्ग संघर्ष का इतिहास है। सामाजिक परिवर्तन का वाहक वर्ग संघर्ष ही होता है। प्रत्येक समाज की एक उत्पादन प्रणाली होती है। यही वह आधार है जिसके ऊपर राजनीति, समाज और संस्कृति निर्मित होती है। समाज की शक्ति संरचना को भी यही निर्धारित करता है। वह वर्ग शक्तिशाली होता है जो उत्पादन के साधनों का स्वामी होता है। मार्क्स ने यह दावा किया था कि राजनीति, समाज और संस्कृति को वर्गीय संरचना के आधार पर ही समझा जा सकता है। कोई विचारधारा या सिद्धांत वर्ग विशेष के हितों को अभिव्यक्त करता है। बेल मार्क्स की वर्ग संबंधी अवधारणा को अनुपयोगी मानते हैं। उनका मानना है कि अमेरिका जैसे विकसित औद्योगिक देशों में राजनीतिक शक्ति संपत्ति के द्वारा निर्धारित नहीं होती। पहली दूसरे की अपेक्षा ज्यादा महत्त्व रखती है। इस आधार पर बेल का निष्कर्ष है कि आज अमेरिका की राजनीति वर्ग संघर्ष का प्रतिबिंब नहीं हैं, बल्कि वह अंतर्राष्ट्रीय घटनाओं द्वारा निर्धारित होती है।

4. वर्ग की संरचना में बुनियादी परिवर्तन : मार्क्स ने औद्योगिक मजदूर वर्ग को क्रांति का वाहक माना था। उन्होंने यह सिद्ध करने का प्रयास किया था कि पूँजीवाद के उत्तरोत्तर विकास से मजदूरों की आर्थिक स्थिति दयनीय होती जाएगी। उसके साथ-साथ उनमें चेतना

भी आएगी और वे संगठित होकर पूँजीवाद को समाप्त कर समाजवादी व्यवस्था स्थापित करेंगे। बेल अमेरिकी स्थिति के अध्ययन के आधार पर इन मान्यताओं को गलत साबित करने का प्रयास करते हैं। उनके अनुसार अमेरिका जैसे विकसित औद्योगिक समाज में तकनीकी कौशल का महत्त्व बढ़ गया है। वहाँ की अर्थव्यवस्था में सेवा क्षेत्र, जैसे बैंकिंग, संचार, परिवहन, स्वास्थ्य, शिक्षा आदि की भागीदारी सबसे ज्यादा है। कुल श्रमिकों के साठ प्रतिशत से अधिक का हिस्सा उसी क्षेत्र में कार्यरत है। उसके फलस्वरूप अमेरिकी अर्थव्यवस्था में सफेदपोश मजदूरों की संख्या तेजी से बढ़ी है। वे तकनीकी रूप से कुशल हैं। उनका वेतन भी ज्यादा है तथा वे अकुशल मजदूरों से अपने को अलग समझते हैं। इसलिए बेल के अनुसार अमेरिका में 'प्रोलिटेरियट (सर्वहारा)' का स्थान 'सेलिटेरियट (वेतनभोगी)' ने ले लिया है। समान्य रूप से मजदूर वर्ग अपनी सामाजिक स्थिति से संतुष्ट है। अत: बेल का निष्कर्ष है कि मजदूरों की गिरती दशा और उनके द्वारा सामाजिक परिवर्तन संबंधी मार्क्स की भविष्यवाणी गलत साबित हुई। दूसरी ओर अर्थव्यवस्था में सेवा क्षेत्र का प्रभुत्व और उसके फलस्वरूप तकनीक और कौशल की निर्णायक भूमिका के कारण अब अमेरिका में उत्तर-औद्योगिक समाज का उदय हुआ है। इसलिए औद्योगिक समाज के विश्लेषण पर आधारित मार्क्सवाद की विचारधारा अब अप्रासंगिक हो गई है।

5. पूँजीवादी और समाजवादी व्यवस्थाओं में मौलिक अंतर नहीं : बेल का तर्क है औद्योगिक समाज के विकास के कारण पूँजीवाद और समाजवाद के बीच अंतर मिट गया है। पूँजीवादी व्यवस्था व्यक्तिगत स्वतंत्रता और स्वतंत्र बाजार पर बल देती थी। अर्थव्यवस्था में राज्य का हस्तक्षेप उचित नहीं माना जाता था। लेकिन अब स्थिति बदल गई है। अर्थव्यवस्था में राज्य के हस्तक्षेप को अब कोई गलत नहीं कहता। अमेरिका में राज्य की भूमिका बदल गई है। वह स्वतंत्र प्रतियोगिता पर आधारित अर्थव्यवस्था के दोषों को दूर करती है। राज्य ने सामाजिक सुरक्षा, शिक्षा और स्वास्थ्य का दायित्व अपने ऊपर ले लिया है। उसके कारण पूँजीवादी व्यवस्था भी समाजवाद के लक्ष्य को काफी हद तक प्राप्त कर चुकी है। दूसरी ओर समाजवाद के लक्ष्य को पूर्ण रूप से समाजवादी देशों के द्वारा भी प्राप्त नहीं किया जा सका है। समाजवादी और पूँजीवादी, दोनों व्यवस्थाओं में नौकरशाही की भूमिका का विस्तार हुआ है। इन आधारों पर बेल का कहना है कि दोनों व्यवस्थाओं में कोई मौलिक अंतर नहीं रह गया है। दोनों विकसित औद्योगिक समाज (उत्तर-औद्योगिक) हैं। उनकी सामाजिक-आर्थिक समस्याएँ एक प्रकार की हैं। उनके समाधान में विचारधारा यानी आइडियोलॉजी की भूमिका कम, तकनीक यानी टेक्नोलॉजी की भूमिका अधिक है।

6. राजनीतिक मुद्दों पर आम सहमति : सोवियत संघ की समाजवादी व्यवस्था स्टालिन की तानाशाही (लेनिन की मृत्यु के बाद) के नियंत्रण में थी। स्टालिन मार्क्सवादी विचारधारा के आधिकारिक व्याख्याकार थे और उसे उन्होंने हठवादी स्वरूप प्रदान किया। उनके विचारों से असहमति रखने वालों को या तो मरवा दिया गया या उन्हें सोवियत संघ छोड़ना पड़ा। स्टालिन की मृत्यु (1953 ई.) के बाद खुश्चेव सतारूढ़ हुए। उन्होंने 1956 ई. में सोवियत संघ के साम्यवादी दल के कांग्रेस में स्टालिन की हठवादिता और व्यक्तिपूजा की

कटु आलोचना की। खुश्चेव ने शांतिपूर्ण सह-अस्तित्व को स्वीकार करने की बात की। उसके फलस्वरूप अंतर्राष्ट्रीय स्तर पर विचारधारात्मक संघर्ष में कमी आई। डेनियल बेल के ऊपर उसका गहरा असर दिखलाई पड़ता है। उन्होंने इस बात पर बल दिया कि अब राजनीतिक मुद्दों पर आम सहमति हो गई है। सभी विचारक, चाहे उदारवादी हों या वामपंथी, लोककल्याणकारी राज्य को स्वीकार करते हैं। सभी शक्तियों के विकेंद्रीकरण और राजनीतिक बहुलवाद के पक्षधर हैं। उसके साथ ही सभी मिश्रित अर्थव्यवस्था को उपयुक्त मानते हैं। इन स्थितियों में विचारधारात्मक युग की समाप्ति हो गई हैं राजनीति में विचारधारा अर्थहीन हो गई है। बेल का यह निष्कर्ष है कि उन्नीसवीं सदी की आमूल परिवर्तनवादी विचारधाराएँ लोगों को राजनीतिक रूप से लामबंद करने में असमर्थ हैं।

7. एशियाई-अफ्रीकी देशों में विचारधारा का स्वरूप : द्वितीय विश्व युद्ध के बाद एशिया और अफ्रीका के कई राष्ट्र स्वतंत्र हुए। इन देशों में घोर गरीबी थी। तीव्र गति से आर्थिक विकास इनकी प्राथमिकता थी। दो विश्व युद्धों के बीच की अवधि में सोवियत संघ ने काफी प्रगति की थी। इसलिए नए स्वतंत्र देशों के लिए सोवियत मॉडल अमेरिकी व्यवस्था की तुलना में ज्यादा आकर्षक लगता था। बेल भी यह स्वीकार करते हैं। लेकिन वे इसे स्वतंत्रता बनाम विकास के तौर पर देखते हैं। वे यह मानते हैं कि जहाँ उन्नीसवी सदी की पुरानी विचारधाराएँ अपना प्रभाव खो चुकी हैं, वहीं एशियाई-अफ्रीकी नवोदित राष्ट्र नई विचारधाराओं को आकार दे रहे हैं। उनमें वे औद्योगीकरण, आधुनिकीकरण, राष्ट्रवाद आदि की पहचान करते हैं। उनका तर्क है कि ये विचारधाराएँ पूर्व की विचारधाराओं से भिन्न हैं। इस अंतर का कारण सामाजिक-राजनीतिक समस्याएँ हैं। उन्नीसवीं सदी की विचारधाराएँ विश्वव्यापी और मानवीय हैं। उनका निर्माण बुद्धिजीवियों के द्वारा हुआ। उनके पीछे सामाजिक समानता और व्यापक अर्थ में स्वतंत्रता प्रेरक शक्तियाँ थीं। उनके विपरीत एशिया और अफ्रीका की विचारधाराएँ संकुचित तथा यांत्रिक (Instrumental) हैं। उनको राजनीतिक नेताओं द्वारा आगे बढ़ाया गया। उन विचारधाराओं को प्रेरित करने वाले कारक आर्थिक विकास और राष्ट्रीय शक्ति हैं। इस प्रकार बेल का विश्लेषण है कि नवोदित राष्ट्रों में आर्थिक वृद्धि ज्यादा महत्त्वपूर्ण है, न कि स्वतंत्र समाज। वे यह स्वीकार करते हैं कि आर्थिक विकास महत्त्वपूर्ण लक्ष्य है। लेकिन इसी प्रकार समानता और स्वतंत्रता भी आवश्यक हैं। वे आगे कहते हैं कि इन देशों में साम्यवाद के गुण-दोष पर चर्चा नहीं हो रही। उसे बहुत पहले ही पूरी तौर पर भुला दिया गया। बेल की दृष्टि में सर्वाधिक महत्त्वपूर्ण सवाल है कि ये देश लोकतांत्रिक संस्थाओं के निर्माण और जनता की स्वतंत्रता के साथ आगे बढ़ते हैं या इनके नए अभिजन सर्वाधिकारवादी साधनों के द्वारा अपने समाज में परिवर्तन लाते हैं। बेल नवोदित राष्ट्रों की जनता के प्रति हीन दृष्टि रखते हैं। उनके अनुसार इन 'परंपरागत' समाजों में जनता उदासीन होती है और उसे आसानी से बहकाया जा सकता है। इसलिए उनकी सारी आशा इन देशों के बुद्धिजीवियों पर है। उनकी राय में यह वर्ग ही उन देशों में सर्वाधिकारवाद को पनपने से रोक सकता है।

डेनियल बेल का विचारधारा के अंत का सिद्धांत औद्योगीकरण के परिणामस्वरूप अमेरिकी समाज में आए बदलावों पर आधारित है। उनकी प्रमुख स्थापना है कि अमेरिका जैसे विकसित औद्योगिक समाज को समझने में और उसकी समस्याओं के समाधान में मार्क्सवादी विचारधारा प्रासंगिक नहीं रह गई है।

आलोचनाएँ

बेल के विचारों की तीव्र आलोचनाएँ हुई। उनमें प्रमुख बिंदु इस प्रकार हैं–

1. विचारधारा के अंत का उद्देश्य राजनीतिक है : बेल स्वयं यह स्वीकार करते हैं कि उनकी पुस्तक पचास के दशक के सामाजिक परिवर्तनों पर केंद्रित है। वे यह भी कहते हैं कि उनके विचार को ऐतिहासिक संदर्भों में देखा जाना चाहिए। द्वितीय विश्व युद्ध के उपरांत सोवियत संघ और अमेरिका के बीच वैचारिक संघर्ष तीव्र था। अमेरिकी हितों के अनुरूप बेल का उद्देश्य साम्यवाद के प्रसार को रोकना था। इसलिए उन्होंने मार्क्सवादी विचारधारा को अप्रासंगिक सिद्ध करने का प्रयास किया। वे स्वयं स्वीकार करते हैं कि उनकी पुस्तक एक 'राजनीतिक पुस्तक' है। इसलिए उनके द्वारा प्रतिपादित विचारधारा के अंत के पीछे राजनीतिक उद्देश्य था। वे कांग्रेस फॉर कल्चरल फ्रीडम नामक संस्था से जुड़े थे। उस पर यह आरोप लगा था कि उसे अमेरिकी खुफिया एजेंसी, सी.आई.ए. से धन उपलब्ध कराया गया था।

2. विचारधारा का कभी अंत नहीं होता : आलोचकों का तर्क है कि विचारधाराओं का कभी अंत नहीं होता। हर समाज में बौद्धिक समूह होते हैं। वे अच्छे राज्य और समाज की रूपरेखा प्रस्तुत करते हैं। इसके साथ-साथ वे उसे व्यवहार में उतारने की कार्य-योजना भी प्रस्तुत करते हैं। उस पर विश्वास करके लोग राजनीतिक क्रियाकलाप में भाग लेते हैं। इस प्रकार किसी-न-किसी रूप में विचारधारा का अस्तित्व बना रहता है। वस्तुतः बेल भी केवल मार्क्सवादी विचाराधारा के अप्रासंगिक होने की बात करते हैं। वे अन्य विचारधाराओं की पड़ताल ही नहीं करते। उदाहरण के लिए वे उदारवादी विचारधारा, जिस पर अमेरिकी लोकतंत्र आधारित है, के बारे में कुछ नहीं कहते।

3. विचारधारा का अंत यथास्थितिवाद का पोषक है : प्रत्येक सामाजिक व्यवस्था के प्रति दो तरह के दृष्टिकोण होते हैं। जो लोग उसे अच्छा समझते हैं, वे उसे बनाए रखना चाहते हैं। इसके विपरीत जिनकी दृष्टि में वह दोषपूर्ण है, वे उसे बदल देना चाहते हैं। पहले को यथास्थितिवादी और दूसरे को परिवर्तनवादी कहा जाता है। बेल यथास्थितिवाद के पोषक हैं। वे अमेरिकी पूँजीवादी व्यवस्था को बनाए रखना चाहते हैं। उनकी मान्यता है कि लोककल्याणकारी राज्य के द्वारा पूँजीवादी शोषण और असमानता के दोषों को दूर कर लिया गया है। यह अगर सही भी मान लिया जाए तो इसके पीछे भी विचारधारा की ही शक्ति है। मार्क्स ने पूँजीवादी व्यवस्था के शोषण को स्पष्ट किया था। इसके साथ ही उन्होंने एक ऐसी दुनिया का स्वप्न देखा था जो शोषण से रहित हो। पूँजीवादी व्यवस्था बुनियादी तौर पर राज्य के अहस्तक्षेप पर आधारित थी। इसमें बदलाव के पीछे एक प्रमुख कारक मार्क्सवादी

विचारधारा ही थी। बेल का यह निष्कर्ष सही नहीं हो सकता कि परिवर्तनवादी विचारधारा अप्रासंगिक हो चुकी है।

4. नए रूप में विचारधारात्मक संघर्ष : बेल के विचार पश्चिमी, विशेषकर अमेरिकी समाज के संदर्भ में ही प्रासंगिक हो सकते हैं। एशिया और अफ्रीका के नवोदित राष्ट्रों में नई विचारधाराओं का उदय हुआ। बेल भी इसे स्वीकार करते हैं। 1960–70 ई. के दशक में यूरोपीय देशों में काफी संघर्ष हुए। आलोचकों का तर्क है कि क्यूबा में साम्यवादी व्यवस्था की स्थापना, अमेरिका में अश्वेत लोगों का आंदोलन, फ्रांस और अन्य देशों में छात्र आंदोलन (1968 ई.), वियतनाम युद्ध के खिलाफ व्यापक आंदोलन आदि घटनाओं ने विचारधारा के अंत को असत्य साबित कर दिया।

1988 ई. में डेनियल बेल ने अपने लेख, "दि एंड ऑफ आइडियोलॉजी रिविजीटेड" में विचारधारा के अंत संबंधी सिद्धांत की आलोचनाओं का उत्तर दिया। इस क्रम में वे पुराने आधार पर कायम रहे। उन्होंने यह स्वीकार नहीं किया कि 1960–70 ई. के दशक के परिवर्तनवादी आंदोलनों के परिप्रेक्ष्य में उनके विचार गलत साबित हुए। उनके अनुसार छात्र आंदोलनों में प्रमुख मुद्दा राजनीतिक न होकर सांस्कृतिक था। अश्वेत लोगों का आंदोलन समय के साथ खत्म हो गया। उन्हें अमेरिका में राजनीतिक अधिकार मिल गए। बेल इस बात पर बल देते हैं कि उपर्युक्त सभी आंदोलनों में कहीं भी नए समाजवादी विचार, नई विचारधारा या नए कार्यक्रम प्रस्तुत नहीं किए गए। इसी आधार पर उनका निष्कर्ष है कि विचारधारा का अंत प्रासंगिक बना हुआ है।

विचारधारा के अंत को व्यवस्थित रूप से प्रस्तुत करने का श्रेय डेनियल बेल को है। उन्होंने अपनी पुस्तक में 1950 ई. के दशक में पश्चिम के संदर्भ में मार्क्सवादी विचारधारा के अवसान की बात की थी। यह भी ध्यान रखना आवश्यक है कि बेल शीतयुद्ध के वैचारिक संघर्ष में अपनी भागीदारी कर रहे थे। उनके लेखन के पीछे निश्चित तौर पर राजनीतिक उद्देश्य थे। इसके साथ ही मार्क्सवादी समाजवाद के नाम पर स्टालिन की तानाशाही के कारण व्यवस्था के एक प्रतिमान के रूप में मार्क्सवाद से लोगों का मोहभंग हो गया था। सोवियत संघ की स्टालिनवादी व्यवस्था ने वैचारिक स्वतंत्रता को पूरी तौर पर समाप्त कर दिया था। वहाँ मजदूरों की तानाशाही के नाम पर दल के नेता (स्टालिन) की तानाशाही कायम हो गई थी। अधिकारी वर्ग के हाथों में शक्तियाँ केंद्रित हो गई थीं। इस प्रकार की शासन–व्यवस्था के साथ सोवियत संघ औद्योगिक प्रगति के मार्ग पर तेजी से बढ़ा। यह भी सच्चाई है कि विकसित औद्योगिक अर्थव्यवस्था की समस्याएँ अलग तरह की हैं। बेल की यह बात सही हो सकती है कि मार्क्सवाद उनके समाधान में कारगर नहीं हो सकता। इन सभी सच्चाइयों के बावजूद एक सिद्धांत के रूप में 'विचारधारा के अंत' को स्वीकारना कठिन है। यहाँ तक कि मार्क्सवादी विचारधारा के अंत को भी सही नहीं कहा जा सकता। आज भी पूँजीवादी व्यवस्था को समझने और उसका विश्लेषण करने में मार्क्सवाद ही सबसे ज्यादा कारगर है। इतना अवश्य है कि सोवियत संघ में समाजवादी व्यवस्था के पतन के बाद पश्चिम के उदारवादी लोकतांत्रिक व्यवस्था का कोई प्रभावी

विकल्प नहीं रह गया। लेकिन आज भी विश्व स्तर पर तीव्र विचारधारात्मक संघर्ष है। इस्लामी आदिसिद्धांतवाद (Islamic Fundamentalism), विभिन्न रूपों में जातीय संघर्ष, पर्यावरणवादी आंदोलन आदि उदारवादी विचारधारा को कड़ी चुनौती दे रहे हैं। इसलिए विचारधारा के अंत के स्थान पर नई विचारधाराओं के आधार पर राजनीतिक संघर्ष निरंतर जारी है।

विचारधारा का अंत संबंधी विवाद शीत युद्ध के दौर में पैदा हुआ। उसके पीछे राजनीतिक उद्देश्य थे। कांग्रेस फॉर कल्चरल फ्रीडम मूलतः साम्यवाद विरोधी संगठन था। वह अमेरिकी हितों की पूर्ति का साधन था। बेल ने खुद यह स्वीकार किया है कि उस संस्था को अमेरिकी खुफिया एजेंसी सी.आइ.ए. से धन प्राप्त हुआ था। लेकिन उन्होंने उसे सी.आइ.ए. का मोर्चा मानने से इनकार किया। विचारधारा के अंत संबंधी विवाद से प्रमुख तौर पर जुड़े चारों विद्वान यह स्वीकार करते हैं कि उनका उद्देश्य एशिया और अफ्रीका में साम्यवादी विचारधारा के प्रसार को रोकना था। वे सभी मूल रूप से दो विचारधाराओं के अंत की बात करते हैं। पहला राज्य के नियंत्रण से मुक्त स्वतंत्र बाजार व्यवस्था का समर्थन करने वाली शास्त्रीय उदारवाद की विचारधारा है तो दूसरा मार्क्सवाद। मार्क्सवाद को सोवियत संघ की साम्यवादी व्यवस्था के साथ जोड़कर देखा गया है। विचारधारा के अंत के पूरे विवाद में शास्त्रीय उदारवाद का विवेचन अत्यंत कम हुआ। मुख्य रूप से मार्क्सवाद पर ही ध्यान दिया गया। तर्कों की विभिन्नताओं के बावजूद शिल्स, एरन, लिपसेट और बेल दो बातों पर सहमत हैं– पहला, पश्चिम में 1950 ई. के दशक में स्वतंत्र बाजार व्यवस्था पर आधारित उदारवादी विचारधारा और समाजवादी विचारधारा का अंत हो चुका है और दूसरा, एशियाई–अफ्रीकी देशों में विचारधारा अभी भी महत्त्वपूर्ण है। ये दो निष्कर्ष विचारधारा के अंत के वर्णनात्मक एवं अनुशंसात्मक पहलू को स्पष्ट करते हैं। एक ओर विचारधारा के अंत की बात करने वाले चिंतक पश्चिम में लोककल्याणकारी राज्य पर सहमति और आर्थिक प्रगति के कारण 1950 ई. के दशक में विचारधारात्मक संघर्ष में कमी आने की स्थिति का वर्णन करते हैं। दूसरी ओर वे एशियाई–अफ्रीकी राष्ट्रों के बुद्धिजीवियों के लिए यह अनुशंसा करते हैं कि वे साम्यवादी विचारधारा के प्रभाव में न आएँ। यह अनुशंसा साम्यवादी प्रभाव को रोकने की अमेरिकी विदेश नीति को आगे बढ़ाती है। इसके कारण विचारधारा के अंत संबंधी विवाद का सैद्धांतिक मूल्य कम हो जाता है।

विचारधारा का अंत संबंधी विचार अत्यंत भ्रामक सिद्ध हुआ। उसे सभी प्रकार के विचारधाराओं का अंत समझ लिया गया। उसी तरह ऐसी धारणा बनी कि पूरी दुनिया से विचारधारा का अंत हो गया है। बल्कि वस्तुस्थिति यह है कि वह पश्चिम में कुछ विचारधाराओं के अंत की बात करता है। बेल ने अपनी पुस्तक के संबंध में उत्पन्न भ्रांति पर टिप्पणी करते हुए लिखा है– ''कुछ पुस्तकें ऐसी हैं जो विषयवस्तु से ज्यादा शीर्षक से जानी जाती हैं। मेरी किताब उनमें से एक है।'' अपने एक साक्षात्कार में उनकी शिकायत है कि लोग उनके उपशीर्षक को नहीं देखते और उसके संदर्भ को नहीं पकड़ते। उसी प्रकार विचारधारा के अंत का अर्थ राजनीतिक सिद्धांत का पतन समझ लिया गया। यह भी भ्रांति है। यह सही है कि पश्चिम में लोककल्याणकारी

राज्य पर सहमति थी। लेकिन उसका आशय यह नहीं कि राजनीतिक सिद्धांतकारों ने उसे सर्वश्रेष्ठ राज्य मान लिया और अपनी आलोचनात्मक भूमिका का परित्याग कर दिया। इस संबंध में हैक का उदाहरण दिया जा सकता है। वे मिलान सम्मेलन में ही लोककल्याणकारी राज्य की आलोचना कर रहे थे। अत: विचारधारा के अंत संबंधी विवाद के निष्कर्ष को बेल के शब्दों में ही रखना उचित होगा। बेल कहते हैं, ''विचारधारा का अंत एक दृष्टिकोण है जिसे एक विशिष्ट समय में व्यक्त किया गया है।'' उनकी राय में वह दृष्टिकोण तटस्थ नहीं बल्कि राजनीतिक था।

◂ सहायक पुस्तकों एवं लेखों की सूची ▸

◂ पुस्तकें

एरन, रेमण्ड, *दि ओपियम ऑफ इनटेलेक्चुअल्स*, नार्टन कंपनी, न्यूयार्क, 1957.

डिटबर्नर, जॉब एल., *द एंड ऑफ आयडियोलॉजी ऐंड अमेरिकन सोशल थॉट : 1930–9960*, रिसर्च प्रेस, अमेरिका, 1979.

बेल, डेनियल, *दि एंड ऑफ आयडियोलॉजी : ऑन दि इग्जॉस्चन ऑफ पॉलिटिकल आयडियोलॉजी इन फिफ्टीज*, हार्वर्ड यूनिवर्सिटी प्रेस, अमेरिका, 2000.

लिपसेट, एस. एम., *पॉलिटिकल मैन*, डबलडे ऐंड कंपनी, न्यूयार्क, 1960.

◂ लेख

शिल्स, एडवर्ड, ''दि एंड ऑफ आयडियोलॉजी?'', *इनकाउंटर*, अंक–05, 1955, पृ. 52–58.

7

मार्क्सवादी राजनीतिक सिद्धांत

मार्क्सवाद सामाजिक परिवर्तन का सिद्धांत है और इसमें क्रांति की कार्ययोजना भी है। इसके सैद्धांतिक पहलू और राजनीतिक परियोजना एक-दूसरे से जुड़े हैं। सिद्धांत के रूप में यह समाज को समझने और उसकी व्याख्या करने का प्रयास करता है। इस संबंध में इसका दावा है कि इसने सामाजिक परिवर्तन के नियमों की खोज कर ली है। ये नियम अनुभव सिद्ध हैं इसलिए वैज्ञानिक हैं। समाज के इन्हीं वैज्ञानिक नियमों की खोज और उन पर आधारित समझ के आधार पर मार्क्सवाद अपनी राजनीतिक परियोजना के अनुसार समाज को बदलने की बात करता है। वस्तुत: इसकी दृष्टि में सिद्धांत और व्यवहार, समझना और बदलना परस्पर-संबंधित है। सिद्धांत व्यवहार की कसौटी पर ही कसे जा सकते हैं। इसके साथ-साथ यह व्यवहार का दिशा निर्देशन भी करता है। इसलिए समाज की सैद्धांतिक समझ के आधार पर ही उसे बदला जा सकता है। इसी प्रक्रिया में सिद्धांत का भी आगे विकास होता है। सामाजिक परिवर्तन का सिद्धांत और व्यवहार मार्क्सवादी सिद्धांत का विशिष्ट लक्षण है। मार्क्स ने कहा है– "दार्शनिकों ने दुनिया को समझने का प्रयास किया है, लेकिन जो महत्त्वपूर्ण है वह है बदलना।" सामाजिक परिवर्तन के लिए दो कारकों का होना आवश्यक है– वर्तमान व्यवस्था के प्रति असंतोष और एक बेहतर व्यवस्था का स्वप्न। मार्क्सवाद की बुनियादी मान्यता है कि अब तक का समाज शोषण और संघर्ष पर आधारित रहा है। वर्तमान पूँजीवादी समाज मजदूरों के घोर शोषण पर टिका है। इसलिए मजदूर वर्ग क्रांति के द्वारा एक ऐसे विश्व का निर्माण कर सकेगा जो शोषण से पूरी तौर पर मुक्त हो सकेगा। यह अवस्था साम्यवाद की होगी। आधुनिकता के अंतर्गत यह सर्वाधिक महत्त्वाकांक्षी मुक्तिकामी परियोजना थी। समस्या इसे कार्य रूप देने की थी।

मार्क्स के जीवनकाल में ही उनके विचारों को कार्यरूप देने के लिए जर्मनी, फ्रांस, इटली आदि यूरोपीय देशों में मजदूर संगठनों की स्थापना हुई। उन देशों के मजदूरों ने क्रांतियाँ भी कीं। लेकिन मार्क्सवाद के लिए नया मोड़ 1917 ई. में सोवियत संघ की क्रांति के कारण आया। लेनिन के नेतृत्व में वहाँ समाजवादी व्यवस्था कायम की गई। इसी प्रकार द्वितीय विश्व युद्ध के बाद बुल्गारिया, पोलैंड, हंगरी, रोमानिया, चेकोस्लोवाकिया आदि पूर्वी यूरोप के देशों में भी समाजवादी व्यवस्थाएँ कायम हुईं। एशिया महाद्वीप भी अछूता नहीं रहा। एशिया महादेश के सबसे बड़े देश चीन में माओ त्से-तुंग के नेतृत्व गें 1949 ई. में समाजवादी क्रांति हुई। उन सभी देशों के शासक यह दावा करने लगे कि उनकी व्यवस्था मार्क्सवादी विचारों पर

आधारित है। लेनिन की मृत्यु के बाद स्टालिन ने सोवियत संघ में सर्वहारा दल की तानाशाही के नाम पर व्यक्तिगत तानाशाही कायम की। एक ओर स्टालिन को मार्क्सवाद का सबसे बड़ा व्याख्याकार माना जाने लगा तो दूसरी ओर मार्क्सवाद के विरोधी लोगों ने मार्क्स के द्वारा प्रस्तावित समाजवाद को स्टालिन की तानाशाही व्यवस्था से जोड़कर देखना प्रारंभ किया। उन्होंने इसी आधार पर मार्क्सवाद को रद्द करने का प्रयास किया। उसके साथ-साथ पश्चिम के मार्क्सवादियों ने स्टालिन की व्याख्या के विपरीत मार्क्सवाद की नई व्याख्याएँ प्रस्तुत कीं। उससे मार्क्सवादी सिद्धांत काफी विविध और बहुल हो गया। कई चिंतक मार्क्सवाद का प्रयोग बहुवचन में करने लगे। उसका परिणाम यह हुआ कि मार्क्सवाद को एक सुव्यवस्थित सिद्धांत के रूप में प्रस्तुत करना कठिन हो गया। यह एक गंभीर सैद्धांतिक समस्या है।

1990 ई. के दशक में पुनः दुनिया बदली। लेकिन इस बार मार्क्सवाद की असफलता के रूप में। इस दौर में न सिर्फ सोवियत संघ की समाजवादी व्यवस्था का पतन हुआ बल्कि पूर्वी यूरोप के देशों में भी समाजवादी व्यवस्थाएँ टूट गईं। उसी क्रम में चीन ने भी समाजवादी सिद्धांतों का परित्याग कर पूँजीवाद की राह पकड़ ली। अब यह तर्क दिया जाने लगा कि मार्क्सवाद बुरी तरह असफल हो गया। अब उसकी कोई प्रासंगिकता नहीं बची। पूँजीवादी व्यवस्था का कोई विकल्प नहीं। फुकुयामा ने उसे 'इतिहास का अंत' कहा तो नीति निर्माता 'कोई विकल्प नहीं' की बात करने लगे। विश्व बैंक और अंतर्राष्ट्रीय मुद्राकोष जैसी अंतर्राष्ट्रीय संस्थाओं के दबाव में विभिन्न देशों में पूँजीवादी आर्थिक नीतियों को लागू करने का दबाव बनाया जाने लगा। राज्य के नियंत्रण से मुक्त बाजार-व्यवस्था की जोर-शोर से वकालत होने लगी। इस दौर में कुछ मार्क्सवादियों ने इस बात पर बल दिया कि मार्क्सवाद को सही ढंग से समझने का यही उपयुक्त अवसर है। वह अब राजनीतिक व्यवस्था के शिकंजे से पूरी तौर पर मुक्त है। उन लोगों ने पुनः मार्क्स की रचनाओं का विश्लेषण प्रारंभ किया। उनका तर्क था कि पूँजीवादी व्यवस्था को समझने का सर्वाधिक उपर्युक्त तरीका मार्क्सवाद का ही है। इस बात से भी इनकार नहीं किया जा सकता कि वर्तमान पूँजीवादी व्यवस्था घोर आर्थिक असमानता पैदा कर रही है और बार-बार आर्थिक मंदी जैसे भीषण संकटों से जूझ रही है। इस स्थिति में मार्क्सवाद अभी भी एक कारगर विकल्प है। इस पर बुद्धिजीवियों के बीच चर्चा होने लगी। बदलने से ज्यादा समझने पर बल दिया जाने लगा। इस प्रकार एक आंदोलन के रूप में मार्क्सवाद आज हाशिए पर है। लेकिन सैद्धांतिक दृष्टि से देखा जाए तो मार्क्सवाद 1840 ई. के दशक से आज तक विकास की दीर्घकालीन प्रक्रिया से गुजरा है। इसलिए हॉब्सबाम जैसे चिंतक मार्क्सवाद को सैद्धांतिक परंपरा मानते हैं। लेकिन उसका स्वरूप बहुल है। उसमें कई धाराएँ हैं जो एक-दूसरे को काटती हैं। इस स्थिति में मार्क्सवादी सिद्धांत की व्याख्या करना एक जटिल कार्य है; खासकर कुछ पृष्ठों में। इस सीमा के बावजूद आगे मार्क्सवादी सिद्धांत की विकास यात्रा को संक्षिप्त रूप से प्रस्तुत करने का प्रयास किया जाएगा। इसका उद्देश्य मार्क्सवाद की विभिन्न व्याख्याओं से पाठकों को अवगत कराना है। उन व्याख्याओं को मोटे तौर पर दो कोटियों में विभाजित किया जा सकता है। पहली कोटि में लेनिन, स्टालिन और माओ त्से-तुंग की व्याख्या को शामिल किया जा सकता है। उन लोगों ने अपने-अपने देश की

विशिष्ट स्थितियों के संदर्भ में मार्क्सवाद की व्याख्या की और अपने नेतृत्व में क्रांति को सफल बनाया। क्रांति के पश्चात शासन-व्यवस्था पर उनका नियंत्रण स्थापित हुआ। सिद्धांतकारों के शासक हो जाने से उनकी व्याख्या के विरोध और उस पर खुली बहस की संभावना समाप्त हो गई। सत्ता के माध्यम से विरोधियों को कुचल दिया गया। सोवियत संघ में स्टालिन की तानाशाही कायम हुई। उसी तरह चीन में भी माओ ने क्रांति का नेतृत्व किया और वहाँ की शासन-व्यवस्था पर उनका पूर्ण नियंत्रण था। वहाँ भी विरोध और बहस को कुचल दिया गया। इसलिए लेनिन, स्टालिन और माओ के मार्क्सवादी सिद्धांत को रूढ़ मार्क्सवाद (Orthodox Marxism) कहा जाता है। मार्क्सवाद की व्याख्या की दूसरी कोटि नव-मार्क्सवादियों की है। नव-मार्क्सवाद कोई सुव्यवस्थित सिद्धांत नहीं है। उसे बीसवीं सदी में पश्चिमी विचारकों द्वारा प्रस्तुत मार्क्सवाद की विभिन्न धाराओं के लिए प्रयुक्त किया जाता है। नव-मार्क्सवादियों ने सोवियत संघ की समाजवादी व्यवस्था की आलोचना की और वहाँ के सिद्धांतकारों (शासकों) द्वारा मार्क्सवाद की व्याख्या को मानने से इनकार कर दिया। उसके साथ ही नव-मार्क्सवादियों ने आर्थिक कारकों की अपेक्षा विचारधारा और संस्कृति के विश्लेषण पर बल दिया। इस क्रम में उन लोगों ने मार्क्सवाद की व्याख्या में भाषाविज्ञान, मनोविश्लेषण, दर्शन, राजनीतिक चिंतन आदि की अवधारणाओं का प्रयोग किया। नव-मार्क्सवादियों में लूकाच, ग्राम्शी, मार्क्यूज, एडोर्नो, सार्त्र, अल्थूसर, गोल्डमान आदि कई विचारक हैं। उन लोगों ने मार्क्सवाद की विविध व्याखायाएँ प्रस्तुत कीं। 1980 ई. के दशक में उत्तर-मार्क्सवाद की चर्चा होने लगी। लैक्लाउ और मौफी ने अपनी पुस्तक *हेजमनी ऐंड सोशलिस्ट स्ट्रेटजी* में उत्तर-आधुनिकता और उत्तर-संरचनावाद के संदर्भ में मार्क्सवाद की व्याख्या की।

मार्क्सवाद की उपर्युक्त सभी व्याख्याओं को इस पुस्तक में शामिल करना संभव नहीं है। इसलिए मार्क्सवाद पर केंद्रित अध्याय को चार भागों में बाँटा गया है। पहला भाग शास्त्रीय मार्क्सवाद का है। उसमें मार्क्स के विचारों को शामिल किया गया है। दूसरे भाग में लेनिन, स्टालिन और माओ की व्याख्या पर चर्चा की गई है। तीसरा भाग नव-मार्क्सवाद के प्रतिनिधि के रूप में ग्राम्शी, सार्त्र और अल्थूसर पर केंद्रित है। अंत में सोवियत संघ और पूर्वी यूरोप के देशों में समाजवादी व्यवस्था के विघटन के बाद मार्क्सवाद की प्रासंगिकता के प्रश्न पर संक्षिप्त चर्चा की गई है।

(I) शास्त्रीय मार्क्सवाद (Classic Marxism)

मार्क्सवाद का प्रारंभ कार्ल मार्क्स (1818-1883 ई.) के विचारों से होता है। उनका जन्म जर्मनी में हुआ था। उस समय जर्मनी दर्शनशास्त्र का महत्त्वपूर्ण केंद्र था। वहाँ कांट, हीगल, फायरबाख आदि कई प्रमुख दार्शनिक हो चुके थे। हालाँकि मार्क्स को जर्मनी के बोन विश्वविद्यालय में न्यायशास्त्र का अध्ययन करने के लिए भेजा गया था। लेकिन एक वर्ष के बाद ही उन्होंने उसे छोड़ दिया। वे बर्लिन विश्वविद्यालय आ गए। अब उनका विषय इतिहास और दर्शनशास्त्र हो गया। बाद में जेना विश्वविद्यालय से उन्होंने पी-एच. डी. की उपाधि

प्राप्त की। उन्होंने अपना शोध प्रबंध यूनान के दो दार्शनिकों, एपिक्यूरस और डेमोक्रिटस के दर्शन के तुलनात्मक अध्ययन (1839-1841 ई.) पर प्रस्तुत किया था। 1842 ई. से 1843 ई. के बीच उन्होंने *रीनिश टाइम्स* नामक पत्रिका का संपादन कार्य किया। उस दौरान उन्होंने प्रेस के ऊपर सेंसरशिप कानून का कड़ा विरोध किया। अपने क्रांतिकारी विचारों के कारण मार्क्स को न सिर्फ संपादकीय छोड़ने के लिए मजबूर होना पड़ा, बल्कि जर्मनी भी छोड़ना पड़ा। वे 1843 ई. में फ्रांस आ गए। वहीं पर उनकी मुलाकात फ्रेडरिक एंगिल्स से हुई जिनसे उनकी आजीवन मित्रता बनी रही। उसके बाद की रचनाएँ दोनों के नाम से प्रकाशित हुईं। यह मित्रता राजनीतिक चिंतन के इतिहास में अनूठा उदाहरण है।

प्रारंभ में मार्क्स हीगल के आदर्शवादी दर्शन से प्रभावित थे। लेकिन उसके प्रति उनका नजरिया आलोचनात्मक था। इसलिए मार्क्स ने अपनी प्रारंभिक रचनाओं (1843-1846 ई.) में प्रमुख तौर पर हीगल के आदर्शवादी दर्शन की आलोचना की है। इस संबध में 1843 ई. में उनकी लिखित पुस्तक *क्रिटिक ऑफ हीगल्स फिलॉसफी ऑफ राइट्स* और 1844 ई. की रचना *इकॉनॉमिक ऐंड फिलॉसॉफिक मेनुस्क्रिप्टस ऑफ 1844* उल्लेखनीय हैं। उन्होंने जर्मनी के भौतिकवादी दार्शनिक फायरबाख की समीक्षा अपनी पुस्तक *थीसिस ऑन फायरबाख* (1845 ई.) में की। 1846 ई. में प्रकाशित उनकी पुस्तक *जर्मन आयडियोलॉजी* में दर्शन की आलोचना है।

जर्मन दर्शन के अतिरिक्त मार्क्स के विचारों पर फ्रांस के समाजवादियों का प्रभाव पड़ा। उन्नीसवीं सदी के मध्य में फ्रांस समाजवादी विचारों का गढ़ था। वहाँ समाजवाद की विभिन्न चिंतन धाराएँ थीं जिनमें सेट साइमन और चार्ल्स फोरियर का कल्पनावादी समाजवाद, ब्लांकी का क्रांतिकारी समाजवाद, जॉर्ज सोरेल का श्रेणी संघवाद और प्रूधों का अराजकतावादी समाजवाद शामिल है। मार्क्स ने प्रूधों के विचारों की आलोचना अपनी पुस्तक *दि पावर्टी ऑफ फिलॉसफी* (1847 ई.) में की।

1845 ई. में अपने क्रांतिकारी विचारों के कारण मार्क्स को पेरिस से निष्कासित कर दिया गया। वे ब्रुसेल्स आ गए। वहाँ उन्होंने एंगिल्स के साथ मिलकर विभिन्न देशों के समाजवादियों को एकता के सूत्र में बाँधने का प्रयत्न किया। उन दोनों का विचार अंतर्राष्ट्रीय स्तर पर मजदूरों का संगठन खड़ा करने का था। इसलिए उन्होंने ब्रुसेल्स में 'कम्युनिस्ट करोसपोंडेंस कमेटी', स्थापित की। पेरिस में जर्मन शरणार्थियों ने लीग ऑफ दि जस्ट नामक संस्था बना रखी थी। वह काल्पनिक समाजवादियों की संस्था थी। 1847 ई. में उन दोनों संस्थाओं का विलय कर 'कम्युनिस्ट लीग' नामक संस्था की स्थापना की गई। वह एक अंतर्राष्ट्रीय राजनीतिक दल था। उसके उद्देश्यों और कार्यक्रमों को स्पष्ट करने के लिए मार्क्स और एंगिल्स ने 1848 ई. में *मैनिफेस्टो ऑफ दि कम्युनिस्ट पार्टी*, जिसे कम्युनिस्ट मैनिफेस्टो भी कहा जाता है, नामक पुस्तिका लिखी। उसमें दुनिया के मजदूरों के एक होने और क्रांति कर पूंजीवादी व्यवस्था को उखाड़ फेंकने का आह्वान किया गया था। 1848 ई. में फ्रांस, जर्मनी, इटली आदि कई देशों में आंदोलन हुए। उनमें लोकतांत्रिक अधिकारों के साथ-साथ मजदूर वर्ग के मुद्दे भी प्रमुख थे। फ्रांस में मजदूर आंदोलन के समर्थन में मार्क्स पुनः पेरिस आ गए। लेकिन एक वर्ष

बाद 1849 ई. में मजदूर आंदोलन से एकजुटता दिखलाने के कारण उन्हें पेरिस छोड़ने पर मजबूर होना पड़ा। 1849 ई. में वे लंदन आए और अपनी मुत्यु पर्यंत (1883 ई.) वहीं रहे।

लंदन आने के बाद मार्क्स ने रिकार्डो जैसे ब्रिटिश अर्थशास्त्रियों के विचारों का गहराई से अध्ययन किया। जर्मन दर्शन और फ्रांसीसी समाजवाद के साथ-साथ मार्क्स के विचारों पर तीसरा महत्त्वपूर्ण प्रभाव ब्रिटिश अर्थशास्त्रियों का है। लंदन में मार्क्स को भयानक आर्थिक तंगी से गुजरना पड़ा। उस दौर में उनके लिए एक बड़ा संबल एंगिल्स द्वारा उन्हें की जाने वाली आर्थिक मदद थी। लंदन के पुस्तकालयों में उपलब्ध सामग्री के गहन अध्ययन और विश्लेषण से मार्क्स ने पूँजीवाद के आर्थिक स्वरूप को गहराई से समझने का प्रयास किया। उनके द्वारा लिखित *कंट्रीब्यूशन टू दि क्रिटिक ऑफ पालिटकल इकॉनॉमी* 1859 ई. में प्रकाशित हुई। उसके बाद उन्होंने अपनी सर्वाधिक महत्त्वपूर्ण पुस्तक *दि कैपिटल* लिखी। उसका पहला खंड 1867 ई. में प्रकाशित हुआ। अपने खराब स्वास्थ्य के कारण वे अपनी योजनानुसार उस ग्रंथ को पूर्ण नहीं कर सके। उनकी मृत्यु के बाद एंगिल्स ने मार्क्स की हस्तलिखित पांडुलिपियों को व्यवस्थित रूप दिया। उसके फलस्वरूप कैपिटल का दूसरा खंड 1885 ई. और तीसरा खंड 1894 ई. में प्रकाशित हुआ।

1860 ई. के दशक में मार्क्सवादी विचारधारा के अनुरूप अंतर्राष्ट्रीय स्तर पर मजदूर आंदोलन को संगठित करने के प्रयास भी हुए। इसलिए मार्क्स और एंगिल्स ने विभिन्न देशों में मजदूरों के राजनीतिक दल की स्थापना और उनके बीच समन्वय के लिए एक अंतर्राष्ट्रीय संगठन को आवश्यक माना। 1852 ई. में कम्युनिस्ट लीग मृत हो चुका था। इसलिए अब नया संगठन बनाना आवश्यक था। 1864 ई. में इंटरनेशनल वर्किंगमेन्स एसोसिएशन की स्थापना हुई। उसे फर्स्ट इंटरनेशनल भी कहा जाता है। मार्क्स उसकी समिति के सदस्य थे। उसी प्रकार मार्क्स और एंगिल्स के प्रभाव से जर्मन, फ्रांस, इटली आदि देशों में साम्यवादी दलों की स्थापना हुई। इस प्रकार मार्क्स प्रारंभ से ही मजदूर आंदोलन को अंतर्राष्ट्रीय स्वरूप देने के पक्षधर थे।

तरुण मार्क्स और परिपक्व मार्क्स का विवाद और अलगाव (Alienation) का सिद्धांत

मार्क्स की 1844 ई. में लिखित *इकॉनॉमिक ऐंड फिलॉसाफिक मेनुस्क्रिप्ट्स (अर्थशास्त्र एवं दर्शन संबंधी पांडुलिपियाँ)* 1932 ई. में प्रकाशित हुई। उसका वास्तविक प्रभाव 1945 ई. के बाद परिलक्षित हुआ। उन पांडुलिपियों के प्रकाशन ने मार्क्स को एक मानवतावादी समाजशास्त्री के रूप में चर्चित किया। विवाद खड़ा हुआ कि मार्क्स के दो चेहरे हैं – *पांडुलिपियों* का युवा मार्क्स और *कैपिटल* का परिपक्व मार्क्स। एक मानववादी तो दूसरा क्रांतिकारी। कुछ विद्वानों के अनुसार वे दोनों एक-दूसरे के विपरीत हैं। डेविड मैकलेलान जैसे मार्क्स के कुछ व्याख्याता प्रारंभिक मार्क्स पर बल देते हैं क्योंकि उनकी दृष्टि में मार्क्स अपनी प्रारंभिक अवस्था में किसी वर्ग के विरोधी नहीं बल्कि एक मानवतावादी थे। इनका तर्क है कि मार्क्स

का मुख्य लक्ष्य श्रमिकों को अलगाव से मुक्ति दिलाना था। किंतु डेनियल बेल और रेमंड एरन इसका खंडन करते हुए यह तर्क देते हैं कि प्रबुद्ध मार्क्स के महान ग्रंथों में अलगाव का उल्लेख नहीं है। बेल के विचारानुसार मार्क्स ने 26 वर्ष की उम्र में लिखित *अर्थशास्त्र एवं दर्शन संबंधी पांडुलिपियाँ* के बाद अलगाव की समस्या पर लिखना बंद कर दिया था। अल्थूसर ने अपनी पुस्तक *फॉर मार्क्स* (1965 ई.) में उल्लेख किया है कि *कैपिटल* की रचना करते वक्त मार्क्स परिपक्व हो चुके थे। इसलिए उन्होंने अलगाव की चर्चा बंद कर दी थी। अल्थूसर के अनुसार अलगाव और शोषण मार्क्स की दो भिन्न अवधारणाएँ हैं। लेनिन, कॉटस्की, प्लेखानोव आदि विद्वान मार्क्स की आर्थिक अवधारणाओं को ही प्रमुखता देते हैं। किंतु जो विद्वान सोवियत संघ के लेखकों की आलोचना करना चाहते थे, उन्होंने मार्क्स के मानवतावादी स्वरूप की प्रशंसा की। उसके पीछे उनका उद्देश्य समकालीन साम्यवादी समाज में जारी वैचारिक हठधर्मिता की निंदा करना था। उपर्युक्त विवाद अब समाप्तप्राय हो गया है क्योंकि *गूंड्रीज* (1939–1941 ई.) के प्रकाशन के बाद यह लगने लगा कि मार्क्स की *पांडुलिपियाँ, गूंड्रीज* और *कैपिटल* में एक विचारधारात्मक निरंतरता है। मार्क्स के अनुसार अलगाव एवं शोषण दोनों में मजदूर ही उत्पीड़ित होता है। वे शोषण को समाप्त कर मजदूर को अलगाव से मुक्ति दिलाना चाहते थे। अलगाव एक मनोवैज्ञानिक स्थिति है। शोषण सामाजिक-आर्थिक विश्व में परिलक्षित होता है किंतु अलगाव से ग्रस्त व्यक्ति पराया हो जाता है तथा वह खुद से ही अपने को पृथक महसूस करने लगता है। अलगाव मस्तिष्क की एक स्थिति है जो मनुष्य को अपने-आप से तथा अपने प्राकृतिक एवं सामाजिक परिवेश से विरक्त कर देता है। मार्क्स पूँजीवादी उत्पादन प्रणाली के शोषणकारी स्वरूप का विश्लेषण करते हैं। उसमें स्वार्थ-पूर्ति एवं मुनाफा कमाने के लिए उत्पादन के साधनों के स्वामी यानी पूँजीपतियों द्वारा श्रमिकों का दोहन किया जाता है। पूँजीवादी व्यवस्था में अलगाव उत्पादन की प्रक्रिया का परिणाम है और उसमें पूँजीपति और श्रमिक दोनों अलगाव की स्थिति में रहते हैं। लेकिन पूँजीपति अपने अलगाव को अपनी शक्ति समझता है और इसलिए वह उन्हें सुखद प्रतीत होता है जबकि वही स्थिति मजदूर के लिए नाशकारी एवं अमानवीय होती है। श्रमिक को उसके श्रम का पूर्ण फल प्राप्त नहीं होता। उसके द्वारा किया गया उत्पादन उसकी दासता को बढ़ाने में और अधिक सहायक होता है। पूँजीवाद उसी तरह शोषणकारी है जिस तरह दासता। मार्क्स इस विरोधाभास को स्पष्ट करते हैं कि पूँजीवादी समाज में भौतिक वस्तुओं का अति उत्पादन मजदूरों के शोषण में वृद्धि करता है। जितना अधिक वह शोषित होता है उतना ही उसके भीतर अलगाव की भावना बढ़ती है और इसी के साथ उसका अधिकाधिक शोषण संभव होता जाता है। शोषण और अलगाव पूँजीवाद की विलक्षण विशेषताएँ हैं।

मार्क्स *अर्थशास्त्र एवं दर्शन संबंधी पांडुलिपियाँ* में श्रमिक वर्ग के अलगाव के चार रूपों की व्याख्या करते हैं– 1. श्रमिक का प्रकृति से; 2. अपने-आप से (अपनी गतिविधियों से); 3. अपने जाति-सत्त्व से (मानव जाति के सदस्य के रूप में अपने अस्तित्व से) तथा 4. अन्य मनुष्यों से। ये सभी पहलू अलगाव से ग्रस्त श्रमिकों के साथ जुड़े होते हैं। अलगाव का पहला रूप श्रमिक का अपने श्रम के उत्पाद के साथ उसके संबंध को (जो प्रकृति के

साथ उसके संबंध की भी अभिव्यक्ति है) व्यक्त करता है। उसके श्रम से पैदा होने वाला उत्पाद स्वयं उससे स्वतंत्र शक्ति बन जाता है और श्रम भी एक वस्तु या माल (बाजार में बिक्री हेतु) का रूप ले लेता है। श्रमिक 'अपने श्रम के उत्पाद से उसी तरह संबद्ध होता है जैसे किसी इतर वस्तु से।' अलगाव का दूसरा रूप अपने-आप से अजनबी हो जाना है। मार्क्स के अनुसार– "श्रम मजदूर के लिए बाह्य है अर्थात् उसकी सहज प्रकृति का अंग नहीं है, इसलिए अपने काम में वह अपनी पुष्टि नहीं करता, बल्कि अपने को नकारता है, संतुष्ट नहीं बल्कि दु:खी अनुभव करता है, अपनी शारीरिक तथा मानसिक शक्ति को स्वेच्छा से विकसित नहीं करता, बल्कि अपनी देह को कुचलता और मस्तिष्क को नष्ट करता है।" उसे अपने अस्तित्व का अहसास अपने काम के बाहर की गतिविधियों में होता है। एक मनुष्य के रूप में उसके क्रियाकलाप उसके अहं को नष्ट करते हैं। उसकी स्वाभाविक परिणति यह है कि मनुष्य पशुवत कार्यों जैसे, खाना, पीना और संतानोत्पत्ति में ही अपने को ज्यादा सक्रिय तथा अपने अस्तित्व को ज्यादा गहरे रूप में अनुभव करता है। अत: 'जो पाशविक है वह मानवीय बन जाता है और जो मानवीय है, वह पाशविक बन जाता है।'

अलगाव का तीसरा रूप एक मनुष्य के रूप में श्रमिक के जीवन का वस्तुकरण है। उसका जीवन-सत्त्व किसी और का साधन बन जाता है। वह अपने इस तत्त्व से खुद को अलग पाता है। उसका जीवन अमानवीय हो जाता है और एक मनुष्य के रूप में उसकी पहचान लुप्त हो जाती है। अलगाव की अंतिम परिणति मनुष्य का मनुष्य से वियोजन में होती है। वह दूसरे मनुष्यों के साथ सामाजिक संबंधों को कायम करने में असमर्थ होता है। पूँजीवादी समाज में अलगाव मुख्यत: माल के उत्पादन एवं उसकी लोलुपता में निहित होता है। निजी संपत्ति श्रमिक के उत्पादन से उसके अलगाव का आवश्यक परिणाम है। वह उसके अलगाव का साधन भी बन जाती है। अत: मार्क्स के अनुसार अलगाव से मुक्ति हेतु सामाजिक-आर्थिक संरचना का क्रांतिकारी रूपांतरण आवश्यक है जिसमें निजी संपत्ति की समाप्ति होती है। इस प्रकार यह भी स्पष्ट होता है कि मार्क्स के विचारों में एक निरंतरता है और श्रमिक के अलगाव के अंत के लिए क्रांति द्वारा उत्पादन के साधनों के सामाजिक स्वामित्व पर आधारित साम्यवादी व्यवस्था की स्थापना अपरिहार्य है। निजी संपत्ति के निषेध पर आधारित उस व्यवस्था में मानव के जीवन-सत्त्व का उपयोग मानव के द्वारा एवं मानव के लिए होता है। वह एक सामाजिक मनुष्य के रूप में मनुष्य के निजत्व की वापसी है।

द्वंद्वात्मक भौतिकवाद

द्वंद्वात्मक भौतिकवाद मार्क्सवाद का बुनियादी सिद्धांत है। यह सामाजिक परिवर्तन की प्रक्रिया और उसको निर्धारित करने वाले कारकों की व्याख्या करता है। मार्क्स ने द्वंद्ववाद को हीगल से लिया है। वे स्वयं को हीगल का शिष्य कहते हैं। द्वंद्ववाद के अनुसार सामाजिक परिवर्तन की प्रक्रिया द्वंद्वात्मक है। वह विरोधों के संघर्ष के परिणामस्वरूप आगे बढ़ती है। हीगल और मार्क्स दोनों इस बात पर सहमत हैं। लेकिन उस प्रक्रिया को निर्धारित करने वाला सर्वप्रमुख कारक

कौन–सा है? इस प्रश्न पर दोनों के विचार भिन्न हैं। हीगल एक आदर्शवादी चिंतक हैं। उनके अनुसार विचार भौतिक स्थितियों से स्वतंत्र होते हैं। वे समाज के स्वरूप और उसके परिवर्तन को निर्धारित करते हैं। इसलिए उनके अनुसार समाज विचारों के संघर्ष से बदलता है। इसके विपरीत मार्क्स विचारों के स्वतंत्र अस्तित्व को स्वीकार नहीं करते। प्रत्येक विचार भौतिक स्थितियों द्वारा निर्धारित होता है। इसलिए सामाजिक परिवर्तन की प्रक्रिया को भौतिक स्थितियां निर्धारित करती हैं, विचार नहीं। उन स्थितियों में मार्क्स उत्पादन प्रणाली को सर्वप्रमुख कारक मानते हैं। इस प्रकार मार्क्स ने हीगल के द्वंद्ववाद में आमूल बदलाव कर दिया। द्वंद्वात्मक भौतिकवाद की व्याख्या निम्न बिंदुओं के आधार पर की जा सकती है–

1. समाज का आधार उत्पादन प्रणाली है : मार्क्स इतिहास और समाज को भौतिकवादी पद्धति से समझने के पक्षधर हैं। मनुष्य समाज में जीता है। जीने के लिए उसे वैसे साधनों का उत्पादन करना पड़ता है जिनसे उसकी आवश्यकताओं की पूर्ति हो सके। उत्पादन की गतिविधि में मनुष्य प्राकृतिक वस्तुओं के संपर्क में आता है। वह उनका रूपांतरण करता है। इस प्रक्रिया में वह अन्य लोगों से संबंध कायम करता है। वह दूसरों को सहयोग करता है और सहयोग लेता है। वह अपने उत्पादों का भी आदान–प्रदान करता है। इस प्रकार उत्पादन एक सामूहिक और समाजिक प्रक्रिया है। भौतिकवाद मनुष्य और उसकी गतिविधि को उसकी परिस्थितियों के संदर्भ में समझने का प्रयास करता है। इतिहास और समाज को समझने का यही प्रारंभ बिंदु है। मनुष्य का जीवन इस बात से निर्धारित होता है कि वह क्या और किस प्रकार उत्पादन करता है, इसलिए मार्क्सवादी दृष्टिकोण के अनुसार समाज मनुष्यों की पारस्परिक क्रियाओं का परिणाम है। उनमें उत्पादन की गतिविधियाँ सबसे प्रमुख भूमिका अदा करती हैं। मार्क्सवाद के भौतिक दृष्टिकोण में उत्पादक शक्ति सर्वाधिक महत्त्वपूर्ण कारक है। उत्पादक शक्तियों के अंतर्गत वे सभी चीजें आती हैं जो उत्पादन में योगदान देती हैं। उनमें मनुष्यों के अलावा औजार, मशीन, यातायात और संचार के साधन, तकनीक आदि सभी शामिल हैं। उत्पादन की प्रक्रिया में सामाजिक संबंध भी निर्मित होते हैं। इसलिए समाज का स्वरूप उत्पादक शक्तियों के द्वारा निर्धारित होता है। कृषि और हथकरघा सामंती समाज को जन्म देता है तो मशीनों द्वारा उत्पादन पूँजीवादी समाज को। उत्पादक शक्तियों में परिवर्तन से उत्पादन के संबंध बदलते हैं। उनके परिणामस्वरूप समाज बदल जाता है। इसलिए द्वंद्वात्मक भौतिकवाद के अनुसार समाज के आधार उत्पादक शक्ति और उत्पादन संबंध हैं। मार्क्स उन दोनों को संयुक्त रूप से उत्पादन प्रणाली (Mode of production) कहते हैं।

2. भौतिकवाद समाज को ऐतिहासिक परिप्रेक्ष्य में समझने का प्रयास करता है: मार्क्स के अनुसार वर्तमान विश्व और उसके विभिन्न समाज ऐतिहासिक विकास की प्रक्रिया से गुजरते हुए इस अवस्था तक पहुँचे हैं। इसलिए भौतिकवादी दृष्टिकोण विश्व और समाज को समझने में विकास की इस ऐतिहासिक प्रक्रिया के विश्लेषण पर बल देता है। यहाँ यह स्पष्ट किया जाना आवश्यक है कि मार्क्स का उद्देश्य अतीत की घटनाओं की व्याख्या नहीं है। वे वर्तमान को ऐतिहासिक परिप्रेक्ष्य में समझना चाहते हैं। इतिहास उनके लिए अपने सिद्धांतों के परीक्षण की प्रयोगशाला है। इसलिए उनकी रुचि इस बात में है कि वर्तमान समाज विकास

की किन अवस्थाओं से और किस प्रकार गुजरा है? इसी आधार पर उन्होंने यह सिद्ध करने का प्रयास किया कि समाज निरंतर परिवर्तनशील रहा है इसलिए उसे ऐतिहासिक विकास की विभिन्न अवस्थाओं के रूप में देखा जाना चाहिए। इतना ही नहीं विकास की ऐतिहासिक प्रक्रिया की समझ के आधार पर ही यह निष्कर्ष निकाला जा सकता है कि विकास किन नियमों के अनुसार हुआ है। यही कारण है कि भौतिकवादी दृष्टिकोण ऐतिहासिक विकास की प्रक्रिया और उसको निर्धारित करने वाले कारकों के विश्लेषण पर बल देता है।

3. समाज निरंतर परिवर्तनशील हैं और उसके कुछ निश्चित नियम हैं : मार्क्स के अनुसार समाज निरंतर बदलता रहता है। लेकिन परिवर्तन या विकास की प्रकिया आकस्मिक रूप से नहीं चलती। वह कुछ निश्चित नियमों के अनुसार आगे बढ़ती है। इसलिए मार्क्स ने अपने सिद्धांत की वैज्ञानिकता का दावा किया। उन्होंने यह सिद्ध करने का प्रयास किया कि समाज के विकास को वैज्ञानिक तरीके से समझा जा सकता है। मार्क्स ने अपने अध्ययन से यह स्पष्ट किया है कि उनके सिद्धांत इसलिए वैज्ञानिक हैं कि वे मनुष्य के वास्तविक अनुभवों के आधार पर सत्यापित हैं। समाज में परिवर्तन उसी प्रकार उन सिद्धांतों से संचालित होता है जैसे प्राकृतिक जगत प्राकृतिक विज्ञानों के सिद्धांतों के अनुसार। इसका अर्थ यह है कि सामाजिक परिवर्तन के सिद्धांत सार्वभौम हैं। वे हर समाज पर लागू होते हैं। इसलिए मार्क्स ने इस बात पर बल दिया कि उनके द्वारा प्रतिपादित सिद्धांतों के आधार पर न सिर्फ ऐतिहासिक परिवर्तन की व्याख्या की जा सकती है बल्कि भविष्य में परिवर्तन की दिशा क्या होगी, उसकी भविष्यवाणी की जा सकती है। उन्होंने पूँजीवादी व्यवस्था की सैद्धांतिक व्याख्या की और उसके आधार पर यह भविष्यवाणी की कि आगे समाजवाद से साम्यवाद तक की परिवर्तन यात्रा चलेगी। इस प्रकार द्वंद्वात्मक भौतिकवाद सामाजिक परिवर्तन का वैज्ञानिक सिद्धांत है।

4. आधार और अधिरचना (Base and Superstructure): मार्क्स के अनुसार हर समाज का आधार उत्पादन प्रणाली है। उत्पादक शक्तियाँ और उत्पादन संबंध उसके दो कारक हैं। उत्पादन प्रणाली ही समाज के ढाँचे को निर्धारित करती है। समाज की राजनीति, धर्म, कानून, आदि उसी से निर्धारित होते हैं। इन्हें मार्क्स अधिरचना या ऊपरी ढाँचा (सुपरस्ट्रक्चर) कहते हैं जो उत्पादन प्रणाली यानी आधार (बेस) से निर्धारित होता है। इस प्रकार द्वंद्वात्मक भौतिकवाद के अनुसार आर्थिक कारक समाज के लिए बुनियादी और निर्णायक होते हैं। इसलिए जिस वर्ग का उत्पादन के साधनों पर स्वामित्व होता है, उसी का संपूर्ण समाज पर नियंत्रण होता है। बौद्धिक रूप से भी वही वर्ग शक्तिशाली होता है। मार्क्स के अनुसार– "हर युग के प्रभुत्वशाली विचार (Ruling ideas) सदा उसके शासक वर्ग (Ruling class) के ही विचार रहे हैं।" बाद में मार्क्सवाद पर आर्थिक नियतिवाद का आरोप लगा। मार्क्स की मृत्यु के बाद एंगिल्स ने 1890 ई. में यह स्पष्ट करने का प्रयास किया कि उन्होंने या मार्क्स ने कभी यह नहीं कहा कि आर्थिक कारक एकमात्र ऐसा कारक है जो ऐतिहासिक विकास को निर्धारित करता है। राजनीतिक, दार्शनिक, धार्मिक आदि पहलू भी उसको प्रभावित करते हैं। वे समाज का आधार यानी उत्पादन प्रणाली पर प्रभाव डालते हैं। इसलिए ऐसा नहीं है कि उत्पादन

प्रणाली कारण है और राजनीति, शासन, कानून, विचार, धर्म आदि उसके निष्क्रिय परिणाम। लेकिन एंगिल्स ने इस बात पर बल दिया कि आधार यानी उत्पादन प्रणाली इतिहास को 'अंतिम रूप से निर्धारित करने वाला कारक' है। उस स्पष्टीकरण के बावजूद आधार और अधिरचना का संबंध विवाद का एक मुख्य बिंदु बना रहा। जहाँ मार्क्सवाद के विरोधियों ने आर्थिक नियतिवाद का आरोप लगाना जारी रखा वहाँ परवर्ती मार्क्सवादी चिंतकों ने मार्क्सवादी सिद्धांत के अंतर्गत विचारधारा और राजनीति की भूमिका को स्पष्ट करने का प्रयास किया।

5. परिवर्तन की प्रक्रिया द्वंद्वात्मक है : परिवर्तन की प्रक्रिया के संबंध में हीगल और मार्क्स एक मत रखते हैं। दोनों के अनुसार वह प्रक्रिया द्वंद्वात्मक है। परिवर्तन संघर्ष के परिणामस्वरूप होते हैं। हीगल में विचारों के संघर्ष से तो मार्क्स के अनुसार उत्पादन प्रणाली के परस्पर-विरोधी कारकों के संघर्ष से। मार्क्स का तर्क है कि समाज की संरचना इस बात पर आधारित होती है कि उसमें उत्पादन और उनका विनिमय कैसे होता है? उसी आधार पर उत्पादन संबंध निर्मित होते हैं। उनके फलस्वरूप समाज में विभिन्न वर्गों की उत्पत्ति होती है। मार्क्स का तर्क है कि उत्पादन संबंधों की तुलना में उत्पादन के साधनों का विकास ज्यादा तेजी से होता है। इसलिए नई और विकसित उत्पादक शक्तियाँ पुराने उत्पादन संबंधों के साथ संघर्ष करती है। वे उन्हें नष्ट कर देती हैं। उसके बाद नए प्रकार के उत्पादन संबंध अस्तित्व में आते हैं। उसके परिणामस्वरूप समाज के राजनीतिक, वैचारिक, धार्मिक आदि क्षेत्रों में भी परिवर्तन हो जाते हैं। मार्क्स के अनुसार हर उत्पादन प्रणाली में दोनों परस्पर-विरोधी कारक मौजूद रहते हैं। उनके बीच संघर्ष होते हैं। इस प्रकार उत्पादन के साधन और उत्पादन के संबंधों के बीच संघर्ष के कारण परिवर्तन होते हैं। मार्क्स अपने सिद्धांत की पुष्टि के लिए इतिहास से उदाहरण देते हैं। एक समय में कृषि पर आधारित अर्थव्यवस्था थी। उसमें भूमि के स्वामियों का वर्ग था तो दूसरी ओर उत्पादन में लगे कृषि मजदूरों का। उन दोनों के संबंध परस्पर-विरोधी थे क्योंकि भूस्वामी कृषि-मजदूरों का शोषण करते थे। बाद में चलकर मशीनों का आविष्कार हुआ। नई उत्पादक शक्तियाँ अस्तित्व में आईं। उन्होंने कृषि पर आधारित अर्थव्यवस्था के स्थान पर उद्योग-धंधों पर आधारित व्यवस्था को जन्म दिया। उसमें पूँजी की भूमिका प्रमुख थी। अब पूँजीपति प्रभु वर्ग है और उद्योग-धंधों में काम करनेवाला श्रमिक शोषित वर्ग है।

6. परिवर्तन निरंतर प्रगति की ओर होते हैं : मार्क्स मानव जाति की निरंतर प्रगति में विश्वास करते हैं। आधुनिकता का वह केंद्रीय बिंदु था। उस संबंध में हीगल और मार्क्स में समानता परिलक्षित होती है। दोनों यह स्वीकार करते हैं कि पूरी मानव जाति का एक ही प्रकार का इतिहास है। इतिहास की प्रक्रिया न सिर्फ परिवर्तनशील है बल्कि प्रगति की ओर अग्रसर है। अत: दोनों के निष्कर्ष एक हैं लेकिन आधार भिन्न हैं। मार्क्स का तर्क है कि उत्पादन की प्रक्रिया में मनुष्य उत्पादन के यंत्रों का निरंतर विकास करता रहता है। प्रत्येक पीढ़ी को अपनी पूर्ववर्ती पीढ़ी से उत्पादन के साधन मिलते हैं। वह उन्हें और विकसित करती है। उसी से समाज आगे बढ़ता है। अत: विकास की प्रत्येक अवस्था अपनी पूर्ववर्ती अवस्था से उच्चतर होती है क्योंकि नई अवस्था में उत्पादन के साधन अधिक विकसित होते

हैं। इसलिए ऐतिहासिक विकास की प्रक्रिया निम्नतर से उच्चतर की ओर होती है। उदाहरण के लिए सामंतवादी व्यवस्था की तुलना में पूँजीवादी व्यवस्था काफी विकसित है। उसका कारण यह है कि उस अवस्था में वैज्ञानिक एवं तकनीकी प्रगति के कारण उत्पादन के साधन अधिक विकसित हैं। इसलिए मार्क्स यह भविष्यवाणी करते हैं कि समाजवादी व्यवस्था पूँजीवादी व्यवस्था से अधिक विकसित होगी। उनके अनुसार विकास की पूर्ण अवस्था साम्यवाद की है। उनका दावा है कि वह कोरी कल्पना या यूटोपिया नहीं बल्कि वैज्ञानिक पद्धति पर आधारित एक सच्चाई है।

ऐतिहासिक भौतिकवाद

मार्क्स ने द्वंद्वात्मक भौतिकवाद के दृष्टिकोण से इतिहास की व्याख्या करने का प्रयास किया। ऐतिहासिक भौतिकवाद इतिहास की द्वंद्वात्मक और भौतिकवादी व्याख्या है। मार्क्स ने उत्पादन प्रणाली और उस पर आधारित सामाजिक-आर्थिक ढाँचे को चार युगों में बांटा है- एशियाई, प्राचीन, सामंती और पूँजीवादी। वे अवस्थाएँ क्रमशः प्रगतिशील रही हैं। उन सभी में उत्पादन प्रणाली अपने पूर्ववर्ती की तुलना में अधिक विकसित होती गई। उनका संक्षिप्त विवरण निम्नानुसार है :-

1. एशियाई अवस्था : मार्क्स उत्पादन प्रणाली की पहली अवस्था को एशियाई उत्पादन प्रणाली कहते हैं। ऐतिहासिक रूप से उसका सबंध भारत, चीन और कुछ अन्य एशियाई देशों से है। एशियाई उत्पादन प्रणाली में भूमि पर सामुदायिक स्वामित्व था। निजी संपत्ति का उदय नहीं हुआ था। उसमें वर्गों का अस्तित्व भी नहीं था। वह आदिम साम्यवाद की अवस्था थी। उस अवस्था में उत्पादन प्रणाली का विकास नहीं हुआ था। लोग शिकार, मछली और पशुपालन के द्वारा जीवन-यापन करते थे तथा गाँवों में रहते थे। उनके बीच सामुदायिक बंधन थे।

2. प्राचीन अवस्था : यह अवस्था आदिम साम्यवाद के नष्ट होने पर उत्पन्न हुई। उस अवस्था के अंतिम पड़ाव में उत्पादन यंत्रों के विकास के कारण भरण-पोषण की आवश्यकता से अधिक उत्पादन संभव हो सका। उससे समुदाय के सदस्यों पर काम का बोझ बढ़ा। इसलिए अधिक श्रमशक्ति वांछनीय मानी जाने लगी। विभिन्न समुदायों के बीच युद्ध ने उसे आसान बना दिया। युद्धबंदियों को दास बना लिया गया। इन ऐतिहासिक परिस्थितियों में इतिहास में पहली बार श्रम विभाजन हुआ। उसके साथ ही दो प्रमुख वर्ग अस्तित्व में आए - स्वामी और दास जो क्रमशः शोषक और शोषित थे। दासता शोषण का पहला रूप था। उसके खिलाफ दासों ने संघर्ष किया। इससे दासता पर आधारित समाज का विखंडन हुआ।

3. सामंतवादी अवस्था : इस अवस्था में सामंती उत्पादन प्रणाली कायम हुई। वह कृषि पर आधारित होती है। कृषि के विस्तार के लिए विस्तृत भू-भाग की आवश्यकता पड़ती है। रोमन विजय ने उसे संभव बना दिया। जमीन सार्वजनिक संपत्ति अवश्य थी। लेकिन वह सामंत वर्ग की संपत्ति मानी जाती थी। उस अवस्था में भी दो परस्पर विरोधी वर्ग उभरे - सामंत और कृषिदास (Serb)। सामंत किसानों को खेती करने के लिए जमीन देते थे और उनसे बड़ी

मात्रा में लगान वसूलते थे। किसान कृषि उत्पाद या अपना श्रम लगान के रूप में देते थे। वे दास तो नहीं थे लेकिन उनकी स्थिति दासों जैसी थी। वे अपने श्रम का उपयोग सामंतों के लिए अतिरिक्त उत्पादन में करते थे। उस अवस्था में शहर भी विकसित हुए। हस्तशिल्प से चीजें बनाई जाती थीं और उनका व्यापार होता था। कारीगरों और व्यापारियों के अपने-अपने शिल्पसंघ (गिल्ड) थे। समाज विभिन्न श्रेणियों में बँटा हुआ था। सामंत और पादरी सर्वोच्च वर्ग थे। उसके अतिरिक्त किसानों और व्यापारियों का वर्ग था।

4. पूँजीवादी अवस्था : मार्क्स ने पूँजीवादी उत्पादन प्रणाली का गहराई से विश्लेषण किया। पूँजीवादी उत्पादन प्रणाली के बीज सामंती अवस्था में ही थे। उस अवस्था में उत्पादन और व्यापार तथा गाँव और शहर का विभाजन था। हस्तशिल्प से बनी चीजों का व्यापार होता था। अमेरिका और भारत की खोज ने व्यापार की अपार संभावनाओं का द्वार खोल दिया। अब शिल्पसंघ बाधक बनने लगे थे क्योंकि उत्पादन पर उनका अधिकार था। अब वे संघ नए बाजार की जरूरतों को पूरा करने में असमर्थ थे। अब विनिर्माण प्रणाली (Manufacturing system) अस्तित्व में आई। पहले जहाँ स्थानीय उपभोग के लिए उत्पादन होता था अब वह बड़े पैमाने पर बिक्री के लिए होने लगा। अब कारीगर मजदूरी पर काम करने लगे। विनिर्माण करने वालों (Manufacturer) का नया वर्ग अस्तित्व में आया। वही बुर्जुआ या पूँजीपति वर्ग था। बाद में बाजार में वृद्धि के कारण माल की माँग काफी बढ़ी। अब उत्पादन में भाप इंजन और मशीनों का उपयोग होने लगा। उसके परिणामस्वरूप बड़े-बड़े उद्योगों की स्थापना हुई। आर्थिक प्रभुत्व प्राप्त करने के बाद पूँजीपति वर्ग के लिए, जो सामंती व्यवस्था में मध्य वर्ग था, राजनीतिक प्रभुत्व भी कायम करना संभव हो गया। उदाहरण के लिए ब्रिटेन में चार्ल्स प्रथम के खिलाफ आंदोलन हुआ। मार्क्सवादी दृष्टिकोण से वह आंदोलन पूँजीपति वर्ग द्वारा सामंतों से राजनीतिक सत्ता हथियाने के लिए किया गया।

एंगिल्स और ऐतिहासिक भौतिकवाद

डेविड मैकलेलान के अनुसार मार्क्सवादी सिद्धांत के विकास में एंगिल्स का एक महत्त्वपूर्ण योगदान है कि उन्होंने ऐतिहासिक अध्ययन के आधार पर ऐतिहासिक भौतिकवाद की प्रमाणिकता को स्पष्ट करने का प्रयास किया। उन्होंने 1884 ई. में प्रकाशित अपनी पुस्तक *दि ओरिजिन ऑफ फेमिली, प्राइवेट प्रॉपर्टी ऐंड दि स्टेट* में यह बतलाने का प्रयास किया कि ऐतिहासिक विकास की प्रक्रिया में किस प्रकार परिवार का स्वरूप बदला और किस प्रकार निजी संपत्ति और राज्य का उदय हुआ। उनकी यह पुस्तक प्रसिद्ध मानव वैज्ञानिक लुईस हेनरी मॉर्गन की पुस्तक *दि एनशिएंट सोसायटी* पर आधारित है। यह 1877 ई. में प्रकाशित हुई। उसके आधार पर उन्होंने यह स्पष्ट किया कि आदिम समुदायों में महिलाओं की स्थिति उच्च थी। परिवार का स्वरूप मातृसत्तात्मक था। वंश का निर्धारण माता से होता था। निजी संपत्ति का उदय नहीं हुआ था और राज्य का अस्तित्व भी नहीं था। बाद में जब पशुपालन और कृषि का विकास हुआ तब परिवार का स्वरूप पितृसत्तात्मक हो गया। एक पत्नी प्रथा अस्तित्व में आई। उससे महिलाओं के शोषण का प्रारंभ हुआ। वे अपने पति की संपत्ति समझी जाने

लगी। एंगिल्स स्त्रियों के शोषण को वर्गीय शोषण का ही एक रूप मानते हैं। ऐतिहासिक विकास की उस अवस्था में निजी संपत्ति का भी उदय हुआ। उसके फलस्वरूप समाज दो वर्गों में बँट गया- दासों के मालिक और दास। वर्गों के अस्तित्व में आने से राज्य का उदय हुआ। इसलिए एंगिल्स यह स्वीकार नहीं करते कि राज्य एक स्वाभाविक संस्था है। उनकी दृष्टि में राज्य प्रभुत्वशाली वर्ग के हितों का संरक्षण करता है। इसलिए यह वर्गीय शोषण का यंत्र है। एंगिल्स यूनानी सभ्यता का उदाहरण देते हैं। उसमें एक पत्नी प्रथा, दासता, निजी संपत्ति और राज्य का विकास हुआ।

पूँजीवादी व्यवस्था का शोषणकारी स्वरूप : अतिरिक्त मूल्य का सिद्धांत

मार्क्स का सैद्धांतिक ढाँचा तत्कालीन इंग्लैंड की पूँजीवादी व्यवस्था के विश्लेषण पर आधारित है। उन्होंने विस्तृत रूप से तथ्यों के संग्रह और उनके विश्लेषण के आधार पर पूँजीवादी व्यवस्था के शोषण को सिद्ध करने का प्रयास किया। पूँजीवादी व्यवस्था सामंतवादी व्यवस्था के नष्ट होने पर अस्तिव में आई। मार्क्स पूँजीपतियों की क्रांतिकारी भूमिका को स्वीकार करते हैं। उस वर्ग ने तकनीकों का महत्त्व समझा और प्राकृतिक वस्तुओं के गहन दोहन के नए तरीकों को विकसित किया। उस वर्ग ने उत्पादन के तौर-तरीकों में क्रांतिकारी परिवर्तन ला दिया। उसके साथ-साथ पूँजीवादी व्यवस्था में शोषण का स्वरूप भी विकराल हुआ। शोषित होने वाला वर्ग मजदूरी करने वाला मजदूर है तो उसके शोषण से निरतंर समृद्ध होनेवाला वर्ग पूँजीपति है। पूँजीवादी व्यवस्था मजदूरों का शोषण किस प्रकार करती है? मार्क्स ने इस प्रश्न का उत्तर अतिरिक्त मूल्य के सिद्धांत के द्वारा दिया है।

जीने के लिए उत्पादन आवश्यक है। उत्पादन श्रम के द्वारा होता है। मनुष्य अपने श्रम से प्राकृतिक वस्तुओं को रूपांतरित करता है ताकि उसकी आवश्यकताएँ पूरी हो सकें। इसी रूप में वे वस्तुएँ मूल्यवान हो जाती हैं। यहाँ मूल्य का अर्थ कीमत नहीं है बल्कि उत्पादित वस्तु का गुण है। प्राकृतिक वस्तुओं का स्वयं में कोई मूल्य नहीं होता। इसलिए मार्क्स का कहना है कि श्रम मूल्य का एकमात्र स्रोत है। मानव श्रम के द्वारा उत्पादित वस्तुओं के दो प्रकार के मूल्य होते हैं- उपयोग मूल्य और विनिमय मूल्य। वस्तु का उपयोग मूल्य उसका अंतर्निहित गुण है जिसके कारण उससे मनुष्य की आवश्यकताएँ संतुष्ट होती हैं। इसके विपरीत किसी वस्तु का विनिमय मूल्य उसके उत्पादन में लगे श्रम के समय से निर्धारित होता है। यहाँ पर यह प्रश्न खड़ा होता है कि कुशल व्यक्ति किसी वस्तु को कम समय के श्रम से पैदा कर सकता है जबकि अकुशल को अधिक समय तक श्रम करना पड़ सकता है। इसके उत्तर में मार्क्स का तर्क है कि श्रम-समय का संबध किसी वस्तु के उत्पादन में लगने वाले वास्तविक श्रम से नहीं है। इसे हम किसी वस्तु के उत्पादन में लगने वाला औसत श्रम-समय कह सकते हैं। यह औसत समाज की वर्तमान मानवीय क्षमता और तकनीकी प्रगति के आधार पर तय होता है। इस प्रकार वस्तुओं का विनियम मूल्य उनके निर्माण में लगे औसत श्रम-समय के

द्वारा निर्धारित होता है। उत्पादित वस्तु जब विनिमय के लिए होती है तो वह पण्य या माल (Commodity) बन जाती है। इसलिए मार्क्स का तर्क है कि उपयोग के लिए वस्तुओं का उत्पादन बहुत पहले से हो रहा था। विनिमय के लिए उत्पादन यानी वस्तु का माल के रूप में बदलाव विनिमय के सामाजिक संबधों को पैदा करता है।

मार्क्स के अनुसार मानव श्रम की प्रकृति भी दो तरह की होती है। श्रम एक गतिविधि है जिसके द्वारा मनुष्य अपने उपयोग की वस्तुओं का उत्पादन करता है। श्रम का दूसरा रूप श्रम शक्ति (Labour power) है। उत्पादन के साधनों का स्वामी पूँजीपति वर्ग मजदूरी देकर उसे एक निश्चित समय के लिए खरीदता है। उस स्थिति में श्रम एक माल के रूप में परिणत हो जाता है। चूँकि मार्क्स के अनुसार श्रम मूल्य का एक स्रोत है इसलिए श्रम शक्ति का मूल्य भी श्रम समय के द्वारा निर्धारित होता है। अतः श्रम शक्ति का मूल्य उस उत्पाद के मूल्य के बराबर होगा जो श्रमिक को काम करने लायक बनाए रखे और उसके परिवार का भरण पोषण हो सके। अपने श्रम को बेचनेवाला मजदूर मजदूरी के रूप में इतना ही पाता है। यही उसका उपयोग मूल्य है। लेकिन श्रमिक अपनी श्रम शक्ति द्वारा इससे ज्यादा विनिमय मूल्य का उत्पादन करता है। यही अतिरिक्त मूल्य है। लेकिन इस पर मजदूर वर्ग का अधिकार नहीं होता। इस पर पूँजीपति वर्ग का स्वामित्व होता है। इसलिए यह अतिरिक्त मूल्य पूँजी में बदल जाता है। इस प्रकार मजदूर अपनी श्रम शक्ति को बेचकर पूँजी की वृद्धि में योगदान देता है। मार्क्स के अनुसार पूँजीवादी व्यवस्था में मजदूरों के शोषण का आधार अतिरिक्त मूल्य है, न कि कीमत। शोषण उत्पादन प्रक्रिया का अभिन्न अंग है। दूसरे शब्दों में कहा जाए तो एक मजदूर आठ घंटे काम करता है। अपने और परिवार के भरण पोषण के लिए जो मजदूरी पाता है, वह उसके चार घंटे की श्रम शक्ति का मूल्य है। शेष चार घंटे काम करके वह जो उत्पादन करता है, उस पर उसका अधिकार न होकर पूँजीपति वर्ग का अधिकार हो जाता है। इस प्रकार श्रमिक अपने उत्पाद के द्वारा अपने ही शोषण का साधन पैदा करता है। इस शोषण की समाप्ति मजदूर वर्ग की क्रांति द्वारा ही संभव है।

राज्य का स्वरूप और उसकी भूमिका

राज्य के प्रति मार्क्स का दृष्टिकोण आदर्शवादी और उदारवादी नजरिए से भिन्न है। उनकी दृष्टि में न तो राज्य कोई नैतिक संगठन है और न ही यह व्यक्तियों के अच्छे जीवन के लिए आवश्यक है। इसी प्रकार राज्य व्यक्ति के अधिकारों का संरक्षक नहीं है। राज्य लोककल्याण का साधन भी नहीं है। मार्क्स के अनुसार जब समाज में वर्गीय विभाजन पैदा हुआ तभी से राज्य अस्तित्व में है। यह वर्गीय शोषण का यंत्र है। यह हमेशा उस वर्ग के हितों का पोषण करता है जो उत्पादन के साधनों का स्वामी होता है। मार्क्सवाद के अनुसार आधुनिक राज्य पूँजीपति वर्ग के हितों का संरक्षण करने वाला संगठन है। अतः यह मजदूर वर्ग के हितों के खिलाफ है। इसलिए मजदूर वर्ग क्रांति के द्वारा पूँजीवाद के साथ-साथ राज्य को भी नष्ट करता है। इस प्रकार मार्क्सवादी दृष्टिकोण के अनुसार राज्य कोई स्वतंत्र और संप्रभु संस्था

नहीं है। चाहे इसका स्वरूप कितना भी लोकतांत्रिक क्यों न हो, यह अंतिम रूप से आर्थिक रूप से प्रभुत्वशाली वर्ग के हितों का पोषण करता है। हालाँकि अपनी पुस्तक *एटीन्थ ब्रूमेयर ऑफ नेपोलियन बोनापार्ट* (1852 ई.) में मार्क्स ने यह स्वीकार किया है कि कुछ स्थितियों में राज्य वर्गों के नियंत्रण के परे जा सकता है और सभी वर्गों पर अपना नियंत्रण कायम कर सकता है। लेकिन उनके अनुसार यह भी समाज की वर्गीय स्थिति पर निर्भर करता है। वह स्थिति है– समाज में वर्गों की संतुलित स्थिति। यह स्थिति राज्य को समाज से स्वायत्त संस्था बना देती है। बाद के कुछ मार्क्सवादियों ने 'राज्य की सापेक्षिक स्वायत्तता' पर बल देने का प्रयास किया।

वर्ग संघर्ष का सिद्धांत

वर्ग संघर्ष का सिद्धांत मार्क्सवाद का सर्वाधिक महत्त्वपूर्ण सिद्धांत है। यही उसे क्रांतिकारी स्वरूप प्रदान करता है। *कम्युनिस्ट घोषणापत्र* (1848 ई.) में यह कहा गया कि– "अभी तक आविर्भूत समस्त समाज का इतिहास वर्ग संघर्षों का इतिहास है।" इसमें 'आविर्भूत' का अर्थ समस्त 'लिपिबद्ध इतिहास' किया गया है। इसके साथ ही आदिम साम्यवादी समाज का उल्लेख किया गया है जो वर्ग विभाजन से परे था। एक बात और स्पष्ट करनी आवश्यक है। ऊपर उद्धृत किए गए कथन का यह अर्थ नहीं है कि इतिहास की सभी घटनाएँ वर्ग संघर्ष के कारण घटित होती हैं। इसका आशय यह है कि इतिहास में युगांतकारी घटनाएँ वर्गों के बीच संघर्ष के कारण घटती हैं। कम्युनिस्ट घोषणापत्र में दो परस्पर-विरोधी वर्गों का उल्लेख किया गया है– पूँजीपति और सर्वहारा वर्ग। इसका यह अर्थ नहीं है कि प्रत्येक समाज में हमेशा दो ही वर्गों का अस्तित्व होता है। समाज में अन्य वर्ग होते हैं जैसे, किसान, छोटे कारखानों के मालिक, दुकानदार आदि। लेकिन वर्ग संघर्ष की स्थिति तभी आती है जब ये वर्ग पूँजीपति या सर्वहारा वर्ग में मिल जाते हैं। इसके फलस्वरूप पूरा समाज 'दो विशाल शत्रु शिविरों' में विभक्त हो जाता है। वर्ग की केंद्रीय अवधारणा होने के बावजूद न तो मार्क्स और न ही एंगिल्स ने इसे स्पष्टता से परिभाषित किया। वर्ग एक सामूहिक इकाई है। उत्पादन की प्रणाली में इसका विशिष्ट स्थान होता है। इसलिए यह उत्पादन के साधन और उत्पादन संबंधों के आधार पर अस्तित्व में आता है। जो समूह उत्पादन के साधनों का स्वामी होता है, वह एक अलग वर्ग है। उसका अपना विशिष्ट हित होता है। समाज में उसकी एक विशिष्ट भूमिका होती है। वह श्रमिकों को मजदूरी देकर उनसे उत्पादन करवाता है और उस उत्पादन पर अपना अधिकार रखता है। वह शोषक वर्ग है जो मजदूरों के शोषण पर पलता है। दूसरी ओर अपने श्रम को बेचकर आजीविका चलाने वाला समूह शोषित वर्ग होता है।

इन दोनों वर्गों के हित परस्पर-विरोधी होते हैं। अत: ये दोनों एक-दूसरे के शत्रु होते हैं। इन दो वर्गों के अतिरिक्त छोटे किसान, दुकानदार, कारीगरों आदि का समूह होता है। ये मजदूरों से काम नहीं लेते तथा स्वयं उत्पादन करते हैं। इस प्रकार उत्पादन प्रणाली में विशिष्ट स्थान के आधार पर वर्ग उत्पन्न होता है लेकिन मार्क्स के अनुसार वर्ग के लिए वर्गीय चेतना का

होना आवश्यक है। इसका आशय यह है कि कोई समूह तभी वर्ग का रूप लेता है जब उसे अपने विशिष्ट हितों और अपने विरोधी वर्गों के हितों की पहचान हो जाती है। उसके बगैर कोई समूह संभावित वर्ग तो हो सकता है लेकिन सही अर्थों में वह तभी वर्ग का रूप लेता है जब उसे अपने हित, विरोधी वर्गों और अपनी सामाजिक भूमिका का ज्ञान हो जाता है। इस प्रकार मार्क्स के अनुसार वर्ग को दो कारकों के आधार पर पहचाना जा सकता है -उत्पादन प्रणाली में स्थान और वर्गीय चेतना का अस्तित्व। इसी प्रकार वर्ग संघर्ष में भी दो कारकों की भूमिका होती है- आर्थिक परिस्थितियाँ और राजनीतिक कार्यवाही।

मार्क्स ने यह सिद्ध करने का प्रयास किया कि पूँजीवादी व्यवस्था का अंत होकर रहेगा। यह वर्ग संघर्ष यानी क्रांति के द्वारा होगा। मार्क्स की यह स्पंष्ट धारणा है कि क्रांति मजदूर वर्ग के द्वारा ही होगी। यही वर्ग पूँजीवाद का खात्मा कर नई उत्पादन प्रणाली और उसके अनुरूप नए समाज का निर्माण करेगा। लेकिन मार्क्स बार-बार यह ध्यान दिलाते हैं कि क्रांति तभी सफल होगी जब उसके लिए आर्थिक परिस्थितियाँ पूरी तौर पर परिपक्व हों। उत्पादन की पूँजीवादी व्यवस्था स्वयं उन परिस्थितियों का निर्माण करती है। वह अपनी कब्र खुद खोदती है। यह कैसे होता है? पूँजीवादी व्यवस्था में उत्पादन के साधनों का अभूतपूर्व विकास हुआ। नई-नई मशीनें, नई-नई तकनीकों का उपयोग एवं संचार माध्यमों के विकास ने उत्पादन में क्रांतिकारी परिवर्तन ला दिया। इन सब के कारण बड़े पैमाने पर उत्पादन संभव हो गया। इनकी बिक्री के लिए बाजार की आवश्यकता होती है। पूरे विश्व के स्तर पर पूँजीपतियों के बीच इसके लिए गलाकाट प्रतियोगिता होती है। हर पूँजीपति अधिकाधिक माल बेचकर अधिकाधिक मुनाफा कमाना चाहता है। इसका परिणाम यह होता है कि छोटे-छोटे पूँजीपति नष्ट होते जाते हैं और पूँजी का केंद्रीकरण होता जाता है। लेकिन अति उत्पादन के कारण पूँजीपतियों के मुनाफे में कमी आने लगती है और आर्थिक मंदी बार-बार सामने आती है। इस प्रकार मार्क्स का विश्लेषण है कि पूँजीवादी व्यवस्था जैसे-जैसे विकसित होती है, उसके संकट गहराने लगते हैं।

पूँजीवादी व्यवस्था में पूँजीपतियों द्वारा मजदूरों का घोर शोषण होता है। पूँजीपतियों का हित इसी में होता है कि मजदूरों को कम-से-कम मजदूरी दी जाए। इसलिए काम करने के बदले मजदूर को जो मजदूरी मिलती है, वह उसके और परिवार के भरण-पोषण के लिए काफी नहीं होती। इससे मजदूरों की दशा बिगड़ती जाती है। दूसरी ओर पूँजी के विकास के साथ-साथ मजदूरों की संख्या बढ़ती जाती है। इसके अतिरिक्त बड़े-बड़े पूँजीपतियों के हाथों में पूँजी के केंद्रित होने से बड़ी संख्या में मजदूरों का भी केंद्रीकरण होता है। वे अनुशासित होकर एक साथ काम करते हैं। इससे उनमें वर्गीय चेतना आने लगती है। इस प्रकार वे संगठित होकर क्रांतिकारी गतिविधि के लिए तैयार होते हैं। वे अपना राजनीतिक दल बना लेते हैं। पूँजीवादी समाज के दूसरे वर्ग या तो पूँजीपति के साथ खड़े होते हैं या सर्वहारा वर्ग के साथ। छोटे-छोटे पूँजीपति भी सर्वहारा वर्ग का रूप ले लेते हैं क्योंकि वे अपनी छोटी पूँजी से बड़े-बड़े पूँजीपतियों से प्रतियोगिता नहीं कर सकते। इसी प्रकार उत्पादन की नई-नई मशीनों के आविष्कार के कारण हाथ से काम करनेवाला कारीगर वर्ग भी सर्वहारा के साथ

आ मिलता है। इस प्रकार पूरा समाज दो परस्पर विरोधी वर्गों में बँट चुका होता है। वर्ग संघर्ष के लिए यह परिपक्व स्थिति है। इस स्थिति में मजदूर वर्ग, जो बहुसंख्यक होता है, क्रांति के द्वारा राज्यसत्ता पर नियंत्रण स्थापित कर लेता है।

मार्क्स का तर्क है कि मजदूरों के संगठन और क्रांति का स्वरूप अंतर्राष्ट्रीय होगा। उनका अपना कोई देश नहीं होता। औद्योगिक रूप से विकसित देशों के मजदूर आपस में संगठित होंगे। इस उद्देश्य के लिए मार्क्स द्वारा कम्युनिस्ट इंटरनेशनल का गठन किया गया था। उनका यह विश्वास था कि सभी औद्योगिक देशों में सर्वहारा वर्ग द्वारा एक साथ क्रांति की जाएगी। वह बहुसंख्यकों द्वारा बहुसंख्यक के हित में क्रांति है क्योंकि पूँजीपतियों की तुलना में मजदूरों की संख्या बहुत अधिक होती है। क्रांति के परिणामस्वरूप उन सभी देशों में मजदूर वर्ग का राज्यसत्ता पर नियंत्रण स्थापित होता है। इस प्रकार मार्क्स मजदूर वर्ग की मुक्ति का साधन राजनीति को मानते हैं। उन्होंने स्पष्ट किया, "क्रांति एक राजनीतिक गतिविधि है जिसका उद्देश्य राजनीतिक सत्ता पर नियंत्रण स्थापित करना है।"

समाजवादी व्यवस्था : सर्वहारा वर्ग की तानाशाही

मजदूर वर्ग द्वारा राज्यसत्ता पर अधिकार कर लेने पर सर्वहारा वर्ग की तानाशाही कायम होगी। यह समाजवादी अवस्था है जो संक्रातिकालीन है। ऐतिहासिक भौतिकवाद के अनुसार यह ऐतिहासिक विकास की पाँचवीं अवस्था है इसके द्वारा साम्यवादी व्यवस्था का मार्ग प्रशस्त होता है। सर्वहारा वर्ग की तानाशाही के अंतर्गत शासन-व्यवस्था का स्वरूप क्या होगा? उसे मार्क्स ने स्पष्ट नहीं किया। 1870 ई. में फ्रांस के मजदूरों द्वारा पेरिस कम्यून की स्थापना मार्क्स के वैचारिक विकास में एक महत्त्वपूर्ण पड़ाव है। 'पेरिस कम्यून' में अधिकांश मजदूर थे। वे अपने वर्ग के निर्वाचित प्रतिनिधि थे। उन्होंने पेरिस नगर के प्रशासन में महत्त्वपूर्ण भूमिका अदा की थी। हालाँकि उसके प्रतिनिधि मार्क्स के अनुयायी नहीं थे। मार्क्स ने पेरिस कम्यून को 'मजदूर वर्ग की सरकार' माना जो मजदूरों की आर्थिक मुक्ति का मार्ग प्रशस्त करता था। कुछ ही महीनों बाद फ्रांसीसी सरकार ने मजदूरों के आंदोलन को कुचल दिया और कम्यून को भंग कर दिया गया। बाद में चलकर 1891 ई. में एंगिल्स ने पेरिस कम्यून को सर्वहारा वर्ग की तानाशाही की संज्ञा दी। इस कारण यह तर्क दिया जाता है कि सर्वहारा वर्ग की तानाशाही का अर्थ बहुमत के द्वारा शासन है। ऐसा इसलिए कि तानाशाही का जो अर्थ आज लिया जाता है, वही अर्थ मार्क्स के समय में नहीं था। मार्क्स की दृष्टि में सरकार के सभी रूप वर्गीय तानाशाही के थे। इसलिए मजदूर वर्ग की बहुमत वाली सरकार को सर्वहारा वर्ग की तानाशाही कहा जाना उचित होगा। सर्वहारा वर्ग की तानाशाही समाज के क्रांतिकारी रुपांतरण का साधन बनेगी। यह वर्ग और शोषण को समाप्त करने का प्रयास करेगी। उत्पादन के साधनों पर निजी स्वामित्व का अंत इसका सर्वप्रमुख लक्षण होगा। वही वर्ग विभाजन और मेहनतकश वर्ग के शोषण का प्रमुख आधार है। इसलिए उत्पादन के साधनों पर सामूहिक स्वामित्व स्थापित होगा। उत्पादन प्रक्रिया में सभी हिस्सेदार होंगे। सभी को उनके श्रम के

अनुसार उत्पाद में से हिस्सा प्राप्त होगा। सभी व्यक्ति पूरे समाज के लिए श्रम करेंगे, न कि जीने के लिए। मार्क्स का कहना है कि इस सहकारी उत्पादन से उत्पादकता बढ़ेगी। इसलिए अभाव की स्थिति खत्म हो जाएगी।

साम्यवाद : विकास की अंतिम अवस्था

मार्क्स के अनुसार ऐतिहासिक विकास की अंतिम अवस्था साम्यवाद की है। उसमें वर्गों की समाप्ति होगी। समाजवादी व्यवस्था में मजदूर वर्ग का एक वर्ग के रूप में अस्तित्व बना रहता है। राज्यसत्ता के निरंतर उपयोग से सर्वहारा वर्ग पूँजीवादी अवशेषों को नष्ट करता है। उसके बाद सर्वहारा का वर्ग चरित्र खत्म हो जाता है क्योंकि उसके विरोधी वर्ग का अस्तित्व नहीं होता। वर्गों की समाप्ति की परिणति राज्य के लोप में होती है। मार्क्सवाद के अनुसार राज्य की उत्पत्ति तभी हुई थी जब समाज में वर्ग विभाजन कायम हुए। वह वर्गीय शोषण का यंत्र बना। साम्यवादी व्यवस्था वर्गविहीन होने के कारण राज्यविहीन होगी। उस समाज में लोग चीजों का प्रबंधन स्वयं करेंगे। समाज के सभी सदस्य अपनी क्षमतानुसार काम करेंगे और उसके बदले में उनकी सारी आवश्यकताओं की पूर्ति होगी। उत्पादन के साधनों पर निजी स्वामित्व अर्थात् निजी संपत्ति के न होने से यह संभव हो सकेगा। लोग अपनी आवश्यकताओं की पूर्ति की चिंता से मुक्त पूरी स्वतंत्रता का उपभोग करेंगे। व्यक्ति का अलगाव समाप्त हो जाएगा और समाज व्यक्यिों के समरस संबंधों पर आधारित होगा। इस प्रकार मार्क्स के अनुसार समाज के सभी लोगों की मुक्ति साम्यवादी व्यवस्था में होती है। वह अवस्था शोषण से मुक्त, वर्गविहीन और राज्यविहीन अवस्था है। ऐतिहासिक भौतिकवाद के अनुसार विकास की अवस्था का यह अंतिम सोपान है।

मार्क्सवाद को सामाजिक परिवर्तन का वैज्ञानिक सिद्धांत माना जाता है। लेकिन कोई भी सिद्धांत चाहे सामाजिक हो या प्राकृतिक, अंतिम सत्य नहीं होता। नई खोजों से उसमें परिवर्तन और संशोधन होते रहते हैं। इसी प्रकार मार्क्सवाद में भी यह गुंजाइश है कि मानवीय जीवन के अनुभवों के आधार पर उसमें आवश्यक परिवर्तन किए जा सकें। इसलिए मार्क्स के बाद अनेक मार्क्सवादी चिंतकों ने मार्क्सवादी सिद्धांत के विकास में अपना योगदान दिया।

(II) रूढ़ मार्क्सवाद (Orthodox Marxism) : लेनिन, स्टालिन और माओ त्से-तुंग

लेनिन (1870-1924 ई.) का योगदान

विज्ञान सिर्फ घटनाओं की व्याख्या ही नहीं करता बल्कि वह भविष्यवाणी की क्षमता से युक्त होता है। इसी प्रकार मार्क्स ने पूँजीवादी व्यवस्था के विश्लेषण के आधार पर यह भविष्यवाणी की थी कि समाजवादी क्रांति सबसे पहले इंग्लैंड जैसे औद्योगिक रूप से विकसित देशों में होगी। इसलिए औद्योगिक और पूँजीवादी व्यवस्था का पूर्ण विकास औद्योगिक श्रमिकों द्वारा

की जाने वाली समाजवादी क्रांति की पूर्व शर्त है। पूँजीवादी व्यवस्था को विकसित करने में पूँजीपति (मध्यवर्ग) की भूमिका होती है। यही वर्ग कृषि पर आधारित सामंतवादी उत्पादन प्रणाली को नष्ट कर निजी पूँजी द्वारा संचालित उद्योग धंधों की स्थापना करता है। राजनीतिक क्षेत्र में भी यह वर्ग निरंकुश राजतंत्र के खिलाफ संघर्ष कर उदारवादी लोकतांत्रिक व्यवस्था कायम करता है। मार्क्स इसे बुर्जुआ क्रांति कहते हैं। इसलिए उन्होंने *कम्युनिस्ट मैनिफेस्टो* में पूँजीपति वर्ग की क्रांतिकारी भूमिका को स्वीकार किया। यह वर्ग पुरानी सामंती अर्थव्यवस्था और उस पर आधारित राजतंत्रीय शासन-प्रणाली को उखाड़ कर समाज को आगे ले जाने में महत्त्वपूर्ण भूमिका अदा करता है। अत: मार्क्स का निष्कर्ष था कि किसी भी देश में समाजवादी क्रांति के लिए यह आवश्यक है कि वह पूँजीवादी उत्पादन प्रणाली और लोकतांत्रिक व्यवस्था की अवस्था से गुजर चुका हो। उनके समय में रूस में कृषि पर आधारित अर्थव्यवस्था थी। निरंकुश राजतंत्रीय शासन था। इसलिए मार्क्सवादी सिद्धांत के अनुसार रूस को पहले पूँजीवादी उत्पादन प्रणाली और लोकतांत्रिक शासन के दौर से गुजरना था। यह ऐतिहासिक कार्य पूँजीपति वर्ग द्वारा निभाया जाना था। इस प्रकार समाजवादी क्रांति के पूर्व वहाँ पूँजीपति वर्ग द्वारा क्रांति होनी थी। उसके द्वारा तानाशाही और सामंतवाद को नष्ट कर लोकतंत्र और पूँजीवाद का मार्ग प्रशस्त किया जाना था। उसके बाद ही समाजवादी क्रांति के लिए जमीन तैयार हो सकती थी। इस प्रकार रूस में समाजवादी क्रांति के लिए परिस्थितियाँ परिपक्व नहीं थीं। रूसी मार्क्सवादियों के लिए रूस की आर्थिक स्थिति का विश्लेषण और उस संदर्भ में मार्क्सवादी सिद्धांत के लागू होने की संभावना एक महत्त्वपूर्ण प्रश्न था। रूस में मार्क्सवाद के विकास के साथ-साथ उस पर गंभीर बहस प्रारंभ हुई। उस पर चर्चा करने के पूर्व उन्नीसवीं सदी के अंतिम दशकों में रूस की आर्थिक स्थिति पर एक नजर डाल लेना उपयोगी होगा।

रूस की आर्थिक स्थिति

उन्नीसवीं सदी में यूरोपीय देशों की तुलना में रूस आर्थिक रूप से पिछड़ा हुआ था। उसकी अर्थव्यवस्था कृषि पर आधारित थी। वहाँ सामंतों का प्रभुत्व था। गरीब किसान उनके शोषण के शिकार थे। रूस में कई सदियों से राजतंत्र कायम था। राज्य के हाथों में सारी शक्तियाँ केंद्रित थीं। रूस का एक बड़ा साम्राज्य था। उसके बावजूद क्रीमिया युद्ध (1853-56 ई.) में रूस की पराजय हुई। उससे रूस का आर्थिक पिछड़ापन उजागर हो चुका था। उसके बाद 1861 ई. में कृषि-दास व्यवस्था को समाप्त कर दिया गया। कृषि-दास अब स्वतंत्र थे। वे अपनी मालिक की संपत्ति नहीं रह गए थे। लेकिन वे कम्यून व्यवस्था से बँधे थे। किसानों की कम्यून व्यवस्था रूसी अर्थव्यवस्था की विशिष्टता थी। कम्यून समुदाय थे। वे स्वशासी भी थे। भूमि, जंगल आदि पर उनका सामूहिक स्वामित्व था। कम्यून के सदस्यों पर करों का बोझ बराबर हो, उसके लिए कृषि योग्य भूमि किसानों में बराबर-बराबर बाँट दी जाती थी। कम्यून के पास न्यायिक शक्ति भी थी।

रूस में औद्योगीकरण की प्रक्रिया 1880 ई. के दशक में प्रारभ हुई। बैंकों की स्थापना की गई। रेलवे का विकास हुआ। उस दशक में रूस में लोहा, स्टील, कोयला और तेल के

उत्पादन में काफी वृद्धि हुई। लेकिन रूस के उद्योग पीटर्सबर्ग, मास्को और यूक्रेन जैसे क्षेत्रों में केंद्रित थें। उन उद्योगों में काम करने वाले मजदूरों की दशा दयनीय थी। काम के अधिक घंटे, कम मजदूरी, स्वास्थ्य सुविधाओं का अभाव आदि समस्याएँ थीं। मजदूरों पर नियंत्रण के लिए कठोर कानून थे। उन्नीसवीं सदी के अंत तक रूस में पूँजीवादी व्यवस्था उभरने लगी थी। लेकिन रूस की दो-तिहाई से भी अधिक आबादी कृषि पर निर्भर थी। पूँजीपतियों और औद्योगिक मजदूरों की तुलना में किसानों की संख्या बहुत अधिक थी। उसमें जमींदार और समृद्ध किसान भी थे तो छोटे और गरीब किसान भी। इस प्रकार रूस की अर्थव्यवस्था में, सामंती और पूँजीवादी, दोनों प्रकार की उत्पादन प्रणालियाँ एक साथ काम कर रही थीं।

मार्क्सवाद के आगमन के पूर्व रूस में परिवर्तनवादी यानी रेडिकल विचारधारा महत्त्वपूर्ण थी। वह विचारधारा 'पोपुलिज्म' थी। 1870 ई. के दशक में उसे प्रमुखता प्राप्त हुई। उसका मानना था कि रूस में अपने तरीके से किसानों द्वारा समाजवाद आ सकता है। उसके समर्थक लोग ऊपर वर्णित किसानों के कम्यून की स्वशासी संरचना और सामुदायिक मूल्यों को संरक्षित रखना चाहते थे। पोपुलिज्म के समर्थक पूँजीवाद के विरोधी थे। इसलिए वे लोग रूस में पूँजीवाद के विकास को रोकना चाहते थे। 1876 ई. में उस विचारधारा को मानने वाले लोगों के एक समूह ने 'लैंड ऐंड फ्रीडम' नामक संगठन कायम किया। उसकी स्थापना के तीन वर्ष बाद ही 1879 ई. में उसके अंतर्गत दो समूह उभरे। एक समूह शांतिपूर्ण तरीकों से जनता की मुक्ति चाहता था। उसके विपरीत दूसरा समूह क्रांतिकारियों के छोटे समूह के गठन का पक्षधर था जो सीधे तौर पर शासकों के खिलाफ हिंसक कार्यवाही करे। कई प्रयासों के बाद 1881 ई. में वह समूह रूसी सम्राट अलेक्जेंडर द्वितीय की हत्या करने में सफल हो गया। उसके बाद यह गुट खत्म हो गया।

रूस में मार्क्सवाद का विकास

रूस में मार्क्सवाद का विकास पोपुलिज्म विचारधारा से वैचारिक बहस के संदर्भ में हुआ। मार्क्स की पुस्तक *कैपिटल* का रूसी अनुवाद 1872 ई. में हो चुका था। पोपुलिस्ट विचारधारा को मानने वाले लोग पूँजीवादी व्यवस्था की मार्क्सवादी आलोचना से तो सहमत थे लेकिन उसके भौतिकवाद और सर्वहारा वर्ग की क्रांति के विचार को स्वीकार करने के लिए वे तैयार नहीं थे। 1880 ई. तक रूस में मार्क्सवाद को समर्थन करने वाले लोग थे। 1883 ई. में रूसी मार्क्सवादियों का एक समूह जेनेवा में स्थापित हुआ। उसका नाम था-ग्रुप फॉर दि लिबरेशन ऑफ लेबर। उस समूह के सर्वाधिक प्रभावशाली व्यक्ति गियर्गी प्लेखानोव (1857-1918 ई.) थे। उन्हें रूसी मार्क्सवाद का जनक माना जाता है। पूर्व में वे लैंड ऐंड फ्रीडम के सदस्य थे। प्लेखानोव शासकों की हत्या और उनमें आतंक पैदा करने के विरुद्ध थे। इसलिए जब लैंड ऐंड फ्रीडम दो गुटों में बँट गया तो प्लेखानोव शांतिपूर्ण साधनों के पक्षधर लोगों के समूह में थे। मार्क्सवाद के सिद्धांतों के प्रति उनकी पूर्ण प्रतिबद्धता थी। उन्होंने रूस में मार्क्सवादी सिद्धांतों के प्रचार-प्रसार में महत्त्वपूर्ण योगदान दिया। 1884 ई. में उन्होंने *मोनिस्ट व्यू ऑफ हिस्ट्री* लिखी। वह ऐतिहासिक भौतिकवाद की व्यवस्थित व्याख्या थी। मार्क्सवादी सिद्धांत

के क्षेत्र में उनका महत्त्वपूर्ण योगदान मार्क्सवादी दृष्टिकोण से सौंदर्यशास्त्र का अध्ययन माना जाता है। प्लेखानोव का मानना था कि रूस में कुछ हद तक पूँजीवाद का विकास हो चुका है। वह सामंतवाद को नष्ट कर देगा। उसके साथ-साथ किसानों के कम्यूनों का नष्ट होना अपरिहार्य है। इस प्रकार प्लेखानोव के अनुसार समाजवादी क्रांति के पूर्व रूस को पूँजीवादी व्यवस्था से गुजरना आवश्यक है। दूसरी बात यह है कि वे मजदूरों को क्रांति का वाहक मानते थे, किसानों को नहीं।

मार्क्सवादी विचारों को मानने वाले विभिन्न समूहों ने लंदन में 1898 ई. में रशियन सोशल डेमोक्रेटिक लेबर पार्टी का गठन किया। रूस में उस पर प्रतिबंध लगा दिया गया। इसलिए उसके अधिकांश नेताओं को रूस छोड़ना पड़ा। लेनिन भी उस दल के सदस्य बने। उस दल ने अपने विचारों के प्रचार के लिए विदेश से ही एक पत्रिका, *इस्क्रा* निकालनी प्रारंभ की। उसके संपादकों में प्लेखानोव और लेनिन दोनों थे। उस दल का द्वितीय कांग्रेस 1903 ई. में लंदन में हुआ। उसमें लेनिन ने यह प्रस्ताव रखा कि रूस में समाजवादी क्रांति का मार्ग प्रशस्त करने के लिए पेशेवर (Professional) क्रांतिकारियों की एक छोटी पार्टी बनाई जाए जो सक्रिय रहकर कार्य करे। बहुसंख्यक लोग उसका समर्थन करें। लेकिन दल के भीतर उस प्रस्ताव का विरोध हुआ। दूसरा समूह सक्रिय कार्यकर्ताओं का एक बड़ा दल बनाने के पक्ष में था। लेनिन का प्रस्ताव बहुमत के अभाव में पारित नहीं हो सका। उन्होंने असंतुष्ट होकर अपना अलग 'वोल्शेविक' (बहुमत) गुट बना लिया। उस गुट के विरोधियों का नाम 'मेनशेविक' (अल्पमत) पड़ा। प्लेखानोव लेनिन के विचार के विरोधी थे। दल की पत्रिका पर उनका नियंत्रण था। उसके माध्यम से उन्होंने लेनिन की आलोचना की। उनका कहना था कि यदि लेनिन और उनके दल की केंद्रीय समिति सत्ता में आई तो रूस के लोगों पर साम्यवादी तानाशाही स्थापित होगी। प्लेखानोव मूलतः सिद्धांतकार थे। व्यावहारिक राजनीति में वे उतने सक्रिय नहीं रहे। 1918 ई. में उनकी मृत्यु हो गई।

1905 ई. की रूसी क्रांति स्वतः स्फूर्त थी। जापान से रूस की हार के कारण जनता में व्यापक असंतोष था। उसी वर्ष रूस की राजधानी पीटर्सबर्ग में मजदूरों ने शांतिपूर्ण विरोध प्रदर्शन किया। शासन द्वारा उसका बर्बरतापूर्वक दमन किया गया। बड़ी संख्या में मजदूर मारे गए। उसके बाद वह आंदोलन रूस के अन्य भागों में भी फैल गया। अब वह जन आंदोलन का रूप ले चुका था। उसमें किसानों ने भी सक्रिय भागीदारी की थी। उन्होंने जमींदारों की भूमि पर कब्जा कर लिया और उनके अनाजों को जला दिया। अंततः वह आंदोलन असफल रहा लेकिन उसकी एक महत्त्वपूर्ण उपलब्धि सोवियत की स्थापना थी। पीटर्सबर्ग सहित विभिन्न स्थानों पर वह मजदूरों द्वारा चुने गए प्रतिनिधियों का संगठन था। आंदोलन के बाद रूसी सम्राट के द्वारा संसद की स्थापना की गई।

1905 ई. की क्रांति, बोल्शेविक और मेनशेविक, दोनों गुटों के लिए आश्चर्यजनक घटना थी। दोनों ने उसमें कोई महत्त्वपूर्ण योगदान नहीं दिया था। लेकिन उस क्रांति ने दोनों गुटों के बीच तात्कालिक एकता कायम कर दी। 1905 ई. की क्रांति में किसानों की सक्रिय भागीदारी ने लेनिन के विचारों को प्रभावित किया। वे उन्हें क्रांतिकारी शक्ति मानने

लगे। इसलिए वे मजदूरों और किसानों की संयुक्त क्रांति पर बल देने लगे। उनके विचार में किसानों की सहायता के बगैर रूस में क्रांति संभव नहीं हो सकती थी। उनका तर्क था कि किसान सामंतों के शोषण के शिकार थे। दूसरी ओर पूँजीवाद का पूर्ण विकास नहीं हुआ था। इसलिए रूस में पूँजीपति वर्ग इतना सशक्त नहीं था कि वह सामंती व्यवस्था और निरंकुश राजतंत्र को नष्ट कर लोकतांत्रिक आंदोलन को सफल बना सके। उसी प्रकार उद्योगों में काम करने वाले मजदूरों की संख्या कम थी। उन परिस्थितियों में लेनिन ने इस बात पर बल दिया कि रूसी क्रांति को दो चरणों से होकर गुजरना है। पहला चरण लोकतांत्रिक क्रांति है। लेकिन पश्चिमी देशों की तरह वह पूँजीपति वर्ग द्वारा न होकर मजदूरों और किसानों द्वारा हो सकती है। क्रांति का दूसरा चरण समाजवादी क्रांति का होगा। उसमें मजदूरों और गरीब किसानों का राजनीतिक सत्ता पर नियंत्रण होगा। लेनिन का स्पष्ट मानना था कि पहले चरण के बगैर दूसरा चरण संभव नहीं हो सकता। उनके द्वारा प्रतिपादित क्रांति के दो चरणों और किसानों एवं मजदूरों के संयुक्त मोर्चे से संबंधित विचार मार्क्सवादी सिद्धांत में महत्त्वपूर्ण बदलाव माने जाते हैं। लेनिन पहले मार्क्सवादी चिंतक हैं जिन्होंने किसानों की क्रांतिकारी भूमिका को स्वीकार किया। उन्होंने राजनीतिक शक्ति में भी किसानों की भागीदारी की बात की। मार्क्स की दृष्टि में किसान रूढ़िवादी होते हैं। अत: उनकी क्रांतिकारी भूमिका नहीं हो सकती। रूस में क्रांति के स्वरूप पर लेनिन के विचारों से मेनशेविक सहमत नहीं थे। इसलिए 1912 ई. में उनके नेतृत्व में बोल्शेविक पुन: अलग हो गए।

लेनिन ने रूस की परिस्थितियों के अनुरूप मार्क्सवादी सिद्धांत की व्याख्या की। उस रूप में उन्होंने महत्त्वपूर्ण कार्य संपादित कर लिया था। अब समस्या क्रांति संबंधी विचारों को व्यवहार में लाने की थी। प्रथम विश्व युद्ध (1914–1918 ई.) ने उसे संभव बना दिया। लेकिन युद्ध के समय लेनिन जर्मनी में थे। रूसी शासक नहीं चाहते थे कि वे रूस वापस आएँ। प्रथम विश्व युद्ध के कारण रूस की अर्थव्यवस्था संकटग्रस्त हो गई। उद्योगों के द्वारा युद्ध के लिए उपयोगी सामान बनाए जा रहे थे। यहाँ तक कि रेलवे भी युद्ध सामग्री को ढोने में लगा था। शहरों में अनाजों की कमी थी। उद्योगों के लिए कच्चे माल की आपूर्ति भी बंद थी। दूसरी ओर युद्ध में रूसी सेना असफल हो रही थी। उन सब कारणों से रूसी जनता में काफी असंतोष था। 1917 ई. में फरवरी क्रांति में उसकी अभिव्यक्ति हुई। पीटर्सबर्ग में एक लाख लोगों ने विरोध प्रदर्शन किया। उसको दबाने के लिए सेना बुलाई गई। लेकिन सैनिक भी असंतुष्ट थे। वे भी विद्रोहियों के साथ हो गए। 1917 ई. की उस फरवरी क्रांति ने रूस के राजतंत्रीय शासन (जारशाही) का अंत कर दिया। रूसी संसद के प्रतिनिधियों द्वारा अस्थायी सरकार का गठन किया गया। फरवरी क्रांति को 'बुर्जआ-लोकतांत्रिक' क्रांति की संज्ञा दी गई। अभी भी लेनिन जर्मनी में ही थे। फरवरी क्रांति के बाद जर्मन शासकों ने उन्हें रूस जाने की अनुमति दी। उसके पीछे समझ थी कि लेनिन के रूस जाने पर गृहयुद्ध छिड़ सकता है। उससे युद्ध में रूस को धक्का पहुँचेगा। रूस आते ही लेनिन ने अस्थायी सरकार को अपदस्थ करने और शासन की सारी शक्तियाँ सोवियतों को सौंप देने की माँग की। उसके फलस्वरूप 1917 ई. के जुलाई माह में उन्हें रूस छोड़ने पर मजबूर होना पड़ा। पीटर्सबर्ग

में मजदूरों और सैनिकों के प्रतिनिधियों की सोवियत थी। उसमें 2500 से अधिक प्रतिनिधि थे। उसकी शक्ति अस्थायी सरकार से अधिक थी। उसमें बोल्शेविकों का बहुमत था। 1917 ई. के अक्टूबर माह (रूस में प्रचलित जूलियन कैलेंडर के अनुसार अक्टूबर लेकिन ग्रेगेरियन कैलेंडर अनुसार नवंबर) में लेनिन गुप्त रूप से रूस लौटे। उनके नेतृत्व में सोवियत ने अस्थायी सरकार को अपदस्थ कर सत्ता पर अपना नियंत्रण स्थापित किया। इस प्रकार क्रांति के समाजवादी चरण के पूर्ण होने का दावा किया गया। लेनिन अब सिद्धातंकार और क्रांतिकारी होने के साथ साथ शासन के प्रमुख थे। उनके अनुसार क्रांति के बाद 'सर्वहारा और किसानों की क्रांतिकारी तानाशाही' स्थापित हुई।

प्लेखानोव, कार्ल कॉट्स्की (1854-1938 ई.) और रोजा लक्जेमबर्ग (1870-1919 ई.) जैसे मार्क्सवादी विचारकों ने रूसी क्रांति की आलोचना की। प्लेखानोव के अनुसार वह क्रांति एक गंभीर भूल थी। जर्मन मार्क्सवादी कॉट्स्की का कहना था कि लेनिन के नेतृत्व में रूस में जार की तानाशाही के स्थान पर एक नई तानाशाही की आधारशिला रखी गई। प्रसिद्ध मार्क्सवादी लेखक लोजेक कोलाकोवस्की का निष्कर्ष है कि वह क्रांति मार्क्स की भविष्यवाणी के अनुसार पूँजीवादी व्यवस्था को नष्ट कर नहीं हुई। उन आलोचनाओं के बावजूद रूस की क्रांति ने लेनिन को मार्क्सवाद के सबसे बड़े व्याख्याकार के रूप में स्थापित कर दिया। लेनिन के अनुसार बगैर क्रांतिकारी सिद्धांत के क्रांति नहीं हो सकती। इसलिए रूसी क्रांति का आधार मार्क्सवाद की लेनिन द्वारा की गई व्याख्या थी। लेकिन वे मूलतः सिद्धांतकार नहीं हैं। उनकी रुचि सैद्धांतिक प्रश्नों से ज्यादा क्रांति की रणनीति में हैं। उनके लिए सिद्धांत क्रांति का साधन है। इसलिए उनकी अधिकांश रचनाएँ या तो क्रांति की स्थितियों और उसके लिए उपयुक्त रणनीतियों पर केंद्रित हैं या अपने विरोधियों के विचारों का खंडन करने पर। लेकिन वे दोनों पहलू मार्क्सवादी सिद्धांत की उनकी व्याख्या पर आधारित हैं। उस व्याख्या के तीन महत्त्वपूर्ण पक्ष कहे जा सकते हैं : 1. पूँजीवाद का साम्राज्यवादी स्वरूप; 2. दल का विचार; और 3. राज्य और क्रांति की अवधारणा।

1. पूँजीवाद की साम्राज्यवादी अवस्था : अपनी मृत्यु (1895 ई.) के पूर्व एंगिल्स ने मार्क्स की पुस्तक *सिविल वार इन फ्रांस* की नई भूमिका लिखी। उसमें उन्होंने यह स्वीकार किया कि "इतिहास ने हम लोगों को गलत साबित कर दिया है।" उन्होंने और मार्क्स ने 1848 ई. में यह समझा था कि यूरोप की स्थिति समाजवादी क्रांति के लिए परिपक्व थी। पूँजीवाद के विकास के संबंध में उनका आकलन गलत था। एंगिल्स ने आगे लिखा कि 'पुरानी शैली का विद्रोह' अब 'बहुत हद तक पुराना' पड़ गया। इसलिए उनका तर्क था कि, "वयस्क मताधिकार के सफल उपयोग से सर्वहारा के संघर्ष का एकदम नया तरीका उत्पन्न हुआ है।" एंगिल्स जर्मनी में 1890 ई. के आम चुनाव में सोशल डेमोक्रेटिक पार्टी की चुनावी सफलता के आधार पर उपर्युक्त तर्क दे रहे थे। मार्क्सवादी सिद्धांत में संशोधनवाद (Revisionism) संबंधी विवाद की जड़ एंगिल्स की उपर्युक्त भूमिका मानी जाती है। लेकिन उस विवाद में प्रमुख तौर पर जर्मनी के सोशल डेमोक्रेटिक पार्टी के सदस्य एडवर्ड बर्नस्टीन (1850-1932 ई.) का नाम जुड़ा। बर्नस्टीन का तर्क था कि पूँजीवाद के संबंध में मार्क्स की भविष्यवाणी असफल हुई। मध्य वर्ग के

लोप होने के बजाए उसका विस्तार हुआ है। मजदूरों की दशा बिगड़ने के स्थान पर सुधरी है। उनकी एकता सुदृढ़ नहीं है। कुशल मजदूरों और अकुशल मजदूरों की आमदनी और जीवन-स्तर में काफी अंतर है। पूँजीवाद अपने अंतर्निहित संकटों का सामना करने में सक्षम साबित हुआ। इसलिए बर्नस्टीन का निष्कर्ष था कि बदली हुई परिस्थितियों में क्रांति द्वारा पूँजीवाद के ध्वंस का लक्ष्य बेमानी हो गया है। उनका प्रस्ताव था कि वयस्क मताधिकार पर आधारित लोकतंत्र के द्वारा सामाजवाद के लक्ष्य को प्राप्त किया जा सकता है। 1917 ई. में लिखित अपनी पुस्तक *इम्पीरियलिज्म : दि हाइयेस्ट स्टेज ऑफ कैपिटलिज्म* में लेनिन ने मार्क्सवाद के संबंध में उठ रहे प्रश्नों का उत्तर देने का प्रयास किया। उनका कहना है कि पूँजीवाद का स्वरूप बदल चुका है। उस पर मार्क्स पूरा ध्यान नहीं दे पाए। अब पूँजीवाद विकसित होकर साम्राज्यवादी व्यवस्था में पहुँच चुका है। यह पूँजीवाद के विकास की उच्चतम अवस्था है। इस अवस्था में उसके संचालन में उपनिवेशों की भूमिका महत्त्वपूर्ण है। अंतर्राष्ट्रीय क्षेत्र में बाजार की तलाश में उपनिवेश कायम किए गए। उन उपनिवशों से पूँजीपति वर्ग को सस्ता श्रम और सस्ते दाम पर कच्चा माल उपलब्ध होने लगा। इसके साथ ही उपनिवेश उनके उत्पादित माल के लिए बाजार भी थे। इसलिए लेनिन का तर्क है कि औद्योगिक रूप से विकसित देशों में निम्न मध्यम वर्ग या मजदूरों की दशा न बिगड़ने के कारण वे उपनिवेश हैं। उपनिवेशों के शोषण से पूँजीपति वर्ग ने अकूत मुनाफा कमाया। उसके फलस्वरूप उनके अपने देश के मजदूरों की दशा में सुधार हुआ। औद्योगिक मजदूरों का कुछ हिस्सा पूँजीपति वर्ग का हिस्सा बन गया। लेनिन की दृष्टि में साम्राज्यवादी अवस्था में उपनिवेशों की जनता सर्वहारा है। वह भयानक शोषण का शिकार है और उसकी दशा लगातार बिगड़ती जा रही है। इस प्रकार मार्क्स की भविष्यवाणी सही साबित हो रही है। पूँजीवाद की साम्राज्यवादी अवस्था के संबंध में लेनिन के पाँच प्रमुख तर्क हैं :

i. एकाधिकारवाद : लेनिन के अनुसार जैसे-जैसे पूँजीवाद का विकास होता है उसके साथ ही बड़े-बड़े उद्योग स्थापित होते हैं। उनके स्वामी बड़े-बड़े उद्योगपति होते हैं। वे सभी अंतर्राष्ट्रीय स्तर पर ट्रस्ट और उत्पादक संघ (कार्टेल) बना लेते हैं। ये संगठन उत्पादन की मात्रा और उत्पादित वस्तुओं की कीमत तय करते हैं। वे ही विभिन्न उद्योगपतियों के बीच मुनाफे का बँटवारा भी करते हैं। इस प्रकार पूँजीपतियों के बीच प्रतियोगिता समाप्त हो जाती है। उत्पादन पर एकाधिकार स्थापित होता है। पूँजीवाद की साम्राज्यवादी अवस्था का यह सर्वप्रमुख लक्षण है।

ii. वित्तीय पूँजीवाद : पूँजीवाद की एकाधिकारवादी प्रवृत्ति वित्त के क्षेत्र में भी विकसित होती है। उसमें बैंक की भूमिका महत्त्वपूर्ण है। बैंकों के द्वारा धन एकत्र किया जाता है। वह एकत्र धन पूँजीपति वर्ग को बैंकों के माध्यम से प्राप्त होता है। यह वर्ग बैंक से प्राप्त धन को उत्पादन में लगा देता है। इस प्रकार उद्योगपतियों की पूँजी और बैंक की पूँजी का एकीकरण हो जाता है। लेनिन इस पूँजी को वित्तीय पूँजी (Finance Capital) कहते हैं। यह बैंक में जमा (निष्क्रिय) पूँजी का उत्पादन की पूँजी (सक्रिय पूँजी) में रूपांतरण है। इस संबंध में लेनिन का अगला तर्क है कि बैंकिंग के क्षेत्र में भी एकाधिकार की प्रवृत्ति पनपती है। छोटे-छोटे

बैंक या तो समाप्त हो जाते हैं या वे बड़े बैंकों की शाखाओं में परिणत हो जाते हैं। इस प्रकार समाज के पूरे धन पर कुछ बड़े बैंकों का नियंत्रण स्थापित होता है। इसके साथ ही बैंक और बड़े उद्योगपतियों के बीच अंतर्संबंध होते हैं। बैंकों के निदेशक के रूप में पूँजीपतियों की नियुक्ति होती है। बैंक के कामकाज पर उनका नियंत्रण होता है।

iii. पूँजी का निर्यात : लेनिन का तर्क है कि पूर्व की पूँजीवादी व्यवस्था वस्तुओं के निर्यात पर आधारित थी। लेकिन साम्राज्यवादी व्यवस्था में उसमें बदलाव आया है। अब औद्योगिक रूप से पिछड़े देशों या उपनिवेशों में सूद पर पूँजी का निर्यात किया जाता है। उन देशों में पूँजी की कमी रहती है। उसके साथ ही श्रम सस्ता होता है। कच्चे माल भी सस्ते दर पर उपलब्ध होते हैं। उसके फलस्वरूप पूँजीपतियों को पिछड़े देशों में पूँजी लगाने से ज्यादा मुनाफा प्राप्त होता है। इसलिए वे देश पूँजी के निर्यात के लिए सर्वाधिक उपयुक्त होते हैं। पूँजी के निर्यात से वस्तुओं के निर्यात को भी प्रोत्साहन मिलता है।

iv. पूँजीपतियों के संगठनों में दुनिया का बँटवारा : पहले यह उल्लेख किया गया है कि साम्राज्यवादी अवस्था में पूँजीपति एक-दूसरे से जुड़कर उत्पादक संघ बनाते हैं। वे उत्पादक संघ घरेलू उद्योगों पर नियंत्रण स्थापित कर लेते हैं। लेनिन अपने तर्क को आगे बढ़ाते हुए कहते हैं कि घरेलू क्षेत्र पर नियंत्रण के बाद वे विश्व बाजार को आपस में बाँट लेते हैं। वह बँटवारा विभिन्न उत्पादक संघों के मध्य उनकी पूँजी के अनुपात में होता है। इस प्रकार लगभग पूरा विश्व उनके प्रभात क्षेत्र में आ जाता है। इसलिए लेनिन का निष्कर्ष है कि पूँजीवाद की इस नई अवस्था में विश्व स्तर पर उत्पादन और पूँजी के केंद्रीकरण में वृद्धि होती है।

v. बड़ी शक्तियों के बीच दुनिया का बँटवारा : औद्योगिक उत्पादन के लिए कच्चे माल की आवश्यकता होती है। जैसे-जैसे औद्योगिक उत्पादन में वृद्धि होती है, वैसे-वैसे अधिक मात्रा में कच्चे माल की आवश्यकता पड़ती है। इसलिए लेनिन का कहना है कि विभिन्न पूँजीवादी देशों में कच्चे माल के लिए प्रतियोगिता होती है। वह पूरे विश्व के स्तर पर होती है। इसलिए पूँजीवादी देश पूरे विश्व में अपने-अपने उपनिवेश कायम करना चाहते हैं। उनमें इसके लिए संघर्ष होता है। उसका परिणाम यह होता है कि पूरा विश्व ही उन पूँजीवादी देशों के उपनिवेशों में बँट जाता है।

पूँजीवाद की साम्राज्यवादी अवस्था 'मरणासन्न' अवस्था है। लेनिन के अनुसार वह अवस्था पूँजी के निर्यात पर आधारित होती है। उससे प्राप्त मुनाफे से पूँजी की उत्तरोत्तर वृद्धि होती जाती है। उसका परिणाम होता है कि पूँजी का केंद्रीकरण कुछ देशों में होता है। विश्व के कुछ देश कर्ज देने वाले होते हैं जबकि अधिकांश देश कर्जदार होते हैं। इसलिए लेनिन पूँजी के निर्यात पर आधारित पूँजीवाद को पराश्रयी कहते हैं। गिने-चुने अमीर और शक्तिशाली देशों द्वारा छोटे और निर्धन देशों का शोषण होता है। इसलिए पूर्व की तुलना में इस अवस्था में पूँजीवादी विकास की प्रक्रिया काफी तेज है। दुनिया के शक्तिशाली देशों के बीच आधिपत्य के लिए गलाकाट प्रतियोगिता है। आर्थिक विकास की गति असमान है। लेनिन की दृष्टि में पूँजीवाद के ये सारे लक्षण उसके अंत को इंगित करते हैं। इसलिए उनका निष्कर्ष है कि

साम्राज्यवाद, जो पूँजीवाद की उच्चतम अवस्था है, में पूँजीवाद मरणासन्न स्थिति में पहुँच चुका है। उपनिवेशों की जनता एवं उनके आर्थिक संसाधनों का शोषण तथा उसके लिए विकसित और शक्तिशाली देशों के बीच संघर्ष ने पूँजीवाद के अंतर्विरोधों को बढ़ा दिया है। इसलिए उसका अंत आसन्न है।

2. दल का विचार : मार्क्स ने समाजवादी क्रांति की कोई ठोस कार्ययोजना प्रस्तुत नहीं की थी। उन्होंने मजदूरों के राजनीतिक दल के संगठन, क्रांति की रणनीतियों आदि का उल्लेख नहीं किया था। मार्क्सवाद के अंतर्गत इस खाली स्थान को भरने का प्रयास लेनिन ने किया। उन्होंने समाजवादी क्रांति में दल की केंद्रीय भूमिका को रेखांकित किया। इसलिए मार्क्सवादी चिंतन में लेनिन के इस योगदान को मौलिक माना जाता है। यहाँ यह ध्यान रखना होगा कि लेनिन द्वारा प्रतिपादित दल संबंधी विचार रूस की परिस्थितियों के संदर्भ में उत्पन्न हुए। वहाँ तानाशाही शासन–व्यवस्था थी। इसलिए सरकार विरोधी राजनीतिक गतिविधियों के लिए कोई जगह नहीं थी। दूसरी बात यह है कि 1905 ई. में होने वाली रूस की क्रांति स्वतः स्फूर्त थी। वह अपने लक्ष्य में सफल नहीं हो सकी। उस क्रांति से लेनिन ने यह सबक लिया कि बगैर संगठन और उचित मार्गदर्शन के क्रांति लक्ष्य को प्राप्त नहीं कर सकती। इसलिए वे इस निष्कर्ष पर पहुँचे कि मजदूर वर्ग का नेतृत्व कुशल एवं प्रशिक्षित क्रांतिकारियों के हाथों में होना चाहिए। मजदूरों का राजनीतिक दल उन्हीं लोगों से मिलकर बनेगा। वह सुदृढ़ रूप से संगठित होगा। उसके सदस्य क्रांतिकारी गतिविधियों में प्रशिक्षित और क्रांति के प्रति पूरी तौर पर समर्पित होंगे। लेनिन उस दल को मजदूरों का अग्रिम दस्ता (Vanguard) मानते हैं। उसमें कुछ चुने हुए लोग होंगे। बहुसंख्यक मजदूर उसका समर्थन करने वाले होंगे। वे दल के निर्देशन में कार्य करेंगे। दल के सदस्यों का कार्य मजदूर वर्ग को क्रांति के लिए तैयार करना होगा। लेनिन के अनुसार दल का संगठन लोकतांत्रिक केंद्रीयतावाद (Democratic centralism) पर आधारित होगा। दल के भीतर 'बहस की स्वतंत्रता' और 'क्रिया की एकता' होगी। लेकिन व्यवहार में उसकी परिणति दल के भीतर आंतरिक लोकतंत्र की समाप्ति में हुई। लेनिन का मानना है कि मजदूर लोग स्वतः स्फूर्त ढंग से केवल अपने आर्थिक हितों की पहचान कर सकते हैं। इसलिए वे ट्रेड यूनियन के संघर्ष के साथ खुद को जोड़ पाते हैं। उसके आगे उन्हें राज्यसत्ता पर आधिपत्य जमाने के लिए राजनीतिक क्रांति के लिए तैयार करने का दायित्व दल का होगा। मजदूरों में क्रांतिकारी चेतना दल के द्वारा ही लाई जा सकती हैं। लेनिन यह स्पष्ट करते हैं कि यदि मजदूरों को उनके हाल पर छोड़ दिया जाएगा तो वे बुर्जुआ विचारधारा अपना लेंगे। इसलिए वे दल के बुद्धिजीवियों की भूमिका को रेखांकित करते हैं। वे लोग मजदूरों में क्रांतिकारी विचारधारा फैलाने का काम करेंगे। इतना ही नहीं क्रांति के बाद शासन–व्यवस्था उनके नेतृत्व में काम करेगी।

लेनिन के दल संबंधी उपर्युक्त विचार मार्क्सवाद के कुछ सिद्धांतों से मेल नहीं खाते। यदि मजदूरों में क्रांतिकारी चेतना पैदा करने का कार्य बुद्धिजीवियों द्वारा किया जाता है तो इसका आशय यह हुआ कि वर्गीय चेतना आर्थिक परिस्थितियों के परिणामस्वरूप विकसित नहीं होती। यह मार्क्स के भौतिकवाद के विपरीत है। लेनिन के दल संबंधी विचारों का दूसरा

महत्त्वपूर्ण परिणाम यह है कि समाजवादी क्रांति के बाद सर्वहारा वर्ग की तानाशाही वस्तुतः दल की तानाशाही होगी। आगे चलकर लेनिन के विचारों पर मार्क्सवादियों और उसके विरोधियों के बीच गंभीर बहस चली।

3. राज्य : लेनिन ने अपनी पुस्तक *स्टेट ऐंड रिवोल्यूशन* में राज्य पर विचार किया है। कोलेटी के अनुसार यह– "राजनीतिक सिद्धांत में लेनिन का महानतम योगदान है।" लेनिन की यह पुस्तक कॉटस्की के विचारों की आलोचना है। वे राज्य के संबंध में मार्क्स के विचारों से सहमत हैं। राज्य वर्गीय शोषण का यंत्र है। उसका उद्देश्य पूँजीपति वर्ग के हितों की रक्षा करना है। उसकी पूर्ति के लिए राज्य बाध्यकारी शक्ति का प्रयोग करता है। इसलिए लेनिन यह स्वीकार करते हैं कि राज्य बल और हिंसा पर आधारित संगठन है जिसका उपयोग मजदूर वर्ग के शोषण के लिए होता है। यहाँ तक कॉट्स्की और लेनिन के बीच सहमति है। उन दोनों के बीच भिन्नता समाजवादी क्रांति के बाद राज्य के स्वरूप को लेकर है। समाजवादी क्रांति द्वारा सर्वहारा वर्ग राजनीतिक सत्ता यानी राज्य पर अपना नियंत्रण स्थापित करता है। कॉट्स्की के लिए वह पर्याप्त है। लेकिन लेनिन उससे सहमत नहीं है। समाजवादी क्रांति का उद्देश्य केवल राज्यसत्ता पर आधिपत्य कायम करना नहीं है, बल्कि बुर्जुआ राज्य को पूरी तौर पर नष्ट कर देना है। इसलिए लेनिन का संदेश साफ है- पुराने राज्य की मशीनरी को टुकड़े-टुकड़े कर देना। उनका स्पष्ट विचार है कि समाजवादी क्रांति हमेशा हिंसक होगी। चूँकि राज्य हिंसा पर आधारित संगठन है, इसलिए उसे हिंसा के द्वारा ही नष्ट किया जा सकता है। उसके बाद ही सही अर्थ में मजदूरों के हाथों में सत्ता आ सकती है। शासक और शासित का फर्क मिट सकता है। वही लोकतंत्र है। इसलिए लेनिन का मानना है कि सर्वहारा वर्ग की तानाशाही सच्चे लोकतंत्र की स्थापना करता है। उसमें सत्ता पर बहुसंख्यक वर्ग का नियंत्रण होता है। वही आगे चलकर राज्य के लुप्त हो जाने का मार्ग प्रशस्त करता है। उस अवस्था में सर्वहारा वर्ग भी अपने एक वर्ग के रूप में अपने आपको नष्ट कर लेता है। वही अवस्था साम्यवाद की है। वह वर्गविहीन और राज्यविहीन समाज है।

मार्क्सवादियों के द्वारा लेनिन के दल संबंधी विचारों की कटु आलोचना की गई। उनमें कॉट्स्की, रोजा लक्जेमबर्ग और लियोन ट्रॉट्स्की प्रमुख हैं। कॉट्स्की लेनिन के द्वारा प्रतिपादित साम्यवादी दल के नेतृत्व और उसके शासन के विरोधी थे। लेनिन ने अपनी पुस्तक में कॉट्स्की की आलोचनाओं का उत्तर देने का प्रयास किया। रोजा लक्जेमबर्ग प्रशिक्षित क्रांतिकारियों के केंद्रीकृत संगठन की अवधारणा के विरुद्ध थीं। उनका मानना था कि मार्क्सवाद का सिद्धांत है कि मजदूर वर्ग अपने प्रयासों से ही मुक्ति पा सकेगा। इसलिए उनका कथन था, "क्रांतियाँ किसी को भी उनके स्कूल मास्टर होने की अनुमति नहीं देती।" लियोन ट्रॉट्स्की 1903 ई. में लेनिन के दल संबंधी सिद्धांत के धुर विरोधी थे। उनकी दृष्टि में दलीय संगठन में दल की केंद्रीय समिति संगठन का और अंततः स्वयं तानाशाह केंद्रीय समिति का स्थान ले लेता है। इस प्रकार ट्रॉट्स्की की भविष्यवाणी स्टालिन के शासन में पूरी तौर पर सही साबित हुई। 1905 ई. की रूस की क्रांति में ट्रॉट्स्की ने अग्रणी भूमिका अदा की थी। लेकिन वे 1917 ई. में लेनिन की क्रांति के साथ हो गए। मार्क्सवादी चिंतन में

उनके द्वारा प्रतिपादित 'स्थायी क्रांति' (Permanent Revolution) का विचार अत्यंत महत्त्वपूर्ण है। उनका यह सिद्धांत रूस के आर्थिक विश्लेषण पर आधारित था। विकसित देशों की तुलना में रूस अत्यधिक पिछड़ा था। वहाँ औद्योगिक विकास का प्रारंभ तानाशाही शासकों के प्रयासों से हुआ। रूस पोलैंड, स्वीडन और लिथुआनिया जैसे विकसित देशों के दबाव में था। इसलिए रूस के शासकों ने विदेशों से पूँजी प्राप्त कर उद्योग धंधों को विकसित करने का प्रयास किया। उसके परिणामस्वरूप 1900 ई. के बाद रूस में औद्योगीकरण में तेजी आई। लेकिन ट्रॉट्स्की के अनुसार रूस में अभी पूँजीपतियों की संख्या कम थी। सामाजिक रूप से भी वह वर्ग महत्त्वहीन था। उसके विपरीत एक शक्तिशाली मजदूर वर्ग का विकास हो चुका था। वे मजदूर मुख्य रूप से बड़े-बड़े उद्योगों में कार्यरत थे। इसलिए वे उन उद्योगों को ठप्प कर देने की स्थिति में थे। उन आर्थिक स्थितियों के आधार पर ट्राट्स्की का निष्कर्ष था कि रूस में यह संभव है कि राजनीतिक शक्ति पर मजदूर वर्ग का आधिपत्य पश्चिमी देशों की तुलना में जल्दी हो। निरंकुश सत्ता के ख़िलाफ लोकतांत्रिक क्रांति के साथ-साथ समाजवादी क्रांति भी हो। लेकिन ट्रॉट्स्की का यह विचार था कि रूस में सर्वहारा वर्ग की सरकार यूरोप के अन्य देशों के सर्वहारा के समर्थन के बगैर स्थायी नहीं रह सकती। इसलिए रूस में समाजवाद के कायम रहने के लिए यूरोप के देशों में समाजवादी क्रांति आवश्यक है। यही ट्रॉट्स्की का स्थायी क्रांति का विचार था। प्रारंभ में लेनिन ने ट्रॉट्स्की के लोकतांत्रिक क्रांति के साथ-साथ समाजवादी क्रांति के विचार का विरोध किया था। लेकिन बाद में लेनिन ने अपने विचारों को संशोधित करते हुए ट्राट्स्की के विचारों को स्वीकार किया। बाद में ट्रॉट्स्की का स्टॉलिन से घोर वैचारिक विरोध उभरा।

स्टालिन का योगदान

लेनिन की मृत्यु 1924 ई. में हुई। उसके बाद नेतृत्व के प्रश्न पर ट्रॉट्स्की और स्टालिन (1879-1953 ई.) के बीच संघर्ष हुआ। सैद्धांतिक और वैचारिक दृष्टि से ट्रॉट्स्की का कोई मुकाबला नहीं था। स्टालिन का वैचारिक और सैद्धांतिक पक्ष अत्यंत कमजोर था। उसके बावजूद सत्ता स्टालिन के हाथों में आई। ट्रॉट्स्की को 1927 ई. में साम्यवादी दल से निष्कासित कर दिया गया। उसके एक वर्ष बाद उन्हें मास्को से और 1929 ई. में अंततः रूस से निष्कासित कर दिया गया। अब स्टालिन साम्यवादी आंदोलन के प्रमुख विचारक बन गए। *मार्क्सिज्म ऐंड नेशनलिटीज, प्रॉब्लमस ऑफ लेनिनिज्म* तथा *डायलेक्टिक ऐंड हिस्टोरिकल मैटेरियलिज्म* उनकी प्रमुख रचनाएं हैं। मार्क्सवाद के अनुसार सिद्धांत आंदोलन का प्रदर्शक होता है। लेकिन स्टॉलिन के काल में उनकी सत्ता को औचित्यपूर्ण ठहराना सिद्धांत का प्रमुख उद्देश्य हो गया। स्टालिन के प्रमुख विचारों के अध्ययन से यह साफ हो जाता है। उनके विचारों को दो शीर्षकों के अंतर्गत समझा जा सकता है - (1) एक देश में समाजवाद और (2) विश्व स्तर पर समाजवादी क्रांति।

1. एक देश में समाजवाद : स्टालिन के द्वारा 'एक देश में समाजवाद' का सिद्धांत प्रतिपादित किया गया। मुख्य रूप से वह ट्रॉट्स्की के स्थायी क्रांति संबंधी सिद्धांत का खंडन

करता है। ट्रॉट्स्की का तर्क था कि विश्व क्रांति के लिए निरंतर प्रयास करना आवश्यक है। यदि यूरोपीय देशों में पूँजीवादी व्यवस्था बनी रहती है तो रूस में समाजवाद सफल नहीं हो सकता। लेनिन का भी यही विचार था। 1917 ई. की क्रांति के बाद उन्होंने यह कहा था कि रूसी क्रांति को अन्य देशों का समर्थन आवश्यक है। उनके अनुसार यूरोपीय देशों के पूँजीवादी साम्राज्यवाद से रूस को खतरा है। मार्क्स भी हमेशा अंतर्राष्ट्रीय समाजवादी क्रांति की बात करते थे। उससे उनका आशय अधिकांश देशों में राज्यसत्ता पर मजदूर वर्ग के आधिपत्य से था। कुछ हद तक स्टालिन भी उसे स्वीकार करते हैं। 1924 ई. में उन्होंने भी यह माना था कि समाजवाद के लिए केवल रूस के प्रयास पर्याप्त नहीं हैं। बाद में चलकर उन्होंने 'एक देश में समाजवाद' पर बल दिया। उसका उद्देश्य ट्रॉट्स्की को पराजित करना था। ट्रॉट्स्की ने यह कभी नहीं कहा था कि रूस में समाजवादी क्रांति का प्रयास नहीं किया जाना चाहिए। उन्होने 1905 ई. की क्रांति में अग्रणी भूमिका निभाई और 1917 ई. की क्रांति में भी लेनिन के सहयोगी थे।

स्टालिन ने अपने विचार 'एक देश में समाजवाद' को पूरी तौर पर स्पष्ट नहीं किया। उनके अनुसार रूस पूरे विश्व में समाजवाद का केंद्र है। वह अपने-आप में एक शक्ति है। रूस की समाजवादी व्यवस्था पूँजीवादी यूरोप से श्रेष्ठ है। वहाँ का सर्वहारा वर्ग अपनी समाजवादी व्यवस्था की रक्षा करने में सक्षम है। इसका निष्कर्ष यह था कि दुनिया के अन्य देशों में पूँजीवादी व्यवस्था रहते हुए भी रूस में समाजवाद संभव है। स्टालिन के 'एक देश में समाजवाद' का पहला परिणाम यह था कि समाजवाद और राष्ट्रवाद का मेल हो गया। रूस की जनता की शक्ति में विश्वास और रूस की विशिष्टता पर बल देकर स्टालिन राष्ट्रीय गौरव की बात कह रहे थे। जो उनके लिए अपने विरोधियों को कुचलने का आधार भी थे। सत्ता में आने के कुछ ही वर्षों में उन्होंने ट्रॉट्स्की सहित अपने सभी विरोधियों को समाप्त कर दिया।

स्टालिन के सिद्धांत का दूसरा परिणाम रूस में सर्वाधिकारवादी राज्य की स्थापना है। रूस में समाजवाद की रक्षा के लिए यह आवश्यक माना गया। विश्व के पूंजीवादी देश रूसी समाजवाद को नष्ट कर सकते थे। इसलिए यह आवश्यक माना गया कि रूस अपने सभी संसाधनों का अधिकतम दोहन करे। उसके लिए सर्वाधिकारवादी राज्य उपयुक्त था। अंतर्राष्ट्रीय स्तर पर समाजवादी आंदोलन के लिए रूस की व्यवस्था का अक्षुण्ण रहना आवश्यक माना गया। अतः व्यवहार में समाजवादी आंदोलन की दिशा रूसी समाजवाद के हितों के द्वारा निर्धारित होती थी। इस प्रकार रूस का हित सर्वोपरि था। यहाँ पर एक दिलचस्प उदाहरण दिया जा सकता है। भारत का साम्यवादी दल द्वितीय विश्व युद्ध को साम्राज्यवादी युद्ध मानता था। लेकिन जब उसमें रूस शामिल हुआ तो उनके लिए वह 'जन युद्ध' (People's War) बन गया। सर्वाधिकारवादी राज्य का परिणाम था कि साम्यवादी दल के भीतर और रूस में आलोचना या वैचारिक बहस की कोई गुंजाइश नहीं थी। यह लेनिन के सिद्धांतों के एकदम विपरीत था। वे सैद्धांतिक बहस में रुचि रखते थे और बुखारिन जैसे अपने धुर विरोधियों से भी उनकी मित्रता थी। लेकिन अब स्टालिन के विरोध की कोई गुंजाइश नहीं थी। उनके शासनकाल में वैचारिक शुद्धता पर अत्यधिक बल दिया जाने लगा। साहित्यकारों, वैज्ञानिकों

और दार्शनिकों को राजनीतिक व्यवस्था के हित में काम करने के निर्देश दिए गए। सभी पर राज्यसत्ता का नियंत्रण था। इतना ही नहीं मजदूर संगठनों की भी स्वतंत्रता खत्म कर दी गई। सबसे दु:खद बात यह थी कि समाजवादी व्यवस्था के नाम पर स्टालिन का महिमामंडन होने लगा। व्यक्ति पूजा की वह प्रवृत्ति मार्क्सवाद के वैचारिक विकास में सबसे बड़ी बाधा थी। इस प्रकार रूस में समाजवादी व्यवस्था की परिणति स्टालिन की तानाशाही में हुई। मार्क्स ने सर्वहारा वर्ग की तानाशाही को संक्रांतिकालीन माना था। उन्होंने राज्य के समाप्त हो जाने की बात की थी। लेकिन स्टालिन उससे सहमत नहीं थे। उनका मानना था कि रूस पूँजीवादी देशों से घिरा है। इसलिए राज्य समाप्त नहीं होगा।

2. क्रांति पर स्टालिन के विचार : 'एक देश में समाजवाद' का अर्थ यह नहीं था कि स्टालिन ने अंतर्राष्ट्रीय समाजवादी क्रांति के लक्ष्य का परित्याग कर दिया था। वे पूँजीवाद से संबंधित लेनिन के विश्लेषण से सहमत थे। इसी प्रकार वे पूरी तौर पर अनुशासित और सुदृढ़ रूप से संगठित साम्यवादी दल के विचार को भी क्रांति के लिए उपयुक्त मानते थे। लेकिन स्टालिन विभिन्न देशों के साम्यवादी दल का निर्देशन भी करते थे। उदाहरण के लिए 1931-32 ई. में उन्होंने जर्मनी के साम्यवादी दल को जर्मन सोशल डेमोक्रेटिक पार्टी का विरोध करने का निर्देश दिया। उसका निहितार्थ जर्मन के नाजी दल को सहायता पहुँचाना था। द्वितीय विश्व युद्ध के बाद स्टालिन ने पूर्वी यूरोप पर अपना ध्यान केंद्रित किया। वे रूस के आसपास 'समाजवादी घेरे' का निर्माण करना चाहते थे। उसके लिए उन्होंने पूर्वी यूरोप के कई देशों, चेकोस्लोवाकिया, रोमानिया, पूर्वी जर्मनी आदि में अपने सैन्य बल की सहायता से साम्यवादी सरकारें स्थापित करवाईं। इस प्रकार उन देशों में समाजवादी व्यवस्था उनकी आंतरिक आर्थिक परिस्थितियों के परिणामस्वरूप कायम नहीं हुई थी बल्कि उन देशों में शांतिपूर्ण तरीके से समाजवाद की स्थापना वस्तुत: रूस की शक्ति के द्वारा की गई। आलोचकों की दृष्टि में वह रूसी साम्राज्यवाद था।

रूस में स्टालिन की तानाशाही की स्थापना ने मार्क्सवादी सिद्धांत के आलोचकों को सुनहरा अवसर उपलब्ध करा दिया। यह तर्क दिया जाने लगा कि इस सिद्धांत की परिणति दमन और हिंसा पर आधारित तानाशाही व्यवस्था में होती है। मार्क्सवादियों के लिए रूस की तानाशाही को औचित्यपूर्ण सिद्ध करना कठिन था। लोजेक कोलाकोवस्क़ी जैसे मार्क्सवादियों का मानना था कि स्टालिन की तानाशाही व्यवस्था की जड़ें लेनिन के सिद्धांतों में हैं। स्टालिन के समय यह कहा जाने लगा था कि 'स्टालिन हमारे समय के लेनिन हैं।' रूस की स्टालिनवादी व्यवस्था के पक्षधर उसे मार्क्स, एंगिल्स और लेनिन के सिद्धांतों के आधार पर सही ठहराने का प्रयास कर रहे थे। उसके विपरीत स्टालिन के आलोचक उन्हें मार्क्सवादी सिद्धांतों का विरोधी सिद्ध करने में लगे थे। उन सबका परिणाम यह हुआ कि मार्क्सवादी सिद्धांतों के विभिन्न पक्षों की भिन्न-भिन्न व्याख्याएँ की जाने लगीं। उनसे मार्क्सवादी सिद्धांत का स्वरूप काफी विविधतापूर्ण हो गया।

मार्क्सवाद-लेनिनवाद और माओ त्से-तुंग

मार्क्सवाद का एक आधारभूत लक्षण सिद्धांत और व्यवहार की एकता है। चीन में 1949 ई. में साम्यवादी क्रांति हुई। उसका नेतृत्व चीनी साम्यवादी विचारक और क्रांति के रणनीतिकार माओ त्से-तुंग ने किया था। उन्होंने लेनिन के कथन को दूसरे रूप में सिद्ध किया कि क्रांति के बगैर क्रांतिकारी सिद्धांत का निर्माण नहीं हो सकता। माओ का सूत्र ही था कि "व्यवहार से सत्य की खोज करो।" इसलिए उनकी दृष्टि में व्यवहार की प्रमुखता है। उनके विचारों में सिद्धांतीकरण की तुलना में व्यावहारिक नीतियों को प्राथमिकता प्रदान की गई। उनके द्वारा प्रतिपादित सिद्धांत और क्रांतिकारी कार्ययोजना चीनी क्रांति के अनुभवों से निकले हैं। क्रांति के पूर्व चीन की आर्थिक-सामाजिक स्थिति के विश्लेषण में माओ ने मार्क्सवाद-लेनिनवाद की अवधारणाओं का प्रयोग किया था। वे चीनी कम्युनिस्ट पार्टी के संस्थापक सदस्यों में थे। पार्टी के संगठन और उसके क्रांतिकारी संघर्ष पर लेनिन के विचारों का प्रभाव था। माओ के लेखों में मार्क्स के विचारों का सैद्धांतिक विश्लेषण कम मिलता है। उसके आधार पर यह भी कहा जाता है कि मार्क्सवाद संबंधी उनका ज्ञान काफी सीमित था। उसके बावजूद चीन की क्रांति सैद्धांतिक एवं व्यावहारिक दृष्टि से विलक्षण थी। मार्क्सवाद-लेनिनवाद मजदूर वर्ग को समाजवादी क्रांति के लिए उपयुक्त मानता है और उसके नेतृत्व पर विश्वास करता है। इसलिए स्वाभाविक तौर समाजवादी क्रांति का प्रारंभ शहरों से ही हो सकता है। माओ ने किसानों को संगठित कर गाँव से क्रांति का सूत्रपात किया। उनके नेतृत्व में क्रांति गाँव से शहर की ओर बढ़ती गई और सफल हुई। चीन की क्रांति को 'किसान क्रांति' कहा जाता है। उसने यह सिद्ध किया कि औद्योगिक रूप से पिछड़े एवं कृषि प्रधान देशों में किसान क्रांति के वाहक हो सकते हैं।

चीनी क्रांति की व्यावहारिक विलक्षणता उसकी रणनीति और तकनीक है। माओ ने छापामार युद्ध की तकनीक से क्रांति को सफल बनाया। वह एक अनूठा प्रयोग था। अभी तक किसी मार्क्सवादी चिंतक ने यह स्पष्ट नहीं किया था कि समाजवादी क्रांति की सैन्य रणनीति क्या होगी? माओ ने उस कमी को पूरा कर दिया था। दुनिया भर के कम्युनिस्टों के लिए सोवियत संघ की क्रांति के बाद चीनी क्रांति दूसरी बड़ी सफलता थी। आबादी की दृष्टि से चीन सबसे बड़ा देश था। वहाँ कम्युनिस्ट सरकार की स्थापना अंतर्राष्ट्रीय साम्यवादी आंदोलन के लिए अत्यंत उत्साहवर्द्धक और प्रेरणादायी थी। दूसरी ओर औद्योगिक रूप से पिछड़े और कृषि पर आधारित अर्थयवस्था वाले एशियाई, अफ्रीकी और लैटिन अमेरिकी देशों के लिए वह एक उदाहरण प्रस्तुत कर रहा था।

चीन की कम्युनिस्ट क्रांति बीसवीं सदी की अत्यंत महत्त्वपूर्ण घटना है। वह क्रांति कई दशकों के भीषण संघर्ष और चीन की विशिष्ट स्थितियों का परिणाम थी। उन्नीसवीं सदी में युद्धों के कारण (दो अफीम युद्ध 1839 -42 ई. एवं 1856 ई. तथा 1894-95 ई. का चीन-जापान युद्ध) चीन की अर्थव्यवस्था की स्थिति दयनीय थी। चीन में मंचू राजवंश का शासन था। चीन के शासकों से ब्रिटेन, फ्रांस, जापान और रूस जैसे साम्राज्यवादी देशों ने

विभिन्न युद्धों के बाद कई असमान संधियाँ की थीं। उन देशों को चीन के विभिन्न बंदरगाहों से स्वतंत्र व्यापार की छूट प्राप्त थी। इसके साथ-साथ उन देशों ने चीन में रेलवे लाइन बिछाने और खानों की खुदाई करने का अधिकार प्राप्त कर लिया था। इतना ही नहीं चीन के कुछ प्रदेश भी साम्राज्यवादी देशों के नियंत्रण में थे। उदाहरण के लिए हांगकांग पर ब्रिटेन का तो फारमोसा पर जापान का अधिकार था। इस प्रकार चीन साम्राज्यवादी शोषण का शिकार था। चीनी जनता के मन में विदेशियों के खिलाफ काफी रोष था। इसके कारण साम्राज्यवादी शक्तियों के खिलाफ कई विद्रोह हुए जिनमें 1859 ई. में ताइपिंग विद्रोह और 1899 ई. के बॉक्सर विद्रोह प्रमुख हैं। हालाँकि वे विद्रोह असफल रहे लेकिन उनसे जनता के मन में राष्ट्रीयता की भावना जागी। अंततः 1911 ई. में चीन में डॉ. सन यात-सेन के नेतृत्व में राष्ट्रीय क्रांति हुई। उसके फलस्वरूप मंचू राजवंश के शासन का अंत हुआ और गणतंत्रात्मक सरकार की स्थापना हुई। माओ किशोरावस्था में डॉ. सेन के द्वारा स्थापित क्रांतिकारी रिपब्लिक पार्टी के सदस्य बन गए थे। उन्होंने इस क्रांति में हिस्सा लिया था। लेकिन इससे चीन की समस्याओं का समाधान नहीं हो सका। चीन में गणतंत्रात्मक सरकार के दौरान न तो राष्ट्रीय एकता कायम हुई और न ही चीन की आर्थिक स्थिति में कोई सुधार हुआ। सामंतों और युद्ध सरदारों (Warlords) का बोलबाला था। उनके बीच निरंतर लड़ाई चलती रहती थी। किसानों की हालत अत्यंत दयनीय थी। उन्हें बहुत अधिक कर देना पड़ता था। इस प्रकार चीन साम्राज्यवादी शोषण के साथ-साथ सामंतों के शोषण का भी शिकार था।

सोवियत संघ की समाजवादी क्रांति के बाद बनी नई सरकार ने चीन के प्रति उदार रवैया अपनाया। उसने यह घोषणा की कि सोवियत संघ चीन को वे सभी क्षेत्र लौटा देगा जो जारशाही के दौरान उसके अधिकार में आ गए थे। इसके साथ ही उसने चीन को साम्राज्यवादी देशों के शोषण से मुक्त होने में मदद करने का आश्वासन दिया। इससे सोवियत संघ और उसकी विचारधारा में चीन के लोगों की रुचि बढ़ने लगी थी। वर्साय संधि (1919 ई.) के प्रति चीनी सरकार के कमजोर रवैये के खिलाफ 4 मई 1919 ई. को पेकिंग के छात्रों द्वारा आंदोलन किया गया। वह आंदोलन जल्द ही पूरे देश में फैल गया। वह चीनी जनता में व्याप्त रोष की अभिव्यक्ति थी। उसके बाद 1919 ई. में ही पेकिंग विश्वविद्यालय के शिक्षकों और विद्यार्थियों ने मार्क्सवाद-लेनिनवाद के अध्ययन के लिए एक समूह का गठन किया। उस विश्वविद्यालय में ली ता-चाओ और चेन तु-हिसुई प्राध्यापक थे। वे मार्क्सवादी थे। ली ता-चाओ ने लेनिन की रचनाओं का चीनी भाषा में अनुवाद किया था। वे चीन में मार्क्सवाद के संस्थापक माने जाते हैं। माओ पेकिंग विश्वविद्यालय के पुस्तकालय में सहायक लाइब्रेरियन के पद पर कार्यरत थे। वे इन दोनों के प्रभाव में आए। उसी दौरान उन्होंने मार्क्सवाद-लेनिनवाद का ज्ञान प्राप्त किया। 1921 ई. में सोवियत संघ के निर्देश पर पेकिंग विश्वविद्यालय के अध्ययन समूह के बारह सदस्यों द्वारा चीनी कम्युनिस्ट पार्टी की स्थापना की गई। माओ उनमें से एक थे। उस पार्टी की दिशा भी सोवियत संघ के नेताओं की समझ के आधार पर निर्धारित की गई। उनकी यह समझ थी कि कम्युनिस्ट पार्टी को डॉ. सनयात-सेन की कुओमिंगतांग पार्टी के साथ मोर्चा बनाकर साम्राज्यवाद और सामंतवाद के खिलाफ संघर्ष करना चाहिए। उसके फलस्वरूप कम्युनिस्ट

पार्टी और राष्ट्रवादी (कुओमिंगतांग) का गठबंधन बना। लेकिन कम्युनिस्ट पार्टी ने अपना जनाधार बढ़ाने का निर्णय लिया। उसने बड़े पैमाने पर मजदूरों और किसानों को संगठित करने का प्रयास किया।

1925 ई. में सनयात-सेन की मृत्यु हो गई और कुओमिंगतांग का नेतृत्व च्यांग काई-शेक के हाथों में आ गया। 1926 ई. तक लाखों किसान संगठित होकर साम्राज्यवाद और सामंतवाद के खिलाफ संघर्ष में कूद पड़े। उसमें कम्युनिस्ट और राष्ट्रवादी एक साथ थे। किसान आंदोलन का गढ़ चीन का हुनान प्रांत था। माओ को पार्टी की ओर से हुनान के किसान आंदोलन का अध्ययन करने के लिए भेजा गया। अपने अध्ययन और किसानों के बीच काम करने के अनुभवों के आधार पर उन्होंने यह निष्कर्ष निकाला कि किसानों में क्रांतिकारी क्षमता होती है। अपने विचारों को उन्होंने अपने लेख "एनालिसिस ऑफ क्लासेज इन चायनीज सोसायटी" में प्रस्तुत किया। चीन में किसान आंदोलन काफी शक्तिशाली हो चुका था। 1927 ई. में शंघाई में मजदूरों ने सशस्त्र विद्रोह कर दिया। उन्होंने शंघाई कम्यून की स्थापना कर दी। उसके द्वारा जनता द्वारा चुने गए प्रतिनिधियों के हाथों में सत्ता आ गई थी। वह स्वशासन का एक उदाहरण था। कम्युनिस्टों की इन सफलताओं से च्यांग काई-शेक घबरा उठे। उन्होंने कम्युनिस्टों को कुचलना प्रारंभ कर दिया। बड़े पैमाने पर कम्युनिस्ट समर्थक किसानों और मजदूरों की हत्या कर दी गई। लाखों लोग मारे गए। इस अत्याचार और दमन से कम्युनिस्टों की कमर टूट गई। इसका परिणाम यह हुआ कि राष्ट्रवादियों के साथ उनका गठजोड़ समाप्त हो गया।

किसी दल या संगठन के नेतृत्व की असली पहचान संकट के समय होती है। माओ के लिए यह चुनौती थी कि वे कम्युनिस्ट पार्टी के संघर्ष को आगे बढ़ाएँ। उन्होंने राष्ट्रवादियों के साथ संयुक्त मोर्चा बनाने संबंधी सोवियत संघ के निर्देश को ठुकरा दिया। उन्होंने ग्रामीण क्षेत्रों में अपने आधार को सुदृढ़ बनाने का प्रयास किया। च्यांग काई-शेक का सेना पर नियंत्रण था। लेकिन उसका एक हिस्सा टूट कर कम्युनिस्टों के साथ आ गया। उनको मिलाकर कम्युनिस्टों ने तीस हजार लड़ाकुओं की सेना तैयार की। उसकी सहायता से कियांगसी प्रांत को आजाद करा लिया गया। वह कम्युनिस्टों की जन मुक्ति सेना की शुरुआती सफलता थी। उस क्षेत्र में जमींदारों से जमीन छीनकर किसानों में बाँट दी गई। सहकारी कृषि और छोटे उद्योगों को भी बढ़ावा दिया गया। राजनीतिक तौर पर स्वशासन को बढ़ावा देने के लिए जनता के कम्यूनों की स्थापना की गई। इसके अतिरिक्त जनता में समाजवादी विचारधारा के प्रचार-प्रसार के भी प्रयास हुए। दूसरे क्षेत्रों में कम्युनिस्टों ने जन मुक्ति सेना को खड़ा करने का प्रयास किया। माओ ने हुनान में किसानों की सेना गठित की। उसने च्यांग काई-शेक की सेना को पराजित किया। अब देहाती क्षेत्रों में कम्युनिस्टों और उनकी सेना के कई आधारभूत इलाके (Base areas) कायम हो गए थे।

1931 ई. में जापान ने चीन के उत्तर-पूर्वी प्रांतों पर आक्रमण कर दिया। उसका मुकाबला करने में च्यांग काई-शेक की सेना असफल रही। जापान का उत्तर-पूर्व पर कब्जा हो गया। उसके एक साल बाद उसने शंघाई पर आक्रमण किया। अंततः च्यांग काई-शेक को जापान से अपमानजनक समझौता करना पड़ा। उसके खिलाफ जनता में अंत्यत रोष था। दूसरी

ओर च्यांग काई-शेक कम्युनिस्टों के आंदोलन को दबाने में लगे रहे। कम्युनिस्टों की जन मुक्ति सेना ने जापानियों के खिलाफ छापामार युद्ध के जरिए लड़ाई की। इसके साथ ही उनका संघर्ष च्यांग काई-शेक की सेना के खिलाफ भी था। उन दोनों के खिलाफ संयुक्त अभियान में माओ के नेतृत्व में जन मुक्ति सेना ने 1934 ई. में ऐतिहासिक कूच किया। उसमें उसे काफी क्षति उठानी पड़ी। लेकिन इसके बावजूद उसे उल्लेखनीय सफलता प्राप्त हुई। चीन के अधिकांश प्रांतों में क्रांति का प्रारंभ हो चुका था। माओ अब चीनी कम्युनिस्टों के सर्वोच्च नेता थे।

1937 ई. में जापान ने चीन पर पुन: आक्रमण कर दिया। जापानी सेना के अत्याचार से जनता त्रस्त थी। च्यांग काई-शेक को कम्युनिस्टों के साथ गठबंधन करना पड़ा। लेकिन उसकी सरकार के संघर्ष को जापानियों ने शीघ्र ही खत्म कर दिया। इसके विपरीत कम्युनिस्टों की जन मुक्ति सेना ने छापामार युद्ध की तकनीक से कई बार जापानियों को परास्त किया। 1945 ई. तक जापान की कमर टूट चुकी थी। जन मुक्ति सेना ने जापानियों से चीन के प्रदेशों को स्वतंत्र करा लिया। च्यांग काई-शेक की सरकार का चीन के थोड़े से हिस्से पर नियंत्रण था। इसके बावजूद उनकी सेना ने जन मुक्ति सेना के खिलाफ आखिरी संघर्ष किया। उसमें उन्हें अमेरिका की सहायता भी प्राप्त थी। उसके बावजूद च्यांग काई-शेक की सेना पराजित हुई। अंतत: एक अक्टूबर 1949 ई. को माओ ने चीन लोक गणराज्य की घोषणा कर दी। वे उसके चेयरमैन थे।

लगभग तीन दशकों के लंबे संघर्ष के फलस्वरूप चीन में कम्युनिस्ट क्रांति सफल हुई। वह शांतिपूर्ण होने के बजाए हिंसक थी। उसमें माओ की अग्रणी भूमिका थी। उन्होंने दो दशकों तक ग्रामीण क्षेत्रों में रहकर किसानों को संगठित कर उनके संघर्ष को सफल बनाया था। उनका यह संघर्ष जापानियों के साथ-साथ च्यांग काई-शेक की राष्ट्रवादी सरकार के विरुद्ध था। माओ के विचार और उनकी रणनीति उनके संघर्ष के दौरान विकसित हुए। उनकी रचनाओं में 1937 ई. की *ऑन कंट्राडिक्शन* और *ऑन प्रैक्टिस*, 1938 ई. में लिखित *ऑन प्रोट्रेक्टेड वार* तथा 1940 ई. की *ऑन न्यू डेमोक्रेसी* प्रमुख हैं।

चीनी समाज का वर्गीय विश्लेषण : माओ ने चीनी समाज और अर्थव्यवस्था का विश्लेषण मार्क्सवादी पद्धति से किया। चीनी अर्थव्यवस्था को वे 'औपनिवेशिक, अर्द्ध-औपनिवेशिक और अर्द्ध-सामंती' रूप में देखते थे। उनके अनुसार चीनी जनता साम्राज्यवादी और सामंतवादी शोषण से त्रस्त थी। उस समय चीन के कुछ क्षेत्रों पर जापान, ब्रिटेन आदि साम्राज्यवादी देशों का आधिपत्य था तथा चीन के व्यापारिक बंदरगाहों पर भी उनका नियंत्रण था। उसके साथ ही माओ उन साम्राज्यवादी शक्तियों द्वारा चीन पर सांस्कृतिक आक्रमण का भी जिक्र करते हैं। विदेशी शक्तियों द्वारा वहाँ स्कूल और अस्पताल खोले जा रहे थे। उनकी आड़ में ईसाई धर्म का प्रचार हो रहा था। विदेशी अखबारों का भी प्रकाशन किया जा रहा था। माओ के विचार में उन सब का उद्देश्य ऐसे चीनी बुद्धिजीवियों को तैयार करना था जो उनके हितों की रक्षा कर सकें। साम्राज्यवादी आधिपत्य के अतिरिक्त चीन के अधिकांश क्षेत्र सामंतों एवं युद्ध सरदारों के नियंत्रण में थे। उनके शोषण से किसानों की हालत दयनीय थी। वे लोग साम्राज्यवादी शक्तियों के साथ थे। इसलिए माओ का निष्कर्ष था कि सामंत और विदेशी

कंपनियों में काम करने वाले प्रबंधक चीन के मुख्य शोषक वर्ग हैं। उनका तर्क था कि उन दोनों वर्गों के हित समान हैं। वे साम्राज्यवाद और विदेशी पूँजी के साथ खड़े थे। इसलिए वे दोनों वर्ग माओ की दृष्टि में सर्वाधिक प्रतिगामी और क्रांति विरोधी थे। चीन में उद्योग धंधों की स्थापना मुख्य रूप से साम्राज्यवादी देशों के द्वारा की गई थी। उसके पीछे उनका उद्देश्य चीन के प्राकृतिक संसाधनों का मुनाफे के लिए दोहन था। इसलिए चीनी पूँजीपतियों (राष्ट्रीय बुर्जुआ) की संख्या कम थी। माओ उनको मध्य बुर्जुआ कहते थे। उनकी दृष्टि में वह वर्ग सामंती शक्तियों और विदेशी पूँजीपतियों के शोषण का शिकार था।

माओ ने अपने वर्गीय विश्लेषण में छोटे और गरीब किसानों, कुशल कारीगरों, छोटे दुकानदारों, औद्योगिक मजदूरों, स्कूल के शिक्षकों, डकैतों, भिखारियों, वेश्याओं और अंधविश्वास से संबंधित गतिविधियों के आधार पर जीविका चलाने वाले समूहों का उल्लेख किया है। उन्होंने उनके वर्गचरित्र का भी विश्लेषण किया। लेकिन माओ की वर्ग संबंधी अवधारणा में उत्पादन प्रणाली में किसी समूह की स्थिति से ज्यादा महत्त्वपूर्ण क्रांति के प्रति उसका दृष्टिकोण था। यही कारण है कि वे समाजवादी क्रांति के प्रति विभिन्न वर्गों के दृष्टिकोण की बात करते थे। उदाहरण के लिए वे प्रबुद्ध भद्रवर्ग (Enlightented Gentry) को क्रांतिकारी मोर्चे के लिए सहायक मानते थे, भले ही वे सामंत या समृद्ध किसान क्यों न हों? माओ की वर्ग संबंधी यह अवधारणा मार्क्सवादी सिद्धांत से मेल नहीं खाती। मार्क्स ने वर्ग के निर्धारण में उत्पादन प्रणाली में किसी समूह की स्थिति को प्रमुखता दी थी। वर्गीय चेतना का स्थान दोयम था। लेकिन माओ ने मुख्य शोषक वर्ग और क्रांति में प्रमुख भूमिका निभाने वाले वर्गों की पहचान पूरी स्पष्टता के साथ की। सामंतों और विदेशी पूँजीपतियों का वर्ग प्रमुख शोषक वर्ग है। उनके विरुद्ध क्रांति में निर्णायक भूमिका कामगारों की हो सकती थी। उनमें माओ ने मजदूरों, गरीब किसानों, कारीगरों, क्रांति का समर्थन करने वाले बुद्धिजीवियों आदि को शामिल किया।

मार्क्सवाद-लेनिनवाद का राष्ट्रीय संस्करण : मार्क्सवाद का यह बुनियादी सिद्धांत है कि ऐतिहासिक विकास में आर्थिक कारकों की प्रमुख भूमिका होती है। प्रत्येक उत्पादन प्रणाली में परस्पर-विरोधी वर्गों का अस्तित्व होता है। इसलिए वर्ग संघर्ष के कारण ही ऐतिहासिक विकास की प्रक्रिया आगे बढ़ती है। अतः मार्क्सवादी सिद्धांत में राष्ट्र की अवधारणा को महत्त्व नहीं दिया गया। उसके अनुसार मजदूर वर्ग का अपना कोई राष्ट्र नहीं होता और सभी देशों के पूँजीपतियों के हित एक-दूसरे से जुड़े होते हैं। मार्क्स ने अपने कम्युनिस्ट घोषणापत्र में दुनिया के मजदूरों को एक होने का आह्वान किया था। लेकिन राष्ट्र के प्रश्न पर माओ के विचार भिन्न हैं। उन्होंने मार्क्सवादी सिद्धांत के साथ राष्ट्रवाद को जोड़ने का प्रयास किया। वे यह स्वीकार करते है कि कम्युनिस्ट अंतर्राष्ट्रीयतावादी होते हैं। लेकिन उनका स्पष्ट मत है कि मार्क्सवाद-लेनिनवाद को चीन की विशिष्ट परिस्थितियों में तभी लागू किया जा सकता है जब उसे एक निश्चित राष्ट्रीय रूप में ढाला जाए। अपने लेखों और भाषणों में माओ बार-बार देशभक्ति, मातृभूमि, राष्ट्रीय विरासत, चीनी राष्ट्र की महानता और उसकी समृद्ध क्रांतिकारी परंपरा का जिक्र करते हैं। इस तरह की शब्दावली मार्क्सवादी सिद्धांतों से मेल नहीं खाती।

हालाँकि वे मार्क्सवाद की सार्वदेशिक सत्यता को स्वीकार करते हैं। लेकिन उसे व्यवहार में लागू करने के लिए वे उसे राष्ट्रवाद के साथ जोड़ना चाहते हैं। वे स्पष्ट तौर पर कहते हैं कि वर्ग संघर्ष की तुलना में विदेशी आक्रमणकारियों के विरुद्ध संघर्ष ज्यादा आवश्यक है। इसी प्रकार वे चीनी राष्ट्र और साम्राज्यवाद के बीच के अंतर्विरोध को प्रमुखता देते हैं। मार्क्सवाद का राष्ट्रवाद के साथ यह एकीकरण माओ का नया प्रयोग माना जा सकता है।

चीनी क्रांति का स्वरूप : माओ के विचार में मार्क्सवाद-लेनिनवाद क्रांति का पथ प्रदर्शक है। इसलिए वे इसे 'क्रांति के विज्ञान' के रूप में समझने पर बल देते हैं। उनके सामने प्रमुख चुनौती यही थी कि चीन की स्थितियों में उसे कार्यरूप में कैसे परिणत किया जाए? इसलिए उन्होंने चीन की परिस्थितियों के आधार पर क्रांति के दो कार्यों का निर्धारण किया। पहला विदेशी शासन के खिलाफ राष्ट्रीय क्रांति थी। उसका उद्देश्य साम्राज्यवाद के नियंत्रण से चीन को स्वतंत्र कराना था। दूसरा कार्य सामंतों के खिलाफ संघर्ष था। उसका उद्देश्य किसानों को सामंतों के शोषण से मुक्त कराना था। माओ के लिए वे दोनों कार्य परस्पर-संबंधित थे। इस आधार पर उनका जो सिद्धांत निकला उसे नव लोकतांत्रिक क्रांति (New Democratic Revoluion) कहा जाता है। यह क्रांति राष्ट्रीय बुर्जुआ (पूँजीपति) वर्ग के द्वारा न होकर कम्युनिस्ट पार्टी के नेतृत्व में मजदूरों, किसानों एवं अन्य क्रांतिकारी वर्गों के संयुक्त मोर्चे के द्वारा हो सकेगी। माओ का विचार था कि यह क्रांति सामंतवाद को नष्ट कर पूँजीवादी विकास के मार्ग को प्रशस्त करेगी। दूसरी ओर उससे समाजवाद के लिए आवश्यक दशाओं का भी निर्माण हो सकेगा। यह कैसे संभव हो सकेगा? इस प्रश्न के उत्तर में माओ ने आर्थिक-राजनीतिक कारकों का उल्लेख किया। पहली बात तो यह है कि नई लोकतांत्रिक क्रांति के फलस्वरूप साम्यवादी दल का शासन पर नियंत्रण स्थापित होगा। उसके माध्यम से पूँजीवादी विकास का नियमन किया जा सकता है। माओ का तर्क है कि बैंकों, रेल, हवाई मार्ग, जैसे महत्त्वपूर्ण क्षेत्र सरकार के नियंत्रण में होंगे। सरकार हर संभव प्रयास करेगी कि लोगों की आजीविका पर निजी पूँजी का अधिपत्य न हो। हालाँकि वह पूँजीवादी उत्पादन के विकास पर रोक नहीं लगाएगी। ग्रामीण क्षेत्रों में नई लोकतांत्रिक सरकार सामंतों से जमीन छीनकर जमीन जोतनेवाले किसानों में बाँट देगी। इसके साथ ही कृषि के क्षेत्र में सहकारिता को बढ़ावा देने के प्रयास होंगे। माओ के विचार में सरकार द्वारा पूँजीवादी विकास का नियमन और भूस्वामित्व की बराबरी पर आधारित अर्थव्यवस्था से समाजवाद का मार्ग प्रशस्त हो सकेगा। इसलिए वे नव लोकतांत्रिक आंदोलन को अपरिहार्य मानते हैं। उनका यह सिद्धांत एक महत्त्वपूर्ण योगदान के रूप में जाना जाता है। लेकिन यह लेनिन के क्रांति के दो चरणों, लोकतांत्रिक एवं समाजवादी, से संबंधित विचार पर आधारित है।

किसानों की क्रांतिकारी भूमिका : मार्क्सवाद के अनुसार पूँजीवाद का अंत मजदूर वर्ग के द्वारा होगा। वह समाजवादी क्रांति का वाहक है। मार्क्स ने किसानों को क्रांति विरोधी और प्रतिक्रियावादी माना था। उनका तर्क था कि किसानों में क्रांतिकारी क्षमता की कोई संभावना नहीं होती। लेनिन ने उसमें परिवर्तन किया। उन्होंने समाजवादी क्रांति के लिए मजदूरों और किसानों के गठजोड़ पर बल दिया। लेकिन उनका भी यही मानना था क्रांति का नेतृत्व मजदूर

वर्ग के हाथों में होगा। चीन औद्योगिक रूप से पिछड़ा था। वहाँ औद्योगिक मजदूरों की संख्या अत्यंत कम थी (माओ के अनुसार 25 से 30 लाख)। चीन की अर्थव्यवस्था कृषि पर आधारित थी। किसानों की संख्या चीन की कुल आबादी का लगभग 80 प्रतिशत थी। उनमें पाँच से दस प्रतिशत बड़े-बड़े जमींदार और समृद्ध किसान थे। गरीब किसानों और खेत में काम करने वाले मजदूर-किसानों की संख्या लगभग दो तिहाई थी। माओ ने गरीब किसानों को संगठित करने का प्रयास किया। उनके नेतृत्व में कई जगहों पर किसानों की क्रांति सफल हुई थी। इससे माओ को यह विश्वास हो गया कि किसान भी क्रांति करने में सक्षम हैं। माओ के अनुसार गरीब किसान क्रांति की सबसे बड़ी प्रेरक शक्ति हैं। उनका कथन है कि गरीब किसानों के बिना क्रांति नहीं हो सकती। उनकी भूमिका को नकारना क्रांति को नकारना है। यह विचार मार्क्सवादी सिद्धांत के भीतर एक बड़ा परिवर्तन था। हालाँकि माओ मजदूरों और किसानों के गठजोड़ की बात करते हैं। लेकिन उन्होंने गरीब किसानों पर ही अपना ध्यान केंद्रित किया। उनके क्रांतिकारी संघर्ष का आधार ग्रामीण क्षेत्र था। माओ की रणनीति में ग्रामीण क्षेत्रों को संगठित करना पहली प्राथमिकता थी। ग्रामीण क्षेत्र क्रांतिकारी संघर्ष के आधार हो सकते थे। इसलिए माओ ने कम्युनिस्ट पार्टी के लिए ग्रामीण क्षेत्रों में अपना आधार क्षेत्र (BaseArea) कायम करना आवश्यक माना। उन आधार क्षेत्रों पर कम्युनिस्ट पार्टी का राजनीतिक और प्रशासनिक नियंत्रण कायम करना सर्वप्रमुख प्राथमिकता थी। उस नियंत्रण के स्थापित होने के बाद कम्युनिस्ट पार्टी को भूमि सुधार लागू करना था। उसके तहत जमींदारों से जमीन छीनकर किसानों में बाँटना था। उसके अतिरिक्त माओ के विचारानुसार कम्युनिस्ट पार्टी अपने नियंत्रण वाले आधार क्षेत्रों में जन कल्याण के कार्य करेगी। वह जनता में अपनी विचारधारा का फैलाव करने का प्रयास करेगी। उन सब का उद्देश्य आधार क्षेत्रों में कम्युनिस्ट पार्टी की स्थिति सुदृढ़ करना था। यह स्थानीय लोगों के समर्थन से ही संभव था। माओ उन क्षेत्रों को कम्युनिस्ट पार्टी के सशस्त्र संघर्ष का आधार बनाना चाहते थे। कम्युनिस्ट पार्टी के सैनिकों के लिए वे क्षेत्र छिपने के ठिकाने के साथ-साथ युद्ध संचालन के भी आधार थे। माओ का विश्वास था कि क्रांति ग्रामीण क्षेत्रों से प्रारंभ होकर निरंतर आगे बढ़ेगी और अंततः शहरों पर कब्जा हो सकेगा। उन्होंने इसी रणनीति के द्वारा चीन में एक सफल क्रांति का सूत्रपात किया। अब तक मार्क्सवादी यही मानकर चलते थे कि क्रांति मुख्यतः मजदूरों के द्वारा होगी। इसलिए वह शहरों से प्रारंभ होगी। माओ ने उसे पलट दिया था। उनके द्वारा किसानों की क्रांतिकारिता पर बल देना मार्क्सवाद के सिद्धांतों के विपरीत है। उनकी रणनीति कृषिप्रधान देशों के लिए एक उदाहरण बन गई।

अंतर्विरोधों का सिद्धांत : मार्क्सवादी द्वंद्ववाद के अनुसार विकास की प्रक्रिया अंतर्विरोधों के संघर्ष से आगे बढ़ती है। उनके बीच संघर्ष के साथ-साथ एकता भी होती है। वह प्रकृति, समाज और विचार के विकास का बुनियादी सिद्धांत है। माओ ने 1937 ई. के अपने लेख ''ऑन कंट्राडिक्शन'' में अंतर्विरोधों की प्रकृति पर विचार किया है। इस लेख में उन्होंने बार-बार लेनिन को उद्धृत किया है। माओ लेनिन की अवधारणाओं का उपयोग चीन की 'ठोस स्थितियों के ठोस विश्लेषण' में करते हैं। वे यह स्वीकार करते हैं कि विरोधों की एकता

और उनके बीच संघर्ष प्रकृति, समाज और विचार के विकास को निर्धारित करता है। उनके विकास की प्रक्रिया उनमें अंतर्निहित अंतर्विरोधों के द्वारा आगे बढ़ती है। इस संबंध में माओ का तर्क है कि प्रत्येक समाज और विचारधारा में विशिष्ट प्रकार के अंतर्विरोध होते हैं जो उसके स्वरूप को निर्धारित करते हैं। उन अंतर्विरोधों में गुणात्मक भिन्नता होती है। इसलिए उनका निराकरण भी भिन्न-भिन्न साधनों से हो सकता है। उनको स्पष्ट करने के लिए माओ कई उदाहरण प्रस्तुत करते हैं, जैसे - सर्वहारा और बुर्जुआ वर्ग के बीच व्याप्त अंतर्विरोध को समाजवादी क्रांति द्वारा, उपनिवेश और साम्राज्यवाद के अंतर्विरोध को राष्ट्रीय क्रांति द्वारा, तथा जनता और सामंतों के अंतर्विरोध को लोकतांत्रिक क्रांति के द्वारा दूर किया जा सकता है। वे कम्युनिस्ट पार्टी के अंतर्विरोध की भी चर्चा करते हैं। इस संबंध में उनका कहना है कि यदि दल में अंतर्विरोध नहीं होंगे और उनका निराकरण करने के लिए विचारधारात्मक संघर्ष नहीं होंगे तो दल जीवंत नहीं रह जाएगा। यहाँ वे स्टालिन की हठवादिता का खंडन करते हैं। स्टालिन के शासन काल में सोवियत संघ की कम्युनिस्ट पार्टी के भीतर नेतृत्व की आलोचना के लिए कोई जगह नहीं थी। माओ, सिद्धांत रूप में ही सही, कम्युनिस्ट पार्टी के भीतर आलोचना और वैचारिक संघर्ष को पर्याप्त महत्त्व देते हैं।

माओ के अनुसार प्रत्येक समाज में कई प्रकार के अंतर्विरोध होते हैं। लेकिन उनमें एक प्रमुख अंतर्विरोध होता है। उसकी भूमिका निर्णायक होती है और शेष अंतर्विरोधों की भूमिका गौण होती है। उदाहरण के लिए पूँजीवादी व्यवस्था में सर्वहारा और बुर्जुआ वर्ग के बीच अंतर्विरोध प्रमुख होते हैं और उनकी अग्रणी भूमिका होती है। दूसरी ओर मजदूरों और किसानों तथा पूँजीपतियों और शेष बचे सामंतों के अंतर्विरोध गौण होते हैं। लेकिन प्रमुख और गौण अंतर्विरोधों में परिवर्तन होते रहते हैं। विकास की प्रक्रिया में किसी अवस्था का प्रमुख अंतर्विरोध बाद में गौण अंतर्विरोध के रूप में बदल सकता है। उदाहरण के लिए सामंती व्यवस्था में सामंतों और पूँजीपतियों का अंतर्विरोध प्रमुख था जो पूँजीवादी अवस्था में गौण हो गया। इसके अतिरिक्त माओ अंतर्विरोधों का वर्गीकरण दो रूपों में करते हैं - विरोधात्मक अंतर्विरोध (Antagonistic contradiction) और निर्विरोधात्मक अंतर्विरोध (Non-antagonistic contradiction)। पहले प्रकार के अंतर्विरोध में सामंजस्य नहीं हो सकता। उदाहरण के लिए सर्वहारा और बुर्जुआ वर्ग के बीच अंतर्विरोध विरोधात्मक है। पहला शोषित है तो दूसरा शोषक। उनका निराकरण हिंसक साधनों के द्वारा ही संभव है। इसलिए माओ समाजवादी क्रांति को अनिवार्यत: हिंसक मानते हैं। इसके विपरीत निर्विरोधात्मक अंतर्विरोधों का निराकरण शांतिपूर्ण साधनों से संभव है। उदाहरण के लिए मजदूर वर्ग और गरीब किसानों के बीच के अंतर्विरोध निर्विरोधात्मक होते हैं। इसलिए शांतिपूर्ण साधनों द्वारा उनका निवारण किया जा सकता है।

स्थायी क्रांति का सिद्धांत : मार्क्स के अनुसार सामाजिक विकास की उच्चतम अवस्था में अंतर्विरोध समाप्त हो जाते हैं। वर्गों का कोई अस्तित्व नहीं होता। शोषण का पूरी तौर पर अंत हो जाता है। मनुष्य अपनी स्वतंत्रता की पूर्ण उपलब्धि कर लेता है। वह स्वर्णिम अवस्था साम्यवाद की है जो वर्गहीन और राज्यविहीन समाज है। मार्क्स के अनुसार समाजवादी क्रांति

के बाद स्थापित सर्वहारा वर्ग की तानाशाही एक संक्रांतिकालीन अवस्था है जो साम्यवादी अवस्था का मार्ग प्रशस्त करती है। माओ मार्क्स के इन विचारों से सहमत नहीं हैं। उनके अनुसार अंतर्विरोध कभी समाप्त नहीं होते। नए-नए अंतर्विरोध उत्पन्न होते रहते हैं। वे शाश्वत हैं। इसी आधार पर उनका कहना है कि वर्ग संघर्ष और क्रांति निरतंर चलने वाली प्रक्रिया है। यही स्थायी क्रांति का सिद्धांत है जो माओ के चिंतन का एक प्रमुख आधार है। वे इस बात पर बल देते हैं कि अंतर्विरोधों से रहित समाज का अस्तित्व नहीं हो सकता। इसलिए साम्यवादी अवस्था में भी अंतर्विरोध उत्पन्न होंगे। इसके परिमाणस्वरूप साम्यवादी अवस्था भी परिवर्तित होगी। इस प्रकार माओ किसी पूर्ण सामाजिक व्यवस्था में विश्वास नहीं करते। मार्क्सवादी सिद्धांत से उनकी यह बुनियादी भिन्नता है।

आधार और अधिरचना : माओ स्टालिन के आर्थिक नियतिवाद (Economic determinism) से सहमत नहीं हैं। उनका तर्क है कि स्टालिन ने अधिरचना पर पर्याप्त ध्यान नहीं दिया। माओ यह स्वीकार नहीं करते कि प्रत्येक सामाजिक अवस्था में आर्थिक कारकों की निर्धारक भूमिका होती है। उनके अनुसार कुछ स्थितियों में राजनीतिक और सांस्कृतिक परिवर्तन प्रमुख होते हैं। उनकी भूमिका निर्णायक होती है। चीनी क्रांति के बाद उन्होंने समाजवादी संस्कृति के विकास पर बल दिया था ताकि आर्थिक विकास को गति मिल सके। इससे यह स्पष्ट होता है कि संस्कृति आर्थिक विकास को निर्धारित करती है। केवल आर्थिक स्तर पर क्रांति द्वारा उत्पादन के साधनों पर सामूहिक स्वामित्व पर्याप्त नहीं है। राजनीतिक, विचारधारा और संस्कृति के मोर्चे पर भी क्रांति आवश्यक है। माओ के विचार में इन क्षेत्रों में समाजवादी क्रांति लाने में लंबा समय लग सकता है। यह दशकों में पूरा होने वाला कार्य नहीं है। इसमें सैकड़ों वर्ष लग सकते हैं। इसलिए माओ का स्थायी क्रांति का सिद्धांत आधार और अधिरचना के अंतर्संबंधों पर उनके विचारों पर आधारित है। विचारधारा और संस्कृति में परिवर्तन दीर्घकालीन प्रक्रिया के फलस्वरूप होते हैं।

छापामार युद्ध की रणनीति : माओ के अनुसार लोक युद्ध (People's war) यानी जनता के सशस्त्र संघर्ष के द्वारा शोषक वर्ग की सत्ता समाप्त की जा सकती है। इसलिए उनका प्रस्ताव है कि इस युद्ध में भाग लेने वाले लोगों को युद्ध के नियमों और चीन की विशिष्ट परिस्थितियों में युद्ध की रणनीतियों की ठीक समझ होनी चाहिए। माओ ने अपने जीवन में दो वर्षों तक सेना में कार्य किया था। इसलिए अपने अनुभव से उन्होंने क्रांतिकारी युद्ध के तौर तरीकों को विकसित किया। उनके आकलन के मुताबिक सामंतों और साम्राज्यवादियों की शक्ति बहुत अधिक है। उनके मुकाबले चीनी कम्युनिस्ट पार्टी की लाल सेना आकार और शक्ति की दृष्टि से कमजोर है। उस स्थिति में माओ ने छापामार युद्ध की रणनीति को व्यवस्थित रूप दिया। मार्क्सवादी चिंतन में यह उनका सर्वाधिक मौलिक योगदान है। एक कुशल सेनापति की तरह वे दुश्मनों की घेराबंदी, आक्रमण और सुरक्षा आदि पर विस्तृत चर्चा करते हैं। अपनी फौजी रणनीति के सहारे उन्होंने जापानी सेना और कुओमिंगतांग की सेना के साथ लंबा संघर्ष किया था। अंततः उन्हें सफलता मिली। उनकी रणनीति का एक प्रमुख आधार देहाती और दुर्गम क्षेत्रों में आधार कायम करना था। उन आधार क्षेत्रों से सैन्य

संचालन इसलिए उपयुक्त था कि वे क्षेत्र दुश्मनों की पहुँच से दूर थे। उन देहाती क्षेत्रों में लाल सेना स्थानीय जनता का सहयोग प्राप्त करने का प्रयास करती थी। माओ की दृष्टि में जनता का सक्रिय सहयोग आधार क्षेत्र की पहली शर्त है। यहाँ यह उल्लेखनीय है कि माओ की लाल सेना में अधिकांश अत्यधिक गरीब किसान थे। उसकी सफलता के पीछे माओ के सैन्य संचालन और कुशल सैनिक रणनीति का योगदान था।

लोक युद्ध का सिद्धांत : लोक युद्ध माओ का एक बुनियादी सिद्धांत है। सामान्य रूप से लोक का अर्थ जनता है। लेकिन माओ के लिए 'लोक' का अर्थ विभिन्न देशों और एक ही देश के विभिन्न संदर्भों में अलग-अलग है। उदाहरण के लिए चीन की कम्युनिस्ट क्रांति के पहले वे सभी वर्ग या समूह जो सामंतवाद और साम्राज्यवाद का विरोध करते हैं लोक के अंतर्गत शामिल हैं। लेकिन क्रांति के बाद जो समाजवाद का समर्थन करते हैं वे 'लोक' हैं और उनका विरोध करने वाले लोक के शत्रु हैं। माओ एक ऐसे व्यापक क्रांतिकारी मोर्चे की बात करते हैं जिसमें जनता का अधिकांश हिस्सा शामिल हो सके। इस संबंध में वे लोगों के वर्ग चरित्र या उनकी सामाजिक-आर्थिक पृष्ठभूमि को महत्त्व नहीं देते। महत्त्वपूर्ण बात लोगों का वैचारिक दृष्टिकोण है। उनके अनुसार जनता युद्ध द्वारा अपने शत्रुओं का खात्मा कर सकती है। युद्ध राजनीति की ही कड़ी है। वह खून-खराबे के साथ राजनीति है। इसलिए लोक युद्ध राजनीतिक रूप से संगठित और क्रांतिकारी चेतना से परिपूर्ण आम जनता द्वारा लडा़ जाने वाला युद्ध है। उसके द्वारा शक्तिशाली शत्रु का भी खात्मा संभव है। माओ का कथन है कि 'हथियार नहीं, जनता निर्णायक' होती है। जनता पर उनका पूरा भरोसा है। लेकिन लोक युद्ध के लिए जनता को संगठित करने एवं उनमें क्रांतिकारी चेतना भरने और युद्ध की रणनीति में उनको प्रशिक्षित करना आवश्यक है। माओ के अनुसार ये कार्य चीनी कम्युनिस्ट पार्टी द्वारा किए जाते हैं। इस प्रकार लोक युद्ध चीनी कम्युनिस्ट पार्टी के नेतृत्व में लड़ा जानेवाला युद्ध है। माओ यह स्पष्ट करते हैं कि यह शोषितों का हथियार है। शोषक उसका इस्तेमाल नहीं कर सकते। माओ के लिए लोक युद्ध 'वर्ग संघर्ष का उच्चतम रूप' है। उसके माध्यम से जनता के शत्रुओं को पूर्ण रूप से समाप्त किया जा सकता है। दूसरे शब्दों में लोक युद्ध विरोधात्मक अंतर्विरोधों को हल करने का कारगर तरीका है। माओ लोक युद्ध के लिए छापामार युद्ध की रणनीति को बुनियादी महत्त्व देते हैं।

जन दिशा (Mass Line): जापानी साम्राज्यवाद और च्यांग काइ-शेक की राष्ट्रवादी सरकार के खिलाफ जनता के सशस्त्र संघर्ष को माओ ने लोक युद्ध की संज्ञा दी थी। वे वर्ग संघर्ष की अवधारणा का प्रयोग कम ही करते हैं। उनके लिए लोक युद्ध ही वर्ग संघर्ष है। वह जनता (Mass) का संघर्ष है। इसलिए माओ का मानना है कि उस संघर्ष की सफलता तभी संभव है जब कम्युनिस्ट पार्टी जनता को निरंतर गोलबंद करने का कार्य करे। उनकी यह रणनीति कम्युनिस्ट पार्टी द्वारा चलाए गए लंबे संघर्ष में कारगर सिद्ध हुई। उसके आधार पर माओ ने यह सिद्धांत प्रतिपादित किया कि जनता की सक्रिय भागीदारी के बगैर क्रांति सफल नहीं हो सकती। उन्होंने क्रांति के बाद चीन में समाजवादी व्यवस्था को निर्मित करने और उसको मजबूत करने में भी जन समर्थन और जनता की सक्रियता पर बल दिया। उसे ही माओ के जन दिशा (Mass line)

के रूप में जाना जाता है। विरोधियों के खिलाफ संघर्ष के दौरान उसका उपयोग लोक युद्ध के आधार को व्यापक जनाधार प्रदान करने के लिए किया गया। वहीं कम्युनिस्ट पार्टी की सरकार कायम होने के बाद उसका उपयोग चीनी समाज को समाजवादी ढाँचे में परिवर्तित करने में होना था। माओ के दृष्टिकोण में चीन की कम्युनिस्ट पार्टी चीनी जनता का नेतृत्व करती है। इसलिए व्यवहार में जन दिशा कम्युनिस्ट पार्टी द्वारा निर्धारित सामाजिक-आर्थिक लक्ष्यों को पूरा करने में जनता को गोलबंद करना है। लेकिन उसका एक दूसरा पक्ष भी है। माओ ने जन दिशा को कम्युनिस्ट पार्टी के संगठन और नेतृत्व के सिद्धांत के रूप में भी निरूपित किया है।

कम्युनिस्ट पार्टी का नेतृत्व और जन दिशा : चीनी कम्युनिस्ट पार्टी का सांगठनिक ढाँचा सोवियत संघ की कम्युनिस्ट पार्टी के समान था। दोनों लेनिन द्वारा प्रतिपादित लोकतांत्रिक केंद्रीयतावाद के सिद्धात पर आधारित थे। इसका आशय था कि पार्टी के संगठन में हर स्तर अपने निचले स्तर से निर्वाचित होगा। लेकिन पार्टी के उच्च स्तर पर लिए गए निर्णय सभी के लिए बाध्यकारी थे। माओ के अनुसार लोकतांत्रिक केंद्रीयतावाद का अर्थ है - बहस की स्वंतत्रता और क्रिया की एकता। लेकिन व्यावहारिक तौर पर सोवियत संघ और चीन की कम्युनिस्ट पार्टी में केंद्रीयता का तत्त्व ही हावी था। सारी शक्ति नेतृत्व के हाथों में केंद्रित थी। सोवियत संघ में तो स्टालिन की तानाशाही थी। पार्टी के भीतर उनकी आलोचना का तो प्रश्न ही नहीं था। चीन में भी कम्युनिस्ट पार्टी का पोलितब्यूरो सर्वाधिक शक्तिशाली था। उसके शीर्ष पर माओ थे। हालाँकि उनकी स्थिति स्टालिन जैसी नहीं थी। उनके कई साथियों ने क्रांति के दौरान प्रसिद्धि प्राप्त की थी। माओ ने यह साफ तौर पर कहा कि कम्युनिस्ट पार्टी के लिए लोकतंत्र की तुलना में केंद्रीकरण ज्यादा आवश्यक है।

माओ ने 1943 ई. के अपने लेख ''सम क्वेश्चन्स कन्सरनिंग मेथड्स ऑफ लीडरशिप'' में जन दिशा को नेतृत्व के सिद्धांत के रूप में प्रस्तुत किया। उसके अनुसार सही नेतृत्व 'जनता से जनता को' (From the masses to the masses) पर आधारित होता है। इसका अर्थ है कि कम्युनिस्ट पार्टी के नेताओं को हमेशा जनता के विचारों को ग्रहण करना चाहिए। उन पर ठीक से विचार करते हुए उन्हें व्यवस्थित रूप प्रदान करना नेतृत्व का दायित्व है। पुनः उन व्यवस्थित विचारों को जनता के बीच रखना चाहिए। माओ का सुझाव है कि नेतृत्व को जनता के बीच उन विचारों का प्रचार तब तक करते रहना चाहिए जब तक जनता उन्हें आत्मसात न कर ले। उसके बाद ही उन विचारों को कार्य रूप में परिणत किया जा सकता है तथा उनकी सत्यता का परीक्षण हो सकता है। जनता के कार्यों और संघर्षों के परिणामस्वरूप नए विचार पुनः उत्पन्न होंगे। इस प्रकार विचारों के निरंतर परिष्कृत होने और उन्हें व्यवहार में लागू किए जाने की अंतहीन प्रक्रिया चलती रहती है। माओ के अनुसार नेतृत्व का यह बुनियादी सिद्धांत है। उनके अनुसार किसी संगठन या संघर्ष में नेतृत्व और जनता के बीच सही संबंध का होना आवश्यक है। उसके अभाव में दल के भीतर नेतृत्व को अत्यधिक महत्त्व प्राप्त हो जाता है। व्यक्ति पूजा को बढ़ावा मिलता है तथा दल के भीतर नौकरशाही की प्रवृत्ति उत्पन्न होती है। माओ के अनुसार उससे बचने का उपाय जन दिशा है। उसको ध्यान में रखते हुए

उन्होंने दो आंदोलनों को चलाया – 1956 ई. में 'सैकड़ों फूलों को खिलने दो' तथा 1965 ई. में 'महान सर्वहारा सांस्कृतिक क्रांति'।

सैकड़ों फूलों को खिलने दो : 1956 ई. में सोवियत संघ का नेतृत्व ख़ुश्चेव के हाथों में आया। उन्होंने साम्यवादी दल की बीसवीं कांग्रेस (1956 ई.) में स्टालिन की हठवादिता और व्यक्ति पूजा की कटु आलोचना की। इसके अतिरिक्त उन्होंने वर्ग संघर्ष के स्थान पर अमेरिका जैसे राष्ट्रों के साथ शांतिपूर्ण सह-अस्तित्व पर बल दिया। माओ ने सोवियत संघ के उन नीतिगत बदलावों की आलोचना की। लेकिन ख़ुश्चेव के द्वारा व्यक्तिपूजा की भर्त्सना चीनी साम्यवादी दल में माओ की स्थिति पर भी लागू होती थी। माओ ने 1956-7 ई. में वैचारिक बहस की खुली छूट देने का अभियान चलाया। उनका मानना था कि चीनी जनता में अंतर्विरोध अभी भी हैं। लेकिन वे विरोधात्मक नहीं हैं। उनका समाधान लोकतांत्रिक तरीके से संभव है। इसलिए जनता को शिक्षित करने और मनाने का प्रयास होना चाहिए। इसलिए माओ ने बहस, आलोचना और तर्क-वितर्क द्वारा गलत विचारों को खत्म करने और सही विचारों को आगे बढ़ाने पर बल दिया। उनके इस आह्वान के बाद चीन के नेताओं और बुद्धिजीवियों के द्वारा कम्युनिस्ट पार्टी की जम कर आलोचना होने लगी। उसके कुछ महीनों बाद माओ ने उस अभियान को समाजवादी व्यवस्था के विरोधियों के खिलाफ मोड़ दिया। उन्होंने यह तर्क दिया कि 'सुगंधित फूलों' और 'जहरीली घासों' के बीच अंतर किया जाना आवश्यक है। उन्होंने यह निर्देश जारी किया कि जनता की एकता को खंडित करने वाले, समाजवादी परिवर्तन के विरोधी तथा कम्युनिस्ट पार्टी के नेतृत्व को कमजोर करने वाले विचारों की कोई जगह नहीं होगी। इस आधार पर कम्युनिस्ट पार्टी का विरोधियों के खिलाफ दमन चक्र चला। 'सैकड़ो फूलों को खिलने दो' की यही परिणति थी।

सांस्कृतिक क्रांति : जन दिशा और जन सहभागिता के आधार पर दूसरा महत्त्वपूर्ण अभियान सांस्कृतिक क्रांति थी। उसका प्रारंभ 1966 ई. में हुआ। माओ ने इस बार साफ तौर पर 'साम्यवादी दल बनाम जनता' के प्रश्न को खड़ा कर दिया। इसका आशय साम्यवादी दल के महत्त्व को कम करना तथा जनता के महत्त्व को बढ़ाना था। लेकिन व्यवहार में इस आंदोलन के माध्यम से माओ अपने विराधियों को समाप्त कर अपने विचारों और नेतृत्व को सुदृढ़ करना चाहते थे। 1966 ई. में कम्युनिस्ट पार्टी की बैठक में उन्होंने साफ तौर पर कहा कि इस आंदोलन का उद्देश्य पार्टी के उन नेताओं पर आक्रमण है जिन्होंने पूँजीवादी रास्ता अपना लिया है। इसके साथ ही चीन के नौकरशाही और तकनीकी विशेषज्ञों को भी निशाना बनाया गया था। माओ के लिए सांस्कृतिक आंदोलन का उद्देश्य दल, संस्कृति, कला और शिक्षा में पूँजीवादी प्रभावों को पूरे तौर पर खत्म कर देना था। इस आंदोलन के केंद्र विश्वविद्यालय थे। माओ ने कम्युनिस्ट पार्टी के संगठन के समानांतर विश्वविद्यालय के नवयुवकों को इस आंदोलन में शामिल कर लिया। उन्हें 'लाल पहरेदार' (Red Guards) कहा गया। विभिन्न स्तरों पर उनकी क्रांतिकारी समितियाँ गठित कर दी गईं। माओ द्वारा उन समितियों को दल की शक्तियों को अपने हाथ में लेने हेतु निर्देशित किया गया। उसके परिणामस्वरूप बड़े पैमाने पर उपद्रव हुए। लाल पहरेदारों के विभिन्न गुटों के बीच लड़ाई

हुई तो कुछ स्थानों पर उनका मजदूरों के साथ भी संघर्ष हुआ। कहीं-कहीं सेना को हस्तक्षेप करना पड़ा। लाल पहरेदारों के सहयोग से नया प्रशासन स्थापित किया गया। कुछ स्थानों पर सेना ने उनका विरोध भी किया। अंततः 1968 ई. में लाल पहरेदारों को विघटित कर कर दिया गया। उसमें शामिल नवयुवकों और पार्टी के सदस्यों को गाँवों में भेज दिया गया। अंततः 1969 ई. में सांस्कृतिक क्रांति की समाप्ति हुई।

माओ ने कम्युनिस्ट पार्टी के सदस्यों को गाँवों में जाकर शारीरिक श्रम करने का निर्देश दिया। उनके अनुसार नवयुवकों के लिए वह कुछ नया सीखने का अवसर था। किसानों से उन्हें सीखना था। माओ का तो यह भी सुझाव था कि मजदूरों और किसानों को ही विश्वविद्यालयों में अध्यापन का दायित्व सौंपा जाना चाहिए। 'काम के द्वारा शिक्षा' उनका मूलमंत्र था। उन्होंने स्पष्ट तौर पर कहा कि अधिक पुस्तकें पढ़ना खतरनाक है। इसलिए लोगों को अधिक पुस्तकें नहीं पढ़नी चाहिए। इस प्रकार माओ ने शहर और गाँव तथा बुद्धिजीवियों और किसानों-मजदूरों के बीच की खाई को पाटने के लिए शारीरिक श्रम को अत्यधिक महत्त्व दिया। यहाँ इस बात से सहमत होना कठिन है कि माओ के ये विचार मार्क्सवादी सिद्धांतों के अनुरूप हैं। वे तर्क देते हैं कि ज्ञान उत्पादक गतिविधियों और सामाजिक संघर्षों से ही निकलता है। इसलिए सिद्धांत व्यवहार पर आधारित है। यही उसका मापदंड है।

माओ के विचार मार्क्सवादी और चीनी राष्ट्रवाद के एकीकरण पर केंद्रित हैं। किसानों के द्वारा क्रांति का सिद्धांत माओ का प्रमुख योगदान है। लेकिन इसकी मार्क्सवाद से संगति नहीं बैठती। इतना ही नहीं उनके द्वारा की गई वर्ग और अंतर्विरोध की व्याख्या भी मार्क्सवाद के सिद्धांतों के विपरीत है। इसी प्रकार शारीरिक श्रम को गौरवान्वित करना और किसानों को शिक्षक की भूमिका प्रदान करना कहीं से भी मार्क्सवाद के अनुकूल नहीं है। इन सैद्धांतिक विसंगतियों के बावजूद माओ के विचार आज भी प्रभावी हैं। उनकी मृत्यु के बाद उनके विचारों के आधार पर माओवाद प्रचलित हुआ। उदाहरण के लिए औद्योगिक रूप से पिछड़े एवं कृषि प्रधान देशों में लोगों को माओ द्वारा प्रतिपादित किसान क्रांति का विचार और छापामार युद्ध वाली क्रांतिकारी रणनीति आकर्षित करती है। भारत में नक्सल आंदोलन का यह वैचारिक आधार है। उसके समर्थक भारत की राज्यसत्ता के विरुद्ध माओ द्वारा प्रतिपादित छापामार युद्ध की तकनीक का इस्तेमाल करते हैं। माओ की तरह नक्सल आंदोलन का उद्देश्य भी गरीब किसानों के द्वारा क्रांति को अंजाम देना तथा उसे गाँवों से प्रारंभ करते हुए शहरों पर कब्जा करना है। लेकिन भारत में नक्सल आंदोलन बिहार, झारखंड, मध्यप्रदेश, छत्तीसगढ़ आदि कुछ राज्यों तक ही सीमित है। भारत में छह दशकों से लोकतांत्रिक शासन-व्यवस्था है। इसलिए भारत में माओ के समर्थकों के लिए हिंसक साधनों द्वारा पूरे भारत में क्रांति का विचार काल्पनिक प्रतीत होता है। इसलिए उनके लिए अपनी क्रांतिकारिता को लोकतंत्र से जोड़ना आवश्यक है। इसमें माओ के विचार और उनकी रणनीति बहुत कारगर नहीं है। आज की परिस्थितियों में माओवाद में संशोधन आवश्यक है। तभी यह आज के भूमंडलीकृत पूँजीवाद का मुकाबला कर सकता है। वर्तमान में इसकी संभावना धूमिल है। माओ के विचारों पर आधारित होने का दावा करने वाली चीन की राजनीतिक व्यवस्था स्वयं पूँजीवादी रास्ते पर अग्रसर है।

(III) नव-मार्क्सवाद (Neo-marxism) : ग्राम्शी, सार्त्र और अल्थूसर

अंतोनियो ग्राम्शी (1891-1937 ई.)

अंतोनियो ग्राम्शी बीसवीं सदी के एक मौलिक मार्क्सवादी विचारक हैं। उनकी प्रतिभा असाधारण थी। जब इटली की फासीवादी सरकार ने उन पर मुकदमा चलाया तो सरकारी वकील ने न्यायाधीश से माँग की– "बीस साल के लिए हमें इस दिमाग को काम करने से रोक देना है।" उन्हें बीस साल की सजा सुनायी गई। 1926 ई. से 1937 ई. तक ग्राम्शी जेल में रहे। अपने कारावास के दौरान उन्होने अपनी प्रसिद्ध कृति *प्रिजन नोटबुक्स* (1929 ई.-1935 ई.) लिखी। यह उनकी मृत्यु के बाद प्रकाशित हुई। 1950 ई. के दशक तक यह कृति इटली में चर्चित हो गई थी। पहली बार 1947 ई. में *प्रिजन लेटर्स* का प्रकाशन हुआ जो उनकी रचनाओं का एक अंश था। इटली के बाहर के देशों में लोग 1960 ई. के दशक में ग्राम्शी के विचारों से परिचित हुए। अंग्रेज़ी भाषा में 1957 ई. में ग्राम्शी के लेखों का संग्रह *दि मॉडर्न प्रिंस ऐंड अदर एसेज* प्रकाशित हुआ। लेकिन उनकी सर्वाधिक चर्चित कृति *प्रिजन नोटबुक्स* का अंग्रेज़ी भाषा में प्रकाशन 1971 ई. में हुआ। ग्राम्शी की इस पुस्तक को समझने में कुछ कठिनाइयाँ हैं। फासीवादी सरकार के सेंसरशिप से बचने के लिए उन्होंने कहीं-कहीं अस्पष्ट शब्दों का प्रयोग किया। दूसरी कठिनाई यह है कि *प्रिजन नोटबुक्स* कोई व्यवस्थित कृति नहीं है। वस्तुत: वह ग्राम्शी के लिए एक बड़ी कृति की तैयारी थी। कारागार और खराब स्वास्थ्य के कारण वे उसे व्यवस्थित रूप देने में सफल नहीं हो सके। इन कठिनाइयों के बावजूद ग्राम्शी की इस कृति ने मार्क्सवादियों और गैर-मार्क्सवादियों पर गहरा प्रभाव डाला।

मार्क्सवाद पर आर्थिक नियतिवाद का आरोप लगता रहा है। इसके अनुसार राजनीतिक गतिविधि आर्थिक कारकों से निर्धारित होती है। जब तक आर्थिक परिस्थितियाँ पूरी तौर पर विकसित और परिपक्व नहीं होती तब तक राजनीतिक परिवर्तन संभव नहीं हो सकता। यही कारण है कि मार्क्स ने सबसे पहले इंग्लैंड जैसे औद्योगिक रूप से विकसित देश में समाजवादी क्रांति होने की भविष्यवाणी की थी। इसके विपरीत रूस जैसे पिछड़े देश में समाजवादी क्रांति हुई। वहाँ लेनिन ने क्रांतिकारी राजनीति के द्वारा सामाजिक परिवर्तन लाने में सफलता अर्जित की। लेकिन उनके लिए क्रांति और उसकी रणनीति ही प्रमुख थी। इसलिए उनके द्वारा राजनीति की सैद्धांतिक विवेचना कम ही की गई है। ग्राम्शी मार्क्सवाद के अंतर्गत इस रिक्त स्थान को भरने का प्रयास करते हैं। एरिक हॉब्सबाम ने सही कहा है कि ग्राम्शी का सर्वाधिक महत्त्वपूर्ण योगदान राजनीति के मार्क्सवादी सिद्धांत का प्रतिपादन है। ग्राम्शी ने राज्य, नागरिक समाज, राजनीतिक दल, विचारधारा की भूमिका आदि से संबंधित प्रश्नों पर विचार किया। इसलिए उन्हें राजनीतिक सिद्धांतकार माना जाता है। उनकी रचना में आर्थिक विश्लेषण को कम जगह मिली है। उसके स्थान पर वे राजनीति को केंद्रीय महत्त्व देते हैं। उनके अनुसार राजनीति एक 'स्वायत्त विज्ञान' है।

ग्राम्शी के विचारों पर इटली की स्थिति और वहाँ की वैचारिक परंपरा का प्रभाव है। इटली उस समय औद्योगिक विकास और पिछड़ेपन को एक साथ समेटे हुए था। उसका दक्षिणी हिस्सा, सार्डिनिया, औद्योगिक रूप से अत्यंत पिछड़ा था। ग्राम्शी का जन्म सार्डिनिया में ही हुआ था। प्रारंभिक वर्षों में ही वे किसानों की समस्या और क्षेत्रीय असमानता से परिचित हुए। उनके समय में सार्डिनिया के किसानों ने आंदोलन किया था जिसका बलपूर्वक दमन कर दिया गया था। ग्राम्शी 1911 ई. में तूरिन आए। यह क्षेत्र औद्योगिक रूप से काफी उन्नत था। फिएट कार का उत्पादन यहीं होता था। इटली की कंपनियाँ प्रथम विश्व युद्ध के अंत तक यूरोप में ट्रैक्टर, कार और हवाई जहाज का बड़े पैमाने पर निर्यात करने लगी थीं। औद्योगिक रूप से विकसित तूरिन में मजदूरों का आंदोलन भी तीव्र था। 1912-1913 ई. में वहाँ के मजदूरों ने बड़े पैमाने पर हड़ताल कर दी थी। इस प्रकार ग्राम्शी इटली के दक्षिणी भाग में किसानों और उत्तरी क्षेत्र में मजदूरों के आंदोलन से भली-भाँति परिचित हुए। तूरिन विश्वविद्यालय में अध्ययन के दौरान उन्होंने मार्क्सवाद का अध्ययन किया। इस दौरान वे इटली के प्रमुख मार्क्सवादी अंतोनियो लेब्रियोला के विचारों से परिचित हुए। उसके अतिरिक्त रूस की समाजवादी क्रांति ने उन पर गहरा प्रभाव डाला। उसने क्रांतिकारी रणनीति में ग्राम्शी की दिलचस्पी पैदा कर दी। उनके लिए वह क्रांति मनुष्यों द्वारा अपनी क्रांतिकारी गतिविधि के माध्यम से इतिहास बनाने का उदाहरण था। दूसरी महत्त्वपूर्ण घटना जिसने ग्राम्शी के विचारों पर गहरा असर डाला, वह तूरिन का फैक्ट्री कौंसिल आंदोलन है। यह घटना 1919-1920 ई. में घटित हुई। उस आंदोलन के दौरान तूरिन में मजदूरों के परिषदों ने विभिन्न औद्योगिक संस्थानों पर अधिकार कर लिया। इटली के अन्य भागों में भी ऐसा ही हुआ। वह आंदोलन सफल नहीं हो सका। ग्राम्शी ने उस आंदोलन को 'असामयिक' बताया। लेकिन उससे वे इस निष्कर्ष पर पहुँचे कि क्रांति के लिए मजदूरों का राजनीतिक संगठन आवश्यक है। अभी तक वे इटली की समाजवादी पार्टी के सदस्य थे। लेकिन उसके नेताओं से उनके तीव्र वैचारिक मतभेद थे। ग्राम्शी ने अपने साथियों के साथ 1921 ई. में इटली कम्युनिस्ट पार्टी की स्थापना की। 1924 ई. से 1926 ई. तक उन्होंने उसका नेतृत्व किया। 1926 ई. में फासीवादी सरकार ने उन्हें जेल में डाल दिया। कारावास के दौरान उन्हें अनेक बीमारियों ने जकड़ लिया। अंततः 1937 ई. में उनकी मृत्यु हो गई।

बुद्धिजीवियों की भूमिका

ग्राम्शी के चिंतन में बुद्धिजीवियों की भूमिका का महत्त्वपूर्ण स्थान है। वे इसे ऐतिहासिक और सामाजिक दृष्टिकोण से समझने का प्रयास करते हैं। सर्वप्रथम यह प्रश्न उठता है कि बुद्धिजीवी कौन है? परंपरागत रूप से साहित्यकारों, दार्शनिकों, विचारकों आदि को बुद्धिजीवी माना जाता है। ग्राम्शी इस अर्थ को स्वीकार नहीं करते। उनका कथन है कि सभी मनुष्य बुद्धिजीवी हैं। लेकिन सभी मनुष्य समाज में बुद्धिजीवी का काम नहीं करते। इसका आशय है कि सभी मनुष्य सोचते हैं। सभी मानवीय क्रियाओं में बुद्धि की कुछ-न-कुछ भागीदारी होती है। इतना ही नहीं हर व्यक्ति अपने पेशेवर कार्यों के अतिरिक्त बौद्धिक कार्य करता है।

वह विश्व और समाज के बारे में अपनी धारणा रखता है। नैतिक-अनैतिक आचरण के संबंध में भी उसकी अपनी राय होती है। लेकिन ग्राम्शी के अनुसार उसके बौद्धिक क्रियाकलापों से उसकी सामाजिक भूमिका निर्धारित नहीं होती। इसलिए वह समाज में बुद्धिजीवी का काम नहीं करता। ग्राम्शी की दृष्टि में बुद्धिजीवी की भूमिका संगठनकर्ता की होती है, चाहे क्षेत्र कोई भी हो। इसलिए राजनीति और संस्कृति के साथ-साथ उत्पादन के क्षेत्र में संगठन का कार्य करने वाले बुद्धिजीवी हैं। इस अर्थ में राजनीतिक नेता, साहित्यकार, कलाकार, प्रशासक आदि के साथ-साथ इंजीनियर और प्रबंधक भी बुद्धिजीवी की श्रेणी में आते हैं।

ग्राम्शी समाज के बुद्धिजीवियों के दो प्रकारों की चर्चा करते हैं : परंपरागत (Traditional) और आंगिक (Organic)। परंपरागत बुद्धिजीवी अपने को सामाजिक वर्गों एवं सामाजिक-राजनीतिक परिवर्तनों से स्वायत्त एवं स्वतंत्र समझते हैं। वे बुद्धिजीवी प्रायः आदर्शवादी विचारधारा को उत्पन्न करने में लगे होते हैं। परंपरागत बुद्धिजीवी के अंतर्गत ग्राम्शी प्रमुख रूप से पादरी वर्ग का उल्लेख करते हैं। वह सामंती व्यवस्था में कुलीन वर्ग के अंतर्गत आता था। समाज में उसे उच्च स्थान प्राप्त था और वह वर्ग अनेक विशेषाधिकारों का उपयोग करता था। धार्मिक विचारधारा, शिक्षा, नैतिकता और न्याय से संबंधित कार्यों पर उसी वर्ग का एकाधिकार था। इसलिए ग्राम्शी पादरी को सामंत वर्ग का 'आंगिक बुद्धिजीवी' मानते हैं। इसका आशय यह है कि पूँजीवादी व्यवस्था के अंतर्गत जो बुद्धिजीवी परंपरागत माने जाते हैं, वे इसके पूर्व की अवस्था यानी सामंती उत्पादन प्रणाली के आंगिक बुद्धिजीवी थे। इसलिए ग्राम्शी परंपरागत बुद्धिजीवी को 'मरणासन्न वर्ग' से संबंधित मानते हैं।

ग्राम्शी के अनुसार दूसरे प्रकार के बुद्धिजीवी 'आंगिक बुद्धिजीवी' (Organic Intellectual) होते हैं। उनका तर्क है कि प्रत्येक सामाजिक समूह अपने बुद्धिजीवियों को पैदा करता है। वे उस समूह को समरूपता प्रदान करते हैं। इसके साथ ही वे बुद्धिजीवी अपने सामाजिक समूह को आर्थिक, सामाजिक और राजनीतिक क्षेत्र में जागरूक करते हैं। आंगिक बुद्धिजीवी अपने समूह की सामूहिक चेतना को अभिव्यक्त करते हैं। हालाँकि कुछ हद तक वे स्वायत्त होते हैं। लेकिन वे अपने समूह से अभिन्न रूप से जुड़े होते हैं तथा उस समूह को संगठित करने का प्रयास करते हैं। ग्राम्शी के अनुसार पूँजीपति वर्ग के आंगिक बुद्धिजीवी उसके आधिपत्य को बनाए रखने के साधन के रूप में कार्य करते हैं। दूसरी ओर मजदूर वर्ग के आंगिक बुद्धिजीवी मजदूर वर्ग के दैनिक अनुभवों के आधार पर सिद्धांत निर्माण करते हैं और फिर उस वर्ग के लोगों में सैद्धांतिक चेतना लाने का प्रयास करते हैं। इस प्रकार मजदूर वर्ग और उसके आंगिक बुद्धिजीवी का संबंध पूँजीपति वर्ग और उसके बुद्धिजीवी के संबंध से भिन्न होता है। ग्राम्शी का तर्क है कि पूँजीपति वर्ग के आधिपत्य (Hegemony) को तभी खत्म किया जा सकता है जब मजदूर वर्ग का बुद्धिजीवी उसे चुनौती दे और उसके खिलाफ संघर्ष करे। इसलिए ग्राम्शी के अनुसार मजदूर वर्ग की सबसे बड़ी समस्या अपने लिए आंगिक बुद्धिजीवी पैदा करना है। वे यह कहते हैं कि उसके बगैर मजदूरों का क्रांतिकारी आंदोलन संभव नहीं है। यहाँ पर ग्राम्शी लेनिन के विचारों से सहमत हैं। लेनिन के अनुसार मजदूर वर्ग में क्रांतिकारी चेतना स्वतः नहीं आती। स्वतः स्फूर्त तरीके से मजदूर वर्ग अपने आर्थिक हितों

को पहचानने लायक बनता है। लेकिन वह अपनी राजनीतिक भूमिका के बारे में जागरूक नहीं रहता। लेनिन के अनुसार यह कार्य मजदूरों के राजनीतिक दल (साम्यवादी दल) के द्वारा किया जाता है। ग्राम्शी भी यह स्वीकार करते हैं कि मजदूर वर्ग में वर्गीय चेतना पैदा करने और उन्हे संगठित करने का कार्य इस वर्ग के आंगिक बुद्धिजीवियों द्वारा किया जाता है। इसलिए ग्राम्शी दल को 'सामूहिक बुद्धिजीवी' (Collective Intellectual) कहते हैं।

राजनीतिक दल

ग्राम्शी के अनुसार मजदूरों का आंगिक बुद्धिजीवी कोई व्यक्ति न होकर सामूहिक निकाय होता है। वह राजनीतिक दल है। वह मजदूरों को संगठित और शिक्षित करने का कार्य करता है। इस प्रकार वह उन्हें क्रांतिकारी भूमिका के लिए तैयार करता है। इसलिए ग्राम्शी का मानना है कि दल का प्रत्येक सदस्य आंगिक बुद्धिजीवी है। लेकिन इसका आशय यह नहीं कि मजदूर वर्ग के सभी बुद्धिजीवी राजनीतिक दल के सदस्य हों। लेकिन राजनीतिक दल की तरह वे भी मजदूर वर्ग की मुक्ति के प्रति प्रतिबद्ध होते हैं। राजनीतिक दल पूँजीपति वर्ग के खिलाफ आर्थिक, राजनीतिक और वैचारिक संघर्ष करता है। उसका उद्देश्य पूँजीपति वर्ग के आधिपत्य को समाप्त कर मजदूर वर्ग का आधिपत्य कायम करना है। इसलिए राजनीतिक दल का महत्त्वपूर्ण कार्य आम जनता को समाजवादी मूल्यों को आत्मसात करने के लिए तैयार करना है। उनके सोचने-समझने के नजरिए को बदलना है। ग्राम्शी इस बात पर बल देते हैं कि मजदूरों में क्रांतिकारी चेतना के उभार और समाजवादी मूल्यों की आम स्वीकृति तभी संभव है जब उसके लिए वस्तुगत परिस्थितियाँ मौजूद हों। कोई भी दल मनमाने तरीके से वह कार्य नहीं कर सकता। इसलिए ग्राम्शी का आग्रह है कि दल अपने देश की आर्थिक स्थिति का विश्लेषण करें। उसके बाद ही राजनीतिक गतिविधि की दिशा तय हो सकती है। वे राजनीतिक दल के संगठन पर भी विचार करते हैं। वे दल के भीतर आंतरिक लोकतंत्र का प्रबल समर्थन करते हैं। दल के नेतृत्व और सदस्यों के बीच निरंतर संवाद का होना आवश्यक है। इसके साथ यह भी गुंजाइश रहनी चाहिए कि दल का साधारण सदस्य भी नेतृत्व के स्तर तक पहुँच सके। इस प्रकार ग्राम्शी द्वारा प्रतिपादित राजनीतिक दल का विचार स्टालिन के नेतृत्व वाले साम्यवादी दल से भिन्न है जिसमें एक व्यक्ति की तानाशाही है। ग्राम्शी मजदूरों के राजनीतिक दल के अतिरिक्त अन्य दलों पर भी टिप्पणी करते हैं। प्रत्येक राजनीतिक दल किसी वर्ग विशेष के हितों का प्रतिनिधित्व करता है। इसलिए ग्राम्शी का तर्क है कि मजदूरों के राजनीतिक दल को छोड़कर सभी राजनीतिक दल राजनीतिक और कानूनी व्यवस्था को संरक्षण प्रदान करते हैं। इस प्रकार वे सभी शासक वर्ग के हितों की रक्षा करते है। पूँजीवादी व्यवस्था में उद्योगपतियों का कोई अपना दल नहीं होता। वे अपने हित में बारी-बारी से विभिन्न दलों का उपयोग करते हैं। उसके माध्यम से वे समाज के विभिन्न वर्गों के बीच संतुलन बनाए रखने का प्रयास करते हैं।

आधिपत्य (Hegemony) की अवधारणा

मार्क्सवाद के अनुसार उत्पादन की प्रक्रिया में वर्गों की उत्पत्ति होती है। एक वर्ग उत्पादन के

साधन का स्वामी होता है तो दूसरा मेहनतकश। जो वर्ग उत्पादन के साधनों का स्वामी होता है, समाज में उसी का प्रभुत्व होता है। राज्यसत्ता उसके प्रभुत्व को बनाए रखने का साधन होती है। पूँजीवादी उत्पादन प्रणाली में उत्पादन के साधनों का स्वामी पूँजीपति वर्ग होता है। इसलिए राज्य और उसका तंत्र उसके हितों की पूर्ति करता है। यह पूँजीपति वर्ग के प्रभुत्व की आर्थिक व्याख्या है। परंपरागत रूप से मार्क्सवादियों के बीच यही प्रचलित रहा है। लेकिन ग्राम्शी इससे आगे जाते हैं। पूँजीपति वर्ग के प्रभुत्व की व्याख्या के लिए वे 'आधिपत्य' की अवधारणा का प्रयोग करते हैं। उनके अनुसार मजदूर वर्ग सहित समाज के अन्य समूहों पर पूँजीपति वर्ग का नियंत्रण केवल बाध्यकारी साधनों के फलस्वरूप नहीं होता बल्कि उसमें सहमति का कारक भी होता है। पूँजीपति वर्ग की विचारधारा और उसके नेतृत्व को अन्य अधीनस्थ वर्ग स्वीकार कर लेते हैं। इस प्रकार पूँजीपति वर्ग के आधिपत्य में राज्यतंत्र जैसे बाध्यकारी साधनों के अतिरिक्त विचारधारा की भूमिका होती है। मार्क्सवाद के अंतर्गत ग्राम्शी की यह नई स्थापना है।

आधिपत्य की अवधारणा के सूत्र मार्क्स की रचनाओं में हैं। मार्क्स के अनुसार– "प्रभुत्वशाली वर्ग के विचार भी प्रभुत्वशाली होते हैं।" लेकिन उन्होंने इसकी स्पष्ट और विस्तृत व्याख्या नहीं की। आधिपत्य शब्द का प्रयोग सबसे पहले रूसी मार्क्सवादी प्लेखानोव के द्वारा किया गया। बाद में उसे लेनिन ने विकसित किया। लेकिन उन लोगों ने इस बात पर बल दिया था कि रूस की ज़ारशाही को समाप्त करने के उद्देश्य से समाज के विभिन्न समूहों, विशेषकर किसानों का नेतृत्व मजदूर वर्ग के हाथों में होना आवश्यक है। इसका आशय है कि मजदूर वर्ग को समाज के सभी शोषित और वंचित वर्गों की मुक्ति के लिए संघर्ष करना चाहिए। प्लेखानोव और लेनिन के लिए आधिपत्य का अर्थ यही है। उनके लिए यह क्रांति की एक रणनीति है। उसके सहारे मजदूर वर्ग बहुसंख्यक जनता का समर्थन प्राप्त करता है। लेकिन ग्राम्शी उससे भिन्न दृष्टिकोण रखते हैं। उनके लिए आधिपत्य प्रभुत्वशाली और अधीनस्थ वर्ग के बीच एक संबंध है। उसमें पहले का आधिपत्य है। वह बाध्यकारी शक्ति के साथ-साथ सहमति पर आधारित है। सहमति को बनाने और उसे बनाए रखने में विचारधारा की महत्त्वपूर्ण भूमिका होती है। उदाहरण के लिए वर्तमान भूमंडलीकरण के दौर में इस बात पर सहमति दिखलाई पड़ती है कि पूँजीवाद का कोई विकल्प नहीं (TINA- There is no alternative), लेकिन उसमें नव-उदारवादी विचारधारा की भूमिका महत्त्वपूर्ण है।

ग्राम्शी की आधिपत्य संबंधी अवधारणा पूँजीवादी समाज और राज्य को समझने में हमारी मदद करती है। पूँजीपति वर्ग का आधिपत्य केवल इस कारण नहीं है कि उसका उत्पादन के साधनों पर स्वामित्व है या राज्यसत्ता पर नियंत्रण है। उसका एक प्रमुख कारण समाज में उसकी नेतृत्वकारी भूमिका है। पूँजीवाद का पोषण करने वाली विचारधारा समाज की सामान्य समझ का हिस्सा बन गई है। लोग पूँजीवादी मूल्यों को स्वीकार करते हैं। इस प्रकार पूँजीपति वर्ग का आधिपत्य राज्य-सत्ता की बाध्यकारी शक्ति के साथ-साथ वैचारिक सहमति पर आधारित है। जब यह आधिपत्य गहरे संकट में फँसता है तो पूँजीपति वर्ग राज्यसत्ता के माध्यम से कुछ महत्त्वपूर्ण सुधार करता है। ग्राम्शी उसे 'निष्क्रिय क्रांति' (Passive Revolution)

कहते हैं। 1930 ई. के दशक में आर्थिक संकट के दौर में अमेरिकी राष्ट्रपति रुजवेल्ट की न्यू डील संबंधी आर्थिक नीति या 1970–80 ई. के दशक में इंग्लैंड में मार्गरेट थैचर द्वारा मुक्त बाजार समर्थक नीतियों को लागू किया जाना निष्क्रिय क्रांति के उदाहरण हैं। उसमें जनता की कोई भूमिका नहीं होती। आर्थिक–सामाजिक सुधार राज्य के द्वारा लाए जाते हैं। उनके सहारे पूँजीपति वर्ग अपने आधिपत्य को बनाए रखने में सफल होता है। ग्राम्शी का प्रमुख सरोकार पूँजीपति वर्ग के आधिपत्य को खत्म करना है। इसके लिए मजदूर वर्ग को समाज में अपना वैचारिक प्रभुत्व कायम करना होगा। समाजवादी मूल्यों पर जनता में आम सहमति बनानी होगी। मजदूर वर्ग को अपने हित के साथ–साथ संपूर्ण समाज के हितों के लिए संघर्ष करना होगा। ग्राम्शी का तर्क है कि राज्यसत्ता पर नियंत्रण की यह पूर्वशर्त है। जब तक समाज का नेतृत्व मजदूर वर्ग के हाथ में नहीं आता और समाजवादी विचारधारा और मूल्यों को जनता आत्मसात नहीं कर लेती, तब तक राज्यसत्ता पर नियंत्रण का कोई भी आंदोलन सफल नहीं हो सकता है। इस प्रकार ग्राम्शी क्रांतिं के पहले विचारधारात्मक संघर्ष और उसमें मजदूर वर्ग की विजय को आवश्यक समझते हैं। लेकिन इसका आशय यह नहीं कि ग्राम्शी के लिए आर्थिक कारण एकदम गौण हैं। उनके अनुसार मजदूर वर्ग का आधिपत्य तभी कायम होगा जब उत्पादन की प्रक्रिया और उत्पादन का प्रबंधन उसके नियंत्रण में आएगा। इटली के तूरिन आंदोलन के समय विभिन्न उद्योगों में मजदूर वर्ग का उस प्रकार का नियंत्रण कायम हुआ था। उसी के आधार पर ग्राम्शी अपना तर्क देते हैं। इस प्रकार उनके लिए मजदूरों के संघर्ष का क्षेत्र केवल उत्पादन या राज्यसत्ता पर नियंत्रण नहीं बल्कि वैचारिक भी है। परंपरागत रूप से मार्क्सवादियों ने उस पर पर्याप्त ध्यान नहीं दिया। इसलिए यह ग्राम्शी का मौलिक योगदान माना जाता है। वे उत्पादन, राजनीति और विचारधारा, तीनों को परस्पर–संबंधित मानते हैं। वे एक–दूसरे को प्रभावित करते हैं। इसलिए ग्राम्शी के लिए राजनीति और विचारधारा आर्थिक कारकों के साथ–साथ उत्पन्न होने वाले गौण उत्पाद नहीं हैं। वे उनके बीच जटिल संबंधों पर बल देते हैं। वे संबंध यांत्रिक नहीं होते। ग्राम्शी आर्थिक कारकों को अंतिम रूप से निर्धारक मानते हैं। दूसरी बात यह है कि राज्यसत्ता पर मजदूर वर्ग का नियंत्रण समाजवाद के लक्ष्यों को पूरा करने के लिए पर्याप्त नहीं है। समाजवाद की सफलता के लिए यह आवश्यक है कि समाज में लोग समाजवादी विचारधारा आत्मसात कर लें। ग्राम्शी समाजवादी क्रांति में विचारधारा की भूमिका को महत्त्वपूर्ण मानते हैं। इस प्रकार मजदूर वर्ग के संघर्ष का क्षेत्र उत्पादन, राज्य और समाज तीनों है। इसको स्पष्ट करने के लिए ग्राम्शी राज्य और नागरिक समाज की व्याख्या करते हैं। कोई विचारधारा या राजनीतिक गतिविधि एक विशिष्ट आर्थिक स्थिति के संदर्भ में ही कार्य कर सकती है। लेकिन इसका आशय यह नहीं कि आर्थिक कारक राजनीति और विचारधारा पर यांत्रिक तरीके से आरोपित होते हैं। इसलिए ग्राम्शी का तर्क है कि ऐतिहासिक विकास के संदर्भ और उसकी सीमाओं के अंतर्गत राजनीति 'एक स्वायत्त गतिविधि' है। राजनीति ग्राम्शी के विचारों का मर्म है। वे आर्थिक नियतिवाद को पूरी तरह अस्वीकृत कर देते हैं।

विचारधारा

सामान्य तौर पर विचारधारा को विचारों की व्यवस्था (System of ideas) के रूप में समझा जाता है। मार्क्स ने विचारधारा का प्रयोग नकारात्मक अर्थ में करते हुए उसे 'मिथ्या चेतना' (False consciousness) माना था। ग्राम्शी के लिए विचारधारा का भिन्न अर्थ है। वे यह स्वीकार करते हैं कि विचारधारा भौतिक परिस्थितियों के कारण अस्तित्व में आती है। उसकी जड़ें व्यक्तियों की व्यावहारिक गतिविधियों में होती हैं। इसके आगे ग्राम्शी का तर्क है कि विचारधारा व्यक्तियों के नैतिक व्यवहार के नियमों को प्रस्तुत करती है। वह व्यक्तियों की सामाजिक गतिविधियों के साथ विभिन्न संस्थाओं में अभिव्यक्त होती है। ग्राम्शी के लिए राजनीतिक दल, मजदूर संगठन, औद्योगिक एवं व्यापारिक संगठन, वित्तीय संस्थाएँ आदि सभी विचारधारा को प्रसारित करने में योगदान देते हैं। इसी प्रकार कानून का भी विचारधारात्मक प्रभाव होता है। यहाँ यह स्पष्ट हो जाता है कि ग्राम्शी न सिर्फ समाज में विचारधारा की महत्त्वपूर्ण भूमिका को रेखांकित करते हैं बल्कि वे उसके अर्थ को भी विस्तृत करते हैं। विचारधारा के संबंध में ग्राम्शी का एक महत्त्वपूर्ण विचार है कि वह सामाजिक एकीकरण का कार्य करती है। वह विविध प्रकार के सामाजिक समूहों को एक सूत्र में बाँधने में महत्त्वपूर्ण भूमिका अदा करती है। ग्राम्शी का तर्क है कि मजदूर वर्ग के बुद्धिजीवियों का यह दायित्व है कि वे समाज में विविध प्रकार के विचारधारात्मक तत्त्वों को समाजवादी विचारधारा और मूल्यों से जोड़ें। दूसरा अर्थ यह निकलता है कि सभी विचारधाराएँ वर्गीय हित को अभिव्यक्त करती हों, यह आवश्यक नहीं। इसलिए ग्राम्शी मजदूर वर्ग का अन्य वर्गों विशेषकर किसानों के साथ एकता की तर्ज पर विविध प्रकार के विचारधारात्मक तत्त्वों की एकता की बात करते हैं। जिस प्रकार विभिन्न वर्गों की एकता वर्ग संघर्ष के लिए आवश्यक है, उसी प्रकार यह विचारधारात्मक एकता, विचारधारात्मक संघर्ष का हथियार है। ग्राम्शी के लिए राजनीतिक और विचारधारात्मक संघर्ष एक ही सिक्के के दो पहलू हैं। लेकिन यह एकता या कोई नई विचारधारा किसी दल या बुद्धिजीवी द्वारा मनचाहे तरीके से उत्पन्न नहीं की जा सकती। उसका निर्माण राजनीतिक-आर्थिक संघर्षों की प्रक्रिया में होता है। इस प्रकार ग्राम्शी विचारधारात्मक क्षेत्र में भी सिद्धांत और व्यवहार की एकता को स्थापित करते हैं।

राज्य और नागरिक समाज (Civil Society)

नागरिक समाज एक आधुनिक अवधारणा है। उसका प्रयोग 17वीं सदी से 19वीं सदी के बीच होने लगा। हॉब्स और लॉक जैसे समझौतावादियों के चिंतन में वह उभरा। उन लोगों ने नागरिक और राजनीतिक जीवन में अंतर किया। उनके लिए नागरिक जीवन प्राकृतिक अवस्था के जीवन से भिन्न था। लोगों ने समझौतें के द्वारा नागरिक समाज का निर्माण किया। हालाँकि उन चिंतकों ने नागरिक समाज और राज्य के बीच अंतर को पूरी तौर पर स्पष्ट नहीं किया। एडम स्मिथ ने राज्य की बाध्यकारी शक्ति से मुक्त आर्थिक क्षेत्र का विचार प्रस्तुत किया। उनके अनुसार व्यक्ति को अपने विवेक के अनुसार आर्थिक हितों की पूर्ति की

स्वतंत्रता मिलनी चाहिए। इस प्रकार राज्य के हस्तक्षेप से मुक्त आर्थिक क्षेत्र में व्यक्ति की स्वतंत्रताओं और अधिकारों पर बल दिया गया। हीगल पहले चिंतक हैं जिन्होंने स्पष्ट रूप से राज्य और नागरिक समाज के बीच अंतर किया। वे एडम स्मिथ जैसे अर्थशास्त्रियों से सहमत हैं। हीगल के लिए राज्य एक सार्वजनिक क्षेत्र था जबकि नागरिक समाज 'निजी'। नागरिक समाज के अंतर्गत व्यक्तियों को आपसी संबंध कायम करने और स्वेच्छा से संगठन बनाने की स्वतंत्रता है। इसलिए नागरिक समाज का अर्थ राज्य की बाध्यकारी शक्ति से स्वतंत्र विभिन्न प्रकार के स्वैच्छिक संगठनों के जाल के रूप में किया जाता है। मार्क्स ने नागरिक समाज को आर्थिक क्षेत्र के रूप में समझने का प्रयास किया। लेकिन उनके अनुसार भी यह क्षेत्र राज्य शक्ति से निर्धारित नहीं होता। उसके विपरीत अर्थव्यवस्था ही राज्य को निर्धारित करती है।

ग्राम्शी की नागरिक समाज की अवधारणा मार्क्स से ज्यादा विस्तृत है। वे हीगल से भी कुछ हद तक सहमत दिखलाई पड़ते हैं। उनके अनुसार नागरिक समाज के अंतर्गत संस्कृति और विचारधारा भी शामिल है। नागरिक समाज के माध्यम से ग्राम्शी पूँजीवादी राज्य को समझना चाहते हैं। उनके कथनानुसार– ''नागरिक समाज की पूरी समझ के बगैर राज्य को नहीं समझा जा सकता।'' इसके साथ ही वे राज्य की समझ को वर्गीय चेतना के लिए आवश्यक मानते हैं। ग्राम्शी नागरिक समाज और राज्य दोनों को अधिरचना (Superstructure) का अंग मानते हैं। इस प्रकार नागरिक समाज राज्य के साथ-साथ उत्पादन के क्षेत्र से भी भिन्न है। नागरिक समाज व्यक्तियों की सामाजिक गतिविधियों और संबंधों का एक जटिल नेटवर्क है। नागरिक समाज के अंतर्गत ग्राम्शी चर्च, ट्रेड यूनियन, स्कूल आदि 'तथाकथित निजी संगठनों' को रखते हैं। लेकिन इसके साथ ही यह भी संभव है कि कोई एक संगठन नागरिक समाज का पूर्ण रूप से प्रतिनिधित्व करता हो। ग्राम्शी मध्य युग में चर्च का उदाहरण देते हैं जो उस समय के नागरिक समाज का पूरे तौर पर प्रतिनिधित्व करता था। उसके विपरीत राज्य को ग्राम्शी 'राजनीतिक समाज' कहते हैं। इससे उनका आशय नागरिक समाज के स्वैच्छिक संबंधों के विपरीत 'बाध्यकारी संबंधों' से है। ये संबंध सशस्त्र बल, पुलिस, न्यायालय, कारागार, प्रशासनिक विभागों आदि संस्थाओं में मूर्त रूप लेते हैं। उसके विपरीत नागरिक समाज सहमति का क्षेत्र है। उस क्षेत्र में आर्थिक रूप से प्रभुत्वशाली वर्ग (पूँजीपति वर्ग) अपने विचारधारात्मक प्रभुत्व को कायम करता है। उसके फलस्वरूप लोग पूँजीवादी संस्कृति, विचारधारा और मूल्यों को स्वीकार कर लेते हैं। लेकिन ग्राम्शी यह स्पष्ट करते हैं कि पूँजीपति वर्ग के नियंत्रण और नेतृत्व का आधार राज्य की बाध्यकारी शक्ति मात्र नहीं है। यह वर्ग बहुधा वैचारिक सहमति के आधार पर अपना आधिपत्य बनाए रखता है। जब उसके आधिपत्य पर संकट आता है तभी यह राज्य की बाध्यकारी शक्ति का प्रयोग करता है। इसलिए ग्राम्शी राज्य को 'राजनीतिक समाज और नागरिक समाज का जोड़' मानते हैं। इसे वे 'समग्र राज्य' (Integrated state) कहते हैं। उनके अनुसार नागरिक समाज भी शक्ति का केंद्र है। इस क्षेत्र में भी प्रभुत्वशाली वर्ग का नियंत्रण अन्य वर्गों पर होता है। इसलिए शक्ति को केवल राज्य में केंद्रित नहीं माना जा सकता। ग्राम्शी के लिए शक्ति एक प्रकार का संबंध है। इसलिए नागरिक समाज के अंतर्गत व्यक्तियों के सामाजिक संबंध शक्ति संबंध

ही हैं। दूसरी ओर राज्य का तंत्र भी सहमति कायम करने में योगदान करता है। वह जनता के लिए शिक्षणात्मक भूमिका को निभाता है। यही कारण है कि ग्राम्शी कहते हैं– ''ठोस वास्तविकता में समाज और राज्य एक और समान (Same) हैं।''

मार्क्सवाद के अनुसार समाजवादी क्रांति का उद्देश्य राज्यसत्ता पर आधिपत्य करना है। उसके माध्यम से समाज, अर्थव्यवस्था और राजनीति को रूपांतरित किया जा सकता है। लेकिन ग्राम्शी के लिए वह प्राथमिक नहीं है। उनकी प्राथमिकता नागरिक समाज के अंतर्गत संघर्ष की है। इस क्षेत्र में पूँजीपति, मजदूर एवं अन्य सामाजिक समूहों के बीच राजनीतिक एवं विचारधारात्मक संघर्ष होते हैं। इसलिए नागरिक समाज में वर्ग संघर्ष के अतिरिक्त अन्य प्रकार के लोकतांत्रिक संघर्ष चलते हैं। ग्राम्शी इस बात पर बल देते हैं कि मजदूर वर्ग द्वारा राज्यसत्ता पर अधिकार करने के पूर्व नागरिक समाज के क्षेत्र में पूँजीपति वर्ग के आधिपत्य को समाप्त कर अपना आधिपत्य (Counter-Hegemony) कायम करना आवश्यक है। वे यह स्वीकार करते हैं कि यह तभी संभव है जब उसके लिए उपयुक्त आर्थिक परिस्थितियाँ हों यानी उत्पादन के क्षेत्र में मजदूरों का नेतृत्व हो। इसके बाद ही वह विभिन्न सामाजिक शक्तियों को एकजुट करने और उनका नेतृत्व करने में सफल हो सकता है। ग्राम्शी की शब्दावली में तभी मजदूर वर्ग 'हिस्टोरिकल ब्लॉक' (Historical Block) बन जाता है। मजदूर वर्ग की आधिपत्य वाली स्थिति के लिए यह आवश्यक है। मार्क्सवाद में ग्राम्शी का यह योगदान महत्त्वपूर्ण है कि उन्होंने राजनीतिक गतिविधि (क्रांति) की सफलता के लिए विचारधारात्मक संघर्ष के महत्त्व को रेखांकित किया। इसलिए राज्यसत्ता के लिए मजदूर वर्ग का संघर्ष तभी सफल हो सकता है जब नागरिक समाज में उसका आधिपत्य हो।

क्रांति की रणनीति

ग्राम्शी नागरिक समाज की अवधारणा के आधार पर क्रांति की रणनीति निर्धारित करने का सुझाव देते हैं। वे 'पश्चिम' और 'पूर्व' का उल्लेख करते हैं। लेकिन यहाँ संदर्भ भौगोलिक नहीं बल्कि ऐतिहासिक है। 'पश्चिम' के अंतर्गत वे औद्योगिक रूप से विकसित देशों को रखते हैं। जबकि औद्योगिक रूप से पिछड़े देश 'पूर्व' के अंतर्गत हैं। इस संबंध में वे ब्रिटेन जैसे उन्नत पूँजीवादी देशों (पश्चिम) और रूस जैसे औद्योगिक रूप से पिछड़े देशों के बीच (पूर्व) अंतर को रेखांकित करते हैं। उन दोनों के बीच आर्थिक विकास के आधार पर भिन्नता है। लेकिन इसके साथ ही उनमें नागरिक समाज की स्थिति भी भिन्न है। इस संबंध में ग्राम्शी का यह कथन महत्त्वपूर्ण है– ''रूस में राजसत्ता ही सर्वेसर्वा थी। नागरिक समाज आदिम और ढुलमुल था। पश्चिम में राज्यसत्ता और नागरिक समाज के बीच उचित संबंध था।'' विकसित पूँजीवादी देशों में नागरिक समाज अत्यंत विकसित अवस्था में था। उसके विपरीत रूस जैसे देशों में नागरिक समाज का विकास नहीं हुआ। वह अत्यंत दुर्बल स्थिति में था। इसलिए ग्राम्शी रूस जैसे देश में मजदूर वर्ग द्वारा राज्यसत्ता पर सीधे आक्रमण के द्वारा आधिपत्य कायम करने की रणनीति को उपयुक्त मानते हैं। इसे वे 'वार ऑफ मूवमेंट' कहते हैं। लेकिन क्रांति की यह रणनीति उन देशों के लिए उपयुक्त नहीं है जहाँ पूँजीवादी नागरिक

समाज अत्यंत विकसित है। उन देशों के लिए राज्यसत्ता पर प्रत्यक्ष आक्रमण की रणनीति कारगर नहीं है। इसका कारण है कि राज्यसत्ता पर आक्रमण की स्थिति में नागरिक समाज उसकी रक्षा के लिए उपस्थित हो जाता है। यहाँ ग्राम्शी दूसरी रणनीति 'वार ऑफ पोजिशन' का सुझाव देते हैं। इसका आशय है कि उन देशों में मजदूर वर्ग के संघर्ष का क्षेत्र नागरिक समाज है। उस क्षेत्र में उस वर्ग को राजनीतिक एवं विचारधारात्मक नेतृत्व की स्थिति प्राप्त करनी होगी। उसके बाद ही राज्यसत्ता पर अधिकार कायम करने की रणनीति कारगर होगी। इस प्रकार 'वार ऑफ पोजिशन' अगले चरण यानी 'वार ऑफ मूवमेंट' का मार्ग प्रशस्त करता है। क्रांति की इन दो रणनीतियों के आधार पर ग्राम्शी इस प्रश्न का उत्तर देने का प्रयास करते हैं कि मार्क्स की भविष्यवाणी के अनुरूप ब्रिटेन जैसे विकसित पूँजीवादी देशों में क्रांति क्यों नहीं हुई? उनके अनुसार उसका कारण गलत रणनीति का उपयोग है। दूसरी बात यह है कि विश्व के विभिन्न देशों में क्रांति की एक रणनीति कारगर नहीं हो सकती। उदारवादी लोकतांत्रिक देशों में संघर्ष का केंद्र बिंदु नागरिक समाज है, जबकि तानाशाही व्यवस्था में राज्यसत्ता पर सीधा आक्रमण कारगर हो सकता है।

समाजवादी व्यवस्था

ग्राम्शी समाजवादी व्यवस्था के स्वरूप की चर्चा करते हैं। वे यह स्वीकार करते हैं कि रूस जैसे पिछड़े देशों में राज्यसत्ता पर मजदूर वर्ग का नियंत्रण होने के बावजूद प्रारंभिक अवधि में राज्य पर अत्यधिक निर्भरता बनी रहेगी। उनके अनुसार उसका कारण रूस में नागरिक समाज का अविकसित होना है। इसलिए जब तक नागरिक समाज का पूर्ण विकास नहीं होता तब तक मजदूर वर्ग राज्यसत्ता के सहारे शासन करेगा। लकिन जैसे-जैसे नागरिक समाज का विस्तार होता जाएगा वैसे-वैसे राज्य के बाध्यकारी तत्त्व को नागरिक समाज आत्मसात करता जाएगा। उस प्रक्रिया में अंततः राज्य का अस्तित्व मिट जाएगा। केवल नागरिक समाज का अस्तित्व रह जाएगा। उस अवस्था में नागरिक समाज व्यक्तियों के बीच स्वैच्छिक संबंधों पर आधारित होगा। लोग स्वतः अनुशासित होंगे। नागरिक समाज में स्वशासन होगा। न कोई शासक और न कोई शासित, न कोई नेता और न कोई अनुयायी। ग्राम्शी के अनुसार शासक और शासित तथा नेता और अनुयायी राजनीति का बुनियादी तत्त्व हैं। इसलिए मजदूर वर्ग अपनी क्रांतिकारी राजनीति द्वारा राजनीति को सदा के लिए समाप्त कर देता है। इस प्रकार समाजवादी व्यवस्था वर्गविहीन और राज्यविहीन होने के साथ-साथ राजनीति विहीन भी होगी। ग्राम्शी का यही राजनीतिक आदर्श है।

ग्राम्शी ने मार्क्सवादी सिद्धांत के अंतर्गत विचारधारा, आधिपत्य, राजनीतिक और नागरिक समाज, बुद्धिजीवियों की भूमिका आदि से संबंधित अवधारणाओं का विकास किया। मार्क्सवादी सिद्धांत में यह उनका महत्त्वपूर्ण योगदान माना जाता है। वर्तमान समय में पूँजीवादी व्यवस्था नए रूप में भूमंडलीकृत स्वरूप ले चुकी है। आज यह लगभग सामान्य समझ बन गई है कि इसका कोई विकल्प नहीं है। इस स्थिति में ग्राम्शी की मूल स्थापना अत्यंत प्रासंगिक है कि पूँजीवादी व्यवस्था विचारधारात्मक आधिपत्य के माध्यम से अपना वर्चस्व कायम करने में सफल होती

है। इसलिए उनका यह सुझाव उपयोगी है कि इस आधिपत्य को चुनौती देना और वैकल्पिक विचारधारा का आधिपत्य कायम करना आवश्यक है। शोषण रहित और समानतामूलक समाज के निर्माण की यह पूर्वशर्त है। ग्राम्शी के अनुसार उसमें राजनीतिक सिद्धांतकारों की महत्त्वपूर्ण भूमिका है।

सार्त्र का अस्तित्ववादी मार्क्सवाद

फ्रांसीसी चिंतक ज्याँ-पाल सार्त्र (Jean-Paul Sartre) (1905-1980 ई.) एक विश्वप्रसिद्ध अस्तित्ववादी दार्शनिक हैं। मूलत: वे साहित्यकार हैं। उन्होंने अपने उपन्यासों और नाटकों के माध्यम से अपने दार्शनिक विचारों को प्रस्तुत किया है। इस प्रकार दर्शन और साहित्य का मेल उनकी विलक्षण विशेषता है। सार्त्र को 1964 ई. में साहित्य का नोबल पुरस्कार मिला था जिसे उन्होंने ठुकरा दिया था। वे किसी सम्मान को अपनी स्वतंत्रता के लिए बाधा मानते थे। विचारों के साथ-साथ राजनीतिक गतिविधियों में उनकी सक्रियता रही। नाजीवाद के खिलाफ संघर्ष और 1968 ई. में फ्रांस में नवयुवकों के आंदोलन में उन्होंने सक्रिय भागीदारी की। उसके फलस्वरूप फ्रांस में वे एक दार्शनिक के साथ-साथ सक्रिय बुद्धिजीवी के रूप में काफी लोकप्रिय हुए। वैचारिक तौर पर वे प्रारंभ से अंत तक अस्तित्ववादी रहे। उनकी पुस्तक *बीइंग ऐंड नथिंगनेस* 1943 ई. में प्रकाशित हुई। उसमें उन्होंने अस्तित्ववाद की व्याख्या की। अपनी साहित्यिक कृतियों के माध्यम से उन्होंने अस्तित्ववाद को अत्यंत लोकप्रिय बना दिया। सार्त्र के अस्तित्ववाद का केंद्रीय विचार व्यक्तिगत स्वतंत्रता है। उनका कहना है कि मनुष्य के पास चयन करने की स्वतंत्रता है। वह परिस्थितियों से परे जा सकता है। स्वतंत्रता की यह अवधारणा मार्क्सवाद से मेल नहीं खाती क्योंकि मार्क्स के लिए व्यक्ति की स्वतंत्रता आर्थिक परिस्थितियों से निर्धारित होती है। मानवीय स्वतंत्रता के लक्ष्य की प्राप्ति वर्गरहित एवं राज्य विहीन समाज में ही संभव है। द्वितीय विश्व युद्ध के बाद सार्त्र मार्क्सवाद की ओर मुड़े। वे द्वितीय विश्व युद्ध के दौरान नाजियों के विरुद्ध संघर्ष में सक्रिय थे। उस दौरान उन्होंने व्यक्तिगत स्वतंत्रता की अपनी अवधारणा की सीमाओं को समझ लिया था। उन्होंने खुद स्वीकार किया है कि द्वितीय विश्व युद्ध के अनुभवों के कारण उन्होंने व्यक्ति के सामाजिक जीवन और स्वतंत्रता प्राप्ति के लिए सामूहिक संघर्ष के महत्त्व को स्वीकार किया। इस प्रकार सार्त्र परिस्थितियों से परे जाने के स्थान पर उनसे जूझने तथा व्यक्तिगत मुक्ति के स्थान पर सामूहिक संघर्ष की ओर प्रवृत्त हुए। उस स्थिति में उन्होंने मार्क्सवाद को अपनाया। सामाजिक उत्तरदायित्व का अहसास और कर्ममय जीवन की आकांक्षा ने सार्त्र को मार्क्सवाद के करीब ला दिया। सार्त्र भी दुनिया को बदलना चाहते थे और एक ऐसी दुनिया बसाना चाहते थे जहाँ मनुष्य स्वतंत्रता की अनुभूति कर सके। शीतयुद्ध के प्रभाववश उन्होंने मार्क्सवादी समाजवाद तथा पूँजीवाद के संघर्ष के दौरान तीसरी राह की संभावना से इनकार किया। उदारवादी विचारधारा यथास्थितिवाद की पोषक थी। वह पूँजीपति वर्ग के हितों का संरक्षण करती थी। परिवर्तन की आकांक्षा तथा सर्वहारा वर्ग के प्रति अपनी सहानुभूति के

कारण सार्त्र उदारवादी दर्शन को अपनाने में असमर्थ थे। वे स्वाभाविक तौर पर सर्वहारा वर्ग और उसके क्रांतिकारी दर्शन की ओर उन्मुख हुए। 1946 ई. में प्रकाशित अपनी पुस्तक *एगजिस्टेनशियलिज्म ऐंड ह्यूमिनिज्म* में उन्होंने प्रतिपादित किया कि मनुष्य की अस्तित्ववादी अवधारणा मार्क्सवाद से बहुत दूर नहीं है।

मार्क्सवाद : आधुनिक विश्व का दर्शन

सार्त्र ने फ्रांस के साम्यवादी दल को सर्वहारा वर्ग का प्रतिनिधि स्वीकार किया और 1956 ई. तक साम्यवादी दल के मित्र बने रहे। इसका आशय यह कदापि नहीं कि उन्होंने अपने अस्तित्ववादी सिद्धांतों का परित्याग कर दिया था। साम्यवादी भी उनके दर्शन को पचाने में असमर्थ थे। 1956 ई. में सोवियत संघ ने हंगरी में हस्तक्षेप किया। सार्त्र ने सोवियत संघ की इस नीति का विरोध किया और उन्होंने इस घटना को जनसंहार की संज्ञा दी। इसके विपरीत फ्रांसीसी साम्यवादी दल ने सोवियत संघ का समर्थन किया। अत: सार्त्र ने इस दल से अपना संबंध तोड़ लिया। अब वे मार्क्सवाद की नई व्याख्या के लिए कटिबद्ध थे जो स्टालिन की हठवादिता को खंडित कर सके। 1957 ई. में उनकी किताब *सर्च फॉर ए मेथड* आई जो 1960 ई. में प्रकाशित उनकी पुस्तक *ए क्रिटीक ऑफ डायलेक्टिक* रीजन का हिस्सा बनी। इसमें सार्त्र ने अस्तित्ववाद और मार्क्सवाद के बीच संश्लेषण का प्रयास किया। उनका तर्क था कि इस संश्लेषण में तत्कालीन मार्क्सवादी बाधक हैं, न कि मार्क्सवाद। पहली बार किसी फ्रांसीसी चितंक ने मार्क्सवाद को संपूर्ण रूप से समझने तथा आधिकारिक व्याख्या के विरुद्ध एक नई व्याख्या प्रस्तुत करने की कोशिश की। सार्त्र ने स्पष्ट तौर पर यह उद्घोषणा की कि वे प्रामाणिक मार्क्सवाद की तलाश करना चाहते हैं और मार्क्सवाद के भीतर मनुष्य को पुन:स्थापित करना चाहते हैं। उन्होंने मार्क्सवाद की मानवतावादी व्याख्या की। इसके साथ ही उन्होंने स्टालिनवाद की कटु आलोचना की।

सार्त्र यह स्वीकार करते हैं कि मार्क्सवाद आधुनिक विश्व का दर्शन है और उनका अस्तित्ववाद इस दर्शन की विचारधारा-मात्र है। उनके लिए दर्शन विचारों की महान सृजनात्मक व्यवस्था है जो एक खास ऐतिहासिक अवस्था में प्रबलता प्राप्त करती है। जब तक उस ऐतिहासिक अवस्था में परिवर्तन नहीं होता है तब तक उस दर्शन से परे जाना (Surpass) कठिन होता है। सार्त्र ने इतिहास में इस प्रकार के उदाहरणों की खोज की। सत्रहवीं सदी में देकार्त और लॉक के दर्शन का बोलबाला था। अठारहवीं सदी के अंत में तथा उन्नीसवीं सदी के प्रारंभ में कांट और हीगल का दर्शन प्रभावी रहा। अंत में मार्क्सवाद वर्तमान समय का दर्शन है। सार्त्र स्पष्ट करते हैं कि मार्क्सवाद अभी शैशवावस्था में है और इसके विकास की प्रक्रिया अभी प्रारंभ हुई है। उन्होंने माना कि मार्क्सवाद के परे नहीं जाया जा सकता क्योंकि इस दर्शन को जन्म देने वाली परिस्थितियाँ अभी भी विद्यमान हैं। उनके विचार में मार्क्स पहला दार्शनिक है जो सामाजिक-आर्थिक संदर्भ में मानवीय अस्तित्व की विशिष्टता पर बल देता है। वे ऐतिहासिक प्रक्रिया में मनुष्य की भूमिका को समझना चाहते हैं। लेकिन मार्क्सवादियों ने मार्क्सवाद को गैर-मानवीय (Non-human) मानव विज्ञान के रूप में परिवर्तित कर पतित

बना दिया। अस्तित्ववाद का प्रमुख उद्देश्य मार्क्सवाद को उसके मानववादी आधारों पर स्थापित करना है। इस प्रकार मार्क्सवाद के भीतर अस्तित्ववाद का सीमित उद्देश्य है और उसकी पूर्ति के बाद अस्तित्ववाद एक विचारधारा के रूप में समाप्त हो जाएगा। सार्त्र विनम्रता से स्वीकार करते हैं कि उनका अस्तित्ववाद मार्क्सवाद का पराश्रयी है।

मार्क्सवाद के व्याख्याकारों की आलोचना

सार्त्र अपनी व्याख्या के पूर्व सोवियत संघ के मार्क्सवादियों की कटु आलोचना करते हैं। मार्क्सवाद सामाजिक परिवर्तन का सिद्धांत है और यदि परिवर्तन नहीं हो रहा है तो इसका कारण सिद्धांत का अभाव है। इसकी जिम्मेदारी किस पर है? एंगिल्स तथा स्टालिन जैसे 'सुस्त' मार्क्सवादियों पर, जिन्होंने मार्क्सवाद को भ्रष्ट कर दिया और वह क्रांतिकारी क्रियाकलापों का निर्देशक सिद्धांत नहीं रह गया। सार्त्र स्टालिन के हठवाद के कट्टर आलोचक हैं। सार्त्र का तर्क है कि स्टालिन ने मार्क्सवाद को एक बंद वैचारिक व्यवस्था के रूप में परिणत कर दिया तथा मार्क्सवाद और मानवीय अनुभवों के बीच कोई संबंध नहीं रह गया, जबकि सामाजिक परिवर्तन के सिद्धांत होने के नाते मार्क्सवाद एक खुली व्यवस्था है जो बदलती हुई परिस्थितियों के अनुरूप सैद्धांतिक बदलाव की अनुमति देती है। इसके अतिरिक्त सार्त्र आर्थिक नियतिवाद का भी खंडन करते हैं। यह मनुष्य को बाह्य परिस्थितियों का दास तथा निष्क्रिय बना देता है। यदि यह मान लिया जाए कि मनुष्य परिस्थितियों द्वारा निर्धारित (Determined) होता है तो इस स्थिति में वह सक्रिय और क्रांतिकारी हो ही नहीं सकता। सार्त्र का तर्क है कि मार्क्स सामाजिक विकास की प्रक्रिया में मनुष्य की निर्णायक भूमिका को स्वीकार करते हैं और अपने इस विचार के समर्थन में वे फायरबाख पर मार्क्स के प्रबंध का उद्धरण देते है जिसके अनुसार मनुष्य परिस्थितियाँ को बदल सकता है।

सार्त्र एंगिल्स द्वारा जोड़े गए प्रकृति के द्वंद्ववाद का खंडन करते हैं। उनके अनुसार प्रकृति के द्वंद्ववाद को परा-आनुभाविक (A-priori) तरीके से ही सिद्ध किया जा सकता है। एंगिल्स के द्वंद्ववाद की केंद्रीय मान्यता है कि समाज और प्रकृति में परस्पर-संबंध है और प्रकृति की समझ के बगैर समाज को नहीं समझा जा सकता। सार्त्र इस तर्क को स्वीकार करने के लिए तैयार नहीं हैं। प्रकृति के संबंध में जो ज्ञान प्राप्त होता है, उसे मानवीय अनुभवों से सिद्ध नहीं किया जा सकता। सार्त्र वैज्ञानिक पद्धति और उसकी वस्तुनिष्ठता के विरोधी हैं। वैज्ञानिक पद्धति वस्तुनिष्ठ होती है जिसमें मनुष्य ज्ञानात्मक प्रक्रिया में एक अनासक्त अध्येता की भूमिका में होता है। इस प्रकार सार्त्र मार्क्सवादियों की पद्धति का तथा प्रकृति के द्वंद्ववाद का खंडन करते हैं। उनका कहना है कि उनके लिए मार्क्सवाद का अर्थ ऐतिहासिक भौतिकवाद है और वे इसकी सत्यता को प्रमाणित करना चाहते हैं।

मनुष्य स्वतंत्र कर्ता के रूप में

सार्त्र का प्रारंभ-बिंदु यह है कि मनुष्य अपने प्रोजेक्ट का चुनाव स्वयं करता है। वह सक्रिय एवं स्वायत्त कर्ता है और उसके कार्य भौतिक जगत के द्वारा अनुकूलित (Conditioned)

होते हैं, न कि निर्धारित (Determined)। इतिहास को मानवीय क्रियाकलापों के समग्रीकरण (Totalisation) के रूप में देखा जा सकता है। इसके तहत एक व्यक्ति अपने कार्य में पूरी ऐतिहासिक प्रक्रिया को प्रतिबिंबित करता है। मनुष्यों के कार्य न सिर्फ एक-दूसरे को प्रभावित करते हैं बल्कि सभी मनुष्यों के बीच अंतर्संबंध भी कायम होते हैं। इस प्रकार प्रत्येक मनुष्य अपने भीतर पूरे इतिहास को समेट लेता है और सार्त्र स्वयं कहते है कि उनका जीवन सदियों पुराना है। हममें से प्रत्येक व्यक्ति एक व्यक्ति होने के साथ-साथ मानवीय इतिहास की पूर्णता की अभिव्यक्ति है। इस प्रकार सार्त्र अंश में पूर्ण को देखने के पक्षधर हैं तथा इस प्रक्रिया के लिए द्वंद्वात्मक तर्क (Dialectic reason) को उपयुक्त मानते हैं जो मनुष्य के अंतर्संबंधों को समझ सकता है। इसके विपरीत विश्लेषणात्मक तर्क (Analytical reason) मनुष्य को अलग-अलग अणुओं की तरह समझना चाहता है और यह बुर्जुआ वर्ग की पद्धति है जो समाज को व्यक्तियों का योग-मात्र मानता है और उनके बीच बाह्य संबंधों को ही स्वीकार करता है। द्वंद्वात्मक तर्क सर्वहारा वर्ग को एक ऐसा हथियार प्रदान करता है जिससे वह अपने सदस्यों के आंतरिक जुड़ाव का ज्ञान प्राप्त करता है, साथ ही यह इतिहास की प्रक्रिया को समझने में भी उसकी सहायता करता है। अंतर्संबंधों एवं ऐतिहासिक प्रक्रिया का ज्ञान सर्वहारा वर्ग को अपनी क्रियात्मक गतिविधियों के द्वारा प्राप्त होता है। वह ज्ञानात्मक प्रक्रिया से पृथक नहीं होता बल्कि वह उस प्रक्रिया में आबद्ध तथा उससे संबद्ध रहता है। सार्त्र का कहना है कि वर्ग-संघर्ष इन दो प्रकार के तर्कों का संघर्ष है।

अभाव (Scarcity)

जैसा कि पहले बताया जा चुका है, मार्क्सवाद के भीतर वैयक्तिकता को स्थापित करने की ओर सार्त्र का झुकाव है। सार्त्र का तर्क है कि मनुष्य अपनी जीवन-पद्धति का चुनाव स्वयं करता है तथा अपने कार्यों के द्वारा स्वयं को बनाता है। उसके लिए 'कोई क्या है' की तुलना में 'कोई क्या करता है' यह ज्यादा महत्त्वपूर्ण है। सार्त्र का प्रारंभ-बिंदु व्यक्ति है जिसकी कुछ आवश्यकताएँ होती हैं। मनुष्य अपनी आवश्यकताओं की संतुष्टि के लिए उत्पादन-क्रिया में संलग्न होता है। अपने श्रम के द्वारा वह प्रकृति का उपयोग करता है और इस प्रकार वह भौतिक जगत का रूपांतरण भी करता है। लेकिन इस प्रक्रिया में वह खुद अपने स्वभाव का रूपांतरण करता है क्योंकि इस प्रक्रिया में वह अपने को एक औजार के रूप में परिणत कर लेता है। अपनी क्रियात्मक प्रक्रिया के दौरान उसे अभाव का ज्ञान होता है। यह अभाव मानवीय इतिहास का केंद्रीय तथ्य है। यह अभाव मनुष्य की प्रकृति के साथ तथा अन्य मनुष्यों के साथ उसके संबंधों को निर्धारित करता है। इसके कारण ही विरोध का जन्म होता है। व्यक्ति इस अभाव का अनुभव करने के बाद अपनी उत्पादन-प्रक्रिया के द्वारा प्रकृति का निषेध करता है। मानवीय इतिहास प्रकृति के विरुद्ध संघर्ष है एवं प्रकृति तथा मनुष्य के बीच एकता असंभव है। अभाव के कारण व्यक्तियों के बीच भी विरोधात्मक संबंध पैदा होते हैं और प्रत्येक मनुष्य दूसरों के लिए अमानवीय हो जाता है क्योंकि प्रत्येक मनुष्य दूसरों को स्थायी शत्रु समझने लगता है। इसका कारण यह है कि व्यक्ति किसी वस्तु का उपयोग दूसरों की

कीमत पर करता है। अभाव के नकारात्मक प्रभाव के साथ-साथ इसके सकारात्मक पहलू भी हैं। अभाव के विरुद्ध संघर्ष में एकताबद्ध सामूहिक प्रयास की आवश्यकता होती है और मनुष्य लगातार इस अभाव के विरुद्ध संघर्षरत रहता है। समाज में अभाव के संस्थागत हो जाने के कारण वर्गों का निर्माण होता है।

सार्त्र का एक प्रमुख विचार है कि व्यक्ति भौतिक जगत में अपनी आवश्यकताओं की संतुष्टि के लिए कार्यशील होता है। लेकिन यह भौतिक जगत अतीत में अभाव के विरुद्ध संघर्षरत हजारों-लाखों व्यक्तियों के कार्यों द्वारा आकार ग्रहण करता है। यों तो भौतिक वस्तुएँ निष्क्रिय होती हैं लेकिन मानवीय श्रम उन्हें सक्रिय बना देता है और वे अवांछित परिणामों के द्वारा मानवीय कार्यों के उद्देश्यों को असफल बना देती हैं। इसके लिए सार्त्र क्रियात्मक जड़ता (Practico-inert) की अवधारणा का प्रतिपादन करते हैं जो मनुष्य द्वारा उत्पन्न पदार्थों का उसी पर आधिपत्य है। सार्त्र इसके लिए एक चीनी किसान का उदाहरण देते हैं जो कृषियोग्य जमीन एवं भवन-निर्माण के लिए जंगलों को काटता है। उसका यह कार्य बाढ़ जैसे परिणामों को पैदा करता है। इस प्रकार मनुष्य द्वारा उत्पादित वस्तुएँ स्वयं उसके नियंत्रण के बाहर चली जाती हैं जो उसके बेहतर विश्व-निर्माण की क्षमता को नकार देती हैं। इसके माध्यम से पर्यावरण-प्रदूषण को भी समझा जा सकता है। उत्पादित पदार्थ के अवांछित परिणाम श्रमिकों को ज्यादा प्रभावित करते हैं क्योंकि वे प्रदूषण के स्रोत के अधिक नजदीक रहते हैं। उनकी कम मजदूरी उन्हें लंबी अवधि के लिए काम करने को बाध्य करती है तथा उनका खराब स्वास्थ्य एवं कुपोषण उन्हें प्रदूषण के आक्रमण के लिए अधिक उपयुक्त बना देता है। पूँजीपति भी इसके प्रभाव से मुक्त नहीं होते लेकिन वे अपने साधनों के कारण इससे कम प्रभावित होते हैं।

भौतिक जगत का अवांछित फल अलगाव को जन्म देता है। अभाव के कारण व्यक्ति एक विरोधी दुनिया में जीता है तथा उसके कार्य द्वारा उत्पादित वस्तु ही उसके चयन को खारिज कर देती है। मार्क्स भी अलगाव की चर्चा करते वक्त मजदूर के उसे उत्पाद से बिलगाव की चर्चा करते हैं। ठीक उसी तरह सार्त्र भी श्रमिकों द्वारा उसके स्वयं के उत्पाद से नियंत्रण का समाप्त हो जाना अलगाव का प्रमुख कारण मानते हैं। लेकिन सार्त्र अलगाव को वर्गीय शोषण के संदर्भ में नहीं देखते तथा न ही वे मार्क्स के निजी संपत्ति के अंत का ही समर्थन करते हैं।

श्रृंखला से संस्था तक (From Series to Institution)

पूर्व में उल्लेख किया जा चुका है कि अभाव का अंत सामूहिक प्रक्रिया के द्वारा ही संभव है। सार्त्र की विलक्षणता 'समूहों के द्वंद्ववाद' की अवधारणा में हैं। वे मानवीय समूहों के बनने-बिगड़ने की प्रक्रिया का विस्तृत विश्लेषण करते हैं। प्रारंभ में मनुष्य अकेला होता है, जिस प्रकार बस की प्रतीक्षा में खड़े व्यक्तियों की पंक्ति होती है। प्रतीक्षारत सभी मनुष्य बाह्य रूप से एक-दूसरे के समीप होते हैं और उनका उद्देश्य एक ही है- बस में स्थान प्राप्त करना। लेकिन इस समान उद्देश्य के बावजूद प्रत्येक एक-दूसरे का प्रतिद्वंद्वी है और यह तथ्य सभी को ज्ञात है। फिर भी वे पंक्तिबद्ध रूप से खड़े होते हैं ताकि सीट के लिए संघर्ष से बचा जा

सके। सार्त्र इसे 'सीरीज' की संज्ञा देते हैं, जो नकारात्मक पारस्परिक संबंधों को प्रकट करता है। यह आधुनिक सामाजिक जीवन का चित्रण भी है। नगर इसी प्रकार शृंखलाओं की शृंखला (Series of Series) है अथवा एकांत की बहुलता है। यह सीरीज मनुष्य के ऊपर वस्तु के आधिपत्य को इंगित करता है। प्रत्येक व्यक्ति दूसरे के लिए पराया है। वर्तमान समाज इसी प्रकार के अणुकृत व्यक्तियों का योग है जिनके बीच आंतरिक संबंध नहीं होते।

मनुष्यों की उक्त शृंखला किसी अनिवार्यता के दबाव में खत्म हो जाती है और समूह की उत्पत्ति होती है। सार्त्र फ्रांस की राज्यक्रांति में बास्तिल घटना का उदाहरण देते हैं जिसमें शृंखलाओं में बद्ध मनुष्यों ने एक क्रांतिकारी समूह को जन्म दिया जो पुलिस के खतरे के कारण उत्पन्न हुआ। समूह की निम्न विशेषताएँ होती हैं : एक सामान्य लक्ष्य की प्राप्ति, परस्परता, तथा आंतरिक बंधन पर आधारित सदस्यों की आंतरिक एकता। यह शृंखला से इस रूप में भिन्न होता है कि इसके सदस्य एक सामान्य लक्ष्य को प्राप्त करना चाहते हैं। यह मनुष्यों को वस्तुओं के अमानवीय प्रभावों से मुक्त करता है और उन्हें पराएपन से भी मुक्ति दिलाता है। इस समूह में पूर्ण स्वतंत्रता मिलती है जिसमें न तो कोई नेता है, न पद-सोपानात्मक संगठन है और न ही कार्यों का विभाजन। यह मनुष्य के भ्रातृत्व का प्रकटीकरण है। इस प्रकार समूह सामाजिक सावयवी एकता का चरम बिंदु है जिसमें प्रत्येक मनुष्य समूह के लिए अपरिहार्य है।

सार्त्र के अनुसार समूह के विघटन का खतरा बना रहता है। सामूहिक एकता को विखंडन से बचाने के लिए सार्त्र 'शपथ' (Pledge) की अवधारणा प्रस्तुत करते हैं जिसके द्वारा समूह की एकता कायम की जा सकती है। शपथ के द्वारा मनुष्य इस बात की गारंटी देते हैं कि वे कभी भी नहीं बदलेंगे। आखिर इस शपथ के पीछे शक्ति क्या है? सार्त्र इसका एक विलक्षण समाधान प्रस्तुत करते हैं। उनका कहना है कि शपथ के द्वारा मनुष्य दूसरों को यह अधिकार देता है कि यदि वह बदल जाए तो उसे अनिवार्य रूप से मार दिया जाए। यहीं पर हिंसा और आतंक का प्रवेश होता है जो शपथ को लागू करता है। उल्लेखनीय है कि समूह का निर्माण बाहरी खतरे के कारण हुआ था और उस समूह की एकता के लिए दूसरे प्रकार का खतरा समूह के द्वारा ही पैदा कर दिया जाता है। सार्त्र समूह की एकता को बनाए रखने के लिए हिंसा को औचित्यपूर्ण ठहराते हैं।

अपने लक्ष्य की प्राप्ति के लिए समूह के भीतर कार्यात्मक विभेदीकरण की आवश्यकता होती है जो संगठन की माँग करता है। दूसरे शब्दों में संगठन कार्यों का वितरण है। सार्त्र फुटबॉल टीम का उदाहरण देते हैं जिसमें सभी के कार्य बँटे हुए हैं। सभी समूह की एकता को बाहरी तथा आंतरिक खतरों से बचाने के लिए उसी प्रकार सक्रिय रहते हैं जैसे फुटबॉल टीम के सदस्य गोल बचाने में प्रयत्नशील होते हैं। इस प्रकार संगठन में मनुष्य बेहतर परिणाम पैदा करता है। कार्यों की बढ़ती जटिलता तथा विभेदीकरण के कारण समन्वय एवं एकीकरण की आवश्यकता पड़ती है जिसके लिए एक संप्रभु की आवश्यकता होती है जो राज्य या नेता हो सकता है। इस प्रकार अब समूह संस्थागत (Institutionlised) रूप ग्रहण कर लेता है और मनुष्य भी संस्थागत हो जाता है। लेकिन इस संस्था में मनुष्य

पुनः वस्तु के रूप में परिणत हो जाता है। सार्त्र संस्था के पुनः शृंखला में परिवर्तित हो जाने की संभावना स्वीकार करते हैं। इस प्रकार सार्त्र शृंखला से संस्था तथा संस्था से शृंखला के वृत्त को पूरा करते हैं। संस्था में आतंक का शासन होता है और व्यक्ति पद-सोपानात्मक संबंधों में निबद्ध हो जाता है। इसमें सत्ता की भूमिका अहम हो जाती है और व्यक्ति के पास आज्ञापालन के सिवा कोई स्वतंत्रता नहीं रह जाती।

यह भी कहा जाता है कि सार्त्र का उपर्युक्त वर्णन सोवियत संघ में 1917 ई. से 1960 ई. के बीच उत्पन्न संरचनाओं का इतिहास है। लेकिन सार्त्र यह स्पष्ट करते हैं कि यह जरूरी नहीं कि सभी आंदोलन इन्हीं अवस्थाओं से होकर गुजरें। सार्त्र सोवियत संघ की समाजवादी व्यवस्था के अंत की भविष्यवाणी करते हैं। सोवियत संघ का समाजवादी समाज नौकरशाही, आतंक तथा व्यक्ति-पूजा का योग था जिसका अंत सार्त्र को दिखलाई पड़ रहा था। अपने जीवन के अंतिम वर्षों में सार्त्र पूरे तौर पर निराशावाद से जकड़ गए। विश्व में समाजवादी क्रांति की उनकी आशा धूमिल पड़ने लगी। वे पुनः व्यक्तिवादी दर्शन की ओर लौट गए और फ्लाबेयर की जीवनी लिखने में लगे रहे। उनकी निराशा की एक प्रमुख वजह 1968 ई. का आंदोलन था। सार्त्र स्वयं इस आंदोलन में सक्रिय हुए। इस अवस्था में वैचारिक तौर पर वे माओवाद के करीब थे। इस आंदोलन में उन्होंने प्रतिबंधित माओवादी विचारधारा का प्रचार प्रारंभ किया। सड़क पर उतरकर उन्होंने फ्रांसीसी सरकार को खुली चुनौती दी। लेकिन यह आंदोलन असफल रहा। इसके बाद सार्त्र सक्रिय राजनैतिक गतिविधि से पूरे तौर पर अलग हो गए।

मार्क्सवाद के विकास में 1956 ई. एक महत्त्वपूर्ण वर्ष है। यहीं से मार्क्सवादी सिद्धातों में सोवियत संघ के द्वारा एक बुनियादी परिवर्तन दिखलाई पडता है। सोवियत संघ की कम्युनिस्ट पार्टी ने वर्ग-संघर्ष के सिद्धांतों का परित्याग कर दिया और शांतिपूर्ण सहअस्तित्व के साथ-साथ मानवतावाद को अपनाने की कोशिश की। सोवियत संघ को पूरी जनता का राज्य घोषित कर दिया गया। कम्युनिस्ट पार्टी भी पूरी जनता की पार्टी हो गई। इसका विश्वव्यापी असर हुआ। फ्रांस में भी मार्क्सवाद की मानववादी व्याख्याएँ की जाने लगी थीं। सार्त्र ने मार्क्सवाद को बहुत हद तक मानवतावादी बना दिया था।

लुईस अल्थूसर का संरचनात्मक मार्क्सवाद
(Structural Marxism of Louis Althusser)

अल्थूसर का संरचनात्मक मार्क्सवाद उपर्युक्त मानवतावादी परिप्रेक्ष्य के विरुद्ध एक प्रतिक्रिया था। उन्होंने स्वयं लिखा है कि वे दो कारणों से हस्तक्षेप के लिए बाध्य हुए। पहला कारण था सोवियत संघ के साम्यवादी दल की बीसवीं कांग्रेस तथा दूसरा कारण था, सोवियत संघ एवं चीन के बीच मतभेद। अल्थूसर का उद्देश्य मार्क्सवाद की वैज्ञानिकता को पुनः स्थापित करना और मार्क्सवाद की मानववादी व्याख्या का खंडन करना था। 1960 ई. के दशक में फ्रांसीसी दर्शन संक्रांति-काल में था और अस्तित्ववाद तथा संरचनावाद के बीच प्रतियोगिता थी जिसमें संरचनावाद अस्तित्ववाद को पराजित करने की स्थिति में था। संरचनावाद सर्वप्रथम

भाषाविज्ञान में उत्पन्न हुआ और सस्यूर उसके प्रमुख प्रणेता थे। उन्होंने यह सिद्ध किया कि कर्ता या 'सब्जेक्ट' भाषा के अर्थ को निर्धारित नहीं करता। अर्थ की प्राप्ति भाषा के तत्त्वों के अंतर्संबंधों की जानकारी से होती है। इस प्रकार भाषा के अंतर्गत कर्ता की निर्णायक भूमिका नहीं रह गई। 1962 ई. में लीवी स्ट्रॉस ने सार्त्र की आलोचना की और उन्होंने सस्यूर के संरचनावादी भाषाविज्ञान का प्रयोग मानव-विज्ञान में किया। इस प्रकार अस्तित्ववाद या मानववाद के विरुद्ध संघर्ष में अल्थूसर को एक सहयोगी विचारधारा प्राप्त हो गई थी। हालाँकि वे स्वयं को संरचनावादी मानने से इनकार करते रहे, फिर भी उन्होंने मार्क्सवाद की व्याख्या में संरचनावाद की अवधारणाओं का उपयोग किया है।

सामान्य तौर पर मार्क्सवाद सामाजिक परिवर्तन का सिद्धांत माना जाता है और मार्क्स को मूल रूप से अर्थशास्त्री या समाजशास्त्री जाना जाता है। स्वयं मार्क्स ने भी दार्शनिक समस्याओं में प्रमुख रूप से अपनी अभिरुचि प्रदर्शित नहीं की और मार्क्सवाद एक दर्शन-प्रणाली के रूप में अविकसित रहा। अल्थूसर का उद्देश्य इस खालीपन को भरना था। उनकी अभिरुचि मार्क्सवादी दर्शन को विकसित करने में थी जो ऐतिहासिक भौतिकवाद की वैज्ञानिकता को पुष्ट करने के साथ-साथ मार्क्सवाद के सैद्धांतिक मानववाद-विरोध (Theoretical anti-humanism) को भी प्रमाणित कर सके। अल्थूसर फ्रांसीसी साम्यवादी दल के सदस्य थे और वे दल के विचारकों की सैद्धांतिक आलोचना तो करते रहे, लेकिन दल की राजनीति पर वे हमेशा मौन रहे। क्रांतिकारी मार्क्सवाद में उनका विश्वास कायम था। उनकी स्वाभाविक सहानुभूति माओवाद के साथ थी। प्राय: यह माना जाता है कि वे कट्टर स्टालिनवादी थे। लेकिन यह अल्थूसर के साथ अन्याय है। अल्थूसर स्टालिन की आलोचना वामपंथी दृष्टिकोण से करना चाहते थे और उन्होंने की भी। लेकिन स्टालिनवाद की दक्षिणपंथी आलोचना के, जिसकी परिणति मानववाद में हो रही थी, अल्थूसर घोर विरोधी थे। उन्होंने यह दावा क़िया कि उनका उद्देश्य स्टालिनवाद की वामपंथी आलोचना है।

अल्थूसर द्वितीय विश्वयुद्ध में बंदी बनाए गए थे और उसके बाद वे दर्शनशास्त्र के प्रोफेसर बने। लेकिन 1960 ई. तक फ्रांस के बुद्धिजीवियों के बीच उनकी पहचान कायम नहीं हुई थी। 1965 ई. में उनके निबंधों के संग्रह *फॉर मार्क्स* तथा *रीडिंग कैपिटल* प्रकाशित हुए। दोनों संग्रहों ने बुद्धिजीवियों का ध्यान खींचा और अल्थूसर द्वारा की गई मार्क्सवाद की व्याख्या बहस और विवाद का केंद्र बनी। 1972 ई. में उनकी पुस्तक *लेनिन एट ला फिलॉसफी* तथा 1976 ई. में *एसेज ऑन सेल्फ क्रिटिसिज्म* प्रकाशित हुई। इन पुस्तकों में उन्होंने अपने कई पूर्ववर्ती सिद्धांतों का संशोधन किया। 1980 ई. में दुखद रूप से उनकी बौद्धिक यात्रा समाप्त हुई, जब उन्होंने मनोरोग की दशा में अपनी पत्नी का गला घोंट दिया। उसके बाद वे मानसिक चिकित्सालय में पड़े रहे।

मार्क्सवाद के लिए *कैपिटल* पढ़िए

अल्थूसर का सुझाव है—"मार्क्स के लिए *कैपिटल* पढ़िए। *कैपिटल* का एक-एक शब्द तथा चारों खंडों की एक-एक पंक्ति पढ़िए। प्रथम अध्याय को दस बार पढ़िए।" अल्थूसर

के उपर्युक्त सुझाव के दो निहितार्थ हैं। पहला, 1844 ई. के मार्क्स की आर्थिक एवं दार्शनिक पांडुलिपियों के स्थान पर, जो मार्क्स की मानववादी व्याख्या का प्रमुख आधार थीं, वे मार्क्स की परिपक्व कृति *कैपिटल* के अध्ययन पर बल देते हैं। दूसरा, *कैपिटल* को सामान्य रूप से राजनैतिक अर्थशास्त्र की आलोचना के रूप में जाना जाता है। लेकिन अल्थूसर उसे दार्शनिक दृष्टिकोण से पढ़ने की बात करते हैं। उनका मानना है कि उसमें मार्क्सवादी दर्शन व्यावहारिक अवस्था में है जिसकी खोज सही पठन से हो सकती है।

अल्थूसर का कहना है कि *कैपिटल* का पठन नियमों के अनुसार होना चाहिए और मार्क्स स्वयं इस नियम को बतलाते हैं। पठन आलोचनात्मक तथा कठोर होना चाहिए। आलोचनात्मक पठन केवल शाब्दिक अर्थ पर बल नहीं देता बल्कि पाठ के भीतर की रिक्तियों, मिथकों, वैज्ञानिकता एवं दोषों को भी खोजने की कोशिश करता है। इसी प्रकार कठोर पठन में अवधारणाओं के निहितार्थ, क्षेत्र तथा सीमाओं को ध्यान में रखा जाता है। अल्थूसर के दृष्टिकोण में प्रत्येक पाठ के दो विमर्श होते हैं। एक स्पष्ट तथा दूसरा मौन। मौन विमर्श पाठ के भीतर लक्षणों के रूप में स्थित होता है। अत: किसी पाठ की व्याख्या के लिए सिर्फ उसके स्पष्ट विमर्श (Explicit discourse) पर ही ध्यान देना पर्याप्त नहीं है, बल्कि मौन विमर्श को भी ढूँढ़ लेना आवश्यक है। अल्थूसर इसे लक्षणात्मक पठन (Symptomatic reading) कहते हैं। यह मौन विमर्श तथा पाठ के अचेतन अर्थ को ढूँढ़ने की कोशिश है। अल्थूसर के इस पठन-संबंधी सिद्धांत के राजनैतिक निहितार्थ भी हैं।

अल्थूसर का तर्क है कि किसी अवधारणा का अर्थ अलग से निर्धारित नहीं किया जा सकता। यह आवश्यक है कि उस संदर्भ को ढूँढ़ा जाए जिसमें उस अवधारणा का उपयोग होता है। संदर्भ को अल्थूसर 'प्रॉब्लेमेटिक' (Problematic) कहते हैं। यह किसी सिद्धांत या विचारधारा के अंतर्निहित आधारों को अभिव्यक्त करता है। किसी भी सिद्धांत या विचारों की व्यवस्था में विभिन्न प्रकार की अवधारणाएँ अंतर्संबंधित होती हैं। इसलिए किसी अवधारणा की सम्यक् जानकारी तभी संभव है जब उस वैचारिक व्यवस्था की प्रकृति, उसका महत्त्व तथा उसके कार्य एवं उसके अंतर्संबंधों की जानकारी हो सके। किसी भी पाठ का संदर्भ शायद ही स्पष्ट तौर पर दिखलाई पड़ता है। यह शब्दों एवं अवधारणाओं के साथ-साथ पाठ के भीतर मौन या अंतराल में स्थित होता है। उपर्युक्त लक्षणात्मक पठन के द्वारा इस संदर्भ को खोजा जा सकता है, जिस प्रकार फ्रायड स्वप्नों की व्याख्या में व्यक्ति की अभिव्यक्तियों की सहायता लेते हैं।

अल्थूसर का 'प्रॉब्लेमेटिक' किसी सिद्धांत या विचारधारा के निर्माण में सक्रिय भूमिका का निर्वाह करता है। वस्तुत: व्यक्ति स्वतंत्र रूप से चिंतन नहीं करता बल्कि यही 'प्रॉब्लेमेटिक' उसके माध्यम से चिंतन करता है और व्यक्ति उसको अभिव्यक्ति-मात्र देता है। अल्थूसर मानववादी व्याख्याकारों के इस तर्क को खंडित कर देते हैं कि मार्क्सवाद में एक वैचारिक निरंतरता है। इन लोगों का तर्क था कि 1844 ई. में मार्क्स श्रमिकों के जिस अलगाव की बात करते हैं वह कैपिटल में भी पण्य-पूजा (Fetishism of commodities) के रूप में दिखलाई पड़ता है। अल्थूसर का तर्क है कि यहाँ पर 'प्रॉब्लेमेटिक' या संदर्भ पर ध्यान नहीं दिया गया

जो कि किसी अवधारणा को सही अर्थ प्रदान करता है। दोनों रचनाओं का संदर्भ भिन्न है और इनकी रचना के समय मार्क्स का मानसिक लगााव भिन्न-भिन्न प्रकार के सिद्धांतों से था।

ज्ञानमीमांसात्मक विच्छेद

अल्थूसर मार्क्स के वैचारिक विकास में ज्ञान-मीमांसात्मक विच्छेद (Epistemological break) की बात करते हैं। यह अवधारणा उन्होंने अपने शोधनिर्देशक बेचलार्ड से ली है। उसके अनुसार मानवीय ज्ञान का विकास निरंतर नहीं होता बल्कि उसमें विच्छेद की स्थिति भी आती है। मार्क्स के भीतर यह विच्छेद दो रूपों में होता है- मार्क्स का अपने पूर्ववर्ती दार्शनिकों से तथा मार्क्स का स्वयं से। शुरुआती दौर में मार्क्स हीगल, कांट, फिश्टे और फायरबाख की विचारधारात्मक 'प्रॉब्लेमेटिक' के साथ बँधे थे। उसके बाद विच्छेद की अवस्था आती है और वे विचारधारा से विज्ञान की ओर लौटते हैं और एक नए विज्ञान की स्थापना करते हैं। अल्थूसर मार्क्स की रचनाओं को चार अवस्थाओं में बाँटते हैं :

1. 1840 ई. से 1844 ई. तक की रचनाएँ। इस अवस्था में मार्क्स दो क्षणों से गुजरते हैं। पहला, कांट एवं फिश्टे के 'प्रॉब्लेमेटिक' से तथा दूसरा, फायरबाख के मानव-विज्ञान से।
2. दूसरी अवस्था 1845 ई. में प्रारंभ होती है जिसमें विच्छेद की अवस्था आती है। इस अवस्था में जर्मन आइडियोलॉजी तथा थीसिस ऑन फायरबाख जैसी रचनाओं को रखा जा सकता है।
3. तीसरी अवस्था संक्रांति-काल की अवस्था है जो 1845 ई. से 1857 ई. तक है। इसमें *कम्युनिस्ट मेनिफेस्टो, द पॉवर्टी ऑफ फिलॉसफी* तथा *कैपिटल* का प्रथम ड्राफ्ट शामिल है।
4. अंतिम अवस्था 1857 ई. से 1883 ई. तक है जिसमें मार्क्स की परिपक्व तथा वैज्ञानिक रचनाएँ लिखी गई।

उपर्युक्त विभाजन में एक बात साफ है कि मार्क्स कभी भी हीगलवादी नहीं रहे। अल्थूसर यह प्रमाणित करने की कोशिश करते हैं कि मार्क्स निरंतर हीगल से दूर होते चले गए। यहाँ तक कि 1844 ई. की पांडुलिपियों को वे हीगल से प्रेरित तो मानते हैं लेकिन वे यह तर्क देते हैं कि इसमें भी हीगल के आदर्शवाद को प्रतिलोमित करने की कोशिश की गई है। मोटे तौर पर मार्क्स की रचनाओं को दो भागों में विभक्त किया गया है- विचारधारात्मक (Ideological) तथा वैज्ञानिक। 1845 ई. के पहले की रचनाएँ विचारधारात्मक हैं और उसके बाद की रचनाएँ वैज्ञानिक हैं जो दो अवस्थाओं से गुजरती हैं - संक्रांति-काल तथा परिपक्वावस्था।

मार्क्सवादी दर्शन

जैसा कि पहले कहा जा चुका है, अल्थूसर द्वारा *कैपिटल* के अध्ययन के पीछे उनका उद्देश्य मार्क्सवादी दर्शन की खोज करना है। मार्क्सवादी दर्शन क्या है? क्या इसकी स्थिति इतनी परिपक्व

है कि यह एक दर्शन के रूप में कायम रह सके? यदि 'हाँ' तो इसकी विशिष्टताओं को किस तरह परिभाषित किया जा सकता है? अल्थूसर के इन प्रश्नों के उत्तर फ्रांसीसी चिंतन के संदर्भ में प्रासंगिक थे। मार्क्सवाद को एक दर्शन मानने के प्रश्न पर विवाद है। यह विदित है कि अपनी पुस्तक *जर्मन आइडियोलॉजी* में मार्क्स ने आदर्शवादी दर्शन की आलोचना की थी और उन्होंने यह निष्कर्ष निकाला था कि ज्ञान की अलग शाखा के रूप में दर्शन का अस्तित्व समाप्त हो गया है। कुछ इसी तरह की व्याख्या एंगिल्स ने भी की थी। इससे कई पश्चिमी दार्शनिकों ने यह निष्कर्ष निकाला कि मार्क्सवाद दर्शन के अंत का परिचायक है। अल्थूसर का उद्देश्य इन तर्कों को खारिज करना है। उनका कहना है कि मार्क्स ने दोहरी क्रांति की और दो नए अनुशासनों को जन्म दिया– इतिहास का विज्ञान, यानी ऐतिहासिक भौतिकवाद तथा एक नया दर्शन द्वंद्वात्मक भौतिकवाद। द्वंद्वात्मक भौतिकवाद एक दर्शन है जबकि ऐतिहासिक भौतिकवाद उत्पादन–प्रणाली का विज्ञान है। अल्थूसर का कहना है कि एक नया विज्ञान हमेशा एक नए दर्शन को जन्म देता है। उदाहरणस्वरूप थेल्स के गणित ने प्लेटोवादी दर्शन तथा गैलीलियो की भौतिकी ने देकार्तवादी दर्शन को जन्म दिया। ठीक इसी प्रकार मार्क्स द्वारा इतिहास के विज्ञान की खोज के साथ एक नए दर्शन का जन्म हुआ। लेकिन मार्क्सवादी दर्शन असमान रूप से अपेक्षाकृत अविकसित रहा जिसके लिए अल्थूसर मार्क्स, एंगिल्स और लेनिन को जिम्मेदार ठहराते हैं। मार्क्स इस दर्शन का आधार ही खड़ा कर पाए। उसके बाद लेनिन ने मार्क्सवादी दर्शन को विकसित रूप प्रदान करने की कोशिश अपनी पुस्तक *मैटेरियलिज्म ऐंड इंपीरिओ क्रिटिसिज्म* में की। अल्थूसर का कहना था कि मार्क्सवादी दर्शन अविकसित अवस्था में है और वे इसे विकसित करना चाहते हैं।

द्वंद्ववाद की प्रकृति के संबंध में दो प्रकार के विचार पाए जाते हैं। फ्रांस के लेफेब्रे– जैसे विचारकों का कहना है कि द्वंद्ववाद मूलत: एक पद्धति है जिसका उपयोग किसी भी दर्शन में संभव है। लेकिन अल्थूसर दूसरे विचार के समर्थक हैं। उनके अनुसार पद्धति और दर्शन में भेद नहीं किया जा सकता और मार्क्स के द्वारा द्वंद्वात्मक पद्धति के प्रयोग से दर्शन की प्रकृति भी बदल गई। द्वंद्वात्मक भौतिकवाद का दर्शन विचारधारा की अवस्था से अग्रसर होकर वैज्ञानिक स्वरूप ग्रहण कर सका। अल्थूसर के लिए दर्शन ज्ञान या विज्ञान का सिद्धांत है जिसका विषय विचारों का इतिहास है। यह दर्शन विज्ञान के साथ अभिन्न रूप से संबद्ध है क्योंकि ऐतिहासिक भौतिकवाद की वैज्ञानिकता की प्रामाणिकता का आधार दर्शन ही है। मार्क्सवादी दर्शन ज्ञान के उत्पादन का सिद्धांत है या सैद्धांतिक क्रियाकलाप का सिद्धांत (Theory of theoretical practice)। अल्थूसर के दर्शन की खोज राजनीति के साथ भी जुड़ी है। उनका मानना है कि साम्यवादी दल के राजनैतिक क्रियाकलाप मार्क्सवादी सिद्धांतों द्वारा निर्देशित होने चाहिए। इसलिए ऐतिहासिक भौतिकवाद को पुनर्जीवित करना आवश्यक है। एक पथ प्रदर्शक के रूप में ऐतिहासिक भौतिकवाद तभी कायम रह सकता है जब वह वैज्ञानिक हो।

प्रैक्टिस (Practice) की अवधारणा

मार्क्सवाद में 'प्रैक्टिस' एक केंद्रीय अवधारणा है। अल्थूसर सामाजिक व्यवस्था को विभिन्न

प्रकार के 'प्रैक्टिस' का समुच्चय मानते हैं। 'प्रैक्टिस' से उनका आशय खास प्रकार के कच्चे माल का निश्चित प्रकार के उत्पादन में रूपांतरित होने से है। प्रत्येक 'प्रैक्टिस' के तीन तरह के अवयव होते हैं : 1. कच्चा माल, 2. उत्पादन के साधन और 3. उत्पाद। प्रत्येक 'प्रैक्टिस' में निर्णायक तत्त्व न तो कच्चा माल होता है और न ही उत्पाद बल्कि श्रम द्वारा रूपांतरण की भूमिका ही निर्णायक है। अल्थूसर के अनुसार समाज में चार विशिष्ट प्रकार के 'प्रैक्टिस' पाए जाते हैं- आर्थिक, राजनैतिक, विचारधारात्मक और वैज्ञानिक। वैज्ञानिक 'प्रैक्टिस' को छोड़कर बाकी सभी एक-दूसरे से सावयवी रूप से संबद्ध होते हैं। चारों प्रकार के 'प्रैक्टिस' में उत्पादन की प्रक्रिया एक समान होती है। आर्थिक क्षेत्र में श्रम द्वारा प्राकृतिक वस्तुओं का रूपांतरण सामजिक रूप से उपयोगी वस्तुओं में होता है। राजनैतिक प्रैक्टिस में पुराने सामाजिक संबंधों का रूपांतरण नए सामाजिक संबंधों में होता है। वैचारिक 'प्रैक्टिस' में मानवीय अनुभवों के प्रस्तुतीकरण के रूपों में परिवर्तन होता है। इसी प्रकार वैज्ञानिक या सैद्धांतिक 'प्रैक्टिस' में चिंतन-शक्ति अवधारणाओं का रूपांतरण एक विशेष प्रकार के उत्पाद यानी ज्ञान में करती है। इस प्रकार चारों 'प्रैक्टिस' अपने क्षेत्र में कार्य करते हैं। यह भी उल्लेखनीय है कि केवल वैज्ञानिक 'प्रैक्टिस' ही ज्ञान को उत्पन्न करता है। इस प्रकार ज्ञान भी एक तरह का उत्पादन है। यहाँ पर अल्थूसर उन सभी मार्क्सवादियों के तर्कों का खंडन करना चाहते हैं जो आर्थिक 'प्रैक्टिस' को ही प्राथमिकता देते हैं और अन्य तरह के सामाजिक स्तरों की अवहेलना करते हैं। अल्थूसर इन सभी प्रकार के 'प्रैक्टिस' की विशिष्टता पर बल देते हैं।

आर्थिक रूपांतरणवाद (Economic Reductionism) का खंडन

अल्थूसर आर्थिक रूपांतरणवाद का खंडन करते हैं। रूढ़िवादी मार्क्सवाद में ज्ञान वर्गीय चरित्र से निर्धारित होता है। यह समाज की आर्थिक संरचना को भी प्रतिबिंबित करता है। लेकिन अल्थूसर इस एकतत्त्ववाद को स्वीकार नहीं करते। सामाजिक व्यवस्था की सही समझ तभी हो सकती है जब समाज के विभिन्न स्तरों को उनकी विशिष्टताओं और उनके बीच की विभिन्नताओं के संदर्भ में समझा जाए। इस प्रकार अल्थूसर समाज की एक बहुलवादी अवधारणा प्रस्तुत करते हैं। दूसरी उल्लेखनीय विशेषता सैद्धांतिक क्रिया (Theoretical practice) की स्वायत्तता है। सैद्धांतिक क्रिया स्वायत्त रूप से कार्य करती है तथा यह अन्य सामाजिक स्तरों से पूर्णत: स्वतंत्र होती है। स्पष्ट रूप से यह स्टालिनवादी विचारक जेडानेव के हठवाद का विरोध है जिनके अनुसार विज्ञान वर्ग से संबद्ध होता है। जेडानेव ने विज्ञान को बुर्जुआ एवं सर्वहारा में विभाजित करने की कोशिश की थी। अल्थूसर कहीं भी वर्गीय अवधारणा को लागू नहीं करते। यहाँ तक कि वे ज्ञान की सत्यता का आनुभविक सत्यापन भी आवश्यक नहीं समझते। ज्ञान में आंतरिक वैधता होती है और वह व्यावहारिक फलितार्थों से संबद्ध नहीं है। इसका निहितार्थ है कि मार्क्सवादी सिद्धांत को व्यवहार यानी सोवियत समाजवाद से वैधता प्राप्त नहीं होती। सिद्धांत स्वायत्त होते हैं जो राजनैतिक क्रियाकलाप के निर्देशक होते हैं।

विज्ञान और विचारधारा

अल्थूसर विज्ञान और विचारधारा में अंतर स्थापित करते हैं। वे विचारधारा का प्रयोग चार अर्थों में करते हैं। प्रथमतया विचारधारा मिथकों, विचारों एवं बिंबों (Images) का चित्रण करती है। दूसरे अर्थ में विचारधारा व्यक्ति एवं विश्व के जीवंत संबंधों का नाम है। विचारधारा मनुष्य को संसार में रहने में सहायता करती है। यह मनुष्य और विश्व के बीच काल्पनिक संबंध का प्रतिनिधित्व करती है। विचारधारा सत्य या असत्य नहीं होती और इस तरह का कोई मापदंड इस पर लागू नहीं होता है। इसके विपरीत विज्ञान ज्ञान प्रदान करता है। विचारधारा एक बंद व्यवस्था होती है जबकि विज्ञान समस्याओं एवं उनके समाधान के लिए खुला होता है और आत्म-परिशुद्धि की प्रक्रिया के द्वारा वह निरंतर विकास करता है। विचारधारा विज्ञान के विकास में बाधक होती है। तीसरे अर्थ में विचारधारा समाज की एक विशिष्ट संरचना है। कोई भी समाज विचारधारा के बगैर कायम नहीं रह सकता। चौथे अर्थ में विचारधारा एक साधन है जिसके द्वारा व्यक्ति अपनी क्षमता को वास्तविक परिस्थितियों के अनुरूप समंजित करता है। विचारधारा के माध्यम से उसे विश्व में अपनी स्थिति की चेतना प्राप्त होती है।

मार्क्सवाद में विचारधारा को 'मिथ्या-चेतना' माना गया जो शोषणपूर्ण संबंधों को उचित ठहराती है। बाद में चलकर ग्राम्शी ने विचारधारात्मक आधिपत्य की चर्चा की और शासक वर्ग की विचारधारा को शासक विचारधारा बतलाया। अल्थूसर विचारधारा का प्रयोग भिन्न अर्थ में करते हैं। उनके लिए विचारधारा भ्रम नहीं है। यह जीवन की वास्तविकता है। विचारधारा को वे शोषण से नहीं जोड़ते। विचारधारा कोई नया ज्ञान नहीं देती बल्कि यह सामाजिक यथार्थ की पुनरावृत्ति है। मार्क्सवाद के ऊपर यह आरोप है कि वह परिवर्तन की विचारधारा का प्रतिपादन वैज्ञानिक सिद्धांतों की आड़ में करता है। लेकिन अल्थूसर ने विज्ञान को किसी भी प्रकार के नैतिक या सामाजिक हित से नहीं जोड़ा। इस प्रकार अल्थूसर के दिमाग में सामाजिक विज्ञान का प्रतिमान प्राकृतिक विज्ञान है। मार्क्स ने भी यह कल्पना की थी कि वर्ग-विहीन समाज की स्थापना के पश्चात् विचारधारा की भूमिका नहीं रह जाएगी। लेकिन अल्थूसर इससे सहमत नहीं। उनका कहना है कि मनुष्य स्वभाव से ही विचारधारात्मक प्राणी है। अत: साम्यवादी समाज में भी विचारधारा बनी रहेगी।

जैसा कि पहले कहा जा चुका है, अल्थूसर मार्क्स द्वारा इतिहास के नए विज्ञान की स्थापना का उल्लेख करते हैं। यह विज्ञान प्राकृतिक विज्ञानों की तरह है जिसकी खोज मार्क्स ने सभी प्रकार के आदर्शवाद एवं मानववाद से पूर्ण विच्छेद के बाद की थी। इस विज्ञान को उत्पादन-प्रणाली एवं सामाजिक रूपांतरण के सामान्य सिद्धांत के रूप में देखा जा सकता है। मार्क्स ने आधुनिक समाज की गतिशीलता के आर्थिक सिद्धांतों की खोज की थी लेकिन इस विज्ञान में समाजवादी क्रांति के पश्चात् नए राजनैतिक परिवर्तनों के परिप्रेक्ष्य में परिमार्जन आवश्यक है। अल्थूसर का तर्क है कि मार्क्स एक उत्पादन प्रणाली से दूसरी उत्पादन प्रणाली के संक्रमण का सिद्धांत प्रस्तुत नहीं करते। यहाँ तक कि पूँजीवाद से समाजवाद की ओर संक्रमण की भी विस्तृत व्याख्या मार्क्स ने नहीं की। इस प्रकार मार्क्सवाद के सामान्य

सिद्धांत के भीतर कुछ क्षेत्रीय सिद्धांतों का विकास आवश्यक है। अल्थूसर तीसरी दुनिया के अविकसित देशों की समस्याएँ, समाजवाद का राष्ट्रीय मार्ग, शांतिपूर्ण तरीके से समाजवाद आदि के संदर्भ में ऐतिहासिक भौतिकवाद की नई व्याख्या करना चाहते हैं।

ऐतिहासिक भौतिकवाद

ऐतिहासिक भौतिकवाद का मूल सिद्धांत है कि आर्थिक संरचना यानी उत्पादक शक्तियाँ एवं उत्पादन-संबंध किसी समाज की कानूनी एवं राजनैतिक अधिरचना का मूलाधार है। ऐतिहासिक भौतिकवाद इसी आर्थिक आधार तथा अधिरचना के सिद्धांतों का विश्लेषण करता है। आर्थिक विकास की प्रक्रिया में नई उत्पादक शक्तियाँ जन्म लेती हैं जो पुराने उत्पादन-संबंध तथा उससे जुड़ी कानूनी एवं राजनैतिक संरचनाओं के विरुद्ध संघर्ष करती हैं। उत्पादन-शक्तियों एवं उत्पादन-संबंध के इस संघर्ष के द्वारा ही सामाजिक विकास की प्रक्रिया निर्धारित होती है और यही क्रांति का मूल कारण भी है। इस प्रकार आर्थिक कारण सामाजिक विकास के निर्धारक होते हैं।

आधार एवं अधिरचना का संबंध परवर्ती मार्क्सवादियों के लिए एक विवाद का विषय बना और इसकी परिणति सोवियत संघ में आर्थिक नियतिवाद के रूप में हुई। अल्थूसर इस नियतिवाद का खंडन करते हैं और इस संबंध में एक नई व्याख्या देते हैं। वे यह स्वीकार करते हैं कि उत्पादन-शक्तियाँ या आर्थिक कारक अंतिम रूप से सामाजिक विकास को निर्धारित करते हैं। लेकिन अधिरचना की भी सापेक्षिक स्वायत्तता होती है। इस नई व्याख्या में अल्थूसर माओवाद से प्रभावित हैं। समाज एक 'ग्लोबल स्ट्रक्चर' है या संरचनाओं की संरचना है। इस सामाजिक संरचना की आर्थिक, राजनैतिक एवं विचारधारात्मक आदि संरचनाएँ क्षेत्रीय कही जा सकती हैं। इनमें आर्थिक संरचना अंतिम रूप से निर्धारक (Determining in the last instance) होती है। लेकिन अन्य संरचनाएँ अपनी विशिष्टताओं के कारण सापेक्ष रूप से स्वायत्त होती हैं। साथ ही पूरी सामाजिक संरचना एक ही साथ निर्धारक एवं निर्धारित होती है। अल्थूसर इसे अधिनिर्धारण (Overdetermination) कहते हैं।

मार्क्सवाद के भीतर उत्पादन की शक्तियों एवं उत्पादन-संबंधों के विरोध को प्रमुखता दी गई है। लेकिन अल्थूसर विरोधों की बहुलता पर बल देते हैं जो समाज के सभी स्तरों पर अस्तित्व में रहती है। उनका तर्क है कि मार्क्स शृंखला के दो छोरों की बात करते हैं जिसमें एक छोर पर वे उत्पादन-प्रणाली को अंतिम रूप से निर्धारक मानते हैं तो दूसरे छोर पर अधिरचना को सापेक्ष रूप से स्वायत्त तथा इसकी विशिष्ट प्रभावकारिता को स्वीकार करते हैं। अल्थूसर निर्धारक (Determining) एवं आधिपत्य (Dominant) के बीच अंतर करते हैं। सामाजिक संरचना में आर्थिक कारक निर्धारक तो होते हैं लेकिन ये हमेशा आधिपत्य की स्थिति में नहीं होते। अन्य गैर-आर्थिक संरचनाएँ भी विभिन्न ऐतिहासिक अवस्थाओं में प्रभावशाली होती हैं। अल्थूसर का तर्क है कि इतिहास में राजनीति, दर्शन, सौंदर्यशास्त्र, विचारधारा, उत्पादन-प्रणाली सभी का अपना समय रहा है। इस प्रकार अल्थूसर विरोधों के जटिल स्वरूप पर बल देते हैं। क्रांति सरल विरोधों का परिणाम नहीं होती बल्कि अल्थूसर के अनुसार क्रांति के लिए विरोधों की

बहुलता का संयोजन (Fusion) आवश्यक है। रूस की समाजवादी क्रांति की लेनिन की व्याख्या से अल्थूसर ने यह निष्कर्ष निकाला। वे घटनाओं के समूह की चर्चा करते हैं जिसने रूस में सामाजिक क्रांति को संभंव बनाया। ये घटनाएँ थीं : युद्ध का विस्फोट, जारशाही का पतन, लेनिन का नेतृत्व तथा बोल्शेविक दल की उपस्थिति। चूँकि विभिन्न प्रकार के विरोध असमान रूप से विकसित होते हैं इसलिए यह संभव था कि रूस जैसा आर्थिक रूप से पिछड़ा हुआ देश भी क्रांतिकारी परिस्थितियाँ उत्पन्न कर दे। समाज के भीतर विरोधों का विकास विभिन्न अवस्थाओं से होकर गुजरता है जिनमें कुछ विरोधों का समाधान हो जाता है और उनके स्थान पर नए विरोध जन्म लेते हैं। माओ ने भी विरोधों के असमान विकास का विवेचन किया था। क्रांति किसी एक सरल विरोध का परिणाम नहीं बल्कि बहुत सारे विरोधों के जटिल समुच्चय के परिणामस्वरूप होती है।

अल्थूसर स्टालिनवाद की सैद्धांतिक व्याख्या उपर्युक्त आधारों पर करते हैं। आर्थिक संरचना के स्तर पर क्रांति का अर्थ यह नहीं कि उस समय स्थित तमाम 'सुपरस्ट्रक्चर' एवं विचारधाराओं में एकाएक बदलाव आ गया हो। स्टालिनवादी व्यवस्था की हठवादिता एवं व्यक्तित्व-पूजा सुपरस्ट्रक्चर के क्षेत्र में आती है। इसके अतिरिक्त अल्थसूर यह भी स्पष्ट करते हैं कि क्रांति द्वारा स्थापित नए समाज में भी पुराने तत्त्व सुपरस्ट्रक्चर के माध्यम से पुर्नर्जीवित हो सकते हैं।

अल्थूसर के अनुसार समाज जटिल संरचनाओं की पूर्णता है। इसकी संरचनाएँ एक-दूसरे को प्रभावित करती हैं तथा एक-दूसरे से प्रभावित होती हैं। विभिन्न संरचनाओं के अंतर्संबध एवं उनकी अंत:क्रिया की व्याख्या अल्थूसर अधिनिर्धारण की अवधारणा (Concept of overdetermination) के माध्यम से करते हैं। इस प्रकार यह मार्क्सवाद के एककारणात्मक सिद्वांत (Unicausal theroy) का खंडन है। अल्थूसर स्पिनोजा के कारण सिद्धांत का उपयोग करते हैं। अपने कारणता सिद्धांत को वे संरचनात्मक कारणता (Structural causation) कहते हैं जो व्यवस्था के उसके अंगों पर व्यवस्था के प्रभाव तथा व्यवस्था और उसके तत्त्वों के पारस्परिक संबंधों पर ध्यान देता है। स्पिनोजा के अनुसार ईश्वर पूरे विश्व में अंतर्निहित होता हैं। ठीक उसी प्रकार अल्थूसर की संरचना अपने संपूर्ण प्रभावों में अंतर्निहित होती है और संरचना को उसके प्रभावों के माध्यम से ही समझा जा सकता है।

अल्थूसर का मूल उद्देश्य मार्क्सवाद की मानववादी व्याख्या का खंडन करना था। उनके अनुसार सैद्धांतिक तौर पर मार्क्सवाद मानववाद के विरुद्ध है। सार्त्र ने मनुष्य को इतिहास के निर्माता की भूमिका प्रदान की थी। लेकिन अल्थूसर के अनुसार इतिहास एक प्रक्रिया है जिसका कोई कर्ता नहीं होता। इतिहास को मनुष्य की एकल या सामूहिक कृति के रूप में नहीं समझा जा सकता। मनुष्य सामाजिक संरचनाओं का अवलंब मात्र है। अल्थूसर के अनुसार उत्पादन संबंधों की संरचना मनुष्यों के स्थान एवं उनके कार्यों को निर्धारित करती है। अत: सही अर्थों में इतिहास के कर्ता मनुष्य न होकर ये उत्पादन संबंध ही हैं। मनुष्य इन संबंधों का वाहक (Bearer) मात्र होता है। अल्थूसर यह साबित करने की कोशिश करते हैं कि अपनी परिपक्व रचनाओं में मार्क्स मानववाद से बहुत दूर हैं।

1968 ई. की क्रांति और अल्थूसर

1968 ई. में फ्रांस में छात्रों ने शिक्षा के प्रश्न पर आंदोलन प्रारंभ किया। मजदूरों की सहभागिता एवं हड़ताल के कारण आंदोलन बल पकड़ने लगा। ऐसा प्रतीत होने लगा कि फ्रांस पुनः एक बार क्रांति के मार्ग पर अग्रसर हो चुका है। मई महीने में मजदूरों की हड़ताल आधुनिक पूँजीवादी व्यवस्था के इतिहास में सबसे बडी हड़ताल थी। इन क्रांतिकारी परिस्थितियों में फ्रांस के साम्यवादी दल की अक्षमता उजागर हुई। दल की राय में यह 'पेटी बुर्जुआ' का आंदोलन था और उसने आंदोलनकारियों का साथ नहीं दिया। लेकिन मार्क्सवादी बुद्धिजीवियों की प्रतिक्रिया भिन्न रही। सार्त्र इस आंदोलन के समर्थन में खुलेआम सड़कों पर उतर आए। अल्थूसर इस आंदोलन के दौरान मौन बने रहे। उनकी बीमारी भी संभवतः इसका कारण रही हो। वे अपने को मूलतः एक दार्शनिक मानते थे जो राजनैतिक आंदोलन में अपने लिए अनुकूल भूमिका की तलाश नहीं कर सका। हालाँकि उनके समर्थक विभिन्न माओवादी समूहों के साथ संबद्ध हुए। अल्थूसर के विचारों पर इस घटना का प्रभाव अवश्य पड़ा और अब उन्होंने वर्ग संघर्ष को प्राथमिकता देना प्रारंभ कर दिया। यह एक महत्त्वपूर्ण बदलाव था। उन्होंने स्पष्ट रूप से कहा कि जनसमूह (Mass) इतिहास का निर्माण करता है। उन्होंने यह स्वीकार किया कि अब तक उन्होंने दर्शन और राजनीति के संबंध के प्रश्न पर ठीक से विचार नहीं किया था। दर्शन की उनकी पूर्ववर्ती अवधारणा में बदलाव आए।

दर्शन की अवधारणा में बदलाव

अल्थूसर ने पहले दर्शन को सैद्धांतिक क्रिया-सिद्धांत (Theory of theoretical practice) के रूप में निरूपित किया था। लेकिन दर्शन की नई अवधारणा के अनुसार दर्शन दो स्तरों पर हस्तक्षेप करता है। यह सिद्धांत में राजनैतिक तथा राजनीति में सैद्धांतिक हस्तक्षेप है। इस प्रकार दर्शन सिद्धांत (या विज्ञान) तथा राजनीति दोनों का प्रतिनिधित्व करता है और दोनों से निर्धारित होता है। अब अल्थूसर दर्शन को वर्गों के साथ जोड़कर समझने का प्रयास करते हैं। दर्शन का इतिहास आदर्शवाद एवं भौतिकवाद के मध्य संघर्ष का इतिहास है। भौतिकवाद मजदूरों की विश्वदृष्टि का प्रतिनिधित्व करता है तो आदर्शवाद बुर्जुआ हितों का पोषक है। अल्थूसर के अनुसार वैज्ञानिक स्वतः स्फूर्त रूप से भौतिकवादी होते हैं क्योंकि भौतिकवाद भौतिक वस्तुओं की वस्तुनिष्ठ सच्चाई को स्वीकार करता है और ये भौतिक वस्तुएँ विज्ञान की विषय हैं। इस प्रकार सर्वहारा तथा वैज्ञानिक दोनों भौतिकवाद के प्रति प्रतिबद्ध होते हैं। भौतिकवाद वस्तुगत सच्चाइयों का उद्‌घाटन तथा शोषण एवं अत्याचार का पर्दाफाश करता है जबकि आदर्शवाद वस्तुनिष्ठ सच्चाइयों को छिपाने की कोशिश करता है। इस प्रकार अल्थूसर द्वारा दर्शन की इस नई अवधारणा में भी दर्शन विज्ञान की वैज्ञानिकता का बचाव करता है। लेकिन अब मार्क्सवादी दर्शन मजदूर वर्ग की राजनीति का भी प्रतिनिधित्व करता है। अल्थूसर का तर्क है कि मार्क्सवादी दर्शन मजदूर वर्ग के संघर्ष में सहायक है। यह दर्शन अपनी वैज्ञानिकता के कारण मजदूरों की राजनीति की सही दिशा निर्धारित करता है

जिसके अभाव में अवसरवादिता जन्म लेती है। इस प्रकार यह वैज्ञानिक राजनीति का मार्ग प्रशस्त करता है।

अल्थूसर ने यह घोषणा की कि मार्क्सवाद के दो महत्त्वपूर्ण सिद्धांत हैं- 1. जनसमूह (Mass) इतिहास का निर्माण करता है और 2. वर्ग-संघर्ष इतिहास का चालक है। वर्ग-संघर्ष को अल्थूसर ने 1965 ई. में अनदेखा कर दिया था। उपर्युक्त दोनों सिद्धांत परस्पर-संबंधित हैं क्योंकि जनसमूह वर्ग-संघर्ष के द्वारा ही इतिहास का निर्माण करता है। लेकिन अल्थूसर सामाजिक संरचनाओं की प्राथमिकता का परित्याग नहीं करते। उनके लिए समाज मनुष्य के सामाजिक संबंधों की एक व्यवस्था है जिसमें मनुष्य को जीना, काम करना तथा संघर्ष करना पड़ता है।

अल्थूसर चीन की सांस्कृतिक क्रांति से प्रभावित थे। 1969 ई. में उन्होंने अपने एक निबंध में विचारधारा की नई व्याख्या की। माओ का तर्क था कि आर्थिक एवं राजनैतिक रूप से बुर्जुआ शासन की समाप्ति के बावजूद यह वर्ग पुराने विचार, संस्कृति एवं प्रथाओं का उपयोग कर जनसमूहों को पतित करता है। अत: वर्ग-संघर्ष का उद्देश्य बुर्जुआ वर्ग की विचारधारा को भी समाप्त करना है। अल्थूसर माओवाद से सहमति जताते हुए वैचारिक संघर्ष को प्राथमिकता देते हैं। उनके अनुसार इस वैचारिक संघर्ष का प्रारंभ शिक्षा एवं संस्कृति के स्रोतों से करना होगा (यहाँ यह संकेत कर देना काफी है कि छात्रों ने शिक्षा-व्यवस्था के विरोध में ही आंदोलन प्रारंभ कर दिया था।)

राज्यतंत्र (State Apparatus) की अवधारणा

अल्थूसर मार्क्स के इस सिद्धांत से सहमत हैं कि राज्य वर्गीय शोषण का एक यंत्र है। लेकिन उनके विचारानुसार राज्यसत्ता पर नियंत्रण ही पर्याप्त नहीं होता बल्कि राज्य के पूरे तंत्र में बदलाव आवश्यक है। इस तंत्र के अंतर्गत पुलिस, न्यायालय, कैदखाना, सेना और प्रशासन है। समाजवाद की सफलता के लिए इस तंत्र का खात्मा और इसके स्थान पर सर्वहारा वर्ग के अनुकूल तंत्र की स्थापना आवश्यक है। अल्थूसर ग्राम्शी के विचारधारात्मक आधिपत्य की अवधारणा को स्वीकार करते हैं जो कई संस्थागत तरीकों से क्रियाशील रहता है। अल्थूसर इन संस्थाओं के अंतर्गत विद्यालय, चर्च, परिवार, संचार-माध्यम, सांस्कृतिक संगठन, ट्रेड यूनियन तथा राजनीतिक दलों को रखते हैं। यहाँ अल्थूसर व्यक्तिगत एवं सार्वजनिक के मध्य भेद नहीं करते और परिवार को भी राज्य के विचार तंत्र के अंतर्गत रखते हैं। उनका तर्क है कि व्यक्तिगत एवं सार्वजनिक का भेद केवल बुर्जुआ कानूनों में होता है। राज्य कानून से ऊपर है। ये संस्थाएँ विचारधारा के अनुसार काम करती हैं जबकि राज्यतंत्र हिंसा पर आधारित होता है। राज्य का दमनकारी तंत्र इन विचारधारात्मक तंत्रों की आड़ में काम करता है। अत: विचारधारात्मक तंत्र की समाप्ति वर्ग-संघर्ष का तीव्रतर और जटिल रूप है।

अल्थूसर विचारधारा के अर्थ को भी परिवर्तित करते हैं। विचारधारा का प्रमुख कार्य व्यक्ति को कर्ता के रूप में परिणत करना है। विचारधारा व्यक्तियों एवं सामाजिक व्यवस्था के मध्य संबंधों को निरूपित कर उसे काल्पनिक रूप प्रदान करती है। यह व्यक्ति के भीतर

स्वायत्तता का भ्रम पैदा करती है। विचारधारा के प्रभाव में आकर व्यक्ति अपने को स्वतंत्र कर्ता मान लेता है। ऐसा प्रतीत होता है कि अल्थूसर विचारधारा को मनुष्य के समाजीकरण का एक साधन भी मानते हैं।

अल्थूसर का दर्शन खंडनात्मक है। वे स्टालिन के हठवाद और स्टालिन-विरोधी मानववाद दोनों से असंतुष्ट थे। उन्होंने मार्क्सवाद से हठवादिता और आर्थिक नियतिवाद को हटाने की कोशिश की तथा मार्क्सवाद की वैज्ञानिकता को पुन:स्थापित करने का प्रयत्न किया। उनकी पद्धति नए प्रयोगों पर आधारित थी और उन्होंने दूसरे विषयों की अवधारणाओं का खुलकर उपयोग किया। खंडनात्मक उद्देश्यों से अधिक मोहग्रस्त होने के कारण उनके सिद्धांत में कई दोष उभरे। सबसे महत्त्वपूर्ण दोष यह है कि वे सिद्धांतों के सत्यापन की अवधारणा प्रस्तुत नहीं करते। वैज्ञानिक सिद्धांत आनुभविक तथ्यों द्वारा सत्यापित होते हैं। लेकिन अल्थूसर वैज्ञानिक सिद्धांतों की आंतरिक वैधता की धारणा को स्वीकार करते हैं। इस स्थिति में सिद्धांत की वैज्ञानिकता का दावा निरर्थक प्रतीत होता है। इसे सैद्धांतिक निरपेक्षतावाद की संज्ञा दी गई है। वस्तुत: उनका सिद्धांत उन्हें राजनीति के सर्वोच्च निर्देशक के पद पर प्रतिष्ठित करता है। उनके अनुसार सिद्धांत या दर्शन राजनीति को दिशा-निर्देश देते हैं। लेकिन सिद्धांत-निर्माण वही कर सकता है जो पठन के सही तरीके में प्रवीणता प्राप्त कर चुका हो। ऐसा ही सिद्धांतकार राजनीति को प्रभावित करेगा।

ऐतिहासिक भौतिकवाद की व्याख्या में अल्थूसर नियतिवाद को खारिज करते हैं तथा 'सुपरस्ट्रक्चर' को सापेक्षिक स्वतंत्रता प्रदान करते हैं। लेकिन यदि यह मान भी लिया जाए कि विभिन्न ऐतिहासिक अवस्थाओं में अलग-अलग तत्त्वों जैसे, दर्शन, राजनीति, धर्म, आदि का आधिपत्य होता है तो भी अल्थूसर इस प्रश्न का उत्तर नहीं देते कि आखिर यह आधिपत्य किन सिद्धांतों के अनुसार परिचालित होता है? अल्थूसर ने अपनी पूर्ववर्ती रचनाओं में वर्ग-संघर्ष की उपेक्षा कर दी थी। यहाँ तक कि वे तत्कालीन पूँजीवादी व्यवस्था का आर्थिक विश्लेषण करने में भी अक्षम रहे। ऐतिहासिक भौतिकवाद की व्याख्या में उत्पादन-प्रणाली को स्पष्ट करने हेतु उन्होंने अपने मित्र बालीबार की सहायता ली। अपने दोषों के बावजूद अल्थूसर सत्तर के दशक में अत्यंत प्रभावी रहे। 1977 ई. में उन्होंने फ्रांसीसी साम्यवादी दल के भीतर लोकतांत्रिक प्रक्रिया की स्थापना का प्रस्ताव किया। लेकिन इस प्रस्ताव को दल ने अस्वीकार कर दिया। इसी तरह की कोशिश उन्होंने 1978 ई. में की। इस बार उन्होंने फ्रांस की वर्गीय स्थिति के ठोस अध्ययन की आवश्यकता पर बल दिया। इस बार भी उन्हें पर्याप्त समर्थन नहीं मिला। उसके बाद उन्होंने राजनैतिक हस्तक्षेप करना बंद कर दिया। जीवन के अंतिम वर्षों में उन पर भी सार्त्र की तरह निराशावाद हावी हो गया।

(IV) मार्क्सवाद की प्रासंगिकता का सवाल

सोवियत संघ की क्रांति के बाद पहली बार एक ऐसी शासन-व्यवस्था कायम हुई जो खुले तौर पर मार्क्स के सिद्धांतों पर आधारित होने का दावा कर रही थी। इसके साथ ही

सोवियत संघ का नेतृत्व अपने को मार्क्सवाद का आधिकारिक व्याख्याकार मानने लगा। वह दुनिया के विभिन्न देशों में साम्यवादी आंदोलन को दिशा–निर्देश देने लगा। उस प्रक्रिया में मार्क्सवाद का एक हठवादी स्वरूप, विशेष कर स्टालिन के काल में, विकसित हुआ। उसके विरोध में मार्क्सवाद की विभिन्न व्याख्याएँ सामने आई। मार्क्सवाद की उपर्युक्त विविध प्रकार की व्याख्याओं से यह पूरी तौर पर स्पष्ट है कि यह एक खुला सिद्धांत है। बदलती परिस्थितियों के अनुसार इसमें जोड़–घटाव किया जा सकता है। वस्तुत: मार्क्स ने अपने सिद्धांतों को कभी भी अंतिम सत्य के रूप में प्रस्तुत नहीं किया। बुनियादी तौर पर मार्क्सवाद पूँजीवादी व्यवस्था की उत्पत्ति और उसके विकास को समझने की एक पद्धति है। इसके साथ ही यह उसे समाप्त करने की कार्ययोजना भी प्रस्तुत करता है। इसलिए जब तक पूँजीवादी व्यवस्था का अस्तित्व है तब तक उसको समझने और बदलने में मार्क्सवाद की उपयोगिता बनी रहेगी। लेकिन सोवियत संघ के पतन के बाद एक ओर जहाँ पूंजीवादी व्यवस्था के सार्वभौम विजय की घोषणा की जाने लगी तो दूसरी ओर इस बात पर भी बल दिया जाने लगा कि उसका कोई विकल्प नहीं। इसलिए मार्क्सवाद अब कालातीत हो गया। सैद्धांतिक रूप से यह सही नहीं है। प्रख्यात मार्क्सवादी चिंतक रणधीर सिंह का यह मानना है कि सोवियत संघ की विफलता को मार्क्सवादी सिद्धांत के एक विशिष्ट व्यवहार की विफलता के रूप में देखा जाना चाहिए। उनका तर्क है कि 'प्रामाणिक मार्क्सवादी परंपरा' को पुन: खोजने और जीवित करने का यही उपयुक्त समय है। उनका निष्कर्ष है कि मार्क्सवाद 'पूँजीवाद को समझने, उसकी आलोचना और उसके खिलाफ संघर्ष करने' का सिद्धांत है। इसलिए वर्तमान भूमंडलीय पूँजीवाद में भी मार्क्सवाद की प्रासंगिकता बनी हुई है। इस संबंध में एरिक हॉब्सबाम का तर्क है कि सोवियत संघ द्वारा बहुप्रचारित आधिकारिक मार्क्सवाद के अंत ने यह अवसर पैदा किया है कि वर्तमान परिप्रेक्ष्य में मार्क्स की प्रासंगिकता पर नए सिरे से विचार किया जाए। उनकी यह बात सही है। पिछली सदी के आखिरी वर्षों और इस सदी में पुन: मार्क्स की सर्वाधिक महत्त्वपूर्ण रचना *कैपिटल* को नए सिरे से पढ़ने और समझने के प्रयास हो रहे हैं। उदाहरण के लिए कनाडा के अंतर्राष्ट्रीय ख्याति प्राप्त मार्क्सवादी विचारक माइकेल ए. लेवोविट्ज की पुस्तक *बियांड कैपिटल* 1995 ई. में प्रकाशित हुई। वे इस बात को रद्द कर देते हैं कि पूँजीवाद का कोई विकल्प नहीं। हालाँकि वे पूँजीवाद के स्थान पर पूँजी शब्द का प्रयोग करते हैं। अपनी पुस्तक में वे पूँजी और उसके संरचनात्मक संकट का विश्लेषण करते हैं और समाजवादी विकल्प की संभावना प्रस्तुत करते हैं। इसी प्रकार डेविड हार्वे के द्वारा 2017 ई. में मार्क्स के *कैपिटल* के तीनों खंडों का प्रकाशन, *मार्क्स, कैपिटल एंड दि मैडनेस ऑफ इकॉनॉमिक रीजन* शीर्षक से किया गया। इसके पूर्व भी हार्वे मार्क्स की किताब *कैपिटल* को कैसे पढ़ा जाना चाहिए, इस पर लिखते रहे हैं। अपनी नई पुस्तक में वे इस बात पर बल देते हैं कि इक्कीसवीं सदी में भूमंडलीकृत पूँजीवाद को समझने में *कैपिटल* उपयोगी है। लेबोविटज ने 2010 ई. में प्रकाशित अपनी दूसरी पुस्तक *दि सोशलिस्ट ऑल्टरनेटिव : रियल हयूमन डेवलपमेंट* में अच्छे समाज की अवधारणा पर

विचार किया। इसके साथ ही वे पूँजीवादी व्यवस्था और सोवियत संघ एवं चीन की समाजवादी व्यवस्था की आलोचना करते हैं। उनकी राय में इन देशों में अच्छे समाज की स्थापना नहीं हुई। उनकी राय में अच्छा समाज वह है जिसमें मनुष्य की क्षमताओं का पूर्ण विकास हो सके। लेबोविट्ज इस बात पर बल देते हैं कि अच्छा समाज समाजवादी सिद्धांतों पर ही निर्मित हो सकता है। उनके अनुसार अच्छे समाज की तीन विशेषताएँ हैं– 1 उत्पादन के साधनों पर सामाजिक स्वामित्व, 2 सामाजिक उत्पादन पर मजदूरों का नियंत्रण तथा 3 समुदाय की जरूरतों की संतुष्टि। इस प्रकार मार्क्सवाद पर नए सिरे से विचार करने का सिलसिला जारी है और इसकी प्रासंगिकता बनी हुई है। इसका आशय यह कदापि नहीं हैं कि उपभोक्तावाद, व्यापक सूचना तंत्र और सेवा क्षेत्र की प्रमुखता पर आधारित भूमंडलीकृत पूँजीवादी व्यवस्था के सभी संकटों का समाधान मार्क्स के सिद्धांतों में हैं। उदाहरण के लिए मार्क्स औद्योगिक विकास के फलस्वरूप पर्यावरण के विनाश की संभावना को नहीं देख पाए। उनके लिए यह संभव भी नहीं था क्योंकि उनका सिद्धांत ठोस वास्तविकताओं के विश्लेषण पर आधारित है। आज भूमंढलीकृत गूँजीबादी व्यवस्था दीर्घकालीन आर्थिक मंदी, पर्यावरण के विनाश, घोर आर्थिक असमानता जैसे गंभीर संकटों से ग्रस्त है। दूसरी ओर वर्ल्ड सोशल फोरम इस व्यवस्था के प्रतिरोध के एक सशक्त केंद्र के रूप में उभरा है। इस बात से इनकार नहीं किया जा सकता कि पूँजीवादी व्यवस्था शोषण और असमानता पर आधारित है। इसके स्थान पर मार्क्सवाद शोषण और असगानता से मुक्त ज्यवस्था की रूपरेखा प्रस्तुत करने के साथ-साथ उस नई व्यवस्था को स्थापित करने की कार्ययोजना भी बतलाता है। इसलिए टेरी ईगलटन जैसे विचारकों का मानना है कि जब तक पूँजीवाद है तब तक मार्क्सवाद प्रासंगिक हैं। पूँजीवाद के अंत के साथ ही इसका अंत हो सकता है। आज की पूँजीवादी व्यवस्था अपने पूर्ववर्ती रूपों की तुलना में ज्यादा शोषणकारी और असमानतामूलक है। इस स्थिति में मार्क्सवाद की मुक्तिकामी परियोजना की प्रासंगिकता बनी हुई है। उसे पूरा करने के लिए मार्क्सवाद को पुनः समझने और नई परिस्थितियों के अनुरूप उसे बदलने की आवश्यकता है।

◂ सहायक पुस्तकों एवं लेखों की सूची ▸

◂ पुस्तकें

ईगलटन, टेरी, *व्हाई मार्क्स वाज राइट*, येल यूनिवर्सिटी प्रेस, लंदन, 2011

ऐंडरसन, पेरी, *कंसीडरेशन्स ऑन वेस्टर्न मॉर्क्सिज्म*, लंदन, 1976.

केलिनिकोस, एलेक्स, *अल्थूसर्स मॉर्क्सिज्म*, लंदन, 1976.

कोलाकोवस्की, लेस्जेक, *मेन करेंटस ऑफ मार्किसज्म*, कलेरेंडन प्रेस, ऑक्सफोर्ड 1978.

डॉब्सन, एंड्रियू, *ज्यां-पाल सार्त्र ऐंड दि पॉलिटिक्स ऑफ रीजन*, कैंब्रिज, 1993.

त्से-तुंग, माओ, *सेलेक्टेड वर्क्स*, नेशनल बुक ऐजेंसी, कलकत्ता, 1967.

दुबे, अभय कुमार (सं), *समाज-विज्ञान विश्वकोश*, राजकमल प्रकाशन, नई दिल्ली, दूसरा संस्करण, 2016.

मार्क्स, कार्ल, *सेलेक्टेड वर्क्स*, प्रोग्रेस पब्लिशर्स, मॉस्को, चतुर्थ मुद्रण, 1977.

मैक्लेलान, डेविड, *मार्क्सिज्म आफ्टर मार्क्स*, मैकमिलन प्रेस, लंदन, 1979.

मैक्लेलान, डेविड, *कार्ल मार्क्स: हिज लाइफ ऐंड थॉट,* लदंन 1973.

लेनिन, *सेलेक्टेड वर्क्स*, प्रोग्रेस पब्लिशर्स, मॉस्को, 1977.

लेवोविट्ज, माइकेल ए., *बियॉन्ड कैपिटल*, पालग्रेव मैकमिलन, न्यूयार्क, 2003.

लेवोविट्ज, माइकेल ए. *दि सोशलिस्ट ऑल्टरनेटिव : रियल हयूमन डेवलपमेंट*, आकार बुक्स, नई दिल्ली, 2010.

लैक्लाउ, अर्नेस्टो और चांटल मौफी, *हेजमनी ऐंड सोशलिस्ट स्ट्रेटजी: टुवार्डस ए रेडिकल पॉलिटिक्स*, वर्सो, 2001.

हॉब्सबॉम, एरिक, *हाउ टू चेंज दि वर्ल्ड*, येल यूनिवर्सिटी प्रेस, 2014.

हार्वे, डेविड, *मार्क्स, कैपिटल ऐंड दि मैडनेस ऑफ इकॉनॉमिक रीजन*, प्रोफाइल बुक्स लिमिटेड, 2017.

सिंह, रणधीर, *क्राइसिस ऑफ सोशलिज्म: नोट्स इन डिफेंस ऑफ अ कमिटमेंट*, अजंता बुक्स, दिल्ली, 2006.

8

स्वतंत्रतावाद

स्वतंत्रतावाद (Libertarianism) कोई स्वतंत्र विचारधारा नहीं है। यह बहुत हद तक उदारवादी विचारधारा पर आश्रित है। हालाँकि यह उसका विकल्प प्रस्तुत करने और उससे भिन्न होने का दावा करता है। लेकिन यह ब्रिटिश चिंतक जॉन लॉक (1632-1704 ई.) और ब्रिटिश अर्थशास्त्री एडम स्मिथ (1723-1790 ई.) जैसे शास्त्रीय उदारवादी चिंतकों को अपनी विचार-परंपरा में शामिल करता है। वैसे स्वतंत्रतावादी विचारकों की राय में स्वतंत्रतावाद की जड़ें प्राचीन चीनी दार्शनिक लाउ-त्जे और यूनानी चिंतकों के विचारों में मिलती हैं। स्वतंत्रतावाद व्यक्तिगत स्वतंत्रता को केंद्रीय महत्त्व देता है। उसके अनुसार व्यक्ति अपने शरीर और श्रम का स्वामी स्वयं है। उसे अपनी इच्छानुसार उनका उपयोग करने का पूरा अधिकार है। वह यह तय करने के लिए स्वतंत्र है कि वह किस प्रकार जीना चाहता है। उस पर केवल एक ही प्रतिबंध न्यायोचित है कि वह दूसरे के अधिकारों का उल्लंघन न करे। जॉन लॉक की तरह स्वतंत्रतावाद व्यक्ति के प्राकृतिक अधिकारों का पक्षधर है। उसी के आधार पर यह सरकार के कार्यक्षेत्र की सीमाएँ तय करता है। सरकार का कार्य व्यक्ति के अधिकारों को सुरक्षा प्रदान करना है। उससे आगे जाकर यदि सरकार कुछ करती है तो वह व्यक्ति के अधिकारों का हनन होगा। इसलिए स्वतंत्रतावाद अर्थव्यवस्था में सरकारी हस्तक्षेप का विरोधी है। वह व्यक्ति की आर्थिक गतिविधियों को सरकार के नियंत्रण से मुक्त रखने का पक्षधर है। इसलिए वह बाजार की स्वतंत्रता पर आधारित पूँजीवादी अर्थव्यवस्था को न्यायोचित मानता है। वह इस बात पर बल देता है कि राज्य के नियंत्रण से मुक्त स्वतंत्र बाजार व्यवस्था में ही व्यक्ति की स्वतंत्रता सुरक्षित रह सकती है। स्वतंत्रतावाद संपत्ति के अधिकार को व्यक्तिगत स्वतंत्रता की अनिवार्य शर्त के रूप में स्वीकार करता है। यही कारण है कि वह समाजवाद का कटु आलोचक है। समाजवादी व्यवस्था राज्य के नियंत्रण में कार्य करती है। इसलिए स्वतंत्रतावादियों का मानना है कि उसमें व्यक्ति की स्वतंत्रता खतरे में पड़ जाती है। इतना ही नहीं, स्वतंत्रतावादी वेश्यावृत्ति, मद्यपान, मादक द्रव्यों के उपयोग आदि पर भी सरकारी प्रतिबंध खत्म करने के पक्षधर हैं। इसका आशय यह नहीं कि वे उन चीजों को नैतिक रूप से सही मानते हैं। उनका तर्क है कि सरकार अपनी बाध्यकारी शक्ति की सहायता से प्रतिबंध लागू नहीं कर सकती। यह व्यक्ति की इच्छा पर छोड़ दिया जाना चाहिए कि वह उनका उपयोग करे या नहीं। स्वतंत्रतावादियों की स्पष्ट राय है कि सरकार व्यक्ति के संरक्षक की भूमिका नहीं निभा सकती। स्वतंत्रतावाद का यह दृष्टिकोण अनुदारवाद (Conservatism) से अलग है। अनुदारवादी सामाजिक मूल्यों

के संरक्षण में सरकार के हस्तक्षेप को स्वीकार करते हैं। व्यक्ति की स्वतंत्रता के प्रश्न पर तो अधिकांश स्वतंत्रतावादी सहमत हैं लेकिन सरकार के उचित कार्यक्षेत्र के प्रश्न पर इनमें पर्याप्त मतभेद हैं।

स्वतंत्रतावाद के प्रकार

व्यक्तिगत स्वतंत्रता के लिए सरकार आवश्यक है या नहीं और यदि है, तो उसकी शक्तियों की सीमाएँ क्या हैं? स्वतंत्रतावाद के लिए ये प्रश्न सर्वाधिक महत्त्वपूर्ण हैं। लेकिन इन प्रश्नों के उत्तर को लेकर स्वतंत्रतावादियों के बीच मतभेद हैं। इसी आधार पर स्वतंत्रतावाद को तीन वर्गों में बाँटा गया है–

1 अराजकतावादी स्वतंत्रतावाद (Anarchist Libertarianism)

2. नरम स्वतंत्रतावाद (Moderate Libertarianism)

3. कठोर स्वतंत्रतावाद (Hard Libertarianism)

1. अराजकतावादी स्वतंत्रतावाद (Anarchist Libertarianism) : इस वर्ग के स्वतंत्रतावादी विचारकों में मरी रोथबार्ड (Murry Rothbord) और डेविड फ्राइडमैन (David Friedman) के नाम प्रमुख हैं। उनका तर्क है कि व्यक्तिगत स्वतंत्रता तभी सुरक्षित रह सकती है जब राज्य का अस्तित्व न हो। इसलिए उनके विचारों में राज्य की कोई वैध भूमिका नहीं है। अत: वे सरकार को पूरी तौर पर खत्म कर देने के पक्षधर हैं। उनका प्रस्ताव है कि सरकार द्वारा किए जाने वाले कार्य, यहाँ तक कि राष्ट्रीय सुरक्षा और पुलिस व्यवस्था, निजी संस्थाओं द्वारा किए जाने चाहिए। ये संस्थाएँ इन कार्यों को करने में सक्षम हैं। अत: अच्छा यही होगा कि व्यक्ति उन संस्थाओं का चयन अपनी इच्छानुसार करे। वह उनकी सेवाओं के बदले भुगतान करे और ये संस्थाएँ मुनाफा कमाने के उद्देश्य से उन सेवाओं को उपलब्ध कराएँ। अराजकतावादी स्वतंत्रतावादियों का मानना है कि निजी संस्थाओं के बीच स्वतंत्र प्रतियोगिता होगी। उसका परिणाम यह होगा कि व्यक्ति को कम कीमत पर अच्छी सेवाएँ प्राप्त हो सकेंगी। वह अपनी इच्छा से सेवा प्रदान करने वाली एजेंसी का चयन कर सकेगा। यह स्थिति व्यक्ति की स्वतंत्रता के लिए अधिक अनुकूल है।

2. नरम स्वतंत्रतावाद (Moderate Libertarianism): फ्रेडरिक अगस्ट हैक (Friedrich August von Hayek) और मिल्टन फ्राइडमैन (Miltan Friedman) नरम स्वतंत्रतावादी माने जाते हैं। वे स्वतंत्र बाजार और सीमित सरकार के प्रबल पक्षधर हैं। वे यह स्वीकार करते हैं कि व्यक्ति की स्वतंत्रता तभी सुरक्षित रह सकती है जब सरकार का कार्यक्षेत्र सीमित हो। इसलिए वे लोककल्याणकारी राज्य की अवधारणा के आलोचक हैं। इसके तहत यह माना जाता है कि शिक्षा एवं स्वास्थ्य जैसी सेवाएँ तथा कमजोर वर्गों के संरक्षण का दायित्व सरकार का है। हैक और फ्राइडमैन लोककल्याणकारी राज्य के कटु आलोचक हैं। लेकिन दोनों यह स्वीकार करते हैं कि सरकार उन लोगों के न्यूनतम हितों की रक्षा करे जो बाजार की स्वतंत्र प्रतियोगिता में टिक पाने की क्षमता नहीं रखते। इसलिए हैक कमजोर वर्गों को सरकार द्वारा न्यूनतम सामाजिक

सुरक्षा प्रदान करने का समर्थन करते हैं। इसी प्रकार फ्राइडमैन निजी स्कूलों द्वारा शिक्षा प्रदान करने के पक्ष में तो हैं लेकिन वे गरीब घर के बच्चों के लिए सरकारी सहायता का सुझाव देते हैं ताकि वे उन निजी स्कूलों में पढ़ सकें। समाज के वंचित तबकों के लिए कुछ मात्रा में सरकारी सहायता के कारण हैक और फ्राइडमैन को नरम स्वतंत्रतावादी माना जाता है।

3. कठोर स्वतंत्रतावाद (Hard Libertarianism) : प्रसिद्ध उपन्यासकार एयन रैंड (Ayn Rand), अर्थशास्त्री लुडविग वॉन माइजिज (Luding von Mises) और रॉबर्ट नॉजिक को कठोर स्वतंत्रतावादी माना जाता है। वे न तो सरकार को पूर्ण रूप से समाप्त करने वाले अराजकतावादी स्वतंत्रतावादियों के दृष्टिकोण को स्वीकार करते हैं और न हैक और फ्राइडमैन द्वारा प्रस्तावित समाज के कमजोर लोगों को सरकारी सहायता देने से ही सहमत हैं। वे व्यक्ति की स्वतंत्रता के लिए सरकार को आवश्यक मानते हैं लेकिन उसके कार्यक्षेत्र को अत्यंत सीमित रखने के प्रबल पक्षधर हैं। उनकी राय में राज्य का एकमात्र वैध कार्य व्यक्तियों के अधिकारों की रक्षा करना है। इसलिए पुलिस व्यवस्था, राष्ट्रीय सुरक्षा और न्यायालयीन व्यवस्था बनाए रखना राज्य का दायित्व है। वे इसे 'अल्पतम राज्य' (Minimal State) कहते हैं। इससे आगे जाकर राज्य यदि कुछ करता है तो यह व्यक्ति की स्वतंत्रता का अतिक्रमण होगा। इसलिए वह वैध नहीं हो सकता। कठोर स्वतंत्रतावादियों का तर्क है कि अल्पतम राज्य व्यक्ति की स्वतंत्रता के न सिर्फ अनुकूल है बल्कि उससे आर्थिक प्रगति और स्वतंत्र समाज संभव हो पाता है।

संकीर्ण और प्रचलित अर्थ में कठोर स्वतंत्रतावाद को ही स्वतंत्रतावाद मान लिया जाता है। लेकिन व्यापक अर्थ में उपर्युक्त तीनों प्रकार के विचारकों को स्वतंत्रतावादी माना जाता है। यहाँ यह उल्लेख उचित है कि अराजकतावाद एक स्वतंत्र विचारधारा है। इसलिए अराजकतावादी स्वतंत्रतावाद को उसी का एक रूप समझना उचित होगा। शेष दो प्रकार के स्वतंत्रतावादियों में हैक और नॉजिक प्रतिनिधि राजनीतिक विचारक हैं। अतः उन दोनों पर विस्तृत चर्चा आगे की जा रही है। लेकिन इसके पूर्व स्वतंत्रतावाद और उदारवाद के संबंधों को समझ लेना आवश्यक है। इससे स्वतंत्रतावाद को समझने में मदद मिलेगी।

स्वतंत्रतावाद और शास्त्रीय उदारवाद

शास्त्रीय उदारवाद का प्रारंभ सत्रहवीं सदी में इंग्लैंड में हुआ। वह सभी प्रकार की तानाशाही के विरुद्ध और व्यक्ति की स्वतंत्रता का प्रबल पक्षधर था। राजनीतिक चिंतन में शास्त्रीय उदारवाद का जनक ब्रिटिश चिंतक जॉन लॉक (1690 ई. में पुस्तक प्रकाशित) को माना जाता है। उन्होंने व्यक्ति की स्वतंत्रता और अधिकारों को सर्वोच्च महत्त्व दिया। व्यक्ति को जीवन, स्वतंत्रता और संपत्ति के प्राकृतिक अधिकार हैं। व्यक्ति उनका उपभोग राज्य के निर्माण के पहले से कर रहा था। लॉक के अनुसार राज्य का निर्माण ही व्यक्ति के प्राकृतिक अधिकारों की रक्षा के लिए हुआ। इसलिए राज्य का कार्यक्षेत्र सीमित है। उसका कार्य बाहरी आक्रमण से रक्षा तथा समाज में शांति और व्यवस्था बनाए रखने तक सीमित है। इस प्रकार लॉक व्यक्ति

के अधिकार और सीमित राज्य के पक्षधर हैं। शास्त्रीय उदारवाद के आर्थिक पक्ष को प्रसिद्ध अर्थशास्त्री एडम स्मिथ (1776 ई. की पुस्तक) ने प्रस्तुत किया। उन्होंने आर्थिक मामलों में राज्य के अहस्तक्षेप (Laissez Faire) के सिद्धांत का प्रबल समर्थन किया। वे बाजार की स्वतंत्रता पर बल देते हैं। उनका विश्वास है कि व्यक्तियों की आर्थिक गतिविधियों में स्वतंत्र प्रतियोगिता से ही आर्थिक समृद्धि आती है। अत: उन्हें आर्थिक उदारवाद का प्रणेता माना जाता है। इस प्रकार शास्त्रीय उदारवाद व्यक्तिगत स्वतंत्रता, राज्य का सीमित कार्यक्षेत्र, संपत्ति के अधिकार और राज्य के हस्तक्षेप से मुक्त बाजार व्यवस्था का पक्षधर है। स्वतंत्रतावाद शास्त्रीय उदारवाद के इन विचारों से पूरी तौर पर सहमत है।

स्वतंत्रतावाद और आधुनिक उदारवाद

उन्नीसवीं सदी के अंतिम दशकों में शास्त्रीय उदारवाद के सिद्धांत आलोचना के विषय बन गए। उनमें संशोधन आवश्यक था। वह किया भी गया। राज्य के हस्तक्षेप से मुक्त प्रतियोगिता पर आधारित बाजार व्यवस्था में मजदूरों का घोर शोषण हुआ। कार्ल मार्क्स ने इस व्यवस्था का गहन विश्लेषण किया। उन्होंने मजदूरों को क्रांति के द्वारा इस व्यवस्था को उखाड़ फेंकने का संदेश दिया। 1848 ई. में ब्रिटेन और फ्रांस के मजदूरों ने क्रांति की थी। जो असफल रही। पुन: 1870 ई. में फ्रांस के मजदूरों ने क्रांति कर पेरिस कम्यून की स्थापना की। इसलिए मजदूरों के शोषण के सवाल को अनदेखा नहीं किया जा सकता था। इससे पूँजीवादी व्यवस्था खतरे में पड़ सकती थी। इसलिए ब्रिटिश उदारवादी चिंतक टी.एच. ग्रीन (1882 ई. की पुस्तक) ने राज्य की हस्तक्षेपकारी भूमिका का समर्थन किया। उन्होंने इस बात पर बल दिया कि अशिक्षा, गरीबी, कुपोषण आदि व्यक्ति की स्वतंत्रता की उपलब्धि में बाधक हैं। उनको दूर करना राज्य का दायित्व है। ग्रीन के चिंतन में लोककल्याणकारी राज्य के बीज छिपे थे। उदारवाद का यह संशोधित रूप शास्त्रीय उदारवाद की मान्यताओं को छोड़ चुका था। यूरोपीय देशों में 1930 ई. के दशक में भीषण आर्थिक मंदी का दौर प्रारंभ हुआ। उससे मुक्त बाजार व्यवस्था की असफलता उजागर हो गई थी। जे.एम. कीन्स जैसे अर्थशास्त्री अर्थव्यवस्था को पटरी पर लाने के लिए सरकार के हस्तक्षेप की पुरजोर वकालत कर रहे थे। द्वितीय विश्व युद्ध ने यूरोपीय देशों के आर्थिक संकट को और गहरा कर दिया। युद्ध के बाद आर्थिक पुनर्निमाण इन देशों की बड़ी समस्या थी। दूसरी ओर नवोदित एशियाई–अफ्रीकी देशों में भुखमरी, महामारी, कुपोषण, अशिक्षा आदि विकराल समस्याएँ थीं। इन परिस्थितियों में मुक्त बाजार व्यवस्था उपयोगी नहीं हो सकती थी। इसलिए शिक्षा, स्वास्थ्य, वृद्धावस्था पेंशन, कमजोर वर्गों को विशेष सुविधाएँ आदि उपलब्ध कराना सरकार का दायित्व माना गया। इस बात पर बल दिया गया कि समाज के कमजोर वर्गों को न्यूनतम जीवन स्तर उपलब्ध कराना सरकार का कार्य है। इसके लिए अमीर लोगों पर टैक्स लगाना न्यायोचित माना गया। सरकार की इस भूमिका का आधार लोककल्याणकारी राज्य की अवधारणा थी। लोककल्याणकारी राज्य का विचार दूसरे विश्व युद्ध के बाद प्रमुख और लोकप्रिय हुआ।

यूरोपीय देशों और विदेशी दासता से स्वतंत्र भारत जैसे एशियाई-अफ्रीकी देशों की सरकारों ने उसके अनुरूप नीतियों का निर्माण और उन्हें लागू करना प्रारंभ कर दिया। सरकार द्वारा शिक्षा, स्वास्थ्य, सामाजिक सुरक्षा, जैसी सेवाएँ उपलब्ध कराने के साथ-साथ अर्थव्यवस्था में भी हस्तक्षेप किया जाने लगा। सरकार न्यूनतम मजदूरी और आवश्यक वस्तुओं की कीमतें निर्धारित करने लगी। सरकार द्वारा इन कार्यों के संपादन से उसके कार्यक्षेत्र का अत्यधिक विस्तार हुआ। उदारवादी विचारक, ग्रीन से लेकर रॉल्स तक, सरकार की इस भूमिका का किसी-न-किसी रूप में समर्थन करते हैं। स्वतंत्रतावादी उदारवाद के इस रूप के कटु आलोचक हैं। उनका तर्क है कि इसमें व्यक्ति के अधिकारों और स्वतंत्र बाजार के लिए कोई स्थान नहीं है। लोककल्याणकारी राज्य में राज्य का कार्यक्षेत्र अत्यंत विस्तृत हो गया। इससे व्यक्ति की स्वतंत्रता पर सरकारी नियंत्रण काफी बढ़ा। इसलिए स्वतंत्रतावादी, उदारवादी चिंतकों द्वारा प्रतिपादित लोककल्याणकारी राज्य के कटु आलोचक हैं।

स्वतंत्रतावाद और नव-उदारवाद

कोई विचार परिस्थितियों के अनुकूल होने पर प्रभुत्व प्राप्त कर लेता है। 1970 ई. के दशक में स्वतंत्रतावाद के साथ भी ऐसा ही हुआ। उस दौर में पुनः पूरे विश्व के स्तर पर आर्थिक संकट की स्थिति उत्पन्न हुई। पेट्रोल की कीमतें आसमान छूने लगीं। मुद्रास्फीति भी बढ़ी। उद्योगों के मुनाफे में काफी कमी आई। अधिकांश देशों में आर्थिक बृद्धि की दर में गिरावट आने लगी। इन परिस्थितियों में ब्रिटेन और अमेरिका में मुक्त बाजार और स्वतंत्र व्यापार पर बल दिया जाने लगा। सरकारी खर्चों में कटौती की माँग भी बल पकड़ने लगी। इन परिस्थितियों में लोककल्याणकारी राज्य का विचार और लोककल्याण कार्यक्रमों को लागू करने बाली नौकरशाही आलोचना के केंद्र में थे। यह तर्क दिया जाने लगा कि अर्थव्यवस्था पर सरकार का आर्थिक नियंत्रण इस संकट के लिए उत्तरदायी है। इसके समाधान का रास्ता यही बतलाया जाने लगा कि अर्थव्यवस्था को उदार बनाया जाए और सरकारी नियंत्रण में कमी लाई जाए। ब्रिटेन की प्रधानमंत्री मार्गरेट थैचर (1979-1990 ई.) और अमेरिकी राष्ट्रपति रोनाल्ड रीगन (1981-1989 ई.) ने अर्थव्यवस्था पर सरकारी नियंत्रण को कम करने का प्रयास किया। उन दोनों ने उदारीकरण को आगे बढ़ानेवाली आर्थिक नीतियों को लागू किया। उस स्थिति में हैक के विचार प्रासंगिक हो गए। अब उन्हें प्रमुखता प्राप्त हुई। 1974 ई. में उन्हें नोबेल पुरस्कार से सम्मानित किया गया। मार्गरेट थैचर हैक के विचारों से अत्यंत प्रभावित थीं। अमेरिकी राष्ट्रपति रीगन के आर्थिक सलाहकारों में हैक के द्वारा स्थापित संस्था (मेंट पेलरिन सोसायटी) के सदस्य अच्छी खासी संख्या में थे। ब्रिटिश प्रधानमंत्री थैचर ने कई राष्ट्रीयकृत उद्योगों का निजीकरण किया। इसी प्रकार अमेरिकी राष्ट्रपति रीगन ने भी सरकारी खर्च में कटौती की और टैक्स की दरों में कमी की। कुछ वर्षों के बाद 1991 ई. में सोवियत संघ के पतन से राज्य नियंत्रित अर्थव्यवस्था की प्रासंगिकता संदिग्ध हो गई।

सोवियत संघ की समाजवादी व्यवस्था के विखंडन के बाद यह तर्क बल पकड़ने लगा कि पूँजीवादी व्यवस्था का कोई विकल्प नहीं है। इसलिए बाजार और व्यापार की स्वतंत्रता को एकमात्र रास्ता माना गया। आर्थिक उदारवाद के इस पुनर्जीवित रूप को नव-उदारवाद कहा जाता है। 1990 ई. के दशक से अधिकांश देशों ने अपनी अर्थव्यवस्था के दरवाजे विदेशी कंपनियों के लिए खोल दिए। व्यापार की शर्तों को सरल बनाया गया। इन नीतियों को आगे बढ़ाने में विश्व बैंक जैसी अंतर्राष्ट्रीय आर्थिक संस्थाओं ने निर्णायक भूमिका निभाई। अर्थव्यवस्था को खोलने और उदार बनाने के फलस्वरूप निजीकरण को बढ़ावा मिला। इसके साथ ही विभिन्न देशों के बीच पूँजी, वस्तुओं और सेवाओं के प्रवाह में अभूतपूर्व वृद्धि हुई। इसमें संचार साधनों के विकास ने भी महत्त्वपूर्ण भूमिका निभाई। अब इंटरनेट के जरिए व्यक्ति के पास विभिन्न प्रकार की सूचनाएँ सुलभ होने लगीं। इसलिए सभी देशों की अर्थव्यवस्थाएँ एक-दूसरे से जुड़ गईं। अब भूमंडलीकरण का दौर आ गया। नव-उदारवाद पर आधारित राष्ट्रीय अर्थव्यवस्था भूमंडलीय अर्थव्यवस्था का अंग बन गई। इस स्थिति में किसी देश की सरकार द्वारा अपनी ही अर्थव्यवस्था पर नियंत्रण रखना अत्यंत कठिन हो गया। इसलिए भूमंडलीकरण के युग में राज्य की प्रभुसत्ता में कमी आई।

स्वतंत्रतावाद नव-उदारवाद के मुक्त बाजार और व्यापार के विचार से सहमत है। दोनों अर्थव्यवस्था में सरकारी हस्तक्षेप के विरोधी हैं। लेकिन इसका आशय यह नहीं कि दोनों एक-दूसरे के पर्याय हैं। नव-उदारवाद मूलत: आर्थिक पहलू से संबंधित है जबकि स्वतंत्रतावाद उससे व्यापक है। उसमें आर्थिक पहलू के साथ-साथ नैतिक एवं राजनीतिक पहलू भी शामिल हैं। स्वतंत्रतावादी विचारक स्वतंत्रतावाद को आधुनिक उदारवाद के विकल्प के रूप में देखते हैं। शास्त्रीय उदारवाद एवं नव-उदारवाद के विचारों से उनकी सहमति है। यही कारण है कि वे शास्त्रीय उदारवादी चिंतक लॉक और एडम स्मिथ को स्वतंत्रतावादी मानते हैं। इसी प्रकार हैक, नॉजिक, मिल्टन फ्राइडमैन आदि स्वतंत्रतावादी विचारक नव-उदारवादी भी माने जाते हैं। वे सभी नव-उदारवादी आर्थिक नीतियों का समर्थन करते हैं। इसलिए स्वतंत्रतावाद को नव-उदारवाद की तरह शास्त्रीय उदारवाद का नया संस्करण कहा जा सकता है। दोनों को 1970 ई. के दशक में प्रमुखता मिली। स्वतंत्रतावाद अमेरिका में ज्यादा प्रभावी हुआ। वहाँ 1972 ई. में स्वतंत्रतावादी पार्टी का भी गठन हुआ। यह दल राष्ट्रपति के चुनावों के साथ-साथ अन्य चुनावों में भी भाग लेता है।

फ्रेडरिक अगस्ट हैक : ज्ञान की समस्या और स्वतंत्रता

फ्रेडरिक अगस्ट हैक बीसवीं सदी के महत्त्वपूर्ण चिंतकों में से एक हैं। उनके लेखन की अवधि और क्षेत्र दोनों विस्तृत हैं। उन्होंने लगभग छह दशकों से अधिक समय तक लेखन कार्य किया है। इसके साथ ही उन्होंने मनोविज्ञान, अर्थशास्त्र, विधिशास्त्र, सामाजिक एवं राजनीतिक सिद्धांत आदि से संबंधित महत्त्वपूर्ण प्रश्नों पर विचार किया है। इसके अतिरिक्त वे दूसरे विषयों की अवधारणाओं का प्रयोग अपने राजनीतिक सिद्धांतों के निरूपण में करते

हैं। इस कारण कहीं-कहीं उनके सिद्धांतों में जटिलता पैदा हुई है। उदाहरण के लिए उनके राजनीतिक विचारों का आधार मनोविज्ञान की अवधारणाएँ हैं। इसी तरह उन्होंने नियोजन का विरोध ज्ञानात्मक आधार पर किया है। राजनीतिक चिंतन से संबंधित हैक की सबसे चर्चित और बहुपठित कृति *दि रोड टू सर्फडम* है। यह 1944 ई. में प्रकाशित हुई। उनकी दूसरी प्रमुख रचना *दि कांस्टीट्यूशन ऑफ लिबर्टी* 1960 ई. में आई। यह पहली रचना की तरह लोकप्रिय नहीं हुई। *लॉ, लेजिसलेशन ऐंड लिबर्टी* उनकी सर्वश्रेष्ठ कृति मानी जाती है। यह तीन खंडों में क्रमश: 1973, 1976 और 1979 ई. में प्रकाशित हुई। रचनाकाल और लेखन क्षेत्र के विस्तृत होने के साथ-साथ हैक ने विभिन्न देशों की संस्थाओं में कार्य किया। उनका जन्म आस्ट्रिया में हुआ था। वे अर्थशास्त्र के आस्ट्रियन स्कूल से जुड़े रहे। वे लंदन स्कूल ऑफ इकॉनॉमिक्स में कई दशकों तक कार्यरत रहे। इसके अतिरिक्त उन्होंने 1950 ई. से 1962 ई. तक अमेरिका के शिकागो विश्वविद्यालय में भी कार्य किया।

हैक की विचारधारात्मक स्थिति के संबंध में विद्वानों के बीच काफी मतभेद है। व्यक्ति के जीवन में सामाजिक एवं सांस्कृतिक परंपराओं की प्रभावी भूमिका को स्वीकार करने के कारण लोग उन्हें अनुदारवादी उदारवादी (Conservative liberal) मानते हैं। लेकिन हैक ने स्वयं इसका खंडन किया। उन्होंने साफ तौर पर यह कहा कि वे अनुदारवादी नहीं है। उन्हें शास्त्रीय उदारवाद की परंपरा का चिंतक माना जाता है। प्रारंभ से लेकर अंत तक वे नियोजन के विचार का विरोध करते रहे। उनका दृढ़ मत है कि समाज का नियोजित विकास संभव ही नहीं है। इसलिए वे समाजवादी विचारधारा के कट्टर विरोधी रहे। उनका मानना था कि बाजार में राज्य का हस्तक्षेप तानाशाही शासन-व्यवस्था की ओर ले जाता है। अपनी चर्चित पुस्तक *दि रोड टू सर्फडम* में उन्होंने समाजवाद और नाजीवाद के अंतर्संबंधों पर बल दिया। उन्होंने यह सिद्ध करने का प्रयास किया कि समाजवादी सोवियत संघ और नाजी जर्मनी में काफी समानता है। इस आधार पर वे ब्रिटेन कीं आर्थिक नीतियों की आलोचना करते हैं। उस समय ब्रिटेन में लोककल्याणकारी राज्य का विचार प्रमुख हो रहा था। उन्होंने इसका विरोध किया। उनका तर्क था कि जिन नीतियों के कारण जर्मनी में तानाशाही स्थापित हुई, ब्रिटेन भी उन्हीं नीतियों का अनुसरण कर रहा है। लेकिन उस समय हैक के विचारों को नीति निर्माण में प्रमुखता नहीं मिली। यह अवसर 1970 ई. के दशक में आया। 1990 ई. के दशक में स्वतंत्रतावादी विचारों को प्रमुखता प्राप्त हुई। अब उन्हें स्वत्रंतावादी विचारक माना जाने लगा।

ज्ञान का स्वरूप और उसकी समस्या

हैक का राजनीतिक-आर्थिक सिद्धांत उनके ज्ञान संबंधी सिद्धांत पर आधारित है। उनका तर्क है कि मनुष्य समाज में जन्म लेता है। वह समाज के अन्य सदस्यों के अनुकरण से सीखता है। उसी क्रम में वह बोलना, अभिवादन करना, चीजों को समझना और कार्य करने के तरीके सीखता है। हैक का कहना है कि मनुष्य के बोध (Perception) और क्रिया में एक संगति, नियमितता और व्यवस्था होती है। वह चीजों को अटपटे ढंग से नहीं समझता, न ही

उसकी गतिविधियां निरर्थक किस्म की होती हैं। इसलिए हैक इस निष्कर्ष पर पहुंचते हैं कि मनुष्य का बोध और उसकी गतिविधि नियमों से निर्देशित होते हैं। उदाहरण के लिए भाषा को लें। मनुष्य भाषा का ज्ञान दूसरों के अनुकरण से प्राप्त करता है। लेकिन इस क्रम में वह व्याकरण के नियमों का भी ज्ञान प्राप्त करता है। यह ज्ञान सोच-समझ कर प्राप्त नहीं किया जाता। यह अनायास और स्वाभाविक होता है। इसी प्रकार मनुष्य दूसरों की गतिविधियों से कार्य करने के तरीके सीखता है। यह भी सहज तौर पर होता है। इसलिए हैक जब यह कहते हैं कि व्यक्ति का बोध और उसकी क्रियाएँ नियम निर्देशित होते हैं तो उनका आशय किसी विशिष्ट और विवेकसम्मत नियम से नहीं है। व्यक्ति में नियमों के अनुसार देखने और अपनी गतिविधि को संचालित करने की सहज प्रवृत्ति होती है। इसी कारण वह दूसरे के अनुभवों को समझने में सक्षम हो पाता है। उसे यह ज्ञान होता है कि एक समान स्थिति में लोगों की समझ और गतिविधि एक तरह की होती है। इसलिए हैक का मत है कि व्यक्ति की समझ और क्रिया सामाजिक संदर्भ में ही अर्थपूर्ण होती है। दूसरी बात यह है कि मनुष्य को उसका ज्ञान अनायास होता है। यह जान-बूझकर नहीं होता है। हैक के अनुसार सामाजिक नियमों में समाज का व्यावहारिक ज्ञान संगृहीत होता है। यह सदियों से अर्जित होता है। यह ज्ञान व्यक्तियों की आदतों, रुचियों और क्रियाओं में बिखरा होता है। यह सहज रूप से एक पीढ़ी से दूसरी पीढ़ी तक चला जाता है। यह ज्ञान न तो भाषा में व्यक्त होता है और न ही एक जगह व्यवस्थित होता है। हैक इस प्रकार के ज्ञान को अनुक्त (Tacit) ज्ञान कहते हैं। दूसरों के अनुकरण से सीखने के कारण यह अंतर्विषयक होता है। लेकिन हम इस ज्ञान को स्पष्ट नहीं कर सकते। यह हमारी क्षमता के बाहर है। हमें यह नहीं पता कि हमने कौन-सी चीज किसके अनुकरण से सीखी। यह ज्ञान तो अनायास होता है जैसे, भाषा, कला-कौशल, खेल आदि। दूसरी बात यह है कि ज्ञान हमेशा स्थानीय परिस्थितियों का ज्ञान होता है। इसलिए ज्ञान एक जगह संगृहीत नहीं होता और न ही सुव्यवस्थित होता है। अतः सामाजिक जीवन का संबंध ज़िस ज्ञान से होता है, वह अपूर्ण और बिखरा होता है। सामाजिक विज्ञानों की शुरुआत इसी प्रकार के ज्ञान से होती हैं। यह ज्ञान विभिन्न व्यक्तियों की आदतों, क्रियाओं और कौशल के साथ-साथ विभिन्न सामाजिक संस्थाओं में मूर्त रूप लेता है। ज्ञान के इस स्वरूप के आधार पर हैक का तर्क है कि व्यक्ति की गतिविधि को प्रभावित करने वाले सभी कारकों का ज्ञान प्राप्त नहीं हो सकता, इसलिए कोई व्यक्ति अपने समाज का पूर्ण ज्ञान प्राप्त ही नहीं कर सकता। हैक इसे ही ज्ञान समस्या कहते हैं। इसके आधार पर वे अपनी विभिन्न अवधारणाओं को स्पष्ट करते हैं। हालाँकि वे यह मानते हैं कि कुछ ज्ञान सुनिश्चित और स्पष्ट होते हैं। उनके अनुसार इस प्रकार के ज्ञान तथ्यात्मक होते हैं। लेकिन हैक सामाजिक जीवन को वैज्ञानिक पद्वति से समझने की संभावना से ही इनकार करते हैं। यह पद्धति प्राकृतिक विज्ञानों के लिए उपयोगी है। सामाजिक विज्ञान की अध्ययन पद्धति इससे भिन्न होगी। हैक की दृष्टि में इसका कारण दोनों के विषयवस्तु की प्रकृति में अंतर है। प्राकृतिक विज्ञानों के तथ्य सुस्पष्ट और निश्चित होते हैं। सामाजिक विज्ञान में चीजें अलग होती हैं। इसमें चीजें वैसी होती हैं जैसा लोग उनके बारे में सोचते हैं। मनुष्य का मस्तिष्क निरंतर विकास की प्रक्रिया से गुजरता

है। इस क्रम में व्यक्ति की मान्यताएँ, सोच और विश्वास बदलते रहते हैं। दूसरी बात यह है कि सामाजिक जीवन में ज्ञान विभिन्न व्यक्तियों की क्रियाओं में बिखरा होता है। बदलती हुई परिस्थितियों के अनुरूप व्यक्ति अपनी धारणाओं को बदल लेता है। इसलिए सामाजिक जीवन से संबंधित सार्वभौम नियमों की खोज व्यर्थ है। हर समाज की अपनी अलग-अलग परंपराएँ होती हैं। उनमें उन समाजों का व्यावहारिक ज्ञान अंतर्निहित रहता है। उनका अध्ययन वैज्ञानिक पद्धति से संभव नहीं है।

समाज : अनायास व्यवस्था (Spontaneous System)

हैक अपने ज्ञान संबंधी सिद्धांत के आधार पर समाज के स्वरूप की व्याख्या करते हैं। उनका कहना है कि आधुनिक समाज में व्यक्तियों के आमने-सामने यानी मुखामुखम (Face-to-face) संबंध नहीं होते। लेकिन उनकी समझ और गतिविधियों में नियमितता और समानता होती है। एक समान स्थिति में एक ही प्रकार की गतिविधि होती है। यह सोच विचारकर नहीं किया जाता, बल्कि अनायास होता है। इसी आधार पर हैक का कहना है कि समाज अनायास तरीके से अस्तित्व में आता है। उसी तरह यह विकासमान रहता है। फैशन, नैतिक नियम, भाषा, संस्कृति आदि सभी चीजें सहज तरीके से उत्पन्न होती हैं और विकसित होती हैं। सामाजिक संस्थाएँ व्यक्तियों की गतिविधियों का परिणाम तो होती हैं लेकिन उनका निर्माण और विकास किसी व्यक्ति या व्यक्तिसमूह की कार्य योजना के अनुसार नहीं होता। इसलिए हैक समाज को अनायास व्यवस्था कहते हैं। यह समाज अनगिनत व्यक्तियों की आदतों, मनोवृत्तियों और क्रियाओं में संरक्षित व्यावहारिक ज्ञान का उपयोग करता है। यह उसी ज्ञान पर निर्भर होता है। समाज में व्यवस्था इसी ज्ञान के परिणामस्वरूप होती है। हैक के अनुसार जटिलता सामाजिक व्यवस्था की दूसरी विशेषता है। चूंकि वह अनगिनत व्यक्तियों की समझ और गतिविधियों पर आधारित होती है, इसलिए जटिल होती है। वे अनायास एवं जटिल सामाजिक व्यवस्था के लिए 'कॉसमॉस' (Cosmos) शब्द का प्रयोग करते हैं। उसका पूरा ज्ञान होना किसी व्यक्ति की क्षमता से परे है। इसलिए हैक का निष्कर्ष है कि समाज को सुनियोजित तरीके से किसी बने-बनाए साँचे में ढालना संभव नहीं हो सकता।

स्वतंत्र बाजार व्यवस्था : एकमात्र विकल्प

हैक ज्ञान संबंधी समस्या के आधार पर अपने आर्थिक सिद्धांत को स्पष्ट करते हैं। व्यक्तियों की इच्छाएँ और जरूरतें अलग-अलग किस्म की होती हैं। वे उनकी गतिवधियों को प्रेरित करती हैं। हैक का तर्क है कि कोई एक व्यक्ति या राज्यसत्ता का उपयोग करने वाला शासक वर्ग व्यक्तियों की जरूरतों और गतिविधियों की पूरी जानकारी प्राप्त नहीं कर सकता। उसके बगैर बुद्धिसंगत तरीके से आर्थिक मामलों का आकलन संभव नहीं है। इसलिए किसी केंद्रीय एजेंसी द्वारा विभिन्न व्यक्तियों की आर्थिक गतिविधियों में समन्वय किया ही नहीं जा सकता। इनका एकमात्र रास्ता बाजार व्यवस्था है। यह प्रतियोगिता पर आधारित होती है। जटिल सामाजिक व्यवस्था में यह मददगार साबित होती है। हम दूसरे व्यक्तियों की

गतिविधियों और उनके परिणामों को किसी तरह जान ही नहीं सकते। इस स्थिति में बाजार की प्रतियोगिता ही समाज के भीतर फैले ज्ञान का उपयोग कर सकती है। किसी वस्तु की कीमत ही यह बतलाती है कि वह सामाजिक रूप से कितना मूल्यवान है? इसलिए हैक स्वतंत्र बाजार व्यवस्था का पुरजोर समर्थन करते हैं। उसका आधार ज्ञान संबंधी समस्या है।

हैक नियोजन और समाजवाद के कट्टर आलोचक हैं। इस मुद्दे पर उनके विचारों में निरंतरता रही है। वे नियोजन को ज्ञान के आधार पर ही रद्द करते हैं। नियोजन इस पूर्वमान्यता पर आधारित है कि कोई व्यक्ति या समूह पूरे समाज के संसाधनों और लोगों की जरूरतों का ज्ञान प्राप्त कर सकता है। हैक इस मान्यता को ही गलत ठहराते हैं। उनके अनुसार समाज स्वतःस्फूर्त, लेकिन जटिल व्यवस्था है। उसका आर्थिक पहलू भी जटिल है। वे इसके लिए अलग शब्द 'कैटेलैक्सी' (Catalaxy) का प्रयोग करते हैं। उसे वे अर्थव्यवस्था से भिन्न मानते हैं। अर्थव्यवस्था का आशय किसी देश की राष्ट्रीय अर्थव्यवस्था से है। लेकिन 'कैटेलैक्सी' समाज के संपूर्ण आर्थिक पहलू और उसके जटिल स्वरूप को व्यक्त करता है। हैक इस बात पर बल देते हैं कि आर्थिक गतिविधियों में राज्य का हस्तक्षेप न हो। वे आर्थिक क्षेत्र में व्यक्ति की स्वतंत्रता का पुरजोर समर्थन करते हैं। उनका दृढ़ मत है कि व्यक्तिगत संपत्ति स्वतंत्रता की सर्वाधिक महत्त्वपूर्ण गारंटी है। समाजवाद की उनकी आलोचना का आधार यही है। समाजवादी व्यवस्था के अंतर्गत राज्य की बाध्यकारी शक्ति के द्वारा संपूर्ण समाज और उसके सभी संसाधनों को किसी विशिष्ट लक्ष्य की पूर्ति के लिए निर्देशित करने का प्रयास किया जाता है। उससे व्यक्ति की स्वतंत्रता का दमन हो जाता है। इसलिए हैक बाजार की स्वतंत्रता को व्यक्ति की स्वतंत्रता के लिए अपरिहार्य मानते हैं।

सामाजिक न्याय की आलोचना

हैक समाजवाद के साथ-साथ सामाजिक न्याय के भी आलोचक हैं। वे उसे समाजवादी आकांक्षा के रूप में देखते हैं। लेकिन वे लोककल्याणकारी राज्य को भी उसी से संबद्ध मानते हैं। द्वितीय विश्व युद्ध के बाद उदारवादी विचारधारा के अंतर्गत सामाजिक न्याय का प्रश्न महत्त्वपूर्ण हो गया क्योंकि औद्योगीकरण के कारण शोषण और असमानता की समस्या गंभीर हो गई थी। उस स्थिति में अर्थव्यवस्था में राज्य के हस्तक्षेप की पुरजोर माँग उठी। इस बात पर बल दिया गया कि राज्य द्वारा न्यूनतम मजदूरी और काम के घंटे निर्धारित हों। इतना ही नहीं राज्य समाज के कमजोर एवं वंचित लोगों को विशेष संरक्षण और सुविधाएँ प्रदान करे। इस प्रकार गरीबी, कुपोषण, बीमारी, अशिक्षा आदि को दूर करने में राज्य की भूमिका पर बल दिया गया। इसका आधार सामाजिक न्याय था। इसी आधार पर समाज के वंचित लोगों को लाभ पहुँचाने में राज्य की भूमिका को स्वीकृति मिली। हैक राज्य के हस्तक्षेप से मुक्त बाजार के समर्थक हैं। इसलिए वे सामाजिक न्याय के विचार की आलोचना करते हैं। उनके चार प्रमुख तर्क इस प्रकार हैं:

1. सामाजिक न्याय का विचार अर्थहीन है : हैक के अनुसार सामाजिक न्याय की अंतर्निहित मान्यता है कि अन्याय के लिए समाज उत्तरदायी है। इसलिए उसको दूर करने का दायित्त्व भी समाज का है। हैक पहले ही स्पष्ट कर चुके हैं कि समाज बिना सोच विचार के, स्वतः स्फूर्त

तरीके से विकसित होता है। इसी प्रकार स्वतंत्र बाजार पर आधारित अर्थव्यवस्था भी अस्तित्व में आती है। यह किसी व्यक्ति या व्यक्ति समूह की सोची-समझी गतिविधियों का परिणाम नहीं होती। इसलिए उन गतिविधियों और उनसे उत्पन्न होने वाली व्यवस्था को अन्यायपूर्ण नहीं माना जा सकता। इस आधार पर हैक का निष्कर्ष है कि व्यक्तिगत स्वतंत्रता पर आधारित समाज के संदर्भ में सामाजिक न्याय की अवधारणा अर्थहीन है। यह नियोजित अर्थव्यवस्था के लिए ही सार्थक है जहाँ व्यक्ति की गतिविधियों को राज्यसत्ता द्वारा निर्देशित किया जाता है तथा उसके द्वारा ही वस्तुओं और सेवाओं का वितरण किया जाता है। उस व्यवस्था में समानता अथवा आवश्यकता के आधार पर किए गए वितरण को न्यायपूर्ण माना जाता है। लेकिन स्वतंत्र समाज में उसकी संभावना नहीं होती।

2. सामाजिक न्याय का विचार प्रतिगामी है : हैक का दूसरा तर्क है कि सामाजिक न्याय भूतकालीन समाजों की सोच को व्यक्त करता है। पहले छोटे-छोटे समुदायों का अस्तित्व था। उनमें रहने वाले लोग एक-दूसरे से भली-भाँति परिचित होते थे। उनका एक साझा लक्ष्य था। उसकी प्राप्ति के लिए सभी प्रयास करते थे। उस स्थिति में लोग एक-दूसरे के व्यवहारों और उनके परिणामों का सही आकलन कर सकते थे। हैक का कहना है कि सामाजिक न्याय का विचार उस तरह के समुदायों के लिए उपयुक्त हो सकता है। आज की स्थिति भिन्न है। वर्तमान समाज जटिल है। उसके सदस्य एक-दूसरे से अपरिचित हैं। वह 'अजनबियों का समाज' (Society of strangers) है। उसमें रहने वाले व्यक्ति विविध प्रकार के लक्ष्यों की प्राप्ति के लिए कार्य करते हैं। इसलिए किसी निर्धारित लक्ष्य की प्राप्ति नहीं हो सकती। अतः सामाजिक न्याय पर आधारित सोच अतीत की ओर उन्मुख है, वर्तमान और भविष्य से उसका कोई सरोकार नहीं।

3. सामाजिक न्याय अव्यावहारिक है : हैक ज्ञान की समस्या के आधार पर सामाजिक न्याय को अव्यावहारिक मानते हैं। किसी व्यक्ति या सरकार के लिए यह संभव नहीं है कि वह समाज के सभी सदस्यों के व्यवहारों, उनके परिणामों और जरूरतों का सही आकलन कर सके। ऐसी स्थिति में व्यक्तियों की विभिन्न प्रकार की गतिविधियों में समन्वय स्थापित करना और उन्हें किसी विशिष्ट लक्ष्य की प्राप्ति हेतु निर्देशित करना संभव नहीं हो सकता। इसलिए हैक का निष्कर्ष है कि व्यक्ति या राज्य के अंगों द्वारा सामाजिक न्याय के लक्ष्य को प्राप्त नहीं किया जा सकता है। इसलिए यह अव्यावहारिक है।

4. उदारवादी बाजार अर्थव्यवस्था के साथ सामाजिक न्याय की संगति नहीं बैठती: सामाजिक न्याय की अवधारणा स्वतंत्र बाजार व्यवस्था से उत्पन्न दोषों को उदारवादी लोकतांत्रिक संस्थाओं के माध्यम से दूर करने का समर्थन करती है। हैक का कहना है कि यह संभव नहीं है। उनका तर्क है कि सामाजिक न्याय की प्राप्ति तभी हो सकती है जब सरकार द्वारा व्यक्तियों की गतिविधियों पर नियंत्रण स्थापित किया जाए। केवल उसी के माध्यम से सामाजिक लक्ष्य की प्राप्ति संभव है। अतः सामाजिक न्याय को लागू करने का कोई भी प्रयास व्यक्तिगत स्वतंत्रता के लिए घातक है। सामाजिक न्याय की प्राप्ति केवल तानाशाही व्यवस्था द्वारा ही हो सकती है। हैक का निष्कर्ष है कि उदारवादी समाज और

अर्थव्यस्था व्यक्ति की स्वतंत्रता पर आधारित है। सामाजिक न्याय का विचार इस आधार पर ही चोट करता है। इसलिए उदारवाद के साथ सामाजिक न्याय की संगति नहीं हो सकती।

स्वतंत्रता की अवधारणा

हैक की स्वतंत्रता संबंधी अवधारणा उनके ज्ञान के सिद्वांत पर आधारित है। मानवीय ज्ञान विखंडित एवं विभिन्न परंपराओं और मानवीय गतिविधियों में फैला होता है। इसलिए किसी व्यक्ति या समूह के लिए उसका संपूर्ण ज्ञान प्राप्त करना संभव नहीं। अत: मनुष्य के मामलों में निश्चितता की प्राप्ति नहीं हो सकती। इसलिए हमारे पास समाज के ज्ञान का जो अंश है, हम उसी का उपयोग कर सकते हैं। इसी आधार पर हैक का कहना है कि उस ज्ञान का सर्वोत्तम उपयोग यही है कि व्यक्ति को स्वतंत्रता दी जाए। उसे अपनी सूचनाओं, कौशल और क्षमता का प्रयोग करने की छूट हो। वह स्वयं तय करे कि उसे क्या करना है? कोई दूसरा व्यक्ति न तो उसके ज्ञान और क्षमता का पूर्ण आकलन कर सकता है और न ही उसे कोई निर्देश दे सकता है।

स्वतंत्रता का अर्थ

हैक स्वतंत्रता का नकारात्मक अर्थ लेते हैं। स्वतंत्रता दूसरों की बाध्यता से आजादी है। वे बाध्यता के अर्थ को स्पष्ट करते हैं। यदि किसी व्यक्ति के द्वारा दूसरों को अपनी इच्छानुसार कार्य करने के लिए शक्ति का प्रयोग किया जाता है तो यह बाध्यता है। यहाँ पर हैक नीयत पर बल देते हैं। इसका कारण यह है कि उनके लिए स्वतंत्रता का सरोकार एक व्यक्ति का दूसरों के साथ संबंध से है। यदि ये संबंध सहज हैं तो स्वतंत्रता की स्थिति है। इसलिए सामाजिक प्रक्रिया को बाध्यकारी नहीं कहा जा सकता। यह सहज और स्वत:स्फूर्त तरीके से चलती है। उसे जान-बूझकर उत्पन्न नहीं किया जाता। लेकिन यदि कोई अपने उद्देश्यों की पूर्ति के लिए दूसरों को बाध्य करता है या दूसरों को अपनी इच्छानुसार कार्य करने से रोकता है, तो उस स्थिति में स्वतंत्रता समाप्त हो जाती है। इसलिए हैक का निष्कर्ष है कि स्वतंत्रता दूसरे व्यक्तियों द्वारा प्रतिबंध और जबरदस्ती का अभाव (Absence of restraints and constraints) है। यहाँ पर हैक के विचार शास्त्रीय उदारवाद की बुनियादी मान्यता से अलग हैं। शास्त्रीय उदारवाद इस धारणा पर आधारित है कि व्यक्ति विवेकशील है और वह समाज से स्वतंत्र एवं पृथक अस्तित्व रखता है। समाज व्यक्तियों का उसी तरह का योग है जैसे पदार्थ विभिन्न अणुओं का। हैक व्यक्ति की इस अवधारणा को 'गलत व्यक्तिवाद' कहते हैं। उनके अनुसार सही व्यक्तिवाद यह मान कर चलता है कि मनुष्य की प्रकृति और उसका चरित्र उसके सामाजिक जीवन से निर्धारित होता है। वे यह स्वीकार करते हैं कि व्यक्ति को परिस्थितियों के अनुसार अपना लक्ष्य चुनने की स्वतंत्रता है। उसकी प्राप्ति के लिए उसे विभिन्न प्रकार की गतिविधियां संपादित करने की भी छूट है। इसके साथ ही व्यक्ति अपनी गतिविधियों का मूल्यांकन करने में भी सक्षम है। हैक का तर्क है कि व्यक्ति की स्वतंत्रता परिस्थितियों के संदर्भ में ही हो सकती है। इसलिए वे किसी व्यक्ति की परिस्थितियों पर दूसरों का नियंत्रण

नहीं चाहते। उससे उसकी गतिविधियाँ स्वतंत्र नहीं रह पातीं। वह दूसरों के लक्ष्य का साधन बन जाते हैं। हैक बौद्धिक स्वतंत्रता के पक्षधर हैं। व्यक्ति को सोचने-समझने और अपने विचारों को अभिव्यक्त करने की पूरी आज़ादी होनी चाहिए। लेकिन उनकी राय में गतिविधि की स्वतंत्रता (Freedom of action) भी विचारों की स्वतंत्रता जितनी ही महत्त्वपूर्ण है। इसी के द्वारा व्यक्ति अपनी स्वतंत्रता को साकार करता है तथा अपने ज्ञान का उपयोग करता है। इसी प्रक्रिया में नए विचारों का उदय होता है। यहाँ पर हैक का तर्क है कि गतिविधि की स्वतंत्रता को प्राय: आर्थिक स्वतंत्रता समझ लिया जाता है। लेकिन उनकी राय में मनुष्य की गतिविधि की स्वतंत्रता आर्थिक स्वतंत्रता से ज्यादा व्यापक है। कोई भी गतिविधि केवल आर्थिक हो सकती है, हैक इस पर प्रश्न खड़ा करते हैं। वे आर्थिक गतिविधि पर भी किसी तरह के नियंत्रण का समर्थन नहीं करते। आर्थिक स्वतंत्रता के द्वारा जटिल समाज में समन्वय स्थापित होता है।

हैक की स्वतंत्रता संबंधी अवधारणा के दो स्पष्ट पहलू हैं। पहला यह कि किसी व्यक्ति को जबरन दूसरों के लक्ष्य की प्राप्ति का साधन नहीं बनाया जा सकता। दूसरा आशय है कि प्रत्येक व्यक्ति का एक निजी और सुरक्षित क्षेत्र है। उसमें दूसरों को हस्तक्षेप करने का कोई अधिकार नहीं है। हैक बाध्यता को यथासंभव कम करना चाहते हैं और व्यक्ति की स्वतंत्रता अधिकाधिक बढ़ाना चाहते हैं। इसके लिए वे हमें व्यक्ति की स्वतंत्रता के खतरों से आगाह करते हैं और उसके संरक्षण के लिए संस्थागत ढाँचे की योजना भी प्रस्तुत करते हैं। स्वतंत्रता के लिए प्रमुख खतरा वैचारिक है। हैक के अनुसार समाजवाद जैसी सभी प्रकार की समष्टिवादी विचारधाराएँ व्यक्ति की स्वतंत्रता में बाधक हैं।

स्वतंत्रता और कानून का शासन

हैक व्यक्तिगत स्वतंत्रता के लिए कानून के समक्ष समानता को आवश्यक मानते हैं। वैसे तो स्वतंत्रता और समानता परस्पर-विरोधी हैं, लेकिन उनकी राय में समानता का यही एकमात्र प्रकार है जो स्वतंत्रता के अनुकूल है। व्यक्ति की स्वतंत्र गतिविधि अनिवार्य रूप से असमानता पैदा करती है। उसका कारण यह है कि व्यक्तियों की क्षमता, रुचि और उनका कौशल भिन्न है। हैक का तर्क है कि स्वतंत्रता को अक्षुण्ण रखने के लिए यह आवश्यक है कि उन भिन्नताओं के बावजूद सरकार सभी के साथ समान व्यवहार करे। इसलिए कानून के शासन का मूल अर्थ यही है कि कानून सर्वोच्च है और वह सभी पर समान रूप से लागू होता है। उसी आधार पर व्यक्तियों द्वारा शासन के स्थान पर कानून का शासन कहा जाता है। हैक के अनुसार कानून का शासन एक राजनीतिक आदर्श है, एक 'मेटा-लीगल' (Meta-legal) सिद्धांत है। वह बतलाता है कि कानून कैसा होना चाहिए? उसी के आधार पर कानून की औचित्यपूर्णता (Legitimacy) निर्धारित होती है। हैक कानून को विशिष्ट अर्थ में लेते हैं। केवल विधायिका द्वारा पारित होने मात्र से कानून नहीं बन जाता है। उनकी राय में कानून का यह अर्थ अत्याचार का मुख्य औजार है। कानून की अपनी अवधारणा में वे उचित आचरण के प्रथागत नियमों को महत्त्वपूर्ण स्थान देते हैं। किसी विशिष्ट समाज या

संस्कृति में रहने वाले लोग एक-सी परिस्थिति में एक ही तरह का व्यवहार करते हैं। ऐसा वे अपने परंपराजन्य ज्ञान के आधार पर करते हैं। प्रत्येक समाज में इन प्रथागत नियमों का पालन होता है। वे व्यक्तियों के व्यवहारों और परंपराओं में निहित होते हैं। हैक इन प्रथागत नियमों से कानून के विकास को स्वीकार करते हैं। वे कानून के लिए 'नोमोस' (Nomos) शब्द का प्रयोग करते हैं। उनके अनुसार कानून के छह मापदंड हैं। उन पर खरा उतरने पर ही सही अर्थ में कानून हो सकता है। ये छह मापदंड इस प्रकार हैं :

1. कानून सभी लोगों पर सामान्य रूप (General) से लागू हो। इसका अर्थ है कि वह किसी व्यक्ति या समूह से संबंधित न हो।
2. वह व्यक्तियों की गतिविधियों को प्रतिबंधित करता हो, न कि उन्हें कुछ विशिष्ट प्रकार के कार्यों को करने का आदेश देता हो। इस प्रकार कानून नकारात्मक है।
3. वह समान हो। उसका आशय है कि वह शासक और शासितों पर समान रूप से लागू होता हो। ये तीन शर्तें कानून की प्रकृति से संबंधित हैं। शेष तीन कानून के लागू होने से संबंधित हैं।
4. कानून बगैर किसी व्यक्ति या समूह विशेष के संदर्भ के सामान्य रूप से लागू हो।
5. कानून निश्चित हो और उसे जाना जा सके।
6. दीर्घ काल के लिए लागू हो।

हैक द्वारा प्रतिपादित कानून की यह अवधारणा ब्रिटेन में प्रचलित सामान्य कानून से मिलती है। वे यह स्वीकार करते हैं कि सामान्य कानून सहज रूप से क्रमिक विकास के कारण अस्तित्व में आते हैं। लेकिन समस्या यह है कि इन कानूनों को व्यवहार में लागू कैसे किया जाए? इसके समाधान में हैक का तर्क है कि न्यायाधीश अपने निर्णयों के माध्यम से इन सामान्य कानूनों को स्पष्ट करते हैं। लेकिन ऐसा करते समय वे समुदाय विशेष के सांस्कृतिक मूल्यों और आदर्शों को ध्यान में रखते हैं। इसलिए सामान्य कानून की व्याख्या सांस्कृतिक संदर्भ में की जाती है। हालाँकि हैक इस संभावना को स्वीकार करते हैं कि बदलती परिस्थितियों में सामान्य कानूनों को संशोधित किया जा सकता है। यह विधायन के द्वारा हो सकता है। इस प्रकार प्रथागत यानी सामान्य कानूनों को केंद्रीय महत्त्व देने के बावजूद हैक विधायिका द्वारा उसमें संशोधन की आवश्यकता को स्वीकार करते हैं। कानून के शासन को स्वीकार करने के कारण हैक को उदारवादी माना जा सकता है। लेकिन इसके साथ ही उनके द्वारा सामाजिक-सांस्कृतिक परंपराओं को अत्यधिक महत्त्व देना उन्हें अनुदारवादी भी बना देता है।

व्यक्तिगत स्वतंत्रता और राज्य

व्यक्तिगत स्वतंत्रता और राज्य की भूमिका के परस्पर संबंध के प्रश्न पर राजनीतिक सिद्धांत में गंभीर मतभेद हैं। स्वतंत्रता के संरक्षण और उसके उपभोग की परिस्थितियों के निर्माण में जहाँ राज्य की भूमिका महत्त्वपूर्ण है तो दूसरी ओर राज्य का अत्यधिक हस्तक्षेप व्यक्ति की स्वतंत्रता में बाधक हो जाता है। स्वतंत्रतावादियों के लिए राज्य का विस्तृत कार्यक्षेत्र व्यक्तिगत स्वतंत्रता के लिए बड़ा खतरा है। इस प्रश्न पर हैक का अपना दृष्टिकोण है।

उनके अनुसार व्यक्ति अपनी स्वतंत्रता का उपभोग तभी कर सकता है, जब वह दूसरों की बाध्यता से मुक्त हो। उसका निजी जीवन पूरी तौर पर संरक्षित हो। उसके लिए हैक राज्य की बाध्यकारी शक्ति को आवश्यक मानते हैं। उसी के माध्यम से व्यक्ति को दूसरों के बाध्यकारी हस्तक्षेप से बचाया जा सकता है। इस प्रकार व्यक्तिगत स्वतंत्रता के संरक्षण के लिए राज्य आवश्यक हैं। हैक राज्य की शक्ति में वृद्धि को व्यक्तिगत स्वतंत्रता के लिए महत्त्वपूर्ण खतरा मानते हैं। लेकिन व्यक्तिगत स्वतंत्रता के संवर्द्धन में राज्य की भूमिका है। राज्य कानून को लागू करता है। यह व्यक्तिगत स्वतंत्रता के लिए अनिवार्य दशा है। लेकिन हैक राज्य की शक्ति को नियंत्रित रखने के पक्ष में हैं। अगर राज्य की शक्ति बढ़ती है, तो व्यक्ति की स्वतंत्रता खतरे में पड़ जाती है। इससे बचने के लिए हैक एक विशेष प्रकार की संवैधानिक व्यवस्था की रूपरेखा प्रस्तुत करते हैं।

वे शास्त्रीय उदारवाद द्वारा प्रतिपादित आर्थिक मामलों में राज्य के अहस्तक्षेप की नीति की आलोचना करते है। उनके अनुसार अहस्तक्षेप शब्द अस्पष्ट और भ्रामक है। राज्य का कोई भी कार्य किसी-न-किसी चीज में हस्तक्षेप ही है। हैक के लिए महत्त्वपूर्ण बात है कि व्यक्ति अपने ज्ञान के आधार पर लक्ष्यों का अनुसरण कर सके। वह दूसरों के हस्तक्षेप से राज्य की सुरक्षा के प्रति आश्वस्त हो। यहाँ तक कि वे कुछ हद तक व्यक्ति की आर्थिक सुरक्षा की गारंटी का भी समर्थन करते हैं। उनके अनुसार सभी के लिए न्यूनतम भोजन, वस्त्र, आवास, स्वास्थ्य का पर्याप्त संरक्षण और कार्य करने की क्षमता को सुनिश्चित किया जा सकता है। वे उन्हें 'सामाज़िक न्यूनतम' (Social minimum) कहते हैं। उसी प्रकार वे बाढ़ और भूकंप जैसी प्राकृतिक आपदाओं के समय लोगों की सहायता करना राज्य का दायित्व मानते हैं। इस प्रकार यह स्पष्ट है कि हैक शास्त्रीय उदारवाद की तरह राज्य के कार्यक्षेत्र को शांति व्यवस्था बनाए रखने तक सीमित नहीं रखते। उनका यह भी तर्क है कि राज्य के अहस्तक्षेप संबंधी विचार शास्त्रीय उदारवाद की गलत व्याख्या है। दूसरी ओर वे कुछ हद तक लोककल्याणकारी राज्य का भी समर्थन करते हैं। वे राज्य को बाध्यकारी सत्ता के साथ-साथ सेवा प्रदान करने वाली एजेंसी के रूप में भी स्वीकार करते हैं। वे उसमें कोई बुराई नहीं देखते कि सभी को समान रूप से न्यूनतम आमदनी की गारंटी हो। लोककल्याणकारी राज्य व्यक्तिगत स्वतंत्रता के लिए बाधक तब बनता है, जब वह अपनी बाध्यकारी शक्ति के द्वारा समाज में वस्तुओं के न्यायपूर्ण वितरण का प्रयास करता है। उस पर हैक को आपत्ति है उनका दूसरा तर्क है कि जब किसी वस्तु या सेवा पर सरकार का एकाधिकार हो जाता है तो वह व्यक्तिगत स्वतंत्रता के लिए घातक हो जाता है। उसमें स्वतंत्र प्रतियोगिता की जगह नहीं रह जाती। उसके परिणामस्वरूप राज्य की नौकरशाही अत्यंत शक्तिशाली हो जाती है। हैक लोककल्याणकारी राज्य की इस एकाधिकारवादी प्रवृत्ति को स्वतंत्रता के लिए एक बड़ा खतरा मानते हैं। वे अपने समय में इस प्रवृत्ति के बढ़ने से चिंतित हैं।

उदारवादी लोकतंत्र की आलोचना

हैक की दृष्टि में व्यक्ति की स्वतंत्रता के संरक्षण की दो अनिवार्य स्थितियाँ हैं- सरकार की शक्तियों पर सीमा और कानून का शासन। अपनी इसी दृष्टि के आधार पर वे उदारवादी

लोकतंत्र की समीक्षा करते हैं। उनके अनुसार उदारवाद का मूल सरोकार सरकार की बाध्यकारी शक्ति को सीमित रखना था, चाहे सरकार लोकतांत्रिक हो या न हो। हैक का तर्क है कि लोकतंत्र की व्याख्या सरकार की एक पद्धति के रूप में की जाती है। वह बहुमत का शासन है। इसलिए लोकतंत्र में सरकार पर एक ही सीमा है कि वह बहुमत के आधार पर कार्य करे। कानून का निर्धारण बहुमत की इच्छा से होता है। वही यह भी तय करता है, कि अच्छा कानून क्या है? हैक भी मिल की तरह बहुमत के शासन को व्यक्ति की स्वतंत्रता के लिए प्रमुख खतरा मानते हैं। उनका तर्क है कि सरकार पर बहुमत द्वारा निर्वाचित प्रतिनिधियों का नियंत्रण पर्याप्त नहीं है। यह सरकार की शक्तियों को सीमित करने के बजाय असीमित कर देता है। यह मान लिया जाता है कि यदि बहुमत का शासन है तो उसे असीमित शक्तियाँ हैं। इसलिए लोकतंत्र का आदर्श लुप्त हो गया। प्रारंभ में उसका उद्देश्य सभी प्रकार की निरंकुश शक्तियों को रोकना था। अब वह निरंकुश शक्ति को औचित्यपूर्ण ठहराने का आधार बन गया है। बहुमत पर आधारित लोकतंत्र में कानून के शासन का परित्याग कर दिया गया है। वर्तमान समय में बहुमत द्वारा निर्वाचित विधायिका को कानून का एकमात्र स्रोत समझा जाता है। उसका समाज में प्रचलित उचित आचरण के नियमों से कोई संबंध हो, यह अनिवार्य नहीं रह गया है। इस स्थिति में सरकार पर कानून की कोई सीमा नहीं है। बहुमत की इच्छा का प्रतिनिधित्व करने वाली विधायिका मनमाने तरीके से कानून बना सकती है। इस स्थिति में हैक का तर्क है कि बहुमत के शासन ने लोकतंत्र में भी निरंकुश शासन को संभव बना दिया है। उनके अनुसार इस असीमित लोकतंत्र में संगठित हितों की शक्तियाँ काफी बढ़ गई हैं। मजदूर एवं अन्य व्यावसायिक संघ संगठित होकर अपने समूह के लिए सरकार से अधिकाधिक सुविधाएँ प्राप्त करने का प्रयत्न करते हैं। इस स्थिति में जब वस्तुओं और सेवाओं का वितरण सरकार द्वारा होता है तो ये संगठन काफी शक्तिशाली हो जाते हैं, इसलिए हैक का मानना है कि बहुमत का शासन अनिवार्य रूप से उन संगठित हितों का पोषण करता है।

उदारवादी लोकतंत्र की उपर्युक्त आलोचनाओं के आधार पर यह निष्कर्ष निकालना गलत होगा कि हैक लोकतंत्र विरोधी हैं। वे लोकतंत्र के पक्ष में तीन प्रमुख तर्क प्रस्तुत करते हैं। पहली बात यह है कि लोकतंत्र में बगैर हिंसा के, शांतिपूर्ण तरीके से राजनीतिक परिवर्तन संभव है। हैक का दूसरा तर्क है कि वह व्यक्तिगत स्वतंत्रता की रक्षा करता है। तीसरा तर्क है कि लोकतंत्र जनता को शिक्षित करता है। लोकतंत्र एक ऐसी प्रक्रिया है जिसमें जनता सार्वजनिक मामलों में जागरूक बनती है। हैक का कहना है कि बहस और अभिव्यक्ति की स्वतंत्रता लोकतंत्र से अभिन्न रूप से जुड़े हैं। वे उदारवादी लोकतंत्र में व्याप्त दोषों का परिमार्जन करना चाहते हैं। उसके लिए वे एक आदर्श संविधान की रूपरेखा प्रस्तुत करते हैं।

आदर्श संविधान (Model Constitution)

हैक अपने समय के उदारवादी लोकतांत्रिक शासन-व्यवस्थाओं के दोषों को दूर करने के लिए एक आदर्श संविधान की रूपरेखा प्रस्तुत करते हैं। उसके केंद्र में समाज में राज्य की भूमिका का प्रश्न है। उनके अनुसार सामाजिक-आर्थिक व्यवस्था अनायास रूप से विकसित

होती है। हैक के अनुसार राज्य का कार्य उनके विकास के अनुकूल परिस्थितियों का निर्माण करना है। उसकी भूमिका संवर्द्धन की है, निर्देशन की नहीं। उनके द्वारा प्रस्तावित आदर्श संविधान का एक प्रमुख उद्देश्य राज्य की शक्तियों को सीमित करना है। इसलिए वे अपने आदर्श संविधान के मूल उपबंध का उल्लेख करते हैं। यह उपबंध सरकार के कार्यों को निर्धारित नहीं करता। उसके स्थान पर यह सरकार की बाध्यकारी शक्तियों पर सीमाएँ आरोपित करता है। इसके अतिरिक्त यह उपबंध कानून के सही स्वरूप यानी 'नोमोस' को स्पष्ट करता है। हैक सरकार की सीमित शक्ति और कानून के शासन को ध्यान में रखते हुए संवैधानिक तंत्र का निर्माण करना चाहते हैं। वे व्यवस्थापिका द्वारा कार्यपालिका पर नियंत्रण रखना चाहते हैं। उनके अनुसार व्यवस्थापिका सर्वोच्च है। उनके द्वारा प्रस्तावित व्यवस्थापिका द्विसदनीय है–सरकारी सभा (Governmental assembly) और विधायिनी सभा (Legislative assembly)। उन दोनों का गठन एवं उनके कार्य भिन्न हैं। सरकारी सभा का कार्य सरकार के कार्यों का निर्देशन है। यह उसके दैनिक मामलों की देखभाल करती है। दूसरी ओर विधायिनी सभा का दायित्व कानून निर्माण है। हैक का तर्क है कि इन दोनों कार्यों को अलग-अलग संस्थाओं द्वारा किया जाना आवश्यक है। यह शक्ति के पृथक्कीकरण के सिद्धांत के भी अनुरूप है।

1. सरकारी सभा या निम्न सदन : हैक के अनुसार सरकारी सभा निम्न सदन है। इसका कार्य कानून निर्माण नहीं है। यह विधायी सभा द्वारा निर्धारित उचित आचरण के नियमों सें बँधी होती है। इस सभा का दायित्व सरकार के दैनिक कार्यों का पर्यवेक्षण है। यह नागरिकों द्वारा निर्वाचित होती है। लेकिन हैक के अनुसार इसके निर्वाचन में सभी वयस्क नागरिकों को मत देने का अधिकार नहीं है। सरकारी कर्मचारी, पेंशनर और बेरोजगार लोगों को सरकारी सभा के प्रतिनिधियों के चुनाव में वोट देने का अधिकार नहीं है। इसका उद्देश्य सरकारी सभा को विशिष्ट हितों के प्रभाव से बचाना है। अत: सरकारी तंत्र पर निर्भर रहने वाले लोगों को मतदान से वंचित रखा गया है। इसके बावजूद सरकारी सभा का आधार दलीय होता है। अत: यह सभा दलीय आधार पर गठित होती है। हैक का कहना है कि यह सभा नागरिकों के हितों की देखभाल करती है। इसका उद्देश्य मतदाताओं का समर्थन बनाए रखना है। सरकारी सभा सरकार के संसाधनों के उपयोग तथा सरकारी तंत्र को संगठित करने के संबंध में निर्णय लेती है। इस प्रकार सरकारी सभा बहुत हद तक वर्तमान समय के संसद की तरह है।

2. विधायिनी सभा या उच्च सदन : हैक कानून निर्माण प्रक्रिया को विशिष्ट हितों के प्रभाव से मुक्त रखना चाहते हैं। उसके स्थान पर वे लोगों की राय (Opinion) के आधार पर कानून निर्माण का प्रस्ताव रखते हैं। उसके लिए वे एक अलग संस्था को उपयोगी मानते हैं। यही विधायिनी सभा है। इसका गठन सरकारी सभा से भिन्न है। हैक का तर्क है कि यदि दोनों सदनों के प्रतिनिधि एक ही तरह से निर्वाचित होते हैं तो संभव है कि दोनों में एक ही राजनीतिक दल का आधिपत्य हो। इस स्थिति में यह सरकारी सभा पर नियंत्रण नहीं रख सकती। विधायिनी सभा के चुनाव में वही मतदाता भाग ले सकेगें जिनकी न्यूनतम उम्र 45 वर्ष हो। इसके प्रतिनिधि 15 वर्षों की अवधि के लिए चुने जाएंगे। इन प्रतिनिधियों में से 1/15

सदस्य प्रतिवर्ष चुने जाएँगे। कोई भी निर्वाचित सदस्य पुन: निर्वाचित नहीं हो सकेगा। इसके अतिरिक्त मतदाता भी अपने पूरे जीवन में एक ही बार विधायी सभा के निर्वाचन में मत दे सकेगा। हैक का विचार है कि विधायिनी सभा दलीय राजनीति और विशिष्ट हितों के प्रभाव से मुक्त हो। इसके साथ ही यह सरकार के कामकाज से अलग रहे। वे ब्रिटेन का उदाहरण देते हैं। उनके अनुसार वहाँ की व्यवस्था इस कारण असफल हुई कि कानून निर्माण और सरकार को निर्देशित करने की शक्ति के बीच कोई अंतर नहीं रह गया।

हैक के द्वारा प्रस्तवित विधायिनी सभा का प्रमुख कार्य कानून निर्माण है। यह सामान्य कानूनों में संशोधन कर सकती है तथा नए कानूनों को पारित कर सकती है। इनमें दीवानी एवं आपराधिक दोनों मामले शामिल हैं। कानून निर्माण की प्रक्रिया में विधायिनी सभा बहुसंख्यक जनता के मतों से निर्देशित होगी। लेकिन इस संबंध में हैक का सुझाव है कि यह मत उचित और अनुचित से संबंधित है, न कि हितों से। यह उचित आचरण के नियमों के संबंध में मत होता है। इस प्रकार हैक कानून निर्माण की प्रक्रिया को सामाजिक नैतिकता से जोड़ते हैं। लेकिन विधायिनी सभा के कानून-निर्माण का क्षेत्र काफी व्यापक है। इसमें सुरक्षा, स्वास्थ्य, कराधान आदि सभी मामले शामिल हैं। इनके संबंध में नियम बनाने का अधिकार विधायिनी सभा को है। इसके द्वारा बनाए गए नियमों से सरकारी सभा बँधी होती है। हैक के अनुसार विधायिनी सभा सरकार की नौकरशाही पर नियंत्रण रखती है। इसके अतिरिक्त विधायिनी सभा पर ऐसा ढाँचा कायम रखने का दायित्व है जिसमें स्वतंत्र प्रतियोगिता पर आधारित बाजार व्यवस्था कार्य कर सके। इसलिए यह बाजार व्यवस्था में व्यक्तियों की गतिविधियों का नियमन करती है। हैक का तर्क है कि विधायिनी सभा के कार्य राज्य की संवर्द्धनकारी भूमिका के अनुरूप हैं। विधायिनी सभा समाज और अर्थव्यवस्था को विशिष्ट लक्ष्य की प्राप्ति हेतु निर्देशित नहीं करती। यह उनके अनायास तरीके से कार्य करने के अनुकूल परिस्थितियों को बनाए रखती है।

संवैधानिक न्यायालय

हैक द्वारा प्रस्तावित संवैधानिक व्यवस्था की तीसरी प्रमुख संस्था संवैधानिक न्यायालय है। उनके द्वारा प्रस्तावित सरकारी और विधायिनी सभा की योजना ब्रिटिश शासन-व्यवस्था से प्रभावित है। दूसरी ओर संवैधानिक न्यायालय के विचार पर अमेरिकी व्यवस्था का प्रभाव है। संवैधानिक न्यायालय का प्रमुख कार्य दोनों सभाओं के पृथक्कीकरण को बनाए रखना है। विधायिनी सभा उचित आचरण के उन नियमों को निर्धारित करती है जिन्हें सार्वजनिक जीवन में लागू किया जा सके। वे नियम नागरिकों और सरकार, दोनों के लिए बाध्यकारी होते हैं। सरकारी सभा भी उनसे बँधी होती है। अत: हैक दोनों सभाओं के बीच विवाद की संभावना से इनकार नहीं करते। इसलिए उस संभाावित विवाद के निपटारे का अधिकार वे संवैधानिक न्यायालय को देते हैं। संवैधानिक न्यायालय का कार्य यह देखना है कि दोनों सभाएँ अपने-अपने क्षेत्र में कार्य करें, न तो विधायिनी सभा सरकार के कामकाज में हस्तक्षेप करे और न ही सरकारी सभा कानून निर्माण में दखल दे। दोनों की भिन्नता और पृथकता बनी

रहे, यह सुनिश्चित करना संवैधानिक न्यायालय का दायित्व है। हैक संवैधानिक न्यायालय के गठन और कार्य प्रक्रिया का उल्लेख नहीं करते। लेकिन संवैधानिक न्यायालय का विचार अमेरिकी सर्वोच्य न्यायालय से मिलता-जुलता है।

हैक के चिंतन के दो पक्ष हैं : आलोचनात्मक एवं रचनात्मक। दोनों का आधार उनके द्वारा प्रतिपादित ज्ञान की समस्या है। उनकी दृष्टि में किसी समाज के संबंध में पूर्ण ज्ञान प्राप्त करना असंभव है। इसलिए उनका मानना है कि समाज, संस्कृति, बाजार आदि सभी अनायास तरीके से अस्तित्व में आते हैं। किसी योजना के तहत उन्हें किसी विशिष्ट लक्ष्य के लिए निर्देशित करना संभव नहीं है। उसी आधार पर वे समाजवाद और सामाजिक न्याय की आलोचना करते हैं। वे इस गलत मान्यता पर आधारित हैं कि समाज में रहने वाले व्यक्तियों की जरूरतें और उनकी गतिविधियों के संबंध में सही आकलन किया जा सकता है। इस प्रकार हैक यह स्वीकार करते हैं कि किसी समाज को निर्धारित तरीके से नहीं बदला जा सकता। इसलिए सर्वोत्तम तरीका यह है कि समाज को स्वतंत्र और अनायास तरीके से विकसित होने दिया जाए। हैक द्वारा प्रतिपादित स्वतंत्रता की अवधारणा भी उनके ज्ञान संबंधी दृष्टिकोण पर ही आधारित है। उनकी राय में समाज में फैले ज्ञान का सही उपयोग तभी संभव है जब व्यक्ति को अपनी रुचि के अनुकूल अपनी क्षमता और अपनी परंपरा से प्राप्त ज्ञान के उपयोग की पूरी स्वतंत्रता हो। हैक आर्थिक मामलों में इसी प्रकार की स्वतंत्रता के प्रबल पक्षधर हैं। स्वतंत्र प्रतियोगिता पर आधारित बाजार आर्थिक मामलों से संबंधित ज्ञान के उपयोग का एकमात्र साधन है। इसलिए हैक व्यक्ति की स्वतंत्रता के साथ-साथ राज्य के हस्तक्षेप से मुक्त स्वतंत्र बाजार के प्रबल पक्षधर हैं। उनकी मौलिकता इस बात में निहित है कि वे अपने विचारों को अपनी ज्ञानमीमांसा पर आधारित करते हैं।

हैक द्वारा प्रतिपादित स्वतंत्रता की अवधारणा और उसके सरंक्षण के लिए प्रस्तावित संवैधानिक योजना में कई समस्याएँ हैं। वे व्यक्ति की स्वतंत्रता को उसकी परंपराओं की परिधि में बाँध देते हैं। किसी समाज में कोई एक परंपरा नहीं होती बल्कि परंपराएँ होती हैं। यह संभव है कि समाज के प्रभुत्वशाली लोगों की परंपरा पूरे समाज पर आरोपित की जाए जैसे, भारत में जाति व्यवस्था। इस स्थिति में स्वतंत्रता केवल प्रभुत्वशाली लोगों को ही प्राप्त होगी। दूसरी बात यह कि हैक द्वारा प्रतिपादित स्वतंत्रता की अवधारणा में अधिकारों का कोई उल्लेख नहीं है। अधिकार ही व्यक्ति की स्वतंत्रता को ठोस आधार प्रदान करते हैं। उनके अभाव में स्वतंत्रता खोखली साबित होती है। हैक व्यक्तिगत स्वतंत्रता के संरक्षण के लिए कानून के शासन को अनिवार्य मानते हैं। वे कानून निर्माण का दायित्व उच्च सदन को सौंपते हैं। उसमें अनुभवी एवं स्वतंत्र अभिजन होते हैं। वे उन्हीं लोगों के निर्णय पर भरोसा करते हैं। हैक का यह प्रस्ताव समस्या पैदा करता है। इस संभावना से इनकार नहीं किया जा सकता कि उच्च सदन के लोग भी अपने वर्गीय हितों के संरक्षण के लिए कानून निर्माण करें। दूसरी कठिनाई है कि उच्च सदन द्वारा निर्मित कानून यदि व्यक्तिगत स्वतंत्रता का अतिक्रमण करते हैं तो उस स्थिति में स्वतंत्रता के संरक्षण की कोई व्यवस्था नहीं है।

हैक स्वतंत्रता और समानता को परस्पर-विरोधी मानते हैं। उनकी राय में केवल एक समानता, कानून के समक्ष समानता, ही स्वतंत्रता के अनुकूल है। यहाँ तक कि वे स्वतंत्र समाज में असमानता की स्थिति को अपरिहार्य मानते हैं। वे बाजार की स्वतंत्रता पर आधारित पूँजीवादी व्यवस्था का प्रबल समर्थन करते हैं। उनका तर्क है कि यह व्यवस्था सहज विकास की प्रक्रिया के फलस्वरूप अस्तित्व में आती है। यह राज्य की बाध्यकारी शक्ति पर निर्भर नहीं करती। इसलिए इस व्यवस्था में किसी तरह का हस्तक्षेप उचित नहीं। यहाँ पर हैक यह भूल जाते हैं कि नियंत्रण से मुक्त बाजार व्यवस्था समाज में घोर असमानता पैदा करती है। वर्तमान के उदारीकरण के दौर में यह सिद्ध है। इसके परिणामस्वरूप सामाजिक समरसता खतरे में पड़ जाएगी और संभवतः लोकतंत्र भी।

हैक की विचारधारात्मक स्थिति पूरी तौर पर स्पष्ट नहीं है। इतना सर्वमान्य है कि वे समाजवाद के आलोचक हैं। परंपराओं और परंपराजनित ज्ञान को महत्त्व देने के कारण हैक पर अनुदारवादी होने का आरोप लगता रहा। लेकिन 1992 ई. में प्रकाशित अपने लेख ''व्हाई आइ एम नॉट कंजरवेटिव?'' में उन्होंने अपने अनुदारवादी होने का खंडन किया है। वे अपने को शास्त्रीय उदारवादी की परंपरा से जोड़ते हैं। लेकिन यहाँ असमंजस की स्थिति है। शास्त्रीय उदारवाद में व्यक्ति को विवेकशील एवं स्वतंत्रकर्ता माना गया है। हैक व्यक्ति की स्वतंत्रता को स्वीकार करते हैं। उनका स्पष्ट मत है कि व्यक्ति अपने समाज और अपनी संस्कृति में फलता-फूलता है। वह उससे स्वतंत्र नहीं हो सकता। उसकी स्वतंत्रता भी उसके संदर्भों में ही सार्थक है। हैक का यह विचार उन्हें शास्त्रीय उदारवाद की मान्यताओं से दूर कर अनुदारवाद के करीब ला देता है। उनकी दुविधा आर्थिक क्षेत्र में राज्य की भूमिका को लेकर भी है। शास्त्रीय उदारवाद में आर्थिक मामलों में राज्य के अहस्तक्षेप पर बल दिया गया था। हैक इससे इनकार करते हैं। उनकी राय में शास्त्रीय उदारवाद की यह गलत व्याख्या है। वे राज्य द्वारा व्यक्ति को न्यूनतम सुविधाएँ प्रदान किए जाने के पक्षधर हैं। यह शास्त्रीय उदारवाद की स्थापित मान्यता के खिलाफ है।

स्वतंत्रतावाद में व्यक्ति की स्वतंत्रता को सर्वाधिक महत्त्व दिया गया है। वह बाजार की स्वतंत्रता और राज्य के सीमित कार्यक्षेत्र का प्रबल समर्थक है। उन आधारों पर हैक स्वतंत्रतावादी कहे जा सकते हैं। हालाँकि वे स्वयं स्वतंत्रतावाद शब्द को 'अनाकर्षक' मानते हैं। इसके बावजूद स्वतंत्रतावादी लोग हैक को अपना पक्षधर समझते हैं। इसका कारण राजनीतिक दर्शन नहीं बल्कि राजनीति है। उदारीकरण के दौर में हैक के विचारों को प्रमुखता प्राप्त हुई। उनके विचार राज्य के हस्तक्षेप से मुक्त अर्थव्यवस्था का समर्थन करते हैं। उदारीकरण का बुनियादी आधार है कि राज्य के नियंत्रण से मुक्त उदारवादी आर्थिक नीति आर्थिक प्रगति का एकमात्र कारगर विकल्प है। इसको लागू किए जाने के फलस्वरूप कुछ हद तक आर्थिक वृद्धि तो हुई लेकिन इससे घोर असमानता भी पैदा हुई। इसका परिणाम यह हुआ कि विभिन्न देशों में सामाजिक विखंडन की स्थिति पैदा हुई। इस स्थिति में उदारवादी विचारधारा के दो मूल्यों, स्वतंत्रता और समानता, के बीच समन्वय की मूल समस्या गंभीर रूप में प्रगट हुई। इस समस्या के समाधान में हैक के राजनीतिक चिंतन से

कोई मदद नहीं मिलती। यह प्रश्न अनुत्तरित ही है कि क्या घोर असमानता की स्थिति में स्वतंत्रता सुरक्षित रह सकती है?

रॉबर्ट नॉजिक : अल्पतम राज्य, अधिकार एवं न्याय

रॉबर्ट नॉजिक (1938-2002 ई.) अमेरिकी विचारक हैं। वे हार्वर्ड विश्वविद्यालय में प्राध्यापक रह चुके हैं। उनकी सबसे प्रसिद्ध पुस्तक *अनार्की, स्टेट, ऐंड यूटोपिया* 1974 ई. में प्रकाशित हुई। इसमें उन्होंने राज्य के सीमित कार्यक्षेत्र को न्यायोचित ठहराने का प्रयास किया है। उनका न्याय सिद्धांत उनकी राज्य संबंधी अवधारणा पर आधारित है। व्यक्ति और राज्य के बीच क्या संबंध हो, राजनीतिक चिंतन की यह एक प्रमुख समस्या है। राज्य के पास बाध्यकारी शक्ति होती है। उसका प्रयोग करने का उसे वैध अधिकार है। दूसरी ओर व्यक्ति के लिए स्वतंत्रताएँ और अधिकार जरूरी होते हैं। उनके संबंध में राज्य की भूमिका क्या हो? यह एक गंभीर प्रश्न है। एक तर्क यह दिया जाता है कि राज्य व्यक्ति की स्वतंत्रता के लिए बाधा है। अतः राज्य की कोई आवश्यकता नहीं है। इसे पूर्ण रूप से समाप्त कर दिया जाना उचित है। यह मत अराजकतावादियों का है। दूसरे तरह का तर्क है कि सभी व्यक्ति, विशेषकर कमजोर वर्ग के लोग, अपने अधिकारों का प्रयोग कर सकें, उसके अनुकूल परिस्थितियों का निर्माण राज्य का दायित्व है। यह तभी संभव है जब राज्य समाज के कमजोर वर्गों के हितों की रक्षा करे। उस आधार पर शिक्षा, स्वास्थ्य, सामाजिक सुरक्षा आदि कार्य राज्य को सौंपे जाने की बात की जाती है। उसका पक्ष लोककल्याणकारी राज्य के समर्थकों द्वारा लिया जाता है। लोककल्याणकारी राज्य का कार्यक्षेत्र अत्यंत विस्तृत हो जाता है। यह अराजकतावाद (राज्य की कोई आवश्यकता नहीं) का विपरीत ध्रुव (राज्य का विस्तृत कार्यक्षेत्र) है। नॉजिक इन दोनों मतों का खंडन करते हैं। उनकी दृष्टि में यह मत गलत है कि व्यक्ति के अधिकारों की रक्षा तभी हो सकती है जब राज्य न हो। दूसरी ओर वे लोककल्याणकारी राज्य को व्यक्ति के अधिकारों के लिए खतरा मानते हैं। नॉजिक के अनुसार राज्य व्यक्ति के अधिकारों की रक्षा करता है। वही उसके बने रहने का औचित्य है। उसके साथ ही उसके कार्यक्रम का निर्धारण भी इसी आधार पर होता है। इसलिए नॉजिक अल्पतम (Minimal) राज्य का पक्ष लेते हैं। उसका कार्यक्षेत्र सीमित है। वह बल, चोरी और धोखाधड़ी से व्यक्ति के अधिकारों की रक्षा करता है तथा वह समझौतों को लागू करता है। राज्य का कार्यक्षेत्र बस उसी तक सीमित है। उससे आगे बढ़कर यदि राज्य कुछ करता है तो वह व्यक्ति के अधिकारों का उल्लंघन होगा। अधिकार की अवधारणा नॉजिक के विचारों का प्रारंभ बिंदु है।

व्यक्ति के अधिकारों का नैतिक आधार : व्यक्ति स्वयं साध्य है, दूसरों का साधन नहीं

नॉजिक व्यक्ति के अधिकार के नैतिक आधार की खोज करना चाहते हैं। उन्हें वह इमैनुएल कांट (1724-1804 ई.) के विचारों में मिलता है। कांट के अनुसार व्यक्ति विवेकशील

एवं स्वतंत्र है। उसमें स्वतंत्र रूप से निर्णय लेने की क्षमता है। वह अपने जीवन में लक्ष्यों का चुनाव करने और उनके अनुरूप साधनों का उपयोग करने के लिए स्वतंत्र है। उस पर केवल यही सीमा है कि वह दूसरों की स्वतंत्रता में कोई बाधा न पहुँचाए। इसलिए कांट व्यक्ति को 'स्वयं में साध्य' (End in themselves) मानते हैं। दूसरे व्यक्तियों के लिए वह साधन नहीं बन सकता। नॉजिक कांट के इस विचार को अपनाते हैं। इसी आधार पर वे उपयोगितावाद की आलोचना करते हैं। उपयोगितावाद का केंद्रीय विचार 'अधिकतम संख्या का अधिकतम सुख' है। उसके लिए व्यक्ति विशेष के हितों की बलि दी जा सकती है। नॉजिक उपयोगितावाद को अस्वीकार करते हैं क्योंकि उसमें व्यक्ति दूसरे व्यक्तियों के हितों की पूर्ति का साधन बन सकता है। इस प्रकार व्यक्ति की अपनी अलग और स्वतंत्र सत्ता समाप्त हो जाती है। नॉजिक कांट के विचारों को इस आधार पर ग्रहण करते हैं कि उसमें 'मनुष्य की पृथकता' (Separateness of person) को मान्यता दी गई है। उसे मान लेने पर किसी भी स्थिति में व्यक्ति किसी अन्य का साधन नहीं बन सकता।

आत्म-स्वामित्व का तर्क (Argument of self-ownership)

नॉजिक के व्यक्ति के अधिकारों का पूरा सिद्धांत उनके 'आत्म स्वामित्व' के तर्क पर आधारित है। अपने ऊपर व्यक्ति का पूर्ण और उचित स्वामित्व होता है। वह अपने शरीर, अपनी प्रतिभा, अपनी क्षमता और अपने श्रम का स्वामी है। यह व्यक्ति के स्वयं में साध्य होने की समुचित व्याख्या है। व्यक्ति अपनी क्षमता, प्रतिभा और अपने श्रम के उपयोग के लिए स्वतंत्र है। दूसरे व्यक्तियों को उसमें हस्तक्षेप करने का अधिकार नहीं है। नॉजिक इसे परोक्ष प्रतिबंध (Side constraints) कहते हैं। व्यक्ति के अधिकार इन्हीं दो कारकों पर आधारित हैं–आत्म-स्वामित्व और परोक्ष प्रतिबंध। इसका अर्थ यह हुआ कि व्यक्ति के अधिकारों के निर्माण में राज्य की कोई भूमिका नहीं हैं। अधिकार व्यक्ति के अपने 'स्व' से ही निकलते हैं। नॉजिक के चिंतन का केंद्र बिंदु व्यक्ति का अधिकार है। इसकी निम्न विशेषताएँ हैं–

1. अधिकार प्राकृतिक हैं : नॉजिक लॉक के प्राकृतिक अधिकारों की अवधारणा को स्वीकार करते हैं। अधिकार के प्राकृतिक होने का आशय है कि यह किसी परंपरा, राज्य के आदेश या जनमत पर आधारित नहीं है। व्यक्ति स्वयं में साध्य है और अपने ऊपर उसका स्वामित्व है। उसी के कारण उसे अधिकार प्राप्त होते हैं। राज्य के होने न होने से उस पर कोई फर्क नहीं पड़ता।

2. अधिकार नकारात्मक हैं : नॉजिक के अनुसार अधिकार नकारात्मक हैं। किसी व्यक्ति के अधिकार का अर्थ उसमें दूसरों के द्वारा हस्तक्षेप का अभाव है। उदाहरण के लिए जीवन के अधिकार के नकारात्मक होने का अर्थ है कि दूसरों को उसमें हस्तक्षेप करने का अधिकार नहीं है। अधिकार के सकारात्मक होने का परिणाम यह निकलता है कि व्यक्ति को अपने जीवन की रक्षा के लिए (मसलन भुखमरी की स्थिति में) दूसरों से सहायता पाने का अधिकार है। नॉजिक अधिकारों के नकारात्मक होने पर बल देते हैं। एक व्यक्ति का अधिकार दूसरों की गतिविधियों पर प्रतिबंध लगाता है। उनके विचार में बीमारी की स्थिति

में व्यक्ति को सहायता पाने का अधिकार तभी हो सकता है जब उसने इसके लिए कोई समझौता किया हो। इस प्रकार अधिकार मूलत: नकारात्मक हैं, सकारात्मक नहीं।

3. व्यक्ति का अधिकार एकमात्र सरोकार है : नॉजिक के लिए व्यक्ति का अधिकार ही एक मात्र सरोकार है। सामान्य हित, गरीबों का कल्याण, राष्ट्र की सुरक्षा आदि किसी भी उद्देश्य के लिए व्यक्ति के अधिकारों का अतिक्रमण नहीं किया जा सकता। इसलिए नॉजिक का तर्क है कि व्यक्ति के अधिकारों की रक्षा एकमात्र नैतिक आधार है जिस पर राज्य का अस्तित्व आधारित है। नॉजिक अराजकतावादियों को यह बतलाना चाहते हैं कि राज्य के अस्तित्व में होने के बावजूद व्यक्ति के अधिकार सुरक्षित रह सकते हैं। वे अराजकतावादियों के 'राज्य के अंत' के स्थान पर सीमित कार्यक्षेत्र वाले 'अल्पतम राज्य' को स्थापित करते हैं। व्यक्ति के अधिकारों की परिणति इसी में होती है। यह सिद्ध करना नॉजिक का प्रमुख उद्देश्य है।

अल्पतम राज्य (Minimal State)

नॉजिक के समक्ष दो प्रश्न महत्त्वपूर्ण हैं: पहला यह कि राज्य की नैतिक आवश्यकता क्या है? और दूसरा, राज्य का कार्यक्षेत्र क्या है? पहले प्रश्न का संबंध अराजकतावादियों से है। नॉजिक अराजकतावादी विचारक बेंजामिन टकर (Benjamin Tucker) का उल्लेख करते हैं। टकर का मानना था कि किसी भी राज्य का नैतिक औचित्य नहीं है। इसके विपरीत नॉजिक का उद्देश्य यह बतलाना है कि ऐसे राज्य का अस्तित्व संभव है जो नैतिक रूप से औचित्यपूर्ण हो। राज्य के कार्यक्षेत्र से संबंधित प्रश्न राज्य के विस्तृत कार्यक्षेत्र के समर्थकों, जिनमें जॉन रॉल्स भी शामिल हैं, के लिए है। इस प्रश्न के उत्तर में नॉजिक का कहना है कि केवल सीमित कार्यक्षेत्र वाला राज्य यानी अल्पतम राज्य ही न्यायोचित है। राज्य की नैतिक आवश्यकता और उसके सीमित कार्यक्षेत्र को सिद्ध करने के लिए वे सामाजिक समझौतावादी विचारक लॉक की प्राकृतिक अवस्था का सहारा लेते हैं। नॉजिक राज्य निर्माण के पूर्व की अवस्था यानी प्राकृतिक अवस्था को 'सबसे अच्छी अराजक' स्थिति कहते हैं। इसलिए वे उस अवस्था की प्रकृति और दोषों का विश्लेषण करना चाहते हैं। उसके द्वारा ही इस प्रश्न का उत्तर खोजा जा सकता है कि राज्य के स्थान पर अराजकता क्यों नहीं?

अदृश्य हाथ (Invisible hand) द्वारा राज्य का निर्माण

नॉजिक राज्य को परिभाषित करने वाले तत्त्वों की खोज करते हैं। उनके अनुसार इस प्रकार के दो तत्त्व हैं: 1. बल प्रयोग का एकाधिकार और 2. सुरक्षा। राज्य के पास बाध्यकारी शक्ति के वैध प्रयोग का एकाधिकार होता है। उसके द्वारा वह अपने भौगोलिक क्षेत्र में रहने वाले सभी लोगों को सुरक्षा प्रदान करता है। यहाँ यह ध्यान देने योग्य है कि नॉजिक के लिए राज्य 'अच्छे जीवन की प्राप्ति' या 'अधिकतम संख्या के अधिकतम सुख' का साधन नहीं हैं। राज्य कोई नैतिक संगठन नहीं है। उसका एक सीमित उद्देश्य है और वह है –सभी व्यक्तियों

की सुरक्षा। राज्य की वैधता और उसकी नैतिक आवश्यकता का आधार यही है। नॉजिक का उद्देश्य प्राकृतिक अवस्था से राज्य तक का विकास दिखलाना है। वे लॉक की प्राकृतिक अवस्था से बहुत हद तक सहमत हैं। प्राकृतिक अवस्था में मनुष्य को जीवन, स्वतंत्रता और संपत्ति का अधिकार था। वह अपने अधिकारों की रक्षा स्वयं करता था। किंतु उसमें कठिनाइयाँ उत्पन्न होने लगीं। यहाँ तक नॉजिक लॉक के प्राकृतिक अवस्था संबंधी विचारों को स्वीकार करते हैं। पर इससे आगे वे अलग तर्क देते हैं। लॉक प्राकृतिक अवस्था में सामाजिक समझौते द्वारा राज्य का निर्माण करवा देते हैं। नॉजिक उससे सहमत नहीं। राज्य का एकाएक निर्माण नहीं हुआ। उसके विपरीत प्राकृतिक अवस्था की स्वाभाविक परिणति राज्य में होती है। यह सोच-समझकर नहीं किया जाता बल्कि अनायास होता है। उसी को नॉजिक 'अदृश्य हाथ' कहते हैं। उसी के माध्यम से वे राज्य के निर्माण की व्याख्या करते हैं। प्राकृतिक अवस्था में यह प्रक्रिया कई चरणों से होकर गुजरती है–

1. पारस्परिक संरक्षण संघ का निर्माण (Mutual-protection association) : नॉजिक लॉक के इस तर्क को स्वीकार करते हैं कि प्राकृतिक अवस्था में व्यक्ति अधिकारों का उपभोग कर रहा था। लेकिन उन अधिकारों को लागू कराने वाली कोई सर्वोच्च शक्ति नहीं थी। इसलिए व्यक्ति अपने अधिकारों की रक्षा स्वयं करता था। लेकिन उसमें कठिनाई यह थी कि अधिकारों का अतिक्रमण करने वाले शक्तिशाली व्यक्ति को दंडित करने या उससे क्षतिपूर्ति प्राप्त करने का सामर्थ्य व्यक्ति में नहीं था। यहाँ तक नॉजिक का तर्क लॉक के समान लगता है। लेकिन उसके बाद उनका तर्क अलग दिशा में बढ़ता है। अधिकारों की रक्षा के लिए लोग एक-दूसरे की सहायता करते हैं। लोगों का समूह पारस्परिक-संरक्षण एजेंसी का निर्माण कर लेता है। नॉजिक के अनुसार उस संगठन के निर्माण के बाद भी दो दिक्कतें बच जाती हैं : 1. किसी एक व्यक्ति की माँग पर संरक्षण के लिए समूह के सभी लोगों को तत्पर रहना पड़ता था और 2. एक ही समूह के दो सदस्यों के बीच विवाद की स्थिति में दुविधा की स्थिति बन जाती थी। इन कठिनाइयों का समाधान व्यावसायिक संरक्षण एसोसिएशन के निर्माण के द्वारा हुआ।

2. निजी संरक्षण एजेंसी (Private protective Agency) : संरक्षण संबंधी कार्यों के लिए कुछ लोग दूसरे लोगों को भाड़े पर रखने लगे। उसके साथ ही कुछ उद्यमी संरक्षण संबंधी सेवाओं को बेचने का व्यवसाय करने लगे। सरंक्षण संबंधी विभिन्न नीतियाँ बनने लगीं और सेवाओं के भिन्न-भिन्न मूल्य निर्धारित होने लगे। इस प्रकार विभिन्न प्रकार की निजी संरक्षण एजेंसियां काम करने लगीं। नॉजिक के अनुसार इस अवस्था में भी समस्या है। एक ही भौगोलिक क्षेत्र की विभिन्न एजेंसियों के ग्राहकों के बीच संघर्ष का निबटारा कैसे हो?

3. प्रबल संरक्षण संघ (Dominant protective Association) : नॉजिक का तर्क है कि एक ही भौगोलिक क्षेत्र में विभिन्न एजेंसियों के बीच स्वतंत्र प्रतियोगिता होती है। उनमें एकाधिकार के पनपने की प्रवृत्ति होती है। उपभोक्ता सबसे शक्तिशाली ओर बड़ी एजेंसी की सेवाएँ खरीदते हैं। उस प्रक्रिया का परिणाम यह होता है कि किसी क्षेत्र विशेष में वही

एजेंसी रह जाती है जो प्रबल हो। इसके अतिरिक्त एक संभावना यह भी होती है कि विभिन्न एजेंसियों का संघ संरक्षण का कार्य करे।

4. परा-अल्पतम राज्य (Ultra-minimal State) : अभी तक यह स्थिति बनी है कि किसी भौगोलिक क्षेत्र में एक ही प्रबल एजेंसी अधिकारों के अतिक्रमण से व्यक्ति को संरक्षण प्रदान कर रही है। उस एजेंसी के पास बल प्रयोग का एकाधिकार है। वह अपने ग्राहकों की ओर से बल का प्रयोग करने वाली अकेली एजेंसी है। नॉजिक के अनुसार वह अवस्था परा-अल्पतम राज्य की है। उसके पास वैध रूप से बल प्रयोग करने का एकाधिकार है। इसलिए राज्य का एक महत्त्वपूर्ण लक्षण बल प्रयोग का एकाधिकार अस्तित्व में आ जाता है।

5. अल्पतम राज्य (Minimal State) : अब केवल एक समस्या है। वह प्रबल एजेंसी अभी केवल अपने ग्राहकों को संरक्षण प्रदान करती है। यह हो सकता है कि कुछ शक्तिशाली लोग अधिकारों का संरक्षण स्वयं करते हों। नॉजिक इस समस्या का समाधान प्रस्तुत करते हैं। उनकी दृढ़ मान्यता है कि किसी को अपने अधिकारों के उपयोग से वंचित नहीं किया जा सकता। इसलिए उनका तर्क है कि यदि प्रबल एजेंसी किसी व्यक्ति के प्राकृतिक अधिकार के उपयोग पर पाबंदी लगाती है तो उसे इसका मुआवजा देना होगा। नॉजिक की दृष्टि में मुआवजे का सर्वोत्तम रूप यही हो सकता है कि प्रबल एजेंसी उसे भी संरक्षण की सेवाएँ दे। इसलिए परा-अल्पतम राज्य कुछ लोगों को बल प्रयोग करने से रोकता है। इसके बदले में वह उन्हें सुरक्षा प्रदान करता है। नॉजिक का कहना है कि उस स्थिति में परा-अल्पतम राज्य अल्पतम राज्य बन जाता है। अब वह अपनी सीमा के अंतर्गत रहने वाले सभी लोगों को सरंक्षण प्रदान करने लगा। इस प्रकार वह राज्य के दोनों बुनियादी लक्षणों से युक्त है- बलप्रयोग का वैध एकाधिकार और सभी को संरक्षण। प्रबल संरक्षण एजेंसी किसी व्यक्ति को अपने प्राकृतिक अधिकारों की रक्षा के लिए बल प्रयोग से रोकती है तब परा-अल्पतम राज्य बनता है। उससे बल का एकाधिकार स्थापित होता है। लेकिन परा-अल्पतम राज्य मुआवजे के द्वारा राज्य बनता है और वह सभी को संरक्षण प्रदान करता है। नॉजिक के अनुसार इससे यह बात भी स्थापित होती है कि प्रत्येक व्यक्ति के साथ उचित तरीके से व्यवहार होगा। दूसरे अर्थ में यह व्यक्ति का प्रक्रियात्मक अधिकार है।

नॉजिक प्राकृतिक अवस्था से राज्य के विकास को 'अदृश्य हाथ की प्रक्रिया' का परिणाम मानते हैं। राज्य व्यक्ति के प्राकृतिक अधिकारों को संरक्षण प्रदान करता है। इसके लिए उसके पास बल प्रयोग का वैध प्राधिकार है। अब यहाँ यह प्रश्न उठना स्वाभाविक है कि नॉजिक को लॉक से भिन्न तर्कों की आवश्यकता क्यों पड़ी? लॉक का राज्य भी प्राकृतिक अधिकारों का संरक्षण करता है। वस्तुतः समझौते के द्वारा राज्य का निर्माण उसी उद्देश्य के लिए किया गया। नॉजिक अल्पतम राज्य की संभावना और वैधता की ही बात नहीं करते बल्कि वे इस प्रश्न का उत्तर खोजना चाहते हैं कि नैतिक रूप से इस राज्य की आवश्यकता क्यों है? उनकी दृष्टि में केवल अल्पतम राज्य ही न्यायोचित है। उसका कारण है कि वह किसी के अधिकारों के उल्लघंन के बगैर अस्तित्व में आता है। इसके साथ ही राज्य के औचित्य का आधार भी अधिकारों की रक्षा है। केवल अल्पतम राज्य ही ऐसा है जो व्यक्ति के अधिकारों

का उल्लंघन नहीं करता है। इसलिए नॉजिक अराजकतावादियों के इस मत का खंडन करते हैं कि केवल अराजकता की स्थिति में ही व्यक्ति के अधिकार सुरक्षित रह सकते हैं।

राज्य के कार्य

नॉजिक के अल्पतम राज्य का कार्यक्षेत्र सीमित है। वह बल, धोखाधड़ी और चोरी से लोगों को रक्षा करता है। वह व्यक्तियों के बीच होने वाले स्वैच्छिक समझौतों को लागू करता है। इस प्रकार अल्पतम राज्य का अस्तित्व प्राकृतिक अधिकारों के लिए है। पुलिस, बल और न्याय की व्यवस्था तक राज्य के कार्यक्षेत्र की सीमा है। राज्य का यह कार्यक्षेत्र शास्त्रीय उदारवादियों की तरह है। राज्य की भूमिका 'नाइटवाचमैन' (रात के पहरेदार) की है। इसका मूल कार्य व्यक्तियों को अधिकारों के अतिक्रमण से सुरक्षा प्रदान करना है। आर्थिक क्षेत्र में इसकी कोई भूमिका नहीं है। यह मजदूरी और कीमत पर नियंत्रण रखने का अधिकार नहीं रखता। इसी तरह शिक्षा, स्वास्थ्य और सामाजिक कल्याण में राज्य की कोई भूमिका नहीं होती। राज्य व्यक्ति के जीवन को 'अच्छा' नहीं बनाता। व्यक्ति के लिए अच्छा जीवन केवल इसी रूप में संभव है कि राज्य व्यक्ति के जीवन में कोई हस्तक्षेप न करे। इस प्रकार नॉजिक का राज्य 'स्वतंत्रतावादी' (Libertarian) है।

नॉजिक का न्याय सिद्धांत

नॉजिक के चिंतन का सर्वाधिक महत्त्वपूर्ण बिंदु व्यक्ति के अधिकार हैं। इनमें वे संपत्ति के अधिकार को सर्वाधिक महत्त्व देते हैं। अधिकारों के संरक्षण के लिए वे अल्पतम राज्य को न्यायोचित और उसकी नैतिक आवश्यकता को सिद्ध करते हैं। इसके साथ ही वे यह भी दिखलाने का प्रयास करते हैं कि न्याय की प्राप्ति अल्पतम राज्य में हो सकती है। नॉजिक की दृष्टि में न्याय का संबंध इस प्रश्न से है कि किसी व्यक्ति ने संपत्ति किस तरीके से अर्जित की है? यदि संपत्ति की प्राप्ति न्यायपूर्ण तरीके से हुई है तो व्यक्ति का उस पर न्यायोचित हक है। इसलिए नॉजिक का न्याय सिंद्धात हकदारी (Entitlement) का सिद्धांत है। इसका केंद्रीय प्रश्न संपत्ति का उत्पादन है, न कि वितरण। संपत्ति उत्पन्न कैसे हुई, यह प्रश्न महत्त्वपूर्ण है। संपत्ति के वितरण से न्याय का कोई संबंध नहीं।

नॉजिक के न्याय की हकदारी सिद्धांत के तीन अंग है– 1. अधिग्रहण में न्याय, 2. हस्तांतरण में न्याय और 3. संशोधन में न्याय। इनकी संक्षिप्त व्याख्या नीचे दी जा रही है–

1. अधिग्रहण में न्याय का सिद्धांत (Principle of Justice in Acquisition) : नॉजिक के इस सिद्धांत के अनुसार यदि न्यायपूर्ण स्थिति में सही तरीके (From a just situation by just step) से संपत्ति अर्जित की जाती है तो वह न्यायपूर्ण है। अब यहाँ प्रश्न खड़ा होता है कि न्यायपूर्ण स्थिति और सही तरीका क्या है? इस प्रश्न के उत्तर के लिए नॉजिक लॉक के विचारों का उल्लेख करते हैं। दोनों यह मानते हैं कि संपत्ति के उत्पन्न होने में दो कारकों का योगदान होता है – प्राकृतिक वस्तुएँ और मनुष्य का श्रम। मनुष्य अपने श्रम के द्वारा प्राकृतिक वस्तुओं का रूपांतरण करता है। श्रम व्यक्ति की अपनी संपत्ति होती है। इसलिए लॉक और

नॉजिक दोनों का तर्क है कि उन प्राकृतिक वस्तुओं पर, जिन पर अभी किसी का स्वामित्व नहीं है, अपना श्रम लगा देने से उस पर स्वामित्व हो जाता है। अत: किसी वस्तु पर न्यायपूर्ण स्वामित्व तब कायम होता है जब (1) उस पर किसी अन्य व्यक्ति का स्वामित्व न हो और (2) उस वस्तु के निर्माण में व्यक्ति का श्रम लगा हो। नॉजिक और लॉक दोनों के अनुसार संपत्ति अर्जन का यह तरीका न्यायपूर्ण है। लेकिन लॉक यहाँ पर एक शर्त आरोपित करते हैं। उनका कहना है कि संपत्ति के अर्जन के दौरान दूसरों के लिए प्राकृतिक वस्तुओं का पर्याप्त और अच्छा (Enough and as good) हिस्सा छोड़ देना चाहिए। नॉजिक लॉक के इस तर्क को संशोधित करते हैं। उनका कहना है कि प्राकृतिक जगत के उसं हिस्से पर, जिस पर किसी का स्वामित्व नहीं है, अधिकार प्राप्त करने के लिए व्यक्ति स्वतंत्र है। पर अधिग्रहण के समय व्यक्ति को यह ध्यान रखना होगा कि इससे दूसरों की स्थिति पहले की तुलना में बदतर न हो। यह शर्त नॉजिक के परोक्ष नियंत्रण से ही निकलती है। व्यक्ति को दूसरों के जीवन में हस्तक्षेप का न्यायोचित अधिकार नहीं है। इसलिए संपत्ति अर्जन के समय भी यह नियंत्रण कायम होता है कि दूसरों को इससे हानि न पहुंचे।

2. हस्तांतरण में न्याय सिद्धांत (Principle of Justice in Transfer) : संपत्ति के अधिग्रहण के बाद नॉजिक उसके हस्तांतरण के मुद्दे पर विचार करते हैं। उनका कहना है कि यदि कोई व्यक्ति अपनी मर्जी से अपनी संपत्ति दूसरों को हस्तांतरित करता है तो वह न्यायपूर्ण है। लेकिन केवल स्वैच्छिक स्थानांतरण ही न्यायपूर्ण है। यदि बल, धोखाधड़ी या चोरी से संपत्ति का स्थानांतरण होता है तो वह अवैध है। इसका निहितार्थ है कि राज्य भी किसी व्यक्ति से उसकी संपत्ति बगैर उसकी सहमति से नहीं ले सकता। राज्य द्वारा बलपूर्वक किसी की ज़मीन या धन लिया जाना न्यायोचित नहीं हो सकता। इस प्रकार नॉजिक के इस सिद्धांत से व्यक्ति के संपत्ति के अमर्यादित अधिकार की पुष्टि होती है। इसके साथ ही इससे यह भी स्पष्ट होता है कि राज्य का कार्यक्षेत्र सीमित है। अधिग्रहण और स्थानातरंण दोनों सिद्धांतों में राज्य की कोई भूमिका नहीं है।

उपर्युक्त दो सिद्धांतों के प्रयोग से प्राप्त संपत्ति को छोड़कर अन्य कोई तरीका न्यायोचित नहीं है। इसलिए नॉजिक की स्थापना है कि किसी का किसी संपत्ति पर तभी हक होता है जब या तो वह उसके श्रम से उत्पन्न हुई हो या उसे वह स्वैच्छिक स्थानांतरण के जरिए प्राप्त हुई हो। यहाँ नॉजिक के लिए एक अन्य प्रश्न महत्त्वपूर्ण है। यदि अतीत में किसी व्यक्ति ने अन्यायपूर्ण तरीके से संपत्ति अर्जित की हो और आज भी उस पर उसका स्वामित्व हो तो फिर न्याय कैसे होगा? इसके उत्तर में नॉजिक न्याय का अपना तीसरा सिंद्धात प्रतिपादित करते हैं : संशोधन का सिद्धांत।

3. अन्याय के संशोधन का सिद्धांत (Principle of Rectification of Injustice): नॉजिक का तर्क है पूर्व में संपत्ति के अधिग्रहण और हस्तांतरण में न्याय के सिद्धांतों का उल्लंघन हुआ है तो उसका संशोधन आवश्यक है। लेकिन उनके न्याय सिद्धांत का यह सबसे कमजोर पक्ष है। इसे वे स्वयं भी समझते हैं। उदाहरण के लिए पूर्व में ब्रिटेन ने भारतीयों की संपत्ति अन्यायपूर्ण तरीके से प्राप्त की तो क्या अब भारतीयों को उस संपत्ति में अधिकार प्राप्त होगा?

पुनः प्रश्न यह भी है कि क्या जितनी संपत्ति पूर्व में ली गई थी, उस पर अधिकार होगा या आज की स्थिति में उस संपत्ति से जितनी संपत्ति अर्जित हुई हो, उन सब पर भारतीयों का अधिकार होगा? इसलिए यह सिद्धांत 'भानुमती के पिटारे' को खोलने जैसा है। नॉजिक यह स्वीकार करते हैं कि पूर्व में हुए अन्याय के परिमार्जन के लिए उनके बारे में पर्याप्त जानकारी आवश्यक है। उसके बगैर मुआवजे का निर्धारण संभव नहीं है। इस संबंध में भी कई दिक्कतें हैं। अतीत में हुए अन्याय की जानकारी की अवधि क्या होगी? सौ साल, हजार साल, या उससे अधिक। दूसरी कठिनाई यह है कि दशकों और सदियों के इतिहास को खँगालने के बाद भी यह हिसाब लगाना कठिन है कि अन्याय से पीड़ित व्यक्तियों को कितना नुकसान हुआ और उन्हें कितना मुआवजा दिया जाए? इसके अतिरिक्त यहाँ पीढ़ियों का भी प्रश्न खड़ा होता है। अतीत में हुए अन्याय के मुआवजे का भुगतान किसे करना चाहिए? वर्तमान पीढ़ी के व्यक्तियों को या उस पीढ़ी के व्यक्तियों को जिन्होंने अन्याय किया। नॉजिक इन सवालों की पेचीदगियों को समझते हैं। उनका कहना है कि इन सवालों को 'संशोधन के सिद्धांत' के पूर्ण विवेचन (A full treatment of the principle of rectification) पर छोड़ देना अच्छा है। उसके अभाव में संपत्ति के वर्तमान वितरण को रद्द नहीं किया जा सकता। इस संबंध में नॉजिक का इतना ही तर्क है कि अतीत के अन्यायों के दंडस्वरूप समाजवाद को लागू करना ज्यादती होगी। अतीत के अन्याय ज्यादा हो सकते हैं। इस स्थिति में उनके परिमार्जन के लिए कुछ समय के लिए विस्तृत राज्य आवश्यक हो सकता है। इस प्रकार नॉजिक के न्याय सिद्धांत का तीसरा पहलू बहुत हद तक अस्पष्ट रह जाता है।

न्याय के हकदारी सिद्धांत और अंतिम परिणाम (End-result) पर आधारित न्याय सिद्धांत

प्रारंभ से ही न्याय राजनीति चिंतन का एक महत्त्वपूर्ण प्रश्न रहा है। समाज में व्यक्तियों की संपत्ति के वितरण का आधार क्या हो? यह न्याय की केंद्रीय समस्या है। इसके भिन्न-भिन्न उत्तर दिए जाते रहे हैं। अरस्तू का मत है कि व्यक्ति को वह मिलना चाहिए जिसके लिए वह योग्य है। रूसो का तर्क है कि संपत्ति के वितरण का आधार सामान्य हित हो। उपयोगितावादियों के अनुसार अधिकतम संख्या का अधिकतम सुख वितरण का न्यायोचित आधार है। रॉल्स का कहना है कि संपत्ति के वितरण का न्यायोचित आधार यह है कि उससे समाज के कम लाभप्रद लोगों को कहाँ तक लाभ प्राप्त होता है? नॉजिक संपत्ति के वितरण के इन सभी आधारों को गलत मानते हैं। उनका तर्क है कि योग्यता, सामान्य हित और अधिकतम उपयोगिता संपत्ति के वितरण के केवल अंतिम परिणाम को ध्यान में रखते हैं। ये उसके उत्पादन पर विचार नहीं करते। नॉजिक के लिए संपत्ति का उत्पादन और वितरण परस्पर-संबंधित हैं। इसलिए वे न्याय के लिए उसके पुनर्वितरण की आवश्यकता से इनकार करते हैं। समाज में सभी संसाधनों पर कभी भी किसी व्यक्ति या व्यक्ति समूह का नियंत्रण नहीं होता है। अतः उनका पुनर्वितरण संभव नहीं। दूसरी बात यह है कि संपत्ति के पुनर्वितरण की अवधारणा उत्पादन को ध्यान में नहीं रखती। संपत्ति स्वर्ग से नहीं उतरती। वह बने-बनाए केक की तरह जमा नहीं

होती कि उसे लोगों में बाँटा जा सके। संपत्ति मनुष्य द्वारा उत्पन्न की जाती है। उत्पादन की इसी प्रक्रिया में उस पर स्वामित्व पैदा होता हैं। नॉजिक का कहना है कि रॉल्स जैसे विचारक उत्पादन के परिणाम को देखते हैं। उनका ध्यान इस पर होता है कि संपत्ति का वितरण किस आधार पर हुआ? वे इस प्रश्न पर विचार ही नहीं करते कि वह उत्पन्न कैसे हुई? वे वर्तमान में उपलब्ध संपत्ति को बाँटने की बात तो करते हैं लेकिन वे इसकी ऐतिहासिक पृष्ठभूमि पर ध्यान नहीं देते। नॉजिक न्याय के हकदारी सिद्धांत को ऐतिहासिक कहते हैं। यह सिद्धांत इस बात की पड़ताल करता है कि किसी व्यक्ति के पास जो कुछ है, क्या उस पर उसका न्यायोचित हक है? इसके उत्तर का आधार यही है कि अतीत में वह संपत्ति न्यायोचित तरीके से उत्पन्न हुई है या नहीं? नॉजिक का स्पष्ट मत है कि संपत्ति मनुष्यों की गतिविधियों या उनके बीच स्वैच्छिक विनिमय से उत्पन्न होती है।

स्वतंत्रता प्रतिमानों को उलट देती है (Liberty upsets patterns)

नॉजिक उपयोगितावाद और रॉल्स के विचारों की समीक्षा के बाद समाजवादी विचारधारा की पड़ताल करते हैं। वह भी ऐतिहासिक सिद्धांत है क्योंकि वह भी इस बात की पड़ताल करता है कि किन ऐतिहासिक परिस्थितियों में संपत्ति और उसका वितरण अस्तित्व में आया? समाजवादियों का तर्क है कि मजदूरों को अपने श्रम और उसके उत्पाद या परिणाम पर पूरा हक है। यदि उससे उन्हें वंचित किया जाता है तो वितरण अन्यायपूर्ण है। इस प्रकार समाजवादी भी संपत्ति के उत्पादन और वितरण की ऐतिहासिक पड़ताल करते हैं। समाजवादी विचारक सपंत्ति के न्यायपूर्ण वितरण का आधार श्रम या व्यक्ति की जरूरत को मानते हैं। नॉजिक वितरण के किसी निर्धारित और स्थायी प्रतिमान से सहमत नहीं हैं। भले ही यह प्रतिमान व्यक्ति की योग्यता, उसका श्रम और उसकी जरूरतें हो। नॉजिक की दृष्टि में ये सभी प्रतिमान अप्रासंगिक है। उनका यह भी तर्क है कि संपत्ति का वितरण श्रम, योग्यता, जरूरत, सामान्य हित आदि किसी प्रतिमान पर आधारित होता है तो वह व्यक्ति की स्वतंत्रता का उल्लंघन करता है। यदि व्यक्ति को स्वतंत्र छोड़ दिया गया तो वितरण के ये प्रतिमान स्वयमेव ध्वस्त हो जाते हैं। इसको सिद्ध करने के लिए वे विल्ट चेम्बरलेन का तर्क देते हैं।

विल्ट चेम्बरलेन का तर्क

नॉजिक अपने तर्क को सही ठहराने के लिए एक उदाहरण देते हैं। उनका कहना है कि वितरण की एक ऐसी स्थिति की कल्पना की जाए जिसमें सभी व्यक्तियों की समान हिस्सेदारी है। समानता के सिद्धांत पर आधारित यह वितरण पहली स्थिति (D1) है। संपत्ति के वितरण के अंतिम परिणाम पर आधारित न्याय के सिद्धांतों के अनुसार यह न्यायपूर्ण स्थिति है। अब मान लिया जाए कि बास्केटबॉल की एक टीम है। टीम के सभी खिलाड़ियों को एक साल के लिए करार करने की छूट है। विल्ट चेम्बरलेन इस टीम का एक प्रसिद्ध खिलाड़ी है। उसके लाखों प्रशंसक हैं। उसकी माँग अधिक है। वह अपनी टीम से यह समझौता करता है कि

घरेलू मैदान पर खेले जानेवाले मैचों के लिए बेचे जाने वाले प्रत्येक टिकट में से 25 पैसे पर उसका हक होगा। इस पर सभी सहमत हो जाते हैं। टिकट कांउटर पर चेम्बरलेन के लिए एक अलग बक्सा रखा गया। हर दर्शक स्वेच्छा से इस नई शर्त के साथ टिकट खरीदता है। प्रत्येक दर्शक को आनंद आता है। एक वर्ष में दस लाख दर्शक मैच देखते हैं। इससे चेम्बरलेन को ढाई लाख रुपयों की आय होती है। यह टीम के अन्य सदस्यों से ज्यादा है जबकि मैच सभी सदस्यों ने खेला था। चेम्बरलेन की अतिरिक्त आय स्वेच्छा से किए गए समझौते का परिणाम है। टीम ने चेम्बरलेन से स्वतंत्रतापूर्वक समझौता किया। पुन: दर्शकों ने भी स्वेच्छा से मैच देखना और चेम्बरलेन के लिए 25 पैसे अतिरिक्त देना स्वीकार किया। यह उनका चुनाव था। उन्हें इसकी कोई बाध्यता नहीं थी। वे मैच देखने के स्थान पर घर पर रह सकते थे या फिल्म देख सकते थे। यहाँ पर न तो टीम के सदस्यों और न ही दर्शकों के अधिकारों का उल्लंघन हुआ। यहाँ पर नॉजिक का प्रश्न है कि क्या यह दूसरा वितरण (D2 चेम्बरलेन की आय) न्यायपूर्ण है? नॉजिक के अनुसार इस प्रश्न का उत्तर हाँ है। उनका कहना है कि वितरण की पहली स्थिति (D1) और दूसरी स्थिति (D2) के मध्य उठाया गया कोई कदम अन्यायपूर्ण नहीं है। अत: अन्याय का प्रश्न ही नहीं उठता। इस प्रकार नॉजिक दो तर्कों को पुष्ट करते हैं। पहला यह कि व्यक्ति स्वतंत्र रूप से स्वेच्छा से आमदनी का स्थानांतरण करता है तो वितरण के प्रतिमान टूट जाते हैं। इसलिए उनका निष्कर्ष है कि स्वतंत्रता प्रतिमान को उलट-पुलट देती है। इस प्रश्न के संदर्भ में उनका दूसरा तर्क है कि न्याय का हकदारी सिद्धांत ही इस नए वितरण को न्यायपूर्ण मानता है। न्याय के अन्य सिद्धांत इसके पक्षधर नहीं हैं।

करारोपण बाध्यकारी श्रम की तरह है

नॉजिक का तर्क है कि व्यक्ति पर कर लगाना उसकी स्वतंत्रता और उसके आत्म-स्वामित्व का उल्लंघन है। श्रम व्यक्ति की अपनी संपत्ति है। उससे उत्पन्न वस्तु उसकी कमाई है। इसलिए वह श्रम से जो संपत्ति अर्जित करता है उस पर उसका निरपेक्ष अधिकार है। दूसरों को उस संपत्ति में हिस्सेदारी का कोई हक नहीं। इसलिए नॉजिक का कहना है कि कमाई पर करारोपण 'बाध्यकारी श्रम' (Forced labour) के समान है। दूसरे शब्दों में यह दूसरों के लिए व्यक्ति को काम करने के लिए बाध्य करना हुआ। नॉजिक अपने न्याय सिद्धांत में यह कह चुके हैं कि स्वेच्छा से संपत्ति का स्थानांतरण ही न्यायपूर्ण हैं। चूँकि करारोपण के द्वारा व्यक्ति की संषत्ति बाध्यकारी तरीके से ली जाती है, इसलिए वह अन्यायपूर्ण है। भले ही करारोपण का उद्देश्य समानता स्थापित करना या जनकल्याण ही क्यों न हो? इस प्रकार नॉजिक की दृष्टि में व्यक्तियों पर कर लगाना उनके संपत्ति के अधिकार का उल्लंघन है। इसलिए वह अन्यायपूर्ण भी है। यहाँ पर यह प्रश्न खड़ा होता है कि बिना कर के राज्य पुलिस और न्याय की व्यवस्था कैसे करेगा? नॉजिक के अल्पतम राज्य का यह उचित कार्यक्षेत्र है। इस संबंध में नॉजिक का मत है कि इन कार्यों के लिए राज्य द्वारा करारोपण वैध और न्यायोचित है। वह व्यक्ति की स्वतंत्रता का उल्लंघन नहीं करता। अल्पतम राज्य के विकास में ही यह बात निहित है। उस स्थिति में व्यक्ति स्वेच्छा से उसके लिए कर चुकाने का निर्णय

लेता है। यहाँ यह स्पष्ट करना आवश्यक है कि नॉजिक अधिकारों की रक्षा करना राज्य का दायित्व मानते हैं। अत: उसके लिए कर चुकाना उनकी दृष्टि में न्यायोचित है। लेकिन यदि राज्य अपने इस कार्यक्षेत्र से परे जाकर कुछ करता है तो वह अन्यायपूर्ण है। इसलिए राज्य द्वारा शिक्षा, स्वास्थ्य, कमजोर वर्गों के कल्याण आदि के लिए कर लगाया जाता है तो वह अन्यायपूर्ण है। नॉजिक राज्य द्वारा समाज के कमजोर वर्गों को शिक्षा, स्वास्थ्य, सामाजिक सुरक्षा, आदि सुविधाएँ प्रदान किए जाने के घोर आलोचक हैं। उनका दृढ़ मत है कि इन सेवाओं को उपलब्ध कराने के लिए राज्य को जनता पर कर लगाने का कोई अधिकार नहीं है।

स्वतंत्रता और समानता परस्पर-असंगत हैं

विल्ट चेम्बरलेन के तर्क के द्वारा नॉजिक यह बतलाना चाहते हैं कि संपत्ति के वितरण का न्यायपूर्ण होना समानता पर निर्भर नहीं करता। दूसरा वितरण (D2) असमान है लेकिन न्यायपूर्ण है। वस्तुत: समानता या किसी प्रतिमान पर आधारित संपत्ति के वितरण को बाध्यकारी शक्ति के द्वारा ही कायम रखा जा सकता है। वे राज्य के हस्तक्षेप का पूर्ण निषेध करते हैं। वे स्वतंत्र बाजार व्यवस्था पर आधारित पूँजीवादी व्यवस्था के समर्थक हैं। उनकी दृष्टि में यदि व्यक्ति को स्वतंत्र गतिविधि की इजाजत दी जाए तो वितरण के प्रतिमान कायम नहीं रह सकते। इसलिए नॉजिक का निष्कर्ष है कि समानता लाने का कोई भी प्रयास व्यक्तिगत स्वतंत्रता का उल्लंघन है। इस प्रकार वे समाजवादियों की आलोचना करते हैं। समाजवादी आर्थिक क्षेत्र में व्यक्ति के स्वैच्छिक लेन-देन को प्रतिबंधित करते हैं। नॉजिक आर्थिक क्षेत्र में राज्य के हस्तक्षेप का पूर्णत: निषेध करते हैं। उनकी दृष्टि में स्वतंत्र बाजार व्यवस्था व्यक्तिगत स्वतंत्रता को संरक्षण प्रदान करती है। अत: राज्य द्वारा अपनी बाध्यकारी शक्ति के द्वारा वस्तुओं और आमदनी का वितरण व्यक्तिगत स्वतंत्रता का विरोधी है। इस कारण यह अन्यायपूर्ण है। रॉल्स के न्याय सिद्धांत में भी राज्य आर्थिक संसाधनों का वितरण करता है। उनके द्वारा प्रतिपादित भिन्नता के सिद्धांत में समाज के वंचित तबकों को लाभ पहुँचाने की बात कही गई है। यह उनकी न्याय की अवधारणा का अभिन्न अंग है। नॉजिक रॉल्स के सिद्धांत को अस्वीकार करते हैं। वे राज्य द्वारा अर्थव्यवस्था के नियमन के पक्षधर नहीं हैं। इसका अर्थ है कि राज्य न्यूनतम मजदूरी का निर्धारण या वस्तुओं की कीमत को नियंत्रित नहीं कर सकता।

नॉजिक का कल्पनालोक (यूटोपिया)

अपनी पुस्तक के दो भागों में नॉजिक अल्पतम राज्य के विकास और व्यक्ति के अधिकारों पर आधारित न्याय सिद्धांत का प्रतिपादन करते हैं। पुस्तक के तीसरे और अंतिम भाग में वे अल्पतम राज्य के भीतर समाज की कल्पना करते हैं। उनका तर्क है कि अल्पतम राज्य कल्पनालोक का ढाँचा (A framework of utopia) प्रस्तुत करता है। व्यक्ति की अपनी रुचि, क्षमता, इच्छा और पसंद होती है। उनके अनुसार वह अपनी जीवन-शैली का चुनाव करता है। जीवन में किन आदर्शों का अनुसरण करना है, इसका चुनाव भी वह स्वयं करता है। नॉजिक का तर्क है कि राज्य द्वारा किसी विशेष जीवन-शैली और मूल्य को लागू नहीं

किया जाएगा। उस स्थिति में प्रत्येक व्यक्ति अपनी पसंद से जीने के लिए स्वतंत्र होगा। किसी मूल्य या आदर्श विशेष से सहमति रखने वाले लोग स्वेच्छा से समुदाय का निर्माण कर सकेंगे। उनमें समलैंगिकता से लेकर समाजवादी सिद्धांतों पर आधारित समुदाय भी हो सकते हैं। नॉजिक के अनुसार कोई भी समुदाय अपने विचारों और आदर्शों को दूसरों पर थोप नहीं सकेगा। वह दूसरे समुदाय के सदस्यों को मनाने का प्रयास करेगा। लेकिन किसी समुदाय में शामिल होने और विशिष्ट जीवन-शैली का चुनाव प्रत्येक व्यक्ति अपनी इच्छा से करेगा। इस प्रकार नॉजिक का तर्क है कि अल्पतम राज्य में लोग 'अच्छे जीवन' की अपनी अवधारणा के अनुसार जीने के लिए स्वतंत्र होंगे। इसलिए अल्पतम राज्य विविध प्रकार के समुदायों को फूलने-फलने का अवसर प्रदान करता है। नॉजिक यह भी तर्क देते हैं कि लोग स्वेच्छा से एक-दूसरे की मदद करेंगे। भुखमरी और गरीबी राज्य के द्वारा दूर नहीं की जाएगी। लोग स्वेच्छा से परोपकार करेंगे और कमजोर वर्गों का कल्याण करेंगे। उसके लिए कानूनी बाध्यता नहीं है। गरीबों की मदद करना लोग अपना नैतिक दायित्व समझेंगे। नॉजिक यह उदाहरण देते हैं कि जब राज्य विस्तृत कार्यों का संपादन नहीं करता था तो समुदाय के लोग एक-दूसरे का कल्याण करते थे। अल्पतम राज्य में उदारता और परोपकार पर आधारित संस्थाओं की वृद्धि होगी। प्रत्येक व्यक्ति अपने कल्पना-लोक में जिएगा, अपने आदर्श जीवन का अनुसरण करेगा। इस प्रकार अल्पतम राज्य में व्यक्ति की स्वतंत्रता, गरिमा और विशिष्टता सुरक्षित रहती है। कोई व्यक्ति न तो दूसरों के जीवन में हस्तक्षेप करता है और न ही किसी का साधन बनता है।

स्वतंत्रतावाद के केंद्र में व्यक्ति की स्वतंत्रता और स्वतंत्र बाजार व्यवस्था है। व्यक्ति की स्वतंत्रता से स्वतंत्रतावादियों का आशय बाध्यता के अभाव से है। वह व्यक्ति स्वतंत्र है जो दूसरों की इच्छाओं से बाध्य नहीं है। स्पष्ट तौर पर स्वतंत्रता की यह अवधारणा नकारात्मक है। स्वतंत्रतावाद का दूसरा महत्त्वपूर्ण आधार है कि व्यक्ति की स्वतंत्रता केवल मुक्त बाजार व्यवस्था में ही सुरक्षित रह सकती है। यही व्यक्ति की आर्थिक स्वतंत्रता और संपत्ति के अधिकार के अनुकूल है। व्यक्ति की स्वतंत्रता और स्वतंत्र बाजार व्यवस्था को बनाए रखने के लिए स्वतंत्रतावादी राज्य के सीमित कार्यक्षेत्र का समर्थन करते हैं। हालाँकि इस प्रश्न पर हैक और नॉजिक के विचारों में अंतर है। हैक राज्य द्वारा न्यूनतम सामाजिक सुरक्षा प्रदान करने पर सहमत हैं। इसके विपरीत नॉजिक 'रात्रि के पहरेदार' की भूमिका निभानेवाले अल्पतम राज्य के प्रबल पक्षधर हैं। लेकिन दोनों समाजवादी व्यवस्था और लोककल्याणकारी राज्य के घोर आलोचक हैं। दोनों व्यक्तिगत संपत्ति और स्वतंत्र बाजार व्यवस्था के प्रबल पक्षधर हैं। इसलिए दोनों पूँजीवादी व्यवस्था का समर्थन करते हैं। दोनों का मानना है कि राज्य के हस्तक्षेप से मुक्त बाजार व्यवस्था अच्छी है। यह वस्तुओं का कुशलतापूर्वक वितरण करती है। इससे लोगों की इच्छाओं की संतुष्टि और जरूरतों की पूर्ति बेहतर तरीके से होती है।

स्वतंत्रतावाद के उपर्युक्त दो केंद्रीय आधारों, व्यक्तिगत स्वतंत्रता की अवधारणा और स्वतंत्र बाजार व्यवस्था में कई गंभीर समस्याएँ हैं। पहले व्यक्तिगत स्वतंत्रता की अवधारणा की समीक्षा करना आवश्यक है।

1. व्यक्तिगत स्वतंत्रता

हैक के अनुसार व्यक्तिगत स्वतंत्रता का अर्थ दूसरों की मनमानी एवं जबरदस्ती का अभाव है। हालाँकि नॉजिक स्वतंत्रता की जगह अधिकार की बात करते हैं। लेकिन वे भी यह तर्क देते हैं कि व्यक्ति के अधिकारों पर एक ही प्रतिबंध है कि वह दूसरों के अधिकारों का अतिक्रमण न करे। अत: दोनों की स्वतंत्रता संबंधी अवधारणा नकारात्मक है। स्वतंत्रता की इस अवधारणा में कई समस्याएँ हैं। पहली बात तो यह है कि इसमें उन अवसरों का कोई उल्लेख नहीं है जिनमें व्यक्ति अपनी स्वतंत्रता का उपभोग कर सके। इस संबंध में नोएम चोम्स्की (Noam Chomsky) का कहना है कि– "अवसर के बिना स्वतंत्रता शैतान का उपहार है।" इसी प्रकार अमर्त्य सेन भी व्यक्तिगत स्वतंत्रता के उपभोग के लिए व्यक्ति की क्षमता पर बल देते हैं। अत: बाध्यता के अभाव वाली स्वतंत्रता उन लोगों के लिए नहीं है जो सामाजिक आर्थिक रूप से सक्षम नहीं है। स्वतंत्रतावादी व्यक्तिगत स्वतंत्रता के लिए आर्थिक मामलों में राज्य के हस्तक्षेप को अस्वीकार करते हैं। इसके लिए वे स्वतंत्र बाजार को ज्यादा उपयुक्त समझते हैं। स्वतंत्रतावाद की दूसरी समस्या यही है। इसके अनुसार व्यक्ति तभी स्वतंत्र है, जब उस पर दूसरों की इच्छाओं की बाध्यता न हो। यह स्थिति अमीर–गरीब सभी के लिए है। बाजार स्वतंत्र प्रतियोगिता पर आधारित है। हो सकता है कि किसी क्षेत्र विशेष में मजदूरों की संख्या अधिक हो और वहाँ कोई मिल स्थापित हो। इस स्थिति में उस मिल मालिक को कम मजदूरी पर मजदूर उपलब्ध होते हैं। स्वतंत्रतावाद के अनुसार मजदूरों को कम मजदूरी पर काम करने के लिए बाध्य नहीं किया गया। उन्होंने स्वेच्छा से उसे स्वीकार किया। लेकिन व्यवहार में मजदूरों को कम मजदूरी पर काम करने के लिए बाध्य किया गया। जे. एस. मिल की प्रसिद्ध उक्ति उल्लेखनीय है कि "मिलमालिकों की स्वतंत्रता मजदूरों की स्वतंत्रता नहीं होती।"

2. स्वतंत्र बाजार व्यवस्था

हैक यह मानते हैं कि बाजार व्यवस्था सहज तरीके से उत्पन्न होती है। उसे जानबूझ कर किसी के द्वारा निर्मित नहीं किया जाता। वह सहज विकास का परिणाम होती है। इसलिए हैक का प्रस्ताव है कि उसे सहज तरीके से चलने देना चाहिए। उसमें राज्य का हस्तक्षेप प्रतिकूल परिणाम उत्पन्न करता है। इसी प्रकार नॉजिक भी आर्थिक क्षेत्र में व्यक्ति के स्वैच्छिक लेन–देन के प्रबल समर्थक हैं। उनके विचारों में बाजार की स्वतंत्रता व्यक्तिगत स्वतंत्रता के संरक्षण के लिए सर्वाधिक अनुकूल है। राज्य द्वारा वस्तुओं और सेवाओं का वितरण व्यक्तिगत स्वतंत्रता का निषेध है। यह कार्य स्वतंत्र बाजार ज्यादा बुद्धिसंगत तरीके से और कुशलतापूर्वक कर सकता है। यह लोकतांत्रिक भी है क्योंकि इससे व्यक्ति की स्वतंत्रता पर कोई खतरा नहीं है। बाजार व्यवस्था के इस दृष्टिकोण में कई दोष हैं। पहली समस्या तो यह है कि बाजार का विकास सहज रूप से नहीं हुआ। इस संबंध में प्रसिद्ध आर्थिक इतिहासकार कार्ल पोलन्यी (Karl-Polanyi) का तर्क है कि उन्नीसवीं सदी के ब्रिटेन में राज्यशक्ति द्वारा स्वतंत्र बाजार निर्मित किया गया। इसलिए यह ऐतिहासिक रूप से सही नहीं है कि स्वतंत्र बाजार का सहज विकास हुआ। इस संबंध में दूसरी आलोचना असमानता पर केंद्रित है। स्वतंत्रतावादी असमानता

को अपरिहार्य मानते हैं। व्यक्ति की स्वतंत्र गतिविधियों से यह पैदा होगा ही। इसलिए स्वतंत्रता और समानता परस्पर-विरोधी हैं। समानता स्थापित करने के लिए यदि राज्य कदम उठाता है तो यह व्यक्तिगत स्वतंत्रता का हनन है। यहाँ पर एक गंभीर समस्या है। व्यक्तियों की आर्थिक गतिविधियों पर आधारित स्वतंत्र बाजार व्यवस्था अनिवार्य रूप से धन एवं आमदनी की असमानता पैदा करती है। उसका परिणाम समाज में शक्ति का असमान वितरण होता है। यह स्थिति समाज के कमजोर वर्गों की स्वतंत्रता के लिए अनुकूल नहीं है। स्वतंत्र बाजार की अवधारणा की तीसरी कठिनाई है कि स्वतंत्र बाजार व्यवस्था घोर आर्थिक असमानता के साथ गंभीर आर्थिक संकट भी पैदा करती है। 1930 ई. के दशक का आर्थिक संकट और वर्तमान भूमंडलीकरण के दौर का संकट इसके प्रमाण हैं। उन संकटों की स्थिति में राज्य के हस्तक्षेप के द्वारा ही अर्थव्यवस्था पटरी पर आती है। इसी प्रकार यह तर्क भी गलत है कि स्वतंत्र बाजार व्यवस्था से आर्थिक विकास होता है। यह तर्क सभी देशों के संदर्भ में लागू नहीं होता। पूर्वी एशिया के देशों, जापान, दक्षिण कोरिया, सिंगापुर आदि के आर्थिक विकास का प्रमुख कारक राज्य रहा है। इन देशों में आर्थिक मामलों में सरकार की सक्रिय भूमिका के कारण आर्थिक वृद्धि हुई। इसी कारण औद्योगिक विकास की दर तेज रही तथा प्रति व्यक्ति आय में वृद्धि हुई। स्वंत्रतावादियों द्वारा प्रस्तावित राज्य के नियंत्रण से मुक्त बाजार व्यवस्था की चौथी महत्त्वपूर्ण कठिनाई पर्यावरण को लेकर है। राज्य के नियंत्रण से मुक्त होने पर पूँजीपति प्राकृतिक संसाधनों के मनमाने तरीके से दोहन के लिए स्वतंत्र होंगे। इसका परिणाम पर्यावरणीय क्षति है। स्वतंत्रतावाद इस समस्या का कोई संतोषजनक समाधान प्रस्तुत नहीं कर पाता।

स्वतंत्रतावाद व्यक्तिगत स्वतंत्रता का प्रबल समर्थन करता है। उसके अनुसार व्यक्तियों की स्वतंत्र गतिविधियों से प्रगति का मार्ग प्रशस्त होता है। इसलिए स्वतंत्रतावादी एक ऐसे समाज की रूपरेखा प्रस्तुत करते हैं जो व्यक्तियों के स्वैच्छिक सहयोग पर आधारित है। उसमें राज्यशक्ति की भूमिका न्यूनतम है। लेकिन वे इस बात को सुनिश्चित नहीं कर पाते कि समाज के सभी लोगों के लिए स्वतंत्रता के उपभोग के अवसर हों। वे व्यक्तिगत संपत्ति के अधिकार पर किसी तरह का नियंत्रण नहीं चाहते। उस स्थिति में वे केवल संपत्तिशालियों की स्वतंत्रता के पक्षधर साबित होते हैं। उनके पास आर्थिक असमानता की समस्या का कोई समाधान नहीं हैं। स्वतंत्र समाज में असमानता होगी ही, ऐसा स्वतंत्रतावादियों का दृढ़ विश्वास है। मुक्त बाजार व्यवस्था की पक्षधरता का भी यही आधार है। लेकिन वे इतिहास के सबक को भूल जाना चाहते हैं। इतिहास गवाह है कि राज्य के नियंत्रण से मुक्त बाजार व्यवस्था बुनियादी तौर पर शोषणकारी रही है। उससे राज्य की शक्ति द्वारा ही कमजोर वर्गों को बचाया जा सकता है। स्वतंत्रतावादियों की इस बात में थोड़ी-सी सच्चाई नजर आती है कि राज्य की शक्ति में वृद्धि से व्यक्तिगत स्वतंत्रता को खतरा पैदा होता है। राज्य की नौकरशाही अधिक शक्तिशाली हो जाती है। इससे बचाव का रास्ता सरकार पर जनता के नियंत्रण को बढ़ाने के उपायों में हैं। इसको कारगर बनाने के लिए नागरिक समाज की सक्रियता आवश्यक है। यह तभी संभव है जब पारस्परिक हितों के आधार पर व्यक्तियों के स्वैच्छिक संगठनों का विस्तार हो।

स्वतंत्रतावादी राज्य के सीमित कार्यक्षेत्र और आर्थिक मामलों में उसके अहस्तक्षेप से उत्पन्न समस्याओं का समाधान संपत्तिशालियों के परोपकार की भावना में देखते हैं। उनका मानना है कि जरूरतमंदों को राज्य के स्थानं पर परोपकारी व्यक्तियों द्वारा सेवाएँ प्रदान की जाएँगी। लेकिन इसे न्याय नहीं कहा जा सकता। स्वतंत्रतावादी समानता और न्याय पर आधारित समाज में विश्वास नहीं करते। स्पष्ट है कि केवल कुछ लोगों की स्वतंत्रता का संरक्षण करने वाला समाज अच्छा नहीं हो सकता। अच्छे समाज की बुनियाद यही है कि उसमें सभी को अच्छे जीवन के अवसर उपलब्ध हों। इस आधार पर स्वतंत्रतावाद एक अपूर्ण राजनीतिक दर्शन है। इसके साथ ही यह प्रतिगामी भी है क्योंकि यह एक सदी से भी अधिक पहले के शास्त्रीय उदारवाद के सिद्धांतों को पुनर्जीवित करने का प्रयास करता है।

◂ सहायक पुस्तकों एवं लेखों की सूची ▸

◂ पुस्तकें

चोम्स्की, नोएम, *प्रोफिट ओवर पीपुल : निओलिबरलिज्म ऐंड ग्लोबल ऑर्डर*, माध्यम बुक्स, दिल्ली, 1999.

नॉजिक, रॉबर्ट, *अनार्की, स्टेट, ऐंड, यूटोपिया*, बासिल ब्लैकवेल, यू.के., 1974.

बर्गलैंड, डेविड, *लिबरटेरियनिज्म इन वन लेसन*, ऑरफियस पब्लिकेशन्स, कैलिफोर्निया, यू.एस.ए., 1990.

बाडर, एम. राल्फ, *रॉबर्ट नॉजिक*, दि कंटीन्यूअम इंटरनेशनल पब्लिशिंग ग्रुप, लंदन, 2010.

बोएज, डेविड, *लिबरटेरियनिज्म : ए प्राइमर*, दि फ्री प्रेस, न्यूयार्क, 1997.

ब्रेनान, जेसन, *लिबरटेरियनिज्म: ह्वाट एवरीवन नीड्स टू नो*, ऑक्सफोर्ड यूनिवर्सिटी प्रेस, 2012.

स्टेगर, बी. मेंनफ्रेड और रवि के.राय, *निओलिबरलिज्म: ए वेरी शार्ट इन्ट्रोडक्शन*, ऑक्सफोर्ड यूनिवर्सिटी प्रेस, 2010.

फेजर, एडवर्ड, *ऑन नॉजिक*, केनगेज लर्निग इंडिया प्रा.लि., नई दिल्ली, 2004.

हैक, एफ.ए., *दि रोड टू सर्फडम*, रूतलेज प्रकाशन, 1944.

हैक, एफ.ए., *दि कांस्टीट्यूशन ऑफ लिबर्टी*, रूतलेज प्रकाशन, फर्स्ट इंडियन एडिशन, 2012.

हैक, जॉन ग्रे, *ऑन लिबर्टी*, ऑक्सफोर्ड, 1984.

हयूबर्ट, एच. जेकॉब, *लिबरटेरियनिज्म टुडे*, प्रारेएजर, कैलिफोर्निया, यू.एस.ए., 2010.

◂ लेख

ऐंथोनी, डि क्रिस्पिगनी, ''एफ. ए. हैक: फ्रीडम फॉर प्रोग्रेस'' (क्रिस्पिगनी और केनीथ मिनॉग द्वारा संपादित *कंटपेररी पॉलिटिकल फिलॉसफर्स* में संकलित), मेथ्यून कंपनी प्रा. लि.,न्यूयार्क, 1976, पृ. 49-66.

गैम्बल, ऐन्ड्रियू, ''हैक एंड लिबर्टी'', *ए जर्नल ऑफ पॉलिटिक्स ऐंड सोसायटी*, रूतलेज, 2013, 25:3-4, 342-363,2.

9

उत्तर-आधुनिकता

बीसवीं सदी के आठवें दशक के मध्य से उत्तर-आधुनिकता बौद्धिक बहस का एक प्रमुख विषय रही है। यह इतनी व्यापक अवधारणा है कि इसमें संस्कृति, समाज, अर्थव्यवस्था, राजनीति, कला, पेंटिंग सहित सभी विधाएँ समाहित हैं। इसकी चर्चा साहित्य से लेकर राजनीति तक होती रही है। प्राय: यह देखा जाता है कि कोई अवधारणा जितनी बहुचर्चित होती है उसके अर्थ को लेकर उतनी ही भ्रांति पैदा हो जाती है। उत्तर-आधुनिकता के साथ भी यही हुआ। यह इतनी जटिल हो गई कि इसे परिभाषित करना या ऐतिहासिक रूप से इसकी पड़ताल करना अत्यंत कठिन है। कुछ विचारक इसे आधुनिकता से आगे विकास की एक ऐतिहासिक अवस्था के रूप में देखते हैं तो कुछ लोग इसे नई सामाजिक व्यवस्था का एक रूप मानते हैं। इसके अतिरिक्त आधुनिकता से इसके संबंध को लेकर भी मतांतर हैं। क्या उत्तर-आधुनिकता आधुनिकता के अंत का उद्घोष है? क्या यह आधुनिकता से ज्यादा विकसित अवस्था का सूचक है? उत्तर-आधुनिक सामाजिक एवं राजनीतिक दशा किन रूपों में आधुनिक स्थितियों से भिन्न है? इन प्रश्नों पर मतैक्य नहीं है। इस प्रकार उत्तर-आधुनिकता व्यापक होने के साथ साथ विवादास्पद भी है। रोचक बात यह है कि कोई भी चिंतक उत्तर-आधुनिक होने का दावा नहीं कर रहा। इसकी उत्पत्ति कब हुई, इस पर भी विद्वान एक मत नहीं हैं। उत्तर-आधुनिकता को समझने का सरल तरीका यही हो सकता है कि हम पहले आधुनिकता को समझने का प्रयास करें क्योंकि वह आधुनिकता के गर्भ से ही निकली है। इसीलिए आधुनिकता की उत्पत्ति और उसकी विकास यात्रा पर एक नजर डाल लेना उपयोगी होगा।

आधुनिकता का उदय : बेकन, डेकार्ट, कांट, वेबर और मार्क्स

आधुनिकता का प्रारंभ प्राय: 17वीं सदी से माना जाता है। मोटे तौर पर पुनर्जागरण काल के बाद के युग को आधुनिक माना गया। आधुनिकता पुराने युग के स्थान पर एक नए युग के आगमन का सूचक थी जिसमें नए विचार एवं नई ज्ञान प्रणाली का उदय हुआ। मूल रूप से आधुनिकता मानवीय विवेक की धार्मिक अंधविश्वास से मुक्ति थी। आधुनिकता ने ईश्वर को अपदस्थ कर मानवीय विवेक पर आधारित विज्ञान को स्थापित किया। इसमें यह जयघोष था कि मानवीय विवेक प्रकृति के रहस्यों को न सिर्फ समझने में सक्षम है, बल्कि वह उस पर विजय भी प्राप्त कर सकता है। दर्शन के क्षेत्र में बेकन, डेकार्ट और कांट आधुनिकता के

प्रमुख विचारक हैं। बेकन ने यथार्थ ज्ञान की प्राप्ति के लिए मानव मस्तिष्क को अंधविश्वासों से मुक्त रखने पर बल दिया तथा सत्य की खोज के लिए आगमनात्मक पद्धति को ही उपयुक्त माना। यह पद्धति किसी धर्मग्रंथ या धर्मगुरु की सत्ता को मानने से इनकार करती है। बेकन के अनुसार, अनुभव एवं परीक्षण के द्वारा ही सत्य की खोज की जा सकती है। इस प्रकार बेकन ने मध्ययुगीन विश्वासों का परित्याग कर दिया। लेकिन उनके धर्म संबंधी विचार पूर्णतया आधुनिक नहीं थे। वे विज्ञान के विषय में तो अनुभववादी थे लेकिन ईश्वर के ज्ञान के संबंध में वे धर्मग्रंथों को प्रमाण मानते थे। इसलिए बेकन पूर्णतया आधुनिकवादी नहीं हो सके।

डेकार्ट के दर्शन में मध्ययुगीन विश्वास से पूर्ण विच्छेद होता है। उन्होंने मानवीय विवेक की स्वतंत्रता की स्पष्ट घोषणा की। उन्होंने यह प्रतिपादित किया कि व्यक्ति को स्वतंत्रता पूर्वक प्रश्न करने तथा अपने मार्ग के चयन करने की स्वतंत्रता है। डेकार्ट ने परंपरा एवं सत्ता पर आधारित ज्ञान का पूर्ण परित्याग कर दिया। उनके दर्शन का प्रारंभ ही संदेह से होता है। उनकी पद्धति व्यवस्थित संदेह की है। वे जानबूझकर सभी चीजों पर संदेह करते हैं। इस प्रकिया में वे इस बिंदु पर पहुचते हैं 'कोगिटो अर्गो सुम' (Cogito Ergo Sum)–मैं सोचता हूँ, इसलिए मैं हूँ (I think, therefore I am.) यहाँ 'मैं' की पहचान उसकी विवेकशीलता है। मानवीय विवेक से ही सत्य की खोज की जा सकती है। डेकार्ट विचार-स्वातंत्र्य के प्रबल समर्थक हैं। उनका दर्शन के क्षेत्र में एक अन्य महत्त्वपूर्ण योगदान वैज्ञानिक पद्धति का प्रयोग है। उनका विश्वास था कि इसी पद्धति से निश्चयात्मक ज्ञान की प्राप्ति हो सकती है। वैज्ञानिक पद्धति का उपयोग सत्य की खोज के साथ-साथ प्रकृति के नियंत्रण में भी किया जा सकता है। इसके फलस्वरूप मानव प्रगति का मार्ग प्रशस्त हो सकता है। इस प्रकार डेकार्ट ने मनुष्य की एक स्वायत्त एवं विवेकशील कर्ता के रूप में पहचान की तथा वैज्ञानिक पद्धति की यथार्थता को स्वीकार किया। मध्ययुगीन मान्यताओं का परित्याग, पद्धति संबधी जागरूकता, नई पद्धति के प्रयोग एवं विज्ञान द्वारा प्रगति की संभावना में विश्वास के कारण डेकार्ट को प्रथम आधुनिक दार्शनिक माना गया।

आधुनिकता की सुव्यवस्थित व्याख्या कांट के दर्शन में भी मिलती है। उन्होंने अपने निबंध "व्हाट इज इनलाइटेनमेंट?" (What is Enlightenment?) में स्पष्ट रूप में घोषणा की– "अपनी समझ का उपयोग करने का साहस रखो (Have courage to use your own understanding)।" यही ज्ञानोदय (Enlightenment) का मूलमंत्र है। कांट के लिए मनुष्य का सारतत्त्व उसका विवेक है। यही विवेक यथार्थ ज्ञान की प्राप्ति का साधन है। विश्व कुछ सार्वभौम नियमों से संचालित है और मानवीय विवेक न सिर्फ इन नियमों का ज्ञान प्राप्त करने में सक्षम है बल्कि मनुष्य अपना जीवन इन नियमों से संचालित कर सकता है। कांट मनुष्य की नैतिक स्वतंत्रता के प्रबल समर्थक हैं। मनुष्य अपने विवेक के द्वारा अपनी वासनाओं पर नियंत्रण करने में सक्षम है और उसकी विवेकशीलता सार्वभौम नैतिक नियमों के अनुसार जीने में परिलक्षित होती है। यही मानवीय विवेक प्रकृति के नियंत्रण में भी सक्षम है और इसी से मानव मुक्ति का मार्ग प्रशस्त होता है। कांट के दर्शन में प्रगति में विश्वास दिखलाई पड़ता है। उनके अनुसार इतिहास की प्रक्रिया प्रगति की ओर बढ़ती है। वह पीछे की ओर नहीं लौटती। कांट

ने संपूर्ण मानव जाति के एक सार्वभौम इतिहास की संभावना को स्वीकार किया और इस ऐतिहासिक प्रक्रिया की एकरेखीय प्रगति की अवधारणा प्रस्तुत की।

उपर्युक्त विवेचन से आधुनिकता के दो महत्त्वपूर्ण निष्कर्ष स्पष्ट होते हैं : (1) आधुनिकता ने ईश्वर या धर्म से स्वतंत्र मानवीय विवेक की सर्वोच्चता को स्थापित किया तथा (2) इसने प्रगति में विश्वास को सुदृढ़ किया। यह माना गया कि मनुष्य की विवेकशीलता पर आधारित वैज्ञानिक पद्धति के माध्यम से मनुष्य प्रकृति के नियमों को समझने के साथ-साथ उस पर नियंत्रण कायम रखने में समर्थ है। इस प्रकार आधुनिकता प्रकृति के खिलाफ एक संघर्ष बन गई। मानवीय विवेक को ही मानव-मुक्ति का साधन माना गया। यह जो मुक्ति का सपना था, वह आधुनिकता का एक "महावृत्तांत" (Metanarrative) बना।

आधुनिकता की अवधारणा सिर्फ विचार या दर्शन के क्षेत्र तक ही सीमित नहीं रही बल्कि विवेकशीलता तथा वैज्ञानिकता का उपयोग मनुष्य के सामाजिक, आर्थिक, सांस्कृतिक एवं राजनीतिक जीवन में भी होने लगा। परंपरागत ग्रामीण समुदाय का स्थान नगरों ने लिया। कृषि के स्थान पर उद्योगों की प्रधानता स्थापित हुई और जीवन के प्रति धर्मनिरपेक्ष दृष्टिकोण को प्रमुखता प्राप्त हुई। किसी-न-किसी रूप में यह मानवीय विवेकशीलता का ही विस्तार था।

मैक्स वेबर और कार्ल मार्क्स ने आधुनिकता को पूँजीवाद से जोड़कर देखा। हालाँकि दोनों के द्वारा प्रतिपादित पूँजीवाद का विश्लेषण अलग ढंग का है। वेबर ने आधुनिकता की व्याख्या विवेकशीलता के माध्यम से की है। आधुनिकता के पूर्व व्यक्ति अंधविश्वासों के पिंजड़े में कैद था। मनुष्य की विवेकशीलता की मुक्ति ही आधुनिकता का प्रारंभ है। वेबर के लिए एक आदर्श समाज विवेकशील तथा बुद्धिसंगत समाज है। उन्होंने नौकरशाही के आदर्श प्रतिमान की रूपरेखा प्रस्तुत की जो विवेकशीलता पर आधारित है। अन्य सामाजिक संगठनों के लिए भी यह प्रतिमान उपयुक्त है। वेबर यह मानते हैं कि यदि विवेकशीलता को अर्थव्यवस्था के क्षेत्र में लागू किया जाए तो पूँजीवादी अवस्था आएगी। दूसरे शब्दों में पूँजीवादी अर्थव्यवस्था सर्वाधिक विवेकशील अर्थव्यस्था है। इसमें मनुष्य गणितीय ढंग से अपने साधनों का उपयोग एवं नियोजन द्वारा अधिकाधिक लाभ कमाना चाहता है। पूँजीवाद में श्रम का विवेकशील संगठन जन्म लेता है। कुल मिलाकर पूँजीवादी अर्थव्यवस्था से भौतिक सुख-सुविधाओं में वृद्धि होती है और प्रगति का मार्ग प्रशस्त होता है। इस प्रकार वेबर के अनुसार आधुनिक समाज एवं अर्थव्यवस्था का स्वरूप विवेकशीलता के द्वारा निर्धारित होता है।

मार्क्स ने पूँजीवादी अर्थव्यवस्था और उसके सामाजिक, राजनीतिक और सांस्कृतिक परिणामों का गहराई से विश्लेषण किया। उनके विश्लेषण की मूल इकाई उत्पादन की प्रणाली है। उत्पादन के साधनों का निरंतर विकास होता है और पूँजीवादी व्यवस्था में सामंती व्यवस्था की अपेक्षा उत्पादन के साधनों के साधन ज्यादा विकसित होते है। उसमें उत्पादन के साधनों पर पूँजीपति वर्ग का स्वामित्व होता है। यह वर्ग श्रमिकों का शोषण कर अधिकाधिक मुनाफा कमाने की कोशिश करता है। इस प्रकार पूँजीपति शोषक वर्ग है और राज्य, सरकार और कानून इसी वर्ग की सहायता करते हैं। दूसरी ओर श्रमिकों के शोषण में वृद्धि के साथ-साथ उसकी निर्भरता बढ़ती जाती है। वह अलगाव (Alienation)

का शिकार होता जाता है क्योंकि उसके द्वारा उत्पादित वस्तु, उत्पादन की प्रक्रिया और उत्पादनों के साधनों पर उसका नियंत्रण नहीं रह जाता। वह स्वयं बाजार में बिकने वाली वस्तु (Commodity) के रूप में परिणत होता जाता है। इस प्रकार पूँजीवादी व्यवस्था में दो विरोधी वर्गों का अस्तित्व होता है- पूँजीपति एवं श्रमिक। श्रमिकों में धीरे धीरे वर्गीय चेतना आती है और वे संगठित होने लगते हैं। मध्यम या अन्य वर्ग या तो पूँजीपति वर्ग के साथ गठबंधन कर लेते हैं या श्रमिक वर्ग के साथ। मार्क्सवाद श्रमिक वर्ग का दर्शन है। मार्क्स ने वैज्ञानिक पद्धति के आधार पर यह निष्कर्ष निकाला कि मजदूर वर्ग क्रांति के द्वारा पूँजीवाद को नष्ट कर देगा। उसके बाद श्रमिकों का शासन स्थापित होगा। अंत में श्रमिकों की पूर्ण मुक्ति की स्थिति आएगी जो राज्यविहीन और वर्गविहीन समाज की स्थापना में साकार होगी। इसमें व्यक्तिगत संपत्ति का अस्तित्व नहीं रह जाएगा। इस प्रकार मार्क्स ने विश्व के स्तर पर शोषणमुक्त समाज की अपरिहार्यता को वैज्ञानिक पद्धति से सिद्ध करने का प्रयास किया। आधुनिकता का यह सबसे 'शानदार महावृत्तांत' (Grand metanarrative) था। यह सबसे बड़ी मुक्तिकामी परियोजना थी। लेकिन इसका आधार भी ज्ञानोदय की विवेकशीलता ही थी।

आधुनिक काल में राजनीति एवं संस्कृति के स्तर पर भी व्यापक परिवर्तन हुए। धर्म और राजनीति का पृथक्कीकरण हुआ और गैर-धार्मिक मामलों में राज्य की सर्वोच्चता स्थापित हुई। धर्मनिरपेक्ष एवं संप्रभु राज्य आधुनिकता के भीतर सर्वोच्च संगठन था। इसके अतिरिक्त राष्ट्रीयता की उत्पत्ति हुई। यह अपेक्षा की गई कि लोग स्थानीय निष्ठाओं से ऊपर उठकर राज्य के प्रति निष्ठा रखेगें। राष्ट्रीयता की अवधारणा एक 'पिघलाने वाली भट्टी' (Melting pot) के रूप में की गई जिसमें स्थानीय संस्कृतियों को पिघलना था। इस प्रकार सांस्कृतिक एकीकरण की प्रक्रिया को बाध्यकारी रूप से लागू करने की कोशिश की गई। इसका परिणाम यह हुआ कि लोग अपनी मूल सांस्कृतिक जड़ों से बिल्कुल अलग हो गए। ग्रामीण समुदाय का स्थान नगरों या महानगरों ने ले लिया। इसके फलस्वरूप सामुदायिक एवं स्थानीय संस्कृतियाँ हाशिये पर चली गईं और राष्ट्र-राज्य के नाम पर लोगों से अपनी स्थानीय संस्कृतियों को विस्मृत कर देने की अपेक्षा की गई।

फ्रांस की राज्य क्रांति (1789 ई.) को पहली आधुनिक क्रांति के रूप में जाना जाता है। इस क्रांति ने आधुनिकता को सही रूप में अभिव्यक्त किया। इसका मूल स्वर यही था कि विवेक के निर्देशन में स्वतंत्रता की प्राप्ति हो सकती है। द्वितीय विश्व युद्ध के बाद बड़ी संख्या में एशियाई एवं अफ्रीकी राष्ट्र स्वतंत्र हुए। उन्हें एक समरूप इकाई, तृतीय विश्व, के रूप में माना गया। यहाँ आधुनिकीकरण की अवधारणा प्रमुख हो गई। यह बात स्थापित थी कि विकास का एक पूर्व निर्धारित पथ है जिस पर यूरोपीय राष्ट्र गुजर चुके हैं। तृतीय विश्व के राष्ट्र भी आधुनिकीकरण की प्रक्रिया द्वारा परंपरागत समाज के स्थान पर आधुनिक समाज का रूप ले सकेंगे। इस प्रकार आधुनिकता सामाजिक संगठन का पहला रूप था जिसे भूमंडलीय प्रमुखता प्राप्त हुई। आधुनिकीकरण की प्रक्रिया के मनोवैज्ञानिक, आर्थिक, सामाजिक एवं राजनीतिक पहलू एक-दूसरे से गुँथे हुए थे। मोटे तौर पर आधुनिकीकरण और पश्चिमीकरण

एकाकार हो गए। जीवन के प्रति विवेकशील एवं धर्मनिरपेक्ष दृष्टिकोण, मशीनीकरण एवं औद्योगीकरण के द्वारा आर्थिक विकास, मुक्त बाजार व्यवस्था एवं पश्चिमी उदारवादी लोकतंत्र पर आधारित शासन-व्यवस्था इस प्रक्रिया के महत्त्वपूर्ण पहलू थे। इस पूरी प्रक्रिया में एक समरूप (Homogenous) अर्थव्यवस्था, राजनीतिक व्यवस्था एवं संस्कृति के निर्माण की अपेक्षा की गई। दूसरे शब्दों में यह पश्चिमी संस्कृति का सार्वभौमीकरण था जिसमें पश्चिम का वैचारिक एवं सांस्कृतिक वर्चस्व निहित था। आधुनिकीकरण की पूरी प्रक्रिया में राज्य की भूमिका केंद्रीय मानी गई। राजनीतिक स्तर पर तृतीय विश्व के देशों में कार्यात्मक विभेदीकरण हुआ और जनता की राजनीतिक सहभागिता बढ़ी। इसके फलस्वरूप राजनीति का प्रवेश समाज की भीतरी तह तक संभव हुआ। राजनीति द्वारा नए आधुनिक समाज के निर्माण की क्षमता में जनता का विश्वास बढ़ा और तृतीय विश्व के देशों की जनता के मन में राजनीति के प्रति आकांक्षाओं में उभार आया। इसके पीछे यह धारणा थी कि राजनीतिक व्यवस्था इतनी सक्षम है कि वह समाज में उठने वाली विरोधी माँगों में संतुलन कायम कर सकती है।

आधुनिकता के संकटों की पहचान : रूसो, नीत्शे और फ्रायड

आधुनिकता की विजय यात्रा के दौरान कुछ चिंतकों ने आधुनिकता की मूल स्थापना पर प्रहार किया। यहाँ यह उल्लेखनीय है कि 19वीं सदी के पूर्वार्द्ध में आधुनिकता के विरुद्ध एक सांस्कृतिक आंदोलन का उदय हुआ जिसे आधुनिकतावाद (Modernism) के रूप में जाना गया। इस आंदोलन ने आधुनिकता की सांस्कृतिक आलोचना की। इसी समय आधुनिकता के राजनीतिक, सामाजिक एवं सौंदर्यवादी पहलुओं के बीच भेद किया जाने लगा। एक ओर विज्ञान, विवेकशीलता, प्रगति और औद्योगिकवाद की प्रमुखता थी तो दूसरी ओर इन सभी को अस्वीकृत कर भावना, अंत:करण तथा कल्पना की स्वतंत्रता का पक्ष लिया जाने लगा। यह भेद प्रमुख रूप से 18वीं सदी के अंत तथा 19वीं सदी के मध्य तक रोमांटिक आदोलन में मुखर हुआ। इस आंदोलन में ज्ञानोदय की विवेकशीलता के स्थान पर मानवीय कल्पना, संस्कृति की कृत्रिमता की जगह प्रकृति की सहजता, वस्तुनिष्ठता को हटाकर आत्मनिष्ठता एवं जीवन के प्रति अंकगणितीय दृष्टिकोण के निषेध को स्वीकृति मिली। इसकी दूसरी प्रमुख प्रवृत्ति यह थी कि इस आंदोलन ने वर्तमान की समस्याओं से छुटकारा पाने के लिए अतीत को पुन: खोजने की कोशिश की।

रूसो ने आधुनिक सभ्यता की कटु आलोचना की और विवेकशीलता पर केंद्रित जीवनदृष्टि के स्थान पर प्रकृति के अनुकूल सहज जीवन का प्रबल समर्थन किया। इसमें मानवीय भावनाओं को पर्याप्त महत्त्व दिया गया। रूसो ने मनुष्य के इस सहज जीवन को संभव बनाने के लिए उपयुक्त सामाजिक व्यवस्था की खोज करने का प्रयास किया। इसके लिए उन्होंने यूनान के छोटे-छोटे नगर-राज्यों के सामुदायिक जीवन को पुनर्जीवित करने पर बल दिया। रूसो भी रोमांटिक आंदोलन के साथ जुड़े थे। इस प्रकार रोमांटिक आंदोलन आधुनिक सभ्यता के विरुद्ध एक विद्रोह था। लेकिन रोमांटिक लेखकों या कवियों ने मुक्ति की आशा का

परित्याग नहीं किया था। उन्होंने यह स्वीकार किया कि मुक्ति आधुनिकता के प्रमुख तत्त्व विवेकशीलता से ही हो सकती है। रूसो ने भी सामान्य इच्छा पर आधारित राजनीतिक समुदाय में विवेकशीलता को ही प्रमुखता दी। सामान्य इच्छा तभी उत्पन्न हो सकती है जब मनुष्य अपनी इच्छाओं और वासनाओं पर अपने विवेक के द्वारा नियंत्रण करना सीख ले। इस प्रकार रूसो आधुनिक सभ्यता के आलोचक तो हैं लेकिन वे आधुनिकता की मूल मान्यताओं को खारिज नहीं करते। 19वीं सदी में भौतिक प्रगति के साथ-साथ मुक्ति की आशा का स्थान नैराश्य ने ले लिया जिसकी प्रबल अभिव्यक्ति हमें नीत्शे के दर्शन में मिलती है।

आधुनिकता की मूल स्थापनाओं को पूर्णत: खारिज करने वाले दार्शनिक नीत्शे हैं। उन्होनें 'ईश्वर की मृत्यु' की घोषणा की। इसका फलितार्थ था कि किसी चीज की निश्चितता नहीं है। सत्य एक कल्पना मात्र है। आधुनिकता में ईश्वर का स्थान विज्ञान ने लिया जो सत्य की खोज का साधन है। विज्ञान की वस्तुनिष्ठता सार्वभौम सत्यों की खोज करने में सक्षम है। परंतु नीत्शे आधुनिकता और विज्ञान की उपलब्धियों के प्रति निराशावादी हैं। वे विवेकशीलता को मनुष्य का सारतत्त्व नहीं मानते। इसके स्थान पर वे मनुष्य की इच्छाओं और अनुभवों को ज्यादा महत्त्व देते हैं। मनुष्य के अनुभवों की अपनी दुनिया होती है और यही आत्मगत दुनिया एकमात्र सच्चाई है। इस प्रकार वस्तुनिष्ठ सार्वभौम सत्य की संभावना को नीत्शे पूरी तरह नकार देते हैं। उनकी प्रबल मान्यता है कि सार्वभौम निश्चित ज्ञान की प्राप्ति नहीं हो सकती। मानववाद या समाजवाद जैसी विचारधाराएँ सार्वभौम होने का दावा करती हैं। नीत्शे के अनुसार ये विचारधाराएँ असत्य हैं। नीत्शे मानव समानता के भी घोर विरोधी हैं। उनके अनुसार मानव की मुक्ति विवेकशीलता में नहीं बल्कि 'शक्ति की इच्छा' (Will to Power) में है। ज़िन असाधारण व्यक्तियों में यह इच्छा होती है वे अतिमानव (Superman) होते हैं और ये ही मुक्तिदाता हैं। साधारण मनुष्यों को अतिमानव की सहायता करनी चाहिए। यह अतिमानव सर्वशक्तिमान होता है। इस प्रकार नीत्शे शक्ति, साहस और गौरव जैसे प्राचीन मूल्यों को पुनर्स्थापित करने पर बल देते हैं। नीत्शे के दर्शन में ईश्वर का स्थान अतिमानव लेता है। नैतिकता को भी वे दो वर्गों में बाँटते हैं- गुलामों की नैतिकता (Herd Morality) और वीरों की नैतिकता। ईसाई धर्म को वे गुलामों की नैतिकता का पर्याय मानते हैं। साधारण मनुष्य विवेकशील और स्वतंत्र कर्ता नहीं होता। उसकी चेतना एक सामाजिक कृति होती है और वह सामाजिक भूमिका से बँधा होता है। इस प्रकार नीत्शे ने आधुनिकता के मूल आधारों को ही नकार दिया। विवेकशील एवं स्वतंत्र कर्ता के रूप में मनुष्य, विज्ञान के द्वारा निश्चित ज्ञान, प्रगति में विश्वास, मानव समानता आदि आधुनिकता की जो अवधारणाएँ थीं उन पर नीत्शे द्वारा प्रबल प्रहार किया गया। आगे चलकर उत्तर-आधुनिक विचारकों ने नीत्शे के दर्शन से प्रेरणा ली।

जैसा कि ऊपर कहा जा चुका है कि आधुनिकता का प्रारंभ स्वतंत्र एवं विवेकशील मनुष्य की अवधारणा है। इस पर व्यवस्थित रूप से फ्रायड ने प्रहार किया। वे चेतना या विवेक को केंद्रीय तत्व नहीं मानते। वे 'ईड' या दूसरे शब्दों में इच्छा और कामवासना से मनुष्य का विश्लेषण प्रारंभ करते हैं। 'ईड' के आवेग आंनद की प्राप्ति करना चाहते हैं। ये आवेग व्यक्ति एवं समाज के लिए

विध्वंसकारी हैं। अतः इन्हें नियंत्रित किया जाना आवश्यक है। यह नियंत्रण 'सुपर इगो' के माध्यम से होता है जो सामाजिक नैतिकता को अपने भीतर समाहित कर लेता है। फ्रायड की मूल मान्यता है कि मनुष्य का व्यवहार उसकी अचेतन शक्तियों द्वारा प्रभावित होता है। इस प्रकार वे डेकार्ट की उस मान्यता का खंडन करते हैं कि विवेकशीलता मनुष्य के व्यवहार का आधार है। ज्ञानोदय के विचारकों के अनुसार मानवीय व्यक्तित्व (Human Self) का सारतत्व तर्कशीलता के माध्यम से अपने तथा विश्व को जानने की क्षमता है। फ्रायड के अनुसार, जब मनुष्य अपने 'अहं' (Ego) को नष्ट कर देता है तभी वह सामाजिक मानकों (Norms) को अंतर्समाहित कर पाता है। इस प्रकार मनुष्य को विवेकशील होने के लिए उसे अपनी इच्छाओं का दमन करना पड़ता है। सामाजिक व्यवस्था भी इसी दमन पर आधारित होती है क्योंकि इसमें तर्कशीलता (Triumph of reason) की विजय होती है और इच्छाओं को नियमों के अधीन करना पड़ता है। समाज मनुष्य पर नैतिक नियमों को आरोपित करता है। इस कारण मनुष्य की तर्कशीलता उसकी इच्छाओं पर विजय प्राप्त करती है। फ्रायड का दूसरा तर्क स्वतंत्र कर्ता के रूप में मनुष्य की अवधारणा के खंडन पर केंद्रित है। मनुष्य स्वतंत्र कर्ता नहीं है क्योंकि वह बाहरी सत्ता से न तो मुक्त है और न ही उसको नियंत्रित करने की स्थिति में है। फ्रायड के अनुसार ऐतिहासिक एवं सामाजिक शक्तियाँ मनुष्य के मस्तिष्क के एक भाग 'सुपर इगो' का निर्माण करती हैं। अतः यह निष्कर्ष निकलता है कि मानवीय मस्तिष्क के आंतरिक कार्यों और उसके द्वारा ज्ञान की प्राप्ति पर बाहरी चीजों का प्रभाव पड़ता है। इस प्रकार फ्रायड आधुनिकता पर करारा प्रहार करते हैं। मनुष्य की विवेकशीलता और इच्छा परस्पर-विरोधी हैं। मूल रूप से मनुष्य सामाजिक व्यवस्था को अस्वीकार करना चाहता है जो दमन पर आधारित है। उसकी यह इच्छा अचेतन की भाषा में अभिव्यक्त होती है जहाँ वह सामाजिक नियंत्रण का प्रतिरोध करता है।

आधुनिकता के खिलाफ एक महत्त्वपूर्ण प्रतिक्रिया फ्रैंकफुर्ट संप्रदाय के दार्शनिकों द्वारा की गई। जर्मनी के फ्रैंकफुर्ट में 1923 ई. में इंस्टीट्यूट ऑफ सोशल रिसर्च की स्थापना की गई और मैक्स हॉर्खीमर (1895-1973 ई.) एवं थिओडोर एडॉर्नो (1903-1969 ई.) इसके प्रमुख दार्शनिक थे। इनके विचारों में आधुनिकता के प्रति निराशा का भाव है। इसके लिए यूरोप की तत्कालीन परिस्थितियाँ उत्तरदायी थीं। एक ओर आर्थिक क्षेत्र में पूँजीवाद काफी विकसित हो चुका था तो दूसरी ओर राजनीतिक मोर्चे पर उदारवादी लोकतंत्र एवं समाजवाद की विफलताएँ सामने थीं। प्रथम विश्व युद्ध के बाद उत्पन्न परिस्थितियों से निपटने में लोकतांत्रिक व्यवस्थाओं की असफलता ने फासीवाद तथा नाजीवाद जैसी सर्वाधिकारवादी विचारधारा एवं तानाशाही शासन-व्यवस्था की नींव रखी। दूसरी ओर मुक्ति की जो कल्पना मार्क्स ने की थी, वह भी साकार नहीं हुई। सोवियत संघ की समाजवादी क्रांति ने मार्क्सवादियों के मन में जो उत्साह जगाया था, उसको स्टालिन की तानाशाही ने समाप्त कर दिया था। आधुनिकता का महाविनाशक रूप द्वितीय विश्व युद्ध में दिखलाई पड़ा। परमाणु शस्त्रों के विकास ने मानव और तकनीक के बीच का संबंध तथा विज्ञान द्वारा प्रगति के सिद्धांतों पर प्रश्न खड़े किए। इन परिस्थितियों में हार्खीमर तथा एडॉर्नो ने तत्कालीन समाज की आलोचनात्मक समीक्षा की और इनके विचार

आलोचनात्मक सिद्धांत के रूप में जाने जाते हैं। एडॉर्नो ने अपनी पुस्तक *डायलेक्टिक ऑफ इनलाइटेनमेंट* (1949 ई.) में ज्ञानोदय परियोजना की विफलताओं पर प्रकाश डाला। इनके अनुसार विवेकशील विश्वदृष्टि का पूरी तौर पर लोप हो चुका है। पूँजीवादी दुनिया शक्ति और धन को प्रमुखता देती है और इसका उद्देश्य भौतिक हितों की अधिकाधिक पूर्ति है। पूँजीवाद की मूल मान्यता है कि विवेकशील मनुष्य को अपने स्वहित की साधना करनी चाहिए। पूँजीवादी अर्थव्यवस्था की गलाकाट प्रतिस्पर्द्धा ने मनुष्य को समाज से अलग कर दिया। मानवीय जीवन विवेक से निर्देशित नहीं हो रहा और वह राजनीतिक तथा आर्थिक शक्तियों पर ज्यादा निर्भर होता जा रहा है। समाज में बहुउत्पादन, बहुउपभोग तथा बहुसंचार का आधिपत्य है और इस समाज ने मनुष्य के महत्त्व को कम कर दिया है। वह दूसरों के द्वारा निर्धारित भूमिका को निभाता है। हॉर्खीमर एवं एडॉर्नो का तर्क है कि पूँजीवाद जैसे-जैसे विकसित होता जाता है वैसे-वैसे वह विवेकशील चिंतन तथा उदारता, दया एवं सहानुभूति जैसे मानवीय गुणों को नष्ट करता जाता है। इनके अनुसार मनुष्य की स्वतंत्रता नष्ट हो गई है और आधुनिकता का इतिहास क्रमिक रूप से मनुष्य का समाज एवं प्रकृति से अलग होते जाने का इतिहास है। मार्क्स की आशावादिता पर भी ये दोनों चिंतक प्रहार करते हैं। मार्क्स ने भी ज्ञानोदय की प्रगति के सिद्धात को स्वीकार किया था। इन दोनों विचारकों के अनुसार सुख और शांति तथा स्वतंत्रता की ओर प्रगति में हमारा विश्वास खत्म हो गया है। इस प्रकार हॉर्खीमर एवं एडॉर्नो पूँजीवाद द्वारा मानवीय मूल्यों के क्षरण और मार्क्स की मुक्तिकामी परियोजना की असफलता को उद्‌घाटित करते हैं। इनके अनुसार आधुनिकता की ज्ञानोदय परियोजना मनुष्य की स्वतंत्रता एवं उसकी सर्वोच्चता स्थापित करने पर केंद्रित थी। हुआ ठीक इसके विपरीत। मनुष्य मशीनों के आधिपत्य में आ गया और महाविनाश की विजय हो रही है। तत्कालीन समस्याओं का समाधान इन विचारकों ने प्राचीन यूनानी समाज में खोजा। इनके अनुसार 'दासता से रहित यूनानी नगर-राज्य' ही व्यक्ति को स्वतंत्रता प्रदान कर सकता है। उसी प्रकार के समुदाय में मनुष्य विवेक के सार्वभौम सिद्धांतों के अनुसार जी सकता है।

उपर्युक्त विवेचन से यह स्पष्ट हो जाता है कि आधुनिकता की विकास-यात्रा में कई चिंतकों ने आधुनिकता की बुराइयों पर प्रहार किया। आधुनिकता के इन आलोचकों ने किसी-न-किसी रूप में उत्तर-आधुनिकता के विचार को जन्म देने में अपनी भूमिका अदा की है। पूँजीवाद पर आधारित उदारवादी लोकतंत्र की विफलताएँ उजागर हो चुकीं थीं। दूसरी ओर वर्ग संघर्ष पर आधारित राजनीति एवं क्रांति से भी मोहभंग की स्थिति पैदा हो गई थी। सोवियत संघ की समाजवादी व्यवस्था में मनुष्य शोषण से मुक्त होने के स्थान पर साम्यवादी दल की तानाशाही के शिकंजे में कस गया था। यूरोप की साम्यवादी पार्टियाँ भी सोवियत संघ के नियंत्रण में थीं। 1968 ई. में फ्रांस में छात्रों द्वारा आंदोलन चलाया गया, लेकिन वहाँ का साम्यवादी दल उन क्रांतिकारी परिस्थितियों का उपयोग नहीं कर सका। इसी प्रकार उसी दौर में वियतनाम युद्ध के समय अमेरिका में छात्रों ने अमेरिकी संस्कृति एवं मूल्यों के विरुद्ध आंदोलन किया। उसे प्रति-संस्कृति (Counter-culure) की संज्ञा दी गई। उस दौरान भी साम्यवादी विचारधारा प्रासंगिक भूमिका का निर्वाह नहीं कर सकी। इसलिए कुछ विचारकों का मानना है कि उत्तर-आधुनिकता का

जन्म 1968 ई. में हुआ जब क्रांतिकारी वामपंथ की असफलता उजागर हो गई। बीसवीं सदी के अंतिम दशक में एक ओर सूचना क्रांति ने पूँजीवाद के स्वरूप तथा आधुनिक समाज में आमूल परिवर्तन किया तो दूसरी ओर सोवियत संघ की समाजवादी व्यवस्था अपने ही अंतर्विरोधों का शिकार होकर टूट गई। इस प्रकार आधुनिकता की यात्रा 200 वर्षों की है- फ्रांस की राज्यक्रांति से सोवियत संघ के पतन तक या दूसरे शब्दों में बास्तील की दीवार गिरने से बर्लिन की दीवार के धराशायी होने तक। आधुनिकता की विकास यात्रा रुक गई। वह अब हमें आगे नहीं ले जा रही। अब हम उत्तर-आधुनिक अवस्था में पहुँच चुके हैं।

उत्तर-आधुनिकता : उत्पत्ति

उत्तर-आधुनिकता का प्रारंभ कब हुआ, इस पर विद्वानों में मतभेद है। कुछ लोग 1968 ई. में क्रांतिकारी वामपंथ की असफलता से इसका प्रारंभ मानते हैं। उसी समय प्रति-संस्कृति का भी दौर था जो कुछ लोगों के अनुसार उत्तर-आधुनिक थी। लेकिन सत्तर के दशक के मध्य तक उत्तर-आधुनिकता को प्रमुखता नहीं मिली। 1980 ई. के दशक में ही वह प्रमुख हो पाया। हालाँकि उत्तर-आधुनिकता की वैचारिक जड़ें आधुनिकता के आलोचकों में मिलती हैं। स्मार्ट का कथन है दार्शनिक रूप से उत्तर-आधुनिकता का प्रारंभ जर्मन दार्शनिक नीत्शे (1844-1900 ई.) से होता है। उनका सर्वखंडनवाद (Nihilism) उत्तर-आधुनिक विचारकों के लिए प्रेरणास्रोत है।

उत्तर-आधुनिक अवस्था में पूँजीवाद का स्वरूप बदल कर बहुराष्ट्रीय हो गया जिसमें पूँजी और श्रम का प्रवाह तीव्र है। अंधाधुंध औद्योगीकरण के कारण पर्यावरण संकट गंभीर हो गया। दूसरी ओर औद्योगीकरण की पुरानी अवधारणा बदल गई। डेनियल बेल जैसे चिंतक उत्तर-औद्योगिकवाद (Post-industrialism) की चर्चा करने लगे। उन्होंने अपनी पुस्तक *दि कमिंग ऑफ पोस्ट-इंडस्ट्रियल सोसायटी* (1973 ई.) में औद्योगिक समाज में होने वाली कुछ बुनियादी परिवर्तनों की चर्चा की है। औद्योगिक समाज माल उत्पादन करने वाला समाज (Goods producing society) था, जबकि उत्तर-औद्योगिक समाज सूचना समाज (Information Society) है। इस समाज में निर्माण क्षेत्र (Manufacturing sector) का स्थान सेवा क्षेत्र ने ले लिया है। इसमें व्यावसायिक और तकनीकी विशेषज्ञों का स्थान अत्यंत महत्त्वपूर्ण हो गया। जहाँ ऊर्जा और मशीनीकरण ने औद्योगिक समाज को उत्पन्न किया था, उसी प्रकार ज्ञान और सूचनाओं के प्रवाह ने औद्योगिक समाज को बदलकर उत्तर-औद्योगिक चरण तक पहुँचा दिया। मार्क्स ने औद्योगिक या पूँजीवादी समाज में मूल्यों का श्रम सिद्धांत विकसित किया था। उसके अनुसार श्रम ही मूल्य का उत्पादक है। बेल उत्तर-औद्योगिक समाज में श्रम के स्थान पर ज्ञान को मूल्यों का स्रोत मानते हैं। कम्प्यूटर के प्रचलन एवं संचार माध्यमों के विकास के कारण पूरा परिदृश्य बदल गया। अब सूचनाओं का प्रसार व्यापक पैमाने पर होने लगा और इंटरनेट के विकास के कारण प्रत्येक व्यक्ति के लिए सूचनाएँ सुलभ हो गईं। एल्विन टॉफलर का मानना है कि सूचना समाज से एक नई

सभ्यता का उदय हुआ। उनके अनुसार सभ्यता की यह तीसरी धारा है। पहली धारा (Wave) कृषि समाज थी और दूसरी औद्योगिक।

आधुनिकता में धर्मनिरपेक्षता को स्वीकार किया गया था। इसका आशय था कि धर्म की कोई राजनीतिक भूमिका नहीं होगी और धर्म का क्षेत्र अत्यंत सीमित रहेगा। इसके बावजूद धर्म पुराने या नए रूपों में न सिर्फ जारी रहा बल्कि वह राजनीति को भी प्रभावित करता रहा। धार्मिक संकीर्णता और कट्टरतावाद विश्व स्तर पर उभरे और धर्मनिरपेक्षता की अवधारणा को नए सिरे से चुनौती मिली। राजनीति में धर्म का उपयोग (दुरूपयोग) विश्व स्तरीय समस्या बन गई। दूसरी ओर सामाजिक व्यवस्था के विघटन के साथ ही परंपरागत राजनीतिक विचारधाराओं से भी लोगों का मोहभंग हो गया। इस प्रकार उत्तर-आधुनिकता आधुनिकता के विकास के साथ-साथ उसके चौतरफा संकट की प्रभावी अभिव्यक्ति मानी जा सकती है। उत्तर-आधुनिकता की उत्पत्ति मूलतः संस्कृति के क्षेत्र में हुई। लेकिन धीरे-धीरे इसका विस्तार चित्रकला, स्थापत्य, साहित्य, सिनेमा, राजनीति और समाज तक हो गया। यहाँ तक कि अब उत्तर-आधुनिक परिवार या व्यक्ति की भी चर्चा होने लगी।

उत्तर-आधुनिकता : अर्थ

उत्तर-आधुनिकता के निश्चित अर्थ का निर्धारण या इसकी सर्वमान्य परिभाषा देना कठिन है। फिर परिभाषित करना या निश्चित अर्थ प्रदान करना तो आधुनिक प्रवृत्ति है। आधुनिकता के पूर्व जो उत्तर उपसर्ग लगा है उसके दो अर्थ बतलाए गए। पहला अर्थ है- आधुनिकता के बाद या परे (After or beyond modernity)। इस अर्थ में उत्तर-आधुनिकता आधुनिकता के साथ निरंतरता की स्थिति है और यह विकास की एक ऐतिहासिक अवस्था का सूचक है। दूसरे अर्थ में उत्तर-आधुनिकता आधुनिकता या इसके ज्ञानोदय परियोजना के अंत का उद्‌घोष है। इसलिए उत्तर-आधुनिकता ऐतिहासिक विकास की वह अवस्था है जहाँ आधुनिकता की मृत्यु हो चुकी है। कुछ विचारकों के अनुसार उत्तर-आधुनिकता आधुनिकता के चुक जाने (Exhaust) की बात करती है। यह आवश्यक रूप से आधुनिकता की मृत्यु की घोषणा नहीं करती। इतना अवश्य है कि उत्तर-आधुनिकता ने आधुनिकता के विवेक एवं प्रगति की धारणा में विश्वास को हिलाकर रख दिया है।

उत्तर-आधुनिकता एक विचार, एक सांस्कृतिक अनुभव, एक सामाजिक अवस्था या एक ही साथ तीनों हो सकती है। लेकिन किसी भी स्थिति में इसके सुपरिभाषित लक्षण नहीं है। स्मार्ट ने उत्तर-आधुनिकता को तीन रूपों में समझने की कोशिश की है: (1) उत्तर-आधुनिकता समकालीन सामाजिक, सांस्कृतिक और राजनीतिक दशा है, (2) यह जीवन का एक रूप है और (3) उत्तर-आधुनिकता आधुनिकता की सीमाओं के प्रति एक प्रतिक्रिया है। कुछ विचारक उत्तर-आधुनिकता और उत्तर-आधुनिकतावाद (Post-modernism) में अंतर करते हैं, ठीक उसी तरह जैसे आधुनिकता और आधुनिकतावाद में किया गया था। उत्तर-आधुनिकतावाद का प्रयोग सांस्कृतिक क्षेत्र में किया जाता है जबकि उत्तर आधुनिकता

को सामाजिक पहलुओं से संबद्ध किया जाता है। लेकिन यह अंतर बहुत उपयोगी प्रतीत नहीं होता। उत्तर-आधुनिकता और उत्तर-आधुनिकतावाद में अंतर नहीं किया जा सकता। इसका प्रमुख कारण यह है कि उत्तर-आधुनिकता की बहस में समाज के विभिन्न पहलुओं के बीच विभाजक रेखा नहीं खींची जाती और उत्तर-आधुनिकता इस तरह के विभाजन का विरोधी है। पुनः उत्तर-आधुनिकता में संस्कृति को सर्वाधिक महत्त्व प्राप्त है। उसके अनुसार किसी समाज को उसके सांस्कृतिक संदर्भों में ही समझा जा सकता है। इसलिए किसी भी स्थिति में सांस्कृतिक और सामाजिक पहलुओं को अलग-अलग समझने का प्रयास निरर्थक होगा। संचार क्रांति ने संस्कृति के स्वरूप और उसकी अभिव्यक्ति को बदल कर रख दिया है। मीडिया के विकास ने उन स्थानीय संस्कृतियों को भी मुखर होने का मौका दिया जो अबतक हाशिये पर थीं। वस्तुतः उत्तर-आधुनिकता और इसमें संस्कृति के अध्ययन की प्रमुखता का सूचना-युग के उदय के साथ गहरा संबंध है।

कुछ विचारक उत्तर-आधुनिकता को एक विचारधारा मानते हैं। लेकिन यह मान्यता उत्तर-आधुनिकता की मूल भावना के विपरीत है। यह विचारधारा के अंत के विचार के ज्यादा नजदीक है। यह सापेक्षवादी है। इसके अनुसार सार्वभौम सत्य या मापदंड का अस्तित्व नहीं है। सार्वभौम सत्य विश्वास की वस्तु है। कोई भी सत्य व्यक्ति या संस्कृति सापेक्ष होता है। निरपेक्ष सत्य की कोई संभावना नहीं होती। आधुनिकता की यह मान्यता थी कि वैज्ञानिक पद्धति के प्रयोग के द्वारा निश्चित सत्य की प्राप्ति हो सकती है। सामाजिक जीवन के संदर्भ में भी इस पद्धति से कुछ निश्चित निष्कर्ष निकाले जा सकते हैं। उत्तर-आधुनिकता सत्य के इन परंपरागत सिद्धांतों को चुनौती देती है। इसके अनुसार सत्य की खोज नहीं की जाती बल्कि उसका निर्माण किया जाता है (Not discovered but created)। इस प्रकार उत्तर-आधुनिकता किसी भी विश्वदृष्टि या निरपेक्ष सत्य को अस्वीकृत कर देती है। उत्तर-आधुनिकता की व्याख्या कई विचारकों ने की है। लेकिन उनमें फ्रांसिस ल्योतार (Lyotard), फ्रेड्रिक जेम्सन, ज्याँ बॉड्रिलार्ड, मिशेल फूको तथा जॉक देरिदा के नाम प्रमुख हैं। इन सभी विचारकों ने समकालीन परिवर्तनों को तथा आधुनिकता के साथ उनके संबंधों को समझने का प्रयास किया है।

ल्योतार : महावृत्तांतों का अंत

फ्रांसीसी चिंतक ल्योतार उत्तर-आधुनिक दृष्टिकोण से पश्चिमी दर्शन एवं विज्ञान के विकास का विश्लेषण करने वाले पहले विचारक हैं। उनकी पुस्तक *दि पोस्टमॉर्डन कंडीशन : ए रिपोर्ट ऑन नॉलेज* 1984 ई. में प्रकाशित हुई। ल्योतार पर मार्क्सवाद का प्रभाव था और वे फ्रांस के 'सोशलिज्म ऑ बारबरी' (Socialisme ou barbarie) समूह के सक्रिय सदस्य रहे। लेकिन 1968 ई. में फ्रांस के छात्रों द्वारा किए गए आंदोलन में फ्रांसीसी मार्क्सवादियों की प्रतिकूल भूमिका के बाद ल्योतार का मार्क्सवाद की क्रांतिकारिता पर से विश्वास उठ गया। उन्होंने अपनी पुस्तक में स्पष्ट किया कि उनका उद्देश्य उच्च रूप से विकसित समाजों में ज्ञान की दशा का विश्लेषण करना है। इसी के साथ ल्योतार आधुनिकता के 'प्रोजेक्ट'

का भी विश्लेषण करते हैं। आधुनिकता ने प्रगति और स्वतंत्रता की कुछ महान ऐतिहासिक योजनाओं को सामने रखा था। ल्योतार के अनुसार ये महाआख्यान थे जो अनुभवातीत एवं सार्वभौम रूप से सत्य माने जाते थे। इन्हीं महाआख्यानों से आधुनिकता में ज्ञान को वैधता प्राप्त होती थी। ल्योतार प्रमुख तौर पर हीगल और मार्क्स का उल्लेख करते हैं। हीगल के दर्शन को वे सैद्धांतिक (Speculative) आख्यान की संज्ञा देते हैं जबकि मार्क्सवाद को वे मुक्तिकामी (Emancipatory) आख्यान कहते हैं।

हीगल के दर्शन में आत्मा या विचार (Idea) का द्वंद्ववाद है। उनके अनुसार आत्मा अपने आंतरिक संघर्ष से लगातार विकास की ओर बढ़ती है। विकास हमेशा निम्नतर से उच्चतर की ओर होता है। हीगल के लिए इतिहास की प्रक्रिया एक प्रगतिशील प्रक्रिया है जिसमें अंततः विज्ञान या तर्क को पूर्णता प्राप्त होती है। वही स्थिति सार्वभौम स्वतंत्रता की होती है। इस प्रकार ज्ञान सार्वभौम स्वतंत्रता का माध्यम है। चूंकि विज्ञान पर सभी मनुष्यों का अधिकार है, इसलिए सभी मनुष्यों के लिए प्रगति और स्वतंत्रता की उपलब्धि एक सार्वभौम सत्य है। इसकी उपलब्धि ज्ञान से हो सकती है। इसी आधार पर ज्ञान को वैधता प्राप्त होती रही। ल्योतार के अनुसार मार्क्सवाद भी आधुनिकता के ज्ञानोदय परियोजना का ही एक रूप था। इसमें सार्वभौम रूप से एक सर्वहारा वर्ग की संभावना प्रस्तुत की गई थी। इसका आधार वैज्ञानिक था (जैसा कि मार्क्स का दावा है)। मार्क्स का भी यही कहना था कि चेतना के फलस्वरूप सर्वहारा वर्ग क्रांति के लिए तैयार होता है। क्रांति के द्वारा मार्क्स ने मानव मुक्ति का सार्वभौम स्वप्न देखा था। ल्योतार का निष्कर्ष है कि मार्क्सवाद आधुनिकता के भीतर सर्वाधिक 'भव्य महाआख्यान' (Grand metanarrative) था।

ल्योतार के अनुसार उत्तर-आधुनिकता का सरल अर्थ है- 'महाआख्यानों के प्रति अविश्वास' (Incredulity towards metararratives)। आधुनिकता के प्रगति, क्रांति और मुक्ति के महान आख्यानों का कोई आनुभविक आधार नहीं है। ये सत्य नहीं मात्र कहानियाँ हैं। ये महाआख्यान वैध ज्ञान प्रदान नहीं करते। वस्तुतः ज्ञान की कोई संभावना नहीं। प्रगति में विश्वास का अंत एवं स्वप्नों का भंग होना यही उत्तर-आधुनिक दशा है। ल्योतार उत्तर-आधुनिकता के उदय को मार्क्सवाद के अवसान के साथ संबद्ध करते हैं। एक क्रांतिकारी दर्शन के रूप में मार्क्सवाद की असफलता उत्तर-आधुनिकता के उदय का प्रमुख कारण है। ल्योतार मार्क्सवाद को पूरी तौर पर खारिज नहीं करते। उनका कहना है कि मार्क्स को आलोचनात्मक रूप से पढ़ना आवश्यक है (We must read Marx critically)। पूंजीवाद और उसके निरंतर विकास को मार्क्सवाद के माध्यम से ही समझा जा सकता है। इस प्रकार ल्योतार के लिए विश्लेषण की एक पद्धति के रूप में मार्क्सवाद अभी भी उपयोगी है। वे महाआख्यानों के प्रति अविश्वास को विज्ञान की प्रगति का परिणाम मानते हैं। वैज्ञानिक प्रगति के कारण भौतिक सुख सुविधाओं में वृद्धि हुई। ल्योतार के अनुसार आधुनिकता में आर्थिक प्रगति के लिए स्वतंत्र बाजार को आवश्यक माना गया। इस बात को एक सार्वभौम सत्य के रूप में प्रस्तुत किया गया कि स्वतंत्र बाजार व्यवस्था के फलस्वरूप सभी को लाभ पहुँचेगा। आर्थिक संगठन को पूँजीवादी आधार पर कायम करने की कोशिश की गई। द्वितीय विश्व युद्ध के बाद तकनीकी प्रगति के साथ-साथ उद्योग और अधिक विकसित

हो गए। डेनियल बेल ने उत्तर-औद्योगिक अवस्था की बात की। ल्योतार भी बेल की इस अवधारणा से सहमत हैं। उनके अनुसार उत्तर-आधुनिकता उत्तर-औद्योगिक अवस्था का सांस्कृतिक चेहरा है। लेकिन इस अवस्था में विज्ञान और धन के संबंध बदले। विज्ञान पर सभी का अधिकार नहीं रह गया। समकालीन समाज में वैज्ञानिक भाषा का खेल धनी लोगों का खेल बन चुका है। जो जितना धनी है, सत्य या औचित्य पर उसका दावा उतना ही प्रबल है। इस प्रकार ल्योतार यह स्पष्ट करते हैं कि धन, विज्ञान और सत्य के बीच अटूट संबंध कायम हो गया है। विज्ञान स्वयं में उत्पादन की शक्ति बन कर रह गया है जो पूँजी के संचरण (Circulation) में सहायक है। वैज्ञानिक शोध के लिए जो लोग धन की व्यवस्था करते हैं, उनका उद्देश्य ज्ञान प्राप्त करना न होकर अधिकाधिक शक्ति प्राप्त करना है। शक्ति में वृद्धि के लिए वैज्ञानिकों एवं तकनीक विशेषज्ञों का उपयोग किया जाता है। विश्वविद्यालयों का कार्य वैध ज्ञान प्रदान करना नहीं रह गया। वैधता का मापदंड तो तकनीकी है। विश्वविद्यालयों का कार्य अब केवल स्थापित ज्ञान को प्रसारित करना रह गया है। विश्वविद्यालय अब शोधकर्ताओं को उत्पन्न नहीं करते बल्कि 'शिक्षकों की प्रतिकृति' (Replication of teacher) की गारंटी देते हैं। इस प्रकार ज्ञान के द्वारा आधुनिकता को जो वैधता मिलती थी, वह अब समाप्त हो गई। ज्ञान पर बाजार का प्रभुत्व कायम होना उत्तर-आधुनिकता की सबसे बड़ी घटना है। ल्योतार इसे 'ज्ञान का वणिकीकरण' (Mercantalisation of knowledge) कहते हैं।

आधुनिकता ने लोगों को स्थानीय संस्कृतियों से विमुख कर दिया था। पश्चिमी यूरोपीय संस्कृति आधुनिकता का प्रतिमान बनी जिसमें स्थानीय संस्कृतियों को 'पिघल' जाना था। इस प्रकार आधुनिकीकरण सांस्कृतिक रूप से पूरे विश्व का 'यूरोपीयकरण' था। ल्योतार का मत है कि महावृत्तांतों के अंत ने 'लघु वृत्तांतों' का मार्ग प्रशस्त कर दिया है। उत्तर-आधुनिकता स्थानीयता तथा विविधता पर ध्यान केंद्रित करता है। ल्योतार के अनुसार 'लघु वृत्तांत' विभिन्न समुदायों के अंदर से उत्पन्न होते हैं। ये परंपरागत या स्थानीय ज्ञान के रूप में होते हैं। ये अपने-आप में वैध होते हैं। इन्हें वैध होने के लिए किसी अन्य बड़े वृत्तांत पर निर्भर रहने की आवश्यकता नहीं होती। लेकिन इनकी वैधता सीमित होती है तथा ये स्थान और समय सापेक्ष हैं। ये लघु वृत्तांत एक विशेष संदर्भ और संस्कृति से बँधे होते हैं तथा इनमें अस्थायित्व (Provisionality) पाया जाता है। आधुनिकता में आम सहमति की प्रमुखता थी, पर उत्तर-आधुनिक दशा में असहमति को महत्त्व दिया जाता है। समरूपता के स्थान पर विविधता की स्वीकृति उत्तर-आधुनिकता का प्रमुख तत्त्व है।

ल्योतार ने यह साबित करने का प्रयास किया कि आधुनिकता के महान दावे अब विश्वसनीय नहीं रह गए तो दूसरी ओर मार्क्सवाद के सार्वभौम होने का दावा भी समाप्त हो गया। सार्वभौम ज्ञान या योजनाओं के स्थान पर संस्कृति सापेक्ष ज्ञान की स्वीकृति ल्योतार के विचारों में है। वे विविधता के मूल्यों की ओर हमारा ध्यान आकृष्ट करते हैं। सार्वभौम मुक्ति का स्वप्न तो भंग हो चुका। अब आशा की किरण स्थानीयता से उपजे लघु वृत्तांतों में है।

जेम्सन : वृद्ध पूँजीवाद का सांस्कृतिक तर्क

जेम्सन एक नव-मार्क्सवादी चिंतक हैं। वे उत्तर-आधुनिकता के स्थान पर उत्तर-आधुनिकवाद (Postmodernism) शब्द का प्रयोग करते हैं। उन्होंने उसे मार्क्सवादी नजरिए से देखने का प्रयास किया है। यही कारण है कि वे उसको पूँजीवाद के साथ जोड़ते हैं। मार्क्सवादी अर्थशास्त्री अर्नेस्ट मैन्डेल (Ernest Mandel) ने पूँजीवादी व्यवस्था में मशीनी उत्पादन की तीन अवस्थाओं का उल्लेख किया है : (1) भाप से चलने वाली मशीनों द्वारा उत्पादन, (2) बिजली चालित मशीनों द्वारा उत्पादन और (3) इलेक्ट्रॉनिक एवं परमाणु बिजली से संचालित मशीनों द्वारा उत्पादन। जेम्सन ने मैन्डेल के मशीनी युगों के वर्गीकरण के आधार पर पूँजीवाद की तीन अवस्थाओं का उल्लेख किया है। हर अवस्था में पूँजीवाद ने एक नई वैचारिक एवं सांस्कृतिक प्रणाली विकसित करने का प्रयास किया है। पूँजीवाद की पहली अवस्था बाजार पूँजीवाद (Market capitalism) की थी। इस अवस्था में यथार्थवाद की विचारधारा प्रमुख रही। दूसरी अवस्था में पूँजीवाद एकाधिकारवादी एवं साम्राज्यवादी स्वरूप ग्रहण कर चुका था और इस अवस्था में आधुनिकता केंद्रीय विचारधारा थी। तीसरी एवं वर्तमान अवस्था में पूँजीवाद बहुराष्ट्रीय हो गया है। इसमें उत्तर-आधुनिकवाद प्रबल है। इसलिए जेम्सन के अनुसार– "उत्तर-आधुनिकवाद वृद्ध पूँजीवाद का सांस्कृतिक तर्क (Postmodernism or the cultural logic of late capitalism) है।" इस प्रकार वे पूँजीवाद की विभिन्न अवस्थाओं का ऐतिहासिक विभाजन प्रस्तुत करते हैं। लेकिन वे विभिन्न अवस्थाओं के बीच भिन्नताओं एवं अंतरालों पर बल देते हैं। उनके अनुसार उत्तर-आधुनिकवाद एक नए ऐतिहासिक युग का उदय नहीं है। यह पूँजीवाद के उत्पादन एवं सामाजिक संबंधों के नए रूपों का विस्तार है। इसमें संस्कृति की कुछ नई विशेषताएँ उभरती हैं। वर्तमान पूँजीवाद तीसरे मशीन युग का प्रतिफल है जिसमें सूचना एवं संचार का स्थान प्रमुख हो गया है।

जेम्सन के अनुसार बहुराष्ट्रीय या वृद्ध पूँजीवाद की निम्न विशेषताएँ हैं : (1) बहुराष्ट्रीय व्यावसायिक संस्थान, (2) मीडिया संबंधों के नए रूप, (3) नया अंतर्राष्ट्रीय श्रम विभाजन, (4) नई एवं गतिशील अंतर्राष्ट्रीय बैंकिंग एवं स्टॉक एक्सचेंज की संस्थाएँ, तथा (5) कम्प्यूटर का प्रचलन। जेम्सन वर्तमान पूँजीवाद को उसकी पहले की अवस्थाओं के साथ ऐतिहासिक निरंतरता में देखते हैं। हालाँकि उन अवस्थाओं के बीच गुणात्मक भिन्नताएँ हैं। ठीक इसी प्रकार उत्तर-आधुनिकता को आधुनिकता से अलग करके नहीं देखा जा सकता। जेम्सन का तर्क है कि वर्तमान समय में पूँजीवाद सही अर्थों में एक सार्वभौम व्यवस्था का रूप ले चुका है जिसकी सांस्कृतिक अभिव्यक्ति उत्तर-आधुनिकवाद में होती है।

मार्क्सवाद में उत्पादन प्रणाली को समाज, राजनीति एवं संस्कृति का मूल आधार माना गया था। इसका अर्थ था कि राजनीति, संस्कृति एवं समाज का स्वरूप उत्पादन प्रणाली द्वारा निर्धारित होता है। उत्पादन प्रणाली जैसे आर्थिक कारक को निर्धारक मानने के कारण मार्क्सवाद पर आर्थिक नियतिवाद का आरोप लगा। बाद में आर्थिक कारक और सामाजिक-राजनीतिक-सांस्कृतिक व्यवस्था के अंतर्संबंधों पर मार्क्सवादियों के बीच काफी

बहस हुई। ग्राम्शी ने सामाजिक व्यवस्था में विचारधारा की केंद्रीय भूमिका पर बल दिया। जेम्सन भी आर्थिक नियतिवाद से मुक्त हैं। उनके अनुसार पूँजीवाद की वर्तमान अवस्था में संस्कृति ही सामाजिक, आर्थिक, राजनीतिक एवं यहाँ तक कि मनोवैज्ञानिक सच्चाइयों का प्रमुख निर्धारक बन गई। संस्कृति अब समाज या अर्थव्यवस्था का प्रतिबिंब नहीं रह गई। संस्कृति का विस्तार समाज के सभी क्षेत्रों तक है। जेम्सन का निष्कर्ष है कि पूँजीवाद की बहुराष्ट्रीय अवस्था में सांस्कृतिक और आर्थिक दोनों एक-दूसरे से इतने घुलमिल गए हैं कि आधार और अधिरचना के बीच अंतर करना कठिन हो गया है। अब यहाँ प्रश्न उठता है कि क्या मार्क्सवाद वर्तमान पूँजीवाद के विश्लेषण में सक्षम है? जेम्सन का तर्क है कि मार्क्स ने पूँजीवाद की पहली अवस्था का विश्लेषण किया था तो लेनिन ने उसकी साम्राज्यवादी या एकाधिकारादी अवस्था की व्याख्या की थी। इसलिए वर्तमान बहुराष्ट्रीय पूँजीवाद को मार्क्सवादी नजरिए से समझा जा सकता है और इस अवस्था में भी मार्क्सवादी विश्लेषण असंगत नहीं है। जेम्सन तकनीक को सामाजिक जीवन का अंतिम निर्धारक स्वीकार करने के लिए तैयार नहीं हैं। इसलिए वे बेल के उत्तर-औद्योगिक की अवधारणा को स्वीकार नहीं करते।

लैश एवं यूरी पूँजीवाद की वर्तमान अवस्था की व्याख्या कुछ भिन्न रूप में करते हैं। इनके अनुसार भी पूँजीवाद तीन अवस्थाओं से गुजरा है। पहली अवस्था उदारवादी पूँजीवाद की थी जो 19वीं सदी में कायम हुई। इस अवस्था में पूँजीवाद स्थानीय एवं क्षेत्रीय स्तर पर कार्य कर रहा था। बीसवीं सदी में वह दूसरी अवस्था में आ गया जो 'संगठित पूँजीवाद' (Organised capitalism) की अवस्था थी। इसमें उसका संचालन राष्ट्रीय स्तर पर होने लगा। पूँजीवाद की वर्तमान उत्तर-आधुनिक अवस्था 'अव्यवस्थित पूँजीवाद' (Disorganised capitalism) की है। इस अवस्था में वस्तुओं एवं पूँजी का संचरण पूरे विश्व के स्तर पर है। विभिन्न राज्यों के बीच मुद्रा एवं उत्पाद का प्रवाह इतना तीव्र है कि इन्हें व्यवस्थित करना कठिन है। लैश एवं यूरी का निष्कर्ष है उत्तर-आधुनिकतावाद वर्तमान 'अव्यस्थित पूँजीवाद' की संस्कृति है। लेकिन वे उत्तर-औद्योगिकवाद की अवधारणा से सहमत प्रतीत होते हैं क्योकिं वे नए उत्तर-औद्योगिक मध्य वर्ग की चर्चा करते हैं जो उत्तर-आधुनिक अवस्था में अस्तित्व में आया। यह नया बुर्जुआ वर्ग है जिसका आधार मीडिया, उच्च शिक्षा, वित्त एवं विज्ञापनों के क्षेत्र में है। लैश एवं यूरी इस वर्ग की संस्कृति को उत्तर-आधुनिकतावादी मानते हैं।

ज्याँ बॉड्रिलार्ड (Jean Baudrillard) : सूचना समाज (Information Society)

फ्रांसीसी समाजशास्त्री बॉड्रिलार्ड उत्तर-आधुनिकता के तीसरे प्रमुख सिद्धांतकार हैं (ल्योतार और जेम्सन के क्रम में)। प्रारंभ में वे मार्क्सवादी थे और उन्होंने फ्रांस में 1968 ई. की मई क्रांति में भाग लिया था। लेकिन फ्रांसीसी साम्यवादी दल ने इस क्रांति का समर्थन नहीं किया। इससे बॉड्रिलार्ड को घोर निराशा हुई और उन्होंने मार्क्सवाद से अपना संबंध विच्छेद कर लिया। उन्होंने मार्क्सवाद की मूल अवधारणाओं को उत्तर-आधुनिक स्थिति में खत्म हो जाने की घोषणा की, 'राजनीतिक अर्थशास्त्र का अंत', 'श्रम का अंत' और 'उत्पादन का अंत'। लेकिन बॉड्रिलार्ड का प्रमुख योगदान संचार या मास मीडिया के क्षेत्र में है। आधुनिक समाज को आमूल रूप में बदल देने

में सूचना क्रांति तथा संचार माध्यमों के विकास ने सर्वाधिक महत्त्वपूर्ण भूमिका अदा की। हालाँकि इस तथ्य को जेम्सन भी स्वीकार करते हैं। लेकिन बॉड्रिलार्ड पहले चिंतक है जिन्होंने उत्तर-आधुनिक समाज में सूचना क्रांति एवं मास मीडिया के प्रभाव का गहराई से विश्लेषण किया है। आधुनिक समाज उत्पादन के आधार पर संगठित था, जबकि उत्तर-आधुनिक समाज सूचना समाज है। बॉड्रिलार्ड इस समाज को उपभोक्ता समाज भी कहते हैं।

बॉड्रिलार्ड के अनुसार उत्तर-आधुनिक समाज उत्पादन पर आधारित न होकर संचार तंत्र से संचालित है जिसमें संकेतों को प्रमुखता प्राप्त है। यह समाज प्रतिकृति (Simulations) का समाज है। इसमें प्रतीकों एवं संकेतों का खुला खेल है। अर्थव्यवस्था, राजनीति, सामाजिक जीवन और संस्कृति प्रतिकृति के तर्क से शासित होते हैं। प्रतिकृति के कोड और मॉडल सामानों के उपभोग, संस्कृति के उत्पादन और दैनिक जीवन जीने के तरीके को तय करते हैं। जेम्सन की तरह बॉड्रिलार्ड भी आर्थिक नियतिवाद को अस्वीकार करते हैं। जेम्सन ने संस्कृति को प्रमुखता दी थी, पर बॉड्रिलार्ड की व्याख्या भिन्न है। बॉड्रिलार्ड के अनुसार उत्तर-आधुनिक संसार एक ऐसे उग्र अंतःस्फोट (Radical implosion) की दुनिया है जिसमें सामाजिक वर्ग, लिंग, राजनीतिक विभेद और कभी स्वायत्त समझी जाने वाली संस्कृति एक-दूसरे में विलीन हो गए हैं। इसके फलस्वरूप आधुनिक समाज में विभिन्न क्षेत्रों के बीच जो सीमाओं का निर्धारण या विभेदीकरण है, वह मिट चुका है। बॉड्रिलार्ड भी संस्कृति को अन्य कारकों से ज्यादा महत्त्वपूर्ण मानते हैं। संस्कृति का उत्पादन सूचना तंत्र से हो रहा है। उत्तर-आधुनिक समाज सूचनातंत्रीय है जिसमें सूचना सर्वव्यापी एवं सर्वोच्च है। संचार माध्यमों में व्यक्ति की दुनिया सिमट गई है। टी.वी. ही दुनिया है (T.V. is the World)। मास मीडिया ने व्यक्ति के निजी जीवन में हस्तक्षेप करना प्रारंभ कर दिया है। आधुनिकता के भीतर जो निजी एवं सार्वजनिक का भेद था, वह मिट गया। कोई चीज गोपनीय नहीं। कुछ भी निजी नहीं। सूचनाओं के इस प्रवाह में मनुष्य स्वायत्त एवं सर्वोच्च कर्ता न होकर सूचनाओं का वाहक मात्र बनकर रह गया।

बॉड्रिलार्ड का तर्क है कि उत्तर-आधुनिक समाज 'हायपररियलिटि' यानी अतियथार्थता का समाज है। इसमें काल्पनिक और यथार्थ में भेद करना कठिन हो गया है। यथार्थ लुप्त हो गया और केवल नकल रह गई। ऐसी नकल जिसकी कोई मूल प्रति नहीं है। मनुष्य यथार्थ की मरुभूमि से भागकर संचार के हर्षोन्माद (Ecstasies) में लुप्त हो गया। उत्तर-आधुनिक समाज का मॉडल डिजनीलैंड है जो एक कल्पित दुनिया है और जिसने यथार्थ को छिपा दिया है। इस प्रकार बॉड्रिलार्ड के अनुसार उत्तर-आधुनिक समाज की उत्पत्ति तकनीकी (Technological) क्रांति के द्वारा हुई। जेम्सन तकनीक को सर्वोच्च स्थिति प्रदान करने के पक्ष में नहीं हैं। बॉड्रिलार्ड आर्थिक नियतिवाद के स्थान पर तकनीकी नियतिवाद की स्थापना करते हैं। सूचना की तकनीकी क्रांति ने विचारधारा और आदर्शों को अप्रासंगिक बना दिया। बॉड्रिलार्ड उत्तर-आधुनिक समाज को पतनशील एवं खंडित समाज मानते हैं। मीडिया में सामाजिकता भी घुल गई। यही कारण है कि वे समाजशास्त्र के अंत की बात करते हैं।

बॉड्रिलार्ड का दूसरा प्रमुख योगदान (मास मीडिया के अतिरिक्त) उत्तर- आधुनिक समाज में उपभोग का विश्लेषण है। मार्क्स ने उत्पादन प्रणाली को आधार मान कर पूँजीवादी

या आधुनिक समाज का विश्लेषण किया था। यह प्रमुख कारक है जो संस्कृति, राजनीति एवं सामाजिक जीवन को निर्धारित करता है। उत्पादन प्रणाली में दो विरोधी वर्गों का अस्तित्व होता है। इसलिए मार्क्स ने वर्गीय राजनीति का सिद्धांत प्रस्तुत किया। बॉड्रिलार्ड का तर्क है कि मार्क्स ने समाज में उपभोग की भूमिका की अनदेखी कर दी। उनके अनुसार उत्तर-आधुनिक समाज एक उपभोक्ता समाज (Consumer society) है। उपभोग के लिए नई माँगों के निर्माण में मीडिया की भूमिका अत्यधिक महत्त्वपूर्ण होती है। वर्तमान समाज उपभोग के आधार पर बँटा हुआ है। इसका स्वाभाविक निष्कर्ष निकलता है कि अब वर्गीय राजनीति या वर्ग संघर्ष का अंत हो गया। उपभोग के आधार पर समूह बन सकते हैं, वर्ग के आधार पर नहीं। बॉड्रिलार्ड के अनुसार उपभोग का आधार उपयोगिता नहीं होती, बल्कि मीडिया के संकेत उपभोग को निर्धारित करते हैं। इस प्रकार वस्तु के उपयोग मूल्य (Use value) का स्थान संकेत मूल्य (Sign value) ने ले लिया है। उपभोक्ता का संबंध वस्तु से नहीं होता, बल्कि वह वस्तुओं के संकेतों के आधार पर सामान खरीदता है। इस प्रकार बॉड्रिलार्ड उत्तर-आधुनिक समाज में उपभोग और मीडिया के अंतर्संबंधों का विश्लेषण करते हैं। उनकी नजर में उपभोक्ता समाज का सर्वश्रेष्ठ उदाहरण अमेरिका है। लेकिन वे यह कहने से नहीं चूकते कि इस समाज में टूटन है, पतन है और इस समाज में प्रगति की कोई संभावना नहीं है। बॉड्रिलार्ड का विश्लेषण उत्तर-आधुनिक समाज की एक निराशाजनक तस्वीर प्रस्तुत करता है।

मिशेल फूको : ज्ञान और शक्ति का विमर्श

उत्तर-आधुनिक विचारकों में फ्रांसीसी दार्शनिक मिशेल फूको का स्थान प्रमुख है। यद्यपि वे स्वयं को उत्तर-आधुनिक कहलाना पसंद नहीं करते। 1960 ई. के दशक में फ्रांसीसी बुद्धिजीवियों की अभिरुचि नीत्शे के दर्शन में बढ़ी। इसलिए फूको भी नीत्शे से काफी प्रभावित हैं। उनका लेखन काफी विस्तृत है जिसमें मनोविज्ञान, दर्शन, इतिहास आदि विषयों का समावेश है। फूको अपने को किसी विषय विशेष से संबद्ध करने का विरोध करते हैं। "मुझसे मत पूछो कि मैं कौन हूँ?" अपनी पुस्तक *मैडनेस ऐंड सिविलाइजेशन* (1961 ई.) में वे इतिहास की विभिन्न अवस्थाओं में पागलपन के प्रति दृष्टिकोण की जाँच-पड़ताल करते हैं। उसकी दूसरी पुस्तक दि *बर्थ ऑफ दि क्लीनिक* (1963 ई.) में चिकित्सा पद्धतियों का ऐतिहासिक विश्लेषण है। *डिसिप्लीन ऐंड पनिश* (1975 ई.) में वे कारागृहों के इतिहास की खोज करते हैं। अपनी अंतिम पुस्तक *दि हिस्ट्री ऑफ सेक्सुअलिटी* (1976 ई.) में वे कामुकता का ऐतिहासिक विश्लेषण करने का प्रयास करते हैं। इस प्रकार फूको की रचनाएँ पागलपन, कारागृह और कामुकता जैसे विषयों पर केंद्रित हैं जिन पर दार्शनिकों या समाजशास्त्रियों द्वारा पर्याप्त ध्यान नहीं दिया गया था। यही फूको की मौलिकता है कि उन्होंने उपेक्षित विषयों पर अपना ध्यान केंद्रित किया। उपयुक्त रचनाओं के अतिरिक्त उनकी पुस्तकें, *दि आर्डर ऑफ थिंग्स* (1966 ई.) और *दि आर्कियोलॉजी ऑफ नॉलेज* (1969 ई.) ज्ञानमीमांसा से संबंधित हैं।

फूको के अध्ययन के विषय तो नए हैं ही, उनकी अध्ययन पद्धति भी नई है। वे वैज्ञानिक पद्धति का प्रयोग नहीं करते और न ही इसके प्रयोग को वांछनीय समझते हैं। वे वैज्ञानिक पद्धति की वस्तुनिष्ठता के विरोधी हैं जिसमें व्यक्ति तटस्थ रूप से विषय की जाँच-पड़ताल करता है। अपने विषयों के विश्लेषण में फूको वंशक्रम (Genealogy) की पद्धति का प्रयोग करते हैं। यह पद्धति ऐतिहासिक पद्धति से भिन्न है। इतिहास लेखन में अतीत की विभिन्न घटनाओं को इतिहास की सार्वभौम व्याख्या की रूपरेखा में गूँथा जाता है। इसमें घटनाओं को एकताबद्ध तरीके से प्रस्तुत किया जाता है। फूको के अनुसार यह पद्धति गलत है। एक उद्देश्य को ध्यान में रखकर ऐतिहासिक घटनाओं की व्याख्या के कारण हम प्रत्येक घटना की विलक्षणता और तात्कालिकता के प्रभाव को समझने में असफल रह जाते हैं। इसलिए फूको 'प्रभावी इतिहास' की पद्धति या 'जीनियालॉजी' का उल्लेख करते हैं। फूको कभी-कभी इस पद्धति को पुरातात्विक पद्धति भी कहते हैं। इतिहास के संबंध में फूको का दृष्टिकोण अलग है। उनके अनुसार इतिहास की प्रक्रिया किसी उद्देश्य से संचालित नहीं होती और न ही इसमें निरंतरता होती है। इतिहास की घटनाएँ विच्छिन्न रूप से संयेाग के परिणामस्वरूप घटित होती हैं। फूको की पद्धति इतिहास की इसी असमान एवं आकस्मिक प्रक्रिया का विश्लेषण करती है।

फूको आधुनिकता की यात्रा को आलोचनात्मक नजरिए से देखते हैं। आधुनिकता में सार्वभौम होने का दावा था तथा मानव स्वतंत्रता का सपना था। फूको आधुनिकता के विरुद्ध प्रमुख रूप से तीन तर्क प्रस्तुत करते हैं : (1) आधुनिक काल में मनुष्य के सामाजिक, आर्थिक एवं राजनीतिक जीवन में वैज्ञानिक या तकनीकी विवकेशीलता का प्रभाव बढ़ा। लेकिन उसके परिणाम असमान एवं अवांछनीय हुए। सामान्य रूप से मनुष्य की स्वतंत्रता और सीमित हो गई; (2) फूको के अनुसार क्रांति द्वारा मुक्ति पर से लोगों का विश्वास उठ गया क्योंकि सामाजिक-आर्थिक क्रांतियाँ अपने वादों को पूरा नहीं कर सकीं; और (3) आधुनिकता की सार्वभौमता पर भी प्रश्न उठने लगे। आधुनिकता में पूरे विश्व का यूरोपीयकरण छिपा था। उपनिवेशवाद की समाप्ति के बाद नवोदित राष्ट्रों के लिए आधुनिकता ने विकास का पूर्वनिर्धारित पश्चिमी मॉडल प्रस्तुत किया था। लेकिन फूको का तर्क है कि संस्कृति, विज्ञान और सामाजिक संगठन के संदर्भ में पश्चिमी ज्ञान को अब उक्त राष्ट्रों ने अस्वीकार करना प्रारंभ कर दिया है। दूसरे शब्दों में आधुनिकता की परियोजना अब रुक गई और इसने अपना आकर्षण खो दिया है।

फूको की रचनाओं में दो विषय अत्यंत प्रमुख हैं- शक्ति और व्यक्ति या कर्ता (Subject)। ज्ञानसंबंधी समस्याओं को भी वे इनके साथ जोड़कर देखते हैं। यहाँ उल्लेखनीय है कि फूको के अनुसार सार्वभौम एवं निश्चित ज्ञान संभव नहीं है और वे विवेकशीलता की किसी सार्वभौम अवधारणा की संभावना को नकार देते हैं। फूको ज्ञान का एक नया सिद्धांत प्रस्तुत करते हैं जिसके अनुसार ज्ञान शक्ति का परिणाम है। जिसे हम सत्य समझते हैं, वह शक्ति के बाहर नहीं होता। सत्य की उत्पत्ति व्यक्तियों की स्वतंत्र विवेकशीलता द्वारा नहीं होती। पुनः सत्य शक्ति के नियमित प्रभावों को उत्पन्न करता है और इस रूप में सत्य शक्ति का सेवक होता

है। फूको के अनुसार हर समाज में सत्य की संगठन-प्रणालियाँ (Regimes of truth) होती हैं जिन पर समाज का संगठन एवं उसकी कार्यशीलता आधारित होती है। प्रत्येक समाज में सत्य की 'सामान्य राजनीति' होती है जो विमर्श (Discourse) के प्रकार को निर्धारित करती है। फूको के अनुसार विमर्श का अर्थ एक निश्चित ढाँचे में किसी विषय के बारे में सोचने या धारणा बनाने से है। विमर्श के आधार पर सही एवं गलत के बीच अंतर किया जाता है जिसे शक्ति द्वारा मान्यता प्रदान की जाती है। शक्ति का प्रयोग विमर्श के माध्यम से होता है। अपने पुरातात्विक विश्लेषण के आधार पर फूको ने यह निष्कर्ष निकाला कि शक्ति ही विमर्श के माध्यम से पागलपन, अपराध और कामुकता के प्रति व्यक्तियों की सोच को बदलती जाती है। इसलिए शक्ति और ज्ञान अंतर्ग्रथित हैं। दोनों एक-दूसरे को उत्पन्न करते हैं। उनका अध्ययन अलग-अलग नहीं किया जा सकता। फूको ज्ञान और शक्ति के संबंधों को इस रूप में व्यक्त करते हैं- ज्ञान/शक्ति।

फूको शक्ति का अध्ययन अपनी पद्धति से करते हैं। वे शक्ति के अर्थ को स्पष्ट करने या इसके सिद्धांतों को विकसित करने का प्रयास नहीं करते। उनका उद्देश्य शक्ति के क्रियात्मक रूप को समझाना है। उनके अनुसार सामाजिक संगठन शक्ति के प्रयोग द्वारा शासित होता है और शक्ति संपूर्ण समाज में फैली हुई है। फूको शक्ति के किसी एक केंद्र को, चाहे वह राज्य हो या वर्ग, स्वीकार नहीं करते। शक्ति एक स्थानीय घटना के रूप में प्रगट होती है। फूको की कोशिश यही है कि शक्ति का सूक्ष्म अध्ययन किया जाए जिसे वे 'शक्ति की सूक्ष्म भौतिकी' (Microphysics of power) की संज्ञा देते हैं। वे शरीर की कोशिका की तरह शक्ति के कोशिकीय रूप को समझना चाहते हैं। फूको का उद्देश्य समाज में शक्ति की गुप्त संरचनाओं की खोज करनी है। वे इस बात का परीक्षण करना चाहते हैं कि कैसे असमानता एवं दमन के शक्ति संबंध पैदा किए जाते हैं? समाज के भीतर शक्ति को सूक्ष्म एवं बिखरे रूप में कैसे कायम रखा जाता है? इन प्रश्नों के उत्तर के लिए वे व्यक्ति पर शक्ति के प्रभाव का अध्ययन करते हैं।

आधुनिकता के मूल में स्वतंत्र एवं विवेकशील कर्ता के रूप में मनुष्य का उदय था। फूको आधुनिकता के इस मूल को खारिज कर देते हैं। उनकी अभिरुचि इन प्रश्न में है कि कैसे कर्ता या ज्ञाता (Subject) के रूप में हमारा निर्माण होता है। फूको इस बात से इनकार करते हैं कि मनुष्य का 'स्व' उसके द्वारा निर्मित है। मनुष्य के निर्माण में शक्ति की भूमिका अहं होती है। मनुष्य की अपनी पहचान और अपने सामाजिक संबंधों का बोध और यहाँ तक कि उसकी सेक्सुअलिटी भी शक्ति के द्वारा निर्धारित होती है। फूको के अनुसार मनुष्य के शरीर पर समाज की शक्ति का निर्णायक प्रभाव होता है। इस प्रकार मनुष्य का निर्माण शक्ति की अधीनता में होता है। दूसरे शब्दों में मनुष्य या कर्ता शक्ति के द्वारा निर्मित होता है, वह स्वतंत्र नहीं होता। इसलिए फूको 'कर्ता की मृत्यु' (Death of Subject) की घोषणा करते हैं।

जॉक देरिदा (Jacques Derrida) : विखंडन (Deconstruction)

देरिदा एक प्रमुख उत्तर-संरचनावादी विचारक हैं। वे भी फ्रांस के हैं। उनका क्षेत्र मूलत: भाषा और साहित्य है। लेकिन उनका प्रभाव सामाजिक विज्ञानों पर भी पड़ा है। फूको की तरह वे

भी नीत्शे और हाइडेगर से प्रभावित हैं। फूको ने जहाँ आधुनिक विज्ञानों के मानव केंद्रित स्वरूप का खंडन किया है तो देरिदा ने पश्चिमी दर्शन के कर्ता-केंद्रित स्वरूप (Subject centred character) पर प्रहार किया। आधुनिक युग में मनुष्य केंद्र में आ गया और वह सभी चीजों का मापदंड बन गया। मनुष्य कर्ता हो गया। देरिदा इसी की आलोचना करते हैं और उनका उद्देश्य कर्ता को केंद्र से हटा देना या विकेंद्रित (Decentering) कर देना है। उनके अनुसार व्यक्ति की चेतना सामाजिक शक्तियों एवं शक्ति-संरचना द्वारा निर्मित है और भाषा इन्हीं शक्तियों को प्रस्तुत करती है। अत: व्यक्ति 'भाषा के कैदखाने' (Prison house of language) से बच नहीं सकता। भाषा ही मनुष्य की सोच को निर्धारित करती है। इस प्रकार देरिदा ज्ञानोदय परियोजना की कड़ी आलोचना करते हैं जिसके अनुसार मनुष्य एक स्वतंत्र कर्ता या ज्ञाता है। इस बिंदु पर वे फूको से पूर्ण सहमत दिखलाई पड़ते हैं।

देरिदा भाषा के विश्लेषण को सर्वोच्चता प्रदान करते हैं। उनके लिए दर्शन और साहित्य में कोई अंतर नहीं है। सभी 'टेक्स्ट' (Text) या पाठ हैं। प्रत्येक 'टेक्स्ट' एक भाषा उत्पाद है। सभी भाषाएँ सामाजिक परंपराओं पर आश्रित होती हैं। वे पूर्णत: कृत्रिम होती हैं। इसी प्रकार भाषा में वर्णों के बीच या शब्दों और उनके अर्थ के संबंध मनमाने तरीके से (Arbitrary) निर्धारित होते हैं। उनका यथार्थ से कोई लेना देना नहीं होता। देरिदा के अनुसार, कोई शब्द 'भाषा के बारे में एक तथ्य' है न कि संसार का तथ्य। देरिदा का विखंडन यह दिखलाने का प्रयास करता हैं कि किसी शब्द या अवधारणा के कई परस्पर-विराधी अर्थ हो सकते हैं। सभी अर्थ समाज के द्वारा निर्धारित किए जाते हैं। इस प्रकार किसी 'टेक्स्ट' का कोई निश्चित अर्थ नही हो सकता है। उसके बहुत सारे अर्थ हो सकते हैं और कोई व्यक्ति या लेखक किसी 'टेक्स्ट' का सही अर्थ प्रदान करने का दावा नहीं कर सकता। देरिदा किसी 'टेक्स्ट' या पाठ के परस्पर-विरोधी एवं दबे हुए अर्थ को उद्घाटित करने के लिए विखंडन की तकनीक का इस्तेमाल करते हैं। किसी शब्द का अर्थ जानने के लिए शब्दकोश की आवश्यकता नहीं है। आवश्यकता इस बात की है कि उस अर्थ के पीछे सामाजिक शक्तियों को खोज निकाला जाए। विखंडन का यही उद्देश्य है कि शब्दों के अस्पष्ट एवं दमित अर्थ को बाहर निकाला जाए। किसी पाठ के अनेक अर्थ हो सकते हैं और पाठ लेखक के नियंत्रण में नहीं रहता। इसी प्रकार देरिदा पश्चिमी तत्वमीमांसा (Metaphysics) का भी खंडन करते हैं। पश्चिमी दार्शनिकों की यह मान्यता रही है कि तत्वमीमांसा यथार्थ या सत्ता (Reality) की खोज करती है और भाषा उसे अभिव्यक्त करती है। देरिदा का तर्क है कि तत्वमीमांसा भी भाषाई खेल है। ऐसा प्रतीत अवश्य होता है कि शब्दों के निश्चित अर्थ हैं लेकिन विखंडन से अर्थ की बहुलता खुलकर सामने आ जाती है।

देरिदा ने मनुष्य को केंद्र से हटाकर तथा अर्थ की अनिश्चतता एवं बहुलता को सिद्ध करने का प्रयास किया। सामाजिक क्षेत्र में इसके निहितार्थ स्पष्ट हैं। इसका अर्थ है कि समाज या इतिहास की कोई दिशा निर्देशक शक्ति नहीं है और समाज का योजनाबद्ध विकास या बदलाव नहीं हो सकता जिसकी कल्पना वेबर से लेकर मार्क्स तक के आधुनिक विचारकों ने की थी। इस प्रकार देरिदा का विखंडन उत्तर-आधुनिकता में समाहित है। उत्तर-आधुनिकता

भी बिखराव या बहुलता को स्वीकार करती है। वह सामाजिक या वैचारिक क्षेत्र में किसी केंद्रीकृत शक्ति की संभावना से इनकार करती है। देरिदा ने कर्ता का विघटन किया तो उत्तर-आधुनिकता में सामाजिकता का ही विघटन हो गया और 'सामाजिक के अंत' (End of social) की बात होने लगी। दूसरी ओर नारीवादी विचारकों को देरिदा का विखंडन उपयोगी लगा। वे राजनीतिक चिंतन, भाषा एवं साहित्य में पुरुषवादी वर्चस्व को खोजने लगे। उन्होंने लैंगिक दमन को उद्‌घाटित करना प्रारंभ किया तथा किसी 'पाठ' को औरत के नजरिए से देखना प्रारंभ किया। इस प्रकार देरिदा के विखंडन ने भाषा और साहित्य के साथ-साथ समाजशास्त्र एवं राजनीति को भी प्रभावित किया।

उत्तर-आधुनिक संस्कृति एवं समाज

उत्तर-आधुनिकता एक सांस्कृतिक मॉडल है। यह संस्कृतियों की बहुलता को स्वीकार करता है। मास मीडिया के विकास ने स्थानीय संस्कृतियों को अभिव्यक्ति का अवसर प्रदान किया। दूसरी ओर वैश्वीकरण के दौर में एक भूमंडलीय संस्कृति का उदय होता है। इस प्रकार उत्तर-आधुनिकता के दौर में स्थानीयता और सांस्कृतिक भूमंडलीकरण की प्रक्रिया साथ-साथ चलती है। स्थानीय संस्कृतियों पर खतरे आज ज्यादा गहरे हैं। कुछ विचारक स्थानीयता एवं भूमंडलीकरण के परस्पर संबंध को 'ग्लोकल' (Global + Local = Glocal) की संज्ञा देते हैं।

उत्तर-आधुनिक समाज प्रमुखतया उपभोक्ता समाज है। मनुष्य अब कर्ता नहीं रह गया। वह उपभोक्ता बन गया है। उसकी पहचान वही है- "मैं वही हूँ, जो मैं उपभोग करता हूँ" (I am what I consume)। इस समाज में उत्पादन की प्रधानता नहीं रह गई। उत्पादन का स्थान उपभोग ने ले लिया। बाजार सर्वव्यापी हो गया। बौद्धिक एवं धार्मिक चीजें बाजार की पकड़ में हैं। ज्ञान, सत्य और अर्थ सभी उपभोक्ता की वस्तुएँ हैं। ज्ञान भी एक 'पण्य' (Commodity) में परिणत हो गया है। आज पूँजीपति ज्ञान का खरीदार बन गया है।

उत्तर-आधुनिकता के दौर में निजी पहचान का संकट भी उठ खड़ा हुआ। पहले यह माना जाता था कि मनुष्य के जीवन के कुछ गोपन पहलू होते हैं। अब संचार माध्यमों का हस्तक्षेप मनुष्य के निहायत निजी समझे जाने वाले क्षेत्र में हो गया है। वर्तमान समय में शरीर की प्रमुखता है। शरीर आत्म-पहचान का दिखने वाला माध्यम है। अब शरीर जन्म नहीं लेते बल्कि बनाए जाते हैं।

उत्तर-आधुनिक अवस्था में राजनीति में परिवर्तन

उत्तर-आधुनिक अवस्था में जो सांस्कृतिक, सामाजिक एवं आर्थिक परिवर्तन हुए, उनके फलस्वरूप राजनीति के स्वरूप और उसकी भूमिका में भी बदलाव आए। आधुनिक युग में विशेषकर विकासशील देशों में राजनीति की केंद्रीय भूमिका थी। यह माना गया था कि इन देशों के परंपरागत समाज को आधुनिक रूप प्रदान करने में राजनीति सबसे प्रभावी माध्यम होगी। जैसा पश्चिम में हुआ था, उसी तरह विकासशील देशों के लिए भी यह प्रतिपादित किया गया कि राजनीति इन समाजों में व्याप्त स्थानीय निष्ठाओं, अंधविश्वासों,

धार्मिक रूढ़ियों एवं सामंतवादी अर्थव्यवस्था से लोगों को मुक्ति दिलाएगी। वर्तमान समय में राजनीति की इस प्रकार की क्षमता में अब किसी का विश्वास नहीं रहा। सच पूछा जाए तो उत्तर-आधुनिक दशा में किसी भी प्रकार की मुक्तिकामी (Redemptive politics) राजनीति का कोई अस्तित्व नहीं रह गया। वर्तमान समय की राजनीति एवं राजनीतिक परिवर्तन दिशाहीन हो गए हैं। इनके बारे में सुव्यवस्थित ज्ञान भी संभव नहीं रह गया। राजनीति से लोगों का मोहभंग हो गया। सामाजिक पुनर्निमाण में राजनीति की क्षमता पर से जनता का विश्वास उठ गया। राजनीति अब जीवन को बदलने का दावा नहीं करती। संसद समाज की राजनीतिक माँगों का प्रतिनिधित्व नहीं करती। इस प्रकार उत्तर-आधुनिक दशा में राजनीति का हाशिये पर चला जाना एक गंभीर दुर्घटना है।

आधुनिक युग में राजनीतिक दलों को महत्त्वपूर्ण स्थान प्राप्त था। राष्ट्रीय या सामान्य हित के आधार पर संगठित राजनीतिक दल हित अभिव्यक्ति एवं हित एकीकरण के प्रमुख साधन माने जाते थे। इस प्रकार के राजनीतिक दलों के बीच प्रतिस्पर्धा लोकतांत्रिक शासन-व्यवस्था के लिए सर्वाधिक उपयुक्त मानी गई। राजनीतिक व्यवस्था के लक्ष्यों पर एक आम सहमति थी। अब राजनीतिक दलों का महत्त्व कम हो गया। उनके एवं मजदूर संगठनों का स्थान नव-सामाजिक आंदोलनों ने ले लिया। ये आंदोलन एक विशेष मुद्दे से अपने-आप को जोड़ते हैं, जैसे लिंग पर आधारित नारीवादी आंदोलन, पर्यावरण के मुद्दे पर आधारित पर्यावरणवादी, शांतिवादी, समलैगिंक आंदोलन आदि। इन आंदोलनों का स्वरूप अंतर्राष्ट्रीय है, लेकिन इनमें स्थानीयता गूँथी हुई है। इनका नारा है-भूमंडलीय रूप से सोचो, स्थानीय रूप से काम करो (Think globally, act locally)। इसके साथ ही निजी और सार्वजनिक का भेद भी समाप्त हो गया। सेक्सुअलिटी निजी क्षेत्र का विषय था। पर अब पुरुष समलैंगिकता तथा स्त्री समलैंगिकता पर आधारित सामाजिक आंदोलनों ने यह भेद मिटा दिया। अब कुछ भी निजी नहीं है।

उत्तर-आधुनिक अवस्था में राज्य की भूमिका सर्वाधिक प्रभावित हुई। वर्तमान समय में नव-उदारवादी विचारधारा का प्रचलन है। यह बात स्थापित करने की कोशिश की जा रही है कि राज्य समाज की आर्थिक गतिविधियों का नियंत्रण करने में पूरी तौर पर अक्षम है। लोककल्याणकारी राज्य की अवधारणा के तहत राज्य पर यह दायित्व था कि वह जनता को शिक्षा, स्वास्थ्य एवं अन्य सामाजिक सेवाएँ उपलब्ध कराए। लोककल्याणकारी राज्य असफल हो गया। राज्य का स्थान बाजार ने ले लिया। अब राज्य का प्रमुख कार्य आर्थिक गतिविधियों का इस प्रकार पोषण करना है जिससे इसके क्षेत्र में स्थित उद्योग अंतर्राष्ट्रीय बाजार में प्रतियोगिता कर सकें। राज्य न तो आधुनिकीकरण का वाहक माना जाता है और न ही सामाजिक सेवाओं को उपलब्ध करानेवाला कुशल संगठन। राज्य के स्थान पर अब नागरिक समाज (Civil society) या बाजार की भूमिका महत्त्वपूर्ण हो गई। इस प्रकार सारी प्रक्रिया 'अराजनीतिकरण' (Depoliticization) की है।

आधुनिक युग की सर्वप्रमुख घटना संप्रभु राष्ट्र-राज्य की स्थापना मानी जा सकती है। वस्तुत वहीं से मध्यकाल का अंत तथा आधुनिकता का प्रारंभ माना गया। यह माना गया कि

राज्य सर्वोच्च संगठन है जो अपने नागरिकों को सुरक्षा प्रदान करने में सक्षम है। उत्तर-आधुनिक दशा में राज्य की संप्रभुता पर प्रश्न उठने लगे। यह माना जाने लगा कि कोई राज्य अपनी सीमा के अंतर्गत अपने नागरिकों की रक्षा बाह्य आक्रमण या आंतकवादी आक्रमण से करने में सक्षम नहीं रह गया। आर्थिक क्षेत्र में राज्य की सर्वोच्चता भी खत्म हो गई। विश्व व्यापार संगठन, बहुराष्ट्रीय कंपनियों एवं अंतर्राष्ट्रीय मुद्रा कोष के द्वारा विभिन्न देशों की आर्थिक नीतियाँ निर्धारित की जाने लगीं। राज्य वर्तमान समय के बहुराष्ट्रीय पूँजीवाद का एक साधन बन कर रह गया। इसके अतिरिक्त राष्ट्रीयता का स्वरूप भी बदला। आधुनिक युग में राष्ट्र के प्रति निष्ठा को सर्वोच्च माना गया। राष्ट्र-निर्माण की प्रक्रिया में स्थानीय निष्ठाओं का समाप्त हो जाना वांछनीय था। राष्ट्र को 'पिघलाने वाला बर्तन' माना गया था। स्थानीय संस्कृति के स्थान पर राष्ट्रीय संस्कृति को प्रधानता मिलनी थी। वर्तमान समय में राष्ट्रीय संस्कृति एवं राष्ट्रीय अस्मिताओं पर आक्रमण होने लगे। उत्तर-आधुनिक दशा में राष्ट्रीय अस्मिताओं का विखंडन होने लगा। स्थानीयता का नए सिरे से उभार हुआ। क्षेत्रीय संस्कृतियाँ उभरीं। 'मास मीडिया' के विकास ने इन संस्कृतियों को स्वर प्रदान किया। इस प्रकार उत्तर-आधुनिकता बहुसांस्कृतिक एवं बहुसमुदायवादी समाज पर बल देता है। एक ओर राष्ट्र-राज्य पर इन स्थानीय कारकों का निर्धारक प्रभाव है तो दूसरी ओर भूमंडलीय संस्कृति ने भी राष्ट्र-राज्य को प्रभावित किया है। राष्ट्र-राज्य की संस्थाएँ अत्यंत कमजोर हो गई हैं।

उत्तर-आधुनिकता विकसित समाजों में समकालीन परिवर्तनों की ओर हमारा ध्यान आकृष्ट करती है और इस रूप में यह एक उपयोगी अवधारणा है। इसकी बहस ने एक सामाजिक-सांस्कृतिक-आर्थिक घटना या अवस्था के रूप में आधुनिकता के पुनर्मूल्यांकन का मार्ग प्रशस्त किया है। आधुनिकता की दार्शनिक एवं विश्लेषणात्मक समझ को विकसित करने में उत्तर-आधुनिकता एक सार्थक प्रयास है। उत्तर-आधुनिकता के संबंध में मूलतः तीन प्रकार के दृष्टिकोण हैं। पहला दृष्टिकोण उत्तर-आधुनिकता को स्वीकार करता है। इस दृष्टिकोण के अनुसार यह मान लिया जाता है कि समकालीन विकसित (पश्चिमी) समाज उत्तर-आधुनिक अवस्था को प्राप्त कर चुका है जो आधुनिक समाज से नितांत भिन्न है। हैबरमास जैसे विचारक इस दृष्टिकोण से सहमत नहीं हैं। उनके अनुसार आधुनिकता का 'प्रोजेक्ट' अभी अधूरा है। वे उत्तर-आधुनिकता को मूलतः आधुनिकता विरोधी मानते हैं। उनके अनुसार उत्तर-आधुनिकता पराजयवादी एवं रूढ़िवादी है। हैबरमास आधुनिकता पर नए सिरे से बल देते हैं और आधुनिकता को प्रासंगिक मानते हैं। उत्तर-आधुनिकता के संदर्भ में यह दूसरा दृष्टिकोण है। तीसरा दृष्टिकोण आधुनिकता से बहुत पहले प्राचीन यूनानी नगर-राज्य के सामुदायिक जीवन की ओर देखता है। यूनानी समाज में नैतिकता पर बल दिया गया था। इस दृष्टिकोण के अनुसार नीत्शे अथवा अरस्तू या कोई नैतिकता नहीं तथा नैतिकता के बीच चुनाव करना है। उपयुक्त तीनों दृष्टिकोण उत्तर-आधुनिकता के संदर्भ में अलग-अलग प्रतिक्रियाएँ हैं। जहाँ तक पहले दृष्टिकोण का सवाल है, वह उपयुक्त प्रतीत नहीं होता। उत्तर-आधुनिक अवस्था का आगमन अमेरिका, ब्रिटेन या फ्रांस जैसे अत्यंत विकसित देशों के संबंध में भले ही उपयुक्त हो, लेकिन विश्व के अधिकांश देशों में अभी

तक पूर्णतः आधुनिक समाज का ही विकास नहीं हुआ है। लेकिन आधुनिकता के विचार में यूरोप का वैचारिक एवं सांस्कृतिक प्रभुत्व अंतर्निहित था। उत्तर-आधुनिकता इस बात को स्वीकार करती है कि यह प्रभुत्व अब समाप्त हो गया। आधुनिकता पर बल देकर कहीं पुनः उसी प्रभुत्व को पुनर्स्थापित करने का प्रयास न हो। अंत में यही कहा जा सकता है कि उत्तर-आधुनिकता के अनुसार विकास का कोई सार्वभौम या भूमंडलीय प्रतिमान नहीं है। प्रत्येक देश को अपनी सांस्कृतिक एवं सामाजिक विशिष्टताओं के अनुसार विकास की नीति तय करनी होगी। आधुनिकता ने हमें अपनी सांस्कृतिक जड़ों से काट दिया था। हमे पुनः अपनी जड़ों की पहचान करनी होगी। भारत जैसे देश में जहाँ एक साथ सामंती समाज के भी अवशेष हैं, कुछ स्थानों पर आधुनिकता के तत्त्व मौजूद हैं तो कहीं-कहीं उत्तर-आधुनिक स्थिति देखने को मिलती है। इन तीनों स्थितियों के बीच अंतःक्रिया होती रही है। विश्व के स्तर पर किसी एक विचारधारा या सांस्कृतिक प्रतिमान का अंत उत्तर-आधुनिकता का महत्त्वपूर्ण उद्घोष है। दूसरी ओर यह संभव है कि भूमंडलीकरण के माध्यम से सांस्कृतिक साम्राज्यवाद को थोपने का प्रयास भी हो। अत्यधिक विकसित समाज विकसित तकनीकों एवं सूचनाओं के बल पर अपना साम्राज्य कायम करने का प्रयास करे। स्थानीय संस्कृतियों के उभार ने किसी एक संस्कृति के वर्चस्व को असंभव बना दिया है। यही उत्तर-आधुनिकता का सकारात्मक पक्ष है। एक ओर वर्चस्व का संघर्ष है तो दूसरी ओर स्थानीयता उस वर्चस्व को चुनौती दे रही है।

◂ सहायक पुस्तकों एवं लेखों की सूची ▸

◂ पुस्तकें

एशे फिडेल्मा एवं अन्य, *कंटेपररी सोशल ऐंड पॉलिटिकल थियरी: ऐन इंट्रोडक्शन*, ओपन यूनिवर्सिटी प्रेस, बकिंघम, 1999.

काहून, लारेंस, (सं.), *फ्रॉम मॉडर्निज्म टू पोस्टमॉडर्निज्म*, ब्लैकवेल पब्लिशर्स, ऑक्सफोर्ड, 1999.

कुमार, कृष्ण, *फ्रॉम पोस्ट-इंडस्ट्रीयल टू पोस्ट-मॉर्डन सोसायटी*, ब्लैकवेल पब्लिशर्स, ऑक्सफोर्ड, 1995.

गिबिन्स, जॉन आर., ऐंड बो रीमर, *दि पॉलिटिक्स ऑफ पोस्टमॉडर्निटी*, सेज पब्लिकेशन्स, लंदन, 1999.

टॉफलर, एल्विन, *दि थर्ड वेव*, बान्टम बुक्स, अमेरिका,1980.

टूरेन, एलेन, *क्रिटिक ऑफ मॉडर्निटी*, ब्लैकवेल पब्लिशर्स, यू.के., 1995.

दोशी, एस.एल., *आधुनिकता, उत्तरआधुनिकता एवं नव-समाजशास्त्रीय सिद्धांत*, रावत पब्लिकेशन्स, जयपुर, 2002.

बर्टेन्स हन्स ऐंड जोसेफ नटोली (सं.), *पोस्टमॉर्डनिज्म : दि की फिगर्स*, ब्लैकवेल पब्लिशर्स, ऑक्सफोर्ड, 2002.

लियोन, डेविड, *पोस्टमॉडर्निटी*, ओपन यूनिवर्सिटी प्रेस, बकिंघम, 2002.

स्मार्ट, बैरी, *पोस्टमॉडर्निटी*, रूतलेज, लंदन, 1993.

स्क्रूटन, रोगर, *ए शॉर्ट हिस्ट्री ऑफ मॉर्डन फिलॉसफी*, रूतलेज, न्यूयार्क, 1981.

हार्वे, डेविड, *द कंडीशन ऑफ पोस्टमॉडर्निटी*, ब्लैकवेल पब्लिशर्स, ऑक्सफोर्ड, 1990.

हेलर, एग्नेस, ऐंड फेरेंस फेर, *दि पोस्टमॉर्डन पॉलिटिकल कंडीशन*, पॉलिटी प्रेस, यू.के., 1988.

हैबरमास, जर्गेन, *दि फिलॉसॉफिकल डिस्कोर्स ऑफ मॉडर्निटी*, (फ्रेडरिक लॉरेंस द्वारा अनुदित), पॉलिटी प्रेस, यू.के., 1985.

10
नारीवाद

नारीवाद (Feminism) एक विचारधारा भी है और आंदोलन भी। इसलिए इसमें सिद्धांत और राजनीति परस्पर गुँथे हुए हैं। लेकिन इन दोनों आयामों में नारीवाद का कोई एक निश्चित सिद्धांत नहीं है और न ही राजनीतिक कार्यक्रम की कोई निश्चित रूपरेखा। इसके विकास के साथ-साथ उसके अंतर्गत वैचारिक और राजनीतिक मतभेद बढ़ते गए। इसलिए कुछ विद्वान नारीवाद का प्रयोग बहुवचन में करते हैं। अपनी तमाम भिन्नताओं के बावजूद नारीवादियों के बीच इस बात पर सहमति है कि अधिकांश समाजों में नारियों की स्थिति पुरुषों से निम्न है और लिंग के आधार पर उनके साथ भेदभाव होता है। इसलिए वे नारियों की अधीनस्थ स्थिति को समाप्त करने के लिए प्रतिबद्ध और आशान्वित हैं। इस प्रकार नारीवाद सामाजिक, आर्थिक, राजनीतिक और सांस्कृतिक सभी क्षेत्रों में परिवर्तन का पक्षधर है। लेकिन नारियों की निम्न स्थिति के कारणों और उसे दूर करने हेतु परिवर्तनकामी योजना पर नारीवादियों के बीच सहमति के स्थान पर अत्यधिक मतभेद हैं। नारीवादी इस बात पर भी सहमत हैं कि अब तक के राजनीतिक चिंतन में नारियों के विशिष्ट अनुभवों, उनके सरोकारों और उनके हितों को पर्याप्त महत्त्व नहीं दिया गया। सभी सिद्धांत और विचारधाराएँ, धर्म, संस्कृति आदि पुरुषों के द्वारा ही बनाई गई हैं। यहाँ तक कि भाषा भी उनके द्वारा निर्मित है। इन सभी के माध्यम से पुरुषों का नारियों पर सदियों से आधिपत्य रहा है। इसलिए नारीवादियों का मानना है कि नारियों द्वारा अपने सिद्धांत और अपनी विचारधारा बनाना आवश्यक है। वे सिद्धांत और व्यवहार एवं ज्ञान और क्रिया की एकता को स्वीकार करते हैं। उनके अनुसार राजनीतिक विश्लेषण की केंद्रीय इकाई लैंगिक संबंध है। वे इसे समझना चाहते हैं ताकि इसे बदला जा सके। इस प्रक्रिया में नारीवादियों पर विभिन्न विचारधाराओं का प्रभाव देखा जा सकता है। इस प्रकार नारीवाद के भीतर आंतरिक विविधताओं के साथ-साथ पर्याप्त जटिलताएँ भी हैं।

नारीवाद की उत्पत्ति और विकास

राजनीतिक विचारधारा और आंदोलन के रूप में नारीवाद को बीसवीं सदी के उत्तरार्द्ध में प्रमुखता मिली। यदि नारीवाद से संबंधित आधुनिक विचारों की बात करें तो इसकी जड़ें पंद्रहवीं सदी से हैं। उस सदी के प्रारंभ में यूरोप में नारियों की प्रकृति और साहित्य में उनके चित्रण पर बहस चली थी। इसमें इटली की क्रिस्टीन डि पिजान (1365-1430 ई.) ने स्त्रियों और पुरुषों के बीच बौद्धिक समानता पर बल दिया था। इसी क्रम में सत्रहवीं सदी की

अंग्रेजी लेखिका मेरी एस्टेल (1666-1731 ई.) का नाम भी महत्त्वपूर्ण है। कुछ लोग उन्हें प्रथम अंग्रेज नारीवादी कहते हैं। उन्होंने इस बात पर बल दिया कि पुरुष और स्त्री दोनों में विवेक (Reason) की क्षमता है। इसलिए दोनों को समान रूप से शिक्षा प्राप्त होनी चाहिए। उस समय यह जोर-शोर से प्रचलित था कि स्त्री विवेकशील नहीं हो सकती। उसे प्रकृति के नजदीक समझा जाता था। आधुनिकता में पुरुष को विवेकशील और स्वायत्त माना जाता था। इसके विपरीत महिलाओं को विवेकशील नहीं समझा गया और इस आधार पर उन्हें स्वतंत्र भी नहीं माना गया।

1793 ई. में प्रकाशित मेरी वॉल्स्टनक्राफ्ट (Mary Wollstonecraft) की पुस्तक *ए विंडिकेशन ऑफ दि राइट्स ऑफ वीमेन* आधुनिक नारीवाद की पहली किताब मानी जाती है। यह फ्रांस की राज्यक्रांति की पृष्ठभूमि में लिखी गई थी। इस क्रांति में महिलाओं की सक्रिय भागीदारी थी। लेकिन क्रांति के बाद चर्च ने यह निर्देश दिया कि महिलाएँ घर में रहें और परिवार की देखभाल करें। इस प्रकार महिलाओं को स्वतंत्रता प्राप्त नहीं हुई। इस परिप्रेक्ष्य में वॉल्स्टनक्राफ्ट ने लैंगिक समानता को जोरदार तरीके से रखा। प्रसिद्ध चिंतक रूसो ने स्त्रियों की प्रकृति के आधार पर उन्हें सार्वजनिक जीवन में भाग लेने योग्य नहीं माना था। उन्हें वे घरेलू क्षेत्र तक सीमित रखने के पक्षधर थे तथा उनका सुझाव था कि स्त्रियाँ सार्वजनिक क्षेत्र में पुरुषों की आज्ञा का पालन करें। उनके अनुसार यही व्यवस्था प्रकृति के अनुकूल हो सकती है। वाल्स्टनक्राफ्ट ने अपनी पुस्तक में रूसो की इन मान्यताओं का घोर प्रतिवाद किया। उन्होंने स्त्रियों की शिक्षा पर बल दिया ताकि वे अपने विवेक की क्षमता का विकास कर सकें। इसके साथ ही उनकी माँग थी कि स्त्रियों को भी चयन की स्वतंत्रता होनी चाहिए। हालाँकि वॉल्स्टनक्राफ्ट ने स्त्रियों के घरेलू उत्तरदायित्व को स्वीकार किया था। इस संबंध में उनका तर्क था कि शिक्षित होने पर स्त्रियाँ इनको ठीक से निभा सकती हैं। उनकी दृष्टि में घर के दायित्वों का निर्वाह नागरिकता के दायित्व को निभाना है। उन्होंने साफ तौर पर यह कहा कि मातृत्व नागरिकता का ही एक प्रकार है। इस प्रकार वॉल्स्टनक्राफ्ट ने स्त्रियों के घरेलू कार्यों और पुरुषों के सार्वजनिक कार्यों को समान रूप से मूल्यवान माना। यह स्त्रियों के समान अधिकारों की माँग का मार्ग प्रशस्त करता था।

नारीवाद की पहली धारा (First Wave of Feminism)

उन्नीसवीं सदी के उत्तरार्द्ध में नारीवादी आंदोलन आकार ग्रहण करने लगा। इसका केंद्रीय मुद्दा बना-महिलाओं के लिए मताधिकार। इस दौरान कई देशों में पुरुषों के मताधिकार का विस्तार हुआ था। इससे प्रेरणा लेकर महिलाओं का मताधिकार आंदोलन प्रारंभ हुआ। विद्वानों की राय में यह नारीवाद की पहली धारा थी। इसके अंतर्गत पुरुषों के समान महिलाओं के लिए कानूनी एवं राजनीतिक अधिकारों की माँग प्रमुख थी। मताधिकार की प्राप्ति एक महत्त्वपूर्ण लक्ष्य था। इस आंदोलन में यह आशा बलवती थी कि महिलाओं को राजनीतिक एवं कानूनी अधिकार प्राप्त हो जाने पर उनके प्रति होने वाले भेदभाव का अंत हो जाएगा। इसके साथ ही उनकी सामाजिक स्थिति भी बदल जाएगी।

महिलाओं के मताधिकार का मसला लोकतांत्रिक शासन-व्यवस्था में ही उठाया जा सकता था। इसलिए इस पर आधारित नारीवादी आंदोलन यूरोप के लोकतांत्रिक देशों में ही प्रभावी था। उसका पहला महत्त्वपूर्ण कदम अमेरिका में उठा। 1848 ई. में अमेरिका में सेनेका फॉल्स कन्वेंशन आयोजित हुआ। उसमें महिलाओं ने यह मुद्दा उठाया कि वे पुरुषों के समान हैं इसलिए उन्हें भी नागरिक के रूप में मताधिकार प्राप्त होना चाहिए। इसके साथ ही महिलाओं को शिक्षा, संपत्ति, रोजगार आदि में अधिकार प्रदान करने की माँग उठी। नारीवादी आंदोलन के लिए यह सम्मेलन अत्यंत महत्त्वपूर्ण माना जाता है। उसके द्वारा महिलाओं के अधिकारों की माँग ठोस तरीके से उठाई गई। इसके साथ ही इसकी पूर्ति के लिए सामूहिक संघर्ष पर भी बल दिया गया। इस प्रकार यहाँ से एक राजनीतिक आंदोलन के रूप में नारीवाद का प्रारंभ हुआ।

इसके बाद अमेरिका में 1869 ई. में नेशनल वीमेन्स सफ्रेज एसोसिएशन का गठन हुआ। नारीवादी आंदोलन का प्रभाव इंग्लैंड में भी फैला। 1851 ई. में हैरियस टेलर (जे.एस. मिल की पत्नी) की पुस्तक *इनफ्रेंचाइजमेंट ऑफ वीमेन* प्रकाशित हुई। इसे काफी प्रसिद्ध मिली। इसमें मताधिकार की माँग जोरदार तरीके से उठाई गई थी। 1869 ई. में जे.एस. मिल की पुस्तक *सबजुगेशन ऑफ वीमेन* प्रकाशित हुई। मिल ने सार्वजनिक जीवन में महिलाओं की भागीदारी का पुरजोर समर्थन किया। उन्होंने महिलाओं के लिए शिक्षा और रोजगार के समान अवसर उपलब्ध कराने पर बल दिया। इसके साथ ही उन्होंने महिलाओं के मताधिकार का भी प्रबल समर्थन किया। 1867 ई. में उनके द्वारा ब्रिटेन की महिलाओं को मताधिकार प्रदान करने वाला विधेयक कामन्स सभा में प्रस्तुत किया गया था। लेकिन वह पारित नहीं हो सका। इंग्लैंड और अमेरिका के अतिरिक्त न्यूजीलैंड, आस्ट्रेलिया और डेनमार्क में भी महिलाओं का मताधिकार आंदोलन प्रारंभ हुआ। इन आंदोलनों का एक सामान्य कारक महिलाओं की शैक्षणिक स्थिति में पर्याप्त सुधार था। उन्नीसवीं सदी के आखिरी दशकों में इन देशों में विश्वविद्यालयों में पढ़ने वाली लड़कियों की संख्या में काफी वृद्धि हुई थी। शिक्षा के साथ-साथ महिलाओं को रोजगार के अवसर भी प्राप्त हुए। इन कारणों से मताधिकार आंदोलन में तेजी आई। इस संबंध में अमेरिका का उदाहरण महत्त्वपूर्ण है। वहाँ 1903 ई. में वीमेन्स सोशल ऐंड पॉलिटिकल यूनियन नामक संस्था गठित की गई। इस संस्था ने मताधिकार के लिए कई उग्र आंदोलन किए।

नारीवाद की प्रथम धारा महिलाओं के लिए मताधिकार की प्राप्ति के साथ समाप्त होती है। सर्वप्रथम न्यूजीलैंड में 1893 ई. में महिलाओं को मताधिकार प्रदान किया गया। इसी प्रकार फिनलैड में 1906 ई. में, आस्ट्रेलिया में 1908 ई. में, अमेरिका में 1920 ई., स्वीडेन में 1921 ई. तथा ब्रिटेन में 1928 ई. में महिलाओं (पुरुषों के समान 21 वर्ष की उम्र में) को वोट देने का अधिकार प्राप्त हुआ। फ्रांस, जहाँ सर्वप्रथम स्वंतत्रता और समानता के आधार पर क्रांति हुई थी, में महिलाओं को 1945 ई. में वोट देने का अधिकार मिला। मताधिकार के क्षेत्र में विजयी होने के साथ ही नारीवादी आंदोलन कमजोर पड़ गया। नारीवादी आंदोलन के प्रथम चरण की सफलता महिलाओं के लिए पुरुषों के समान राजनीतिक एवं कानूनी अधिकारों की प्राप्ति

थी। वे अब वे शिक्षा, रोजगार और राजनीतिक सहभागिता से वंचित नहीं थी। सार्वजनिक क्षेत्र में उनकी उपस्थिति उल्लेखनीय थी। द्वितीय विश्व युद्ध के बाद आर्थिक पुनर्निर्माण की प्रक्रिया तेज थी। उसके लिए बड़े पैमाने पर कार्यबल की आवश्यकता थी। इस अवसर का लाभ महिलाओं को मिला। रोजगार के क्षेत्र में उनकी हिस्सेदारी बढ़ी। लेकिन इसके बावजूद ये सफलता सीमित थी। अभी भी पुरुषों के समान मजदूरी की स्थिति नहीं थी। इसी प्रकार पेंशन का अधिकार भी नहीं मिला था। इन सीमाओं के बावजूद सार्वजनिक जीवन में बहुत हद तक महिलाओं को समान स्थिति प्राप्त हो गई थी। लेकिन घरेलू क्षेत्र में कोई बुनियादी परिवर्तन नहीं हुआ। घर की देखभाल और बच्चों के लालन-पालन का दायित्व महिलाओं पर ही था। इस संबंध में कामकाजी महिलाओं की स्थिति भी भिन्न नहीं थी। अतः परिवार जैसे निजी क्षेत्र में भी समानता का प्रश्न उठने लगा था। इस क्षेत्र में पुरुषों के आधिपत्य की समस्या केंद्रीय हो गई थी।

1949 ई. में फ्रांसीसी लेखिका सीमोन द बोउवार की पुस्तक *दि सेकंड सेक्स* प्रकाशित हुई। यह नारीवादी चिंतन की एक क्लासिक कृति मानी जाती है। इसका अंग्रेज़ी अनुवाद 1953 ई. में प्रकाशित हुआ। उन्होंने इस बात पर बल दिया कि जैविक, आर्थिक, कानूनी और राजनीतिक स्थितियाँ महिलाओं की स्वतंत्रता में बाधक नहीं हैं। सबसे महत्त्वपूर्ण बाधा है : वह प्रक्रिया जिसके द्वारा नारीत्व का निर्माण होता है। इसका मतलब था कि नारियों के गुण उनकी सहजात प्रकृति के परिणाम नहीं होते। इनका विकास परिवार, समाज और संस्कृति द्वारा किया जाता है। इन पर पुरुषों का वर्चस्व होता है। अतः महिला इनके अनुरूप 'बनाई' जाती है। वह स्वाभाविक मनुष्य नहीं रह जाती। बोउवार ने अपने विश्लेषण में विभिन्न विषयों की पद्धतियों का उपयोग किया था। इसलिए विश्लेषण की दृष्टि से उनकी पुस्तक बेजोड़ थी। वे प्रसिद्ध अस्तित्ववादी चिंतक ज्याँ पाल सार्त्र की मित्र थीं। अस्तित्ववादी विचारधारा का प्रभाव उन पर था। संभवतः इसलिए उन्होंने महिलाओं के सामूहिक संघर्ष की बात नहीं की। बाद में चलकर उन पर व्यक्तिवादी होने का आरोप लगा। इसके बावजूद उन्हें बीसवीं सदी का महान नारीवादी सिद्धांतकार माना जाता है। उन्होंने पुरुषों की तुलना में नारियों की निम्न स्थिति के विश्लेषण का नया आयाम प्रस्तुत किया था। बाद में नारीवादी विचारकों और आंदोलन पर इसका गहरा प्रभाव पड़ा। उनके विश्लेषण का निहितार्थ था कि नारी मुक्ति के लिए आमूल और चौतरफा परिवर्तन की आवश्यकता है। नारीवाद की दूसरी धारा पर बोउवार के दृष्टिकोण और विश्लेषण का व्यापक असर पड़ा।

नारीवाद की दूसरी धारा (Second Wave of Feminism)

इसका प्रारंभ 1960 ई. के दशक से माना जाता है। इस अवधि में अमेरिका में नागरिक अधिकारों के लिए अश्वेत लोगों द्वारा आंदोलन चलाया जा रहा था। उसके अतिरिक्त वियतनाम युद्ध के खिलाफ आंदोलन भी तेज था। उन आंदोलनों में महिलाओं की सक्रिय भागीदारी थी। उसके बावजूद उन आंदोलनकारी समूहों में उनकी भूमिका पुरुषों की तुलना में दोयम दर्जे की थी। इसलिए महिलाओं ने इस बात पर बल दिया कि नस्लीय भेदभाव की तुलना में

लैंगिक भेदभाव ज्यादा बुनियादी मुद्दा है। उन्होंने गर्भपात के कानूनी अधिकार, रोजगार के क्षेत्र में लैंगिक भेदभाव की समाप्ति और घरेलू हिंसा से संबंधित मुद्दों को उठाया। इस प्रकार नारीवाद की पहली धारा में राजनीतिक अधिकारों का सवाल प्रमुख था तो दूसरी धारा में परिवार, संस्कृति और अर्थव्यवस्था के क्षेत्रों में लैंगिक समानता के लिए सामूहिक संघर्ष पर बल दिया गया। 1963 ई. में बेट्टी फ्रीडान की पुस्तक *दि फेमिनिन मिस्टीक* प्रकाशित हुई। इसके दो वर्षों बाद 1966 ई. में अमेरिका में नेशनल ऑर्गेनाइजेशन ऑफ वीमेन की स्थापना हुई। इसकी अध्यक्षा फ्रीडान बनीं। बहुत जल्दी ही यह विश्व का सबसे बड़ा नारी संगठन बन गया। इसका घोषित लक्ष्य जीवन के सभी क्षेत्रों में महिलाओं के प्रति भेदभाव का अंत करना और उन्हें पुरुषों के समान अवसर उपलब्ध कराना था। स्पष्ट तौर पर यह पहली धारा से आगे का कदम था। अब यह स्वीकार किया जाने लगा था कि महिलाओं के द्वारा कानूनी और राजनीतिक अधिकारों को प्राप्त कर लेने से उनकी समस्या का समाधान नहीं निकलने वाला। इसलिए इस चरण में नारीवादी आंदोलन समाज में आमूल परिवर्तन की माँग करने लगा। नारीवादी लेखन की दृष्टि से 1970 ई. का वर्ष अत्यंत महत्त्वपूर्ण है। इसी वर्ष नारीवादी लेखिकाओं की निम्न पुस्तकें प्रकाशित हुईं – केट मिलेट की *सेक्सुअल पॉलिटिक्स*, शुल्मीथ फायरस्टोन की *दि डायलेक्टिक ऑफ सेक्स*, जरमैन ग्रीर की *दि फिमेल यूनक* और इवा फाइग्स की *पैट्रियार्कल एटिट्यूड*। इन लेखिकाओं ने नारी शोषण के निजी, मनोवैज्ञानिक और सेक्सुअल पहलुओं को उजागर किया। परिवार जैसी निजी संस्था और उसके भीतर पति–पत्नी के संबंध इनके मुख्य विषय बने। इसका परिणाम हुआ कि सार्वजनिक और निजी क्षेत्र का विभाजन, वैयक्तिक संबंधों के राजनीतिक स्वरूप और पितृसत्तात्मक व्यवस्था जैसे मुद्दे नारीवादी बौद्धिकों और आंदोलन के मुख्य विषय बन गए।

नारीवाद की दूसरी धारा के दो महत्त्वपूर्ण परिणाम थे। एक तो उसने नारीवादी राजनीतिक सिद्धांत को काफी समृद्ध किया। इससे नारीवाद की पहचान एक विशिष्ट विचारधारा के रूप में भी कायम हुई। नारीवाद की दूसरी धारा ने परंपरागत राजनीतिक चिंतन की कई बुनियादी मान्यताओं को अस्वीकृत कर दिया। राजनीतिक विश्लेषण में अब नारीवादी परिप्रेक्ष्य पर ध्यान दिया जाने लागा। इसके पूर्व नारीवाद को उदारवाद या समाजवाद का ही एक रूप समझा जाता था। अब यह स्थिति बदल गई। दूसरा परिणाम यह निकला कि अब नारीवादी आंदोलन का स्वरूप आमूल परिवर्तनवादी (Radical) हो गया था।

नारीवाद के प्रमुख मुद्दे

1. सेक्स और लिंग (Sex and Gender) : प्राचीन काल से ही महिलाओं को प्राकृतिक रूप से पुरुषों से निम्न समझा जाता है। इसी आधार पर उनकी निम्न सामाजिक स्थिति को औचित्यपूर्ण ठहराया जाता है। यूनानी चिंतक और राजनीतिक विज्ञान के जनक अरस्तू ने यह प्रतिपादित किया था कि पुरुष नैसर्गिक रूप से स्त्रियों से श्रेष्ठ (Superior) है। महिलाएँ पुरुषों की तुलना में कम विवेकशील होती हैं। इसलिए अरस्तू ने महिलाओं को घरेलू क्षेत्र

तक सीमित कर दिया था। उन्हें नगर-राज्य के कार्यों में भाग लेने से वंचित कर दिया था। घरेलू क्षेत्र में भी उन्हें पुरुषों की आज्ञा का पालन करना था। पुरुष की भूमिका शासक की थी तो स्त्री को शासित होना था। इस प्रकार अरस्तू के अनुसार महिलाओं की सामाजिक भूमिका का निर्धारण उनके प्राकृतिक और जैविक गुणों पर आधारित था। इसी आधार पर अरस्तू ने महिलाओं को घर की चारदीवारी तक सीमित रखने को न्यायोचित सिद्ध करने का प्रयास किया। आधुनिक युग में यह दृष्टिकोण नहीं बदला। समाजशास्त्र के जनक अगस्त काम्ते का तर्क था कि महिलाएँ नैसर्गिक रूप से कमजोर होती हैं इसलिए वे घरेलू जीवन के लिए अधिक उपयुक्त हैं। इसी प्रकार उदारवाद के जनक लॉक का मानना था कि परिवार के भीतर पत्नी की अधीनस्थ भूमिका है क्योंकि पति (यानी पुरुष), पत्नी (स्त्री) से अधिक योग्य और सशक्त है। उनके अनुसार इसका आधार प्रकृति में है।

इस प्रकार प्राचीन काल से आधुनिक काल तक के चिंतकों ने महिलाओं की निम्न सामाजिक-राजनीतिक स्थिति को उनके नैसर्गिक जैविक गुणों के आधार पर वैध ठहराया है। महिलाओं की स्थिति को जैविक गुणों पर आधारित होने के विचार को सिमोन दि बोउवार ने सशक्त रूप से चुनौती दी। उनका प्रसिद्ध कथन था– ''औरत जन्म नहीं लेती बल्कि बन जाती है।'' उन्होंने सर्वप्रथम सेक्स और लिंग में अंतर किया। किसी प्रजाति में नर या मादा होना एक जैविक स्थिति है। यह प्रजनन अंगों के आधार पर निर्धारित होता है। यह नैसर्गिक है। बोउवार का तर्क था कि इसका महिलाओं की सामाजिक भूमिका से कोई संबंध नहीं है। इसका निर्धारण मादा होने की जैविक स्थिति से नहीं बल्कि समाज और संस्कृति से निर्धारित होता है। इसलिए सेक्स जहाँ जैविक अवधारणा है तो लिंग एक सामाजिक-सांस्कृतिक रचना। इसलिए सेक्स नैसर्गिक है तो लिंग संबंधित भेदभाव आरोपित है। बोउवार के इस अंतर से प्राय: सभी नारीवादी सहमत हैं। उनका तर्क है कि बच्चे को पैदा करना एक जैविक स्थिति है। लेकिन इसका लालन-पालन केवल महिलाओं का ही दायित्व है, यह समाज और उसकी संस्कृति द्वारा निर्धारित है। इसलिए महिलाओं को घरेलू क्षेत्र में सीमित करने का आधार जैविक न होकर सांस्कृतिक है। घरेलू कार्यों का दायित्व पति व पत्नी दोनों के द्वारा सामान रूप से निभाया जा सकता है। पितृसत्तात्मक समाज अपने मूल्यों को महिलाओं को आत्मसात करने के लिए बाध्य करता है। यह महिलाओं की आदतों, व्यवहारों, रुचियों और सोच को इस रूप में विकसित करता है ताकि पुरुषों का वर्चस्व बना रहे। सेक्स और लिंग में अंतर न करना इसको बनाए रखने का आधार मात्र है। नारीवादियों का कहना है कि सच्चाई यह है कि महिलाओं की जैविक स्थिति और उनकी लैंगिक भूमिका में कोई अंतर्संबंध नहीं है। वस्तुत: सेक्स का सामाजिक, राजनीतिक या आर्थिक क्षेत्र में कोई महत्त्व नहीं है। इसलिए इन क्षेत्रों में पुरुष और स्त्री की भूमिका के निर्धारण में 'सेक्स' एकदम अप्रासंगिक है। अत: नारीवादियों का लक्ष्य लैंगिक भेद से रहित (Genderless) समाज का निर्माण है।

2. व्यक्तिगत राजनीतिक है (Personal is Political) : राजनीतिक चिंतन के इतिहास में मनुष्य के सार्वजनिक और निजी जीवन में अंतर किया जाता रहा है। सार्वजनिक क्षेत्र में चलने वाली सबसे महत्त्वपूर्ण गतिविधि राजनीतिक है। यह उस क्षेत्र में स्थित सरकार और

उसके विभिन्न संस्थानों, राजनीतिक दलों, दबाव समूहों और सार्वजनिक बहसों में पनपती और विकसित होती है। दूसरा क्षेत्र व्यक्ति के पारिवारिक जीवन से संबंधित है। इसे राजनीति से परे समझा गया। सार्वजनिक और निजी के विभाजन के आधार पर महिलाओं को निजी यानी घरेलू क्षेत्र तक सीमित रखने का तर्क उनके नैसर्गिक गुणों के आधार पर दिया गया। सार्वजनिक क्षेत्र की राजनीतिक गतिविधि से उन्हें इस आधार पर दूर रखा गया कि वे इसके लिए उपयुक्त नहीं हैं। राजनीतिक चिंतन में सर्वप्रथम अरस्तू ने इन तर्कों को प्रस्तुत किया। आधुनिक युग के आगमन के साथ भी यह स्थिति बनी रही। इस युग की सर्वप्रमुख विचारधारा उदारवाद थी। इसका मूल आधार व्यक्ति की विवेकशीलता है। विवेकशील होने के कारण वह स्वतंत्र है। इसके साथ ही उसे कुछ ऐसे अधिकार प्राप्त हैं जिनमें राज्य हस्तक्षेप नहीं कर सकता था। लेकिन उदारवाद में भी सार्वजनिक और निजी का भेद किया जाता है। उदारवादी चिंतकों ने, जे.एस. मिल को छोड़कर, सभी ने महिलाओं को निजी क्षेत्र तक सीमित रखने का पक्ष लिया। उन्हें पुरुषों की तरह विवेकशील नहीं समझा गया।

उदारवादी विचारधारा के अंतर्गत सार्वजनिक और निजी क्षेत्र के बीच अंतर दो तरह से किया गया है। राज्य और नागरिक समाज के बीच अंतर करके और निजता के अधिकार को मान्यता देकर–

(i) **राज्य और नागरिक समाज :** उदारवाद राज्य की शक्ति को सीमित रखने का पक्षधर था। इसलिए उसने एक ऐसे क्षेत्र की पहचान की जिसमें व्यक्ति को पूरी स्वतंत्रता हो और जो राज्य के हस्तक्षेप से पूरी तौर पर मुक्त हो। यह क्षेत्र नागरिक समाज (Civil society) का माना जाता है। नागरिक समाज मानवीय जीवन के सार्वजनिक क्षेत्र का हिस्सा है। इसका स्वरूप राजनीतिक नहीं होता। इसकी पहचान व्यक्तियों द्वारा स्वेच्छा से निर्मित विभिन्न प्रकार के सामाजिक संगठनों के रूप में की गई। इन संगठनों में व्यक्ति पूरी स्वतंत्रता से भाग ले सकते हैं। इन्हें राज्य के हस्तक्षेप से मुक्त माना गया है। इस विभाजन में परिवार का स्थान नागरिक समाज के अंतर्गत है। दूसरी ओर जब नागरिक समाज को सार्वजनिक कहा जाता है तो परिवार को पुनः निजी समझा जाता है। इसमें नागरिक समाज के हस्तक्षेप की कोई जगह नहीं है। इसका आधार व्यक्ति की निजता है।

(ii) **निजता का अधिकार** (Right to Privacy) **:** उदारवाद नागरिक समाज को ऐसा क्षेत्र मानता है जहाँ व्यक्ति को पूरी स्वतंत्रता है। इस मान्यता की आलोचना में यह तर्क दिया जाता है कि व्यक्ति को खतरा केवल राज्य से नहीं बल्कि समाज से भी है। हर समाज व्यक्ति पर एक विशेष प्रकार की जीवन-शैली अपनाने का दबाव बनाता है। इसलिए व्यक्ति की प्रत्येक गतिविधि में यह भय छाया रहता है कि वह लोगों की निगाह में है। इसलिए यह तर्क दिया गया कि व्यक्ति का कोई ऐसा क्षेत्र हो जो उसका एकदम निजी हो और जहाँ वह पूरी तौर पर स्वतंत्र हो। इसमें न तो राज्य का हस्तक्षेप हो और न ही नागरिक समाज का। व्यक्ति के निजी जीवन की इस अवधारणा को उदारवाद द्वारा स्वीकार किया गया। कानूनी रूप से इसे निजता के अधिकार (Right to Privacy) के रूप में मान्यता दी गई है। निजी जीवन के अंतर्गत परिवार शामिल है। इसलिए उदारवाद यह स्वीकार करता है कि परिवार राज्य और

नागरिक समाज दोनों के हस्तक्षेप से मुक्त है। परिवार मूलतः व्यक्ति की भावनाओं और इच्छाओं का क्षेत्र है। इसलिए यह गैर-राजनीतिक समझा जाता है।

सार्वजनिक और निजी का विभाजन नारीवादी चिंतकों के विश्लेषण और आलोचना का केंद्रीय विषय है। इनके अनुसार परिवार को राज्य की बाध्यकारी शक्ति से स्वतंत्र और गैर-राजनीतिक मानना परिवार में पुरुष (पिता और पति के रूप में) की सर्वोच्चता को कायम रखना है। इसी प्रकार निजता के अधिकार के द्वारा परिवार में महिलाओं के होनेवाले शोषण को सार्वजनिक बहस से अलग रखा जाता है। इसलिए नारीवादी चिंतक उदारवाद के आलोचक हैं। इसके द्वारा परिवार में होनेवाले महिलाओं के शोषण को अनदेखा कर दिया गया है। मिलेट, करोल पेटमैन जैसी आमूल सुधारवादी (Radical) नारीवादी चिंतक सार्वजनिक और निजी के बीच विभाजन को अस्वीकृत कर देती हैं। उनके अनुसार परिवार गैर-राजनीतिक या शक्ति संबंधों से परे नहीं है। इसलिए उनका कथन है – "जो व्यक्तिगत है, वह राजनीतिक है।" इसलिए राजनीति केवल सरकार और अन्य सार्वजनिक संस्थाओं तक सीमित नहीं है। यह परिवार सहित सभी सामाजिक समूहों में भी चलती है। केट मिलेट राजनीति को एक ऐसी व्यवस्था (Arrangement) मानती है जिसके द्वारा एक समूह दूसरे को नियंत्रित करता है। इस आधार पर पारिवारिक संबंध भी शक्ति संरचना द्वारा निर्धारित होते हैं। इनमें पुरुष महिलाओं को नियंत्रित करता है। इसलिए मिलेट का मानना है पति और पत्नी के संबंध पूरी तौर पर राजनीतिक हैं। परिवार समाज के शक्ति संबंधों का ही प्रतिबिंब है। परिवार का यह विश्लेषण उदारवादी अवधारणा को चुनौती देता है जो सार्वजनिक जीवन में महिलाओं के पुरुषों के समान अधिकार का तो पक्षधर है लेकिन परिवार के भीतर लैंगिक समानता के प्रश्न को नहीं छूता। परिवार के अंतर्गत घरेलू पत्नी और माँ की भूमिका के कारण महिलाएँ सार्वजनिक क्षेत्र की गतिविधियों में भाग लेने से वंचित रह जाती हैं। इसलिए सार्वजनिक जीवन में महिलाओं की अधीनस्थ भूमिका का प्रमुख कारक परिवार है। उनके शोषण का प्रारंभ परिवार से ही होता है। परिवार व्यक्ति के समाजीकरण (Socialisation) का सबसे महत्त्वपूर्ण साधन है। व्यक्ति जीवन मूल्यों, विश्वासों और व्यवहार के प्रतिमानों को सर्वप्रथम परिवार से ही सीखता है। इस संबंध में नारीवादी चिंतकों का कहना है कि चूँकि परिवार में पुरुष की सर्वोच्चता स्थापित है, इसलिए यह महिलाओं के विश्वासों और व्यवहारों को उसी रूप में ढाल देता है। इसलिए जिन समस्याओं को निजी समझा जाता है, वे वस्तुतः राजनीतिक होती हैं। इसलिए नारीवादियों का निष्कर्ष है कि नारियों के शोषण और सार्वजनिक क्षेत्र में उनकी निम्न स्थिति को तबतक ठीक से नहीं समझा जा सकता जब तक हम पारिवारिक जीवन में उनके शोषण को न समझ लें। इस संबंध में उनकी आलोचना है कि अब तक के राजनीतिक चिंतन में इस पहलू की जान-बूझकर उपेक्षा की गई है। परिवार समाज की शक्ति संरचना का केंद्रीय अंग है। यह पितृसत्ता की सर्वप्रमुख संस्था है।

इस मत से उदारवादी विचारधारा के नारीवादी चिंतक सहमत नहीं हैं। वे महिलाओं की शिक्षा, रोजगार, राजनीति में भागीदारी पर किसी प्रकार के प्रतिबंध के खिलाफ हैं। लेकिन उनके अनुसार परिवार जैसी निजी संस्था का राजनीतिकरण उचित नहीं। उनकी दृढ़ मान्यता

है कि निजी क्षेत्र व्यक्तिगत स्वतंत्रता और चुनाव का क्षेत्र है। इसके विपरीत आमूल सुधारवादी यानी रेडिकल नारीवादी पारिवारिक दायित्वों के पुनर्विभाजन के पक्षधर हैं। उनके अनुसार बच्चों के लालन-पालन का दायित्व या तो पिता भी ले या फिर राज्य या अन्य सार्वजनिक संस्थाओं के द्वारा इसकी व्यवस्था हो। नारीवादियों की यह माँग है कि राज्य द्वारा कामकाजी महिलाओं के हित में बड़े पैमाने पर बच्चों के लिए शिशुसदन (Creche) खोले जहाँ काम के समय महिलाएँ अपने बच्चों को छोड़ सकें।

(iii) **पितृसत्ता** (Patriarchy) : रेडिकल नारीवादियों के चिंतन और संघर्ष का मूल केंद्र पितृसत्ता (Patriarchy) है। इसी अवधारणा के माध्यम से पुरुष और स्त्री के बीच के संबंधों की व्याख्या की गई है। इसका शाब्दिक अर्थ होता है- पिता के द्वारा शासन। संकीर्ण अर्थ में इसका प्रयोग परिवार के भीतर पिता या पति के नियंत्रण से है। नारीवादी व्यापक अर्थ में इसका प्रयोग समाज के हर क्षेत्र में पुरुष आधिपत्य के रूप में करते हैं। इस रूप में पितृसत्ता पूरे समाज के लैंगिक संबंधों को प्रदर्शित करता है। परिवार में पिता का नियंत्रण समाज में पुरुष की सर्वोच्चता का प्रतीक है। इस प्रकार व्यापक अर्थ में पितृसत्ता का अर्थ परिवार और समाज में पुरुषों के द्वारा शासन है। मिलेट तो सरकार को भी पितृसत्तात्मक मानती हैं। इसके माध्यम से पुरुषों द्वारा महिलाओं पर नियंत्रण रखा जाता है। नारीवादियों का यह विश्वास है कि पुरुष और स्त्री के संबंध शक्ति पर आधारित होते हैं। इसमें शक्ति पुरुषों के हाथ में होती है। इसी कारण सभी समाजों में पुरुषों का आधिपत्य है। उसका स्वरूप और उसकी मात्रा भिन्न भले हो सकती है। इसलिए पितृसत्ता वर्गीय या प्रजातीय भेदभाव से परे, सर्वव्यापी है। नारीवादी चिंतकों के अनुसार परिवार पितृसत्ता की मुख्य संस्था है। इसलिए यह समाज की शक्ति संरचना का केंद्रीय अंग है। इसी के द्वारा पितृसत्तात्मक मूल्यों और व्यवहार के मानकों को पुरुषों और स्त्रियों को संप्रेषित किया जाता है। इस प्रक्रिया में शिक्षा, साहित्य और धर्म भी सहायक हैं। इनका परिणाम यह होता है कि महिलाएँ पितृसत्तात्मक व्यवस्था को इस प्रकार आत्मसात कर लेती हैं कि यह उन्हें स्वाभाविक लगने लगता हैं। वे अपने ऊपर पुरुषों के आधिपत्य को स्वीकार कर लेती हैं और अपने आपको उनका अधीनस्थ मानने लगती हैं। कुछ नारीवादी चिंतकों का विचार है कि सभी प्रकार के समाज में पितृसत्ता 'सेक्सुअल' हिंसा और बलात्कार पर आश्रित होती है। पुरुष और स्त्री के 'सेक्सुअल' संबंधों में पुरुष शक्ति की ही अभिव्यक्ति होती है। इस आधार पर 1970 ई. के दशक से कुछ नारीवादियों के द्वारा विषम लैंगिकता (Heterosexuality) का विरोध किया गया। इसे सेक्स की इच्छा की स्वाभविक अभिव्यक्ति न मानते हुए एक राजनीतिक संस्था के रूप में देखने की बात की जाने लगी। यह तर्क दिया गया कि महिलाओं पर विषम लैंगिकता पुरुषों के लाभ के लिए आरोपित की गई है। इसी प्रकार प्रेम को महिलाओं के दमन के रूप में देखा गया। कुछ नारीवादी चिंतकों (रिच आदि) ने यह घोषित किया कि पुरुष शत्रु है, अत्याचारी है, इसलिए जो महिला विषमलिंगी है, वह शत्रु की सहायिका है। इसलिए उन्होंने समलैंगिकता को बढ़ावा देने की बात की। इसके लिए संघर्ष करने का आह्वान भी किया गया। परिवार और सेक्सुअलिटी के अतिरिक्त नारीवादी प्रजनन का मुद्दा गंभीरता से उठाते हैं। उनके विचार

में बच्चों को पैदा करने का चुनाव महिलाओं के अधिकार क्षेत्र में होना चाहिए। इसके लिए वे सुरक्षित गर्भपात के अधिकार के लिए सामूहिक संघर्ष की आवाज बुलंद करना चाहती हैं। इस प्रकार नारीवादियों के आमूल सुधारवादी समूह ने परिवार, सेक्सुअलिटी और प्रजनन जैसे निजी समझे जाने विषयों को केंद्रीय मुद्दा बना दिया। अब तक ये निजी चुनाव के विषय समझे जाते थे। लेकिन इनके लिए ये सभी सामूहिक संघर्ष के विषय हो गए। हालाँकि इनके दृष्टिकोण से अन्य नारीवादी चिंतक सहमत नहीं है। आमूल परिवर्तन के समर्थक नारीवादी परिवार को ही समाप्त कर देने के पक्षधर हैं। इसके विपरीत उदारवादी विचारधारा के समर्थक नारीवादी इस हद तक जाना उचित नहीं मानते। उनकी राय में परिवार सभ्य समाज का आधार है।

नारीवादियों का विचार है कि पितृसत्ता सार्वजनिक क्षेत्र में भी हावी है। यह सरकार, राजनीतिक दल, दबाव समूह, अर्थव्यवस्था, व्यावहारिक राजनीति आदि क्षेत्रों में परिलक्षित होती है। इनमें महिलाओं को उचित स्थान दिलाने की माँग नारीवादी करते हैं। इस संबंध में सर्वप्रमुख माँग विधायिका में महिलाओं के आरक्षण की है। आर्थिक क्षेत्र में इनकी माँग महिलाओं के लिए रोजगार के पर्याप्त अवसर के साथ-साथ पुरुषों के समान वेतन की है। इसके साथ कार्यस्थल पर महिलाओं के उत्पीड़न की समाप्ति भी नारीवादियों की प्रमुख माँग है। इन पर प्राय: सभी नारीवादी सहमत प्रतीत होते हैं। लेकिन आमूल सुधारवाद की धारा के कुछ नारीवादी चिंतक संस्कृति, साहित्य, धर्म, भाषा और ज्ञान को भी पुरुष आधिपत्य और नारी शोषण का आधार मानते हैं। उनका तर्क है कि इन क्षेत्रों में व्याप्त पुरुषों के पूर्वग्रह को उजागर करना और नारीवादी परिप्रेक्ष्य को स्थापित करना आवश्यक है। इस प्रकार ये सभी क्षेत्रों में पुरुषों के वर्चस्व को चुनौती देती हैं और उनमें महिलाओं को उचित एवं सम्मानजनक स्थान दिलाने के लिए व्यापक स्तर पर सामूहिक संघर्ष की माँग करती हैं। हालाँकि इन मुद्दों पर इनका अन्य विचारधारा वाले नारीवादी चिंतकों से घोर मतभेद है।

(iv) **समान और भिन्न** (Equal and Different) : मुख्य तौर पर नारीवाद समानता पर केंद्रित है। नारीवादी चिंतकों ने पुरुषों के समान अधिकारों की माँग की। शुरुआत में राजनीतिक अधिकारों के लिए संघर्ष हुआ। बाद में सामाजिक और आर्थिक क्षेत्र में भी समानता के सिद्धांत को लागू करने पर बल दिया गया। इसलिए नारीवादी आंदोलन का लक्ष्य लैंगिक समानता की प्राप्ति है। यह इसकी प्रमुख विशेषता है। लेकिन समानता के अर्थ को लेकर नारीवादी चिंतकों में काफी भिन्नताएँ हैं। उदारवादी विचारधारा के समर्थक नारीवादी चिंतकों ने पुरुषों के समान राजनीतिक एवं कानूनी अधिकारों का समर्थन किया। उनके विचार में समानता का अर्थ सार्वजनिक जीवन के हर क्षेत्र में पुरुषों के समान महिलाओं की भागीदारी है। समाजवादी विचारधारा से प्रभावित नारीवादी चिंतकों ने आर्थिक समानता पर बल दिया। उन्होंने महिलाओं को आर्थिक रूप से सशक्त बनाने की माँग की। इसके लिए महिलाओं को संपत्ति का अधिकार, समान मजदूरी, बगैर मजदूरी के महिलाओं द्वारा किए जाने घरेलू कार्य को मान्यता देने आदि मुद्दों पर बल दिया गया। आमूल सुधारवादियों के लिए समानता की अवधारणा उपर्युक्त दोनों से भिन्न है। इस धारा (रेडिकल) के नारीवादी निजी जीवन में

महिलाओं की समानता को केंद्रीय मुद्दा बनाते हैं। इनके लिए बच्चों के लालन-पालन और घरेलू कार्यों में पुरुषों और महिलाओं की समान भागीदारी समानता के महत्त्वपूर्ण आयाम हैं। उपर्युक्त तीनों अवधारणाओं में सामान्य तत्त्व है: महिलाओं को पुरुषों के समान बनाने का पक्षधर होना।

समानता की उपर्युक्त अवधारणा को कुछ नारीवादी चिंतकों ने सही नहीं माना। उनका तर्क है कि महिलाओं की पुरुषों के समान बनने की इच्छा उनकी अपनी विशिष्ट पहचान को समाप्त कर देगी। इसमें पुरुषों के द्वारा निर्मित संस्थाओं, भूमिकाओं और व्यवहार के प्रतिमानों को स्वीकार करते हुए उनमें महिलाओं की हिस्सेदारी की बात है। इसलिए उनका कहना है कि महिलाओं को महिला होने के नाते गौरव का बोध होना चाहिए। उनके अपने विशिष्ट गुण हैं। उनका पूर्ण विकास होना चाहिए। इस प्रकार इस मत के समर्थक नारीवादी महिलाओं की भिन्नता पर बल देते हैं। वे इसे समाप्त करने के बजाए इन्हें बनाए रखते हुए नारी मुक्ति के लक्ष्य को प्राप्त करना चाहते हैं। ये महिलाओं की कला, साहित्य, कौशल और विशिष्ट अनुभवों पर बल देते हैं। ये मातृत्व सहित नारी सुलभ गुणों को विशिष्ट मानते हुए उनका संरक्षण करना चाहते हैं। इन्हीं गुणों के आधार पर महिलाओं के बीच 'बहिनापे' (Sisterhood) की भावना कायम हो सकेगी। इस प्रकार भिन्नता की यह अवधारणा समानता की उपर्युक्त अवधारणाओं से एकदम अलग है।

भिन्नता की अवधारणा को एक नए तरीके से केरोल गिलिगन (Carol Gilligan) ने अपनी पुस्तक *इन ए डिफरेंट वॉयस* (1982 ई.) में प्रस्तुत किया। उन्होंने फ्रायड की नैतिकता संबंधी अवधारणा की आलोचना की। फ्रायड ने महिलाओं के नैतिक विकास को निम्नतर माना था। इसके उत्तर में गिलिगन का कहना है कि महिलाओं में नैतिकता की अवधारणा पुरुषों से भिन्न होती है और इसे मान्यता नहीं दी गई है। जहाँ पुरुषों की नैतिक सोच न्याय पर केंद्रित होती है वहीं महिलाओं की नैतिकता में देखभाल प्रमुख (Ethic of Care) होता है। प्रारंभ से ही पुरुष नैतिक सिद्धांतों यानी न्याय को सीखते हैं तो महिलाओं में देखभाल की नैतिकता विकसित होती है। जहाँ पुरुष अपने को दूसरों से अलग और स्वायत्त समझते हैं वहीं महिलाएँ हमेशा अपने को दूसरों से जोड़ कर देखती हैं। उनके मन में पूरी मानवता के प्रति सम्मान होता है। इसी प्रकार पुरुष जहाँ अधिकारों पर बल देते हैं वहाँ महिलाएँ दायित्वों को स्वीकार करने पर। इन आधारों पर गिलिगन का निष्कर्ष कि है महिलाओं की नैतिक चेतना और उनके नैतिक निर्णय के आधार पुरुषों से भिन्न होते हैं। कुछ नारीवादी चिंतक गिलिगन के तर्कों से सहमत नहीं हैं। उनके विचार में 'भिन्नता' पर बल देने से समानता का संघर्ष कमजोर हो जाएगा। कुछ नारीवादी समानता और भिन्नता को एक-दूसरे का पूरक मानते हैं। समानता का अर्थ यह नहीं है कि महिलाओं के विशिष्ट गुण समाप्त हो जाएँ। अत: यही स्वीकार किया जाना चाहिए कि महिलाएँ पुरुषों के समान (Equal) हैं और इसके साथ ही उनसे भिन्न और अपने विशिष्ट गुणों से परिपूर्ण हैं।

नारीवाद के विभिन्न रूप

नारीवादी चिंतन और आंदोलन विभिन्न विचारधाराओं से प्रभावित रहे हैं। इनमें उदारवाद और समाजवाद प्रमुख हैं। नारीवाद की पहली और दूसरी धारा इन्हीं दो विचारधाराओं पर निर्भर रही है। अपने उग्र कार्यक्रमों और आमूल सुधारों के लिए प्रतिबद्ध एक तीसरा रूप भी उभर कर सामने आया जिसे हम 'रेडिकल' या आमूल सुधारवादी नारीवाद कहते हैं। इस प्रकार नारीवाद की उदारवादी, समाजवादी और आमूल सुधारवादी, तीन परंपराएँ प्रमुख मानी जाती हैं। इन्हें परंपरा कहना इसलिए उपयुक्त है कि ये तीनों एक साथ चलती दिखलाई पड़ती हैं। ऐसा नहीं हुआ कि उदारवादी नारीवाद पूरी तौर पर समाप्त हो गया तो समाजवादी नारीवादी या आमूल सुधारवादी नारीवाद का उदय हुआ। इतना अवश्य है कि परिस्थिति विशेष में इनमें से कोई ज्यादा प्रभावी रहा हो। इन तीनों परंपराओं का संक्षिप्त विवरण निम्न है–

1. उदारवादी नारीवाद (Liberal Feminism)

उदारवादी विचारधारा प्रारंभिक रूप में व्यक्तिवादी है। जॉन लॉक को इसका जनक माना जाता है। इसमें व्यक्ति का महत्त्व सर्वोच्च है। उसकी विवेकशीलता में उदारवाद का दृढ़ विश्वास है। यह राज्य के नियंत्रण से मुक्त व्यक्ति के प्राकृतिक अधिकारों का प्रबल समर्थक था। उदारवाद को मध्य वर्ग की विचारधारा माना जाता है। इसका कारण था कि यह तत्कालीन इंग्लैंड के उभरते पूँजीपति वर्ग (मध्य वर्ग) के हितों को अभिव्यक्त करता था। प्रथम धारा के नारीवादी चिंतकों पर उदारवाद का गहरा प्रभाव है। उदारवाद से प्रभावित उदारवादी नारीवाद की तीन प्रमुख विशेषताएँ हैं। पहली विशेषता यह है कि इस दौर में नारीवादियों ने पुरुषों के समान महिलाओं के लिए राजनीतिक और कानूनी अधिकारों की पुरजोर माँग की। उन्होंने इस बात पर बल दिया कि महिलाएँ भी पुरुषों की तरह विवेकशील हैं। इसलिए उन्हें भी सार्वजनिक जीवन में भाग लेने का पूरा अधिकार है। इस संबंध में लैंगिक अंतर कोई मायने नहीं रखता। इसलिए नारीवाद की प्रथम धारा में महिलाओं की शिक्षा, समान नागरिकता और समान अधिकार जैसे मुद्दों की प्रमुखता रही। उदारवादी नारीवाद की दूसरी विशेषता इसका सुधारवादी (Reformist) होना है। उसके द्वारा की जाने वाली उपर्युक्त सभी माँगे सुधारवादी कही जा सकती हैं। उदारवादी नारीवादियों द्वारा सार्वजनिक जीवन में पुरुषों के समान महिलाओं की भागीदारी और इसके लिए पर्याप्त अवसर का प्रबल समर्थन किया गया। इसके लिए महिलाओं को मताधिकार की प्राप्ति, शिक्षा का अधिकार और रोजगार प्राप्ति के अवसर को आवश्यक माना गया। उदारवादी नारीवाद को भी उदारवादी विचारधारा की तरह मध्य वर्ग से जोड़कर देखा जा सकता है। यह इसकी तीसरी प्रमुख विशेषता कही जा सकती है। पुरुषों के समान महिलाओं के अधिकारों की माँग उसी वर्ग से उठ सकती थी जिसकी शैक्षणिक स्थिति और सामाजिक पृष्ठभूमि उन अधिकारों का लाभ उठाने में सक्षम हो। इसलिए यह संयोग मात्र नहीं है कि नारियों के मताधिकार के लिए चलने वाले आंदोलन में पश्चिम की श्वेत, शिक्षित एवं मध्यवर्गीय महिलाओं का नेतृत्व था। उदारवादी

नारीवाद का विश्वास है कि महिलाओं को समान कानूनी और राजनीतिक अधिकार प्राप्त हो जाने पर उनके प्रति होनेवाले भेदभाव का अंत हो जाएगा। उदारवादी नारीवाद में महिलाओं की आर्थिक स्थिति और उनकी प्रजाति संबंधी अंतर की उपेक्षा कर दी गई। इसलिए आलोचकों द्वारा यह कहा गया कि उदारवादी नारीवाद विकसित देशों की श्वेत मध्यवर्गीय औरतों के हितों का पक्षधर है। इसमें अश्वेत एवं श्रमिक वर्ग की महिलाओं की समस्याओं पर कोई ध्यान नहीं दिया गया। उदारवादी नारीवादी चिंतकों में मेरी वॉल्स्टनक्राफ्ट (इंग्लैंड : 1759-97 ई.), मारिया स्टीवर्ट (अमेरिका : 1803-79 ई.), जे.एस. मिल (इंगलैड : 1806-1873 ई.), एलिजाबेथ कैडी स्टेन्टन (अमेरिका : 1815-1902 ई.), एम्मा गोल्डमान (लिथुआनिया : 1869-1940 ई.) और हैडी हार्टमान (अमेरिका : 1945 ई.-) के नाम प्रमुख हैं।

2. समाजवादी नारीवाद (Socialist Feminism)

समाजवादी नारीवाद पर समाजवादी विचारधारा का प्रभाव है। यह समानतामूलक समाज का प्रबल पक्षधर है जिसमें आर्थिक समानता के साथ-साथ लैगिंक समानता भी शामिल है। यह उदारवादी सिद्धांतों का खंडन करता है। उदारवाद की मूल मान्यता है कि महिलाओं के लिए कानूनी और राजनीतिक अधिकारों तथा अवसरों की समानता उपलब्ध हो जाने से उनके शोषण का अंत हो जाएगा। समाजवादी विचारधारा के मानने वाले नारीवादी इससे सहमत नहीं हैं। उनका विचार है कि महिलाओं के शोषण की जड़ें सामाजिक-आर्थिक संरचना में है। इसलिए नारी मुक्ति व्यापक सामाजिक आर्थिक परिवर्तन के बगैर संभव नहीं है। पितृसत्ता का विश्लेषण भी वे अलग दृष्टिकोण से करते हैं। वे इसे ऐतिहासिक रूप से सामाजिक-आर्थिक कारकों के संदर्भ में समझना चाहते हैं।

पितृसत्ता का मार्क्सवादी विश्लेषण फ्रेडरिक एंगिल्स ने अपनी पुस्तक *दि ओरिजिन्स ऑफ फेमिली, प्रॉइवेट प्रॉपर्टी ऐंड दि स्टेट* (1884 ई.) में किया है। उनके अनुसार पूँजीवादी समाज के पहले के जो समाज थे वहाँ महिलाओं की स्थिति भिन्न थी। उन्हें संपत्ति में उत्तराधिकार प्राप्त था। वंशक्रम की गणना भी पिता के स्थान पर माता के आधार पर होती थी। बाद में जब व्यक्तिगत संपत्ति पैदा हुई तो पुरुष ने संपत्ति प्राप्त कर उस पर अधिकार प्राप्त कर लिया। इससे परिवार के भीतर उसकी स्थिति मजबूत हो गई। वह अपनी संपत्ति अपने पुत्रों को देना चाहता है। इसलिए उसने उत्तराधिकार की परंपरागत व्यवस्था को खत्म कर दिया। इसके साथ ही वंशक्रम की पहचान पिता के आधार पर होने लगी। महिलाओं के लिए एकपतित्व की व्यवस्था कड़ाई से लागू कर दी गई। पूँजीवादी व्यवस्था व्यक्तिगत संपत्ति पर पुरुष के स्वामित्व पर आधारित है। महिलाएँ भी उसकी संपत्ति बन गईं। वे बच्चे पैदा करने वाली मशीन के रूप में उपयोगी रह गईं। उन्हें घरेलू क्षेत्र तक सीमित कर दिया गया। इस प्रकार महिलाओं के शोषण का प्रारंभ व्यक्तिगत संपत्ति और समाज में वर्गों के उदय से होता है। पूँजीवादी उत्पादन प्रणाली अपने हित में महिलाओं का उपयोग करती है। वे 'श्रम की सुरक्षित सेना' हैं। पूँजीवादी व्यवस्था में जब उत्पादन बढ़ाने की आवश्यकता होती है तो उनका उपयोग होता है। आर्थिक मंदी की स्थिति में उन्हें पुनः घरेलू क्षेत्र तक सीमित

कर दिया जाता है। अपने विश्लेषण के आधार पर एंगिल्स का निष्कर्ष है कि महिलाओं के शोषण का सवाल पूँजीवादी समाज का परिणाम है। इसलिए वर्ग संघर्ष के द्वारा पूँजीवादी व्यवस्था को खत्म करने से ही नारी मुक्ति हो सकती है।

सभी समाजवादी नारीवादी इस बात पर तो सहमत हैं कि नारी के शोषण के सवाल को सामाजिक–आर्थिक परिस्थितियों के संदर्भ में देखा जाना चाहिए। वे इनमें व्यापक बदलाव को भी आवश्यक समझते हैं। लेकिन उनके बीच वर्ग और लिंग के बीच प्राथमिकता के प्रश्न पर मतभेद हैं। हैडी हार्टमान जैसे नारीवादियों का मानना है कि लैंगिक भेदभाव का प्रश्न वर्गों से परे है। सभी वर्गों में यह व्याप्त है। इसलिए वे वर्ग के सवाल से लैंगिक भेदभाव के मुद्दे को ज्यादा महत्त्वपूर्ण मानते हैं। उनका तर्क है कि सोवियत संघ की समाजवादी व्यवस्था में भी लैंगिक भेदभाव और नारी शोषण खत्म नहीं हुआ। इसलिए समाजवादी व्यवस्था में पितृसत्ता का लोप हो जाता है, यह नहीं कहा जा सकता। इसी आधार पर वे पितृसत्ता को केवल आर्थिक कारकों द्वारा निर्धारित मानने से इनकार करते हैं। वे इसके वैचारिक और सांस्कृतिक प्रभुत्व के विश्लेषण पर बल देते हैं। उनका तर्क है कि वर्तमान समाज पूँजीवादी होने के साथ–साथ पितृसत्तात्मक भी है। दोनों परस्पर–संबंधित जरूर हैं लेकिन किसी एक को दूसरे में शामिल नहीं माना जा सकता। इसलिए इनमें से किसी को कम महत्त्वपूर्ण नहीं कहा जा सकता। इनके मूल्यों में टकराव होने पर कभी–कभी पितृसत्तात्मक मूल्य पूँजीवादी मूल्यों पर हावी हो जाते हैं। वे इसका उदाहरण देते हैं। जब पूँजीवादी व्यवस्था को उत्पादन बढ़ाने के लिए महिला श्रमशक्ति के नियोजन की जरूरत होती है तो इसका विरोध पुरुष श्रमिकों के द्वारा किया जाता है। इसका आधार महिला द्वारा घर में दी जाने वाली सेवा है। इसे प्राप्त करते रहने की माँग पितृसत्तात्मक है। पुरुष श्रमिक भी घरेलू कार्यों के लिए महिला को ही उत्तरदायी मानते हैं। प्रसिद्ध समाजवादी नारीवादी चिंतक जूलियट मिशेल (Juliet Mitchell, 1971 ई.) का तर्क है कि पूँजीवादी व्यवस्था में महिलाएं श्रमशक्ति का हिस्सा हैं और उत्पादन में सक्रिय हैं। इसके साथ ही वे प्रजनन संबंधी एवं घरेलू दायित्वों का भी निर्वाह करती हैं। इन दोनों भूमिकाओं के साथ–साथ उन्हें 'सेक्स की वस्तु' (Sex object) समझा जाता है। इसलिए उनका मानना है कि उत्पादन प्रणाली में बदलाव मात्र से महिलाओं की मुक्ति संभव नहीं है। इसके लिए समाज के सांस्कृतिक मूल्यों और सोच में बदलाव आवश्यक है। इस प्रकार समाजवादी नारीवादी मार्क्सवाद की बुनियादी अवधारणाओं से आगे जाकर लैंगिक शोषण का विश्लेषण करते हैं।

3. आमूल सुधारवादी या रेडिकल नारीवाद (Radical Feminism)

नारीवाद की दूसरी धारा में लैंगिक भेदभाव को अलग दृष्टिकोण से देखने का प्रयास हुआ। इस क्रम में नारीवादी चिंतकों ने उदारवाद और समाजवाद के वैचारिक परिप्रेक्ष्य से परे जाकर इस मुद्दे पर विचार किया। सबसे पहला अंतर तो यह है कि आमूल सुधारवादियों के लिए लिंग आधारित भेदभाव अन्य सभी प्रकार के शोषण से ज्यादा बुनियादी सवाल था। उनके लिए इसके मुकाबले वर्गीय शोषण और रंगभेद के प्रश्न गौण हैं। दूसरी बात यह है कि उन्होंने

पितृसत्ता का व्यापक और गहरा विश्लेषण किया। इस क्रम में राजनीति और अर्थव्यवस्था जैसे सार्वजनिक क्षेत्रों में पुरुषों के आधिपत्य के साथ-साथ परिवार जैसी निजी क्षेत्र की संस्था भी उनकी आलोचना में केंद्र में है। उनका मानना है कि पितृसत्ता का प्रभाव जीवन के सभी क्षेत्रों में है, चाहे वह पारिवारिक, सामाजिक, राजनीति और आर्थिक हो। दर्शन, संस्कृति, नैतिकता और धर्म में पितृसत्तात्मक मूल्य हावी है। लेकिन उनकी दृष्टि में पितृसत्ता की सर्वप्रमुख संस्था परिवार है। उन्होंने यह सिद्ध करने का प्रयास किया कि पुरुष-स्त्री के संबंध शक्ति संबंध है। पुरुष शोषक है और महिला शोषित। इसलिए पारिवारिक मसले भी राजनीतिक हैं। यह दृष्टिकोण बिल्कुल नया था। इसने शक्ति और राजनीति की परिभाषा ही बदल दी थी। इसलिए विद्वानों ने इसे रेडिकल या आमूलसुधारवादी कहा। रेडिकल नारीवादियों के लिए महिलाओं का शोषण सभी समाजों की बुराई है। इसलिए सभी महिलाओं के हित एक से हैं और वे पुरुषों के विरोधी हैं। इस धारा के प्रमुख चिंतकों में केट मिलेट (Kate Millet), शुल्मीथ फायरस्टोन (Shulmith Firestone), जरमैन ग्रीर (Garmaine Greer) और इवा फाइग्स (Eva Figes) के नाम प्रमुखता से लिए जाते हैं।

रेडिकल नारीवादियों के बीच लैंगिक भेदभाव की समाप्ति के प्रश्न पर गहरे मतभेद हैं। उनमें से कुछ अतिवादी दृष्टिकोण रखती हैं। वे पूरी पुरुष जाति को ही शोषक मानती हैं। यहाँ तक कि विषम लैंगिकता इनके लिए महिलाओं के दमन का साधन है। प्रेम भी इसी का वाहक है। विवाह नामक संस्था प्रेम की आड़ में महिलाओं पर पुरुषों का आधिपत्य स्थापित करती है। उनके लिए नारी मुक्ति समलैंगिकता में है। बच्चों को जन्म देना और उनका लालन-पालन करना महिलाओं के शोषण के प्रमुख कारक हैं। कुछ रेडिकल नारीवादी इस अतिवादी दृष्टिकोण से सहमत नहीं हैं। वे महिलाओं की प्रजनन क्षमता और मातृत्व को उनका विशिष्ट गुण मानते हैं। उनके अनुसार महिलाओं के दृष्टिकोण और मूल्य बुनियादी तौर पर पुरुषों से भिन्न होते हैं। महिलाओं में रचनात्मकता, संवेदनशीलता, दूसरों की देखभाल करना आदि विशिष्ट गुण होते हैं। इसलिए वे पुरुषों से श्रेष्ठ हैं। पुरुष इन्हें मान्यता नहीं देते। इसलिए उनका सुझाव है कि महिला केंद्रित साहित्य और संस्कृति को बढ़ावा देना चाहिए जिसमें महिलाओं के विशिष्ट अनुभवों की अभिव्यक्ति हो। इस प्रकार रेडिकल नारीवादियों में गंभीर मतभेद हैं। लेकिन वे सभी लैंगिक समानता के लक्ष्य के प्रति प्रतिबद्ध हैं। उनका स्वप्न लैंगिक भेदभाव से रहित समाज का निर्माण है।

नारीवाद की तीसरी धारा (Third Wave of Feminism)

1990 ई. के दशक से नारीवादी चिंतन और आंदोलन में महत्त्वपूर्ण परिवर्तन हुए। उस समय तक सोवियत संघ की समाजवादी व्यवस्था का पतन हो गया था। उसके फ़लस्वरूप समाजवादी विचारधारा कमजोर पड़ गई। दूसरी ओर उत्तर-आधुनिकता ने आधुनिक सभ्यता के चहुँओर घोर संकट को प्रमुखता से उजागर किया। इन परिस्थितियों में नारीवादियों के कई नए समूह उभरे। इसे ही नारीवाद की तीसरी धारा कहा जाता है। इस धारा के नारीवादियों के विचार में 1960-70 ई. के दशक में प्रभावी नारीवाद की दूसरी धारा के मुद्दे और उनकी माँगें आज प्रासंगिक नहीं

रह गए हैं। वे इसके दो कारण मानते हैं। नारीवाद के नए मुद्दों का उभार और महिलाओं की राजनीतिक और सामाजिक स्थिति में व्यापक बदलाव। वे इसका श्रेय दूसरी धारा के नारीवादी आंदोलन को देते हैं। तीसरी धारा के नारीवादियों के बीच भी वैचारिक भिन्नताएँ हैं लेकिन इनके बीच एक सामान्य तत्त्व है। वे सभी इस बात पर सहमत हैं कि एक समूह के रूप में महिलाओं के बीच व्यापक और गहरी भिन्ताएँ हैं। उनका सरोकार इन भिन्नताओं से है। इस रूप में वे रेडिकल नारीवादियों से अलग हो जाते हैं। रेडिकल धारा के नारीवादियों ने महिलाओं को एक सार्वभौम और समरूप इकाई माना था। उनकी राय में पूरे विश्व के स्तर पर सभी महिलाएँ पुरुषों के शोषण का शिकार हैं। उनका प्रमुख आग्रह पुरुषों से महिलाओं की भिन्नता पर था। तीसरी धारा के नारीवादियों का मानना है कि नारी शोषण के सवाल को इस सार्वभौम नजरिए से नहीं समझा जा सकता। इसमें विकसित देशों के श्वेत और मध्यवर्गीय महिलाओं के हितों और आकांक्षाओं को केंद्रीय महत्त्व दिया गया है और विकासशील देशों की महिलाओं, अश्वेत महिलाओं और निम्न आंय वाली महिलाओं के हितों और सरोकारों की पूर्ण उपेक्षा की गई है। नारीवाद की तीसरी धारा इस दोष को दूर करने की पक्षधर है। यह महिलाओं के मध्य व्याप्त विविधताओं और उनके विविध अनुभवों को बहस में स्थान देने का प्रबल समर्थन करती है। उसका दृढ़ मत है कि इन विभिन्नताओं को अब तक हाशिये पर रखा गया है। इसके परिणामस्वरूप नारीवाद की तीसरी धारा में इसके विविध रूप सामने आए हैं – अश्वेत नारीवाद (Black Feminism), उत्तर-आधुनिक नारीवाद (Post-modern Feminism), उत्तर-नारीवाद (Post-Feminism), नव-नारीवाद (New Feminism) , इको-फेमिनिज्म (Eco-Feminism) आदि। इनमें प्रथम तीन महत्त्वपूर्ण कहे जा सकते हैं–

(i) **अश्वेत नारीवाद** (Black Feminism) : अश्वेत नारीवाद के अनुसार अब तक के नारीवादी आंदोलन में श्वेत मध्यवर्गीय महिलाओं का प्रभुत्व रहा। उनकी आकांक्षाओं और अनुभवों को सभी महिलाओं का प्रतिनिधि मान लिया गया। उनमें अश्वेत महिलाओं के अनुभवों और सरोकारों की कोई जगह नहीं थी। उसका कारण यह था कि लैंगिक भेदभाव को रंगभेद से तटस्थ माना गया। अश्वेत नारीवादियों के लिए रंगभेद और लैंगिक भेदभाव परस्पर-संबंधित है। अश्वेत महिलाएँ दोहरे शोषण का शिकार हैं- अश्वेत के रूप में और महिला के रूप में। उनकी आलोचना है कि श्वेत नारीवादियों के द्वारा गोरे पुरुषों के रंगभेदवादी नजरिए का कभी विरोध नहीं किया गया। इस प्रकार उन्होंने रंगभेद का परोक्ष समर्थन ही किया। इसलिए अश्वेत नारीवाद का मानना है कि उनके अनुभव, उनकी आंकांक्षाएँ और उनके मुद्दे अलग हैं। अत: उनके संघर्ष का स्वरूप भी अलग है।

(ii) **उत्तर-आधुनिक नारीवाद** (Post-modern Feminism) : उत्तर-आधुनिकता मनुष्य की विवेकशीलता और प्रगति में आधुनिक विश्वास को अस्वीकार कर देती है। यह सार्वभौमिकता की किसी अवधारणा को नहीं मानती। इसके अनुसार सार्वभौम सत्य का अस्तित्व ही नहीं है। सभी सत्य सापेक्ष होते हैं। इस कारण उत्तर-आधुनिकता वर्ग या लिंग जैसे किसी सार्वभौम, स्थायी और समरूप इकाई को मानने से इनकार करती है। उत्तर-आधुनिकता से कुछ नारीवादी विद्वान प्रभावित हैं। उन्हें उत्तर-आधुनिक नारीवादी कहा जाता है। उनका

मानना है कि महिला की कोई एक निश्चित पहचान नहीं है। वह कोई समरूप समूह नहीं है जिसका कोई सामान्य हित हो। उसके अंदर अनेक विविधताएँ हैं। उसके अनेक हित हैं। इसलिए उसे एक इकाई के रूप में नहीं देखा जा सकता। इसलिए नारी मुक्ति एक अमूर्त अवधारणा है। उसका वास्तविकता से कोई संबंध नहीं है।

(iii) **उत्तर-नारीवाद** (Post-Feminism) : उत्तर-नारीवाद पूर्ववर्ती नारीवाद की कटु आलोचना करता है। यह उसके मुद्दों को पूरी तौर पर अस्वीकार कर देता है। इस संबंध में इसका पहला महत्त्वपूर्ण तर्क है कि पूर्ववर्ती नारीवादियों ने महिलाओं को उत्पीड़ित रूप से प्रस्तुत किया है। इसके लिए पुरुषों को उत्तरदायी माना गया। जबकि हकीकत है कि इसके लिए महिलाएँ स्वयं जिम्मेदार हैं। उन्हें अपने व्यक्तिगत और लैंगिक आचरण का उत्तरदायित्व लेना चाहिए। इससे संबंधित दूसरा तर्क है कि महिलाओं के उत्थान में सामाजिक-राजनीतिक परिस्थिति प्रमुख बाधा नहीं है। महत्त्वपूर्ण बाधा मनोवैज्ञानिक कारक है। महिलाएँ पुरुषों के व्यवहारों और मूल्यों का अनुसरण करती हैं। इसलिए पितृसत्ता मजबूत होती है। इस स्थिति में महिलाओं के लिए सामूहिक संघर्ष की कोई जगह नहीं है।

उपर्युक्त विवेचन से तीसरी धारा के नारीवाद के दो प्रमुख लक्षण उभरकर सामने आते हैं- 1. महिलाओं के बीच व्यापक विविधता की स्वीकृति और 2. सामाजिक परिवर्तन के लक्ष्य का परित्याग। ये दोनों लक्षण उत्तर-आधुनिकता के प्रतिबिंब हैं। इसने हर तरह की परिवर्तनकामी परियोजना को संदेहास्पद बना दिया है।

नारीवादी चिंतन और राजनीति ने अपने विकास की लंबी यात्रा पूरी की है। इस प्रक्रिया में उसका कोई सर्वमान्य सिद्धांत या कोई निश्चित कार्य योजना उभर कर सामने नहीं आती। चिंतन और आंदोलन दोनों रूपों में अनेक भिन्नताएँ हैं। यही नारीवाद की विशेषता है। इससे यह स्पष्ट होता है कि लैंगिक भेदभाव की कई परतें है। परिवार से लेकर समाज के स्तर तक यह व्याप्त है। हर स्तर पर इसकी अपनी जटिलताएँ हैं। इसलिए लैंगिक भेदभाव की न तो कोई एक निश्चित व्याख्या हो सकती है और न ही इसका कोई सरल समाधान। यही कारण है कि आज नारीवादी चिंतन और राजनीति के विविध रूप हैं। इसके बावजूद उनका प्रभाव पूरी दुनिया में है। इन विभिन्नताओं के मध्य एक सामान्य सूत्र भी है। सभी नारीवादी चिंतक और आंदोलनकर्ता नारी शोषण और लैगिंक भेदभाव को समाप्त करना चाहते हैं। वर्तमान समय भूमंडलीकरण का है। यह नारीवादियों के लिए नई चुनौती प्रस्तुत करता है। इस दौर में प्रत्येक देश की अर्थव्यवस्था में सेवा क्षेत्र का विस्तार हुआ है। इस क्षेत्र में महिलाओं को बड़े पैमाने पर रोजगार मिला है। इससे महिलाएँ आर्थिक रूप से आत्मनिर्भर हुई हैं। परंतु इसने महिलाओं के शोषण में भी वृद्धि की है। कार्य स्थल पर यौन उत्पीड़न की घटनाएँ आम हैं। दूसरी ओर रोजगार के साथ-साथ महिलाएँ अभी भी घरेलू दायित्व को निभा रही हैं। भूमंडलीकरण का सबसे बड़ा दुष्परिणाम यह है कि पूरे विश्व के स्तर पर उपभोक्ता संस्कृति विकसित है। इसमें महिलाओं के शरीर को एक उत्पाद की तरह प्रस्तुत किया जाता है। उन्हें सेक्स की वस्तु समझा जाता है। इसलिए नारीवादियों का सबसे पहला दायित्व है कि उपभोक्तावादी संस्कृति से संघर्ष करें। लैंगिक भेदभाव की समाप्ति पुरुष बनाम स्त्री के

संघर्ष के ढाँचे में नहीं हो सकती। यह तभी संभव है जब समाज में महिलाओं को उनके विशिष्ट गुणों के साथ गरिमामय स्थान प्राप्त हो। उनके घरेलू कार्यों को भी महत्ता दी जाए। इसके साथ ही सार्वजनिक जीवन के साथ निजी जीवन में भी उन्हें स्वतंत्रता और सम्मान प्राप्त हो। यह तभी संभव है जब पुरुषों की मानसिकता बदले। परिवार और सार्वजनिक जीवन में और पुरुष और स्त्री के बीच समानतापूर्ण एवं समरस संबंध कायम हो सकें। इसके लिए परिवार के साथ-साथ सामाजिक, आर्थिक, राजनीतिक और सांस्कृतिक सभी क्षेत्रों में व्यापक बदलाव आवश्यक है। ये परिवर्तन केवल महिलाओं के लिए महिलाओं के द्वारा न हो कर सभी के लिए होंगे। इसमें पुरुषों की भी भागीदारी होगी तभी समानता और समरसता पर आधारित समाज का निर्माण हो सकेगा। वर्तमान समय में इसकी दूर-दूर तक संभावना नहीं दिखती। इसके बावजूद सामाजिक परिवर्तन का यह लक्ष्य प्रासंगिक है।

सहायक पुस्तकों एवं लेखों की सूची

पुस्तकें

किमलिका, विल, *कंटपेररी पॉलिटिकल फिलॉसॉफी: ऐन इंट्रोडक्शन*, ऑक्सफोर्ड यूनिवर्सिटी प्रेस, 2005.

फ्रीडमैन, जेने, *फेमिनिज्म*, वाइवा बुक्स प्रा. लि. नई दिल्ली, 2002.

ब्राइसन, वेलरी, *फेमिनिस्ट पॉलिटिकल थियरी*, (द्वितीय संस्करण), पैलग्रेव मैकमिलन, 2003.

हेवुड, ऐन्ड्रियू, *पॉलिटिकल आयडियोलॉजीज : ऐन इंट्रोडक्शन*, पैलग्रेव-मैकमिलन, पुनर्मुद्रित, 2014.

लेख

कुमार, तरुण, ''नारी और नारीवाद'', अपूर्वानंद और संजय शांडिल्य द्वारा संपादित *प्रस्तुत प्रश्न* में संकलित, दानिश बुक्स, दिल्ली, 2008, पृ. 169-184.

जेम्स, सुसान, ''फेमिनिजम्स'', टेरेंस बॉल और रिचर्ड बेलामी द्वारा संपादित, *दि कैम्ब्रिज हिस्ट्री ऑफ ट्वेंटीयथ-सेंचुरी पॉलिटिकल थॉट* में संकलित, कैम्ब्रिज यूनिवर्सिटी प्रेस, 2003, पृ. 493-516.

11

बहुसंस्कृतिवाद

1990 ई. के दशक से पश्चिमी लोकतांत्रिक देशों में बहुसंस्कृतिवाद (Multiculturalism) राजनीतिक बहस का केंद्रीय मुद्दा बना हुआ है। इसका प्रमुख कारण उन देशों में जातीय (Ethnic) पहचान पर आधारित राजनीति का उभार है। वैसे आज के युग में कोई भी देश एक समरूप इकाई नहीं रह गया है। प्रत्येक देश में विविध प्रकार के सांस्कृतिक, जातीय और राष्ट्रीय समूह रहते हैं। उनकी आकांक्षाओं को पूरा करने में उदारवादी लोकतांत्रिक राज्यों की विफलता उजागर हो चुकी है। उनमें व्यक्ति की एक ही पहचान को मान्यता दी जाती है और वह है– नागरिक। इसी रूप में उसे अधिकार प्राप्त होते हैं। नागरिकता के अतिरिक्त धार्मिक, भाषायी, सामुदायिक एवं सांस्कृतिक पहचान को पूरी तौर पर अनदेखा कर दिया जाता है। यह माना गया है कि राष्ट्र–राज्य के अंतर्गत व्यक्ति की ये पहचानें धीरे–धीरे पिघलकर अपना अस्तित्व खो देंगी। अंततः एक सामान्य राष्ट्रीय पहचान और संस्कृति का विकास हो सकेगा।

बहुसंस्कृतिवाद उदारवादी लोकतंत्र की इस परियोजना को प्रमुख मुद्दा बनाता है। यह व्यक्ति की सांस्कृतिक पहचान को प्रमुख मानता है। यह राष्ट्र–राज्य के ढाँचे के भीतर सांस्कृतिक विविधता को सम्मानजनक एवं बराबरी का स्थान दिलाने का प्रबल समर्थन करता है। पूर्व के 'विविधता में एकता' के स्थान पर यह 'एकता में विविधता' की बात करता है। इस संबंध में बहुसंस्कृतिवादियों का तर्क है कि राष्ट्रीय संस्कृति के नाम पर देश–विशेष के बहुसंख्यक लोगों की संस्कृति को मान्यता मिली। इसके साथ ही अल्पसंख्यकों की संस्कृति के साथ भेदभावपूर्ण रवैया अपनाया गया। उदाहरण के लिए फ्रांस में राष्ट्रीय संस्कृति के नाम पर मुस्लिम लड़कियों को बुर्का पहन कर स्कूल जाने पर पाबंदी लगा दी गई। इस प्रकार राज्य द्वारा अपनी बाध्यकारी शक्ति के द्वारा सांस्कृतिक एवं जातीय अल्पसंख्यकों को राष्ट्रीय संस्कृति में समाविष्ट करने का प्रयास किया जाता है। बहुसंस्कृतिवाद उसकी घोर आलोचना करता है क्योंकि उससे अल्पसंख्यक समूहों की संस्कृतियों के नष्ट हो जाने का खतरा है। उनके संरक्षण के लिए वह विभिन्न सांस्कृतिक समूहों को सार्वजनिक क्षेत्र में समुचित रूप से मान्यता और सम्मान दिए जाने की माँग करता है। उसके अनुरूप वह राज्य की नीतियों में बदलाव का पक्षधर है।

बहुसंस्कृतिवाद : उत्पत्ति और विकास

सैद्धांतिक एवं विचारधारात्मक दृष्टिकोण के रूप में बहुसंस्कृतिवाद की उत्पत्ति अमेरिका में 1960 ई. के दशक के अश्वेत आंदोलन से मानी जाती है। वह आंदोलन अमेरिकी लोकतांत्रिक

व्यवस्था के भीतर अश्वेतों के नागरिक अधिकारों को लेकर था। उसी और उसके बाद के दशकों में यूरोप के कई देशों में अपनी पहचान के आधार पर जातीय समूहों द्वारा आंदोलन किए गए। उदाहरण के लिए, कनाडा में फ्रांसीसी भाषा बोलने वाले क्यूबेक, इंग्लैंड में स्कॉटलैंड के निवासी और फ्रांस के कोर्सिका प्रांत में चलाए जाने वाले आंदोलन। इन सभी प्रकार के आंदोलनों में सामाजिक और सांस्कृतिक रूप से अल्पसंख्यक समूहों को हाशिए पर रख दिए जाने को चुनौती दी गई। वस्तुतः इस समस्या का प्रारंभ द्वितीय विश्व युद्ध के बाद हुआ। उस समय बड़े पैमाने पर विभिन्न देशों के लोग दूसरे देशों में गए। यूरोप में युद्धोत्तर आर्थिक पुनर्निर्माण के लिए बड़ी संख्या में मजदूरों की आवश्यकता थी। इस कारण एशिया और अफ्रीका महादेशों से बड़ी संख्या में मजदूर यूरोप गए। इंग्लैंड में भारतीय उप-महाद्वीप और वेस्टइंडीज से, फ्रांस में अल्जीरिया, मोरक्को और ट्यूनिशिया से, तथा अमेरिका में मैक्सिको और लैटिन अमेरिका से आप्रवासी आए। उसका परिणाम यह हुआ कि उन देशों में सांस्कृतिक विविधता बढ़ी। बहुसंस्कृतिवाद के उदय का वह एक प्रमुख कारक बना। पुनः 1990 ई. के दशक में भूमंडलीकरण की प्रक्रिया के कारण विकसित देशों में आप्रवासियों की संख्या और तेजी से बढ़ी। 2013 ई. में प्रकाशित संयुक्त राष्ट्र संघ की एक रिपोर्ट के मुताबिक यह संख्या 23 करोड़ से अधिक पहुँच गई। इसके साथ ही उस दशक में ही पूर्वी यूरोप के देशों (चेकोस्लोवाकिया, रूमानिया, हंगरी, आदि), अल्जीरिया, रवांडा, यूगांडा, अफगानिस्तान, आदि देशों में भयानक जातीय संघर्ष उभरा। उसने भी आप्रवासियों की संख्या को बढ़ा दिया। इन सब का परिणाम यह हुआ कि आज दुनिया के प्रमुख देशों में बहुजातीय, बहुधार्मिक और बहुसांस्कृतिक समाज का विकास हुआ। अब यह एक न बदला जाने वाला तथ्य बन गया। इसलिए आज इन देशों के बीच सबसे बड़ी चुनौती है कि सांस्कृतिक विविधता और राष्ट्रीय एकता के बीच कैसे समन्वय स्थापित किया जाए? बहुसंस्कृतिवाद इसी समस्या का समाधान प्रस्तुत करने का दावा करता है।

बहुसंस्कृतिवाद का प्रयोग सर्वप्रथम 1971 ई. में कनाडा में और 1978 ई. में आस्ट्रेलिया में किया गया। कनाडा पहला देश था जिसने बहुसंस्कृतिवाद को सरकारी नीति के तौर पर अपनाए जाने की घोषणा की। उसके अंतर्गत जातीय अल्पसंख्यकों का समावेश करने के स्थान पर उन्हें स्वीकार करने और मान्यता देने की नीति को स्वीकार किया गया। सांस्कृतिक विविधता के एकीकरण के लिए यही उपयुक्त माना गया। अमेरिका और इंग्लैंड में बहुसंस्कृतिवाद 1980 ई. के दशक में आया। अमेरिका में उसका प्रारंभ स्कूलों के पाठ्यक्रमों के संदर्भ में हुआ। यह तर्क दिया गया कि स्कूलों में पढ़ाए जाने वाले विषयों, इतिहास, साहित्य और सामाजिक विज्ञानों में यूरोप-केंद्रित पक्ष दिखलाई पड़ता है। इसलिए यह प्रश्न खड़ा हुआ कि अमेरिका की शिक्षा में सांस्कृतिक विविधता का समावेश कैसे हो? इस संबंध में बहुसंस्कृतिवाद का प्रमुख तर्क है कि सांस्कृतिक विविधता को सार्वजनिक जीवन में बराबरी के स्तर पर सम्मान मिले और उसकी अभिव्यक्ति के लिए पर्याप्त अवसर हों। इस प्रकार यह राष्ट्र-राज्यों द्वारा अपनाई जानेवाली समावेशी नीति और राष्ट्र को एक समरूप सांस्कृतिक इकाई के रूप में निर्मित करने के प्रयास को अस्वीकार करता है। इसके अनुसार इस पूरी

प्रक्रिया में बहुसंख्यक की संस्कृति को आरोपित किया गया और अल्पसंख्यकों की संस्कृति के साथ भेदभाव होता रहा।

पिछले कुछ दशकों से विद्वानों ने भी बहुसंस्कृतिवाद का सैद्धांतिक विवेचन प्रारंभ किया। इस संबंध में पहली व्यवस्थित विवेचना विल किमलिका (Will Kymlicka) ने 1989 ई. में प्रकाशित अपनी पुस्तक *लिबरलिज्म, कम्युनिटी ऐंड कल्चर* में की। 1995 ई. में प्रकाशित उनकी दूसरी पुस्तक *मल्टीकल्चरल सिटिजेनशिप : ए लिबरल थियरी ऑफ मायनॉरिटि राइट्स* भी बहुचर्चित है। बहुसंस्कृतिवाद के पक्षधर अन्य विद्वानों में चार्ल्स टेलर और भीखू पारिख के नाम प्रमुख हैं। इन विद्वानों में सैद्धांतिक मतभेद हैं। लेकिन उसके बावजूद इनके बीच एक सामान्य सूत्र है। ये सभी राष्ट्र-राज्य की अवधारणा, उसके निर्माण की प्रक्रिया और उसकी नागरिकता के उदारवादी परिप्रेक्ष्य को अस्वीकार करते हैं। इसके साथ ही ये सभी सांस्कृतिक विविधता का सम्मान करते हैं तथा अल्पसंख्यकों की संस्कृति को बराबरी का स्थान दिलाने का प्रयास करते हैं। व्यक्ति समाज में पलता, बढ़ता और जीता है। हर समाज के कुछ आचार-विचार, विश्वास और मूल्य होते हैं। मोटे तौर पर इन्हें हम संस्कृति कहते हैं। इसमें धर्म, भाषा, साहित्य एवं कला शामिल हैं। लेकिन इनमें धर्म और भाषा महत्त्वपूर्ण हैं। व्यक्ति को संस्कृति समाज की परंपरा से प्राप्त होती है। इसलिए संस्कृति एक पीढ़ी से दूसरी पीढ़ी तक हस्तांतरित होती है। लेकिन यह मान लेना गलत होगा कि किसी समाज में एक ही संस्कृति या परंपरा होती है। प्रत्येक समाज में कई संस्कृतियाँ और परंपराएँ होती हैं। उनके अपने-अपने मूल्य और आदर्श होते हैं। किसी समाज की विभिन्न परंपराओं और संस्कृतियों में कुछ प्रभुत्वशाली हो सकती हैं तो कुछ उस प्रभुत्व को चुनौती देने वाली। यह संभव है कि भिन्नताओं के बावजूद उनमें कुछ सामान्य तत्त्व हों जिनकी पहचान की जा सके। दूसरी बात यह है कि परंपरा और संस्कृति कोई स्थिर चीज नहीं हैं। वे गतिशील और सतत् प्रवहमान हैं। बदलती परिस्थितियों के अनुसार उनमें कुछ चीजें जुड़ती और घटती चली जाती हैं। इसलिए हमें यह मान कर चलना होगा कि न तो कोई समाज सांस्कृतिक रूप से एक समरूप इकाई होता है और न ही संस्कृति कोई स्थिर धारणा है। प्रत्येक संस्कृति के भीतर किसी खास समूह द्वारा आधिपत्य स्थापित करने का प्रयास किया जा सकता है तो इसके साथ ही उसको चुनौती देने वाला समूह भी होता है। इसलिए किसी समाज में संस्कृतियों के बीच और किसी संस्कृति विशेष के भीतर वर्चस्व और प्रतिरोध की प्रक्रिया चलती रहती है। इस प्रक्रिया में संस्कृति बदलती है। उदाहरण के लिए, प्राचीन भारतीय संस्कृति के भीतर बौद्ध धर्म एक सशक्त प्रतिरोध आंदोलन था। बाद में चलकर हिंदू और बौद्ध संस्कृति में समन्वय स्थापित हुआ। उसके फलस्वरूप भारतीय संस्कृति भी बदली।

बहुसंस्कृतिवाद : अर्थ

बहुसंस्कृतिवाद कोई सुसंगत विचारधारा नहीं है। लेकिन यह विचारधारात्मक बहस का एक प्रमुख विषय अवश्य है। इसका कोई सुनिश्चित अर्थ नहीं बतलाया जा सकता। इस पर इसके समर्थक विद्वानों में पर्याप्त मतभेद हैं। अवधारणा के स्तर पर इसके दो आयाम है। आज

अधिकांश देशों में बड़े पैमाने पर सांस्कृतिक विविधता है। चाहे उसका आधार, भाषा, धर्म, प्रजाति, जातीय या क्षेत्रीय कुछ भी हो। बहुसंस्कृतिवाद का एक आयाम तो यह है कि यह उस स्थिति की ओर हमारा ध्यान आकर्षित करता है। यह सांस्कृतिक विविधता के तथ्य को हमारे सामने रखता है। इसके अतिरिक्त इसका दूसरा आयाम आदर्शात्मक या मूल्यपरक है। यह सांस्कृतिक विविधता को नकारात्मक नहीं मानता। इसके लिए वह एक सकारात्मक मूल्य है। उसको पर्याप्त सम्मान मिलना चाहिए और उसके संरक्षण की समुचित व्यवस्था होनी चाहिए। इस प्रकार बहुसंस्कृतिवाद एक वास्तविकता के वर्णन के साथ-साथ एक आदर्श भी है। उस आदर्श को व्यवहार में परिणत करने के लिए वह लोकतांत्रिक सरकारों के लिए कुछ नीतियों का सुझाव देता है। उनमें स्कूली पाठ्यक्रमों में विभिन्न संस्कृतियों को स्थान देना, अल्पसंख्यकों की संस्कृतियों को सार्वजनिक मीडिया में अभिव्यक्ति के समान अवसर प्रदान करना, भिन्न संस्कृति को मानने वाले लोगों के लिए 'ड्रेस कोड' से छूट, सांस्कृतिक गतिविधियों के लिए सरकार से आर्थिक सहायता आदि शामिल हैं।

सांस्कृतिक बहुलता की स्थिति कोई नई घटना नहीं है और न ही यह आधुनिक काल की देन है। प्राचीन काल से दुनिया के देशों में भिन्न-भिन्न प्रकार की संस्कृतियों को मानने वाले एक साथ रहते आए हैं। भारत का ही उदाहरण लें। यहाँ भी सदियों से भिन्न धर्मों और मतों को मानने वाले तथा अनेक प्रकार के भाषायी समूह एक साथ रह रहे हैं। इस प्रकार समाज में बहुलता की स्थिति थी। इसका आधार सहिष्णुता की प्रवृत्ति थी। बहुसंस्कृतिवाद इसे स्वीकार तो करता है लेकिन इस बहुलवादी परिप्रेक्ष्य से यह आगे जाता है। इसके अनुसार विविध प्रकार की संस्कृतियों का होना और उनका शांतिपूर्ण सह-अस्तित्व पर्याप्त नहीं है। बहुसंस्कृतिवाद समानता के विचार पर आधारित है। परस्पर-भिन्न संस्कृतियों के बीच परस्पर-समानता इसका केंद्रीय विचार है। इसलिए इसकी माँग है कि सार्वजनिक जीवन में सभी सांस्कृतिक समुदायों को बराबरी का स्थान प्राप्त हो और सभी के संरक्षण की उचित व्यवस्था हो। इसके अनुसार धर्म और भाषा के आधार पर भेदभाव का न होना पर्याप्त नहीं है। इसी तरह किसी देश के द्वारा धार्मिक और भाषायी अल्पसंख्यकों के अधिकारों की व्यवस्था उनके संरक्षण के लिए काफी नहीं। बहुसंस्कृतिवाद का केंद्रीय अर्थ है कि किसी देश के सार्वजनिक जीवन में सभी सांस्कृतिक समूहों को बराबरी की स्थिति। यह उसके बहुलवादी परिप्रेक्ष्य जिसमें विभिन्न संस्कृतियों के शांतिपूर्ण सह-अस्तित्व पर बल है और अल्पसंख्यकों के अधिकारों के सिद्धांत से अलग कर देता है। बहुसंस्कृतिवाद सांस्कृतिक विविधता को राष्ट्रीय एकता के खतरे के रूप में नहीं देखता। वह उसका संरक्षण करना चाहता है। इसलिए वह बहुसंख्यकों की संस्कृति और अल्पसंख्यकों की संस्कृति के बीच असमानता को दूर करना चाहता है। इस प्रकार वह लोकतंत्र के कार्य को विस्तृत करता है। उसके अनुसार कोई शासन-व्यवस्था तभी लोकतांत्रिक कही जा सकती है जब उसमें सांस्कृतिक रूप से अल्पसंख्यकों को बहुसंख्यक लोगों के समान दर्जा प्राप्त हो। सार्वजनिक जीवन में उन्हें अपनी भिन्नता को प्रदर्शित करने के अवसर हों। उस भिन्नता को बहुसंख्यकों द्वारा सहन किए जाने के स्थान पर सम्मान दिया जाता हो।

उदारवादी विचारधारा और भेदभाव

उदारवादी विचारधारा के अनुसार प्रत्येक व्यक्ति राष्ट्र-राज्य का नागरिक है। सभी नागरिकों के समान अधिकार हैं। न्याय की उदारवादी अवधारणा का यही मूल आधार है। व्यक्ति की धार्मिक, भाषायी, जातीय, सांस्कृतिक आदि पहचानों को सार्वजनिक जीवन में कोई स्थान नहीं दिया गया और उन्हें राष्ट्रीय एकीकरण के खतरे के रूप में देखा गया। उदारवाद की मान्यता है कि उनकी अभिव्यक्ति व्यक्ति के निजी जीवन तक सीमित रहे। राष्ट्र-राज्य को 'गलाने वाले बर्तन' (Melting pot) के रूप में देखा गया जिसमें विविधता का कोई अस्तित्व ही नहीं रह जाता। राष्ट्र के स्तर पर एक समरूप संस्कृति का विकास राष्ट्रीय एकीकरण के लिए वांछनीय माना गया। उदाहरण के लिए सार्वजनिक बहस में भारतीय, अमेरिकी या फ्रांसीसी संस्कृति की चर्चा होती है। इसका आशय यह है कि राष्ट्र-राज्य एक समरूप इकाई है जिसकी अपनी एक संस्कृति होती है। इसी में अन्य संस्कृतियों का समावेश हो जाता है। अल्पसंख्यकों को भी समान रूप से नागरिक माना जाता है। राष्ट्र-राज्य में धार्मिक, भाषायी, जातीय आदि आधारों पर कोई भेदभाव नहीं किया जाता। बहुसंस्कृतिवाद उदारवाद के उपर्युक्त आधारों को अस्वीकार कर देता है। उसका तर्क है कि जिसे राष्ट्रीय संस्कृति कहा जाता है उसमें बहुसंख्यकों की संस्कृति का प्रभुत्व होता है। सार्वजनिक क्षेत्र में अल्पसंख्यकों की संस्कृतियों के लिए कोई जगह नहीं होती। इसलिए उदारवादी राष्ट्र-राज्य का यह दावा गलत है कि उसमें भेदभाव का अंत हो जाता है। वस्तुतः अल्पसंख्यकों की संस्कृतियों साथ भेदभाव विभिन्न रूपों में जारी रहता है। अपने कथन के संबंध में बहुसंस्कृतिवाद के सिद्धांतकार निम्न तर्क देते हैं –

1. अल्पसंख्यक समुदायों के प्रति दृष्टि : बहुसंस्कृतिवाद का तर्क है कि आधुनिक यूरोप के राष्ट्र-राज्य में अल्पसंख्यकों को 'पराए' (Others) के नजरिए से देखा जाता है। उन्हें निम्न समझा जाता है। उदाहरण के लिए मुस्लिमों, अफ्रीकी मूल के लोगों, आदिवासी आदि को बर्बर और असभ्य समझा जाता है। इसका परिणाम यह होता है कि राजनीतिक जीवन में वे हाशिए पर रहते हैं। इस दृष्टिकोण का प्रतिबिंब राज्य की संस्थाओं की कार्यप्रणाली में भी देखने को मिलता है। उदाहरण के लिए 2011 ई. में फ्रांस में बुरका पहनकर बाहर निकलने पर प्रतिबंध लगा दिया गया। तत्कालीन फ्रांसीसी राष्ट्रपति ने उसे महिलाओं के उत्पीड़न के रूप में देखा। उसी आधार पर प्रतिबंध को न्यायोचित ठहराया गया। उसी प्रकार बेल्जियम में भी सार्वजनिक स्थानों पर बुरका पहनने पर रोक लगा दी गई। 2014 ई. में मानवाधिकार के यूरोपीय न्यायालय ने फ्रांसीसी सरकार के निर्णय को सही ठहराया। बहुसंस्कृतिवाद का तर्क है कि बुरका पहनना एक धार्मिक प्रतीक माना गया और उस पर रोक लगा दी गई। उसके विपरीत ईसाइयों द्वारा सूली पहनने के व्यवहार को सही माना जाता है। इसी प्रकार फ्रांस में सिक्खों के द्वारा पगड़ी पहनने पर स्कूलों में भेदभाव किया जाता है। बहुसंस्कृतिवादी यह तर्क देते हैं कि इन उदाहरणों से यह स्पष्ट होता है कि दूसरे धर्मों को अनुदारवादी और दमनकारी समझा जाता है। महिलाओं की निम्नतर स्थिति और उनका

उत्पीड़न केवल मुस्लिम समुदायों में ही नहीं है बल्कि सभी धार्मिक समुदायों में कमोबेश यही स्थिति है। दूसरा उदाहरण सार्वजनिक अवकाश का है। पश्चिमी देशों में सामान्यतः रविवार को सार्वजनिक अवकाश घोषित किया गया है। यह ईसाई समुदाय के अनुरूप है। लेकिन अन्य समुदायों को इसे स्वीकार करना पड़ता है। उसके विपरीत यहूदियों के लिए शनिवार और मुस्लिमों के लिए शुक्रवार का दिन धार्मिक महत्त्व रखता है। लेकिन सार्वजनिक जीवन में उनको महत्त्व नहीं दिया जाता। इस प्रकार सार्वजनिक जीवन में बहुसंख्यकों की परंपरा को महत्त्व प्राप्त होता है। उससे अल्पसंख्यक घाटे की स्थिति में रहते हैं।

2. उदारवादी राज्यों में भाषा और शिक्षा : बहुसंस्कृतिवाद का दूसरा तर्क है कि उदारवादी राष्ट्र-राज्यों में भाषा और शिक्षा के प्रति जो नीति अपनाई जाती है, वह भी अल्पसंख्यक समुदायों के प्रति भेदभाव करती है। उदाहरण के लिए राष्ट्र की राजकीय भाषा को लें। प्रायः वह बहुसंख्यकों की भाषा होती है। मसलन कनाडा में अंग्रेज़ी को राजकीय भाषा घोषित किया गया है। उससे फ्रांसीसी भाषा बोलने वाले समुदायों की स्थिति निम्नतर हो जाती है। उस समुदाय के लोगों पर अंग्रेज़ी भाषा सीखने का दबाव पड़ता है क्योंकि उसी से उन्हें नौकरी प्राप्त हो सकती है या सार्वजनिक जीवन में काम-काज कर सकते हैं। इस प्रकार उन पर अंग्रेज़ी सीखने का दबाव भी होता है और आकर्षण भी। उसका परिणाम यह होता है कि अल्पसंख्यक समुदाय के बच्चे न सिर्फ अंग्रेज़ी सीखते हैं बल्कि वे बहुसंख्यकों की संस्कृति को भी अपनाते हैं। उसका फल यह होता है कि वे अपनी संस्कृति, परिवार और अपने समुदाय से कट जाते हैं। उसके अतिरिक्त अपने समुदाय को लेकर उनके मन में हीनता बोध भी पैदा होता है। बहुसंस्कृतिवाद के विचारक पश्चिमी देशों के शिक्षण संस्थानों में अल्पसंख्यकों के प्रति होने वाले भेदभाव को भी अपनी आलोचना का आधार बनाते हैं। उनका तर्क है कि अल्पसंख्यक समुदायों को शिक्षा का समान अवसर प्राप्त नहीं होता। उदाहरण के लिए अमेरिकी शिक्षण संस्थानों में अफ्रीकी मूल के अमेरिकी नागरिकों को भेदभाव का सामना करना पड़ता है। इस संबंध में सबसे खतरनाक उदाहरण आस्ट्रेलिया का है। वहाँ शिक्षण संस्थानों में एशियाई मूल के लोगों को प्रजातीय हिंसा का सामना करना पड़ता है। इसी प्रकार भारत की राजधानी दिल्ली के विश्वविद्यालयों में उत्तर-पूर्व के विद्यार्थियों को प्रजातीय भेदभाव एवं हिंसा का शिकार होना पड़ता है। इसलिए बहुसंस्कृतिवाद का निष्कर्ष है कि उदारवादी लोकतांत्रिक देशों में अल्पसंख्यक समुदायों के प्रति विभिन्न तरीकों से और विभिन्न रूपों में भेदभाव जारी है। वस्तुतः उन देशों में समान नागरिकता और समान अधिकार के बावजूद बहुसंख्यक लाभ और अल्पसंख्यक घाटे की स्थिति में है।

3. संस्कृति और पहचान : उदारवाद के केंद्र में है-व्यक्ति। वह विवेकशील और स्वतंत्र है। उसके अपने हित और अपनी जरूरतें हैं। वह उनको समझने में पूरी तौर पर सक्षम है और उनकी पूर्ति के लिए निरंतर प्रयत्नशील रहता है। इस प्रकार व्यक्ति अपने जीवन का निर्माता स्वयं है। वह स्वायत्त है। उदारवाद व्यक्ति की पहचान उसके इन्हीं गुणों के आधार पर स्थापित करता है। प्रत्येक व्यक्ति अपने आंतरिक विशिष्ट गुणों के लिए जाना जाता है। इसी आधार पर समाज की उदारवादी अवधारणा बनती है। समाज अपने-अपने हितों की

पूर्ति में संलग्न, अपने आप में परिपूर्ण और स्वतंत्र व्यक्तियों का योग मात्र है। ठीक उसी तरह जैसे अणु परमाणुओं का योग मात्र होता है। इसलिए समाज की उदारवादी अवधारणा को परमाणुवादी (Atomistic) कहा जाता है। उदारवाद व्यक्ति संबंधी अपनी अवधारणा को सार्वभौम सत्य के रूप में स्वीकार करता है।

बहुसंस्कृतिवाद उदारवाद की उपर्युक्त अवधारणाओं को स्वीकार नहीं करता। उसके अनुसार व्यक्ति की पहचान व्यक्तिगत न होकर सामूहिक होती है। व्यक्ति अपने सामाजिक-सांस्कृतिक परिवेश से बनता है। उसके आदर्श, मूल्य और व्यवहार के तरीके उसकी संस्कृति से निर्धारित होते हैं। अत: बहुसंस्कृतिवादियों के अनुसार संस्कृति व्यक्ति की पहचान का केंद्रीय कारक है। व्यक्ति को संस्कृति अपने समुदाय या समूह से प्राप्त होती है। वह उसके जीवन को नियमित करती है। इसलिए व्यक्ति की सही और प्रामाणिक पहचान उसके समुदाय के संदर्भ में ही हो सकती है। हर समुदाय की अपनी संस्कृति होती है। प्रत्येक संस्कृति विशिष्ट प्रकार के जीवन मूल्यों की वाहक होती है। उनमें सामान्य तत्त्व भी होते हैं। उसके बावजूद उनकी अपनी विशिष्टता है। व्यक्ति की हर गतिविधि में संस्कृति प्रतिबिंबित होती है। इसलिए बहुसंस्कृतिवाद व्यक्ति की उदारवादी अवधारणा को स्वीकार नहीं करता। वह व्यक्ति को समुदाय के सदस्य के रूप में देखने का पक्षधर है। व्यक्ति अपनी संस्कृति से जुड़ा होता है। उसे उससे अलग कर के नहीं देखा जा सकता। इस प्रकार बहुसंस्कृतिवाद व्यक्ति की सामुदायिक पहचान पर बल देता है।

चार्ल्स टेलर- मान्यता की राजनीति (Politics of recognition)

चार्ल्स टेलर बहुसंस्कृतिवाद के एक प्रमुख सिद्धांतकार हैं। उन्होंने अपने लेख, ''दि पॉलिटिक्स ऑफ रिकगनिशन'' (1994 ई.) में उदारवादी विचारधारा की कमियों का विश्लेषण किया है। इसके साथ ही उन्होंने उनको दूर करने का वैकल्पिक सिद्धांत भी दिया है। टेलर व्यक्ति या व्यक्ति-समूह की पहचान के संबंध में प्रश्न उठाते हैं। हम लोग कौन हैं? हम लोग कहाँ से आ रहे हैं? इनके उत्तर में उनका कहना है कि व्यक्ति या समूह की पहचान उसके द्वारा नहीं बनती। वह बहुत हद तक इस बात से निर्धारित होती है कि समाज के दूसरे लोग उसे किस नजरिए से देखते हैं। यदि लोग किसी व्यक्ति या समूह को मान्यता नहीं देते या उसे निम्न समझते हैं तो इसका उस पर बुरा असर पड़ता है। इसलिए मान्यता नहीं देना या गलत नजरिए से किसी समूह को देखना टेलर की दृष्टि से उत्पीड़न है। वे महिलाओं, अश्वेतों तथा आदिवासियों का उदाहरण देते हैं। यह एक वास्तविकता है कि काफी लंबे समय तक उन्हें हीन समझा जाता रहा। इस प्रकार टेलर के अनुसार व्यक्ति या समूह की पहचान एकालाप (Monologue) की प्रक्रिया न होकर संवादी प्रक्रिया है। इसलिए व्यक्ति अपनी पहचान हमेशा दूसरों के साथ संवाद और संघर्ष के माध्यम से कायम करता है।

टेलर उदारवाद के समान नागरिकता के विचार की समीक्षा करते हैं और वे उसे अपूर्ण मानते हैं। उदारवाद का बुनियादी सिद्धांत है कि सभी व्यक्ति स्वतंत्र हैं। उनकी गरिमा समान

है। सभी को समान रूप से अधिकार प्राप्त हैं। टेलर का तर्क है कि उदारवाद व्यक्तियों की विशिष्टता और उनके बीच भिन्नता की अनदेखी करता है। वह उनके प्रति तटस्थ रवैया अपनाता है। उदारवाद के उपर्युक्त विचारों को सार्वभौम रूप से सत्य समझा जाता है। टेलर उदारवाद के इस दावे को गलत मानते हैं। उनके अनुसार उदारवाद ईसाइयत के एक अवयव के रूप में विकसित हुआ। इस संबंध में वे चर्च-राज्य पृथक्कीकरण का उदाहरण देते हैं। उनका मानना है कि वह विभाजन ईसाई सभ्यता के प्रारंभिक दिनों से मौजूद था। इसी प्रकार वे धर्मनिरपेक्षता को ईसाई शब्दावली का एक अंग मानते हैं। इन आधारों पर टेलर का यह निष्कर्ष है कि उदारवाद सांस्कृतिक रूप से पूर्णतः तटस्थ नहीं है और न ही उसे यह दावा करना चाहिए। उदारवादी लोकतंत्र में बहुसंख्यक एवं प्रभुत्वशाली संस्कृति से भिन्न संस्कृतियों को हाशिए पर रखा गया। उनका दमन किया गया। इसलिए टेलर समान नागरिकता, समान अधिकार और समान गरिमा जैसी उदारवादी अवधारणाओं को एक विशिष्ट संस्कृति का प्रतिबिंब मानते हैं और उन्हें अपूर्ण समझते हैं।

टेलर उदारवादी परिप्रेक्ष्य का विकल्प प्रस्तुत करते हैं। वे 'समान गरिमा की राजनीति' (Politics of equal dignity) के स्थान पर 'मान्यता की राजनीति' (Politics of recognition) को रखते हैं। उनकी दृष्टि में सभी संस्कृतियों के कुछ विशिष्ट गुण होते हैं इसलिए वे भिन्न भी होती हैं। हमें उनकी विशिष्टता का सम्मान करना चाहिए। उनके समान महत्त्व को स्वीकार करना चाहिए। टेलर के अनुसार बहुसंस्कृतिवादी राजनीति के ये मूल सिद्धांत हैं। संस्कृतियों को अपनी विशिष्टताओं के साथ न सिर्फ जीवित रहने का अधिकार है बल्कि उन्हें फलने-फूलने का भी अधिकार है। यह तभी संभव हो सकता है जब उन्हें सार्वजनिक जीवन में मूल्यवान समझा जाए। उन्हें मान्यता दी जाए। इसलिए मान्यता की राजनीति लोगों की मनोवृत्ति के रूपांतरण पर बल देती है। इसके लिए टेलर स्कूलों और विश्वविद्यालयों के पाठ्यक्रमों को संशोधित करने का प्रस्ताव रखते हैं। इन पाठ्यक्रमों में विभिन्न संस्कृतियों को उचित एवं सम्मानजनक स्थान प्राप्त होना आवश्यक है। इस प्रकार टेलर उदारवाद के समान अधिकार और गरिमा के सिद्धांत में सभी संस्कृतियों को समान आदर से जोड़ते हैं। उनकी राय में बहुसंस्कृतिवाद उदारवाद के सिद्धातों को अस्वीकृत नहीं करता बल्कि यह उन्हें और विस्तृत बनाता है। सार्वजनिक जीवन में सभी संस्कृतियों को समान रूप से मान्यता देने से सांस्कृतिक विविधता की रक्षा होती है ओर भेदभाव का भी अंत होता है। इसका परिणाम लोकतंत्र की समृद्धि है।

सांस्कृतिक विविधता की रक्षा कैसे?

बहुसंस्कृतिवाद का मानना है कि प्रत्येक राष्ट्र-राज्य के भीतर अनेक एवं विषम संस्कृतियों का अस्तित्व है। उसके अनुसार सांस्कृतिक विविधता समाज और राष्ट्र के लिए मूल्यवान है। इसलिए उसको बनाए रखना और उसे विकसित होने का अवसर प्रदान करना आवश्यक है। इस संबंध में बहुसंस्कृतिवाद बहुसंख्यक एवं अल्पसंख्यक संस्कृति में अंतर करता है। खतरा पहले को नहीं है क्योंकि व्यवहार में राष्ट्र-राज्य सांस्कृतिक रूप से तटस्थ नहीं रहता।

उसकी नीतियों एवं सार्वजनिक जीवन में बहुसंख्यक संस्कृति का प्रभुत्व होता है। समस्या अल्ससंख्यक संस्कृतियों को लेकर है। उन पर दो तरह के खतरे हैं। पहला खतरा राष्ट्र–राज्य की बाध्यकारी शक्ति का है। उसके माध्यम से अल्पसंख्यक संस्कृतियों को बहुसंख्यक की संस्कृति में समावेश करने का प्रयास किया जाता है। दूसरा खतरा बहुसंख्यक संस्कृति से है। वह सार्वजनिक जीवन में पूरी तौर पर छाया रहता है। उसके परिणामस्वरूप अल्पसंख्यक संस्कृतियों को पर्याप्त महत्त्व प्राप्त नहीं होता। अत: बहुसंस्कृतिवाद की प्रमुख चुनौती यही है कि अल्पसंख्यक संस्कृतियों को किस प्रकार संरक्षण दिया जाए? उसके लिए वह समूहों की भिन्नता पर आधारित अधिकारों (Group differentiated rights) की माँग करता है। उसका तर्क है कि सार्वभौम नागरिकता सभी नागरिकों को समान अधिकार प्रदान करती है। वह सांस्कृतिक तौर पर होने वाले भेदभाव को समाप्त करने के लिए पर्याप्त नहीं है। उसके दो प्रमुख कारण हैं। सार्वभौम नागरिकता के अंतर्गत व्यक्ति को केवल नागरिक यानी राज्य के सदस्य के रूप में देखा जाता हैं। अन्य समुदायों के प्रति उसकी निष्ठा को नकार दिया जाता है जबकि वस्तुत: व्यक्ति एक साथ बहुत सारी पहचानें रखता है और अनेक समुदायों के प्रति उसकी निष्ठा एक साथ रहती है। राज्य की सदस्यता उसकी विभिन्न पहचानों में से एक है। दूसरी बात यह है कि सार्वभौम नागरिकता की अवधारणा में राज्य को सांस्कृतिक रूप से एक समरूप इकाई मान लिया जाता है। व्यवहार में उसका परिणाम बहुसंख्यक संस्कृति के वर्चस्व में होता है। उसे ही वांछनीय समझा जाता है। इसलिए अल्पसंख्यक समुदायों से यह अपेक्षा की जाती है कि वे उसे आत्मसात कर लें। राष्ट्रीय संस्कृति के तर्क के आधार पर उसे वैधता प्राप्त होती है। उससे अल्पसंख्यक संस्कृतियाँ हाशिए पर चली जाती हैं। बहुसंस्कृतिवाद सार्वभौम नागरिकता के साथ समूहों की भिन्नता पर आधारित अधिकारों की माँग करता हैं। राज्य के नागरिक के रूप में व्यक्ति के अधिकार तो प्राप्त हैं ही। बहुसंस्कृतिवाद उससे आगे बढ़कर सांस्कृतिक समुदाय के सदस्य के रूप में भी व्यक्ति को अधिकार प्रदान करने की माँग करता है। उसके अनुसार विभिन्न समूहों की भिन्नताओं के आधार पर अधिकार प्राप्त होने चाहिए। इस प्रकार वह अल्पसंख्यक समूहों के लिए विशेष अधिकारों की माँग करता है। उसकी दो स्थितियाँ हैं। पहली स्थिति में अल्पसंख्यक समुदायों के व्यक्तियों को विशिष्ट अधिकार प्राप्त होते हैं। दूसरी स्थिति में उन समुदायों को सामूहिक रूप से विशेष अधिकार प्रदान किए जाते हैं। बहुसंस्कृतिवाद इन दोनों स्थितियों में विशेष अधिकारों की व्यवस्था की वकालत करता है। उसके अनुसार सांस्कृतिक विविधता की रक्षा इसी माध्यम से की जा सकती है। इसके साथ ही उससे राष्ट्रीय एकता के लक्ष्य की प्राप्ति भी संभव है। विभिन्न सांस्कृतिक समुदायों को विशेष अधिकार प्रदान करना राष्ट्रीय एकीकरण के लिए खतरा नहीं हैं। बहुसंस्कृतिवाद का दृढ़ मत है कि उससे अल्पसंख्यक समुदायों के अंतर्गत असुरक्षा की भावना समाप्त हो सकेगी। उसके फलस्वरूप राष्ट्र–राज्य के प्रति उन समुदायों की निष्ठा और मजबूत हो सकेगी और एक एकीकृत एवं सशक्त राष्ट्र का निर्माण संभव होगा।

बहुसंस्कृतिवाद के प्रमुख विचारक विल किमलिका उदारवादी विचारधारा की 'समरूप नागरिकता' (Uniform citizenship) के स्थान पर 'विभिन्नीकृत नागरिकता' (Differentiated citizenship) की अवधारणा प्रस्तुत करते हैं। उनका मूल तर्क है कि विभिन्न समूहों के मूल्य और लक्ष्य भिन्न हैं। उन्हें सरकारों द्वारा स्वीकार किया जाना चाहिए। यह न्यायोचित व्यवहार के लिए आवश्यक है। किमलिका यह स्वीकार करते हैं कि नागरिकों को, चाहे वे किसी संस्कृति के सदस्य हों, बुनियादी मानवाधिकार अनिवार्य रूप से प्राप्त होने चाहिए। उसके साथ-साथ वे सांस्कृतिक समुदायों के विशेष अधिकारों का समर्थन करते हैं। किमलिका संस्कृति और सांस्कृतिक समुदाय को पर्यायवाची मानते हैं। उनके अनुसार किसी सांस्कृतिक समुदाय का अपना इतिहास होता है। उसकी अपनी भाषा होती है। उस समुदाय के सदस्य उन्हें पीढ़ी-दर-पीढ़ी साझा करते हैं। किमलिका की राय में सांस्कृतिक अल्पसंख्यक कई प्रकार के हो सकते हैं। उनमें किसी क्षेत्र विशेष तक सीमित कोई समूह हो सकता है। भारत के मुसलमानों की तरह राष्ट्रीय अल्पसंख्यक हो सकते हैं। उसी प्रकार शरणार्थियों या आप्रवासियों के समूह सांस्कृतिक रूप से अल्पसंख्यक हो सकते हैं। उदाहरण के लिए इराक में कुर्दों, सूडान में ईसाइयों और भारत में मुसलमानों को विशेष सांस्कृतिक अधिकारों की पात्रता बनती है। उसका आधार यह है कि उनमें बहुसंख्यकों से असुरक्षा की भावना हो सकती हैं। किमलिका समलैंगिक समूहों और भिन्न जीवन शैली को मानने वाले समूहों को सांस्कृतिक रूप से अल्पसंख्यक नहीं मानते। इसलिए वे इन्हें विशेष सांस्कृतिक अधिकार देने का समर्थन नहीं करते। उन्होंने अल्पसंख्यक सांस्कृतिक समुदायों के विशेष अधिकारों को तीन वर्गों में बाँटा हैं : 1. सांस्कृतिक अधिकार जिसे वे 'पॉलीइथनिक राइट्स' कहते हैं; 2. स्वशासन संबंधी अधिकार; और 3. विशेष प्रतिनिधित्व का अधिकार। इन पर विस्तृत चर्चा आवश्यक है।

1. सांस्कृतिक अधिकार : किमलिका जातीय (Ethnic) या धार्मिक अल्पसंख्यकों के विशेष प्रकार के सांस्कृतिक अधिकारों का समर्थन करते हैं। किसी देश में अल्पसंख्यक समूह प्राय: दूसरे देशों से आनेवाले आप्रवासियों से बनते हैं। उदाहरण के लिए आस्ट्रेलिया में एशियाई मूल के लोग उसी श्रेणी में आते हैं। धार्मिक अल्पसंख्यक समूह धार्मिक आधार पर पहचाने जाते हैं। बहुसंस्कृतिवादियों की माँग है कि जातीय एवं धार्मिक अल्पसंख्यकों को अपनी सांस्कृतिक विशिष्टता को बनाए रखने तथा सार्वजनिक जीवन में उसे अभिव्यक्त करने का पूरा अधिकार होना चाहिए। उसके लिए राज्य द्वारा सक्रिय भूमिका निभाना आवश्यक हैं। उस भूमिका को बहुसंस्कृतिवादी महत्त्वपूर्ण रूप से दो रूपों में देखते हैं। पहला राज्य के कुछ कानूनों से अल्पसंख्यक समूहों को छूट देना है। उदाहरण के लिए यहूदियों और मुस्लिमों को पशु वध कानूनों के प्रावधानों से मुक्त रखा जा सकता है। इसी प्रकार मुस्लिम लड़कियों को स्कूल के ड्रेस कोड से छूट दी जा सकती हैं। इस संबंध में भारत का उदाहरण प्रासंगिक है। भारतीय संविधान द्वारा नागरिकों को प्रदान की गई स्वतंत्रताओं में बिना शस्त्र शांतिपूर्ण ढंग से एकत्र होने का अधिकार है। लेकिन सिक्ख समुदायों के लोगों को इस प्रावधान से छूट है। उन्हें सार्वजनिक क्षेत्र में कृपाण धारण करने का अधिकार है। उसके पीछे यह मान्यता है कि कृपाण सिक्खों का धार्मिक प्रतीक है।

अल्पसंख्यक समुदायों के सांस्कृतिक अधिकारों की रक्षा में राज्य की सक्रिय भूमिका का दूसरा रूप उन समुदायों की सहायता है। बहुसंस्कृतिवाद की माँग है कि सार्वजनिक क्षेत्र में

उनकी अभिव्यक्ति के अवसर उपलब्ध कराने में राज्य को सहायता करनी चाहिए। वह उन समुदायों के शिक्षण संस्थानों को राज्य द्वारा आर्थिक सहायता के रूप में हो सकती हैं। इसी प्रकार अल्पसंख्यकों की भाषाओं को संरक्षित करने के लिए उन्हें राजकीय भाषा में शामिल किया जा सकता हैं। पुन: यहाँ भारत का उदाहरण देना ठीक है। भारतीय संविधान द्वारा भाषाओं को मान्यता दी गई है। उनमें असमी, बंगला, कश्मीरी, मराठी आदि क्षेत्रीय भाषाएँ भी शामिल हैं। भाषा किसी समुदाय की संस्कृति का एक प्रमुख आधार है। उसी के द्वारा संस्कृति एक पीढ़ी से दूसरी पीढ़ी तक हस्तांतरित होती हैं। इसलिए बहुसंस्कृतिवादी अल्पसंख्यकों की भाषाओं को विशेष संरक्षण प्रदान करने की माँग रखते हैं।

2. स्वशासन संबंधी अधिकार : किमलिका राष्ट्रीय अल्पसंख्यक समूहों को स्वशासन का अधिकार प्रदान करने के पक्षधर हैं। उन समूहों से उनका आशय अपने ही देश के लोगों से है जो किसी क्षेत्र विशेष में निवास करते हैं। उनकी एक सामान्य संस्कृति हो जिसमें एक सामान्य भाषा भी शामिल है। उदाहरण के लिए भारत के कर्नाटक प्रांत के कन्नड़ भाषी उसी समूह के अंतर्गत आते हैं। राष्ट्रीय अल्पसंख्यक समूहों को क्षेत्र विशेष में स्वशासन का अधिकार प्राय: संघीय ढाँचे के भीतर प्रदान किया जाता है। उसके भीतर इकाइयों को पर्याप्त राजनीतिक स्वतंत्रता प्राप्त होती है। उसका उद्देश्य स्वशासन के अधिकारों द्वारा अपनी भाषायी एवं अन्य सांस्कृतिक विशिष्टताओं का संरक्षण करना है।

3. विशेष प्रतिनिधित्व का अधिकार : किमलिका किसी देश के सार्वजनिक जीवन में विविधता को संरक्षण देना चाहते हैं। इस संबंध में उनके विचारों के केंद्र में वे अल्पसंख्यक एवं वंचित समूह हैं जिन्हें राज्य की संस्थाओं में पर्याप्त प्रतिनिधित्व प्राप्त नहीं हुआ है। इसके लिए वे उन समूहों को राज्य द्वारा आरक्षण देने का समर्थन करते हैं। उनकी दृष्टि में इसके माध्यम से उन समूहों की राजनीतिक भागीदारी सुनिश्चित हो सकती है। इसके साथ ही सार्वजनिक नीति निर्माण में विविध हितों को उचित प्रतिनिधित्व मिल सकेगा। इसलिए बहुसंस्कृतिवादी अल्पसंख्यकों को पर्याप्त प्रतिनिधित्व प्रदान करने के लिए विशेष संरक्षण या सकारात्मक भेदभाव की माँग करते हैं। यहाँ यह उल्लेखनीय है कि भारतीय संविधान द्वारा अनुसूचित जाति और जनजाति के लोगों को वंचित समूह के रूप में पहचाना गया। उनके लिए विधायिका और सरकारी नौकरियों में आरक्षण की व्यवस्था की गई। उसका उद्देश्य शासन में उनकी भागीदारी सुनिश्चित करना है।

अल्पसंख्यक सांस्कृतिक समूहों के विशेष अधिकारों से संबंधित महत्त्वपूर्ण प्रश्न उठते हैं। क्या किसी संस्कृति विशेष के सारे आचार–विचार नैतिक रूप से सही माने जा सकते हैं? क्या सांस्कृतिक अधिकारों के नाम पर महिलाओं के लिए परदा प्रथा या उनकी मर्जी के बगैर उनका विवाह तथा पैतृक संपत्ति में उत्तराधिकार से उन्हें वंचित करना न्यायोचित हो सकता है? क्या संस्कृति की आड़ में छूआछूत जायज है? ये सभी प्रश्न किसी संस्कृति के अंतर्गत व्यक्ति के अधिकार से संबंधित हैं। बहुसंस्कृतिवाद का सबसे बड़ा खतरा यही है कि समूह के अधिकार के नाम पर व्यक्ति के अधिकारों का हनन न हो जाए। किमलिका इस समस्या का समाधान करने का प्रयास करते हैं। वे विभिन्न संस्कृतियों को दूसरी संस्कृतियों से बाह्य सुरक्षा (External protection) का समर्थन करते हैं। उससे उनका आशय यह है कि अल्पसंख्यक संस्कृतियों को बहुसंख्यकों की संस्कृति से सुरक्षा मिलनी चाहिए। उनके अधिकारों का सम्मान किया जाना चाहिए। लेकिन किमलिका किसी सांस्कृतिक समूह के उन अधिकारों का समर्थन नहीं करते जो उसके सदस्यों के व्यक्तिगत अधिकारों का उल्लंघन करते हैं। वे व्यक्ति के बुनियादी अधिकारों पर उसकी संस्कृति के आंतरिक नियंत्रण (Internal restriction) को न्यायोचित नहीं मानते। उनका तर्क है कि 'विभिन्नीकृत नागरिकता' का आशय यही है कि सभी नागरिक अपने बुनियादी अधिकारों का उपभोग करें। इस प्रकार किमलिका विशेष सांस्कृतिक अधिकार और व्यक्ति के अधिकारों के बीच समन्वय कायम करने का प्रयास करते हैं।

बहुसंस्कृतिवादी विचारक भीखू पारिख 2000 ई. में प्रकाशित अपनी पुस्तक *रिथिंकिंग मल्टीकल्चरलिज्म : कल्चरल डायवर्सिटी ऐंड पॉलिटिकल थियरी* में उपर्युक्त समस्या का किमलिका से भिन्न समाधान प्रस्तुत करते हैं। वे विभिन्न संस्कृतियों के बीच संवाद की बात करते हैं। वे उसे बहुसांस्कृतिक समाज के लिए आवश्यक मानते हैं। संवादी प्रक्रिया से गुजरते हुए संस्कृतियों के बीच आदान-प्रदान होता है और उनके विकास की प्रक्रिया आगे बढ़ती है। इस बात से इनकार नहीं किया जा सकता कि बहुसंख्यकों और अल्पसंख्यकों के बीच संवाद होना चाहिए। लेकिन उसका सामान्य और न्यायोचित आधार क्या हो? पारिख के अनुसार समाज के प्रचलित सार्वजनिक मूल्यों के आधार पर संवाद की प्रक्रिया चल सकती है। वे उन मूल्यों की पहचान तीन स्तरों पर करते हैं। पहला स्तर संविधान में वर्णित मूल्यों का है। दूसरे स्तर पर विभिन्न कानूनों में अंतर्निहित मूल्य हैं। वे नागरिकों के दैनिक जीवन के विशिष्ट पहलुओं से संबंधित होते हैं। तीसरे स्तर पर नागरिकों के आपसी संबंधों को नियमित करने वाले मूल्य हैं जो नागरिक संस्कृति (Civic culture) के अंग होते हैं। पारिख का तर्क है कि उन प्रचलित मूल्यों के आधार पर संस्कृतियों के बीच संवाद हो सकता है। वह कई स्तरों पर संभव है। बहुसंख्यक और अल्पसंख्यक समुदाय के लोग मूल्यों के आधार पर एक-दूसरे की सांस्कृतिक परंपराओं पर संवाद कर सकते हैं। पुनः यह प्रक्रिया किसी सांस्कृतिक समुदाय के भीतर उसके सदस्यों के बीच भी चल सकती है। विभिन्न संस्कृतियों के बीच संवाद से यह बात स्पष्ट हो सकती है कि किसी संस्कृति के कुछ पहलू संविधान में उल्लिखित मूल्यों के विपरीत हैं। भारत के मुस्लिम समुदाय में प्रचलित तीन तलाक से संबंधित बहस उसका अच्छा उदाहरण है। सांस्कृतिक संवाद की स्थिति में कोई संस्कृति अपने पुराने रूप में नहीं रह सकती और कुछ मूल्यों पर आम सहमति संभव है। इसलिए पारिख बहुसांस्कृतिक समाज में सांस्कृतिक संवाद की प्रक्रिया पर बल देते हैं।

बहुसंस्कृतिवाद की आलोचना

बहुसंस्कृतिवाद द्वारा उठाए गए सैद्धांतिक प्रश्नों, माँगों और उनके आधारों पर होने वाली राजनीति की चौतरफा आलोचना हुई। उनमें उदारवादी, नारीवादी और मार्क्सवादी लेखक शामिल हैं। हालाँकि कुछ उदारवादी यह स्वीकार करते हैं कि सांस्कृतिक विविधता को संरक्षण प्राप्त होना चाहिए। लेकिन कुछ समूहों के अधिकार की अवधारणा के कट्टर आलोचक हैं।

उदारवादियों द्वारा आलोचना

बहुसंस्कृतिवाद की उदारवादी आलोचना में निम्न प्रमुख हैं –

1. पहचान की राजनीति राष्ट्रीय एकता के लिए खतरनाक है : बहुसंस्कृतिवाद व्यक्ति की सामूहिक पहचान पर बल देता है। उसकी मान्यता है कि समूहों के बीच भिन्नताएँ है। उनकी भिन्नताओं और विशिष्टताओं के लिए उन्हें अधिकार प्रदान करना आवश्यक है। उसके विपरीत उदारवादियों का तर्क है कि समूहों को अधिकार प्रदान करने से पहचान की राजनीति को बढ़ावा मिलता है। इसका कारण है कि प्रत्येक समूह सरकार से अपने अधिकारों के लिए सौदेबाजी का प्रयास करेगा। इतना ही नहीं, वह अपनी अलग पहचान के आधार पर राजनीति करेगा। बहुसंस्कृतिवादी समूहों की भिन्नता पर अधिक बल देते हैं। पर उस स्थिति में समाज में विभिन्न समूहों के बीच एकता की संभावना खत्म हो जाएगी। इस प्रकार राष्ट्रीय एकता खतरे में पड़ जाएगी।

2. बहुसंस्कृतिवाद व्यक्ति की स्वतंत्रता का विरोधी है : बहुसंस्कृतिवाद समूहों के अधिकारों पर बल देता है। उनका संरक्षण उसकी प्रमुख चिंता है। उसके विरुद्ध उदारवादियों का तर्क है कि बहुसंस्कृतिवाद व्यक्ति पर एक तरह का समष्टिवाद आरोपित करता है। वह उसके अधिकारों और स्वतंत्रताओं को समूह की मर्जी पर छोड़ देता है। हर समूह में कुछ प्रभावशाली लोगों का वर्चस्व होता है। समूह की संस्कृति के नाम पर निहित स्वार्थों का संरक्षण भी संभव है। अत: उदारवादियों का तर्क है कि उस स्थिति में समूहों को अधिकार संपन्न बना देने पर व्यक्ति की स्वतंत्रता और उसके द्वारा अपने समूह के प्रतिरोध की संभावना खत्म हो जाती है।

3. कोई भी सांस्कृतिक समूह समरूप एवं निश्चित इकाई नहीं है : बहुसंस्कृतिवादी, सांस्कृतिक समूहों को निश्चित एवं समरूप इकाई मानते हैं। इसलिए उन्हें अधिकार प्रदान किए जाने का समर्थन करते हैं। उदारवादी उससे सहमत नहीं हैं। उनके अनुसार प्रत्येक समूह के अंतर्गत भी सांस्कृतिक विविधताएँ होती हैं। उसकी परंपराएँ एक–दूसरे को काटती है। उसके अतिरिक्त संस्कृति कोई बंद इकाई नहीं होती। विभिन्न संस्कृतियों के बीच आदान–प्रदान की प्रक्रिया चलती रहती है। वर्तमान में भूमंडलीकरण के दौर में वह और तेज हो गई है। इसलिए प्रत्येक संस्कृति का स्वरूप बहुल और विविधतापूर्ण है। उस स्थिति में संस्कृति के आधार पर समूहों की पहचान कठिन है।

नारीवादियों द्वारा आलोचना

नारीवादी और बहुसंस्कृतिवादी दोनों समूहों की भिन्नता को स्वीकार करते हैं। उनके बीच इस बात पर भी सहमति है कि उदारवादी लोकतंत्र में कुछ समूह वंचितों की श्रेणी में हैं। उनके अधिकारों को पर्याप्त संरक्षण प्राप्त नहीं हुआ। लेकिन नारीवादियों का यह भी मानना है कि बहुसंस्कृतिवाद नारीवाद के लिए खतरा है। कई संस्कृतियों में ऐसी प्रथाएँ प्रचलित हैं जो महिलाओं के लिए अपमानजनक होती हैं और उनके अधिकारों का अतिक्रमण करती हैं। उनके अधिकारों को मान्यता देने का परिणाम महिलाओं के प्रति होने वाले शोषण और

भेदभाव को बनाए रखना है। उदाहरण के लिए 1980 ई. के दशक में फ्रांसीसी सरकार द्वारा आप्रवासियों को एक से अधिक पत्नी लाने की अनुमति दी गई। उससे फ्रांस में बहुपत्नी वाले परिवारों की संख्या काफी बढ़ गई। इसी प्रकार लैटिन अमेरिका, पश्चिमी अफ्रीका और दक्षिण-पूर्व एशिया के कुछ हिस्सों में बलात्कारी को अपराध से मुक्त कर दिया जाता है यदि वह पीड़िता से विवाह कर लेता है। इन आधारों पर नारीवादी बहुसंस्कृतिवाद को नारी विरोधी मानते हैं। उनकी आलोचनाएँ निम्न बिंदुओं पर आधारित हैं :-

1. बहुसंस्कृतिवाद समूह की आंतरिक असमानता के प्रति उदासीन है : बहुसंस्कृतिवाद विभिन्न समूहों के मध्य समानता स्थापित करने का पक्षधर है। इसलिए वह अल्पसंख्यक समूहों को विशेष संरक्षण देने की माँग करता है। उस संबंध में नारीवादियों की आलोचना है कि वह समूह विशेष के भीतर की असमानताओं के प्रति उदासीन है। प्रत्येक समूह के अंतर्गत लैंगिक एवं अन्य आधारों पर असमानता होती है। उसके संबंध में बहुसंस्कृतिवादी मौन हैं।

2. बहुसंस्कृतिवाद लैंगिक भेदभाव को बनाए रखना चाहता है : नारीवादियों का तर्क है सभी संस्कृतियों में महिलाओं के प्रति भेदभाव वर्तमान है। उन्हें पुरुषों से निम्न स्थिति प्रदान की गई है। प्रत्येक संस्कृति पितृसत्ता को मजबूत करने में सहायक है क्योंकि उसका कार्य व्यक्तियों के व्यवहार को नियमित करना है। बहुसंस्कृतिवादी सांस्कृतिक समूहों को अधिकार सम्पन्न बनाए जाने के पक्षधर हैं। उसका आशय यह है कि प्रत्येक संस्कृति अपने पितृसत्तात्मक मूल्यों को बनाए रखने में सक्षम होगी। उस स्थिति में महिलाओं का शोषण चलता रहेगा। इसलिए नारीवादी बहुसंस्कृतिवाद को लैंगिक शोषण का पक्षधर मानते हैं। इस संबंध में मुस्लिम एवं अन्य धर्मों की महिलाओं का उदाहरण लें। सांस्कृतिक एवं धार्मिक परंपरा के नाम पर उनको परदे में रखा जाता है। बहुसंस्कृतिवाद उसके लिए राज्य का हस्तक्षेप उचित नहीं मानता। इसका परिणाम यही है कि महिलाओं की यह निम्न स्थिति बनी रहेगी।

3. बहुसंस्कृतिवाद सार्वजनिक और निजी क्षेत्र के भेद को स्वीकार करता है : बहुसंस्कृतिवाद सार्वजनिक क्षेत्र में सभी समूहों को बराबरी का दर्जा देने की माँग करता हैं। उस रूप में अप्रत्यक्ष रूप से वह सार्वजनिक क्षेत्र और निजी क्षेत्र के मध्य अंतर को स्वीकार करता है। उस संबंध में नारीवादियों का कहना है कि बहुसंस्कृतिवाद सार्वजनिक क्षेत्र के भेदभाव को तो समाप्त करना चाहता है लेकिन परिवार जैसी निजी क्षेत्र की संस्थाओं में होने वाले भेदभाव के संबंध में पूरी तौर पर मौन है।

मार्क्सवादियों द्वारा आलोचना

बहुसंस्कृतिवाद की आलोचना मार्क्सवादी भी करते हैं। उनके लिए संस्कृति आर्थिक कारकों द्वारा निर्धारित होती है। इसलिए वे संस्कृति को वर्गीय आधार पर समझने का प्रयास करते हैं। संस्कृति प्रभुत्वशाली वर्ग के हितों का पोषण करती है। अत: मार्क्सवादियों द्वारा की गई आलोचना वर्गीय परिप्रेक्ष्य में की जाती है। उनकी आलोचना का प्रमुख बिंदु यही है कि बहुसंस्कृतिवाद संस्कृति को मुद्दा बनाता है। उस रूप में वह समाज के विभिन्न वर्गों के बीच असमानता की पहचान को धुँधला कर देता है। उसके साथ ही वह समाज के कमजोर वर्गों

के लिए सामान्य हित जैसे- गरीबी, बेरोजगारी, शोषण आदि पर आधारित संघर्ष की संभावना को खत्म कर देता है। वह पहचान की राजनीति का पक्षधर है लेकिन आर्थिक संसाधनों का पुनर्वितरण उसकी प्राथमिकताओं की सूची में नहीं है।

बहुसंस्कृतिवाद उदारवाद की आलोचना करता है। उसकी यह बात कुछ हद तक सही है कि उदारवादी लोकतांत्रिक देशों में राजनीतिक संस्थाओं और राजनीति में बहुसंख्यक समुदाय की संस्कृति को ज्यादा महत्त्व प्राप्त है। यह भी स्वीकार किया जा सकता है कि सांस्कृतिक विविधता की रक्षा होनी चाहिए। लेकिन बहुसंस्कृतिवाद कोई वैकल्पिक व्यवस्था प्रस्तुत करने में असफल रहा है। वह उदारवाद का ही परिमार्जन करता है। लेकिन इस क्रम में वह गंभीर अंतर्विरोध में फँस जाता है। प्रत्येक संस्कृति के भीतर किसी समूह विशेष का वर्चस्व होता है। एक सशक्त परंपरा होती है। बहुसंस्कृतिवाद इस समस्या का समाधान प्रस्तुत नहीं करता कि यदि किसी संस्कृति के मूल्य एवं व्यवहार के प्रतिमान व्यक्ति की स्वतंत्रताओं के विरुद्ध हों तो फिर वह अपनी संस्कृति के भीतर प्रभुत्वशाली परंपरा का विरोध कैसे करे? इसके समाधान के लिए किमलिका और पारिख उदारवाद का ही सहारा लेते हैं। बहुसंस्कृतिवाद की दूसरी प्रमुख असफलता भूमंडलीकरण के दौर में विश्व बाजार के प्रभुत्व पर चुप्पी है। इस दौर में पूरे विश्व के स्तर पर सर्वग्रासी उपभोक्तावादी संस्कृति हावी है। सांस्कृतिक बहुलता को सबसे अधिक खतरा इसी से है। बहुसंस्कृतिवाद भूमंडलीय गाँव, बाजार का विश्वव्यापी फैलाव और बहुराष्ट्रीय कंपनियों के विशाल आर्थिक ढाँचे को बनाए रखना चाहता है। वह उनके साथ-साथ सांस्कृतिक विविधता की रक्षा करना चाहता है। वे दोनों घोर विरोधी हैं। पहले से संघर्ष किए बिना दूसरे की रक्षा संभव ही नहीं।

◂ सहायक पुस्तकों एवं लेखों की सूची ▸

◂ पुस्तकें

किमलिका, विल, *मल्टीकल्चरल सिटिजेनशिप: ए लिबरल थियरी ऑफ मायनॉरिटि राइट्स*, ऑक्सफोर्ड यूनिवर्सिटी प्रेस, 1995.

किमलिका, विल, *लिबरलिज्म, कम्यूनिटी ऐंड कल्चर*, ऑक्सफोर्ड: क्लेरेडॉन,1989.

पारिख, भीखू, *रिथिकिंग मल्टीकल्चरलिज्म*, पैलग्रेव न्यूयार्क, 2000.

महाजन, गुरुप्रीत, *दि मल्टीकल्चरल पाथ: इसूज ऑफ डायवर्सिटी ऐंड डिस्क्रिमिनेशन इन डेमॉक्रेसी*, सेज प्रकाशन, नई दिल्ली, 2002

वाट्सन, सी.डब्लू., *मल्टीकल्चरलिज्म*, वाइवा बुक्स प्रा.लि., नई दिल्ली, 2002.

हेवुड, एन्ड्रियू, *पॉलिटिकल आयडियोलॉजिज: एन इंट्रोडक्शन*, पॉलग्रेव मैकमिलन, इंग्लैंड, पुनर्मुद्रण 2014.

◂ लेख

टेलर, चार्ल्स, ''दि पॉलिटिक्स ऑफ.रिकगनिशन'', ए. गुटमान द्वारा संपादित *मल्टीकल्चरलिज्म ऐंड दि पॉलिटिक्स ऑफ रिकगनिशन* में संकलित, प्रिन्सटन यूनिवर्सिटी प्रेस, 1993, पृ. 25-74.

रामास्वामी, सुशीला, ''दि इनकम्पलीटनेस ऑफ दि मल्टीकचरलिस्ट एजेंडा : ओवरलुकिंग दि नीड फॉर ए शेयर्ड आइडेंटीटी'', *इकॉनॉमिक ऐंड पॉलिटिकल वीकली*, सितंबर 15, 2007, पृ. 3790-3796.

12

सामुदायिकवाद

प्रत्येक विचारधारा समय और स्थान विशेष में उत्पन्न होती है। विशेष रूप से संकटकालीन परिस्थितियाँ इसके लिए ज्यादा उर्वर होती हैं। सामुदायिकवाद (Communitarianism) 1980 ई. के दशक में अमेरिका में प्रमुखता से उभरा। इसके लिए वहाँ की आर्थिक, सामाजिक, राजनीतिक और सांस्कृतिक स्थितियाँ उत्तरदायी थीं। 1980 ई. के दशक के प्रारंभ से वहाँ आर्थिक क्षेत्र में उदारीकरण की प्रक्रिया प्रारंभ हुई। इसके फलस्वरूप बाजार को सरकारी नियंत्रण से मुक्त रखने के प्रयास हुए। इससे व्यक्तियों के बीच आर्थिक हितों पर आधारित गलाकाट प्रतियोगिता प्रारंभ हुई। इसी दौर में अमेरिकी समाज में विघटन की स्थिति गंभीर होने लगी। अमिटेई इट्जियोनी के अनुसार तलाक की संख्या में वृद्धि के कारण परिवार समाप्त होने लगे। लोगों में सामाजिक उत्तरदायित्वों से मुँह मोड़ लेने की प्रवृत्ति प्रमुख हो गई। अपराध और हिंसा में भी अत्यधिक वृद्धि देखने को मिली। इस प्रकार अमेरिकी समाज में अव्यवस्था की स्थिति चिंतनीय थी। राजनीति में भी अमेरिकी नागरिकों की रुचि कम हुई। इसके फलस्वरूप उनकी भागीदारी में कमी आई। यह नागरिकों के घटते मतदान प्रतिशत से स्पष्ट होता है। संस्कृति भी इन परिस्थितियों से अछूती नहीं रही। अमेरिका को उदारवादी संस्कृति के देश के रूप में जाना जाता है। लेकिन 1960 ई. के दशक में वहाँ प्रति-संस्कृति ने स्थापित सांस्कृतिक मूल्यों के समक्ष गंभीर चुनौती प्रस्तुत की।

कुछ विद्वानों ने इन संकटों का समाधान सामुदायिकवाद को माना। नतीजा यह हुआ कि 1980 ई. के दशक से व्यक्ति की स्वतंत्रता और राज्य के हस्तक्षेप से मुक्त स्वतंत्र बाजार व्यवस्था के प्रबल पक्षधर स्वतंत्रतावाद और सामुदायिकवाद के बीच तीखी बहस प्रारंभ हुई। सैद्धांतिक तौर पर सामुदायिकवाद को स्वतंत्रतावाद के विरुद्ध एक प्रतिक्रिया के रूप में देखा जाता है। सामुदायिकवाद का पक्ष रखने वाले विचारकों में अमेरिका के एम. सैंडेल (*लिबरिलिज्म ऐंड दि लिमिट्स ऑफ जस्टिस* : 1982 ई.), ब्रिटिश चिंतक मैकिनटायरे (*ऑफ्टर वर्चू* : 1981 ई.), कनाडा के एम. वाल्जर (*स्फीयर्स ऑफ जस्टिस* : 1983 ई.) और चार्ल्स टेलर (*सोर्सेज ऑफ दि सेल्फ* : 1990 ई.) के नाम प्रमुख हैं। इनके अतिरिक्त जे. राज और विल किमलिका का योगदान भी प्रमुख है। अमेरिका में अमिटेई इट्जियोनी ने सामुदायिकवाद को एक सामाजिक आंदोलन का रूप देने का प्रयास किया। सामुदायिकवादी चिंतकों पर यूनानी चिंतन के साथ-साथ हीगल और रूसो के विचारों का प्रभाव है। सामुदायिकवादी विचारक राजनीतिक चिंतन में व्यक्ति केंद्रित परिप्रेक्ष्य के स्थान पर सामुदायिक परिप्रेक्ष्य का समर्थन

करते हैं। इस स्थिति में व्यक्ति की स्वतंत्रता और अधिकार को सर्वाधिक महत्त्व देने वाली विचारधारा, उदारवाद से इनकी असहमति है। हालाँकि राज जैसे सामुदायिकवादी विचारक उदारवादी माने जाते हैं।

समुदाय का महत्त्व

सामुदायिकवादी पश्चिम के औद्योगिक रूप से विकसित पूँजीवादी एवं उदारवादी समाजों की समस्याओं से सरोकार रखते हैं। उदारवादी राजनीतिक सिद्धांत और पूँजीवादी अर्थव्यवस्था में व्यक्ति स्वतंत्र इकाई है। वह अपने स्वार्थों की पूर्ति के लिए प्रयास करता है। इससे समाज की अणुवादी अवधारणा बनती है। समाज विभिन्न स्वतंत्र एवं पृथक व्यक्तियों (अणुओं की तरह) का योग मात्र है। इस स्थिति में सामाजिक बंधन और दायित्व की कोई जगह नहीं रह जाती। इसका परिणाम व्यक्ति के अकेलेपन में होता है। सामुदायिकवादियों का कहना है कि उदारवादी समाज में लोभ, अकेलापन, निराशा, मादक द्रव्यों का उपयोग, अपराध, तलाक और आत्महत्या की घटनाओं में वृद्धि के कारण समाज का ढाँचा चरमरा गया है। समाज में मूल्यहीनता बढ़ गई। इसका परिणाम यह हुआ कि लोगों में एक-दूसरे की मदद करने में कोई उत्साह नहीं रह गया। राजनीतिक प्रक्रिया से भी व्यक्ति उदासीन होता जा रहा है। दूसरी ओर स्वतंत्र बाजार व्यवस्था के कारण समाज में व्यक्तियों के बीच निर्बाध आर्थिक प्रतियोगिता और बढ़ गई है। इसलिए सामुदायिकवाद का प्रस्ताव है कि व्यक्ति में सामाजिक मूल्यों के प्रति लगाव और समाज के प्रति दायित्वबोध को पुनः स्थापित करना होगा। यह कार्य उदारवादी विचारधारा के द्वारा नहीं हो सकता। यह उपर्युक्त समस्याओं का सामना ही नहीं करता। इसलिए उदारवादी संस्थाओं के द्वारा इनका समाधान संभव ही नहीं है।

सामुदायिकवादी चिंतक समुदाय को केंद्रीय महत्त्व देते हैं। इनके अनुसार व्यक्ति को अपनी पहचान और जीवन मूल्य समुदाय से ही प्राप्त होते हैं। समुदाय से अलग व्यक्ति की कोई पहचान नहीं हो सकती। सामुदायिकवादी विचारधारा में समुदाय और समाज को समानार्थक रूप में प्रस्तुत किया गया है। समुदाय समाज का ही एक रूप है। लेकिन समाज की उदारवादी अवधारणा के विपरीत इसके सदस्य सामुदायिक भावना से बँधे होते हैं। समुदाय के सदस्यों के बीच स्थायी एवं गहरे संबंध होते हैं। इन संबंधों का आधार व्यक्तियों के बीच आपसी समझौता नहीं होता और न ही ये कृत्रिम होते हैं। सामुदायिक संबंध स्वाभाविक होते हैं। कोई व्यक्ति सामुदायिक भावना के बगैर और समुदाय से अलग रहकर अपना विकास नहीं कर सकता। समुदाय और सामुदायिक भावना का अस्तित्व प्राचीन समाजों में भी होता था। राजनीतिक चिंतन में हमें यूनानी नगर-राज्यों में सामुदायिक जीवन का विवरण मिलता है। हालाँकि आधुनिक युग में रूसो और हीगल ने भी समुदाय के महत्त्व पर बल दिया। लेकिन सामुदायिकवाद आधुनिक शहरी समाज में समुदाय की अवधारणा को लागू करना चाहता है। इसका लक्ष्य आधुनिक शहरों में रहने वाले लोगों के बीच सामुदायिक बंधन को पुनर्जीवित करना है। आदिम समुदायों का आधार नातेदारी (Kinship) होती थी। इसके विपरीत आधुनिक समाज में विविध प्रकार के सामाजिक, धार्मिक, भाषायी, सांस्कृतिक आदि समूह होते हैं।

इनके विभिन्न प्रकार के हित होते हैं। इन्हीं आधारों पर इन समूहों का निर्माण होता है। इन समूहों के बीच या इनके सदस्यों के बीच सामुदायिक भावना नहीं होती। सामुदायिकवाद समाज के सदस्यों के बीच सामुदायिक बंधन विकसित करना चाहता है। यह सोची-समझी प्रक्रिया के तहत होता है। आदिम समुदाय के सदस्यों में अपने समुदाय के प्रति लगाव का विकास स्वाभाविक रूप से होता था। इसके उलट सामुदायिकवाद यह कार्य कृत्रिम तरीके से करना चाहता है। वस्तुत: इसका यही लक्ष्य है। इसी मुद्दे पर सामुदायिकवादी अपने को उदारवाद से अलग रखते हैं। लेकिन ये उसे पूरी तौर पर अस्वीकार भी नहीं करते। सभी सामुदायिकवादी विचारक लोकतांत्रिक शासन-व्यवस्था के समर्थक हैं। इनका मुख्य आग्रह इस बात पर है कि राजनीतिक जीवन में व्यक्ति के अधिकारों की तुलना में समुदाय के प्रति उसके कर्तव्यों को महत्त्व दिया जाए। इसके साथ ही ये समुदाय के अधिकारों का संरक्षण चाहते हैं। इसके लिए सामुदायिकवादी व्यक्ति के अधिकारों पर नियंत्रण को भी स्वीकार करने के पक्ष में हैं।

सामुदायिकवाद कोई एकदम नई विचारधारा नहीं है। इसके साथ ही इसके विचारकों में भी विभिन्न मुद्दों पर गंभीर मतभेद हैं। लेकिन वे सभी सामुदायिक मूल्यों में विश्वास करते हैं। उनमें इस बात पर सहमति है कि राजनीतिक दर्शन को प्रत्येक समाज की साझा प्रक्रियाओं और समझ पर ध्यान देना चाहिए। वे यह भी स्वीकार करते हैं कि न्याय और अधिकार की उदारवादी अवधारणा में बदलाव आवश्यक है क्योंकि सामुदायिक दृष्टि से उनमें गंभीर दोष हैं। सामुदायिकवादी विचारक जॉन रॉल्स को उदारवादी विचारधारा के प्रतिनिधि चिंतक के रूप में स्वीकार करते हैं। उनकी पुस्तक *ए थियरी ऑफ जस्टिस* (1971 ई.) और *पॉलिटिकल लिबरलिज्म* (1993 ई.) के आधार पर सामुदायिकवादी अधिकार और न्याय की उदारवादी अवधारणाओं की विवेचना करते हैं। पिछले दो दशकों से उदारवाद और सामुदायिकवाद के बीच बहस राजनीतिक सिद्धांत के केंद्र में रही। सामुदायिकवादी चिंतक उदारवाद की आलोचना को ही प्रमुख मुद्दा बनाते हैं। वे सामुदायिकवाद के सिद्धांतों की चर्चा उसी संदर्भ में करते हैं। उदारवादी सिद्धांत की उनकी आलोचना के पाँच प्रमुख बिंदु हैं :- (1) व्यक्ति के स्व की अवधारणा, (2) व्यक्तिवाद, (3) उदारवाद के सार्वभौम होने का दावा, (4) वस्तुनिष्ठता और विषयनिष्ठता तथा (5) राज्य की भूमिका। इन बिंदुओं की संक्षिप्त चर्चा उदारवाद और सामुदायिकवाद के बीच विवाद को समझने में उपयोगी होगी।

1. व्यक्ति के 'स्व' की अवधारणा (Conception of Individual Self) **:** उदारवादी सिद्धांत में व्यक्ति की विवेकशीलता का केंद्रीय महत्त्व है। इसलिए उसे स्वतंत्र और स्वायत्त कर्ता माना गया। उदारवादी चिंतक लॉक और कांट दोनों व्यक्ति के इन पहलुओं पर बल देते हैं। कांट व्यक्ति को स्वयं में साध्य मानते हैं। उसे किसी अन्य व्यक्ति या समूह का साधन नहीं बनाया जा सकता। व्यक्ति में सामाजिक परिस्थितियों के प्रभाव से परे रहकर स्वतंत्र रूप से किसी आदर्श को अपनाने की क्षमता होती है। उदारवाद में व्यक्ति की स्वतंत्रता का अर्थ है-विभिन्न लक्ष्यों और साधनों में चयन की स्वतंत्रता। यह व्यक्ति की विवेकशीलता और

स्वायत्तता को ऐतिहासिक, सामाजिक, आर्थिक आदि परिस्थितियों से परे मानता है। इसका निहितार्थ है कि व्यक्ति की पहचान किसी समुदाय या दूसरे सामाजिक संगठनों के सदस्य के रूप में नहीं होती। उसकी पहचान पर उसके सामाजिक, आर्थिक, धार्मिक, लैंगिक आदि संबंधों का कोई असर नहीं होता। वह स्वेच्छा से इस प्रकार के संबंध कायम करता है एवं विभिन्न संगठनों में भागीदार बनता है। वह जब चाहे तब इन संबंधों को खारिज कर सकता है।

दूसरी बात यह है कि उदारवादी व्यक्ति के चयन की स्वतंत्रता को अधिक महत्त्व देते हैं, उसके लक्ष्यों या आदर्शों को नहीं। ये उनके संदर्भ में व्यक्ति के 'स्व' को परिभाषित नहीं करते। सामुदायिकवादी उदारवाद के इन विचारों की कटु आलोचना करते है। सैंडल का तर्क है कि व्यक्ति के 'स्व' को सामाजिक–सांस्कृतिक संदर्भों से अलग करके नहीं समझा जा सकता। वह अपने समाज या समुदाय तथा उसकी संस्कृति में निमग्न होता है। व्यक्ति अपने सामाजिक–सांस्कृतिक परिवेश से जीवन के मूल्यों और आदर्शों को आत्मसात करता है। उनके अनुसार वह जीता है। व्यक्ति के 'स्व' में ये आदर्श और जीवन के लक्ष्य समाहित होते हैं। इसलिए वे उसके व्यक्तित्व के अभिन्न अंग होते हैं। इसलिए आदर्शों और लक्ष्यों से पूर्ण स्वतंत्र 'स्व' (Unincumbered self) की उदारवादी अवधारणा बिल्कुल गलत है। इसका कारण है कि उसमें समुदाय और उसके मूल्यों को जगह नहीं दी गई।

उदारवाद की बुनियादी मान्यता है कि व्यक्ति खुद तय करता है कि वह क्या बनना चाहता है? वह यह चुनाव करने के लिए स्वतंत्र होता है कि उसे कैसा जीवन जीना चाहिए? उसे किन आदर्शों, मूल्यों एवं लक्ष्यों का अनुसरण करना चाहिए? इसके विपरीत सामुदायिकवाद का तर्क है कि महत्त्वपूर्ण प्रश्न यह है कि 'मैं कौन हूँ?' इसके उत्तर की खोज सामाजिक एवं सांस्कृतिक संदर्भों से अलग हटकर नहीं हो सकती। जब व्यक्ति चयन करने के लायक होता है, जब उसे अपनी स्वतंत्रता की समझ होती है, तब वह यह पाता है कि वह बहुत कुछ बन चुका है। उसके 'स्व' में उसके समुदाय के मूल्य शामिल हैं। यह चयन नहीं बल्कि पहले से आत्मसात कर लिए गए आदर्शों और मूल्यों की खोज है। इसलिए सैंडेल का तर्क है कि व्यक्ति समुदाय के मूल्यों का चयन नहीं करता बल्कि उन मूल्यों से ही व्यक्ति की पहचान बनती है। वे उसमें समाहित होते हैं। अतः यह मान लेना कि व्यक्ति मूल्यों और आदर्शों के चुनाव में पूर्णतः स्वतंत्र है, वह अपने–आप में परिपूर्ण है, सही नहीं है। इस संदर्भ में चार्ल्स टेलर का कहना है कि 'स्व' की उदारवादी अवधारणा – (1) खोखली है, (2) यह हमारी अपनी पहचान को गलत ढंग से प्रस्तुत करती है और (3) यह हमारे सामुदायिक बंधनों को नकारती है। यहाँ यह स्पष्ट हो जाता है कि जहाँ उदारवादी व्यक्ति द्वारा मूल्यों के चयन की स्वतंत्रता को केंद्रीय महत्त्व देते हैं तो सामुदायिकवादियों के अनुसार व्यक्ति स्वतंत्र रूप से समुदाय के मूल्यों का चयन नहीं करता बल्कि वे उसके जीवन और उसकी पहचान में समाहित होते हैं। इसलिए सामुदायिकवाद का तर्क है कि उदारवाद व्यक्ति की पहचान और उसके व्यक्तित्व के सामाजिक पहलू को अनदेखा कर देता है।

2. उदारवादी व्यक्तिवाद : उदारवाद यह मान कर चलता है कि व्यक्ति अपने समाज से स्वतंत्र है। वह स्वेच्छा से किसी भी संबंध अथवा किसी आदर्श को स्वीकार या इनकार

कर सकता है। यह विचार समाज की अणुवादी अवधारणा प्रस्तुत करता है। उसमें प्रत्येक व्यक्ति अणु की तरह है– अपनी स्वतंत्र पहचान के साथ। अत: उदारवाद व्यक्ति के अधिकारों को केंद्रीय महत्त्व देता है। उदारवाद के जनक लॉक के अनुसार व्यक्ति के कुछ प्राकृतिक अधिकार हैं। वे समाज के द्वारा व्यक्ति को प्रदान नहीं किए जाते। बाद में चलकर ग्रीन जैसे उदारवादी व्यक्ति के अधिकारों को राज्य द्वारा मान्यता दिए जाने की बात करते हैं। लेकिन सभी उदारवादी इस बात पर सहमत हैं कि व्यक्ति के अधिकार और सामाजिक हित में प्राथमिकता पहले को दी जानी चाहिए। रॉल्स भी यह स्वीकार करते हैं कि अधिकार शुभ या भलाई के पहले है (Right is prior to the good)। इसके दो अर्थ किए जा सकते हैं। पहला तो यह कि सामान्य भलाई (Common Good) के नाम पर व्यक्ति के अधिकारों की बलि नहीं दी जा सकती। दूसरी बात यह कि उदारवाद में व्यक्ति के अधिकार उसके समाज के आदर्शों और मूल्यों से स्वतंत्र होते हैं। समाज किस तरह के जीवन को अच्छा समझता है, किस तरह के आदर्शों को स्वीकार करता है, उन पर व्यक्ति के अधिकार आधारित नहीं होते। व्यक्ति विवेकशील और स्वतंत्र है। इसलिए उसके कुछ अधिकार हैं। वे किसी समाज के विशिष्ट जीवन मूल्यों पर निर्भर नहीं करते। रॉल्स का मानना है कि समाज को व्यक्ति के अधिकारों के सिद्धांत के आधार पर ही व्यवस्थित किया जा सकता है।

उदारवादी व्यक्तिवाद के विरुद्ध सामुदायिकवाद के दो प्रमुख तर्क हैं। पहला यह कि उदारवाद व्यक्ति को ठीक से नहीं समझ पाता। व्यक्ति समाज या समुदाय में जीता है। उसी से उसकी पहचान बनती है। वह अपने सामाजिक–सांस्कृतिक परिवेश से ही यह सीखता है कि उसे कैसे जीना चाहिए? इस प्रकार व्यक्ति की पहचान और उसकी समझ के साथ उसके आदर्श और मूल्य सभी समाज से प्राप्त होते हैं। यहाँ तक कि व्यक्ति भाषा और विचार की क्षमता भी समाज से अलग होकर विकसित नहीं कर सकता और न ही नैतिक जीवन जी सकता है। इसलिए सामुदायिकवादियों का तर्क है कि व्यक्ति को देखने–समझने का उदारवादी नजरिया गलत है क्योंकि वह सामुदायिक पहलू को अनदेखा कर देता है। सामुदायिकवाद का दूसरा तर्क समाज के प्रति उदारवादी दृष्टिकोण पर केंद्रित है। उदारवाद में सामाजिक समझौते का सिद्धांत लॉक से रॉल्स तक के विचारों में महत्त्वपूर्ण आधार रहा है। इस सिद्धांत के अनुसार समाज या राज्य के निर्माण के पूर्व व्यक्ति स्वतंत्र और एक समान स्थिति में था। उसने अपने हितों की पूर्ति के लिए स्वेच्छा से समझौता कर समाज या राज्य का निर्माण किया। इस प्रकार समाज का जन्म व्यक्तियों के स्वैच्छिक एवं आपसी सहयोग के फलस्वरूप होता है। समाज की इस अवधारणा में व्यक्ति की स्थिति समाज या राज्य की तुलना में प्राथमिक है। व्यक्ति की स्वंतत्रता और उसका हित पहले है, समाज या राज्य बाद में। सामुदायिकवादी इसे स्वीकार नहीं करते। समाज का जन्म व्यक्तियों की इच्छा से नहीं होता। यहाँ तक कि राजनीतिक समुदाय को भी इस तरह नहीं समझा जा सकता। व्यक्ति का जीवन तभी मूल्यवान बनता है जब वह सामाजिक या सामुदायिक जीवन जीता है। उदारवाद पर यह आरोप लगाया जा सकता है कि उसने व्यक्तिगत स्वतंत्रता पर अत्यधिक बल दिया और इसके कारण वह समाज की तस्वीर गलत ढंग से प्रस्तुत करता है। सामुदायिकवाद

व्यक्ति के सामाजिक परिवेश को ज्यादा महत्त्व देता है। इस आधार पर उसका दावा है कि वह व्यक्ति और समाज के संबंधों को ज्यादा अच्छी तरह समझता है।

3. सार्वभौमवाद (Universalism) : उदारवाद यह दावा करता है कि उसके विचार और मूल्य सभी प्रकार की संस्कृतियों में लागू होते हैं। इसी तरह रॉल्स भी अपने न्याय सिद्धांत को सार्वभौम सत्य के रूप में प्रस्तुत करते हैं। उनके अनुसार न्यायपूर्ण समाज का ढाँचा हर जगह एक समान होता है। इसके विपरीत समुदायिकवादियों का तर्क है कि न्याय का पैमाना समाज की विशिष्ट जीवन शैलियों, मूल्यों और परंपराओं से निकलता है। इसलिए अलग-अलग सामुदायिक परिवेश में न्याय की कसौटी भिन्न होती है। उदारवाद विभिन्न प्रकार की संस्कृतियों और उनकी विशिष्टताओं की अनदेखी करता है। विभिन्न संस्कृतियाँ विविध प्रकार के मूल्यों की वाहक होती हैं। उदारवाद मूल्यों और आदर्शों की इन विभिन्नताओं पर ध्यान नहीं देता। रॉल्स के न्याय सिद्धांत का प्रारंभ बिंदु व्यक्ति की विवेकशीलता है। उनके अनुसार 'मूल स्थिति' (Original position) में व्यक्ति जब 'अज्ञानता के आवरण' (Veil of ignorance) में होता है तो उसे अपने समाज के विश्वासों और मूल्यों का बोध नहीं होता। वह यह नहीं जानता कि उसे कैसे जीना चाहिए? रॉल्स की इस अवधारणा में व्यक्ति को उसके सांस्कृतिक परिवेश से बिल्कुल अलग करके देखा गया है। इसी आधार पर रॉल्स का दावा है कि उनका न्याय सिद्धांत सभी प्रकार की संस्कृतियों में रहने वाले लोगों पर लागू हो सकता है। इसकी आलोचना में वाल्जर का तर्क है कि न्याय की सही अवधारणा के लिए सांस्कृतिक विशिष्टताओं की समझ और उनकी स्वीकृति आवश्यक है। इसी आधार पर यह समझा जा सकता है कि किसी समुदाय का राजनीतिक संगठन कैसा होना चाहिए? दूसरे समुदायवादी चिंतक मैकिनटायरे अरस्तू द्वारा प्रतिपादित नगर-राज्य के सामुदायिक जीवन का समर्थन करते हैं। उसमें समुदाय के सदस्यों के बीच गहरे पारस्परिक संबंध होते थे। वे सभी अपने समुदाय के साझा लक्ष्य से बँधे थे। इसके अनुरूप व्यक्ति अपने सामाजिक दायित्वों का निर्वाह करता था। मैकिनटायरे का तर्क है कि आज भी व्यक्ति साझा लक्ष्य और साझा संस्कृति से जुड़ा होता है जो उसे समुदाय से प्राप्त होता है। इसलिए समुदायिकवादियों का कहना है कि उदारवाद (रॉल्स सहित) द्वारा सार्वभौमिकता का आग्रह उचित नहीं है। वह कुछ पश्चिमी उदारवादी देशों के अनुभवों पर आधारित है। इसी तर्क को मानवाधिकारों की सार्वभौम घोषणा में भी लागू किया जाने लगा। सामुदायिक मूल्यों की विशिष्टता को स्वीकार करने वाले लोगों का कहना है कि मानवाधिकारों की घोषणा में नागरिक एवं राजनीतिक अधिकारों पर ज्यादा बल दिया गया है। यह पश्चिमी समाज के नैतिक मूल्यों के अनुरूप हो सकता है। लेकिन इसमें एशियाई मूल्यों की उपेक्षा कर दी गई है। एशियाई लोग परिवार और सामाजिक समरसता को विशेष महत्त्व देते हैं। वे व्यक्तिगत अधिकारों से ज्यादा सामाजिक हित को प्राथमिकता देते हैं। उत्तर-आधुनिकतावादी दृष्टिकोण भी किसी मूल्य की सार्वभौमिकता को स्वीकार नहीं करता, भले ही वह उदारवादी ही क्यों न हो? यह सांस्कृतिक सापेक्षता को स्वीकार करने पर बल देता है। इसके अनुसार किसी समुदाय की परंपरा और प्रचलन ही नैतिक मूल्यों के आधार होते हैं। उदारवाद इस सापेक्षवादी स्थिति को स्वीकार नहीं करता।

उसका दावा है कि व्यक्ति के हितों को महत्त्व देने वाली बात सभी लोगों के लिए सत्य है, भले ही उसकी अपनी संस्कृति और उसके मूल्य भिन्न ही क्यों न हों? उत्तर-आधुनिकतावादी और सामुदायिकवादी विचारक उदारवाद के सार्वभौमिकता संबंधी दावे को खारिज करते हैं।

4. मूल्य व्यक्तिपरक या वस्तुनिष्ठ? : उदारवाद और सामुदायिकवाद के बीच बहस का चौथा मुद्दा यह है कि मूल्य व्यक्ति की अपनी प्राथमिकताएँ है या वे सामाजिक जीवन से प्राप्त होते हैं? प्रत्येक व्यक्ति की अपनी समझ और क्षमता होती है। उनके आधार पर वह शुभ (Good) की अपनी अवधारणा बनाता है। उस आधार पर वह यह निर्णय लेता है कि वह अपना जीवन किस तरीके से जिए। जीवन में किन आदर्शों और मूल्यों को प्राप्त करने का प्रयास करे? इस प्रकार व्यक्ति अपने जीवन मूल्यों का निर्धारक स्वयं है। अतः उदारवाद की मान्यता है कि मूल्य संबंधी निर्णय बिल्कुल व्यक्तिपरक हैं। एक बार यह स्वीकार कर लेने पर यह कहना कठिन हो जाता है कि किसी व्यक्ति के मूल्य दूसरों से अच्छे हैं या बुरे? दूसरे शब्दों में किसी व्यक्ति के जीवन मूल्यों के संबंध में वस्तुनिष्ठ तरीके से नैतिक निर्णय संभव ही नहीं है। सामुदायिकवाद नैतिकता की इस उदारवादी अवधारणा को नकार देता है। उसका तर्क है कि यदि जीवन जीने का तरीका और उसके मूल्य व्यक्ति की अपनी पसंद या प्राथमिकता है और उनके अच्छे या बुरे के संबंध में निर्णय का कोई विवेकसम्मत आधार नहीं है तो फिर सही-गलत का कोई निर्णय संभव नहीं। यह स्थिति नैतिक रूप से संदेहवाद की है। इसका निहितार्थ यह है कि उदारवादी राज्य को सर्वाधिकारवादी (Totalitarian) राज्य से अच्छा ठहराए जाने का कोई तर्कसंगत आधार नहीं हो सकता। इस बिंदु पर उदारवादी दुविधा में फँस जाते हैं। इसके संबंध में वे यह तर्क देते हैं कि व्यक्ति को अपना जीवन कैसे जीना चाहिए, यह व्यक्तिपरक निर्णय है। लेकिन लोगों को एक-दूसरे से या राज्य द्वारा व्यक्तियों से कैसे व्यवहार करना चाहिए, यह एक वस्तुनिष्ठ सच्चाई है। इसके अनुसार दूसरे व्यक्तियों या राज्य को व्यक्ति के जीवन में हस्तक्षेप करने का अधिकार नहीं है। इस आधार पर उदारवाद को न्यायोचित ठहराया जा सकता है। उदारवाद यह स्वीकार करता है कि समाज में रहने वाले व्यक्तियों को विभिन्न प्रकार की जीवन पद्धतियों और मूल्यों का ज्ञान रहता है। इनके परिप्रेक्ष्य में वे अपने मूल्यों को संशोधित करते रहते हैं। यह व्यक्ति की अपनी स्वतंत्रता के कारण संभव हो पाता है। इसमें कोई बाहरी यानी किसी व्यक्ति समूह, संस्था या राज्य द्वारा हस्तक्षेप नहीं होता है। किसी भी स्थिति में व्यक्ति को अपना जीवन सुधारने के लिए बाध्य नहीं किया जा सकता। उदारवाद यह स्वीकार करता है कि कुछ जीवन पद्धति या मूल्य 'दूसरों से श्रेष्ठ' हैं। इसलिए सामुदायिकवादी यह तर्क देते हैं कि व्यक्ति द्वारा मूल्यों का चयन और उसके अनुसार जीने के आत्मनिर्णय का उपयोग विशिष्ट सामाजिक परिवेश में होता है। अतः वे व्यक्ति के आत्मनिर्णय की तुलना में सामाजिक जीवन को ज्यादा महत्त्व देते हैं। सामुदायिकवादी चिंतक चार्ल्स टेलर का सरोकार उन सामाजिक दशाओं से है जिनमें व्यक्ति अपने स्वायत्तपूर्ण ढंग से निर्णय लेने की क्षमता का उपयोग करता है। वे इनमें सामाजिक जीवन, संस्कृति और सार्वजनिक क्षेत्र को शामिल करते हैं। कुल मिलाकर उदारवादियों और

सामुदायिकवादियों के बीच मुख्य विवाद व्यक्ति द्वारा लिए जाने वाले मूल्य संबंधी निर्णय और उसकी सामाजिक स्थिति के बीच प्राथमिकता के प्रश्न पर है। उदारवाद व्यक्ति की स्वतंत्रता को प्राथमिक मानता है तो सामुदायिकवाद सामाजिक दशा को।

5. राज्य की भूमिका : उदारवादी राज्य व्यक्ति के निजी जीवन में हस्तक्षेप नहीं करता। सार्वजनिक जीवन में भी यह व्यक्ति की स्वतंत्रताओं और उसके अधिकारों की सुरक्षा की गारंटी देता है। उदारवादी मान्यता है कि व्यक्तियों के अपने-अपने मूल्य और आदर्श होते हैं जो परस्पर-विरोधी भी हो सकते हैं। विविध प्रकार की जीवन पद्धतियाँ होती हैं। शुभ की विभिन्न अवधारणाएँ रहती हैं। इन सब में उदारवादी राज्य की भूमिका तटस्थ होती है। वह व्यक्ति को अच्छा बनाने का प्रयास नहीं करता। राज्य द्वारा निर्मित तटस्थता के ढाँचे में ही व्यक्ति के चयन की स्वतंत्रता संभव हो पाती है। लेकिन सामुदायिकवादियों का मानना है कि व्यवहार में उदारवादी राज्य तटस्थ नहीं होता। उनका तर्क है कि उदारवादी राज्य पुरुष और स्त्री के बीच विवाह को कानूनी मान्यता देता है लेकिन समलैंगिक विवाह उससे बाहर है। यह समलैंगिकों के जीवन मूल्यों के खिलाफ जाता है। इसलिए सामुदायिकवादियों की आलोचना है कि व्यवहार में उदारवादी राज्य और उसके कानून जीवन के कुछ विशिष्ट तरीकों और मूल्यों का समर्थन करते हैं और उन्हें प्रोत्साहन देते हैं। इसलिए राज्य की भूमिका तटस्थ नहीं मानी जा सकती। इसी तरह राज्य नागरिकों के अधिकारों का संरक्षण भी समान भाव से नहीं करता। उदाहरण के लिए धर्मनिरपेक्षता और धार्मिक रूढ़िवाद के बीच यह पहले का समर्थन करता है। परोक्ष रूप से यह एक विशिष्ट प्रकार के जीवन मूल्य का समर्थन ही हुआ। अतः यह नहीं कहा जा सकता कि उदारवादी राज्य सभी नागरिकों के साथ समान और न्यायपूर्ण व्यवहार करता है। इसलिए सामुदायिकवादियों का निष्कर्ष है कि उदारवादी राज्य शुभ और मूल्य की अवधारणाओं के संबंध में तो तटस्थ है लेकिन न्याय और अधिकार के मामलों में यह तटस्थता नहीं रहती। राज्य के समर्थन के अभाव में कई प्रकार की जीवन पद्धतियाँ खतरे में पड़ जाती हैं। इसका परिणाम यह होता है कि मूल्य संबंधी विविधता ही समाप्त होने लगती है। इस मुद्दे पर सामुदायिकवादी चिंतक चार्ल्स टेलर का तर्क है कि उदारवादी राज्य की तटस्थता उन सामाजिक दशाओं को कायम नहीं रख सकती जिनमें व्यक्ति के चयन की स्वायत्तता सार्थक होती है। यह तभी संभव है जब व्यक्ति के पास विभिन्न प्रकार के सार्थक विकल्प हों। उदारवादी राज्य संस्कृतियों की विविधता का संरक्षण करने में समर्थ नहीं है। सांस्कृतिक विविधता के अभाव में व्यक्ति द्वारा स्वतंत्र रूप से जीवन मूल्यों का चयन निरर्थक हो जाता है। इसके लिए वे राज्य द्वारा व्यक्ति के अधिकारों और स्वतंत्रताओं पर नियंत्रण लगाए जाने का समर्थन करते हैं।

सामुदायिकवाद और उदारवाद के बीच उपर्युक्त बहस का केंद्रबिंदु व्यक्ति और समुदाय के बीच संबंध है। उदारवादी व्यक्ति को समुदाय से पृथक एक स्वतंत्र और स्वायत्त कर्ता मानते हैं तो सामुदायिकवादी व्यक्ति को उसके सांस्कृतिक एवं भाषायी समुदाय का अभिन्न अंग मानते हैं। इनके अनुसार व्यक्ति अपने समुदाय पर निर्भर रहता है। लेकिन इसका आशय यह नहीं कि सामुदायिकवादी व्यक्ति की स्वतंत्रता को खत्म करना चाहते हैं। वे सिर्फ व्यक्ति की

स्वतंत्रता और सामुदायिक बंधन के बीच संतुलन कायम करना चाहते हैं। वे व्यक्ति के जीवन में इन बंधनों के महत्त्व को स्वीकार करने की बात करते हैं। व्यक्ति की अपने समुदाय पर निर्भरता को स्वीकार कर लेने पर स्वाभाविक रूप से हम विविधता एवं बहुलता के पक्षधर हो जाते हैं। प्रत्येक समुदाय की अपनी भाषा और संस्कृति होती है। सामुदायिकवादी इसी सांस्कृतिक विविधता पर बल देते हैं। इसका स्वाभाविक परिणाम उदारवाद की सार्वभौमिकता को नकारने में होता है। इसी से संबंधित मुद्दा समुदाय के प्रति राज्य के दृष्टिकोण का है। उदारवादी राज्य की तटस्थता का पक्ष लेते हैं। इसके विपरीत सामुदायिकवादियों का आग्रह है कि राज्य समुदायों की सांस्कृतिक, भाषायी, आदर्शात्मक विशिष्टताओं के संरक्षण का दायित्व निभाए। इस बिंदु पर सामुदायिकवाद और बहुसंस्कृतिवाद के बीच समानता है। दोनों उदारवादी राज्य की तटस्थता के आलोचक हैं। दोनों का तर्क है कि यह तटस्थता व्यवहार में संस्कृति विशेष का पोषण करती है जो उदारवादी विचारधारा के अनुकूल होती है।

न्याय की सामुदायिक अवधारणा

जॉन रॉल्स ने अपनी पुस्तक, *ए थियरी ऑफ जस्टिस* में न्याय की उदारवादी अवधारणा प्रस्तुत की। उसमें उदारवाद के दो बुनियादी सिद्धांतों, स्वतंत्रता और समानता के मध्य समन्वय स्थापित करने का प्रयास किया गया। रॉल्स के न्याय सिद्धांत के दो आधार हैं- (1) सभी व्यक्तियों को समान रूप से बुनियादी स्वतंत्रता और (2) भिन्नता का सिद्धांत (Difference principle)। पहले के अनुसार सभी व्यक्तियों को अगने ढंग से जीने, अपने आदर्शों और लक्ष्यों का अनुसरण करने की पूरी स्वतंत्रता है। रॉल्स इस पर किसी सामाजिक समूह या समुदाय का नियंत्रण या प्रतिबंध स्वीकार नहीं करते। भिन्नता के सिद्धांत के द्वारा वे समाज के वंचित लोगों के हितों का षोषण करते हैं। रॉल्स समाज में सामाजिक-आर्थिक असमानता को स्वीकार करते हैं। लेकिन इस पर वह शर्त आरोपित करते हैं कि इन असमानताओं से समाज के कम लाभ प्राप्त या वंचित सदस्यों को लाभ पहुँचे। रॉल्स का न्याय सिद्धांत भी उदारवाद की तरह सभी समाजों के लिए उपयुक्त होने का दावा करता है।

सामुदायिकवादी रॉल्स की न्याय संबंधी अवधारणा के कटु आलोचक हैं। आलोचना के साथ-साथ वे न्याय की अपनी अवधारणा भी प्रस्तुत करते हैं। सामुदायिकवादी चिंतकों के न्याय संबंधी विचारों के दो प्रमुख आधार हैं -

1. समुदाय में न्याय के सिद्धांत की आवश्यकता नहीं है : सामुदायिकवादी विचारकों का मानना है कि एक सच्चे समुदाय में न्याय के सिद्धांतों की आवश्यकता नहीं होती। समुदाय में परोपकार और एकता के गुण प्रमुख होते हैं। इसलिए सामुदायिकवादी चिंतक सैंडेल का तर्क है कि समुदाय के सदस्य प्रेमवश या साझा लक्ष्य की प्राप्ति के लिए एक-दूसरे की मदद करते हैं। इस स्थिति में न्याय की अवधारणा या व्यक्ति के अधिकार संबंधी दावों की कोई आवश्यकता नहीं होती। सैंडेल रॉल्स द्वारा प्रतिपादित भिन्नता के सिद्धांत की समीक्षा करते हैं। उनका कहना है कि भिन्नता का सिद्धांत साझा करने के सिद्धांत जैसा है। इसमें यह बात निहित है कि व्यक्ति को अपनी संपत्ति या अपनी क्षमता और योग्यता से प्राप्त लाभों को दूसरे

व्यक्तियों के साथ बाँटना चाहिए। सैंडेल का कहना है कि यह तभी संभव हो सकता है जब समुदाय के सदस्य एक-दूसरे के प्रति नैतिक संबंध को स्वीकार करें। इसलिए यदि समुदाय में न्याय की अवधारणा की आवश्यकता समझी जाती है तो इसका अर्थ है कि समुदाय का नैतिक पतन हो गया है। वे परिवार का उदाहरण देते हैं। यह समुदाय का एक छोटा रूप है। इसमें न्याय की कोई आवश्यकता नहीं पड़ती क्योंकि परिवार के सदस्य प्रेम के कारण एक-दूसरे की मदद करते हैं। व्यक्ति अपने अधिकार से ज्यादा परिवार के हितों को महत्त्व देता है। यदि परिवार में न्याय के सिद्धांत को लागू किया जाता है तो प्रेम समाप्त हो जाएगा। इसका परिणाम परिवार में संघर्ष के रूप में सामने आएगा। इसलिए सैंडेल का तर्क है कि समुदाय में, जहाँ लोगों के बीच भावनात्मक एकता है, न्याय की आवश्यकता ही नहीं है।

2. समुदाय न्याय का स्रोत है : रॉल्स के न्याय सिद्धांत में ऐतिहासिक एवं सांस्कृतिक विशिष्टताओं की कोई जगह नहीं है। उनका यह दावा है कि उनका सिद्धांत प्रत्येक देश और समुदाय के लिए उपयुक्त है। ऐतिहासिक और सांस्कृतिक भिन्नताओं का न्याय सिद्धांत से कोई सरोकार नहीं है। इसकी आलोचना में सामुदायिकवादियों का तर्क है कि न्याय का सिद्धांत इतिहास से परे नहीं हो सकता। इसलिए किसी भी सिद्धांत को सार्वभौम सत्य के रूप में स्वीकार नहीं किया जा सकता। सामुदायिक विचारक माईकेल वाल्जर का तर्क है कि न्याय के सार्वभौम सिद्धांत की खोज बेमानी है। न्याय समुदाय के इतिहास और संस्कृति के परिप्रेक्ष्य में ही उत्पन्न होता है। यह समुदाय के सदस्यों की साझा समझ पर आधारित होता है। वाल्जर का कहना है कि प्रत्येक समुदाय सामाजिक भलाई के मूल्य को अपने तरीके से समझता है, उसे महत्त्व देता है। इसको समझे बगैर न्याय की अवधारणा को नहीं समझा जा सकता। उनके अनुसार यदि कोई समुदाय अपने सदस्यों की साझा समझ के आधार पर कार्य करता है तो वह न्यायपूर्ण है। इसलिए वाल्जर का निष्कर्ष है कि न्याय के सिद्धांतों की पहचान दार्शनिक तर्कों से ज्यादा सांस्कृतिक आधारों पर हो सकती है। वे रॉल्स की तरह असमानता की समस्या का समाधान भी करते हैं। उनके अनुसार आधुनिक समाज में सामाजिक वस्तुओं (Social goods) के वितरण के कई क्षेत्र हैं। उनका प्रस्ताव है कि किसी क्षेत्र विशेष की प्रमुखता दूसरे क्षेत्र में वितरण का आधार न बने। धन के क्षेत्र में प्रमुखता राजनीतिक क्षेत्र में पद के धारण का आधार न बने। इसी प्रकार वाल्जर का तर्क है कि स्वास्थ्य और शिक्षा के क्षेत्र में धन का आधिपत्य न हो और कोई व्यक्ति धन के अभाव में शिक्षा और स्वास्थ्य से वंचित न रहे। लेकिन बाजार में जहाँ वस्तुओं की बिक्री होती है, धन का ही आधिपत्य होगा। राजनीतिक पदों के वितरण के क्षेत्र में भाई -भतीजावाद का स्थान नहीं हो सकता क्योंकि यह परिवार के अंतर्गत ही प्रभावी हो सकता है। बाजार में लाभ-हानि का गणित प्रमुख होता है लेकिन यह परिवार जैसे संगठन में लागू नहीं होता। वाल्जर अपनी इस अवधारणा को जटिल समानता कहते हैं। इसमें वे नारीवादियों के सरोकार को भी स्थान देते हैं। मसलन उनका कहना है कि परिवार पुरुष आधिपत्य पर आधारित नहीं होने चाहिए क्योंकि इसका सही क्षेत्र सैनिक संगठन है। वाल्जर न्याय की अपनी अवधारणा में असमानता के दोषों का परिमार्जन करने का प्रयास करते हैं। लेकिन यहाँ उनकी बुनियादी स्थापना ही

सही प्रतीत नहीं होती। वे यह मानकर चलते हैं कि वितरण के अलग-अलग क्षेत्र पूरी तौर पर एक-दूसरे से स्वतंत्र है। लेकिन व्यवहार में स्थिति उल्टी है। धन की बदौलत व्यक्ति सामाजिक-राजनीतिक क्षेत्र में भी प्रभुत्व प्राप्त करने की स्थिति में होता है। इसलिए वाल्जर का प्रस्ताव नैतिक रूप से युक्तिसंगत भले हो, व्यावहारिक तौर पर यह कारगर नहीं है।

व्यक्ति के अधिकार और सामान्य शुभ
(Individual Rights and Common Good)

उदारवाद व्यक्तिगत स्वतंत्रता और व्यक्ति के अधिकारों को सबसे प्रमुख मानता है। वस्तुतः यही उदारवादी विचारधारा की पहचान है। प्रत्येक व्यक्ति अपने लिए स्वतंत्र है। समाज या किसी समुदाय को व्यक्ति के जीवन में हस्तक्षेप करने का कोई अधिकार नहीं है। उसे किसी आदर्श या मूल्य को अपनाने के लिए बाध्य नहीं किया जा सकता। उदारवादी समाज के यही बुनियादी तत्त्व हैं। सामुदायिकवादी उदारवाद के इन विचारों से सहमत नहीं हैं। उनका तर्क है कि व्यक्ति समाज पर निर्भर होता है। उसका अधिकार सामाजिक जीवन में ही संभव हो पाता है। इसलिए व्यक्ति का सामान्य शुभ (Common good) के प्रति भी दायित्व है। यह व्यक्तिगत अधिकार की तरह है। व्यक्ति का हित सामान्य हित का अभिन्न हिस्सा है। इसलिए सामुदायिकवादी व्यक्ति के अधिकारों के साथ-साथ समाज के सामान्य शुभ पर बल देते हैं।

उदारवादी चिंतन में भी सामान्य हित या शुभ की बात कही गई है। लेकिन यह व्यक्तियों के हितों से ही निकलता है। यह उन्हीं का योग होता है। उदाहरण के लिए उदारवादी चिंतक बेंथम ने सामान्य हित को 'अधिकतम संख्या का अधिकतम सुख' के रूप में समझाने का प्रयास किया। लेकिन सामुदायिकवाद सामान्य शुभ की एक अलग अवधारणा प्रस्तुत करता है। इसके अनुसार 'सामान्य शुभ व्यक्तियों के हितों से नहीं बल्कि समुदाय की जीवन पद्धति से निकलता है।' यह समुदाय पर आधारित है। इसलिए सामुदायिकवादियों का तर्क है कि व्यक्तियों की शुभ संबंधी अवधारणाओं का मूल्यांकन इसी आधार पर होता है। व्यक्ति द्वारा चयनित मूल्यों और आदर्शों का महत्त्व इससे निर्धारित होता है कि वे समुदाय के सामान्य शुभ के कितने अनुरूप हैं। व्यक्ति के मूल्य संबंधी चयन का मूल्यांकन इस आधार पर होगा कि वह समुदाय के समान्य हित की प्राप्ति में कहाँ तक योगदान करता है? इस प्रकार सामुदायिकवादी व्यक्ति के अधिकार, हित और मूल्य संबंधी प्राथमिकताओं के स्थान पर समुदाय के हित और मूल्यों को वरीयता देते हैं। अब यहाँ यह प्रश्न उठता है कि क्या यह व्यक्ति की स्वतंत्रता और कर्त्तव्य बोध पर छोड़ दिया जाए कि वह अपने जीवन में समुदाय के आदर्शों के अनुरूप चले? सामुदायिकवादी इसका उत्तर राज्य की भूमिका के संदर्भ में देते हैं। वे व्यक्ति के स्वतंत्र चयन का समर्थन नहीं करते। उसके साथ-साथ वे यह भी स्वीकार नहीं करते कि राज्य द्वारा विशेष प्रकार के जीवन मूल्यों का अनुसरण करने के लिए व्यक्ति को बाध्य किया जाए। वे इन दोनों विकल्पों के बीच का मार्ग अपनाते हैं। उनका तर्क है कि राज्य को व्यक्तियों को इस बात के लिए प्रोत्साहित करना चाहिए कि वह समुदाय की जीवन पद्धति और उसके मूल्यों को अपने जीवन में अपनाए। इसके साथ राज्य द्वारा व्यक्ति

को उन मूल्यों और आदर्शों को अनुसरण के लिए हतोत्साहित किया जाना चाहिए जिनका सामुदायिक मूल्यों से टकराव हो। इस प्रकार सामुदायिकवादी राज्य की तटस्थता संबंधी उदारवादी धारणा का समर्थन नहीं करते। सामुदायिक राज्य पूर्णतावादी (Perfectionist) है क्योंकि वह व्यक्ति को उसके समुदाय की जीवन पद्धति और उसके मूल्यों को अपनाने के लिए प्रोत्साहित करता है। इससे यह भी स्पष्ट है कि सामुदायिकवादी यह मानते हैं कि समुदाय के सामान्य हित के संरक्षण के लिए यदि व्यक्ति के अधिकारों पर नियंत्रण की आवश्यकता है तो राज्य द्वारा यह किया जाना चाहिए। उदारवादी देशों के कानूनों द्वारा सामाजिक व्यवस्था को बनाए रखने के लिए व्यक्ति के अधिकारों पर सीमाएँ आरोपित की जाती हैं। इसलिए उदारवाद और सामुदायिकवाद के बीच विवाद व्यक्ति के अधिकार और सामान्य शुभ के मध्य प्राथमिकता के प्रश्न पर है। उदारवाद व्यक्ति के अधिकारों को प्राथमिक मानता है तो सामुदायिकवाद सामान्य शुभ को।

सामुदायिकवादी राजनीति

अमेरिका में सामुदायिकवाद एक विचारधारा के रूप में ही नहीं बल्कि राजनीतिक आंदोलन के रूप में भी पनपा। उसे आकार देने का सबसे अधिक श्रेय अमिटेई इट्जियोनी को जाता है। उनकी पुस्तक *दि स्पिरिट ऑफ दि कम्युनिटी* 1995 ई. में प्रकाशित हुई। उसमें उन्होंने सामुदायिक राजनीति की रूपरेखा प्रस्तुत की। इसके साथ इट्जियोनी ने इसके लिए इंटरनेट पर एक अलग वेबसाईट भी विकसित की। वे और उनके साथी सामाजिक समस्याओं पर सामुदायिक दृष्टि से विचार करने के लिए सभाएँ आयोजित करते हैं। उनके प्रमुख सरोकार अमेरिकी समाज में नैतिक मूल्यों में गिरावट, परिवार का विघटन, बढ़ते अपराध और सरकार में व्याप्त भ्रष्टाचार हैं। इन समस्याओं के समाधान के लिए वे अमेरिकी नागरिकों में सामुदायिक भावना जगाना चाहते हैं। उनकी दृष्टि में अच्छा समाज वह है जिसमें व्यक्ति की स्वतंत्रता और सामुदायिक बंधन के बीच संतुलन की स्थिति हो। इस समाज में विविध प्रकार के समुदायों का अस्तित्व होता है। इस तरह का समाज बनाना सामुदायिक राजनीति का लक्ष्य है। लेकिन इट्जियोनी जैसे सामुदायिकवादी परंपरागत समुदाय को पुनर्जीवित करने के पक्ष में नहीं हैं। उनके अनुसार सिंगापुर और मलेशिया जैसे एशियाई देशों में सत्तावादी (Authoritarian) समुदायों का अस्तित्व है। वहाँ सामाजिक या सामुदायिक सत्ता व्यक्ति के जीवन को नियंत्रित करती है। उन समुदायों में अल्पसंख्यकों और महिलाओं के प्रति भेदभाव बरता जाता है। इट्जियोनी के अनुसार एशियाई सामुदायिकवादियों का यह मानना है कि व्यक्तिगत स्वतंत्रता की पश्चिमी अवधारणा उनके समाज को अराजकता की ओर ले जाने वाली है। इसलिए सामाजिक समरसता को बनाए रखने के लिए व्यक्तिगत स्वतंत्रताओं पर नियंत्रण आवश्यक है। उन देशों में राज्य की केंद्रीय भूमिका होती है। उन देशों के समुदायों के विपरीत वे अमेरिका जैसे देशों के संदर्भ में अनुक्रियाशील (Responsive) समुदाय की बात करते हैं। उसका स्वरूप लोकतांत्रिक होता है। वह सदस्यों की खुली सहभागिता, उनके बीच संवाद और उनके साझा मूल्यों पर आधारित

होता है। उस तरह के समुदायों में राज्य की तुलना में नागरिक समाज की भूमिका महत्त्वपूर्ण होती है। कुल मिलाकर इट्जियोनी समुदाय में व्यक्ति की स्वतंत्रता को सुरक्षित रखना चाहते हैं।

सामुदायिकवादियों का उद्देश्य है कि व्यक्ति अपने अधिकारों के साथ-साथ अपने सामाजिक दायित्वों को निभाए। इसके लिए इट्जियोनी और उनके समर्थक स्कूलों के पाठ्यक्रम में सुधार का प्रस्ताव रखते हैं। वे चाहते हैं कि बच्चे स्कूल में शिक्षा प्राप्त करने के साथ-साथ सामुदायिक मूल्यों को आत्मसात करें। उनमें सामाजिक दायित्व का बोध पैदा हो। इसके अतिरिक्त सामुदायिकवादी सरकार की नीतियों में परिवर्तन के पक्षधर हैं। उदाहरण के लिए वे बच्चों के लालन-पालन को महत्त्व देते हुए तलाक संबंधी कानूनों में संशोधन करना चाहते हैं। इस प्रकार वे व्यक्ति और सरकार के बीच समुदाय के महत्त्व को स्थापित करना चाहते है। उनकी दृष्टि में व्यक्ति के व्यवहार को मर्यादित रखने में सरकार और उसके कानूनों से ज्यादा समुदाय के मानक प्रभावी होते हैं। इसी प्रकार वे सरकार द्वारा सामाजिक सेवाओं को उपलब्ध कराए जाने की व्यवस्था का विरोध करते हैं। इसके स्थान पर सामुदायिकवादी विभिन्न संगठनों को यह दायित्व सौंपना चाहते हैं जो निष्ठा से समाज की सेवा करना चाहते हैं। इस संबंध में वे कुछ सफल प्रयासों का उदाहरण देते हैं। जैसे हार्वर्ड के अर्थशास्त्री रिचर्ड फ्रीमैन ने बच्चों की चर्च में नियमित उपस्थिति को सुनिश्चित करने का प्रयास किया। उससे बाल अपराध में कमी आई। अत: सामुदायिकवादी समाज के जरूरतमंद लोगों की सहायता में विभिन्न संगठनों की भूमिका को महत्त्वपूर्ण मानते हैं। लोककल्याणकारी राज्य में व्यक्ति राज्य पर आश्रित हो जाता है। पहल करने और आपसी संबंधों के आधार पर समस्याओं के समाधान की उसकी क्षमता खत्म हो जाती है। इसके विपरीत सामुदायिकवादी व्यक्तियों को सामाजिक सरोकारों से जोड़ना चाहते हैं और व्यक्तियों के पारस्परिक विश्वास और एक-दूसरे की मदद करने की भावना के माध्यम से सामाजिक समस्याओं का समाधान करना चाहते हैं।

सामुदायिकवाद : मूल्यांकन

सामुदायिकवाद पहले एक विचारधारा के रूप में उभरा। मुख्य रूप से यह उदारवादी विचारधारा की आलोचना करता है। बाद में चलकर अमेरिका में यह आंदोलन के तौर पर विकसित हुआ। विचारधारा के रूप में सामुदायिकवाद सुस्पष्ट नहीं है। सामुदायिकवादी विचारक तीन समूहों में बँटे हुए है - (1) उदारवादी, (2) रूढ़िवादी और (3) समाजवादी। उदारवादी रूझान रखने वाले सामुदायिकवादी विचारक व्यक्ति की स्वायत्तता की अवधारणा को स्वीकार करते हैं। दूसरी ओर रूढ़िवादी सामुदायिकवादियों का मानना है कि उदारवाद सामाजिक एकता के प्रश्न का समाधान नहीं कर सकता। वे समुदाय की परंपराओं को महत्त्व देते हैं। समाजवादी दृष्टिकोण वाले सामुदायिक विचारक समानता पर बल देते है और इसी आधार पर वे समुदाय को बनाए रखने के पक्षधर हैं।

सामुदायिकवादियों की सबसे प्रमुख समस्या समुदाय की अवधारणा से संबंधित है। सभी समुदाय के महत्त्व को स्वीकार करते हैं और उसके मूल्यों का संरक्षण करना चाहते हैं। लेकिन समुदाय के अर्थ और स्वरूप पर उनमें पर्याप्त भिन्नता है। किसी भी समुदाय में

विविध प्रकार के मूल्य और आदर्श होते हैं। उनमें किसी समुदाय के व्यक्ति को किन मूल्यों को अपनाना चाहिए? किस तरह के समुदायों को स्वीकार किया जाना चाहिए? इन प्रश्नों पर मतैक्य नहीं है। उदाहरण के लिए कुछ समुदाय भौगोलिक क्षेत्र पर आधारित हो सकते हैं तो कुछ मूल्यों पर या अन्य आधारों पर। अब शहर जैसे भौगोलिक क्षेत्र पर आधारित समुदायों और मूल्यों पर आधारित समलैंगिक समुदाय के बीच किसे प्राथमिकता प्रदान की जाए? इसका संतोषजनक उत्तर सामुदायिकवादी नहीं देते।

प्रत्येक समुदाय की अपनी प्रथाएँ होती हैं। उसके विविध प्रकार के मूल्य होते हैं। सामुदायिकवादी इनको संरक्षण प्रदान करना चाहते हैं। वे किसी प्रकार के सार्वभौम मूल्य को स्वीकार नहीं करते। इसका अर्थ यह हुआ कि सभी मूल्य सापेक्ष हैं। इस स्थिति में दूसरे समुदाय के सदस्यों द्वारा किसी समुदाय विशेष के मूल्यों की आलोचना का कोई औचित्यपूर्ण आधार नहीं हो सकता। यह स्वीकार कर लेने पर सभी समुदाय अपने-आप में पूर्ण हो जाते हैं। समुदायों के बीच मूल्यों के संबंध में संवाद की कोई गुंजाइश नहीं रह जाती।

सामुदायिकवादी समुदाय और व्यक्ति की सामुदायिक पहचान को सर्वाधिक महत्त्वपूर्ण मानते हैं। लेकिन वे यह भूल जाते हैं कि कोई समुदाय एक समरूप इकाई नहीं होता। समुदाय के भीतर भी व्यक्ति की कई पहचान होती हैं। समुदाय के भीतर कुछ पहचानों को स्वीकृति मिल सकती है और कुछ को कुचल दिया जा सकता है। उदाहरण के लिए हो सकता है कोई समुदाय महिलाओं के शोषण और पुरुषों के विशेषाधिकार पर आधारित हो। इसी प्रकार भारत के अधिकांश समुदायों में निम्न जातियों को अधिकारों और गरिमा से वंचित रखा जाता है। सामुदायिकवादी इस समस्या का कोई समाधान प्रस्तुत नहीं करते। किसी समुदाय के भीतर परस्पर-विरोधी हितों में समन्वय कैसे हो? समुदाय के कमजोर वर्गों के हितों की रक्षा किस प्रकार की जाए? सामुदायिकवादी इन समस्याओं का समाधान नहीं करते।

सामुदायिकवाद पश्चिमी देशों के समाजों में व्याप्त व्यक्ति के अलगाव, परिवार का विघटन, बढ़ते अपराध आदि संकटों पर ध्यान केंद्रित करता है। इन संकटों के लिए यह उदारवादी विचारधारा को उत्तरदायी मानता है और उसके दोषों को स्पष्ट करता है। विकल्प के रूप में यह प्राचीन काल के सामुदायिक जीवन को नए रूपों में विकसित करने का पक्षधर है। लेकिन इसकी विस्तृत व्याख्या सामुदायिक विचारकों ने नहीं की। उनका आलोचनात्मक पक्ष मजबूत है, लेकिन रचनात्मक पक्ष उतना ही कमजोर। सामुदायिकवाद के संबंध में सबसे बड़ा खतरा यह है कि समुदाय की सत्ता के विरुद्ध व्यक्ति के अधिकारों और स्वतंत्रताओं की रक्षा कैसे हो? इसका समाधान यह सुझाया गया कि समुदाय के भीतर खुली बहस और संवाद की स्थिति हो। लेकिन समुदाय के भीतर प्रभुत्वशाली वर्ग सार्वजनिक बहस में वंचितों को अपनी आवाज उठाने का समुचित अवसर ही नहीं देगा। दूसरी बड़ी समस्या आर्थिक पक्ष से संबंधित है। वर्तमान दौर भूमंडलीकरण का है। यह मुक्त बाजार पर आधारित अर्थव्यवस्था का समर्थन करता है। इसका परिणाम आर्थिक क्षेत्र में गलाकाट प्रतियोगिता है। इसके कारण व्यक्ति के तनाव, नैराश्य और अलगाव की स्थिति और गंभीर हो गई है। सामुदायिक बंधन खत्म हो रहे हैं। सामुदायिकवादी इस आर्थिक पक्ष का विश्लेषण नहीं करते और न ही वे भूमंडलीकरण

के खिलाफ कोई आवाज उठाते हैं। इस स्थिति में सामुदायिकवाद एक नैतिक सिद्धांत मात्र रह जाता है। इसके पास वैकल्पिक राजनीति और अर्थव्यवस्था की कोई रूपरेखा नहीं है।

◂ सहायक पुस्तकों एवं लेखों की सूची ▸

◂ पुस्तकें

किमलिका, विल, *कंटेपररी पॉलिटिकल फिलॉसफी: एन इन्ट्रोडक्शन*, ऑक्सफोर्ड यूनिवर्सिटी प्रेस, द्वितीय संस्करण, 2005.

फिनलेशन, एलान, (सं.), *कंटेपररी पॉलिटिकल थॉट: ए रीडर ऐंड गाईड*, एडिनबर्ग यूनिवर्सिटी प्रेस 2003.

मल्हॉल स्टीफन और एडम स्विफ्रट, *लिबरल्स ऐंड कम्यूनिटेरियन्स*, ब्लैकवेल पब्लिशिंग, द्वितीय संस्करण 1996.

रामास्वामी, सुशीला, *पॉलिटिकल थियरी: आइडियाज ऐंड कन्सेप्ट्स*, मैकमिलन, नई दिल्ली 2003.

◂ लेख

बेल डेनियल, ''ए कम्यूनिटेरियन क्रिटिक ऑफ लिबरलिज्म'', *एनालाइज ऐंड क्रिटिक*, 27/2005, पृष्ठ 215-238.

वाल्जर, माईकेल, ''दि कम्यूनिटेरियन क्रिटीक ऑफ लिबरलिज्म'', *पॉलिटिकल थियरी*, वॉल्यूम 18 नं. 1 1990, पृष्ठ 6-23.

सैंडेल, माईकेल, ''दि प्रोसिजरल रिपब्लिक ऐंड अनइनकम्बरड सेल्फ'', *पॉलिटिकल थियरी*, वॉल्यूम 12, नं.1, 1984, पृष्ठ 81-96.

13

पारिस्थितिकीवाद

आधुनिक सभ्यता बहुआयामी संकटों से ग्रस्त है। पर्यावरण संकट उनमें से एक है। इसकी गंभीरता पर आम सहमति है। यही कारण है कि दुनिया के अनेक देशों में पर्यावरण के मुद्दे पर आंदोलन हो रहे हैं। कई देशों में इस पर आधारित राजनीतिक दलों का गठन हुआ है। ब्रिटेन और जर्मनी में तो 'ग्रीन पार्टी' ने चुनावों में भी हिस्सेदारी की है। इसी तरह बड़ी संख्या में गैर-सरकारी संगठन (NGOs) पर्यावरण संरक्षण के लिए कार्य कर रहे हैं। अब आर्थिक विकास की परियोजनाओं को मंजूर करने में सरकारें पर्यावरण पर होनेवाले प्रभावों का आकलन करने लगी हैं। इस प्रकार पर्यावरण नागरिक समाज और सरकार की नीतियों का एक केंद्रीय मुद्दा है। वस्तुतः पर्यावरण का चौतरफा संकट आधुनिकता की सबसे महत्त्वपूर्ण खामी के रूप में उभरा है। आधुनिकता ने मनुष्य और उसकी विवेकशीलता को केंद्रीय महत्त्व प्रदान किया। प्राकृतिक जगत के केंद्र में मनुष्य है। वह सर्वोच्च और स्वतंत्र है। दूसरी ओर उसकी विवेकशीलता से विज्ञान का विकास हुआ। इसने मनुष्य को प्रगति का भरोसा दिलाया। इस प्रकार आधुनिकता के केंद्र में मानवीय विवेक और प्रगति में अकाट्य विश्वास था।

वैज्ञानिक आविष्कारों के कारण मनुष्य और प्रकृति के संबंध बदल गए। प्रकृति को देखने का नजरिया अब नया था। न्यूटन के विचार में प्रकृति एक मशीन है। वह कुछ नियमों से संचालित होती है। मानवीय विवेक उन्हें समझने में सक्षम है। उन नियमों को जान-समझ लेने पर प्रकृति पर विजय पाई जा सकती है। आधुनिक युग में वैज्ञानिक प्रगति के कारण उद्योग-धंधे विकसित हुए। औद्योगीकरण को आर्थिक विकास का एक मात्र मॉडल समझा गया। यह इस आधारभूत मान्यता पर आधारित था कि मनुष्य का भौतिक सुख सर्वोपरि है। इसके लिए प्राकृतिक संसाधनों का दोहन आवश्यक भी है और वांछनीय भी। इस प्रकार आधुनिक सभ्यता बुनियादी तौर पर प्रकृति के विरुद्ध थी। यह प्रकृति पर मनुष्य की विजय का उद्घोष था। द्वितीय विश्व युद्ध के बाद स्वतंत्र हुए राष्ट्रों ने भी औद्योगीकरण पर आधारित विकास के मॉडल को अपनाया। पारिस्थितिकीवाद (Ecologism) औद्योगीकरण के विरुद्ध एक जबरदस्त प्रतिक्रिया के रूप में उभरा। यह आधुनिक सभ्यता की सर्वांगीण समीक्षा तो नहीं करता लेकिन औद्योगीकरण के द्वारा प्राकृतिक संसाधनों के अंधाधुंध दोहन, उससे जुड़े मूल्यों और जीवन पद्धति की कटु आलोचना करता है।

पारिस्थितिकीवाद : अर्थ

1970 ई. के दशक के अंत से पारिस्थितिकीवाद को एक स्वतंत्र विचारधारा के रूप में जाना जाता है। मोटे तौर पर विचारधारा के तीन कारक माने गए हैं- 1.समाज या राजनीतिक व्यवस्था का विश्लेषण, 2. एक अच्छे समाज की स्पष्ट रूपरेखा; और 3. उस समाज के निर्माण के लिए एक सुनिश्चित कार्य योजना। इनके आधार पर विद्वानों के विचार में पारिस्थितिकीवाद एक विचारधारा है। यह पर्यावरण संकट को तकनीक के उपयोग या दुरूपयोग का परिणाम नहीं मानता। इसके अनुसार इसका बुनियादी कारण मनुष्य और प्राकृतिक जगत के बीच गलत संबंध है। मनुष्य प्रकृति का स्वामी नहीं बल्कि सहचर है। जैविक और गैर-जैविक समुदाय का वह सदस्य है। इसलिए वह इनसे अभिन्न रूप से जुड़ा है। इसलिए पारिस्थितिकीवाद मनुष्य और प्रकृति के बीच के संबंध को नए सिरे से परिभाषित करना चाहता है। यह मनुष्य की चेतना और नैतिकता में बुनियादी परिवर्तन का पक्षधर है। दूसरी महत्त्वपूर्ण बात यह है कि वर्तमान समाज बहु-उत्पादन और बहु-उपभोग पर आधारित है। यह उपभोक्तावादी समाज है। मनुष्य आज भौतिक सुखों का अधिकाधिक उपभोग करना चाहता है। प्राकृतिक विज्ञान और तकनीक इसमें मददगार हैं। पारिस्थितिकीवाद इस प्रकार के समाज को अच्छा नहीं मानता। इसके अनुसार वैसा समाज अच्छा है जहाँ जीवन सरल हो, प्राकृतिक जगत के साथ समरसता हो और जहाँ मानवीय जीवन केवल भौतिक सुखों की दृष्टि से नहीं बल्कि सभी अर्थों में परिपूर्ण हो। इस तरह के समाज को यह धारणीय समाज (Sustainable society) कहता है। इस समाज में उत्पादन का लक्ष्य मनुष्य की जरूरतों को पूरा करना है न कि उपभोग संबंधी लालसा को संतुष्ट करना। तीसरी बात यह है कि पारिस्थितिकीवाद इस तरह के समाज को बनाने के लिए व्यापक परिवर्तन की कार्ययोजना प्रस्तुत करता है। इसका विश्वास है कि मनुष्य के जीवन के विविध भागों जैसे, आर्थिक, सामाजिक, राजनीतिक और नैतिक जीवन में आमूल परिवर्तन आवश्यक है। ये तीनों लक्षण इसकी पहचान एक विचारधारा के रूप में स्थापित करते हैं। एक विचारधारा के रूप में पारिस्थितिकीवाद का दृढ़ विश्वास है कि (क) प्रकृति परस्पर-संबंधित अवयवों, जैविक एवं भौतिक जगत, से बनी एक पूर्ण इकाई है तथा (ख) पारिस्थितिकीवाद मनुष्य केंद्रित विश्व दृष्टि को अस्वीकार करता है और (ग) यह समाज, अर्थव्यवस्था, राजनीति और नैतिकता के क्षेत्र में आमूल परिवर्तन का प्रबल पक्षधर है।

पारिस्थितिकीवाद और पर्यावरणवाद में अंतर
(Difference between Ecologism and Environmentalism)

वर्तमान समय में पर्यावरण का प्रश्न राजनीतिक बहस का एक प्रमुख मुद्दा है। इस क्षेत्र में विभिन्न प्रकार के संगठन कार्यरत हैं। इनमें कुछ तो राजनीतिक दल हैं तो कुछ स्वैच्छिक संगठन जो दबाव समूह के रूप में पर्यावरण संरक्षण के अनुकूल नीति निर्माण के लिए राष्ट्रीय एवं अंतर्राष्ट्रीय स्तर पर सक्रिय हैं। लेकिन पारिस्थितिकीवाद इन राजनीतिक गतिविधियों का पर्याय नहीं है। जैसा कि पहले कहा गया है कि यह एक विचारधारा है। इसलिए एन्ड्रियू डॉब्सन जैसे विद्वान इसे पर्यावरणवाद से भिन्न समझने पर बल देते हैं। इसी प्रकार अर्ने नैस (Arne Naess) ने पारिस्थितिकी के

'सतही' (Shallow) और 'गहरे' (Deep) रूप में अंतर किया है। पहले को पर्यावरणवाद कहा जा सकता है तो दूसरे को पारिस्थितिकीवाद। इन दोनों में दो प्रमुख अंतर हैं। पहला अंतर यह है कि जहाँ पर्यावरणवाद पर्यावरण के प्रति व्यक्ति के नज़रिए को बदलने के स्थान पर प्रबंधकीय दृष्टिकोण अपनाता है। इसका विश्वास है कि तकनीकों के माध्यम से पर्यावरण का प्रबंधन किया जा सकता है और इसके फलस्वरूप प्राकृतिक संसाधनों के दोहन से मनुष्य की जरूरतें पूरी होती रहेंगी। इसलिए यह व्यक्ति के नैतिक मूल्यों, उत्पादन की प्रणाली और उपभोग के तरीकों में व्यापक बदलाव की बात नहीं करता। इसके विपरीत पारिस्थितिकीवाद मनुष्य और प्रकृति जिसमें भौतिक और जैविक जगत शामिल है, के संबंधों को बुनियादी तौर पर बदलना चाहता है। इसके लिए यह व्यक्ति के नैतिक मूल्य, उत्पादन और उपभोग के तरीकों में मूलभूत बदलाव का पक्षधर है। इसका दृढ़ विश्वास है कि प्रकृति मनुष्य के सुखों में वृद्धि का साधन नहीं है। मानवीय जीवन का उद्देश्य प्रकृति का संरक्षण है। मनुष्य जैविक समुदाय का एक सदस्य है और उसका हित अन्य जीवों के हितों के बराबर है। पारिस्थितिकीवाद और पर्यावरणवाद के बीच दूसरा अंतर है कि जहाँ पहला एक विचारधारा है तो दूसरे को इस श्रेणी में नहीं रखा जा सकता। पर्यावरणवाद केवल कुछ सुधारों की बात करता है। उदाहरण के लिए यह ऊर्जा के कोयला जैसे परंपरागत स्रोत के स्थान पर सौर ऊर्जा जैसे स्रोतों के उपयोग पर बल देता है। पर्यावरणवाद न तो अच्छे समाज की कोई अवधारणा प्रस्तुत करता है और न ही इसकी कोई सुनिश्चित कार्य योजना। यह मूलतः कुछ तकनीकी परिवर्तनों एवं सुधारवादी उपायों तक सीमित है। इसके विपरीत पारिस्थितिकीवाद एक विचारधारा है। इसे ऊपर स्पष्ट किया जा चुका है। इसमें एक नई जीवन दृष्टि, नए जीवन मूल्य एवं नए समाज की रूपरेखा है। एक विचारधारा के रूप में पारिस्थितिकीवाद का विस्तार सार्वभौमिक (Universal) है। इसके दो परस्पर-संबंधित कारण हैं। पहला तो यह कि, पर्यावरणीय संकट विश्वव्यापी है और इसने पूरे विश्व को एक सूत्र में बांध दिया है। उदाहरण के लिए यदि भारत में वनों का विनाश होता है तो उसका असर पूरे विश्व के पर्यावरण पर पड़ता है और इससे सभी देश प्रभावित होते हैं। दूसरा कारण है कि पारिस्थितिकीवाद राष्ट्रीयता, वर्ग, धर्म, लिंग, प्रजाति आदि भेदों से परे विश्वव्यापी संदेश देता है।

पारिस्थितिकीवाद: उत्पत्ति एवं विकास

एक विचारधारा के रूप में पारिस्थितिकीवाद 1960 ई. के बाद के दशकों में उभरा। इसी दौर में पर्यावरणवादी राजनीति को भी प्रमुखता प्राप्त हुई। लेकिन मनुष्य और प्रकृति के बीच सामंजस्यपूर्ण संबंधों के विचार प्राचीन धर्मों में मिलते हैं। उदाहरण के लिए हिंदू धर्म में पृथ्वी को माता (धरती माता) कहा गया है। इस प्रकार के विचार अन्य धर्मों में भी हैं। इसलिए कुछ विद्वानों का मानना है कि वर्तमान पारिस्थितिकीवाद की मूल अवधारणा इन धर्मों से ली गई है। पारिस्थितिकीवाद की उत्पत्ति को लेकर तीन प्रमुख मत हैं। पहले मत के अनुसार प्रकृति के साथ सह-अस्तित्व का स्वर्णिम काल नव-पाषाण युग (Neolithic) उदय के साथ ही समाप्त हो गया था। इसलिए पारिस्थितिकी के संबंध में चिंता इसके बाद से ही

व्यक्त होने लगी। दूसरे मत के अनुसार पारिस्थितिकीवाद की जड़े उन्नीसवीं सदी में हैं। इस दौर में औद्योगीकरण हुआ और शहरों का विकास हुआ। पारिस्थितिकीवाद इस औद्योगीकरण के खिलाफ एक प्रतिरोध था। इसका स्वरूप आज भी बना हुआ है। यह प्रतिरोध उन देशों में था जो तेजी से औद्योगीकरण के मार्ग पर बढ़ रहे थे। उदाहरण के लिए जर्मनी में इसी सदी में 'प्रकृति की ओर लौटो' आधारित आंदोलन प्रारंभ हुआ। तीसरे मत के अनुसार पारिस्थितिकीवाद का प्रारंभ 1960 ई. के दशक में हुआ। इस दौर तक औद्योगीकरण और शहरीकरण का काफी विस्तार हो चुका था। इसलिए पहली बार यह महसूस किया गया कि इस औद्योगीकरण के फलस्वरूप पृथ्वी और मानव जीवन पर गंभीर संकट उपस्थित हो गया है। इसी दौर में पर्यावरण के मुद्दों पर आधारित राजनीति की भी शुरुआत हुई।

उपर्युक्त तीनों मतों में दूसरे मत के समर्थकों की संख्या अधिक है जो पारिस्थितिकीवाद की उत्पत्ति उन्नीसवीं सदी से मानते हैं। हालाँकि इसके पूर्व रूसो की रचनाओं में भी औद्योगीकरण और तकनीकी प्रगति की आलोचना की गई थी। इसी प्रकार अंग्रेज़ी के वर्ड्सवर्थ जैसे रोमांटिक कवियों के द्वारा भी प्रकृति के प्रति प्रेम की अभिव्यक्ति की गई थी। इन कवियों ने भी औद्योगिक विकास की प्रक्रिया में प्रकृति के प्रति गलत नजरिए की आलोचना की थीं। यहाँ यह उल्लेखनीय है कि महात्मा गाँधी ने अपनी पुस्तक *हिंद स्वराज* (1909 ई.) में आधुनिक सभ्यता की गहन समीक्षा की थी। उन्होंने मशीनों, उद्योगों और शहरों पर आधारित इस सभ्यता को 'शैतानी' माना था। इसके विकल्प के रूप में उन्होंने 'ग्राम समुदाय' पर आधारित सभ्यता की रूपरेखा खींची थी। पारिस्थितिकीवाद के बहुत सारे विचार गाँधी में दिखलाई पड़ते हैं। निष्कर्ष के रूप से यही कहा जा सकता है कि पारिस्थितिकी के प्रति चिंता या संवेदना भले ही पहले भी व्यक्त होती रही हो लेकिन एक स्पष्ट विचारधारा के रूप में पारिस्थितिकीवाद 1960 ई. के दशक के अंतिम वर्षों में ही उत्पन्न हुआ। 1962 ई. में रेचेल कार्सन (Rachel Carson) की पुस्तक *दि साइलेंट स्प्रिंग* प्रकाशित हुई। यह पारिस्थितिकी के संकट को उजागर करने वाली पहली पुस्तक मानी जाती है। इसमें कीटनाशकों एवं अन्य रसायनों के उपयोग के कारण वन्य जीवों को होने वाली क्षति पर ध्यान दिलाया गया था। बाद में इर्लिक (Ehrlich) और हैरिमान (Harriman) की पुस्तक *हाउ टू बी ए सर्वाइवर* 1971 ई. में प्रकाशित हुई। 1972 ई. का वर्ष पारिस्थितिकीवाद के लिए एक महत्त्वपूर्ण वर्ष है। इस वर्ष संयुक्त राष्ट्रसंघ के द्वारा एक रिपोर्ट प्रकाशित हुई जिसका शीर्षक था –*ओनली वन अर्थ*। इसी वर्ष क्लब ऑफ रोम के द्वारा *दि लिमिट्स टू ग्रोथ* प्रकाशित की गई। यह पुस्तक आर्थिक वृद्धि की अवधारणा की गहन समीक्षा करती है। इसके साथ ही यह आर्थिक विकास की सीमाओं को भी उजागर करती है। इसके बाद के वर्षों में पर्यावरण के मुद्दे पर सक्रिय कई दबाव समूहों की राजनीतिक गतिविधियाँ तेज हुईं। इनमें ग्रीन पीस, फ्रेंड्स ऑफ अर्थ जैसे संगठन महत्त्वपूर्ण थे। पर्यावरण प्रदूषण, वनों के विनाश, पशुओं के अधिकार आदि विभिन्न मुद्दों पर अनेक देशों में कई आंदोलन भी इस दौर में प्रारंभ हुए। 1980–90 ई. के दशक में ब्रिटेन ओर जर्मनी जैसे कई देशों में 'ग्रीन' राजनीतिक दलों की स्थापना हुई। इन दलों ने पर्यावरण संरक्षण के अपने एजेंडे पर चुनाव भी लड़ा। कई देशों में इन्हें राजनीतिक सफलता भी मिली। पर्यावरण संबंधी मुद्दे

अंतर्राष्ट्रीय संगठनों के स्तर पर भी प्रमुखता से उठने लगे। 1972 ई. में स्टॉकहोम में मानवीय पर्यावरण पर संयुक्त राष्ट्रसंघ का सम्मेलन आयोजित हुआ। इसी क्रम में 1987 ई. के ब्रून्टलैंड (Brundtland) प्रतिवेदन में धारणीय विकास (Sustainable development) का विचार प्रस्तुत किया गया। 1992 ई. में रियो में 'अर्थ सम्मिट' का आयोजन हुआ। पारिस्थितिकीवाद को एक विशिष्ट विचारधारा के रूप में पहचान दिलाने का महत्त्वपूर्ण प्रयास फ्रेडरिक शुमाकर, अर्ने नैस, जेम्स लवलॉक, कैरोलिन मर्चेंट आदि चिंतकों ने किया है।

पारिस्थितिकी की अवधारणा

पारिस्थितिकीवाद के केंद्र में पारिस्थितिकी (Ecology) की अवधारणा है। यह विज्ञान की एक शाखा के रूप में भी जाना जाता है। इस रूप में यह विभिन्न जीवों और उनके पर्यावरण के बीच संबंधों का अध्ययन करता है। पारिस्थितिकी एक व्यवस्था है। कोई भी व्यवस्था परस्पर-संबंधित एवं परस्पर-आश्रित अंगों का एक समूह होती है। वे एक-दूसरे को प्रभावित करते हैं और एक-दूसरे से प्रभावित होते हैं। इसके अतिरिक्त व्यवस्था में हमेशा संतुलन की प्रवृत्ति होती है। इसके कारण व्यवस्था जीवित रहती है। यह अपने परिवेश से प्रभावित होती है और उसे प्रभावित भी करती है। पारिस्थितिकी के अंतर्गत जीव-जंतुओं के साथ-साथ गैर-जैविक तत्त्व भी शामिल हैं। ये एक-दूसरे पर आश्रित हैं। इसलिए जीव-जंतुओं का अस्तित्व गैर-जैविक जगत के कारण बना रहता है। अन्य व्यवस्थाओं की तरह पारिस्थितिकी में भी संतुलन या समरसता का अस्तित्व होता है। इसके लिए व्यवस्था खुद अपना नियमन करती है। यह एक स्वचालित प्रक्रिया है। ज़ानवरों, कीड़े-मकोड़ों और पौधों का जीवन और उनकी संख्या उपलब्ध खाद्य सामग्री पर निर्भर होती है। जो इससे अनुकूलन कर लेते हैं, वे जीवित रहते हैं और जो जीव इसमें असफल हो जाते हैं, वे समाप्त हो जाते हैं। डायनासोर इसके उदाहरण हैं।

हर व्यवस्था के अंतर्गत कुछ उप-व्यवस्थाएँ होती हैं। जैसे किसी राजनीतिक व्यवस्था के अंतर्गत दलीय व्यवस्था का अस्तित्व होता है। उप-व्यवस्थाओं में भी व्यवस्था के सारे लक्षण मौजूद होते हैं। एक संदर्भ में यदि कोई व्यवस्था है तो दूसरे संदर्भ में वह उप-व्यवस्था है। उदाहरण के लिए यदि सामाजिक व्यवस्था को एक इकाई मान लिया जाए तो राजनीतिक व्यवस्था उसकी एक उप-व्यवस्था है। इसी प्रकार कोई तालाब पारिस्थितिकी की एक उप-व्यवस्था है। लेकिन यह अपने-आप में एक व्यवस्था भी है। यह अपने समीप रहने वाले जीव-जंतुओं एवं मनुष्य के लिए पानी और भोजन की व्यवस्था करती है। इस प्रकार वैश्विक पारिस्थितिकी को एक व्यवस्था, जिसे हम (Biosphere) बायोस्फीयर या जैवमंडल कहते हैं, माना जा सकता है। लेकिन इसके अंतर्गत विभिन्न प्रकार की उप-व्यवस्थाओं का एक जटिल जाल है। उदाहरण के लिए वन, मरुस्थल और घास के मैदान से बनी स्थलीय व्यवस्था, ताजे पानी तथा समुद्री पानी से निर्मित जलीय व्यवस्था आदि। पारिस्थितिकी के वैज्ञानिक अध्ययनों से प्राकृतिक जगत के प्रति नए दृष्टिकोण सामने आए। यह बात पूरी तौर पर स्पष्ट होने लगी कि मनुष्य प्रकृति का स्वामी नहीं है और प्राकृतिक संसाधनों के दोहन

की एक सीमा है। मानव जाति पारिस्थितिकी के अंतर्गत जैविक और गैर-जैविक अंगों के बीच संबंधों के जाल के कारण जीवित है। यह क्षेत्र अत्यंत नाजुक है। इस संबंध में समस्या तब पैदा हुई जब पारिस्थितिकी के भीतर संतुलन की स्वचालित प्रक्रिया में मनुष्य ने हस्तक्षेप करना प्रारंभ कर दिया। इससे उस व्यवस्था को ही खतरा पैदा हो गया जिसके अंतर्गत मनुष्य जीवित है। इन खतरों में जनसंख्या वृद्धि, कोयला, तेल और प्राकृतिक गैस जैसे ईंधन के संसाधनों का बड़े पैमाने पर इस्तेमाल, वनों का विनाश, विभिन्न प्रकार के कीटनाशकों एवं अन्य रसायनों का उपयोग आदि प्रमुख हैं। मानवीय गतिविधियों के कारण पारिस्थितिकी के अंतर्गत अनेक प्रकार के जीव जंतु-नष्ट हो गए। पारिस्थितिकीवाद की मान्यता है कि पृथ्वी की क्षमता सीमित है। इसी प्रकार इसके समस्त संसाधनों की उत्पादन क्षमता की भी एक सीमा है। इसके साथ-साथ पृथ्वी में मानव द्वारा किए जा रहे प्रदूषण को सहन करने की क्षमता भी सीमित है। इसलिए पारिस्थितिकीवाद बुनियादी तौर पर भिन्न दृष्टिकोण रखता है। यह आधुनिक दृष्टिकोण से बिल्कुल अलग है। यह पारिस्थितिकी के अंतर्गत मनुष्य को केंद्रबिंदु मानने वाले और इसे सर्वोच्च समझने वाले दृष्टिकोण को अस्वीकृत करता है। इसके स्थान पर यह पारिस्थितिकी को केंद्रीय महत्त्व प्रदान करता है। इसके अनुसार मनुष्य भी अन्य जीवों की तरह है। अत: उसका प्रयास पारिस्थितिकी की व्यवस्था को संरक्षण प्रदान करने का होना चाहिए। उसे प्रकृति का स्वामी बन कर जीने के बजाए उसके साथ जीने की आदत डालनी होगी। इस प्रकार पारिस्थितिकीवाद आधुनिकता की मनुष्य केंद्रित अवधारणा का खंडन करता है। वह इसे खतरनाक समझता है। इसके विकल्प के रूप में यह एक नई दृष्टि का पक्षधर है। यह मानवीय जीवन के सभी पहलुओं में आमूल बदलाव की माँग करता है। इसके बगैर पर्यावरण संबंधी समस्याओं का समाधान नहीं हो सकता। पारिस्थितिकीवाद की यही विशिष्टता है कि यह कुछ सुधारों तक सीमित नहीं है।

प्रत्येक विचारधारा की तरह पारिस्थितिकीवाद के भी दार्शनिक और नैतिक आधार हैं। इन्हीं आधारों पर यह दावा किया जाता है कि यह पूर्व के अन्य सभी विचारधाराओं से भिन्न है। अत: पारिस्थितिकीवाद के दार्शनिक एवं नैतिक आधारों को समझना आवश्यक होगा। इनकी संक्षिप्त चर्चा इस प्रकार है :

1. समग्रतावादी दृष्टिकोण (Holistic Approach) : पारिस्थितिकीवादी विचारक वर्तमान समय के पर्यावरण संबंधी संकटों की जड़ें आधुनिक दर्शन और विज्ञान में खोजते हैं। प्रथम आधुनिक दार्शनिक रेने डेकार्ट (1596-1650 ई.) ने मनुष्य और प्राकृतिक जगत को अलग कर दिया। इससे पहले इन दोनों के बीच सावयवी संबंधों को मान्यता दी जाती थी। डेकार्ट के दर्शन में मनुष्य की पहचान एक विवेकशील मष्तिष्क के रूप में की गई। प्राकृतिक जगत का अस्तित्व वस्तु (Object) के रूप में था। वह जानने और इस्तेमाल की चीज बन गई। इससे आगे बढ़कर न्यूटन ने प्रकृति को एक मशीन समझा। इसका उपयोग मनुष्य के लिए था। मशीन विभिन्न भागों में बँटी होती है। इसकी मरम्मत की जा सकती है। जरूरत पड़ने पर इसे बदला जा सकता है। डेकार्ट और न्यूटन के वैचारिक प्रतिमान में मनुष्य प्रकृति का स्वामी है। प्रकृति की चीजें उसके लिए आर्थिक संसाधन मात्र हैं। इसका परिणाम यह हुआ

कि हम प्राकृतिक जगत के साथ समरस संबंधों को भूल गए। इस प्रकार विवेकशीलता और वैज्ञानिक पद्धति पर बल देने वाली दृष्टि पारिस्थितिथिकी विरोधी है। अपनी सुख-सुविधा के लिए मनुष्य इनका दोहन करने को स्वतंत्र था। दूसरी बात यह थी विज्ञान ने विभिन्न चीजों को टुकड़ों में बाँट कर समझना प्रारंभ किया। इन्हें एक-दूसरे से अलग करके देखा जाने लगा। संपूर्ण विभिन्न भागों का संकलन मात्र था। इसी आधार पर विज्ञान की विभिन्न शाखाएँ विकसित हुईं। प्रत्येक का अलग-अलग विषय क्षेत्र था। भौतिकशास्त्र पदार्थ का, वनस्पति विज्ञान पेड़-पौधों का तथा जंतु विज्ञान जंतुओं के अध्ययन तक सीमित हो गया। पारिस्थितिकीवाद डेकार्ट और न्यूटन के विचारों को अस्वीकार करता है। फ्रिटजॉफ काप्रा जैसे नए भौतिकशास्त्री न्यूटन द्वारा प्रतिपादित विज्ञान की अवधारणा को स्वीकार नहीं करते। उदाहरण के लिए क्वांटम सिद्धांत भौतिक जगत को विभिन्न अणुओं-परमाणुओं का महज योग नहीं मानता। यह उसे एक व्यवस्था के रूप में देखता है जिसके सभी अंग परस्पर-संबंधित हैं और पूरी व्यवस्था के साथ इनका एकीकरण है। पारिस्थितिकीवाद पूरे ब्रह्मांड को एक समग्र इकाई मानता है। इसके सभी अंग एक-दूसरे से संबंधित हैं। इसलिए इन्हें ठीक से तभी समझा जा सकता है जब इनके आपसी संबंध को समझने का प्रयास किया जाए। इसके साथ ही संपूर्ण और अंगों के बीच के संबंधों का भी विश्लेषण किया जाना चाहिए। यही समग्रतावादी दृष्टिकोण हैं। उदाहरण के लिए भौतिक और जीव जगत को अलग-अलग देखने के बजाए इनके पारस्परिक संबंधों को देखना आवश्यक है। मनुष्य का भौतिक पदार्थों से क्या संबध है? उसका अन्य जीवों से क्या संबंध है? इसके साथ ही संपूर्ण ब्रह्मांड से मनुष्य किस प्रकार संबंधित है? पारिस्थितिकीवाद का मानना है कि इन प्रश्नों को समझे बगैर पारिस्थितिकी को ठीक से नहीं समझा जा सकता। अब तक कि सभी विचारधाराओं में इन प्रश्नों को कोई जगह नहीं मिली। मनुष्य को सर्वोच्च स्थिति प्राप्त थी। बाकी भौतिक चीजें और जीव उसके विभिन्न साधन थे। इस प्रकार पूर्ववर्ती विचारधाराओं में मनुष्य की प्रकृति के बीच परस्पर-निर्भरता के संबंध को पूरी तौर पर नकार दिया गया था।

2. पारिस्थितिकीय चेतना (Ecological Consciousness) : पारिस्थितिकीवाद का तर्क है कि पारिस्थितिकीय चेतना मनुष्य को समस्त प्राकृतिक जगत से जोड़ देती है। यह मनुष्य के भीतर स्वयं अपने बारे में एक नई समझ पैदा करती है। इसके कारण वह दूसरे व्यक्तियों और गैर मानवीय प्राकृतिक चीजों से अपने को अलग और स्वतंत्र नहीं समझता। साथ ही यह भी स्पष्ट हो जाता हैं कि वह अपनी पूर्णता की उपलब्धि अकेले नहीं कर सकता। मनुष्य का पूर्ण विकास सभी जीवों के साथ तादात्म्य स्थापित करने पर निर्भर करता है। इस प्रकार पारिस्थितिकीवाद विश्व के प्रति मनुष्य के दृष्टिकोण को मूल रूप से बदलने का पक्षधर है। यह डेकार्ट और न्यूटन के यांत्रिक विवेकशीलता के स्थान पर पारिस्थितिकीय विवेकशीलता को स्थापित करता है।

3. प्राकृतिक मूल्य का सिद्धांत (Theory of Natural Value) : पारिस्थितिकीवाद मनुष्य के अन्य जीवों और भौतिक वस्तुओं के साथ संबंधों को केंद्रीय महत्त्व देता है। उदारवाद और समाजवाद जैसी विचारधाराओं के अनुसार मनुष्य अपने श्रम के द्वारा किसी वस्तु को मूल्यवान

बनाता है। मसलन चमड़े से जूता बनाना। अतः कोई वस्तु मूल्यवान है, यह कृत्रिम रूप से मनुष्य के द्वारा निर्धारित होता है। पारिस्थितिकीवाद इससे अलग बात कहता है। इसके अनुसार किसी वस्तु के मूल्य का निर्धारण प्राकृतिक प्रक्रिया द्वारा होता है न कि कृत्रिम रूप से मनुष्य के द्वारा। इसका आशय यह है कि सभी वस्तुओं के कुछ प्राकृतिक मूल्य हैं। इसके प्रतिपादक रॉबर्ट गूडिन हैं। उन्होंने ही मूल्यों के हरित या प्राकृतिक सिद्धांत को प्रतिपादित किया हैं। उनके विचार में वस्तुओं का प्राकृतिक मूल्य सर्वाधिक महत्त्वपूर्ण है। इसे बनाए रखना आवश्यक है। वस्तुतः पर्यावरण संरक्षण का मतलब ही है कि वस्तुओं के प्राकृतिक मूल्य का संरक्षण।

4. पर्यावरणीय आचारशास्त्र (Environmental Ethics) : पारिस्थितिकीवाद मनुष्य के मूल्यों और व्यवहारों में मूलभूत परिवर्तन की माँग करता है। इसलिए यह मानवीय आचरण के नए नियमों को सामने रखता है। इसका अपना आचार शास्त्र है। आधुनिकता मानव-केंद्रित है। इसका आशय है मनुष्य के हितों को दूसरे जीवों की तुलना में प्राथमिकता प्रदान करना। इसी प्रकार गैर-मानवीय चीजें विशुद्ध रूप से मनुष्य के सुखों के साधन मात्र हैं। पारिस्थितिकीवाद इसको अस्वीकृत करता है। इसका कहना है कि अन्य जीवों की तुलना में मनुष्य को अत्यधिक महत्त्व देना और प्रकृति को एक संसाधन या साधन मानना आज के पर्यावरण संकट का प्रमुख कारण है। काप्रा इस दृष्टिकोण से अलग राय देते हैं। उनका कहना है कि मनुष्य प्रकृति का अंग है, उससे परे या ऊपर नहीं। इसलिए उसका जीवन जैवमंडल (बायोस्फीयर) के साथ सम्मानजनक व्यवहार पर निर्भर करता है। मानवीय और गैर-मानवीय जगत को अलग-अलग नहीं माना जा सकता। दोनों परस्पर-संबंधित हैं। वे एक-दूसरे को प्रभावित करते हैं और एक-दूसरे से प्रभावित होते हैं। इस तथ्य को अनदेखा करने का परिणाम महाविनाश हो सकता है। अतः हमें प्रकृति के संतुलन से छेड़छाड़ नहीं करनी चाहिए। इस संबंध में पारिस्थितिकीवादी पीढ़ीगत न्याय (Generational Justice) की बात करते हैं। मनुष्य का अपनी भावी पीढ़ी के प्रति भी दायित्व है। अतः पर्यावरण संरक्षण उसका प्रमुख दायित्व है ताकि आने वाली पीढ़ी भी जीवित रह सके।

पारिस्थितिकीवाद मनुष्य की नैतिक प्राथमिकताओं और आचरण में मूलभूत परिवर्तन की माँग करता है। वह इस बात पर बल देता है कि मनुष्य को प्रकृति के साथ गहरा नैतिक सरोकार रखना चाहिए। यह स्वीकार करना आवश्यक है कि प्रकृति की चीजों का अपना नैतिक महत्त्व है। अतः मानवीय आचरण के उचित और अनुचित होने का निर्णय भी संपूर्ण प्रकृति के संदर्भ में होना चाहिए। कोई मानवीय गतिविधि तभी उचित कही जा सकती है जब वह प्रकृति की व्यवस्था को बनाए रखने का प्रयास करती हो। इसमें बाधा डालने वाली गतिविधि अनुचित है। पारिस्थितिकीवाद विभिन्न जीवों और भौतिक पदार्थों के अंतर्निहित मूल्य को स्वीकार करता है। इसलिए यह इनके प्रति मनुष्य के उत्तरदायित्वूपर्ण व्यवहार का पक्षधर है। इस प्रकार पारिस्थितिकीवाद एक नए आचारशास्त्र की जरूरत पर बल देता है। इसमें जैवमंडल या पर्यावरण के प्रति चिंता मात्र नहीं है बल्कि मनुष्य और प्रकृति के बीच समरस संबंधों को केंद्रीय महत्त्व प्राप्त है। जाहिर है कि यह तभी संभव है जब मनुष्य अपने आचरण और उनके मूल्यांकन (उचित-अनुचित) संबंधी मापदंडों में आमूल परिवर्तन करे।

5. उद्योगवाद की आलोचना : आधुनिक युग में वैज्ञानिक एवं तकनीकी प्रगति के कारण उत्पादन के तरीके बदले। औद्योगिक क्रांति का प्रारंभ हुआ। कृषि का स्थान बड़े-बड़े उद्योग धंधों ने ले लिया। नई-नई मशीनों के आविष्कार ने औद्योगिक प्रगति को बढ़ावा दिया। इसके साथ ही यह विश्वास दृढ़ हुआ कि औद्योगीकरण के द्वारा असीमित आर्थिक विकास के लक्ष्य को प्राप्त किया जा सकता है। द्वितीय विश्व युद्ध के बाद स्वतंत्र हुए राष्ट्रो ने भी यही रास्ता अपनाया। तीव्र गति से औद्योगिक विकास उनका प्राथमिक लक्ष्य बना। इन सबका परिणाम बड़े पैमाने पर प्राकृतिक संसाधनों के दोहन और उनके विनाश में हुआ। पारिस्थितिकीवाद उद्योगों के माध्यम से असीमित आर्थिक विकास की संभावना से इनकार करता है। इसी आधार पर यह पूँजीवाद और समाजवाद से अलग है। ये दोनों विचारधाराएँ बहु-उत्पादन (Mass production) और बहु-उपभोग (Mass consumption) के पक्ष में हैं। पारिस्थितिकीवादियों का तर्क है कि उद्योगवाद स्वयं सबसे बड़ी विचारधारा का रूप ले चुका है। इसका आधार भौतिकवाद तथा विज्ञान और तकनीक की अपार क्षमता और इनके माध्यम से असीमित आर्थिक विकास के लक्ष्य की प्राप्ति का विश्वास है। इसके विपरीत पारिस्थितिकीवादी विचारकों का मत है कि पृथ्वी की क्षमता सीमित है। अत: औद्योगिक विकास की भी एक सीमा है। निरंतर तेजी से बढ़ता औद्योगीकरण महाविनाशकारी प्रभाव पैदा कर रहा है। इसके साथ ही वे यह स्वीकार करने को तैयार नहीं हैं कि वर्तमान समय की गहन पर्यावरणीय समस्या का समाधान तकनीक के द्वारा संभव है। उनका दृढ़ विश्वास है कि किसी भी प्रकार की तकनीकी प्रगति से असीमित आर्थिक विकास संभव नहीं है। इसी प्रकार यह एक कोरी कल्पना है कि सभी विकासशील देश विकसित देशों की आर्थिक प्रगति के स्तर को प्राप्त कर सकते हैं। इसका कारण संसाधनों का अभाव है। पारिस्थितिकीवाद 'अभाव' (Scarcity) को एक वास्तविकता के रूप में स्वीकार करता है। इसका कहना है कि मनुष्य संसाधनों को पैदा नहीं करता बल्कि केवल उनका उपभोग करता है। उन संसाधनों के पुन: उपयोग की संभावना निरंतर कम होती जाती है। उदाहरण के लिए दूसरे सभी देशों के मुकाबले अमेरिका ने पिछले पचास वर्षों में खनिजों और कार्बन ईंधन का ज्यादा दोहन किया है। इसलिए डॉब्सन जैसे विचारकों का निष्कर्ष है कि (1) चूँकि पृथ्वी की क्षमता सीमित है, इसलिए असीमित आर्थिक वृद्धि के लक्ष्य को प्राप्त नहीं किया जा सकता, (2) आर्थिक वृद्धि की तीव्र गति को निरंतर बनाए रखना संभव नहीं है और (3) पर्यावरणीय समस्याओं से निपटने के वर्तमान प्रयास सतही हैं। इसलिए पारिस्थितिकीवाद एक नए समाज की रूपरेखा प्रस्तुत करता है। जो नए मानवीय मूल्यों और नैतिक प्रतिमान पर आधारित हैं।

6. धारणीय (Sustainable) समाज की अवधारणा : प्रत्येक विचारधारा में अच्छे समाज की रूपरेखा अंतर्निहित होती है। यह उसका अभिन्न अंग है। पारिस्थितिकीवाद भी एक विचारधारा के रूप में अच्छे समाज का चित्रण प्रस्तुत करता है। यह समाज धारणीय समाज है। पारिस्थितिकीवाद के अनुसार बहु-उत्पादन और बहु-उपभोग पर आधारित समाज अंतत: पूरी मानवजाति के लिए खतरा पैदा कर रहा है। अत: इसका विकल्प एक ऐसा समाज हो सकता है जिसमें मनुष्य का अन्य जीवों के साथ-साथ संपूर्ण प्रकृति से ही सहजीवन का संबंध हो।

मानव जाति के संरक्षण का यही एकमात्र विकल्प है। पारिस्थितिकीवाद द्वारा प्रतिपादित धारणीय समाज के निम्न प्रमुख तत्त्व हैं :

(i) उपभोग पर स्वैच्छिक नियंत्रण : औद्योगिक विकास में उत्पादन और उपभोग में अभिन्न संबंध होता है। इसमें दोनों एक-दूसरे को बढ़ाते हैं। वर्तमान दौर में उपभोक्तावाद का बोलबाला है। विज्ञापनों के माध्यम से उपभोग को बढ़ाने के प्रयास होते हैं। बढ़ता उपभोग उत्पादन में वृद्धि की माँग करता है। पारिस्थितिकीवाद उपभोग को कम करने का पक्षधर है। इसके अनुसार धारणीय समाज तभी संभव है जब व्यक्ति स्वेच्छा से अपने उपभोग पर सीमाएँ लगाए। इस संबंध में यह मनुष्य की जरूरत (Need) और चाह (Want) में अंतर करता है। मनुष्य की कुछ जरूरतें होती हैं जो उसके जीवन के लिए अनिवार्य हैं। ये सीमित हैं। इसके विपरीत चाह मनुष्य की अनंत इच्छाओं का समूह है। यह असीमित है। पारिस्थितिकीवाद का तर्क है कि उत्पादन का उद्देश्य मनुष्य की जरूरतों को पूरा करना होना चाहिए न कि उसकी असीम इच्छाओं की संतुष्टि। पूँजीवादी उत्पादन प्रणाली में विज्ञापन की भूमिका महत्त्वपूर्ण होती है। यह कृत्रिम रूप से मनुष्य में निरंतर नई-नई इच्छाएँ पैदा करने का प्रयास करता है। इसके फलस्वरूप उपभोग बढ़ता जाता है। पारिस्थितिकीवाद विज्ञापन की भूमिका की आलोचना करता है। इसका विश्वास है कि मनुष्य की वर्तमान और भावी पीढ़ी की जरूरतों को पूरा करने में प्रकृति सक्षम है। समस्या यह है कि मनुष्य ने अपनी असीमित इच्छाओं की पूर्ति के लिए प्राकृतिक संसाधनों को नष्ट कर दिया है। पारिस्थितिकीवाद द्वारा प्रतिपादित कम उपभोग संबंधी विचार और गाँधी के विचारों में पर्याप्त समानता है। गाँधी ने अपनी आवश्यकताओं को स्वेच्छा से सीमित करने का समर्थन किया था। उनका सादा जीवन उपभोग पर स्वैच्छिक नियंत्रण का एक अनूठा उदाहरण है।

(ii) जनसंख्या में कमी : पारिस्थितिकीवाद उपभोग के स्तर पर कमी लाने के लिए जनसंख्या को सीमित रखने का पक्षधर है। यदि उपभोग करने वाले कम होंगे तो उपभोग स्वयमेव कम होगा। इसका आशय यह है कि बढ़ती जनसंख्या पृथ्वी और उसके पर्यावरण के लिए गंभीर खतरा है। आबादी के भरण-पोषण के संबंध में पूरी पृथ्वी और किसी देश विशेष की क्षमता सीमित है। कुछ पारिस्थितिकीवादी इसके अनुसार पूरी पृथ्वी की जनसंख्या का आकलन करने का प्रयास करते हैं। एडवर्ड गोल्डस्मिथ का मानना है कि धारणीयता की दृष्टि से विश्व की आबादी तीन अरब पचास करोड़ (3500 मिलियन) होनी चाहिए। पारिस्थितिकीवाद जनसंख्या वृद्धि को रोकना चाहता है लेकिन वह इसके लिए बाध्यकारी साधनों का समर्थन नहीं करता। इसके लिए यह वैसे उपायों का प्रस्ताव करता है जिनके माध्यम से जनसंख्या नियंत्रण को प्रोत्साहन मिले। इसके द्वारा सुझाए गए कुछ प्रमुख उपाय हैं : दो बच्चों वाले परिवारों को करों में राहत, नसबंदी पर बोनस, परिवार नियोजन की पर्याप्त और सुरक्षित सुविधा, गर्भपात को कानूनी मान्यता, आप्रवासियों पर नियंत्रण आदि।

(iii) ऊर्जा की कम खपत पर बल : औद्योगिक उत्पादन ऊर्जा पर निर्भर करता है। उत्पादन में वृद्धि ऊर्जा के अधिक उपयोग से संभव है। वर्तमान समय में ऊर्जा संकट एक गंभीर मुद्दा है। ऊर्जा के कार्बन (Fossil) आधारित संसाधन अत्यंत सीमित हैं। अतः ऊर्जा के नवीनीकरण

योग्य (renewable) साधनों जैसे सौर ऊर्जा, पवन उर्जा पर बल देने की बात प्रमुखता से की जा रही है। पारिस्थितिकीवाद की स्थिति इस संबंध में भिन्न है। यह स्वीकार करता है कि ऊर्जा के संसाधन सीमित हैं। दूसरी ओर ऊर्जा का उत्पादन करने वाले साधन जैसे कार्बन या परमाणु बड़े पैमाने पर प्रदूषण पैदा करते हैं। पारिस्थितिकीवाद सौर और पवन ऊर्जा जैसे पुनर्नवीनीकरण के योग्य साधनों को उर्जा संकट का समाधान नहीं मानता। इसके लिए यह ऊर्जा की खपत में कमी पर बल देता है। ऊर्जा का उत्पादन, उसकी खपत और उसका उपभोग तीनों परस्पर-संबंधित एवं परस्पर-आश्रित हैं। एक में कमी अन्य दो में भी कमी ला देती है। इसके अतिरिक्त पारिस्थितिकीवाद की मान्यता है कि ऊर्जा के नवीनीकरण के योग्य संसाधनों से भी मनुष्य के लालच को संतुष्ट नहीं किया जा सकता। इनसे उसकी जरूरतें पूरी हो सकती हैं। इस प्रकार पारिस्थितिकीवाद उत्पादन, उपभोग और ऊर्जा की खपत में कमी के लिए तकनीकी समाधान के स्थान पर मानवीय आचरण और मूल्यों के बदलाव पर बल देता है।

(iv) सामुदायिक जीवन : पारिस्थितिकीवाद आत्मनिर्भर समुदाय पर बल देता है। इसके अनुसार धारणीय समाज सामुदायिक जीवन से ही संभव है। इस संबंध में इस पर रूसो और गाँधी के विचारों का गहरा प्रभाव है। उनकी तरह यह भी छोटे-छोटे समुदायों की अवधारणा प्रस्तुत करता है। इन्हें वह जैव-क्षेत्रीय समुदाय के रूप में देखता है। इसका प्रस्ताव है कि समुदाय के लोग अपने प्राकृतिक क्षेत्र में जीने का प्रयास करें। लोग अपने जैवक्षेत्र की सीमाओं को पहचानें और उनके अनुरूप जीवन यापन करें। पारिस्थितिकीवाद इन समुदायों की आत्मनिर्भरता पर भी बल देता है। इसका आशय है कि समुदाय अपनी जरूरतों की पूर्ति अपने संसाधनों से करें। यह समुदायों को आत्मपूर्ण (self-sufficient) नहीं मानता। लेकिन इसका तर्क है कि यदि समुदाय आत्मनिर्भर होंगे तो व्यापार और यात्रा में कमी आएगी। व्यापार के द्वारा संसाधनों का दुरूपयोग होता है। इसके साथ ही व्यापार राजनीतिक और आर्थिक शक्ति के द्वारा निर्धारित होता है। इसलिए पारिस्थितिकीवाद व्यापार के प्रति शंकालु है और इसे वह न्यूनतम स्तर पर लाना चाहता है। समुदायों के आत्मनिर्भर होने से लोगों को यात्राएँ कम करनी पड़ेंगी। इससे ऊर्जा की खपत में भी कमी आएगी।

पारिस्थितिकीवाद द्वारा प्रतिपादित धारणीय समाज की अवधारणा में कृषि का विशेष स्थान है। लेकिन यह कृषि के वर्तमान स्वरूप को स्वीकार नहीं करता। इसके अनुसार कृषि भी औद्योगिक स्वरूप ग्रहण कर चुकी है। खेती में बड़े पैमाने पर रसायनों का प्रयोग हो रहा है। जल-प्रदूषण, भूक्षरण और बेस्वाद भोजन आदि इसके कुप्रभाव हैं। इसके साथ ही कृषि की वर्तमान गतिविधियों से पारिस्थितिकीय संतुलन को खतरा पैदा हो गया है। पारिस्थितिकीवाद का मानना है कि इस प्रकार की कृषि संबंधी गतिविधियाँ आगे जारी नहीं रह सकतीं। इसलिए इसका प्रस्ताव है कि कृषि के द्वारा समुदाय की जरूरतों को पूरा करने का प्रयास हो और वह भी अपने प्राकृतिक परिवेश को बिना नुकसान पहुँचाए। पारिस्थितिकीवाद संसाधन की समस्या का यही समाधान प्रस्तुत करता है। उत्पादन और उपभोग में नजदीकी संबंध है। स्थानीय स्तर पर उत्पादन और उसी स्तर पर उपभोग। यहाँ पर यह बाजार-व्यवस्था की भी आलोचना करता हैं। बाजार गैर जिम्मेदार ढंग से उपभोग को बेतहाशा बढ़ाने का प्रयास

करता है। इसलिए इसका प्रस्ताव है कि बाजार पर राज्य का नियंत्रण हो। इसकी दृष्टि में सामुदायिक जीवन ही सर्वश्रेष्ठ है। इसी के माध्यम से पर्यावरण के साथ समरसता कायम की जा सकती है।

(v) **राजनीतिक विकेंद्रीकरण :** आर्थिक और राजनीतिक विकेंद्रीकरण एक ही सिक्के के दो पहलू हैं। एक के बगैर दूसरे की कल्पना भी नहीं की जा सकती। समुदायों की आर्थिक आत्मनिर्भरता तभी संभव है जब उन्हें राजनीतिक निर्णय लेने के भी पर्याप्त अधिकार हों। यहाँ पुन: गाँधी के विचार प्रासंगिक हैं। उन्होंने ग्राम-स्वराज के अंतर्गत ग्रामीण समुदाय के आर्थिक स्वावलंबन के साथ पंचायतीराज व्यवस्था के अंतर्गत स्वशासन की भी विस्तृत रूपरेखा प्रस्तुत की थी। इसी प्रकार पारिस्थितिकीवाद राजनीतिक विकेंद्रीकरण का पक्षधर है। इसका मानना है कि आर्थिक विकेंद्रीकरण तभी संभव है जब राजनीतिक निर्णय स्थानीय स्तर पर ही लिए जाएँ। इस प्रकार यह उदारवादी लोकतंत्र के स्थान पर रूसो द्वारा प्रतिपादित सहभागी लोकतंत्र का समर्थन करता है। इससे निर्णय प्रक्रिया में जनता की सहभागिता होती है। इसका परिणाम यह होता है कि जनता अपने निर्णयों के प्रति अपनी जवाबदेही महसूस करती है। इसके साथ ही समुदाय में व्यक्तियों के बीच आमने-सामने (face- to -face) के संबंध होते हैं। ये संबंध परिपूर्ण और जीवंत होते हैं। लोगों के बीच सामुदायिक भावना का विकास होता है। व्यक्ति समुदाय से स्वतंत्र न होकर उसके सदस्य के रूप में जीना सीखता है। पारिस्थितिकीवाद का तर्क है कि सामुदायिक जीवन में व्यक्ति अपने प्राकृतिक परिवेश के अनुरूप जीना भी सीखता है। वह इस परिवेश के संरक्षण का भी प्रयास करता है। पारिस्थितिकीवाद द्वारा समर्थित सहभागी लोकतंत्र का एक अन्य आयाम भी महत्त्वपूर्ण है। इसका प्रस्ताव है कि जिन आर्थिक निर्णयों या नीतियों से जिस क्षेत्र के पर्यावरण पर खतरा पड़ने की संभावना हो, उनके निर्धारण में प्रभावित लोगों का प्रतिनिधित्व होना चाहिए। यह इसे पारिस्थितिकीय लोकतंत्र कहता है। इस प्रकार पारिस्थितिकीवाद आर्थिक विकास के कार्यक्रमों के पर्यावरणीय प्रभाव के आकलन से आगे जाता है। यह पारिस्थितिकी के संरक्षण के लिए जन सहभागिता को केंद्रीय महत्त्व देता है। वर्तमान समय में पर्यावरण को होनेवाली क्षति के लिए जवाबदेही का निर्धारण कठिन है। लेकिन पारिस्थितिकीवाद के उपर्युक्त प्रस्ताव में जनता स्वयं आर्थिक निर्णय लेगी। वह स्वयं पर्यावरण पर पड़ने वाले प्रभावों का आकलन करेगी। इस स्थिति में पर्यावरण संकट या उसके संरक्षण के लिए वह स्वयं जवाबदेह होगी। इस प्रकार पारिस्थितिकीवाद का मूल विश्वास है कि पर्यावरण का संरक्षण सामुदायिक जीवन पद्धति से ही संभव है। इसका आशय है कि वर्तमान पर्यावरण संकट का कारण शहरीकरण है। यहाँ यह उल्लेख करना आवश्यक है गाँधी ने अपनी पुस्तक हिंद स्वराज में शहरीकरण की घोर आलोचना की थी।

पारिस्थितिकीवाद एक अच्छे समाज की अवधारणा प्रस्तुत करता है। यह समाज, मनुष्य और प्रकृति के बीच समरस संबंधों पर आधारित है। इसलिए यह धारणीय है। इसके निर्माण के लिए पारिस्थितिकीवाद मानवीय जीवन के सामाजिक-आर्थिक-राजनीतिक पहलुओं में आमूल परिवर्तन का पक्षधर है। इस प्रकार यह परिवर्तनवादी विचारधारा है। अपनी इन्हीं

विशेषताओं के कारण पारिस्थितिकीवाद को अन्य विचारधाराओं से अलग एक विशिष्ट विचारधारा के रूप में स्थापित करने का प्रयास किया जाता है। इसका यह दावा है कि यह पारिस्थितिकीय संकट का यथार्थवादी और बुनियादी समाधान प्रस्तुत करता है। लेकिन इसकी प्रमुख समस्या इसके द्वारा प्रतिपादित धारणीय समाज के निर्माण के लिए उपयुक्त कार्ययोजना की है। इस पर पारिस्थितिकीवादी सिद्धांतकारों में पर्याप्त मतभेद है। वर्तमान समाज को बदलने में अग्रणी भूमिका किसकी होगी, व्यक्ति या समूह की? राजनीतिक गतिविधि का स्वरूप क्या होगा– लोकतांत्रिक या बाध्यकारी? पारिस्थितिकीय आंदोलन का राजनीतिक ढाँचा क्या है? इसके कार्यकर्ताओं का राजनीतिक दल के रूप काम करना अधिक उपयुक्त होगा या दबाव समूह के रूप में या इन दोनों से भिन्न किसी अन्य संगठनों द्वारा? इन प्रश्नों का पारिस्थितिकीवादी कोई सर्वमान्य उत्तर नहीं देते हैं। पर्यावरण की समस्या विश्वव्यापी है। इसने पूरी मानव जाति को एक सूत्र में बाँध दिया है। किसी एक देश में होनेवाली पर्यावरणीय क्षति का असर पूरे विश्व पर पड़ता है। इस स्थिति में पर्यावरण संरक्षण या पारिस्थितिकीय संतुलन के लिए पूरे विश्व के स्तर पर प्रयास आवश्यक है। इसके लिए विभिन्न मुद्दों पर दुनिया की सरकारों के साथ–साथ लोगों के बीच आम सहमति जरूरी है। यह कैसे हो? पारिस्थितिकीवादी इसका कोई निश्चित उत्तर नहीं देते। इन अनुत्तरित प्रश्नों के अलावा पारिस्थितिकीवाद के आलोचकों के निम्न प्रमुख तर्क हैं–

1. बहुराष्ट्रीय कंपनियों का विरोध नहीं : पारिस्थितिकीवाद उद्योगवाद की आलोचना करता है। इस आधार पर यह पूँजीवाद और समाजवाद का विरोधी है। यह भूमंडलीकरण का भी विरोध करता है। लेकिन इसका यह विरोध विश्व व्यापार केंद्र की बैठकों के खिलाफ प्रदर्शन तक सीमित हो जाता है। यह पारिस्थितिकीय संकट के लिए उपभोक्ता या आधुनिक मनुष्य को उत्तरदायी ठहराता है। आलोचकों का कहना है कि पारिस्थितिकीवादी बहुराष्ट्रीय कंपनियों का सशक्त प्रतिरोध नहीं करते जो अपने आर्थिक हितों की पूर्ति के लिए बड़े पैमाने पर प्राकृतिक संसाधनों का दोहन करते हैं और प्रदूषण फैलाते हैं।

2. पारिस्थितिकीवाद मध्य वर्ग की विचारधारा है : पारिस्थितिकीवाद स्वेच्छा से उपभोग के स्तर को कम करने पर बल देता है। पूरे विश्व में निर्धनों के उपभोग का स्तर वैसे ही निम्न है। उद्योगपतियों के संबंध में कम उपभोग वाली बात लागू नहीं होती क्योंकि औद्योगिक उत्पादन में उनकी निर्णायक भूमिका है। मध्य वर्ग सबसे बड़ा उपभोक्ता है। पारिस्थतिकीवाद इसी की सुख–सुविधा में कटौती करने की बात करता है। यह वर्ग उस सीमा तक यह करने में समर्थ हो सकता है जहाँ तक उसके जीवन स्तर में कोई महत्त्वपूर्ण फर्क न आए। इसलिए पारिस्थितिकीवाद को मध्य वर्ग की विचारधारा कहा जाता है।

3. प्राकृतिक मूल्य का सिद्धांत अस्पष्ट है : पारिस्थितिकीवाद किसी वस्तु के प्राकृतिक मूल्य की बात करता है। यह उसके संरक्षण का पक्षधर है। इस संबंध में आलोचकों का कहना है कि एक तो प्राकृतिक मूल्य को निश्चित रूप से निर्धारित करना कठिन है। दूसरा इसके निर्धारण का अधिकार किसे होगा–व्यक्ति या समुदाय को? इसकी प्रक्रिया क्या होगी – सार्वजनिक बहस के द्वारा या राज्य की बाध्यकारी शक्ति के द्वारा इन प्रश्नों पर पारिस्थितिकीवादी एक राय नहीं रखते।

4. व्यक्ति की अपेक्षा समुदाय पर बल देना व्यक्तिगत स्वतंत्रता का विरोधी है : पारिस्थितिकीवाद व्यक्ति के सामुदायिक जीवन को केंद्रीय महत्त्व देता है। इसके द्वारा वर्णित धारणीय समाज का यही मूलाधार है। छोटे-छोटे आत्मनिर्भर समुदायों के द्वारा ही धारणीय समाज आकार ग्रहण कर सकता है। इस रूप में पारिस्थितिकीवाद यूनान के नगर-राज्यों को पुनर्स्थापित करना चाहता है। लेकिन यहाँ एक गंभीर समस्या है। समुदायों और उनके अधिकारों को महत्त्व देने का मतलब होगा- व्यक्ति की स्वतंत्रताओं की समाप्ति। समुदाय अपनी नैतिकता और माँग व्यक्ति पर आरोपित करेगा। यूनानी नगर-राज्यों में व्यक्तिगत स्वतंत्रताओं की कोई जगह नहीं थी। इस प्रकार पारिस्थितिकीवाद व्यक्ति और समुदाय के अंतर्संबंधों के प्रश्न का कोई संतोषजनक उत्तर नहीं देता।

5. पारिस्थितिकीवाद के सिद्धांत कल्पनालोकीय हैं : पारिस्थितिकीवाद उपभोग पर स्वैच्छिक नियंत्रण, कृषि की प्राथमिकता, आत्मनिर्भर समुदायों की स्थापना, विकेंद्रीकरण आदि का प्रस्ताव रखता है। लेकिन इन्हें कार्यरूप में कैसे परिणत किया जाए, इसका उत्तर इसके पास नहीं है। वर्तमान समय में उपभोक्तावाद चरम पर है। बड़े-बड़े महानगरों का अस्तित्व है। इस दौर में कृषि पर आधारित छोटे-छोटे समुदायों की बात करना कल्पनालोक की चीज हो सकती है, वास्तविक नहीं।

6. पारिस्थितिकीवाद विकासशील देशों के विपरीत विकसित देशों के हितों का पक्षधर है : पर्यावरण की समस्या विश्वव्यापी तो है ही, यह बहुआयामी भी है। इसका एक महत्त्वपूर्ण कारक अंतर्राष्ट्रीय राजनीति है। इंग्लैंड, अमेरिका, जर्मनी आदि देशों में औद्योगीकरण की प्रक्रिया लगभग दो-ढाई सौ वर्ष पहले प्रारंभ हुई थी। वे आज विकसित राष्ट्र हैं। उनके नागरिकों का जीवन स्तर उच्च है द्वितीय विश्व युद्ध के बाद स्वतंत्र राष्ट्रों में भीषण गरीबी थी। इनके लिए तीव्र गति से आर्थिक विकास अत्यंत आवश्यक था। यह भी सच्चाई है कि आर्थिक विकास की वर्तमान प्रणाली पर्यावरण को नुकसान पहुँचाने वाली है। यहाँ यह प्रश्न खड़ा होता है कि क्या पर्यावरण संरक्षण के लिए इन देशों के आर्थिक विकास को रोक देना चाहिए? यदि हाँ, तो यह विकासशील देशों के खिलाफ होगा। विभिन्न अंतर्राष्ट्रीय सम्मेलनों में पर्यावरण के मुद्दे पर गतिरोध का प्रमुख कारण है कि विकसित देश अपने उपभोग के स्तर को कम नहीं करना चाहते। वे विकासशील देशों पर दबाव डालते हैं कि वे अपने आर्थिक विकास में पर्यावरणीय संरक्षण को पर्याप्त महत्त्व दें। पारिस्थितिकीवाद औद्योगीकरण का विरोधी है। लेकिन जो औद्योगिक रूप से विकसित हो चुके हैं, वे तो वैसे ही रहें लेकिन विकासशील देश औद्योगीकीकरण के रास्ते को छोड़ दें। यह प्रस्ताव विकासशील देशों के हितों का विरोधी है। औद्योगीकरण की प्रक्रिया में आज के विकसित राष्ट्रों ने विश्व के कुल प्राकृतिक संसाधनों का जितना दोहन किया उतना मानव जाति के इतिहास में कभी नहीं हुआ था।

पारिस्थितिकीवाद की एक विचारधारा के रूप में विश्वव्यापी अपील है। पर्यावरण संकट एक वास्तविकता है। इससे भी इनकार नहीं किया जा सकता कि मनुष्य और प्रकृति के बीच संबंधों में बदलाव आवश्यक है। यह भी सही है कि औद्यौगीकरण से पर्यावरण को गंभीर खतरा है। पारिस्थितिकीवाद विश्व की वर्तमान आर्थिक स्थिति की आलोचना के संदर्भ में प्रासंगिक

है। लेकिन इससे निपटने की कोई कारगर योजना प्रस्तुत करने में यह असफल रहा है। पर्यावरण जैसी विश्वव्यापी समस्या अत्यंत जटिल है। अंतर्राष्ट्रीय स्तर पर इससे संबंधित मुद्दों पर सहमति नहीं बन पाती। पर्यावरण संरक्षण पर आधारित राजनीति आज विभिन्न देशों में अपनी उपस्थिति दर्ज कराने में सफल रही है। लेकिन यह परमाणु ऊर्जा, वनों की कटाई, बड़े-बड़े बाँधों के निर्माण आदि मुद्दों पर ही केंद्रित रही है। पारिस्थितिकीवादी परिप्रेक्ष्य में इसे पर्यावरणवादी या सतही पारिस्थितिकी कहा जा सकता है। लेकिन पारिस्थितिकीवादी विचारधारा जो व्यक्ति के जीवन के सभी पहलुओं में बदलाव की माँग करती है, उन्हें पूरा करने की कोई राजनीतिक गतिविधि दिखलाई नहीं पड़ती। पारिस्थितिकीवाद अपने निर्धारित लक्ष्यों को प्राप्त करने की कोई सुनिश्चित कार्ययोजना प्रस्तुत भी नहीं करता। एक महत्त्वपूर्ण बात और है। पारिस्थितिकीवादी विचारक यूरोप केंद्रित अहंभाव के शिकार प्रतीत होते हैं। उदाहरण के लिए गाँधी ने आधुनिक सभ्यता की गहन समीक्षा की और इसके स्थान पर आत्मनिर्भर ग्राम-समुदाय पर आधारित एक वैकल्पिक सभ्यता की रूपरेखा प्रस्तुत की। लेकिन डॉब्सन जैसे पारिस्थितिकीवादी विचारक इसका उल्लेख तक नहीं करते जबकि उनके द्वारा प्रतिपादित अधिकांश अवधारणाएँ और विचार गाँधी के दर्शन और जीवन में मिलती हैं। अंत में यही कहा जा सकता है कि आधुनिक सभ्यता प्रारंभ से ही प्रकृति विरोधी रही है। इसमें प्रकृति पर विजय प्राप्त करने की लालसा प्रबल रही है। अब जब प्रकृति मनुष्य के सामर्थ्य की सीमाएँ दिखला रही है, तब वह किंकर्तव्यविमूढ है। इस स्थिति में पृथ्वी को बचाने का कोई रास्ता दिखलाई नहीं पड़ता। क्या पीछे लौटना संभव हो सकेगा?

◂ सहायक पुस्तकों एवं लेखों की सूची ▸

◂ पुस्तकें

गूडिन, रॉबर्ट ई., *ग्रीन पॉलिटिकल थियरी*, पॉलिटी प्रेस, यू.के., 1992.

डॉब्सन, एन्ड्रियू, *ग्रीन पॉलिटिकल थॉट*, चतुर्थ संस्करण, रूतलेज प्रकाशन, न्यूयार्क, 2007.

हेवूड, एन्ड्रियू, *पॉलिटिकल आयडियोलॉजीज : ऐन इंट्रोडक्शन*, पैलग्रेव मैकमिलन, पुनर्मुद्रण, 2014.

14

इतिहास का अंत

फ्रांसिस फुकुयामा अमेरिकी राजनीतिशास्त्री हैं। उन्होंने 1989 ई. में *नेशनल इंटरेस्ट* नामक पत्रिका में एक लेख लिखा। उसका शीर्षक था, ''दि एंड ऑफ हिस्ट्री?'' (प्रश्नवाचक चिह्न के साथ)। उसके बाद 1992 ई. में उनकी पुस्तक *दि एंड ऑफ हिस्ट्री ऐंड दि लास्ट मैन* प्रकाशित हुई। इसमें कोई प्रश्नवाचक चिह्न नहीं था। यह जानना दिलचस्प है कि इन दो वर्षों में ऐसा क्या हो गया कि फुकुयामा अपने विचार के प्रति पूरी तौर से आश्वस्त हो गए। इसका संबंध सोवियत संघ की समाजवादी व्यवस्था से है। 1989 ई. तक आते-आते वहाँ की व्यवस्था टूटने के कगार पर अवश्य थी लेकिन पूरा बिखराव 1991 ई. में हुआ। फुकुयामा के लिए यह 'अच्छा समाचार' था। इसके बाद वे इस निष्कर्ष पर पहुँचे कि उदारवादी लोकतंत्र को चुनौती देने वाली कोई विचारधारा नहीं रह गई। उनके अनुसार पूर्व में इसके दो प्रतिद्वंद्वी विचारधाराओं का अस्तित्व था- फासीवाद और साम्यवाद। दोनों 'अच्छे समाज' की अलग-अलग अवधारणा प्रस्तुत करते थे। लेकिन वे गंभीर दोषों से ग्रस्त थे। इसलिए उनका पतन हो गया। उनके विपरीत उदारवादी लोकतंत्र में कोई मौलिक अंतर्विरोध नहीं है। उसका आशय यह नहीं कि अमेरिका जैसे उदारवादी लोकतांत्रिक देशों में गंभीर सामाजिक समस्याएँ नहीं हैं। लेकिन वे सामाजिक-राजनीतिक संगठन के बुनियादी सिद्धांतों से संबंधित नहीं हैं। उदारवादी लोकतंत्र दो सिद्धांतों पर स्थापित है—स्वतंत्रता और समानता। फुकुयामा का तर्क है कि इन सिद्धांतों में कोई दोष नहीं है। उदारवादी लोकतंत्र की जो समस्याएँ हैं, वे इन सिद्धांतों के अपूर्ण क्रियान्वयन के कारण हैं। इसलिए उनके अनुसार, उदारवादी लोकतंत्र 'मानव जाति के विचारधारात्मक विकास का अंतिम बिंदु' और 'मानवीय सरकार का अंतिम रूप' है। फुकुयामा के विचार से यही 'इतिहास का अंत' (End of history) है। उनके द्वारा प्रतिपादित इतिहास के अंत के संबंध में रोचक बात यह है कि उन्होंने राजनीतिक चिंतन में उदारवादी लोकतंत्र के घोर विरोधी समझे जाने वाले दार्शनिक हीगल की व्याख्या के आधार पर अपना निष्कर्ष दिया है। सर्वप्रथम हीगल ने ही इतिहास के अंत का विचार प्रस्तुत किया था। लेकिन फुकुयामा स्वयं हीगल की व्याख्या नहीं करते। इसके लिए वे रूसी आप्रवासी फ्रांसीसी चिंतक अलेक्सेन्द्रे कोजेव (1902-1968 ई.) द्वारा की गई व्याख्या का सहारा लेते हैं। वह व्याख्या इतिहास के अंत का दार्शनिक या मानकीय (Normative) आधार प्रस्तुत करता है। फुकुयामा यह स्पष्ट करते हैं कि इतिहास का अंत एक आदर्श है। लेकिन उसे आनुभविक आधार पर ही समझा जा सकता है। इसलिए उनकी पद्धति में मानकीय और आनुभविक पहलू परस्पर-संबंधित हैं।

फुकुयामा आँकड़ों के आधार पर यह बतलाते हैं कि उदारवादी लोकतंत्र का विश्वव्यापी प्रसार हो रहा है। दूसरी शासन-व्यवस्थाओं की तुलना में उसे बेहतर माना जाता है। उसका कारण यह है कि उदारवादी लोकतंत्र में मानव स्वभाव की मूल इच्छाएँ पूरी तौर पर संतुष्ट होती हैं। फुकुयामा दो मूल इच्छाओं की पहचान करते हैं - अपनी इच्छाओं की संतुष्टि और मान्यता (Recognition) की कामना। प्रत्येक व्यक्ति अपनी आर्थिक इच्छाओं की संतुष्टि चाहता है। उसके साथ वह दूसरों की नजर में अपने लिए प्रतिष्ठा चाहता है। वह चाहता है कि लोग उसे मान्यता दें। मान्यता का विचार हीगल ने प्रस्तुत किया था। फुकुयामा का तर्क है कि ऐतिहासिक विकास की प्रक्रिया को आगे बढ़ाने में मनुष्य की उपर्युक्त दो मूल इच्छाओं की निर्धारक भूमिका रही है। भौतिक सुख-समृद्धि की प्राप्ति विज्ञान और तकनीक के द्वारा संभव है। इसलिए प्राकृतिक विज्ञान मनुष्य की इच्छाओं की संतुष्टि का साधन है। मान्यता की इच्छा की संतुष्टि उदारवादी लोकतंत्र द्वारा पूरी होती है। इसलिए फुकुयामा के अनुसार उदारवादी लोकतंत्र मनुष्य की दोनों इच्छाओं को पूरी तौर पर संतुष्ट करता है। उसके विश्वव्यापी प्रसार का यही कारण है। फुकुयामा के इतिहास के अंत को पूँजीवाद के विजय गान के रूप में देखा गया। यह तर्क दिया गया कि वे दूसरी व्यवस्थाओं की तुलना में अमेरिकी व्यवस्था की श्रेष्ठता का दावा करते हैं। उससे इतिहास के अंत पर बहस का स्वरूप सैद्धांतिक होने के साथ-साथ राजनीतिक भी हो गया।

1. उदारवादी लोकतंत्र के बुनियादी लक्षण : फुकुयामा के अनुसार उदारवाद और लोकतंत्र दो अलग-अलग अवधारणाएँ हैं। हालाँकि वे दोनों गहरे तौर पर संबंधित हैं। उदारवाद कानून के शासन को स्वीकार करता है। इसके माध्यम से व्यक्ति के अधिकारों और स्वतंत्रताओं को मान्यता दी जाती है और उन्हें सरकार के नियंत्रण से मुक्त रखा जाता है। व्यक्ति के अधिकारों के संबंध में फुकुयामा अमेरिकी संविधान द्वारा दिए गए मौलिक अधिकारों को स्वीकार करते हैं। वे व्यक्तिगत स्वतंत्रता, धार्मिक स्वतंत्रता आदि राजनीतिक अधिकारों का उल्लेख करते हैं। यहाँ पर फुकुयामा समाजवादी देशों में नागरिकों को प्राप्त आर्थिक अधिकारों, रोजगार, आवास, स्वास्थ्य आदि की आलोचना करते हैं। उनका तर्क है कि ये अधिकार संपत्ति के अधिकार के विपरीत हैं। कुल मिलाकर उनके अनुसार राजनीतिक अर्थ में उदारवाद का मूल तत्त्व व्यक्ति के राजनीतिक अधिकारों की गारंटी है।

लोकतंत्र का मूल तत्त्व क्या है? किन आधारों पर किसी देश को लोकतांत्रिक कहा जा सकता है? फुकुयामा इन प्रश्नों का सरल उत्तर देते हैं। लोकतंत्र का अर्थ है- सभी नागरिकों को राजनीतिक शक्ति में हिस्सेदारी का अधिकार। यह एक उदारवादी अधिकार माना जा सकता है। इसी रूप में ऐतिहासिक रूप से लोकतंत्र और उदारवाद का नजदीकी संबंध रहा है। फुकुयामा इसी तर्क को आगे बढ़ाते हैं। उनके मत में वह देश लोकतांत्रिक है जो निम्न शर्तें पूरी करता हो - 1. सभी नागरिकों को सार्वभौम और समान रूप से मत देने का अधिकार, 2. उनके द्वारा नियत समय पर अपनी सरकार चुनने का अधिकार, 3. गुप्त मतदान प्रक्रिया और 4. निर्वाचन में अनेक दलों का भाग लेना। फुकुयामा खुद यह स्वीकार करते हैं वे लोकतंत्र की औपचारिक परिभाषा दे रहे हैं। इसके दोषपूर्ण होने

की संभावना भी है। यह संभव है कि प्रभावशाली लोगों के द्वारा चुनाव को गलत ढंग से प्रभावित किया जाए। केवल मताधिकार समान रूप से लोगों की सहभागिता को सुनिश्चित नहीं करता। इन कमियों के बावजूद फुकुयामा का यह विचार है कि लोकतंत्र के उपर्युक्त औपचारिक अर्थ से अलग हटने का परिणाम अनेक प्रकार के दोषों को जन्म देता है। इस संदर्भ में वे साम्यवादी देशों का उदाहरण देते हैं। उनकी राय में साम्यवादी नेताओं के द्वारा 'वास्तविक लोकतंत्र' या 'जनता का लोकतंत्र' के नाम पर तानाशाही व्यवस्था अपनाई गई।

उदारवाद और लोकतंत्र के बुनियादी लक्षणों को बतलाने के बाद फुकुयामा इनके बीच के संबंधों की पड़ताल करते हैं। उनकी राय में 18वीं सदी का ब्रिटेन उदारवादी था लेकिन आंशिक रूप से लोकतांत्रिक था। इसके पक्ष में वे तर्क देते हैं कि ब्रिटेन में आम जनता को अधिकार प्राप्त नहीं थे। मताधिकार केवल समाज के प्रभावशाली लोगों के पास था। इसी प्रकार कोई देश बगैर उदारवादी हुए लोकतांत्रिक हो सकता है। उनकी दृष्टि में इसका उदाहरण ईरान है। वहाँ नियमित रूप से चुनाव होते हैं। लेकिन इस्लामी देश ईरान उदारवादी नहीं है। वहाँ लोगों को धार्मिक स्वतंत्रता या विचाराभिव्यक्ति की स्वतंत्रता की गारंटी नहीं दी गई है। इसके परिणामस्वरूप वहाँ के अल्पसंख्यकों के अधिकारों की स्थिति खराब है।

2. उदारवाद के आर्थिक पहलू : फुकुयामा उदारवाद के आर्थिक पक्ष को सामने रखते हैं। उनकी राय में निजी संपत्ति के अधिकार की मान्यता और बाजार की स्वतंत्रता उदारवाद के आर्थिक पहलू हैं। उनका तर्क है कि वर्तमान पूँजीवादी देशों में सार्वजनिक क्षेत्र में बड़ी-बड़ी इकाइयाँ काम कर रही हैं। इसी तरह समाजवादी देशों में कुछ हद तक निजी क्षेत्रों को स्वीकृति मिली है। इसलिए आर्थिक रूप से उदार अर्थव्यवस्था में सार्वजनिक और निजी क्षेत्र की भागीदारी को चिह्नित करने हेतु कोई अनुपात निर्धारित करना कठिन है। अतः फुकुयामा आर्थिक उदारवाद का एक पैमाना निर्धारित करते हैं। वह है निजी संपत्ति और उद्यम के प्रति राज्य का सैद्धांतिक दृष्टिकोण। यहाँ 'सैद्धांतिक' विशेषण महत्त्वपूर्ण है। मोटे तौर पर अर्थव्यवस्था के प्रति तीन दृष्टिकोण प्रचलित हैं। पहला राज्य के नियंत्रण से मुक्त बाजार का पक्षधर है तो दूसरा पूरी तौर पर राज्य नियंत्रित अर्थव्यवस्था का। एक तीसरा रूप भारत जैसे देश में था। उसे मिश्रित अर्थव्यवस्था कहा जाता है। उसमें अर्थव्यवस्था के महत्त्वपूर्ण क्षेत्रों पर राज्य का नियंत्रण होता है। लेकिन इसके साथ ही निजी क्षेत्रों को भी स्वीकृति प्राप्त होती है। फुकुयामा आर्थिक उदारवाद की अपनी अवधारणा में ब्रिटेन और अमेरिका की अर्थव्यवस्था के साथ-साथ भारत की अर्थव्यवस्था को भी शामिल करना चाहते हैं। इसलिए वे 'सैद्धांतिक' शब्द का इस्तेमाल कर रहे हैं। मिश्रित अर्थव्यवस्था वाले राज्यों में भी संपत्ति के अधिकार की 'सैद्धांतिक' स्वीकृति होती है। उदाहरण के लिए, भारत में संपत्ति का अधिकार भले ही मौलिक अधिकार नहीं रह गया हो पर यह अभी भी कानूनी अधिकार है। किसी की संपत्ति कानूनी प्रक्रिया के बगैर नहीं ली जा सकती।

3. उदारवादी लोकतंत्र का विश्वव्यापी प्रसार : फुकुयामा उदारवादी लोकतंत्र की विचारधारा के विजयी होने के संबंध में ऐतिहासिक तर्क देते हैं। उनके अनुसार वर्तमान समय में विजयी विचारधारा को चुनौती देने वाली कोई विचारधारा नहीं है। राजतंत्रीय

शासन-व्यवस्था समाप्त हो गई। जनता की संप्रभुता सर्वमान्य है। फासीवाद और साम्यवाद का पतन हो गया। उदारवादी लोकतंत्र को पूरे विश्व में वैधता प्राप्त है। फुकुयामा इस्लाम को उदारवादी लोकतंत्र के लिए खतरा समझते हैं। लेकिन उनका तर्क है कि विचार के स्तर पर यह खतरा नहीं है क्योंकि इस्लामी देशों के बाहर उसका कोई आकर्षण नहीं है। इसके अतिरिक्त इस्लाम को मानने वाले भी उदारवादी विचारों को अपनाने लगे हैं। इसी आधार पर वे इस्लामी आदिसिद्धांतवाद (Islamic fundamentalism) की व्याख्या करते हैं। इसके उभार का प्रमुख कारण यही है कि परंपरागत मुस्लिम समाज में पश्चिमी उदारवादी मूल्यों के प्रसार को एक खतरे के रूप में देखा जा रहा है। इसलिए फुकुयामा का कहना है कि 'इस्लाम के सांस्कृतिक विजय के दिन' खत्म होते प्रतीत हो रहे हैं। अतः इस्लाम विचारधारात्मक रूप से उदारवादी लोकतंत्र को चुनौती देने की स्थिति में नहीं है। इस प्रकार फुकुयामा का निष्कर्ष है कि उदारवादी लोकतंत्र की कोई प्रतिद्वंद्वी विचारधारा नहीं है। वे इस तथ्य का उल्लेख करते हैं कि जहाँ 1776 ई. के पहले पूरी दुनिया में एक भी उदारवादी लोकतंत्र का अस्तित्व नहीं था, 1790 ई. में केवल तीन देशों में (अमेरिका, स्विट्जरलैंड और फ्रांस) उदारवादी लोकतंत्र था, वहीं 1990 ई. में 61 देशों में यह व्यवस्था कार्यशील है। इस प्रकार उदारवादी लोकतंत्र का विश्वव्यापी प्रसार है। पूरे विश्व का ऐतिहासिक विकास उसी दिशा की ओर अग्रसर है।

विश्वव्यापी इतिहास (Universal History) का विचार

सामान्य तौर पर इतिहास को कालक्रम के अनुसार अतीत की घटनाओं के वर्णन के तौर पर समझा जाता है। लेकिन इतिहास का दूसरा अर्थ भी है। उस अर्थ में इतिहास परिवर्तन या विकास की प्रक्रिया है। मानव समाज बदलते समय के अनुसार बदलता और विकसित होता रहा है। मानव जाति के इतिहास ने पूर्व-पाषाण युग से आधुनिक युग तक विकास की यात्रा पूरी की है। फुकुयामा इतिहास को दूसरे अर्थ में लेते हैं। उनके अनुसार इतिहास घटनाओं का घटनाक्रम मात्र नहीं है। वह एक 'सुसंगत विकासशील प्रक्रिया' है। अब यहाँ पर यह प्रश्न उठता है कि यह प्रक्रिया क्या कुछ निश्चित कारकों के द्वारा संचालित होती है? इसी से जुड़ा दूसरा प्रश्न है कि क्या पूरी मानव जाति का एक इतिहास संभव है? क्या सभी समाज ऐतिहासिक विकास की प्रक्रिया में एक ही रास्ते से होकर गुजरते हैं? फुकुयामा इन प्रश्नों के उत्तर के लिए हीगल के चिंतन का सहारा लेते हैं। हालाँकि वे इस बात का उल्लेख करते हैं कि विश्वव्यापी इतिहास का विचार सर्वप्रथम कांट के दर्शन में मिलता है। उन्होंने विश्वव्यापी इतिहास को प्रस्तुत करने का गंभीर प्रयास किया। लेकिन फुकुयामा का मानना है कि इस कार्य को पूरा करने का श्रेय हीगल को है। वे पहले इतिहासवादी (Historicist) दार्शनिक हैं। उनकी प्रमुख मान्यताएँ इस प्रकार हैं– 1. इतिहास विकास की एक निश्चित और विवेकशील प्रक्रिया से गुजरता है, 2. यह प्रक्रिया विचारों के संघर्ष द्वारा निरंतर प्रगति की ओर बढ़ती है, 3. इसका एक पूर्व निर्धारित लक्ष्य है और 4. उस अंतिम लक्ष्य की प्राप्ति होने के बाद विचारों के संघर्ष का अंत हो जाता है। हीगल के अनुसार ऐतिहासिक विकास की प्रक्रिया निरंतर मानव की विवेकशीलता और स्वतंत्रता की उच्चतर अवस्था की ओर अग्रसर होती है। उनके अनुसार विकास की अंतिम

और पूर्ण अवस्था ही 'इतिहास का अंत' है। यहाँ यह उल्लेख करना उचित होगा कि मार्क्स ने हीगल के इतिहास संबंधी दर्शन की कुछ मान्यताओं को स्वीकार किया था। उनके अनुसार ऐतिहासिक प्रक्रिया विचारों के संघर्ष के स्थान पर आर्थिक वर्गों के संघर्ष के द्वारा आगे बढ़ती है। हीगल की तरह उन्होंने भी मानव विकास की एक पूर्ण और अंतिम अवस्था की बात मानी। मार्क्स के लिए वह अवस्था साम्यवादी व्यवस्था थी।

आधुनिक प्राकृतिक विज्ञान : समरूप ऐतिहासिक विकास का कारक

ऐतिहासिक विकास की प्रक्रिया एक ही दिशा की ओर अग्रसर है। यह मान लेने के बाद फुकुयामा यह सवाल उठाते हैं कि क्या विश्वव्यापी विकास की प्रक्रिया उदारवादी लोकतंत्र की ओर अग्रसर है? इस प्रश्न के उत्तर के लिए वे ऐतिहासिक विकास को निर्धारित करने वाले सार्वभौम यंत्र की खोज करते हैं। उनके अनुसार वह आधुनिक प्राकृतिक विज्ञान है। उसके माध्यम से वैज्ञानिक और तकनीकी प्रगति संभव हो सकी है। उसका प्रभाव सभी समाजों पर पड़ा है। प्राकृतिक विज्ञान वह महत्त्वपूर्ण कारक है जो पूरे विश्व में समरूपता ला रहा है। इसने पूरी मानव जाति को एक सूत्र में बाँध दिया है। फुकुयामा इसके प्रभाव को दो रूपों में देखते हैं। पहला सैन्य प्रतियोगिता है। उनके अनुसार तकनीकी रूप से उन्नत देश सैन्य दृष्टि से लाभदायक स्थिति में होता है। उनकी राय में विज्ञान पर पकड़ होने के कारण यूरोप के देशों ने अठारहवीं और उन्नीसवीं सदी में तीसरी दुनिया के देशों को जीता। फुकुयामा ऐतिहासिक उदाहरणों से यह सिद्ध करने का प्रयास करते हैं कि विभिन्न देशों को दूसरे देशों से सैन्य खतरे के परिणामस्वरूप सुधार के लिए बाध्य होना पड़ा। उसे समझने के लिए वे अमेरिकी राजनीतिशास्त्री सैमुएल पी. हटिंगटन (1927–2008 ई.) की 'रक्षात्मक आधुनिकीकरण' (Defensive modernization) की अवधारणा का उपयोग करते हैं। सत्रहवीं सदी में फ्रांस और स्पेन जैसे देशों में केंद्रीकृत राजतंत्र के विकास का एक प्रमुख कारक युद्ध का खतरा था। उससे निपटने के लिए सैनिक तैयारी की आवश्यकता थी। उसके लिए बड़ी मात्रा में आर्थिक संसाधनों की आवश्यकता के कारण सामंती संस्थाएँ कमजोर हुईं और शक्तिशाली राजाओं का उदय हुआ। फुकुयामा का तर्क है कि 1798 ई. में नेपोलियन के नेतृत्व में फ्रांसीसी सेना ने मिस्र पर आक्रमण कर दिया। उसके फलस्वरूप मिस्र में भी सामंती व्यवस्था टूटी और मोहम्मद अली पाशा जैसे शक्तिशाली राजा की सत्ता कायम हुई। उन्होंने मिस्र की अर्थव्यवस्था और संस्कृति के क्षेत्र में सुधार की प्रक्रिया प्रारंभ की। उसके साथ ही सेना को आधुनिक रूप देने और नौकरशाही को शक्तिशाली बनाने के प्रयास हुए। इसी क्रम में फुकुयामा जापान, प्रशा और रूस का उदाहरण देते हैं। इन उदाहरणों के माध्यम से वे यह सिद्ध करने का प्रयास करते हैं कि युद्ध और सैन्य प्रतियोगिता के कारण विभिन्न देश विकसित तकनीकों को अपनाने के लिए बाध्य होते हैं। इसलिए किसी एक देश में विकसित तकनीकों का विश्वव्यापी प्रसार होता है। उसके फलस्वरूप सामाजिक, राजनीतिक और आर्थिक क्षेत्र में परिवर्तन हो जाते हैं।

आधुनिक विज्ञान का दूसरा महत्त्वपूर्ण प्रभाव है– मनुष्य की इच्छाओं की पूर्ति के लिए प्राकृतिक संसाधनों का निरंतर दोहन। विज्ञान के विकास ने आर्थिक विकास को गति दी है। आर्थिक विकास के कारण सामाजिक व्यवस्था में बदलाव होता है। यातायात के साधनों के विकास और संचार के क्षेत्र में तकनीकी प्रगति से औद्योगीकरण की प्रक्रिया आगे बढ़ी। लेकिन औद्योगीकरण उत्पादन प्रक्रिया में तकनीकों के उपयोग और नई मशीनों के निर्माण तक सीमित नहीं है। इसके फलस्वरूप बड़े–बड़े नगरों का विकास होता है। उनमें अधोसंरचना विकसित होती है जो बड़े–बड़े उद्योगों के लिए आवश्यक है। नगरों में ही कुशल श्रमिक भी उपलब्ध होते हैं। इसलिए औद्योगीकरण की प्रक्रिया में मजदूरों की गतिशीलता बढ़ जाती है। वे किसी विशेष नौकरी या स्थान से बँधे नहीं रह जाते। वे कहीं भी जाने के लिए स्वतंत्र होते हैं तथा नई–नई तकनीकों को सीखते हैं। फुकुयामा का तर्क है औद्योगिक विकास के कारण नगरीय समाज का निर्माण होता है। उसके साथ–साथ जनजाति, विस्तृत परिवार, धार्मिक संप्रदाय आदि सामाजिक समूहों का महत्त्व कम होने लगता है। उनका स्थान बुद्धिसंगत आधारों पर संगठित नौकरशाही जैसे आधुनिक संगठन ले लेते हैं। आर्थिक क्षेत्र में वही आधार काम करता है। श्रमिकों को उनकी क्षमता और प्रशिक्षण के आधार पर उत्पादन प्रक्रिया में शामिल किया जाता है न कि जाति, धर्म या संप्रदाय के आधार पर। उनकी उत्पादकता को मापने के सार्वभौम नियम विकसित होते हैं। इसलिए फुकुयामा इस निष्कर्ष पर पहुँचते हैं कि आर्थिक विकास की प्रक्रिया में प्रत्येक समाज बदलता है। वह बदलाव सभी समाजों में एक तरह का होता है। शहरीकरण बढ़ता है। लोगों के शैक्षणिक स्तर में सुधार होता है। अर्थव्यवस्था में कृषि की तुलना में उद्योगों की भूमिका बढ़ जाती है।

पूँजीवादी व्यवस्था : सर्वाधिक उपयुक्त अर्थव्यवस्था

फुकुयामा का विचार है कि पूँजीवाद एकमात्र सफल आर्थिक व्यवस्था है। केंद्रीकृत योजना पर आधारित सोवियत संघ की समाजवादी अर्थव्यवस्था के पतन से यही सिद्ध होता है। फुकुयामा औद्योगीकरण की विकसित अवस्था में केंद्रीय नियोजन पर आधारित अर्थव्यवस्था को उपयुक्त नहीं मानते। उनका तर्क है कि औद्योगीकरण के प्रथम चरण में अर्थव्यवस्था प्रमुख तौर पर विनिर्माण (Manufacturing) क्षेत्र पर निर्भर होती है। उसमें लोहा, सीमेंट, स्टील, यातायात, ऊर्जा आदि से संबंधित उद्योगों का महत्त्व अधिक होता है। औद्योगीकरण की उस अवस्था में नियोजित अर्थव्यवस्था पूँजीवाद का मुकाबला कर सकती है। लेकिन औद्योगिक विकास की उन्नत अवस्था में वह संभव नहीं हो सकता। फुकुयामा डेनियल बेल की 'उत्तर–औद्योगिक समाज' (Post-industrial society) की अवधारणा को स्वीकार करते हैं। वह समाज अत्यंत विकसित औद्योगिक अवस्था में अस्तित्व में आता है। उसमें सूचना एवं संचार की भूमिका अहं होती है। उत्तर–औद्योगिक अर्थव्यवस्था में विनिर्माण क्षेत्र से ज्यादा सेवा क्षेत्र – संचार, वित्त, बैंकिंग, शिक्षा, स्वास्थ्य आदि की केंद्रीय भूमिका होती है। इसलिए अर्थव्यवस्था के सभी क्षेत्रों में तकनीकी ज्ञान की माँग बढ़ जाती है। फुकुयामा यह तर्क देते हैं कि नई–नई तकनीकों का आविष्कार

और बड़े पैमाने पर तकनीकी विशेषज्ञों की आवश्यकता की पूर्ति केंद्रीय नियोजन पर आधारित अर्थव्यवस्था नहीं कर सकती। वह केवल पूँजीवादी अर्थव्यवस्था में ही संभव है। पूँजीवाद नई तकनीकों को विकसित करने और उन्हें अपनाने में सफल रहा है। इसके साथ ही बदलती हुई भूमंडलीय अर्थव्यवस्था के अनुरूप अपने को अनुकूल बनाने में भी यह कारगर साबित हुआ है। फुकुयामा यह तर्क देते हैं कि विकसित औद्योगिक व्यवस्था एवं उत्तर-औद्योगिक समाज की जटिलताओं और चुनौतियों का सामना समाजवाद नहीं कर सकता। समाजवादी मॉडल काम नहीं करता, यह सिद्ध हो चुका है। इसलिए विकासशील देशों के लिए वह विकल्प नहीं है। पूर्ववर्ती सोवियत संघ के विभिन्न भागों और चीन सहित दुनिया के अधिकांश देशों में आर्थिक प्रतियोगिता पर आधारित बाजार-व्यवस्था को लागू किया गया है। उसके फलस्वरूप पूरे विश्व में उपभोक्ता संस्कृति विकसित हुई है जो पूँजीवाद के अनुकूल है। इन आधारों पर फुकुयामा का निष्कर्ष है कि पूँजीवाद ही आर्थिक विकास का एकमात्र कुशल और कारगर रास्ता है।

वे यह सिद्ध करने का प्रयास करते हैं कि आधुनिक प्राकृतिक विज्ञान पूँजीवादी अर्थव्यवस्था का मार्ग प्रशस्त करता है। उसके बाद उनका दूसरा महत्त्वपूर्ण प्रश्न है – क्या आधुनिक प्राकृतिक विज्ञान राजनीति के क्षेत्र में उदारवादी लोकतंत्र की ओर ले जाता है? वे विभिन्न देशों के उदाहरण से यह बतलाते हैं कि आर्थिक विकास और लोकतंत्र के बीच मजबूत संबंध है। उनका तर्क है कि पश्चिमी यूरोप और उत्तरी अमेरिका आर्थिक रूप से उन्नत क्षेत्र रहे हैं। उन्हीं क्षेत्रों में उदारवादी लोकतंत्र सबसे पहले आया और स्थायी भी हुआ। उसी प्रकार जापान एशिया का पहला देश है जिसने अपने को आधुनिक बनाया। वही पहला देश भी बना जहाँ लोकतंत्र स्थायी हुआ। इसलिए फुकुयामा यह तर्क देते हैं औद्योगीकरण से हर समाज में एक सशक्त मध्य वर्ग तैयार हो जाता है। वह राजनीतिक सहभागिता और समान अधिकारों की माँग करता है। इनके परिणामस्वरूप लोकतंत्र विकसित और स्थायी होता है। इसी आधार पर वे लोकतंत्र और औद्योगिक विकास के बीच मजबूत सह-संबंध की बात करते हैं। उनका निष्कर्ष है कि उदारवादी लोकतंत्र आधुनिकीकरण का सह-उत्पाद है। इस संबंध में फुकुयामा मध्य पूर्व के क्षेत्र को एक अपवाद के रूप में देखते हैं। उस क्षेत्र के देशों में लोकतंत्र नहीं है। लेकिन वहाँ समृद्धि है क्योंकि उन देशों में प्रति व्यक्ति आय का स्तर यूरोप के बराबर है। फुकुयामा उसका कारण तेल के भंडार को मानते हैं। उनके अनुसार आर्थिक विकास और उदारवादी लोकतंत्र के बीच संबंध सवालों से परे है। लेकिन उनकी दृष्टि में उस संबंध का सही स्वरूप अत्यंत जटिल है। उनका तर्क है कि जिस प्रकार आधुनिक प्राकृतिक विज्ञान और उसके द्वारा होने वाला औद्योगीकरण ऐतिहासिक विकास को पूँजीवादी अर्थव्यवस्था की ओर ले जाते हैं, वैसा राजनीति में नहीं है। यह सही है कि लोकतंत्र औद्योगिक रूप से विकसित देशों के अनुकूल है। उन देशों के नागरिक लोकतंत्र को पसंद करते हैं लेकिन औद्योगीकरण और लोकतंत्र के बीच आवश्यक (Necessary) संबंध स्थापित नहीं होता। इसलिए फुकुयामा का निष्कर्ष है कि लोकतंत्र को केवल आर्थिक आधार पर नहीं समझा जा सकता। वे यह खुले तौर पर कहते हैं कि उनका

उद्देश्य मार्क्सवादी सिद्धातों का खंडन है। इस कारण वे उदारवादी लोकतंत्र की श्रेष्ठता को सिद्ध करने के लिए केवल आर्थिक आधार को पर्याप्त नहीं मानते।

इतिहास की आर्थिक व्याख्या पर्याप्त नहीं

फुकुयामा का प्रयास यह सिद्ध करना है कि उदारवादी लोकतंत्र सर्वश्रेष्ठ शासन-व्यवस्था है। उसके लिए वे आर्थिक आधार को पर्याप्त नहीं मानते। यह स्वीकार किया जा सकता है कि विज्ञान के द्वारा आर्थिक विकास से मनुष्य की भौतिक सुख-सुविधाओं में वृद्धि हुई। उनसे मनुष्य की इच्छाएँ संतुष्ट हुईं। यह भी माना जा सकता है कि आर्थिक विकास लोकतंत्र के लिए भौतिक दशाओं का निर्माण करता है। लेकिन उसके साथ कुछ ऐसे उदाहरण भी हैं जब लोकतंत्र के बगैर आर्थिक विकास हुआ। स्वतंत्रता के बगैर समृद्धि आई। फुकुयामा उन्नीसवीं सदी में जर्मनी और जापान का उदाहरण देते हैं जब वहाँ की तानाशाही शासन-व्यवस्था ने आर्थिक आधुनिकीकरण का मार्ग प्रशस्त किया। उसी प्रकार बीसवीं सदी में चीन और सिंगापुर का उदाहरण है। इन देशों में भी तानाशाही व्यवस्था थी। उसके बावजूद उन्होंने तीव्र गति से आर्थिक विकास किया। दूसरी ओर फुकुयामा अमेरिका और फ्रांस का उदाहरण देते हैं। अमेरिकी स्वतंत्रता संग्राम आर्थिक विकास के उद्देश्य से नहीं हुआ बल्कि उसका उद्देश्य नई लोकतांत्रिक व्यवस्था की स्थापना था। उसी प्रकार जब फ्रांस में क्रांति हुई तब वह औद्योगिक रूप से विकसित नहीं था। इसलिए फुकुयामा का कहना है कि लोकतंत्र के चुनाव के पीछे आर्थिक कारकों की भूमिका नहीं है। मनुष्य अपनी आर्थिक आवश्यकताओं की संतुष्टि भर नहीं चाहता। इसलिए मानव इतिहास का प्रमुख चालक आधुनिक प्राकृतिक विज्ञान नहीं हो सकता। इसलिए फुकुयामा एक ऐसे गैर-आर्थिक कारक की खोज में हैं जिसके आधार पर उदारवादी लोकतंत्र को सर्वश्रेष्ठ व्यवस्था सिद्ध किया जा सके। इस कमी को दूर करने के लिए वे हीगल की ओर मुड़ते हैं। उनकी दृष्टि में हीगल के आदर्शवाद के सहारे उदारवादी लोकतंत्र की सही व्याख्या हो सकती हैं। यह उदारवादी चिंतकों, लॉक, बेंथम और मिल से ज्यादा संतोषजनक है।

हीगल एक उदारवादी दार्शनिक

हीगल के इतिहासवाद के आधार पर फुकुयामा ने यह तो सिद्ध करने का प्रयास किया कि पूरी मानव जाति का एक सार्वभौम इतिहास है। उसका एक अंतिम लक्ष्य है। उसकी उपलब्धि इतिहास के अंत की अवस्था है। अब फुकुयामा की समस्या यह दिखलाने की है कि ऐतिहासिक विकास के अंतिम लक्ष्य की प्राप्ति उदारवादी लोकतंत्र में होती है। उदारवाद के आधार पर इस समस्या का समाधान नहीं हो सकता। इसलिए फुकुयामा हीगल की वैसी व्याख्या की तलाश करते हैं जो उनके उद्देश्य को पूरा कर सके। प्रचलित तौर पर हीगल को सर्वाधिकारवादी राज्य का दार्शनिक माना जाता है। ऐसा राज्य जिसका व्यक्ति एवं समाज पर पूर्ण नियंत्रण होता है। इसके विरुद्ध व्यक्ति के अधिकार नहीं होते। यहाँ तक कि फासीवाद का आधार हीगल के चिंतन को माना गया। लेकिन फुकुयामा हीगल की इस व्याख्या को स्वीकार नहीं करते। उनके

अनुसार, हीगल स्वतंत्रता के दार्शनिक हैं। हीगल के द्वारा प्रतिपादित इतिहास के अंत की अवस्था यथार्थ की दुनिया में स्वतंत्र समाज की उपलब्धि है। फुकुयामा के अनुसार, उदारवादी लोकतंत्र उस समाज का निर्माण करता है जिसमें मानवीय स्वतंत्रता की वास्तविक उपलब्धि होती है। उनका निष्कर्ष कोजेव की व्याख्या पर आधारित है फुकुयामा का तर्क है कि कोजेव के अनुसार हीगल एक उदारवादी दार्शनिक हैं। उन्होंने 1933-39 ई. के दौरान फ्रांस में हीगल पर व्याख्यान दिया था। वे व्याख्यान 1947 ई. में प्रकाशित हुए। कोजेव ने हीगल की पुस्तक *फेनोमेनोलॉजी ऑफ स्पिरिट* के आधार पर अपना व्याख्यान दिया था। फुकुयामा इसे ही अपना आधार बनाते हैं। उनके अनुसार, ''उन्नीसवीं सदी में यदि मार्क्स हीगल का महान व्याख्याकार है तो कोजेव निश्चित रूप से बीसवीं सदी का।''

स्वामी और दास : द्वंद्वात्मक संबंध

कोजेव हीगल के दर्शन की व्याख्या स्वामी और दास के द्वंद्वात्मक संबंधों के आधार पर करते हैं। उनके अनुसार हीगल के चिंतन का मूल आधार मनुष्य का आत्मचेतस होना है। आत्मचेतना में स्वतंत्रता निहित है लेकिन इसे वास्तविक दुनिया में साकार करना आवश्यक है। हीगल के अनुसार इतिहास निरंतर इसी लक्ष्य की दिशा में आगे बढ़ रहा है। विकास की अंतिम अवस्था में मानवीय स्वतंत्रता की पूर्ण उपलब्धि होती है। लेकिन इसके लिए मनुष्य को अपनी इच्छाओं और वासनाओं से परे जाना होगा। कोजेव यह तर्क देते हैं कि हीगल उस अवस्था का वर्णन करते हैं जहाँ से इतिहास का प्रारंभ होता है। उस आदिम अवस्था में रहने वाले मनुष्यों को वे 'पहला' (First) मनुष्य कहते हैं। उस मनुष्य में जैविक, जैसे भोजन, आवास और जीने की इच्छाएँ, होती हैं। लेकिन इन इच्छाओं से उच्चतर एक इच्छा होती है। वह है – दूसरों के द्वारा एक मनुष्य के रूप में सम्मान पाने की इच्छा। कोजेव की व्याख्या के अनुसार हीगल द्वारा वर्णित आदिम अवस्था में दूसरों से सम्मान एवं स्वीकृति (Recognition) पाने के लिए मनुष्यों के बीच संघर्ष हुआ। यह 'शुद्ध प्रतिष्ठा' (Pure prestige) के लिए संघर्ष था जो हिंसक और जीवन को खत्म करने वाला था। उसमें जिन लोगों ने मृत्यु की परवाह न करते हुए अपने जीवन को दाँव पर लगा दिया, वे स्वामी बन गए। उसके विपरीत जिनके लिए जीने की इच्छा सर्वोपरि थी और जिन लोगों ने अपनी उस इच्छा के आगे समर्पण कर दिया, वे दूसरों को स्वामी मान बैठे। वे खुद दास हो गए। इस प्रकार कोजेव का तर्क है कि हीगल के अनुसार समाज में वर्गों के विभाजन का आधार आर्थिक (जैसा कि मार्क्स के अनुसार) नहीं था। वस्तुतः मृत्यु के प्रति दृष्टिकोण ही स्वामी-दास विभाजन का मूल आधार है। हीगल द्वारा 'पहले आदमियों' के बीच संघर्ष की अवस्था हॉब्स की प्राकृतिक अवस्था से मिलती जुलती है। लेकिन जहाँ हॉब्स के चिंतन में प्राकृतिक अवस्था के संघर्ष का परिणाम सामाजिक समझौता है, वहाँ हीगल के लिए वह स्वामी और दास के बीच असमान संबंध है। असमानता के साथ-साथ दासों के लिए स्वतंत्रता का भी अभाव था। हीगल की स्वतंत्रता की अवधारणा नैतिक है। मनुष्य एक नैतिक कर्ता है। वह तभी स्वतंत्र होता है जब अपनी प्राकृतिक इच्छाओं से मुक्त होकर आंतरिक स्वतंत्रता प्राप्त करता है। चूँकि दासों ने अपनी जीने की प्राकृतिक

इच्छा को सर्वोपरि माना, इसलिए उन्हें स्वतंत्रता प्राप्त नहीं हुई। फुकुयामा इसी छोर को पकड़ते हैं। उनके अनुसार इतिहास प्रारंभ होनेवाली अवस्था में दासों के लिए स्वतंत्रता और समानता का अभाव है। सभी मनुष्यों के लिए इन दोनों की पूर्ण उपलब्धि ही ऐतिहासिक विकास की अंतिम अवस्था होगी। फुकुयामा के लिए वह 'इतिहास का अंत' होगा।

सम्मान के लिए संघर्ष के आधार पर फुकुयामा प्राचीन समाजों की व्याख्या करते हैं। इन समाजों में लड़ाकू होने की भावना यानी स्वेच्छा से मृत्यु का खतरा उठाना प्रमुख कारक था। इसी आधार पर युद्ध जीते जाते थे और दूसरों पर आधिपत्य स्थापित किया जाता था। प्राचीन समाज कुलीनतंत्रीय था। फुकुयामा हीगल की इतिहास संबंधी अवधारणा में सम्मान के लिए जीवन को खतरे में डालने की इच्छा को महत्त्वपूर्ण मानते हैं। इसका एक नैतिक आयाम भी है। उक्त संघर्ष में चुनाव पशुता यानी जैविक अस्तित्व और स्वतंत्रता के बीच था। दूसरे को तभी पाया जा सकता है जब पहले के परे जाया जाए। यह मनुष्य का अपना स्वतंत्र चुनाव है। मनुष्य में यह क्षमता है कि वह अपनी आत्म संरक्षण की बुनियादी इच्छा के विरुद्ध भी कार्य कर सकता है। अपने जीवन को खतरे में डाल कर स्वामी यह सिद्ध करता है कि वह स्वतंत्र और प्रामाणिक रूप से मानव है। वह अपनी इच्छाओं का दास नहीं है। उसमें मानवीय गौरव है।

दासों की प्रगतिशील भूमिका

हीगल की कोजेव द्वारा की गई व्याख्या के अनुसार इतिहास के प्रारंभ में स्वामी और दास वर्ग का उदय होता है। अब इतिहास की गति आगे कैसे बढ़े? इसके उत्तर में उनका तर्क है कि दासों द्वारा सम्मान पाने के बावजूद स्वामी पूरी तौर पर संतुष्ट नहीं हैं। उन्हें अपने बराबर वालों से सम्मान नहीं मिल रहा। उनसे निम्नतर इंसान यानी दास उन्हें सम्मान और गौरव प्रदान कर रहे हैं। इस प्रकार स्वामी को वह सम्मान और गौरव प्राप्त नहीं हुआ जिसके लिए उन्होंने अपने जीवन को खतरे में डाला था। उसी प्रकार दासों की मान्यता की इच्छा संतुष्ट नहीं हुई। उन्हें मनुष्य के रूप में मान्यता नहीं दी जा रही है। वे अपने स्वामी की आवश्यकताओं की पूर्ति के साधन हैं। फुकुयामा का कहना है कि 'मान्यता की इच्छा' हीगल की अपनी अवधारणा नहीं है। सर्वप्रथम प्लेटो की पुस्तक *रिपब्लिक* में इसका उल्लेख मिलता है। प्लेटो ने मानव आत्मा के तीन गुणों की पहचान की थी – विवेक (Reason), साहस (Spiritidness) और क्षुधा (Appetite)। साहस को ग्रीक भाषा में 'थिमोस' (Thymos) कहा जाता है। फुकुयामा के अनुसार 'थिमोस' राजनीतिक जीवन का एक प्रमुख कारक है। उसके कारण मनुष्य में न्याय की सहज भावना होती है और स्वार्थहीनता, आदर्शवादिता, नैतिकता, आत्मबलिदान, साहस और आत्मसम्मान जैसे गुण होते हैं। उसी के कारण लोग अपने जीवन को खतरे में डालने के लिए तैयार होते हैं। 'थिमोस' के कारण मान्यता की इच्छा जन्म लेती है। फुकुयामा का तर्क है कि फ्रांस की क्रांति अथवा अमेरिकी गृहयुद्ध में 'थिमोस' की महत्त्वपूर्ण भूमिका थी। उनके अनुसार मान्यता की इच्छा यानी 'थिमोस' दो रूपों में प्रगट होता है – दूसरों से श्रेष्ठ माने जाने की इच्छा और दूसरों के समान मान्यता दिए जाने की इच्छा। पहले को

ग्रीक भाषा में 'मेगालोथिमिया' कहा जाता है तो दूसरे को 'इसोथिमिया'। इनके आधार पर उदारवादी लोकतंत्र को समझा जा सकता है। दूसरों से श्रेष्ठ माने जाने की इच्छा के कारण आदिम संघर्ष हुआ और दासों पर स्वामी का आधिपत्य कायम हुआ। फुकुयामा का कहना है कि यह लक्षण हिटलर, स्टालिन और सद्दाम हुसैन जैसे तानाशाहों में पाया जाता है। इसलिए आधुनिक विश्व में 'मेगालोथिमिया' को सही नहीं माना जाता और नैतिक रूप से उसका सम्मान खत्म हो चुका है। फुकुयामा का कहना है है कि उसका स्थान 'इसोथिमिया' यानी दूसरों के समान समझे जाने की इच्छा ले लिया है। वह गरिमा, सम्मान, आत्मसम्मान आदि रूपों में अभिव्यक्त होती है। राजनीतिक जीवन में ये भावनाएँ व्याप्त हैं। इसलिए फुकुयामा का मानना है कि बीसवीं सदी के अंत में विभिन्न देशों में लोकतंत्र के लिए संघर्ष को मानव गरिमा और सम्मान के आधार पर ही समझा जा सकता है।

आदिम संघर्ष के बाद दासों को स्वामी के बराबर नहीं समझा गया। उन्होंने हिंसक मृत्यु के डर से अपनी मानवता खो दी थी। कार्य के द्वारा वे उसे पुनः प्राप्त करते हैं। इसलिए कोजेव के अनुसार इतिहास का कर्ता दास ही है। वह ऐतिहासिक विकास की प्रक्रिया को आगे बढ़ाता है। वह अपने स्वामी के लिए श्रम करता है। इसके द्वारा वह प्राकृतिक चीजों का रूपांतरण करता है। इस प्रक्रिया में वह खुद भी बदलता है। वह अपने आवेगों और अपनी इच्छाओं पर विजय पाने की क्षमता का विकास करता है। इस प्रकार उसमें आत्मनियंत्रण एवं अनुशासन आ जाता है। इसी क्षमता के आधार पर वह अपनी दासता से मुक्ति पा लेता है। श्रम की प्रक्रिया में उसे यह ज्ञान होता है कि वह स्वतंत्र रूप से अपनी इच्छा से श्रम कर सकता है। उसे अपनी परिस्थितियों की चेतना के साथ आत्म-चेतना भी प्राप्त होती है। दासों को श्रम के द्वारा अपने-आप के मनुष्य होने का बोध होता है। श्रम की प्रक्रिया में उन्हें अपनी मृत्यु के भय से मुक्त होने और अपनी स्वतंत्रता को प्राप्त करने की भी सीख मिलती है। यह ज्ञान उसकी स्वतंत्रता में सहायक होता है। दासों के संबंध में फुकुयामा एक दिलचस्प तर्क देते हैं। उनके अनुसार आधुनिक प्राकृतिक विज्ञान का आविष्कार 'निकम्मे स्वामियों' (Idle masters) द्वारा नहीं होता। उनके पास वह सब कुछ होता है जिसे वे चाहते हैं। इसलिए वैज्ञानिक आविष्कार दासों के द्वारा होता है जो अपनी वर्तमान स्थिति से संतुष्ट नहीं हैं। वे श्रम करने के लिए बाध्य होते हैं। दासों को अपनी स्वतंत्रता की उपलब्धि में विचारधारा सहायक होती है। उसके बगैर स्वतंत्रता प्राप्त नहीं हो सकती। इस संदर्भ में कोजेव विभिन्न विचारधाराओं का उल्लेख करते हैं जिनका सहारा दास वर्ग लेता है। वे यूनान के स्टोइकवाद का जिक्र करते हैं। उसमें आत्मनियंत्रण को प्रमुख माना गया था। वह प्राकृतिक समानता में विश्वास करता है। इसी प्रकार ईसाइयत की विचारधारा है। वह भी ईश्वर के समक्ष मनुष्यों की समानता में विश्वास करती है। उदारवाद भी स्वतंत्रता और समानता में विश्वास करता है। लेकिन ईसाइयत में स्वतंत्रता की अवधारणा भिन्न है। हीगल के अनुसार ईसाइयत यह मानता है कि मनुष्य स्वतंत्र है। लेकिन उसमें उदारवादियों की तरह स्वतंत्रता का अर्थ बंधनों का अभाव नहीं है। ईसाइयत में स्वतंत्रता की अवधारणा नैतिक है। मनुष्य नैतिक रूप से उचित-अनुचित के बीच चुनाव के लिए स्वतंत्र है। सभी मनुष्यों में समान रूप से नैतिक

चुनाव की क्षमता है। इस प्रकार ईसाइयत दासों के समक्ष मानव स्वतंत्रता की दृष्टि को स्पष्ट करता है। लेकिन उसके साथ ही वह यह भी मान लेता है कि स्वतंत्रता की उपलब्धि स्वर्ग में ही हो सकती है, पृथ्वी पर नहीं। इसलिए ईसाइयत के अनुसार दासों के लिए इस जीवन में मुक्त होने की आशा नहीं है। इस प्रकार वह दासता से मुक्त होने और स्वतंत्रता की उपलब्धि का कोई व्यावहारिक मार्ग नहीं बतलाता। लेकिन दासों में मान्यता की इच्छा बनी रहती है और वही इतिहास को गति देती है। अंत में दास उदारवादी विचारधारा की सहायता लेता है। फुकुयामा का कहना है कि हीगल यह मानते हैं कि फ्रांसीसी क्रांति दासों के द्वारा की गई। उन्होंने अपने जीवन को खतरे में डाला। इस प्रकार वे मृत्यु के भय से मुक्त हुए। उस भय ने ही उन्हें दास बना दिया था। फुकुयामा की राय में हीगल के लिए फ्रांसीसी क्रांति स्वतंत्र और समान समाज के स्वप्न का क्रियान्वयन था। स्वतंत्रता और समानता के सिद्धांतों को नेपोलियन द्वारा पूरे यूरोप में फैलाया गया।

स्वतंत्रता का आदर्श

कोजेव की व्याख्या के अनुसार हीगल द्वारा प्रतिपादित मानव इतिहास निरंतर स्वतंत्रता की दिशा में अग्रसर है। सभी के लिए स्वतंत्रता एक आदर्श स्थिति है। यह तभी साकार हो सकती है जब सभी को बराबरी के स्तर पर सभी के द्वारा सम्मान (Recognition) या गौरव प्राप्त हो। हीगल के अनुसार इसकी प्राप्ति सार्वभौम समरूप राज्य (Universal Homegeneous State) में हो सकती है। यह राज्य तभी संभव है जब स्वामी और दास के संबंध खत्म हो जाएँ। कोजेव के अनुसार दास द्वारा स्वामी के स्वामित्व की समाप्ति इस अवस्था में साकार होती है। स्वामी और दास दोनों सार्वभौम समरूप राज्य के नागरिक हो जाते हैं। दोनों के सम्मान या गौरव पाने की भावना पूरी तरह संतुष्ट हो जाती है। हीगल के लिए यही इतिहास की अंतिम परिणति है। इसके बाद इतिहास आगे नहीं बढ़ता, मात्र घटनाएँ घटती हैं।

उदारवादी लोकतांत्रिक राज्य : हीगल का सार्वभौम समरूप राज्य

फुकुयामा का निष्कर्ष है कि सभी लोगों की मान्यता की इच्छा की पूर्ण संतुष्टि उदारवादी लोकतांत्रिक राज्य में होती है। उसमें व्यक्ति को किसी समूह के सदस्य के रूप में मान्यता नहीं दी जाती। उसे एक स्वतंत्र और स्वायत्त व्यक्ति के रूप में मूल्यवान समझा जाता है। सभी व्यक्तियों की गरिमा को सभी के द्वारा स्वीकार किया जाता है। सभी पारस्परिक रूप से एक-दूसरे को मान्यता देते हैं। वह बुद्धिसंगत तरीके से होता है। इस आधार पर फुकुयामा का कहना है कि उदारवादी राज्य सार्वभौम है क्योंकि वह मानव की मूल इच्छा को संतुष्ट करता है। उसके साथ-साथ वह समरूप भी है क्योंकि उसमें मान्यता देने की प्रक्रिया एक है। फुकुयामा के विचार में उदारवादी राज्य 'वर्गविहीन समाज' की स्थापना करता है क्योंकि उसमें स्वामी और दास के बीच अंतर खत्म हो जाते हैं। उनका तर्क है कि इतिहास में ऐसा पहले कभी नहीं हुआ। फ्रांसीसी क्रांति के पहले प्रत्येक समाज में राजतंत्र अथवा कुलीनतंत्र था। उस स्थिति में एक व्यक्ति या कुछ व्यक्तियों की मान्यता की इच्छा संतुष्ट

होती थी। बहुसंख्यक व्यक्तियों को मनुष्य के रूप में मान्यता नहीं दी जाती थी। उदारवादी राज्य लोकतांत्रिक होता है। उसमें सभी अपने-आप पर नियंत्रण रखते हैं। इसलिए सभी का खुद पर स्वामित्व होता है। कोई किसी का स्वामी या दास नहीं होता। इस प्रकार उदारवादी लोकतांत्रिक राज्य में सभी हीगल की नैतिक स्वतंत्रता को प्राप्त कर सकते हैं।

फुकुयामा यह प्रश्न उठाते हैं कि उदारवादी लोकतंत्र सभी व्यक्तियों को किस प्रकार मान्यता देता है? इसके उत्तर में उनका कहना है कि उदारवादी लोकतंत्र सभी व्यक्तियों को समान रूप से अधिकार प्रदान करता है और उनके संरक्षण की व्यवस्था करता है। उसके माध्यम से व्यक्तियों को समान रूप से मान्यता दी जाती है। व्यक्ति के अधिकार की अवधारणा जॉन लॉक जैसे उदारवादी चिंतक के विचारों में मिलती है। पुन: हीगल उदारवाद के आलोचक हैं। इस स्थिति में व्यक्ति के अधिकारों को मान्यता देनेवाले उदारवादी लोकतंत्र के साथ हीगल की संगति कैसे बैठे? फुकुयामा के लिए यह एक प्रमुख समस्या है। इसके समाधान के लिए वे पुन: हीगल की कोजेव द्वारा की गई व्याख्या की ओर लौटते हैं। कोजेव ने इस बात पर बल दिया था कि युद्धोत्तर (द्वितीय विश्व युद्ध) अमेरिका अथवा यूरोपीय समुदाय के सदस्य देश हीगल की सार्वभौम मान्यता (Universal recognition) की अवस्था को साकार करते हैं। इसलिए वे हीगल के आदर्श राज्य के यथार्थ रूप हैं। फुकुयामा का तर्क है कि यह ठीक है कि उदारवादी लोकतंत्र का आधार लॉक का चिंतन है। लॉक ने अधिकारों को एक साधन माना जिसके द्वारा व्यक्ति अपने जीवन और संपत्ति की रक्षा करता है। उनका तर्क है कि लॉक के चिंतन में व्यक्ति की इच्छाओं को महत्त्व दिया गया गया है। इसलिए उसके आधार पर उदारवादी लोकतंत्र की सही और पूरी समझ नहीं बनती। फुकुयामा मतदान के अधिकार का उदाहरण देते हैं। लॉक के विचारों के आधार पर यह तर्क दिया जा सकता है कि उस अधिकार के द्वारा व्यक्ति के जीवन और संपत्ति की सुरक्षा होती है। फुकुयामा इस तर्क को अपूर्ण मानते हैं। वे इस बात पर बल देते हैं कि मतदान का अधिकार व्यक्ति की गरिमा और महत्त्व की स्वीकृति है। लोकतंत्र को लोग इसलिए पसंद नहीं करते कि उससे उनकी इच्छाएँ संतुष्ट होती हैं। उनकी पसंद का आधार यह है कि लोकतंत्र व्यक्ति को एक व्यक्ति के रूप में मान्यता देता है। फुकुयामा साम्यवादी व्यवस्था की आलोचना करते हुए यह तर्क देते हैं कि उसमें बहुसंख्यक जनता की मान्यता की इच्छा संतुष्ट नहीं होती। उसमें आर्थिक आवश्यकताओं की पूर्ति को केंद्रीय महत्त्व दिया जाता है। इसलिए फुकुयामा के अनुसार साम्यवादी व्यवस्था और मार्क्सवादी विचारधारा के पतन के बाद यह सिद्ध हो गया कि सभी व्यक्तियों की मान्यता की इच्छा की संतुष्टि केवल उदारवादी राज्य में ही संभव है। वह साम्यवादी व्यवस्था से ज्यादा विकसित और उच्चतर अवस्था है। लेकिन उदारवादी विचारधारा के आधार पर उसकी सही व्याख्या नहीं होती। उसके माध्यम से उदारवादी अर्थव्यवस्था (Liberal economics) और उदारवादी राजनीति (Liberal politics) के बीच की कड़ी नहीं जुड़ती। वह हीगल की मान्यता संबंधी विचार से संभव होता है। उनका निष्कर्ष है कि कोजेव के अनुसार हीगल के विचार में सार्वभौम समरूप राज्य मानवीय इतिहास की अंतिम व्यवस्था है क्योंकि वह मनुष्य को पूर्ण रूप से संतुष्ट करती है। फुकुयामा का कहना

है कि वह राज्य उदारवादी लोकतंत्र में साकार होता है। इसलिए यही हीगल के आदर्श राज्य का यथार्थ रूप है। इसके अतिरिक्त फुकुयामा का तर्क है कि वर्तमान समय में उदारवादी विचारधारा को चुनौती देने वाली विधारधारा के उत्पन्न होने की संभावना नहीं है। अतः विचारों का संघर्ष नहीं है। हीगल के अनुसार विचारों का संघर्ष ही ऐतिहासिक विकास की प्रक्रिया को आगे बढ़ाता है। उदारवादी लोकतांत्रिक राज्य में स्वतंत्रता और समानता का लक्ष्य प्राप्त हो गया। इसके अंतर्विरोध समाप्त हो गए। वर्तमान समय में उदारवादी लोकतंत्र का कोई बेहतर विकल्प नहीं है। इसे सार्वभौम रूप से वैधता प्राप्त हो गई है। इसलिए फुकुयामा के अनुसार उदारवादी लोकतांत्रिक राज्यों के पूर्ण विकास के साथ ही विकास का अंतिम सोपान प्राप्त होता है। यही 'इतिहास का अंत' है।

फुकुयामा इतिहास के अंत के बाद की स्थिति का भी वर्णन करते हैं। उस संबंध में वे जर्मन दार्शनिक नीत्शे (1844-1900 ई.) का सहारा लेते हैं। इतिहास के अंत के बाद जिस 'प्राणी' का उदय होता है, वह है- 'अंतिम मनुष्य' (Last man)। 'अंतिम मनुष्य' शब्दावली का प्रयोग नीत्शे ने किया था। उनके अनुसार अंतिम मनुष्य 'विजयी दास' (Victorious slave) है। उदारवादी लोकतांत्रिक राज्य उसी ज़ीत का साकार रूप है। फुकुयामा का तर्क है कि 'अंतिम मनुष्य' मनुष्य के रूप में अपनी मान्यता और भौतिक समृद्धि प्राप्त कर लेता है। अब उसके जीवन को कोई खतरा नहीं है। अब कोई उच्चतर लक्ष्य नहीं रह गया जिसके लिए जीवन को खतरे में डाला जाए। नीत्शे लोकतंत्र के घोर विरोधी हैं। उनके अनुसार सच्ची स्वतंत्रता तभी मिल सकती है जब मनुष्य में दूसरों से श्रेष्ठ होने का भाव हो और उसे वह प्रदर्शित कर सके। इसलिए नीत्शे के अनुसार उत्कृष्टता और महानता केवल कुलीनतंत्रीय समाज में ही संभव है। नीत्शे के विचारों के आधार पर फुकुयामा का कहना है कि 'इतिहास के अंत' की स्थिति में 'अंतिम मनुष्य' पुनः 'पशुता' (Animality) की ओर लौट जाता है क्योंकि वह अपनी इच्छाओं की संतुष्टि में लगा रहता है। उनका तर्क है कि कोजेव ने भी यह संकेत दिया था कि 'इतिहास के अंत' का अर्थ कला और दर्शन का भी अंत है। इस प्रकार 'अंतिम मनुष्य' का जीवन उबाऊ है। दूसरों से श्रेष्ठ होने के भाव (मेगालोथिमिया) की अभिव्यक्ति का अवसर नहीं है। हालाँकि फुकुयामा यह उल्लेख करते हैं कि उसकी अभिव्यक्ति अर्थव्यस्था के क्षेत्र में उद्यमी तथा राजनीति में नेता के रूप में हो सकती है। लेकिन इसके बावजूद वे यह कहते हैं कि उन्हें 'अंतर्बोध' (Intuition) है कि श्रेष्ठता का भाव यानी मेगालोथिमिया भविष्य में उदारवादी लोकतंत्र के लिए खतरा पैदा करेगा। उदारवादी लोकतंत्र शांति और समृद्धि की अवस्था है। लोग उनसे उत्पन्न ऊब से बचने के लिए संघर्ष करेंगे। उस संघर्ष का कोई लक्ष्य नहीं होगा। वह 'संघर्ष के लिए संघर्ष' की स्थिति होगी। इस प्रकार फुकुयामा 'इतिहास के अंत' की अवस्था की निराशाजनक तस्वीर प्रस्तुत करते हैं।

फुकुयामा के इतिहास के अंत संबंधी विचारों पर तीखी बहस प्रारंभ हुई जो आज तक जारी है। वे स्वयं कई बार अपनी आलोचनाओं के उत्तर देने का प्रयास करते रहे। उस दौरान वे अपने विचारों को कहीं-कहीं संशोधित भी करते हैं। इसके बावजूद 'इतिहास के अंत' पर भ्रम की स्थिति बनी हुई है। फुकुयामा यह बार-बार दुहराते है कि उन्हें गलत तरीके

से समझा गया। उसका एक प्रमुख कारण उनकी विचार पद्धति है। वे एक साथ मानकीय (Normative) और आनुभविक (Empirical) तर्कों का सहारा लेते हैं। उनकी पद्धति में ऐतिहासिक और समकालीन घटनाओं की आनुभविक खोज और सैद्धांतिक पहलू एक-दूसरे से गुँथे हुए हैं। उसके कारण 'इतिहास के अंत' के अर्थ को लेकर भ्रांति बनी। उसे दूर करने के लिए फुकुयामा यह तर्क देते हैं कि इतिहास का अंत 'है' के बारे में कथन नहीं है, बल्कि 'होना चाहिए' के बारे में है। इसलिए इतिहास के अंत का अर्थ विश्व की वर्तमान स्थिति के बारे में आनुभविक कथन के रूप में नहीं लिया जा सकता। इतिहास के अंत का संबंध विचारों से है, व्यवहार से नहीं।

फुकुयामा की मूल स्थापना है कि उदारवादी लोकतंत्र और पूँजीवाद जिस तंत्र (Regime) का निर्माण करते हैं, वह उपलब्ध विकल्पों में सर्वश्रेष्ठ है। यहाँ पर वे किसी देश के कार्यशील उदारवादी लोकतंत्र की बात नहीं करते। वे उसके मूलभूत सिद्धांतों (स्वतंत्रता और समानता) पर बल देते हैं। उनका तर्क है कि वे सिद्धांत मनुष्यों की मूलभूत आकांक्षाओं को संतुष्ट करते हैं इसलिए उन सिद्धांतों पर आधारित तंत्र के दूसरों के मुकाबले ज्यादा सार्वभौम और स्थायी होने की आशा की जा सकती है। मानवीय समाज को उससे बेहतर ढंग से संगठित करने वाले सिद्धांतों के समूह का अस्तित्व ही नहीं है। इस आधार पर फुकुयामा का कहना है कि उदारवादी लोकतंत्र के सिद्धांतों का कोई विकल्प नहीं। इस प्रकार फुकुयामा 'इतिहास के अंत' को मानकीय कथन मानते हैं। यहाँ तक कोई समस्या नहीं है। समस्या तब पैदा होती है जब वे उदारवादी लोकतंत्र की सर्वश्रेष्ठता का दावा आनुभविक आधार पर करते हैं। उनकी स्थापना है कि गानकीय तर्क 'निर्णायक (Crucially) और प्रत्यक्ष रूप से (Obviously)' आनुभविक साक्ष्यों पर निर्भर होते हैं। इस आधार पर उनका कहना है कि उदारवादी लोकतंत्र की श्रेष्ठता का आधार केवल नैतिक और सैद्धांतिक नहीं है। उसकी कार्यशीलता के आनुभविक सत्यापन से उसकी श्रेष्ठता सिद्ध होती है। इसलिए उनका कहना है कि मानकीय कथन को आनुभविक तथ्य से अलग नहीं किया जा सकता। लेकिन वे यह भी कहते हैं कि केवल आनुभविक तथ्यों के आधार पर मानकीय कथनों की वैधता को सही या गलत नहीं ठहराया जा सकता। वे मानकीय कथन के सही होने के संबंध में कम या अधिक आशा पैदा करते हैं। अपनी सैद्धांतिक स्थिति के स्पष्टीकरण में फुकुयामा का तर्क है कि इतिहास के अंत के दावे की सच्चाई किसी भी रूप में 1989 ई. की घटनाओं (समाजवादी व्यवस्थाओं के पतन) पर निर्भर नहीं करती। उपर्युक्त दावा 1807 ई. के जेना की लड़ाई (हीगल ने उसी समय इतिहास के अंत हो जाने का दावा किया था), द्वितीय विश्व युद्ध के समय या सोवियत संघ के विघटन के एक दशक पूर्व भी किया जा सकता था। लेकिन इन सभी घटनाओं ने यह चिह्नित किया कि फ्रांसीसी क्रांति की स्वतंत्रता और समानता संबंधी सिद्धांत मानकीय रूप से राजनीतिक संगठन के सर्वश्रेष्ठ सिद्धांत हैं। बाद में उदारवादी लोकतंत्र के विश्वव्यापी प्रसार ने उसकी सत्यता की आशा को मजबूत किया।

उत्तर-आधुनिकता किसी भी सार्वभौम ज्ञान और किसी विचारधारा की सार्वभौम सत्यता को खंडित करती है। उसका मूल स्वर है- महावृत्तांतों की अस्वीकृति। फुकुयामा द्वारा

प्रतिपादित इतिहास का अंत एक महावृत्तांत ही है। वे उत्तर-आधुनिकता से काफी असहज लगते हैं इसलिए वे उदारवादी लोकतंत्र और पूँजीवाद की सार्वभौम वैधता का बचाव करते हैं। वे अपने दावे के संबंध में उत्तर-आधुनिक सवालों का उल्लेख करते हैं। उनका तर्क है कि उत्तर-आधुनिकतावादी परिप्रेक्ष्य में ये सवाल खड़े हो सकते हैं – आर्थिक विकास की कहानी को सर्वाधिक महत्त्व क्यों दिया जाए? क्या इतिहास का अंत यूरोप-केंद्रित कहानी नहीं है? क्यों न आधुनिकीकरण की प्रक्रिया में कुचल दिए गए देशज लोगों क़ी कहानी को प्रमुखता दी जाए? क्या वैज्ञानिक पद्धति के हस्तक्षेप के पहले के युग इतिहास कहे जाने लायक नहीं हैं? सार्वभौम इतिहास का कथावाचक कौन है और उसका क्या हित है? ये प्रश्न फुकुयामा खुद उठाते हैं। इन प्रश्नों के उत्तर में उनका यह कहना है कि उत्तर-आधुनिक प्राध्यापक यह दावा भले करें कि इतिहास की कोई सुसंगत दिशा नहीं है लेकिन वे इस बात की कल्पना नहीं कर सकते कि पेरिस के आरामदायक वातावरण को छोड़कर सोमालिया चले जाएँ अथवा बुरेंडी में अपने बच्चे को पालें या तेहरान में उत्तर-आधुनिक दर्शन पढ़ाएँ। फुफुयामा का यह तर्क विचित्र लगता है। स्पष्ट है कि उनके पास उपर्युक्त प्रश्नों के उत्तर नहीं हैं। इसलिए वे यह निष्कर्ष देते हैं कि उदारवादी लोकतंत्र के आधारहीन होने संबंधी उत्तर-आधुनिकता का तर्क 'राजनीतिक, नैतिक और मानवीय रूप से असहय (Intolerable)' है। यहाँ वे भूल जाते हैं कि सहिष्णुता उदारवाद का एक बुनियादी मूल्य है।

इतिहास के अंत पर फुकुयामा के स्पष्टीकरण के बावजूद आलोचनाओं और उनके उत्तर का दौर अभी भी जारी है। उदारवादी लोकतंत्र के आनुभविक आधारों के साथ-साथ उनके सैद्धांतिक पक्ष की भी आलोचना होती रही। 2001 ई. में अल-कायदा द्वारा अमेरिका के विश्व व्यापार केंद्र पर हमले के बाद आलोचनाओं में तेजी आई। आलोचकों के विचार में उनके द्वारा प्रतिपादित इतिहास के अंत में निम्न विसंगतियाँ हैं :

1. इतिहास का कोई पूर्वनिर्धारित निश्चित पथ नहीं होता : फुकुयामा के निष्कर्ष हीगल के इतिहासवाद (Historicism) पर आधारित हैं। यह कुछ पूर्व मान्यताओं पर आधारित है : 1. पूरा विश्व विकास के एक ही मार्ग से होकर गुजरेगा, 2. ऐतिहासिक विकास का यह पथ पूर्व निर्धारित है, 3. यह निरंतर प्रगति की ओर बढ़ रहा है और 4. ऐतिहासिक विकास की एक पूर्ण और अंतिम अवस्था है। हीगल ने विचार एवं आदर्श के स्तर पर इन मान्यताओं को स्थापित करने का प्रयास किया था। फुकुयामा का दोष यह है कि वे इन मान्यताओं को वास्तविकता के धरातल पर प्रमाणित करना चाहते हैं। वे सार्वभौम इतिहास को स्वीकार करते हैं। वे यह भी मानते हैं कि सभी समाजों का रूपांतरण सुसंगत रूप से एक ही दिशा में होता है। उसे स्पष्ट करते हुए वे कहते हैं कि आधुनिक विज्ञान और तकनीक की प्रगति ने तीव्र गति से आर्थिक विकास को संभव बनाया। उससे आर्थिक समृद्धि आई। आधुनिक तकनीक का उपयोग कर आर्थिक विकास करने वाले समाजों का स्वरूप समरूप है। उन सभी समाजों में औद्योगीकरण, शहरीकरण, विवेकसंगत सत्ता, श्रम विभाजन आदि समान रूप से होते हैं। यहाँ फुकुयामा यह भूल जाते हैं कि औद्योगिक विकास की सीमाएँ अब बिल्कुल स्पष्ट हैं। औद्योगीकरण ने भयावह रूप से पर्यावरण संकट को जन्म दिया है। उसके साथ ही यह भी स्पष्ट हो गया कि दुनिया के

सभी देशों को औद्योगिक रूप से विकसित करने के लिए आवश्यक संसाधन उपलब्ध नहीं हो सकते। इसलिए सभी देशों के विकास की कोई एक दिशा नहीं हो सकती और न ही इतिहास का कोई एकरेखीय पथ हो सकता है। वास्तविक रूप से मानव के विकास का कोई एक निश्चित पथ नहीं होता। उन्नति के साथ-साथ अवनति भी इतिहास का अंग है। यदि हम पूरी दुनिया के स्तर पर लोकतंत्र के ही विकास को देखें तो यह हमेशा एक-सा नहीं रहा है। फासीवाद और नाजीवाद ने लोकतंत्र के लिए खतरा पैदा किया। आज भी पश्चिम एशिया के देशों में लोकतंत्र काफी उतार-चढ़ाव के दौर से गुजर रहा है।

2. उदारवादी लोकतंत्र लोकतांत्रिक सरकार का एकमात्र रूप नहीं : फुकुयामा उदारवाद और लोकतंत्र को एक साथ जोड़कर देखते हैं। इसलिए वे पश्चिमी उदारवादी लोकतांत्रिक व्यवस्था को आदर्श मानते हैं। यह मत पक्षपातपूर्ण है। यूनान के एथेंस, भारत के वैशाली से लेकर आज तक लोकतंत्र के कई रूप रहे हैं। अतः लोकतंत्र को उदारवाद के संदर्भ में ही परिभाषित नहीं किया जा सकता। लोकतांत्रिक शासन-व्यवस्था प्रत्येक देश की ऐतिहासिक, सामाजिक, आर्थिक और सांस्कृतिक परिस्थितियों के अनुसार अपना विशिष्ट स्वरूप ग्रहण करती है। अतः फुकुयामा का यह निष्कर्ष गलत प्रतीत होता है कि प्रत्येक देश में लोकतांत्रिक सरकार का एक ही रूप होगा। बाद में 2014 ई. में फुकुयामा ने खुद यह स्पष्ट किया कि उदारवादी लोकतंत्र लोगों की आकांक्षा नहीं है बल्कि लोगों की इच्छा आधुनिक समाज में रहने की है। इसका कारण यह है कि लोग उच्च जीवन स्तर, अच्छा स्वास्थ्य, तकनीक एवं बाहर की दुनिया तक पहुँच आदि सुविधाएँ चाहते हैं।

3. समानता का लक्ष्य अभी भी अप्राप्त है : फुकुयामा का तर्क है कि उदारवाद के दो प्रमुख सिद्धांत हैं : स्वतंत्रता और समानता। पश्चिम के उदारवादी लोकतांत्रिक देशों में (फुकुयामा के अनुसार अमेरिका) इन दोनों सिद्धांतों को यथार्थ रूप दिया जा चुका है। इन देशों के सभी नागरिकों को सभी के द्वारा समान रूप से सम्मान प्राप्त है। लेकिन तथ्य इसके विपरीत है। पूँजीवादी अर्थव्यवस्था में असमानता निहित है। यही कारण है कि आज पहले की तुलना में पूरी दुनिया में आर्थिक असमानता काफी बढ़ी है। प्रारंभ से ही स्वतंत्रता और समानता के बीच अंतर्विरोध कायम रहा है। आज यह और गहरा हो गया है। इसलिए फुकुयामा का यह निष्कर्ष सही प्रतीत नहीं होता कि उदारवादी विचारधारा के अंतर्विरोध समाप्त हो गए हैं। घोर आर्थिक असमानता के साथ राजनीतिक स्वतंत्रता उदारवादी लोकतंत्र का एक गंभीर विरोधाभास है। उदारवादी लोकतांत्रिक सरकारों और पूँजीवादी अर्थव्यवस्था के मेल से इसका समाधान संभव नहीं है। फुकुयामा स्वयं यह मानते हैं कि पूँजीवाद आर्थिक लाभों का न्यायपूर्ण वितरण नहीं करता। वे यह भी स्वीकार करते हैं कि वितरण की दृष्टि से समाजवाद नैतिक रूप से ज्यादा सही है। लेकिन उनका कहना है कि समाजवाद की मुख्य समस्या है कि वह काम नहीं करता। उनका यह तर्क सोवियत संघ की समाजवादी व्यवस्था की विफलता पर आधारित है। समाजवाद के एक रूप के विफल हो जाने से यह निष्कर्ष नहीं निकाला जा सकता कि समाजवाद का कोई रूप सफल नहीं हो सकता। फुकुयामा के विचारों का निहितार्थ यही है कि घोर आर्थिक असमानता अन्यायपूर्ण नहीं है।

4. ऐतिहासिक विकास को कोई एक कारक निर्धारित नहीं करता : हीगल के अनुसार केवल विचार ही विकास की प्रक्रिया को निर्धारित करता हैं। यह मत एकांगी है। हीगल की तरह फुकुयामा भी विचारों को प्रमुखता देते हैं। अब तक के इतिहास के अध्ययन से यह पता चलता है कि विकास की प्रक्रिया में विचार, आर्थिक कारक, धर्म, संस्कृति आदि विभिन्न कारकों की भूमिका रही है। किसी विशेष समय में इनमें से कोई एक ज्यादा प्रमुख हो सकता है। लेकिन यह सत्य नहीं है कि विकास की प्रक्रिया को हमेशा कोई एक कारक निर्धारित करता है। इसी प्रकार 'सम्मान के लिए संघर्ष' के आधार पर कुछ समाजों में वर्ग विभाजन की बात स्वीकार की जा सकती है। लेकिन प्रत्येक समाज के लिए इसे सही नहीं ठहराया जा सकता।

5. फुकुयामा के निष्कर्ष हीगल और कोजेव के एकपक्षीय अध्ययन पर आधारित हैं : फुकुयामा के निष्कर्ष का आधार हीगल के दर्शन की कोजेव द्वारा की गई व्याख्या है। कोजेव ने हीगल की पुस्तक *फेनोमेनोलॉजी ऑफ स्पिरिट* के आधार पर अपना व्याख्यान दिया था। उन्होंने हीगल की अन्य पुस्तकों की व्याख्या नहीं की। किसी चिंतक की व्याख्या उसके समग्र लेखन के आधार पर ही हो सकती है। फुकुयामा यही गलती कोजेव के संदर्भ में दुहराते हैं। उन्होंने कोजेव की उपर्युक्त व्याख्या को ही अपना आधार बनाया। कोजेव की अन्य रचनाओं पर उनका ध्यान गया ही नहीं। दूसरी बात यह है कि हीगल पर कोजेव के व्याख्यान को तत्कालीन फ्रांस में उदारवाद के विकल्प के रूप में देखा गया था। अत: कोजेव की व्याख्या के आधार पर फुकुयामा का हीगल को उदारवादी दार्शनिक मानना संदेहास्पद हो जाता है। मार्क पोस्टर का मानना है कि हीगल पर कोजेव के व्याख्यानों में उदारवाद के सिद्धांतों को पूरी तौर पर नकार दिया गया था और वर्ग संघर्ष की मार्क्सवादी अवधारणा को प्रस्तुत किया गया था।

6. उदारवाद और लोकतंत्र एक-दूसरे के विरोध में हैं : फुकुयामा उदारवादी लोकतंत्र को विचारधारात्मक विकास का अंतिम बिंदु मानते हैं। उदारवादी लोकतंत्र के दो अंग हैं- उदारवाद और लोकतंत्र। सामान्य तौर पर पहले का संबंध चुनाव से है। उदारवाद कानून के शासन और व्यक्ति के अधिकारों की रक्षा पर आधारित है। इसलिए पूर्ण रूप से उदारवादी लोकतंत्र के लिए दोनों आवश्यक हैं। 2017 ई. में एक साक्षात्कार में फुकुयामा ने यह कहा कि उदारवादी लोकतंत्र के दोनों पहलू एक-दूसरे के विरोध में हैं। वे लोकतांत्रिक रूप से चुनी गई सरकारों द्वारा विचाराभिव्यक्ति की स्वतंत्रता को सीमित करने की बात करते हैं। यह प्रवृत्ति उदारवादी मूल्यों के विपरीत है। इस संबंध में फुकुयामा अमेरिकी राष्ट्रपति डोनाल्ड ट्रम्प, टर्की के इर्दोगन, रूस के ब्लादिमिर पुतिन आदि का उदाहरण देते हैं। इन लोगों ने मीडिया के आलोचनात्मक स्वर को रोकने का प्रयास किया। फुकुयामा के अनुसार उदारवाद और लोकतंत्र के एक-दूसरे के विरोधी हो जाने का प्रमुख उदाहरण रूस है। वहाँ के राष्ट्रपति पुतिन काफी लोकप्रिय हैं। लेकिन उन्होंने अपनी लोकप्रियता के आधार पर कानून के शासन को खत्म करने का प्रयास किया ताकि विरोधी उम्मीदवारों को अयोग्य ठहराया जा सके या उन्हें गिरफ्तार किया जा सके। इस प्रकार स्पष्ट है कि फुकुयामा स्वयं उदारवादी लोकतंत्र की अपनी पूर्ववर्ती अवधारणा का खंडन करते हैं कि लोकतंत्र का केवल उदारवादी रूप ही हो सकता है।

डेनियल बेल की आलोचना

डेनियल बेल द्वारा प्रतिपादित विचारधारा के अंत से फुकुयामा सहमत हैं। इसके साथ ही उत्तर-औद्योगिक समाज की अवधारणा को भी दोनों स्वीकार करते हैं। लेकिन बेल विचारधारा के अंत को इतिहास का अंत नहीं मानते। उन्होंने सन 2000 ई. में प्रकाशित अपने लेख "दि रिजम्पशन ऑफ हिस्ट्री इन दि न्यू सेंचुरी" (Resumption of History in the New Century) में यह स्पष्ट कहा कि विचारधारा का अंत एक ऐतिहासिक समीक्षा थी। यह इतिहास का अंत नहीं है और न ही इतिहास का अंत विचारधारा का अंत है। फुकुयामा के विचार की समीक्षा के संदर्भ में डेनियल बेल की तीन बातें महत्त्वपूर्ण हैं :

1. इतिहास की कोई एक निश्चित दिशा नहीं : हीगल द्वारा प्रतिपादित इतिहास के अंत का सिद्धांत एक दार्शनिक सिद्धांत है। यह यथार्थ एवं मानवीय अनुभव के परे है। डेनियल बेल का तर्क है कि फुकुयामा के लिए शीत युद्ध की समाप्ति लोकतंत्र और बाजार की विजय है। दुनिया के सारे देश इन्हें स्वीकार करेंगे क्योंकि इनका कोई विकल्प नहीं है। डेनियल बेल इससे सहमत नहीं हैं। वे यह मानने को तैयार नहीं कि इतिहास विचारों से निर्धारित होता है और उसकी एक निश्चित दिशा हो सकती है।

2. इतिहास में आकस्मिक परिवर्तन होते हैं : डेनियल बेल का दूसरा तर्क है कि इतिहास में कभी-कभी घटनाएँ आकस्मिक रूप से घटती हैं। उनके परिणाम भी अप्रत्याशित होते हैं। अत: उन आकस्मिक घटनाओं के परिणामों के संबंध में पूर्वानुमान नहीं लगाया जा सकता। वे रूसी क्रांति का उदाहरण देते हैं। उनकी दृष्टि में रूस में होने वाली फरवरी क्रांति तो घटनाओं की शृंखला का परिणाम थी, पर बोल्शेविकों द्वारा अक्टूबर में सत्ता हथियाने का प्रयास एक दाँव था, जो सफल रहा। इसलिए बेल यह नहीं मानते कि इतिहास का कोई निश्चित उद्देश्य है।

3. इतिहास केवल संरचनाओं या संस्थाओं का नहीं होता : डेनियल बेल सोवियत संघ के विघटन के बाद पूर्वी यूरोप के जातीय (Ethnic) संघर्ष का विश्लेषण करते हैं। इसके आधार पर उनका तर्क है कि विभिन्न जातीय समूह अपने सांस्कृतिक अधिकारों की रक्षा के लिए संघर्षरत हैं। बेल यह भी कहते हैं कि वर्तमान समय में कोई राष्ट्र एक समरूप इकाई नहीं है। हर राष्ट्र में विभिन्न जातीय समूह (Ethnic Groups) रहते हैं और उनके बीच अधिकारों का संघर्ष है। बेल के अनुसार यह इतिहास का ही छोटा रूप है। इसलिए उनका कहना है कि उदारवाद और लोकतंत्र की संरचनाओं के आधार पर इतिहास की व्याख्या नहीं हो सकती जैसा फुकुयामा करते हैं।

उपर्युक्त आधारों पर डेनियल बेल का निष्कर्ष है कि 'नई सदी इतिहास के पुन: आरंभ होने की (Resumption) है, उसके अंत की नहीं।'

फुकुयामा द्वारा प्रतिपादित इतिहास के अंत के विचार को स्वीकार करना कठिन है। यह एकपक्षीय विचार है। शीत युद्ध की समाप्ति और समाजवादी अर्थव्यवस्था के विघटन के बाद यह निष्कर्ष निकालना जल्दबाजी है कि मानव विकास की पूर्ण अवस्था आ गई है। विचारों का संघर्ष समाप्त हो गया। फुकुयामा खुद यह स्वीकार करते हैं कि वर्तमान में उग्रवादी इस्लाम

उदारवादी लोकतंत्र के लिए बड़ी चुनौती है। इसी प्रकार डेनियल बेल का तर्क भी सही है कि अधिकांश देशों में विभिन्न जातीय समूह अपने अधिकारों के लिए संघर्षरत हैं। फुकुयामा के ही शब्दों में कहा जाए तो इन समूहों की सम्मान पाने की इच्छा संतुष्ट नहीं हुई है। इक्कीसवीं सदी के पहले दशक में यह बात स्पष्ट हो गई कि हैती, कंबोडिया और बेलारूस जैसे देशों के नए लोकतंत्र मजबूत नहीं हो सके। इसी प्रकार वेनेजुएला, बोलिविया, इक्वाडोर और पेरू जैसे देशों में स्थापित लोकतंत्र को धक्का पहुँचा है। इन घटनाओं से फुकुयामा का निष्कर्ष खंडित होता है कि उदारवादी लोकतंत्र पर वैचारिक आम सहमति है और उसका निरंतर प्रसार हो रहा है। 2014 ई. में फुकुयामा ने खुद यह स्वीकार किया कि लोकतांत्रिक व्यवस्थाओं के पीछे चले जाने के संबंध में 25 वर्ष पहले उनकी समझ नहीं थी और न ही उसका कोई सिद्धांत था। उसी प्रकार वे ट्रम्प के शासनकाल में लोकतांत्रिक मूल्यों और संस्थाओं की गिरावट तथा लोकलुभावन (Populist) राष्ट्रवाद की प्रवृत्ति से चिंतित दिखलाई पड़ते हैं। वर्तमान यूरोप में आप्रवासियों और बहुसंस्कृतिवाद का विरोध प्रमुख प्रवृत्ति है। उस विरोध का आधार राष्ट्रवाद है। फुकुयामा उसे 'दक्षिणपंथी राष्ट्रवाद' कहते हैं और उसे उदारवादी विचारधारा के लिए खतरा मानते हैं। वे उदारवादी लोकतंत्र को जनता द्वारा निर्वाचित सर्वसत्तावादी शासन (Authoritarian rule) में बदल जाने की संभावना व्यक्त करते हैं। उदारीकरण और भूमंडलीकरण के दौर में आर्थिक असमानता काफी बढ़ी है। इसके साथ पर्यावरण का संकट भी गहरा हुआ है। इन समस्याओं का सामना करने में पूँजीवादी व्यवस्था विफल रही है। हीगल ने इतिहास के अंत का विचार दार्शनिक रूप से प्रस्तुत किया था। फुकुयामा का दोष यह है कि उन्होंने इसे यथार्थ के धरातल पर सिद्ध करने का प्रयास किया। अत: न तो इतिहास का अंत हुआ है और न ही विचारों के संघर्ष का। इस दुनिया को बेहतर और मानवीय बनाने का संघर्ष किसी-न-किसी रूप में आज भी जारी है।

◀ सहायक पुस्तकों एवं लेखों की सूची ▶

◀ पुस्तकें

पोस्टर, मार्क, *एगजिस्टेनशियल मार्क्सिज्म इन पोस्टवार फ्रांस : फ्रॉम सार्त्र टू अल्थूसर*, प्रिंसटन यूनिवर्सिटी प्रेस, 1975.

फुकुयामा, फ्रांसिस, *दि एंड ऑफ हिस्ट्री ऐंड दि लास्ट मैन*, पेंग्विन बुक्स, लंदन, 1992.

◀ लेख

पारिख, भीखू, ''कल्चरल पार्टिकुलरिटी ऑफ लिबरल डिमॉक्रेसी'', डेविड हेल्ड द्वारा संपादित *प्रॉस्पेटस ऑफ डिमॉक्रसी : नॉर्थ, साउथ, इस्ट, वेस्ट* में संकलित, पॉलिटी प्रेस, 1993, पृ. 156-175.

फुकुयामा, फ्रांसिस, ''दि एंड ऑफ हिस्ट्री?'', *दि नेशनल इंटरेस्ट*, अंक 16 (समर), यू.एस. ए., 1989, पृ. 3-18.

बेल डेनियल, ''दि रिजम्पशन ऑफ हिस्ट्री इन दि न्यू सेंचुरी'', बेल की पुस्तक, *एंड ऑफ आयडियालॉजी! ऑन दि एग्ज़ॉशन ऑफ पॉलिटिकल आयडियाज* में संकलित, हार्वर्ड प्रेस, 2000.

रिले, पेट्रिक, ''इन्ट्रोडक्शन टू दि रीडिंग ऑफ एलेक्जेंडर कोजेव'', *पॉलिटिकल थियरी*, खंड-9, अंक-1, 1981, पृ. 5-48.

15
उपसंहार

राजनीतिक सिद्धांत राजनीतिक गतिविधियों, संस्थाओं एवं प्रक्रियाओं को समझने का प्रयास करता है। सर्वप्रथम यह इस बात की पहचान करता है कि कौन-सी चीजें राजनीतिक हैं? प्राय: शक्ति से संबंधित गतिविधियों को राजनीतिक माना जाता है। परंपरागत रूप से शक्ति को राज्य, सरकार, कानून आदि के संदर्भ में समझा जाता था, लेकिन राजनीतिक सिद्धांत के विकास ने शक्ति के स्थान और स्वरूप में आमूल परिवर्तन ला दिया है। अब यह माना जाने लगा है कि शक्ति समाज की विभिन्न संरचनाओं और प्रक्रियाओं में फैली है। यहाँ तक कि भाषा, लैंगिक भूमिका, सामाजिक व्यवहार के विधि-निषेध के नियम आदि शक्ति द्वारा ही निर्धारित होते हैं। इस प्रकार राजनीति के अंतर्गत हमारे दैनिक जीवन की अधिकांश गतिविधियाँ शामिल हो जाती हैं। इसके फलस्वरूप राजनीति का स्वरूप काफी जटिल हो गया है। यह राजनीतिक सिद्धांत पर गहरा प्रभाव डालता है क्योंकि उसके अध्ययन का विषय राजनीति है। इसी से संबंधित एक मुद्दा यह भी है कि एक विषय के रूप में राजनीतिक सिद्धांत जिस राजनीति का अध्ययन करता है, उसका व्यावहारिक राजनीति से क्या संबंध है? इस संबंध में एक बात बिल्कुल स्पष्ट है। राजनीतिक सिद्धांत और राजनीति एक समान नहीं हैं। राजनीतिक सिद्धांतकार राजनीतिक रूप से सक्रिय नहीं होता। इसी प्रकार वह दूसरों को किसी खास समय में किसी खास गतिविधि के लिए प्रेरित नहीं करता। इसलिए सामान्य रूप से राजनीतिक सिद्धांत का निर्माता या अध्येता राजनीतिज्ञ की भूमिका नहीं निभाता। लेकिन इसका आशय यह नहीं है कि वह व्यावहारिक राजनीतिक से बिल्कुल परे होता है। उस स्थिति में राजनीतिक सिद्धांत राजनीतिक नहीं रह सकता। वह व्यावहारिक राजनीति का अवलोकन करता है। वह उसकी आलोचनात्मक समझ विकसित करता है। इस रूप में वह राजनीतिक समस्याओं के समाधान में महत्त्वपूर्ण भूमिका निभाता है। किसी समस्या के सभी पहलुओं की समझ ही समाधान का रास्ता दिखलाती है। इसलिए राजनीतिक सिद्धांत केवल एक अकादमिक अनुशासन मात्र नहीं है। इसकी व्यावहारिक भूमिका भी है जो अत्यंत महत्त्वपूर्ण है। राजनीतिक सिद्धांत विद्यार्थियों को समाज, शासन-व्यवस्था और स्वयं के प्रति आलोचनात्मक होना सिखलाता है। वह उनको अपने समय की राजनीतिक समस्याओं से सरोकार रखने तथा उन पर विचार करने के योग्य बनाता है।

बीसवीं सदी के राजनीतिक सिद्धांत के अध्ययन से यह निष्कर्ष निकलता है कि उसका स्वरूप बहुल है। वह विभिन्न प्रकार की विचार प्रणालियों और पद्धतियों को अपने भीतर

समाहित किए है। उसका कोई एक स्वर नहीं बल्कि उसमें स्वरों की बहुलता और विविधता है। राजनीति के अध्ययन की न तो कोई सर्वमान्य पद्धति हो सकती है और न उसकी कोई ऐसी समझ संभव है जिस पर सभी एकमत हों। राजनीतिक प्रश्नों के सर्वमान्य उत्तर नहीं होते। ज्यों ही किसी प्रश्न पर आम सहमति हो गई, वैसे ही वह राजनीतिक प्रश्न नहीं रह जाता। पुनः राजनीति को उस तरह नहीं समझा जा सकता जिस प्रकार भौतिक विज्ञान पदार्थ को समझता है। कोई व्यक्ति जब राजनीति को समझने का प्रयत्न करता है तो वह उसके आधारभूत कारणों का ज्ञान प्राप्त करना चाहता है। लेकिन उसके साथ-साथ वह उसके सही-गलत अथवा उचित-अनुचित होने के संबंध में भी निर्णय लेता है। इस प्रकार राजनीतिक सिद्धांत में कारणों की खोज यानी व्याख्या और मूल्यांकन साथ-साथ चलते हैं। उसका यह लक्षण उसे प्राकृतिक विज्ञान से अलग कर देता है। प्राकृतिक विज्ञानों में कार्य-कारण के ढाँचे में किसी चीज को समझा जाता है। इसलिए राजनीतिक घटनाओं या गतिविधियों के कारणों की खोज में प्राकृतिक विज्ञानों की पद्धति उपयोगी हो सकती है। लेकिन मूल्यांकन में उनका कोई उपयोग नहीं हो सकता। मूल्यांकन सही मापदंड की माँग करता है। कोई शासन-व्यवस्था अच्छी है या बुरी, उसकी पड़ताल इसी आधार पर हो सकती है। अच्छी शासन-व्यवस्था की समझ प्राकृतिक विज्ञानों की पद्धति से संभव नहीं है। इसलिए राजनीतिक जीवन से संबंधित तथ्यों के संग्रह, वर्गीकरण और विश्लेषण में प्राकृतिक विज्ञान में प्रयुक्त होनेवाली वैज्ञानिक पद्धति की उपयोगिता है। लेकिन राजनीतिक आदर्शों और मानकों से संबंधित मुद्दों का हल आदर्शात्मक राजनीतिक सिद्धांत से ही हो सकता है। इसलिए राजनीतिक सिद्धांत के निर्माण में लगे शोधकर्ता अगर केवल राजनीति के वैज्ञानिक अध्ययन में निमग्न हों तो समाज की ज्वलंत समस्याओं के विश्लेषण और समाधान से वे विमुख हो जाते हैं। उस स्थिति में गंभीर राजनीतिक संकट पैदा हो सकते हैं। 1960 ई. के दशक के उत्तरार्द्ध में अमेरिका की घटनाएँ इसकी प्रमाण हैं। इसी प्रकार यदि सिद्धांतकार सर्वश्रेष्ठ शासन-व्यवस्था की खोज में व्यावहारिक राजनीति से परे चला जाता है तो उसके द्वारा निर्मित सिद्धांत काल्पनिक हो जाते हैं। उसकी आलोचनात्मक दृष्टि समाप्त हो जाती है। इसलिए राजनीतिक सिद्धांत के वैज्ञानिक और आदर्शात्मक पहलू एक-दूसरे के पूरक हैं। दोनों का उद्देश्य राजनीति की हमारी समझ का उत्तरोत्तर विकास करना है।

राजनीतिक सिद्धांत और विचारधारा में कुछ बातें सामान्य हैं। प्रत्येक विचारधारा राजनीतिक वास्तविकताओं का विश्लेषण करती है। उसके आधार पर वह किसी व्यवस्था को न्यायोचित ठहराती है। दूसरी ओर यदि विचारधारा प्रचलित व्यवस्था को दोषपूर्ण समझती है तो वह एक अच्छी व्यवस्था की खोज करती है। इसलिए विचारधारा अपने समय की व्यवस्था को समझने, उसे बनाए रखने और उसे बदलने में व्यक्ति एवं समूह की सहायता करती है। विचारधारा के ये लक्षण राजनीतिक सिद्धांत से मिलते हैं। राजनीतिक सिद्धांत और विचारधारा दोनों वर्तमान व्यवस्था के संरक्षण अथवा पुनर्निमाण से सरोकार रखते हैं। लेकिन राजनीतिक सिद्धांत सत्य की निष्पक्ष खोज हैं। वह खोज चाहे राजनीतिक यथार्थ से संबंधित हो या श्रेष्ठ शासन-व्यवस्था से। राजनीतिक सिद्धांत के विपरीत विचारधारा से लोगों का भावनात्मक

जुड़ाव होता हैं। महत्त्वपूर्ण बात यह है कि विचारधारा अपनी पसंद की व्यवस्था के निर्माण की कार्ययोजना भी प्रस्तुत करती है। उसका यह लक्षण उसे राजनीतिक सिद्धांत से अलग कर देता है। किसी व्यवस्था को व्यावहारिक रूप देने के लिए सुनिश्चित कार्ययोजना राजनीतिक सिद्धांत का अनिवार्य भाग नहीं होती। राजनीतिक सिद्धांत के विद्यार्थी के लिए विचारधारा और राजनीतिक सिद्धांत के अंतर के प्रति सजग रहना आवश्यक है। कभी-कभी यह अंतर मिट जाता है। उदाहरण के लिए मार्क्सवाद एक सिद्धांत भी है और विचारधारा भी। दूसरी बात यह है कि हर राजनीतिक सिद्धांत के कुछ-न-कुछ विचारधारात्मक निहितार्थ होते हैं। किसी सिद्धांतकार की व्यावहारिक राजनीति से तटस्थता का निहितार्थ यथास्थितिवाद का पोषण है क्योंकि वह तटस्थ रहकर व्यावहारिक राजनीति की आलोचनात्मक समझ विकसित नहीं कर सकता। उस स्थिति में वह परोक्ष रूप से प्रचलित व्यवस्था का समर्थन करता है, जैसे व्यवहारवादियों की तटस्थता का निहितार्थ अमेरिकी उदारवादी लोकतंत्र का समर्थन था। दूसरी ओर राजनीतिक सिद्धांत जब विचारधारा का रूप ले लेता है तो उसका आलोचनात्मक स्वरूप खत्म हो जाता है। फिर वह व्यक्ति की तर्कशीलता से ज्यादा उसकी श्रद्धा का विषय बन जाता है। उस स्थिति में राजनीतिक सिद्धांत सत्तारूढ़ लोगों के सेवक की भूमिका निभाने लगता है। वह स्थापित सत्ता को वैधता प्रदान करने लगता है। मार्क्सवादी राजनीतिक सिद्धांत के साथ ऐसा ही हुआ। वह सोवियत संघ और चीन के शासकों का औजार बन गया। मार्क्सवादी राजनीतिक सिद्धांत के आधार पर वहाँ की शासन-व्यवस्थाओं को वैध ठहराने का प्रयास किया जाता रहा। उसके खुलेपन और आलोचनात्मक पक्ष को राज्यसत्ता के द्वारा दबा दिया गया। उसी प्रकार सोवियत संघ और अमेरिका के बीच शीत युद्ध के दौरान राजनीतिक सिद्धांत वर्चस्व स्थापित करने का साधन बन गया था। जैसे ही राजनीतिक सिद्धांत आलोचनात्मक दृष्टिकोण का परित्याग करता है, वैसे ही उसका मूल स्वरूप नष्ट हो जाता है। इसलिए यह हमेशा ध्यान रखना होगा कि राजनीतिक सिद्धांत की पहचान उसका आलोचनात्मक नजरिया है।

आधुनिकता का आधार बुद्धिवाद (Rationalism) है। उसका मूल आधार यह विश्वास है कि मानवीय विवेक के द्वारा निरंतर प्रगति संभव है। उसकी पूर्वशर्त के रूप में यह स्वीकार किया गया कि मनुष्य की विवेकशीलता परंपराओं और प्रथाओं की पकड़ से पूरी तौर पर स्वतंत्र हो। आधुनिकता के बुद्धिवाद को सार्वभौम एवं आधारभूत सत्य के रूप में स्वीकार किया गया। इसी आधार पर तर्कशीलता में विश्वास, प्रगति, स्वतंत्रता आदि सार्वभौम मूल्यों की खोज हुई। यह मान लिया गया कि सभी समाजों के लिए प्रगति का एक ही स्वरूप है। उसका एक ही रास्ता है। राजनीतिक सिद्धांत में आधुनिकता का साकार रूप उदारवाद है। वह उपर्युक्त सार्वभौम मूल्यों को स्वीकार करता है। बीसवीं सदी के उत्तरार्द्ध में उसे एक 'महान विचारधारा' (Meta-ideology) के रूप में प्रस्तुत किया गया। राजनीतिक सिद्धांत के द्वारा यह बात स्थापित करने का प्रयास किया गया कि सभी विकासशील देशों के लिए आधुनिक और विकसित होने का वही रास्ता है जिससे होकर पश्चिमी देश गुजर चुके हैं एवं विकसित हो चुके हैं। इसी मान्यता के आधार पर उदारवादी लोकतंत्र को सर्वश्रेष्ठ बतलाया गया तथा

उसे 'विचारधारात्मक विकास के अंतिम बिंदु' के रूप में चित्रित किया गया। मार्क्सवादी सिद्धांत भी आधुनिकता के सार्वभौम स्वरूप को स्वीकार करता है। वह भी इस बुनियादी मान्यता पर आधारित है कि सभी समाजों में विकास की प्रक्रिया एक पथ पर आगे बढ़ती है।

1980 ई. के दशक में आधुनिकता की बुनियादी मान्यताओं को उत्तर-आधुनिकता ने हिला कर रख दिया। उसका मूल तर्क है कि मनुष्य की विवेकशीलता उसके सामाजिक-सांस्कृतिक परिवेश से अलग नहीं होती। इसलिए न तो कोई सार्वभौम सत्य है और न ही कोई सार्वभौम मूल्य। यहाँ तक कि किसी प्रकार के निश्चित और विश्वसनीय ज्ञान की भी कोई संभावना नहीं। इसलिए उत्तर-आधुनिकता का यह निष्कर्ष है कि राजनीतिक सिद्धांत इस प्रश्न का कोई सर्वमान्य उत्तर नहीं दे सकता कि हमें कैसे जीना चाहिए या जीवन में किन मूल्यों का अनुसरण करना चाहिए। उत्तर-आधुनिकता विषमता, विविधता, भिन्नता एवं स्थानीयता का प्रबल समर्थन करती है। इस प्रकार उत्तर-आधुनिकता ने उदारवादी सिद्धांतों और मूल्यों को रद्द कर दिया। उत्तर-आधुनिकता के दौर में नारीवाद, सामुदायिकवाद और बहुसंस्कृतिवाद जैसी विचारधाराओं ने उदारवाद की अपूर्णताओं को उद्‌घाटित किया। नारीवाद ने लैंगिक प्रश्न को केंद्रीय मुद्दा बनाया तो सामुदायिकवाद के लिए व्यक्ति-समुदाय संबंध एक महत्त्वपूर्ण प्रश्न है। बहुसंस्कृतिवाद में सांस्कृतिक विविधता की रक्षा में उदारवाद की विफलता को मुद्दा बनाया। उदारवादी सिद्धांत के पास इन सवालों के उत्तर नहीं हैं। दूसरी ओर उदारवाद को चुनौती देने वाली उपर्युक्त विचारधाराएँ किसी वैकल्पिक समाज, राज्य एवं शासन-व्यवस्था की रूपरेखा प्रस्तुत नहीं करतीं। वे कुछ विशिष्ट मुद्दों पर बल देती हैं। लेकिन उनके पास न तो व्यापक परिवर्तन का कोई विचार है और न ही सामूहिक संघर्ष की कोई कार्ययोजना। इस प्रकार राजनीतिक सिद्धांत के लिए यह सबसे बड़ा मुद्दा है कि वह हमें यह बतलाए कि हम भिन्नताओं और विविधताओं के साथ कैसे जिएँ? उन भिन्नताओं का आधार जातीय, लैंगिक, सांस्कृतिक, धार्मिक, वैचारिक आदि कुछ भी क्यों न हो! उदारवाद इन भिन्नताओं के प्रति सहिष्णुता की बात करता है। लेकिन यह भिन्नताओं के साथ पूरी तौर पर न्याय नहीं करता। सहिष्णुता में भिन्नताओं की स्वीकृति और समान आदर का भाव नहीं है। इसलिए राजनीतिक सिद्धांत को उदारवादी परिप्रेक्ष्य से आगे जाकर इन भिन्नताओं की रक्षा का सैद्धांतिक ढाँचा विकसित करना होगा। उसके लिए राजनीतिक सिद्धांतकारों को विभिन्न संस्कृतियों को समझना होगा तथा उनके बीच संवाद कायम करना होगा। पारिस्थितिकीवाद ने व्यक्ति और प्रकृति के बीच संबंध को राजनीतिक सिद्धांत का एक गंभीर प्रश्न माना। इस रूप में यह राजनीतिक सिद्धांत में एक नया आयाम जोड़ता है। यह मानव-केंद्रित राजनीतिक सिद्धांत और औद्योगिक अर्थव्यवस्था के परिणामस्वरूप उत्पन्न गहरे पारिस्थितिकीय संकट की ओर हमारा ध्यान आकृष्ट करता है। यह अच्छे समाज का एक वैकल्पिक सिद्धांत अवश्य प्रस्तुत करता है। लेकिन यह आधुनिक सभ्यता की समग्र समीक्षा नहीं करता। इसलिए पारिस्थितिकीवाद के पास औद्योगिक सभ्यता के स्थान पर वैकल्पिक सभ्यता का कोई ढाँचा नहीं है। वह हमें गाँधी के विचारों में मिलता है। गाँधी ने न सिर्फ आधुनिक सभ्यता की समीक्षा की बल्कि उन्होंने प्रकृति के साथ सहजीवन पर आधारित आत्मनिर्भर एवं स्वशासी छोटे समुदायों पर

केंद्रित वैकल्पिक व्यवस्था का विचार प्रस्तुत किया। अब यह राजनीतिक सिद्धांतकारों का दायित्व है कि वे उसे व्यवहार में लागू करने की कार्ययोजना प्रस्तुत करें।

1990 ई. के दशक में भूमंडलीकरण का दौर आया। उसमें पूँजीवाद का स्वरूप भूमंडलीकृत हुआ। एक देश से दूसरे देश के बीच वस्तुओं और सेवाओं के प्रवाह में तेजी आई। उसके फलस्वरूप देशों की सीमाएँ अर्थहीन हो गईं। विभिन्न देशों की अर्थव्यवस्थाएँ एक-दूसरे पर निर्भर हुईं। बड़ी-बड़ी कंपनियों के लिए किसी भी देश में पूँजी लगाना आसान हो गया। भूमंडलीकरण राजनीतिक सिद्धांत के लिए एक गंभीर संकट है। अब तक राजनीतिक सिद्धांत का महत्त्वपूर्ण केंद्र संप्रभु राज्य था। उसके आधार पर ही स्वतंत्रता, समानता, अधिकार, न्याय आदि से संबंधित सिद्धांतों का प्रतिपादन होता रहा था। भूमंडलीकरण ने राज्य की संप्रभुता को कमजोर कर दिया। राज्यों के पास अपने नागरिकों के जीवन को प्रभावित करने वाले मामलों पर स्वतंत्र रूप से निर्णय लेने का अधिकार नहीं रह गया। उनकी नीतियाँ अंतर्राष्ट्रीय संस्थाओं द्वारा निर्धारित होने लगीं। राज्य का स्थान अंतर्राष्ट्रीय बाजार ने ले लिया। जीवन के सभी क्षेत्रों में उसकी पकड़ मजबूत हो गई। यहाँ तक कि विश्वविद्यालयों से वैसे शोध और ज्ञान की माँग होने लगी जो बाजार की जरूरतों को पूरा कर सके। मीडिया पर भी पूँजीपतियों का नियंत्रण है। वह अपने मालिकों और विज्ञापनदाताओं के हितों का पोषण करती है। एक ओर भूमंडलीकृत पूँजीवाद और उसके साथ-साथ भूमंडलीय उपभोक्ता संस्कृति और भूमंडलीय आतंकवाद का प्रभुत्व स्थापित हुआ तो दूसरी ओर राजनीति में स्थानीयता और विभिन्न प्रकार की पहचानों को प्रमुखता मिली। इस प्रकार भूमंडलीकरण ने राजनीति को हाशिए पर धकेल दिया। यह आम समझ बन गई कि पूँजीवाद का कोई विकल्प नहीं। भूमंडलीकरण के विरोध में चलने वाले आंदोलनों में वर्तमान पूँजीवाद से संबंधित मुद्दे प्रमुख तौर पर उभरे। लेकिन किसी वैकल्पिक व्यवस्था की कोई साफ तस्वीर सामने नहीं आई। राजनीतिक सिद्धांत की निर्धनता इस बात से परिलक्षित होती है कि उसमें विभिन्न देशों पर भूमंडलीकृत पूँजीवाद के सामाजिक, आर्थिक, राजनीतिक और सांस्कृतिक प्रभावों का विश्लेषण बहुत हद तक उपेक्षित है। दूसरी महत्त्वपूर्ण बात यह सामने आती है कि विकल्पहीनता एक विचारधारा का रूप ले चुकी है। उसका आधिपत्य स्थापित है। राजनीतिक सिद्धांत का एक प्रमुख कार्य विचारधारात्मक आधिपत्य को चुनौती देना है। लेकिन ऐसा लगता है कि राजनीतिक सिद्धांतकार यह मान चुके हैं कि उसे चुनौती नहीं दी जा सकती। इसलिए राजनीतिक सिद्धांत के समक्ष सबसे बड़ी चुनौती स्वतंत्र बाजार-व्यवस्था पर आधारित पूँजीवाद का एक कामयाब विकल्प प्रस्तुत करना है। उसके लिए अंतर्दृष्टि मार्क्स के विचारों से मिले या गाँधी के अथवा किसी अन्य के। इस बात से इनकार नहीं किया जा सकता कि वर्तमान पूँजीवादी व्यवस्था घोर आर्थिक असमानता और पर्यावरण संकट पैदा कर रही है। इस स्थिति में राजनीतिक सिद्धांत को एक ऐसे समाज की अवधारणा प्रस्तुत करनी होगी जो सभी लोगों की बुनियादी आर्थिक जरूरतों की संतुष्टि एवं व्यक्तियों की स्वतंत्रता के साथ-साथ सामाजिक समरसता पर आधारित हो। उसके साथ ही राजनीतिक सिद्धांत को उस समाज के निर्माण की कार्ययोजना भी बतलानी होगी। उसे पुनः गरीबों और

शोषितों के लिए नए स्वप्न का चित्रण करना होगा। वर्तमान में मुक्ति का कोई स्वप्न नहीं है। इस संबंध में पंजाबी कवि अवतार सिंह पाश की कविता की पंक्ति याद रखनी होगी – ''सबसे खतरनाक होता है, हमारे सपनों का मर जाना''। इक्कीसवीं सदी में राजनीतिक सिद्धांत का भविष्य इस 'खतरनाक' स्थिति से निपटने पर निर्भर करता है।

परिशिष्ट–1

पारिभाषिक शब्दावली

अंतर्विरोध (Contradiction) : अंतर्विरोध मुख्य रूप से मार्क्सवादी अवधारणा है। इसके अनुसार प्रत्येक सामाजिक–आर्थिक अवस्था के अंतर्गत परस्पर विरोधी कारक मौजूद रहते हैं। इन आंतरिक विरोधों (अंतर्विरोधों) के संघर्ष से ही सामाजिक परिवर्तन होते हैं। पूँजीवादी व्यवस्था में पूँजी और श्रम का परस्पर-अस्तित्व अंतर्विरोध का एक प्रमुख उदाहरण है।

अनुदारवाद (Conservatism) : अनुदारवाद समाज में कार्यशील संस्थाओं, वर्षों से प्रचलित प्रथाओं और मूल्यों का संरक्षण करना चाहता है। यह मानवीय गतिविधियों के द्वारा किसी अच्छे समाज के निर्माण की संभावना के प्रति शंकालु दृष्टिकोण अपनाता है। यह क्रमिक सुधारों का समर्थन करता है। लेकिन क्रांतिकारी गतिविधि के माध्यम से सामाजिक–राजनीतिक व्यवस्था में आमूल परिवर्तन का यह विरोधी है। ब्रिटिश चिंतक एडमड बर्क (1729–1797 ई.) अनुदारवाद के प्रमुख सिद्धांतकार हैं। वे फ्रांसीसी क्रांति के कटु आलोचक थे।

अनुभववाद (Empiricism) : अनुभववाद ज्ञान का सिद्धांत है। इसके अनुसार इन्द्रियानुभव यथार्थ ज्ञान का एकमात्र साधन है। यह उसी ज्ञान को यथार्थ मानता है जो इन्द्रियानुभव द्वारा सत्यापित हो। अनुभववाद बुद्धिवाद का खंडन करता है। बुद्धिवाद मानवीय बुद्धि को ज्ञान का स्रोत मानता है। यह ज्ञान अनुभव से पूर्व (a priori) होता है। जन्म के समय मनुष्य खाली स्लेट की तरह होता है। अनुभव के माध्यम से ही वह ज्ञान प्राप्त करता है। जॉन लॉक (1632–1704 ई.), जॉर्ज बर्कले (1685–1753 ई.), डेविड ह्यूम (1711–1776 ई.) आदि प्रमुख अनुभववादी विचारक हैं।

अराजकतावाद (Anarchism) : अराजकतावाद एक विचारधारा है। यह राज्यसत्ता को अनावश्यक एवं एक बुराई मानता है। इतना ही नहीं, यह सभी प्रकार की राजनीतिक नियंत्रणकारी व्यवस्थाओं का प्रबल विरोधी है। यह राज्य, सरकार और कानूनविहीन समाज के निर्माण का पक्षधर है। अराजकतावाद के अनुसार ये मानव स्वतंत्रता के लिए घातक हैं। इस तर्क का आधार यह विश्वास है कि किसी भी प्रकार की बाध्यकारी राजनीतिक सत्ता से मुक्त समाज व्यक्तियों के परस्पर सहयोग और सामाजिक समरसता पर आधारित होगा। इसी प्रकार का समाज अच्छा समाज है। विलियम गॉडविन (1756–1836 ई.), मैक्स स्टर्नर (1806–1856 ई.), पीएरे जोसेफ प्रूधों (1809–1862 ई.), मिखाइल बाकुनिन (1814–1876 ई.), हेनरी डेविड थोरो (1817–1862 ई.), पीटर क्रोपोटकिन (1842–1921 ई.) और मरी रोथबार्ड (1929–1995 ई.) प्रमुख अराजकतावादी विचारक हैं।

अस्तित्ववाद (Existentialism) : अस्तित्ववाद एक दर्शन है। यह मनुष्य के अस्तित्व को प्रमुख मानता है। यह उसकी विवेकशीलता या अन्य कोई अपरिवर्तनीय सारभूत (essence) गुणों को गौण मानता है। मनुष्य अपना निर्माता स्वयं है। वह स्वतंत्र होने के लिए अभिशप्त है। परिस्थितियाँ उसे नहीं बनातीं। मनुष्य में परिस्थितियों के पार चले जाने की क्षमता है। इसलिए जीवन जीने के तरीके का चुनाव वह स्वयं करता है। अस्तित्ववाद की मान्यता है कि नैतिकता का कोई वस्तुनिष्ठ नियम नहीं हो सकता, न ही किसी सार्वभौम मूल्य का अस्तित्व। यह आधुनिक समाज में मनुष्य के एकाकीपन पर प्रमुखता से विचार करता है। अस्तित्ववाद का प्रारंभ सोरेन कीर्कगार्द (1813-1855 ई.) से माना जाता है।

आदिसिद्धांतवाद (Fundamentalism) : आदिसिद्धांतवाद मूलत: एक धार्मिक दृष्टिकोण है जो धर्म के बुनियादी नियमों का कठोरतापूर्वक पालन करने का पक्षधर है। नई सामाजिक, नैतिक एवं राजनीतिक आवश्यकताओं के अनुरूप उनमें सुधार का यह विरोध करता है। आदिसिद्धांतवाद का प्रयोग उन अतिवादी राजनीतिक आंदोलनों के लिए भी किया जाता है जिनकी पहचान धार्मिक विश्वासों पर आधारित होती है।

आधार और अधिरचना (Base and Superstructure) : आधार और अधिरचना मार्क्सवाद की महत्त्वपूर्ण अवधारणाएँ हैं। इन दोनों में अंतर करना आवष्यक समझा जाता है। प्रत्येक समाज का आधार उत्पादन प्रणाली है जिसमें उत्पादक शक्तियाँ और उत्पादन संबंध शामिल हैं। उत्पादन संबंध ही उत्पादन के साधनों का स्वामित्व और उनके वितरण को निर्धारित करते हैं। जो समूह उत्पादन के साधनों का स्वामी होता है, समाज में वह प्रभुत्वशाली हो जाता है।

किसी समाज की समाजिक, राजनीतिक और कानूनी संस्थाएँ अधिरचना के अंतर्गत आती हैं। यह उत्पादन प्रणाली यानी आधार के अनुरूप निर्मित होती हैं। यह उससे स्वतंत्र नहीं हो सकतीं। अधिरचना और उसमें शामिल संस्थाएँ एवं तंत्र उत्पादन प्रणाली में उत्पादन के साधनों के स्वामी, जो प्रभुत्वशाली वर्ग होता है, के हितों का पोषण करते हैं। इसी आधार पर राज्य को उसी वर्ग का यंत्र माना जाता है। यह उस वर्ग के हितों का संरक्षक होता है।

आधुनिकीकरण (Modernisation) : सामान्य अर्थ में आधुनिकीकरण एक प्रक्रिया है जिसके द्वारा कोई समाज अपने परंपरागत स्वरूप से आगे बढ़ते हुए और उसको बदलते हुए आधुनिक बनता है। इसलिए यह विवेकपूर्ण परिवर्तन की प्रक्रिया है। जीवन के प्रति विवेकसम्मत दृष्टिकोण, गाँव से शहर, कृषि से उद्योग, और जाति, धर्म, परंपरागत समुदाय आदि के प्रति निष्ठा के स्थान पर राष्ट्र-राज्य एवं ऐच्छिक संगठनों के प्रति निष्ठा आधुनिकीकरण की प्रक्रिया के प्रमुख घटक हैं। इस आधार पर पश्चिमी लोकतांत्रिक देशों को आधुनिकीकरण का मॉडल माना जाता है।

आमूल परिवर्तनवाद (Radicalism) : आमूल परिवर्तनवाद (हिन्दी में रेडिकल और रेडिकलिज्म भी प्रचलित) एक प्रकार का राजनीतिक दृष्टिकोण है जो किसी समाज या शासन-व्यवस्था में दूरगामी और मौलिक परिवर्तन का पक्षधर होता है। इस दृष्टिकोण को मानने वाले लोग समाज, अर्थव्यवस्था और राजनीति से संबंधित समस्याओं की जड़ तक

पहुँचने का प्रयास करते हैं और उसी स्तर से सुधार या परिवर्तन करना चाहते हैं। इसलिए सामान्यतया आमूल परिवर्तनवाद को परिवर्तन का दृष्टिकोण माना जाता है।

इतिहास का अंत (End of History) : 'इतिहास का अंत' संबंधी विचार को लोकप्रिय बनाने का श्रेय अमेरिकी विचारक फ्रांसिस फुकुयामा (1956 ई.–) को जाता है। वे हीगल (1770–1831 ई.) की मूल स्थापना को स्वीकार करते हैं कि ऐतिहासिक प्रक्रिया विचारों के संघर्ष से आगे बढ़ती है। यह प्रक्रिया तब तक चलते रहती है जब तक कि विकास की पूर्ण अवस्था (Perfect stage) न आ जाए। फुकुयामा का तर्क है कि फासीवाद और साम्यवादी विचारधाराओं की असफलता के बाद उदारवादी विचारधारा और उस पर आधारित उदारवादी लोकतंत्र को चुनौती देनेवाली किसी विचारधारा का अस्तित्व नहीं रह गया। अत: विचारधारात्मक संघर्ष का अंत हो गया। इसलिए फुकुयामा की दृष्टि में उदारवादी लोकतंत्र 'मानव जाति के विचारधारात्मक विकास का अंतिम बिंदु' और 'मानवीय सरकार का अंतिम रूप' है। यही इतिहास का अंत है। अब ऐतिहासिक प्रक्रिया आगे नहीं बढ़ेगी, सिर्फ घटनाएँ घटेंगी।

इतिहासवाद (Historicism) : इतिहासवाद एक सैद्धांतिक दृष्टिकोण है जो सार्वभौम इतिहास की अवधारणा को स्वीकार करता है। इसके अनुसार ऐतिहासिक विकास की प्रक्रिया कुछ नियमों से संचालित होती है। ये नियम इतिहास की प्रत्येक अवस्था में सामाजिक, राजनीतिक एवं सांस्कृतिक विकास को निर्धारित करते हैं। इतिहासवाद इस विश्वास पर आधारित है कि इतिहास का एक पूर्वनिर्धारित पथ है। यह निरंतर प्रगति की ओर अग्रसर है। इतिहासवाद के प्रमुख प्रतिपादक हीगल हैं। अपने सिद्धांतों के प्रतिपादन में मार्क्स ने उनकी इतिहास संबंधी अवधारणाओं का प्रयोग किया।

उदारवाद (Liberalism) : उदारवाद एक विचारधारा है। यह तानाशाही शासन-व्यवस्था और विचार, समाज एवं धर्म के क्षेत्र में कट्टरता का घोर विरोधी है। यह वैचारिक खुलेपन और विरोधी विचारों तथा धर्मों के प्रति सहिष्णुता का समर्थन करता है। उदारवाद क्रांतिकारी परिवर्तनों की जगह क्रमिक सुधारों का पक्षधर है। उदारवाद के केंद्र में विवेकशील और स्वतंत्र व्यक्ति है। उसके कुछ बुनियादी अधिकार होते हैं। राज्य का उद्देश्य उन अधिकारों की रक्षा करना है, उनका अतिक्रमण करना नहीं। इसका औचित्य इसी पर आधारित है। इसलिए उदारवाद लोकतांत्रिक शासन-व्यवस्था और संवैधानिक शासन का पक्षधर है। इसका विकास सबसे पहले इंग्लैंड में हुआ। वहाँ के चिंतक जॉन लॉक (1632–1704 ई.) को उदारवाद का जनक माना जाता है।

उदारीकरण (Liberalisation) : उदारीकरण मूलत: एक आर्थिक नीति है। यह 1980 ई. के दशक में अमेरिका एवं इंग्लैंड में प्रमुखता से लागू की गई। उसके बाद के दशक में भारत जैसे अधिकांश देशों में उदारीकरण की नीति अपनायी गई। यह नीति अर्थव्यवस्था में सरकार के हस्तक्षेप को कम करने का प्रयास करती है। यह दुनिया में वस्तुओं और सेवाओं के व्यापार और विदेशी पूँजी निवेश के स्वतंत्र प्रवाह की प्रबल पक्षधर है।

उत्तर-आधुनिकता (Post-modernity) : उत्तर-आधुनिकता एक व्यापक अवधारणा है जिसमें संस्कृति, समाज, राजनीति, आदि सभी चीजें समाहित हैं। इसके अर्थ को लेकर प्रमुख रूप से

दो दृष्टिकोण हैं। पहले दृष्टिकोण के अनुसार उत्तर-आधुनिकता आधुनिकता का विकसित रूप है। इस रूप में यह ऐतिहासिक विकास की, आधुनिकता से आगे, एक उन्नत अवस्था है। दूसरे दृष्टिकोण के अनुसार उत्तर-आधुनिकता आधुनिकता के सार्वभौम दावों को अस्वीकृत करती है। आधुनिकता ने विज्ञान द्वारा प्रगति का विश्वास दिलाया था। इसने मानवीय स्वतंत्रता और मुक्ति का स्वप्न दिखलाया था। उत्तर-आधुनिकता इन विश्वासों और सपनों के अंत हो जाने पर बल देती है। यह सार्वभौम की जगह स्थानीयता पर, एकता की जगह विभिन्नता पर तथा निश्चितता की जगह अनिश्चितता पर बल देती है। उत्तर-आधुनिकता का प्रतिपादन मुख्य रूप से फ्रांसीसी विचारकों द्वारा किया गया है। ज्याँ-फ्रांस्वा ल्योतार (1924-1998 ई.), फ्रेडरिक जेम्सन (1934 ई.-), ज्याँ ब्रॉडिलार्ड (1929-2007 ई.), मिशेल फूको (1926-1984 ई.), जॉक देरिदा (1930-2004 ई.) आदि प्रमुख उत्तर-आधुनिक विचारक हैं।

उत्तर-औद्योगिक समाज (Post-industrial society) : 1970 ई. के दशक से उत्तर-औद्योगिक समाज की चर्चा जोर पकड़ने लगी। इसके सबसे बड़े प्रतिपादक अमेरिकी विचारक डेनियल बेल (1919-2011 ई.) हैं। उनके अनुसार औद्योगिक रूप से उन्नत समाज का स्वरूप उत्तर-औद्योगिक हो चुका है। इसकी अर्थव्यवस्था में उद्योगों के स्थान पर सेवा क्षेत्र (बैंकिंग, बीमा, संचार आदि) की प्रमुखता है। इसलिए इसमें आम मजदूरों की अपेक्षा तकनीकी विशेषज्ञों या कुशल मजदूरों की भूमिका अत्यंत महत्त्वपूर्ण हो गई है। इनको अच्छा वेतन मिलता है। आम मजदूरों की तुलना में इनके रहन-सहन का स्तर उच्च है। इसलिए एक समरूप मजदूर वर्ग का अस्तित्व खत्म हो गया। इसी आधार पर बेल उत्तर-औद्योगिक समाज में मार्क्सवादी सिद्धांतों की प्रासंगिकता पर प्रश्न खड़े करते हैं। इस समाज को सूचना समाज (Information society) भी कहा जाता है जिसमें सूचनाओं और उसको प्रसारित करने वाली संचार तकनीकों का स्थान सर्वोपरि है।

उत्तर-मार्क्सवाद (Post-marxism) : अर्नेस्टो लैक्लाउ (1935-2014 ई.) और चान्टल मुफ (1943 ई. -) की पुस्तक *हेजमनी ऐंड सोशलिस्ट स्ट्रेटजी* (1985 ई.) में पहली बार उत्तर-मार्क्सवाद शब्द का प्रयोग हुआ। उत्तर-मार्क्सवाद को कई विचारकों द्वारा मार्क्सवाद के सिद्धांतों का विरोधी माना जाता है। यह मार्क्स के इस दृष्टिकोण को स्वीकार नहीं करता है कि राजनीति का आधार आर्थिक कारक है। इसी प्रकार यह उनके वर्ग और वर्ग संघर्ष संबंधी अवधारणा को भी अस्वीकृत करता है। उत्तर-मार्क्सवाद वर्गीय शोषण के साथ-साथ आधुनिक समाज में जातीय (Ethnic), लैंगिक, और प्रजातीय या नस्लीय (Racial) शोषण को भी प्रमुख मुद्दे मानता है।

उत्तर-व्यवहारवाद (Post-behaviouralism) : राजनीति विज्ञान में उत्तर-व्यवहारवाद व्यवहारवादी आंदोलन के प्रति असंतोष के कारण उभरा। इसकी उत्पत्ति 1969 ई. में आयोजित पॉलिटिकल साइंस एसोसिएशन के वार्षिक सम्मेलन में डेविड ईस्टन के अध्यक्षीय भाषण से मानी जाती है। उत्तर-व्यवहारवाद शोध की प्रासंगिकता पर बल देता है। इसके साथ ही यह बुद्धिजीवियों, विशेषकर राजनीति विज्ञान के प्राध्यापकों और शोधकर्ताओं से सामाजिक-राजनीतिक समस्याओं से सरोकार रखने और सामाजिक परिवर्तन हेतु सक्रिय होने की माँग करता है।

उत्तर-संरचनावाद (Post-structuralism) : उत्तर-संरचनावाद का उद्भव संरचनावाद के विरोध में 1960 ई. के दशक के उत्तरार्द्ध में हुआ। रचनात्मक की तुलना में इसके आलोचनात्मक पक्ष को ज्यादा महत्त्वपूर्ण माना जाता है। इसका प्रभाव साहित्य, कला, इतिहास, राजनीति, समाजशास्त्र आदि विषयों पर पड़ा। इसके अनुसार किसी विषय के संबंध में सार्वभौम और निश्चित ज्ञान संभव नहीं है। भाषा, कला, व्यक्ति की पहचान, इतिहास आदि का कोई निश्चित अर्थ नहीं हो सकता है। इनके विभिन्न परिप्रेक्ष्य हो सकते हैं, कई अर्थ हो सकते हैं। उत्तर-संरचनावाद नए विषयों के साथ-साथ नई पद्धतियों का प्रयोग करता है जैसे, फूको द्वारा पुरातात्विक और जॉक देरिदा द्वारा विखंडन की पद्धति का प्रयोग। फ्रांसिस ल्योतार (1924-1998 ई.), मिशेल फूको (1926-1984 ई.), जिल डिल्यूज (1925-1995 ई.), जॉक देरिदा (1930-2004 ई.), जुलिया क्रिस्टेवा (1941 ई. -) आदि प्रमुख उत्तर-संरचनावादी विचारक हैं।

तार्किक प्रत्यक्षवाद (Logical Positivism) : तार्किक प्रत्यक्षवाद 1920-30 ई. के दशक में 'वियना सर्किल' के दार्शनिकों द्वारा विकसित किया गया। प्रत्यक्षवाद की तरह यह भी आनुभविक ज्ञान को ही यथार्थ ज्ञान मानता है। इसका मूल आधार सत्यापनीयता (Verifiability) का सिद्धांत है। इसके अनुसार केवल वे ही कथन सत्य हैं जिनका अनुभव के द्वारा सत्यापन हो सकता है। इसी आधार पर यह तत्त्वमीमांसा (Metaphysics) को अर्थहीन मानता है क्योंकि यह आनुभविक सत्यापन की कसौटी पर खरा नहीं उतरता । यह बात राजनीतिक दर्शन पर भी लागू होती है। इसलिए तार्किक प्रत्यक्षवाद के अनुसार राजनीतिक दर्शन अर्थहीन है। तार्किक प्रत्यक्षवाद के प्रमुख विचारकों में मॉरित्ज शिलक (1882-1936 ई.), रूडोल्फ कार्नेप, (1891-1970 ई.), ओटो वॉन न्यूराथ (1882-1945 ई.) आदि के नाम प्रमुख हैं।

नव-उदारवाद (Neo-liberalism) : नव-उदारवाद को 1980 ई. के दशक से प्रमुखता प्राप्त हुई। यह मुख्यत: आर्थिक क्षेत्र से संबंधित है। बाजार की स्वतंत्रता का यह प्रबल पक्षधर है। इसकी मान्यता है कि स्वतंत्र बाजार के द्वारा संसाधनों का वितरण सर्वाधिक विवेकसंगत तरीके से होता है। इसलिए वही अर्थव्यवस्था श्रेष्ठ है जो बाजार की अधिकतम स्वतंत्रता पर आधारित होती है। नव-उदारवाद विभिन्न देशों के मध्य वस्तुओं और सेवाओं के स्वतंत्र आदान-प्रदान का प्रबल समर्थक है। इस प्रक्रिया को यह सरकार के नियंत्रण से मुक्त रखना चाहता है। इसलिए यह उदारीकरण और निजीकरण का समर्थक है। फ्रेडरिक अगस्त हैक (1899-1992 ई.), मिल्टन फ्राइडमेन (1912-2006 ई.), रॉबर्ट नॉजिक (1938-2002 ई.) आदि प्रमुख नव-उदारवादी विचारक हैं।

नव-मार्क्सवाद (Neo-Marxism)- नव-मार्क्सवाद कोई सुसंगत सिद्धांत नहीं है। यह मार्क्सवादी चिंतन की विभिन्न धाराओं का द्योतक है। इनके चिंतकों में एक सामान्य बात यह है कि वे सभी मार्क्सवाद की लेनिन, स्टालिन और माओ त्से-तुंग द्वारा की गई व्याख्याओं को अस्वीकार करते हैं। नव-मार्क्सवादी मार्क्सवाद को आधार और अधिरचना के ढाँचे में समझे जाने के विरोधी हैं। इन्होंने राजनीति, मानववाद, अलगाव, कला आदि से संबंधित मार्क्स के विचारों को अपने अध्ययन और शोध का विषय बनाया। इनके विषय तो नए हैं ही, इन्होंने

दूसरे विषयों की अध्ययन पद्धतियों का उपयोग भी किया। इन्होंने फ्रायड (1856-1939 ई.) के मनोविश्लेषण और भाषाविज्ञान की संरचनावाद जैसी पद्धतियों के माध्यम से मार्क्सवाद का अध्ययन किया। जॉर्ज लूकाच (1885-1971 ई.), ज्याँ पॉल सार्त्र (1905-1980 ई.), लुईस अल्थूसर (1918-1990 ई.), जी.ए. कोहेन (1941-2009 ई.) आदि प्रमुख नव-मार्क्सवादी विचारक हैं।

नव-वामपंथ (New-left) : नव-वामपंथ एक विचारधारा के साथ-साथ एक आंदोलन भी है। पहले रूप में यह सोवियत संघ की समाजवादी व्यवस्था के साथ-साथ पश्चिमी औद्योगिक समाज का कटु आलोचक है। यह व्यक्तिगत स्वतंत्रता, जन-सहभागिता और विकेंद्रीकरण पर बल देता है। नव-वामपंथ सभी संस्थाओं को लोकतांत्रिक बनाए जाने का प्रबल पक्षधर है। इसके समर्थकों ने नागरिक अधिकारों, महिलाओं से संबंधित मुद्दों, समलैंगिकों के अधिकारों, विश्वविद्यालयी शिक्षा आदि से जुड़ी समस्याओं के लिए आंदोलन किया। इनमें 1968 ई. में फ्रांस में छात्रों द्वारा किया गया आंदोलन सर्वाधिक महत्त्वपूर्ण माना जाता है। अमेरिकी विचारक हर्बर्ट मार्क्यूज (1898-1979 ई.) को नव-वामपंथ का जनक माना जाता है।

नव-सामाजिक आंदोलन (New-social movement) : नव-सामाजिक आंदोलन शब्द का प्रयोग विविध प्रकार के सामाजिक आंदोलनों की व्यवस्था के लिए किया जाता है। प्रारंभ में इस प्रकार के आंदोलन पश्चिम के औद्योगिक रूप से विकसित देशों में उभरे। लेकिन अब इनका विस्तार विकसित एवं विकासशील देशों में समान रूप से है। नव-सामाजिक आंदोलन पूर्व के सामाजिक आंदोलनों से भिन्न है। पहले के सामाजिक आंदोलनों में गरीबी, बेरोजगारी, मजदूरों की समस्याएँ आदि मुद्दों की प्रमुखता होती थी। नव-सामाजिक आंदोलनों के मुद्दे भिन्न हैं जैसे- पर्यावरण, लैंगिक समानता, समलैंगिकता, परमाणु ऊर्जा, मानवाधिकार आदि। इन आंदोलनों के तौर-तरीके भी पूर्ववर्ती सामाजिक आंदोलनों से भिन्न हैं। पहले के सामाजिक आंदोलनों में प्रायः राजनीतिक संगठनों की भूमिका महत्त्वपूर्ण होती थी इसके विपरीत नव-सामाजिक आंदोलनों में विभिन्न प्रकार के सामाजिक एवं राजनीतिक समूह शामिल होते हैं।

नागरिक समाज (Civil Society) - अंग्रेज़ी भाषा का शब्द, 'सिविल सोसायटी' का हिन्दी अनुवाद नागरिक या नागर समाज है। इस अवधारणा का प्रयोग ब्रिटेन के थॉमस हॉब्स (1588-1679 ई.) और जॉन लॉक (1632-1704 ई.) जैसे समझौतावादी विचारकों ने किया। बाद में जर्मन चिंतक हीगल (1770-1831 ई.) के दर्शन में यह विकसित हुआ। नव-मार्क्सवादी विचारक अंतोनियो ग्राम्शी (1891-1937 ई.) ने भी नागरिक समाज की अवधारणा का प्रयोग किया। इसके अर्थ को लेकर मतांतर है। मोटे तौर पर नागरिक समाज को राज्य से अलग सार्वजनिक क्षेत्र के रूप में देखा जाता है। इस क्षेत्र में व्यक्ति स्वेच्छा से दूसरों से साहचर्य स्थापित करता है। इससे विभिन्न प्रकार के संगठनों का निर्माण होता है। इन संगठनों में सदस्य ही संगठन के लक्ष्यों, नियमों और उसकी प्रक्रिया को तय करते हैं। इन विविध प्रकार के स्वैच्छिक संगठनों का जाल (Network) ही नागरिक समाज है। यह सार्वजनिक हितों से सरोकार रखता है, न कि निजी हितों से। नागरिक समाज एक ऐसा क्षेत्र है जिसके माध्यम से व्यक्ति राज्य या सरकार का विरोध कर सकते हैं।

नागरिक संस्कृति (Civic culture): नागरिक संस्कृति राजनीतिक संस्कृति का ही एक रूप है। इस संस्कृति में अधिकांश नागरिक राज्य की सत्ता को स्वीकार करते हैं, स्वेच्छा से कानून का पालन करते हैं तथा अपने अन्य दायित्वों का निर्वाह करते हैं। अपनी सरकार के प्रति नागरिकों के मन में यह विश्वास होता है कि सरकार जन हितैषी है। नागरिक संस्कृति की अवधारणा को व्यवस्थित रूप से प्रस्तुत करने का श्रेय अमेरिकी विद्वान गेब्रियल आमंड (1911-2002 ई.) और सिडनी वर्बा (1932-2019 ई.) को है। उन्होंने 1963 ई. में प्रकाशित अपनी पुस्तक, *दि सिविक कल्चर* में नागरिक संस्कृति की अवधारणा को प्रस्तुत किया। पुनः 1980 ई. में प्रकाशित पुस्तक, *दि सिविक कल्चर रीविजिटेड* में उन्होंने इसे पुनर्जीवित किया।

नारीवाद (Feminism) : नारीवाद एक विचारधारा के साथ-साथ आंदोलन भी है। एक विचारधारा के रूप में यह नारियों की पुरुषों से निम्न स्थिति और उनके शोषण को प्रमुख मुद्दा बनाता है। इसके साथ ही यह सामाजिक, कानूनी, राजनीतिक और आर्थिक क्षेत्र में नारियों को पुरुषों के समान अधिकार प्रदान किए जाने का प्रबल पक्षधर है। उन्नीसवीं सदी के उत्तरार्द्ध में मताधिकार के लिए नारीवादी आंदोलन हुए। बाद में चलकर नारीवाद ने पितृसत्ता और परिवार में महिलाओं की निम्न स्थिति को प्रमुखता दी और समाज को आमूल रूप से बदल देने का पक्ष लिया। नारीवादी चिंतकों में मेरी वोल्स्टनक्राफ्ट (1759-97 ई.), मारिया स्टीवर्ट (1803-79 ई.), इवा फाइग्स (1932-2012 ई.), केट मिलेट (1934-2017 ई.), जरमैन ग्रीर (1939 ई.-), जूलियट मिशेल (1940 ई.-), शुल्मीथ फायरस्टोन (1945-2012 ई.) आदि के नाम प्रमुख हैं।

पारिस्थितिकीवाद (Ecologism) : एक विचारधारा के रूप में पारिस्थितिकीवाद मनुष्य और प्रकृति के मध्य संबंध के प्रश्न को सर्वाधिक महत्त्वपूर्ण मुद्दा मानता है। इसके विचार में आधुनिक सभ्यता में मनुष्य और प्रकृति के मध्य विपरीत संबंध विकसित हुए। मनुष्य को प्रकृति का स्वामी समझा गया। पारिस्थितिकीवाद मनुष्य और प्रकृति के संबंध को नए रूप में विकसित करना चाहता है। मनुष्य जैविक और गैर-जैविक समुदाय का सदस्य है। प्रकृति और अन्य जीवों के साथ उसका समरस संबंध होना चाहिए। पारिस्थितिकीवाद बहु-उत्पादन और बहु-उपभोग पर आधारित उद्योगवाद का कटु आलोचक है। यह उपभोग पर स्वैच्छिक नियंत्रण, जनसंख्या में कमी, उर्जा की कम खपत आदि का प्रस्ताव करता है। यह मनुष्य की पारिस्थितिकीय चेतना और वस्तुओं के प्राकृतिक मूल्य पर बल देता है। पारिस्थितिकीवाद को विकसित करने में रचेल कार्सन (1907-1964 ई.), फ्रेडरिक शुमाकर (1911-1977 ई.), अर्ने नैस (1912-2009 ई.), जेम्स लवलॉक (1919 ई.-), केरोलिन मर्चेंट (1936 ई.-), राबर्ट गूडिन (1950 ई.-) आदि का योगदान महत्त्वपूर्ण माना जाता है।

पितृसत्ता (Patriarchy) : पितृसत्ता का शाब्दिक अर्थ है- पिता की सत्ता या उसका शासन। इस अर्थ में पितृसत्ता परिवार पर पिता का नियंत्रण है। नारीवादियों के लिए इसका व्यापक अर्थ है। उनके लिए पितृसत्ता का मतलब सार्वजनिक जीवन के सभी क्षेत्रों और सभी सामाजिक-राजनीतिक संस्थाओं में पुरुषों के आधिपत्य से है। इस प्रकार यह पूरे समाज के लैंगिक संबंधों को प्रदर्शित करता है जिनमें पुरुषों का वर्चस्व है।

पूँजीवाद (Capitalism) **:** सामान्यत: पूँजीवाद उस आर्थिक तंत्र को कहा जाता है जिसमें उत्पादन के साधनों पर निजी स्वामित्व होता है। इसमें उत्पादन निजी मुनाफे के लिए किया जाता है। इसी उद्देश्य से उत्पादन में धन का निवेश होता है। पूँजीवाद में उत्पादन प्रक्रिया बाजार-व्यवस्था से संचालित होती है। राज्य के नियंत्रण से मुक्त (कम या अधिक) और प्रतियोगी बाजार पूँजीवाद के लिए आवश्यक माना जाता है। बाजार माँग और पूर्ति के नियम से संचालित होता है। यही यह तय करता है कि किस वस्तु का और कितनी मात्रा में उत्पादन किया जाए। इसलिए पूँजीवाद में उत्पादन बाजार-व्यवस्था की माँग और पूर्ति की सापेक्षिक शक्ति के आधार पर निर्धारित और संचालित होता है। पूँजीवाद औद्योगिक क्रांति के परिणाम-स्वरूप विकसित हुआ।

प्रत्यक्षवाद (Positivism) **:** प्रत्यक्षवाद की शुरुआत फ्रांसीसी चिंतक संत साइमन के विचारों से होती है। लेकिन इसको व्यवस्थित रूप देने का श्रेय फ्रांस के ही विचारक और समाजशास्त्र के जनक अगस्त काम्ते (1798-1857 ई.) को जाता है। प्रत्यक्षवाद का अर्थ है-उसी के अस्तित्व को स्वीकार करना जिसका अवलोकन हो सके। इसी आधार पर प्रत्यक्षवाद मानव व्यवहार को एक तथ्य के रूप में देखता है। इसका अध्ययन आनुभविक तरीके से संभव है। इस प्रकार प्रत्यक्षवाद समाज और राजनीति के अध्ययन में वैज्ञानिक पद्धति के प्रयोग और उसके द्वारा वैज्ञानिक सिद्धांतों के निर्माण का प्रबल पक्षधर है। इसलिए यह सामाजिक विज्ञानों में मूल्य संबंधी निर्णयों (क्या होना चाहिए ?) को कोई स्थान नहीं देना चाहता क्योंकि मूल्यों का इन्द्रियानुभव से सत्यापन नहीं हो सकता। प्रत्यक्षवाद का पूरा ध्यान मानव व्यवहार की व्याख्या पर है। उसके मूल्यांकन से इसका कोई संबंध नहीं है।

फासीवाद (Fascism) **:** फासीवाद की उत्पत्ति इटालियन भाषा के शब्द 'फैसियो' (Fascio) से हुई है जिसका अर्थ होता है- लकड़ी का गट्ठा। प्राचीन रोम का राजकीय चिह्न गट्ठा और कुल्हाड़ी थे। पहला एकता का प्रतीक था तो दूसरा राज्य की शक्ति का। एक विचारधारा और आंदोलन के रूप में फासीवाद 1920 ई. के दशक में विकसित हुआ जब इटली में मुसोलिनी के नेतृत्व में फासीवादी शासन-व्यवस्था (1922 ई.) की स्थापना हुई। फासीवाद बुद्धिवाद, लोकतंत्र और व्यक्तिगत स्वतंत्रता का घोर विरोधी है। यह उग्र राष्ट्रवाद, युद्ध और हिंसा में विश्वास करता है। यह नेतृत्व और जनता द्वारा उसके अनुसरण पर बल देता है। फासीवाद तानाशाही राज्य का प्रबल पक्षधर है जिसका व्यक्ति के संपूर्ण जीवन पर नियंत्रण होता है। मुसोलिनी का कथन था-"राज्य के भीतर सब कुछ, राज्य के बाहर कुछ नहीं, राज्य के विरुद्ध कुछ भी नहीं।"

बहुसंस्कृतिवाद (Multiculturalism) **:** एक सिद्धांत के रूप बहुसंस्कृतिवाद 1980 ई. के दशक में विकसित हुआ। आज अधिकांश देशों में विभिन्न संस्कृतियों के लोग रहते हैं। बहुसंस्कृतिवाद इस सांस्कृतिक विविधता पर हमारा ध्यान आकृष्ट करता है। यह इस विविधता को नकारात्मक नहीं मानता। बहुसंस्कृतिवाद उदारवाद का आलोचक है क्योंकि उसमें व्यक्ति की सांस्कृतिक पहचान की कोई जगह नहीं है। इसी प्रकार यह उदारवादी लोकतांत्रिक देशों में नागरिकता, भाषा और शिक्षा के क्षेत्र में अल्पसंख्यकों की संस्कृति के प्रति भेदभाव को सामने लाता है। यह सभी संस्कृतियों, विशेषकर अल्पसंख्यकों की संस्कृति

को सार्वजनिक जीवन में पर्याप्त सम्मान एवं बराबरी देने का प्रबल पक्षधर है। चार्ल्स टेलर (1931 ई.-), भीखू पारिख (1935 ई.-) और विल किमलिका (1962 ई.-) प्रमुख बहुसंस्कृतिवादी विचारक माने जाते हैं।

भूमंडलीकरण (Globalisation) : मुख्य रूप से भूमंडलीकरण एक प्रक्रिया है जिसमें राष्ट्रीय सीमाओं के परे विभिन्न राष्ट्रों के बीच आर्थिक, राजनीतिक और सांस्कृतिक अंतर्संबंध विकसित हुए हैं। इसके फलस्वरूप सभी राष्ट्र इन क्षेत्रों में परस्पर संबंधित और परस्पर निर्भर हो गए हैं। इसलिए 'भूमंडलीय गाँव' की संज्ञा प्रचलन में आ गई है। भूमंडलीकरण में कम्प्यूटर, इंटरनेट और अन्य संचार माध्यमों का महत्त्वपूर्ण योगदान है। आर्थिक क्षेत्र में भूमंडलीकरण श्रम, पूँजी, वस्तुओं और सेवाओं के व्यापार का अंतर्राष्ट्रीयकरण है। यह विभिन्न देशों की अर्थव्यवस्थाओं को एक-दूसरे से जोड़ता है। इसके राजनीतिक परिणाम भी हैं। इस प्रक्रिया में विभिन्न देशों के मध्य राजनीतिक संबंधों का विस्तार हुआ है। उनमें परस्पर निर्भरता बढ़ी है। इसके परिणामस्वरूप राष्ट्रों की प्रादेशिक सीमाएँ अप्रासंगिक हो गई हैं। राष्ट्र-राज्य की संप्रभुता में कमी आई है क्योंकि आर्थिक मामलों में किसी देश की सरकार अकेले निर्णय नहीं ले सकती। प्रत्येक राष्ट्र को बहुपक्षीय आर्थिक समझौते की शर्तों का पालन करना पड़ता है। भूमंडलीकरण विभिन्न संस्कृतियों को भी आपस में जोड़ता है। इस प्रक्रिया में आंग्ल-अमेरिकी जीवन शैली का विश्वव्यापी प्रसार हुआ। अंग्रेजी भाषा के महत्त्व में वृद्धि हुई। अनेक भाषाएँ लुप्त हो गईं। इंटरनेट जैसे संचार माध्यमों का महत्त्व अत्यंत बढ़ गया है। कुछ विद्वानों के अनुसार भूमंडलीकरण एक विचारधारा भी है जो उदार आर्थिक नीतियों और विश्व स्तर पर बाजारों के एकीकरण को उपयुक्त मानती है। इसके समर्थक विचारकों का मानना है कि यह प्रक्रिया अवश्यंभावी है। यह रुक नहीं सकती। इसका कोई विकल्प नहीं। हालाँकि इधर के वर्षों में कई देशों, विशेषकर अमेरिका द्वारा व्यापार पर सीमा शुल्क बढ़ाने और उस पर प्रतिबंध लगाने तथा अप्रवासियों के आगमन पर रोक लगाने के कारण भूमंडलीकरण की प्रक्रिया को धक्का लगा है।

मार्क्सवाद (Marxism) : मार्क्सवाद सामाजिक परिवर्तन का सिद्धांत है और यह उसके लिए एक क्रांतिकारी कार्ययोजना प्रस्तुत करता है। इसमें सिद्धांत और व्यवहार, समाज को समझना और बदलना, एक-दूसरे से जुड़े हैं। मार्क्सवाद मूलत: कार्ल मार्क्स (1818-1883 ई.) के विचारों और सिद्धांतों पर आधारित है। यह पूँजीवाद को समझने में अत्यंत कारगर है। व्यवहार में भी यह मार्क्स के द्वारा प्रतिपादित मजदूर वर्ग के नेतृत्व में सर्वहारा वर्ग की क्रांति में विश्वास करता है। मार्क्सवाद पूँजीवादी व्यवस्था को समझने और उसको बदल देने का दावा करता है। इसका यह भी दावा है कि इसके सिद्धांत वैज्ञानिक हैं क्योंकि वे अनुभवसिद्ध हैं। दूसरी ओर यह शोषण से मुक्त, स्वतंत्रता और समानता पर आधारित तथा राज्य एवं वर्गविहीन समाज का स्वप्न भी हमारे सामने रखता है। बाद में चलकर बहुत सारे विचारकों द्वारा मार्क्सवाद की विभिन्न व्याख्याएँ की गईं। इनके फलस्वरूप मार्क्सवाद के सिद्धांत और व्यवहार का स्वरूप विविध हो गया। उदाहरण के लिए लेनिन (1870-1924 ई.) ने रूस की परिस्थितियों को ध्यान में रखते हुए मार्क्सवाद की व्याख्या और क्रांति की रणनीति तैयार की। चीन के संबंध में यही कार्य माओ त्से-तुंग (1893-1976 ई.) द्वारा किया गया।

जॉर्ज लूकाच (1885-1971 ई.), ज्याँ पॉल सार्त्र (1905-1980 ई.), लुईस अल्थूसर (1918-1990 ई.), जी.ए. कोहेन (1941-2009 ई.) आदि कई पश्चिमी विचारकों ने अपने तरीके से मार्क्सवाद की व्याख्या की।

मानववाद (Humanism) : मानववाद एक दृष्टिकोण और विचार-प्रणाली है। प्रमुख तौर पर यह यूरोप में पुनर्ज़ागरण काल में उभरा। हालाँकि इसकी जड़ें यूनान के सोफिस्ट चिंतकों में पाई जाती हैं। मानववाद के केंद्र में ईश्वर की बजाय मनुष्य है। वह सभी चीजों का मापदंड है। इसलिए मानववाद के अनुसार मानवीय आवश्यकताओं और आकांक्षाओं की संतुष्टि सर्वोच्च नैतिक लक्ष्य है।

राजनीतिक सिद्धांत (Political theory) : सामान्य तौर पर राजनीतिक सिद्धांत को राजनीति का व्यवस्थित ज्ञान माना जाता है। यह सार्वजनिक जीवन में शक्ति से संबंधित विभिन्न तर्कों, अवधारणाओं तथा सामान्य निष्कर्षों पर आधारित होता है। हालाँकि नारीवादी चिंतकों की दृष्टि में परिवार जैसी निजी संस्था भी राजनीतिक है। राजनीतिक सिद्धांत राजनीतिक गतिविधियों, घटनाओं, विभिन्न राजनीतिक संस्थाओं के क्रियाकलापों आदि को सही तरीके से समझने और उनके संबंध में सामान्य निष्कर्ष तक पहुँचने का प्रयास करता है। इस रूप में राजनीतिक सिद्धांत व्याख्यात्मक है। इसके अतिरिक्त राजनीतिक सिद्धांत स्वतंत्रता, समानता, न्याय जैसी अवधारणाओं को स्पष्ट करता है। इसके साथ ही यह सर्वश्रेष्ठ शासन-व्यवस्था की खोज करता है। इस रूप में यह आदर्शात्मक है। व्यवहारवादियों ने इसके लिए राजनीतिक दर्शन या राजनीतिक सिद्धांत की शब्दावली का प्रयोग करना प्रारंभ किया और राजनीतिक सिद्धांत के व्याख्यात्मक रूप के लिए राजनीति विज्ञान शब्द को लोकप्रिय बना दिया। राजनीति विज्ञान व्याख्यात्मक तथा आनुभविक है जबकि राजनीतिक दर्शन (राजनीतिक सिद्धांत) मूल्यांकनपरक (Evaluative) तथा आदर्शात्मक या मानकीय (Normative) है। इस संबंध में सही दृष्टिकोण यही हो सकता है कि राजनीतिक सिद्धांत के ये दोनों पहलू एक-दूसरे में समाए हुए हैं क्योंकि राजनीति के अध्ययन में व्याख्या और मूल्यांकन साथ-साथ चलते हैं। राजनीतिक सिद्धांत राजनीतिक यथार्थ और आदर्श दोनों से संबंधित है। इसलिए राजनीतिक सिद्धांत में राजनीतिक दर्शन और राजनीति विज्ञान, दोनों शामिल हैं।

राष्ट्रवाद (Nationalism) : राष्ट्रवाद एक राष्ट्र और उसके हितों के प्रति भावनात्मक लगाव है। इसका यह विश्वास है कि राष्ट्र राजनीतिक संगठन का केंद्रीय विचार है। इसकी दृष्टि में राष्ट्र राजनीतिक सत्ता या शासन की सर्वाधिक उपयुक्त और वैध इकाई है। लेकिन एक विचारधारा के रूप में राष्ट्रवाद जटिल है । उदाहरण के लिए राष्ट्र और राज्य में अंतरसंबंधी जटिलता है। राज्य एक राजनीतिक सत्ता है जिसकी एक निश्चित प्रादेशिक सीमा होती है। दूसरी ओर राष्ट्र सीमाओं के परे भी हो सकता है क्योंकि यह किसी समुदाय के साथ अपनत्व की भावना है। दूसरी ओर यह दूसरे समुदायों से पृथक होने का भी विचार है। राष्ट्रवाद व्यक्ति से अपने राष्ट्र के प्रति निष्ठा रखने की माँग करता है। इसके अनुसार राष्ट्र का हित सर्वोपरि है। यही कारण है कि कभी-कभी राष्ट्रवाद विश्व शांति के लिए खतरा बन जाता है।

राष्ट्र-राज्य (Nation-State) : राष्ट्र-राज्य की अवधारणा में राष्ट्र और राज्य का संयोजन है। राष्ट्र एक समुदाय है जिसमें लोग एक-दूसरे के साथ साझा मूल्यों और परंपराओं के आधार पर जुड़े होते हैं। यह जुड़ाव मनोवैज्ञानिक है। इसके आधार भाषा, धर्म, इतिहास आदि हो सकते हैं। राज्य एक निश्चित भू-भाग के अंतर्गत सर्वोच्च बाध्यकारी शक्ति (संप्रभुता) रखता है। उसके द्वारा उस भू-भाग में रहने वाले निवासी शासित होते हैं। निवासी राज्य के प्रति निष्ठा रखते हैं और उसके कानूनों का पालन करते हैं। राज्य के सदस्य के रूप में व्यक्ति को कानूनी मान्यता मिलती है जो नागरिकता कहलाती है। जब एक राष्ट्र के लोग एक ही संप्रभु शक्ति के अधीन होते हैं तो उसे राष्ट्र-राज्य कहा जाता है। इस प्रकार राष्ट्रीयता और नागरिकता एक-दूसरे के अनुरूप हो जाती है।

राष्ट्रीय समाजवाद (National socialism) : राष्ट्रीय समाजवाद को नाजीवाद कहा जाता है। नाजीवाद जर्मनी की नाजी (नेशनल सोशलिस्ट जर्मन वर्कर्स पार्टी का संक्षिप्त रूप) पार्टी की विचारधारा है। इसे फासीवाद का ही एक रूप माना जाता है। 1933 ई. में हिटलर के नेतृत्व में नाजी पार्टी जर्मनी में सत्तारूढ़ हुई। नाजीवाद लोकतंत्र का घोर विरोधी और तानाशाही शासन-व्यवस्था का प्रबल पक्षधर है। इसका आधार उग्र राष्ट्रवाद और नस्लवाद (racialism) है। यह आर्य नस्ल की श्रेष्ठता में विश्वास करता है।

लोककल्याणकारी राज्य (Welfare State) : लोककल्याणकारी राज्य मूलत: राज्य के कार्यक्षेत्र से संबंधित है। यह स्वतंत्र प्रतियोगिता पर आधारित पूँजीवादी व्यवस्था के दोषों को दूर करने का प्रयास करना है ताकि गरीबों और कमजोर वर्गों के हितों की रक्षा हो सके। इसके लिए यह न्यूनतम मजदूरी, काम के घंटे और न्यूनतम कीमतों के निर्धारण जैसे उपायों द्वारा अर्थव्यवस्था का नियमन करता है। लोक कल्याणकारी राज्य का उद्देश्य व्यक्तियों की बेरोजगारी, गरीबी, महामारी जैसी आपदाओं से रक्षा करना है। यह अपने नागरिकों के लिए बड़े पैमाने पर सामाजिक सेवाओं को उपलब्ध कराता है जैसे - शिक्षा, स्वास्थ्य, बेरोजगारी भत्ता, वृद्धावस्था पेंशन आदि। व्यापक अर्थ में यह सभी व्यक्तियों के लिए सम्मानपूर्ण जीवन स्तर बनाए रखने का प्रयास करता है। लोककल्याणकारी राज्य लोकतांत्रिक होता है।

लोकलुभावनवाद (Populism) : लोकलुभावनवाद कोई सुसंगत विचारधारा नहीं है। इसे किसी भी विचारधारा से जोड़ा जा सकता है। प्राय: उन आंदोलनों को लोकलुभावनवादी कहा जाता है जिनमें आम जनता को गोलबंद करने का प्रयास किया जाता है। इसके साथ ही लोकलुभावन आंदोलनों में समाज के प्रभावशाली तबके के प्रति अविश्वास की अभिव्यक्ति होती है। इन आंदोलनों के लिए एक करिश्माई नेतृत्व आवश्यक होता है। वह जनता से जुड़ाव पैदा करता है और जनता की आशाओं और आकांक्षाओं को अभिव्यक्त करता है। लोकलुभावनवाद इस विश्वास पर आधारित है कि राजनीतिक गतिविधियों को निर्देशित करने वाला मुख्य कारक जनता की आशा और भावना है।

वामपंथ (Left) : वाम या वामपंथ एक राजनीतिक दृष्टिकोण है। यह परिवर्तन और सुधार का पक्षधर है। इस शब्द के चलन का एक ऐतिहासिक परिप्रेक्ष्य है। फ्रांस की क्रांति (1789 ई.)

के दौरान जब एसेम्बली की बैठक हुई तो राजा और परपंरागत सामाजिक व्यवस्था के समर्थक लोग राजा के दायें बाजू की ओर बैठे जबकि उनके विरोधी और परिवर्तन के समर्थक बाँयी ओर। तभी से वामपंथ और दक्षिणपंथ की शब्दावली प्रयोग की जाने लगी। मोटे तौर पर वामपंथ समानता पर आधारित समाज का पक्षधर है। इसके लिए यह सुधार या क्रांति के द्वारा समाज को बदलना चाहता है। समानता के अतिरिक्त, मजदूर वर्ग का समर्थन, उत्पादन के साधनों पर सामूहिक स्वामित्व या उन पर राज्य का नियंत्रण, विशेषाधिकार का विरोध, सरकार में जनसहभागिता का पक्षधर, सुधार या क्रांति के द्वारा समानता और स्वतंत्रता पर आधारित समाज के निर्माण में विश्वास आदि वामपंथ की विशेषताएँ कही जा सकती हैं। लेकिन वामपंथियों के मध्य इन पर वैचारिक भिन्नताएँ हैं।

विचारधारा (Ideology) : सामान्य अर्थ में विचारधारा विचारों और विश्वासों का पुंज है। यह दुनिया को देखने का एक दृष्टिकोण भी है। इसमें एक अच्छे समाज की धारणा होती है जिसमें विचारधारा के मानने वाले लोगों का विश्वास होता है। वह वर्तमान समाज भी हो सकता है और भविष्य का भी। इसके साथ ही यह अपनी पसंद के समाज को बनाने या बनाए रखने के लिए एक व्यावहारिक कार्ययोजना भी प्रस्तुत करती है। इस प्रकार विचारधारा में विश्वास, विचार और क्रिया का संयोजन होता है। विचारधारा का उद्देश्य वर्तमान व्यवस्था को बनाए रखना, या उसका सुधार करना भी हो सकता है और उसे पूरी तौर बदलकर नई व्यवस्था का निर्माण भी। हालाँकि विचारधारा का प्रयोग नकारात्मक अर्थ में भी होता है। इस अर्थ में विचारधारा किसी व्यक्ति या समूह के हितों पर आवरण के रूप में कार्य करती है। मार्क्स ने विचारधारा को 'मिथ्या चेतना' (False consciousness) की संज्ञा दी जो पूँजीवादी व्यवस्था की भ्रामक तस्वीर प्रस्तुत करती है।

व्यक्तिवाद (Individualism) : व्यक्तिवाद परिवार, समाज, समुदाय या किसी अन्य सामूहिक निकाय की तुलना में व्यक्ति को सर्वोच्च महत्त्व देता है। व्यक्ति विवकेशील और स्वतंत्र है। एक व्यक्ति के रूप में उसकी अपनी विशिष्ट पहचान है, न कि किसी परिवार या समुदाय के सदस्य के रूप में। वह अपने हितों को समझता है और उनकी पूर्ति का प्रयास करता है। समाज स्वतंत्र व्यक्तियों का संकलन मात्र है। व्यक्तिवाद के अनुसार समाज का स्वरूप अणुवादी (atomistic) है जिसमें प्रत्येक व्यक्ति अपनी स्वतंत्र पहचान के साथ अपना अस्तित्व बनाए हुए है। राज्य के प्रति व्यक्तिवाद का दृष्टिकोण इन्हीं विचारों पर आधारित है। व्यक्ति साध्य है। राज्य का कार्य और उसका औचित्य इसी में है कि वह व्यक्ति के अधिकारों का संरक्षण करे। इसलिए व्यक्तिवाद राज्य के सीमित कार्यक्षेत्र का समर्थक है। बाहरी आक्रमण से रक्षा, आंतरिक शांति और व्यवस्था बनाए रखना तथा इन कार्यों के लिए कर संग्रह राज्य के न्यायोचित कार्य हैं। उसकी भूमिका पुलिस या रात्रि के पहरेदार की है। व्यक्तिवाद निजी संपत्ति और अर्थव्यवस्था में राज्य के अहस्तक्षेप (laissez faire) का समर्थन करता है। यह उदारवाद का एक रूप है। जॉन लॉक (1632–1704 ई.), एडम स्मिथ (1723–1790 ई.), जेरेमी बेंथम (1748–1832 ई.), हर्बर्ट स्पेन्सर (1820–1903 ई.), जे.एस. मिल (1806–1873 ई.) आदि प्रमुख व्यक्तिवादी विचारक हैं।

व्यवहारपरकवाद (Behaviourism) **और व्यवहारवाद** (Behaviouralism) : व्यवहारपरकवाद शब्द का प्रयोग अंग्रेज़ी के बिहेवियरिज्म और व्यवहारवाद का बिहेवियरलिज्म के लिए होता है। पहला मनोविज्ञान से संबंधित है तो दूसरा राजनीति विज्ञान से। एक मनोवैज्ञानिक सिद्धांत के रूप में व्यवहारपरकवाद (Behaviourism) मानवीय व्यवहार के वस्तुनिष्ठ अवलोकन पर बल देता है। मानवीय व्यवहार को यह बाहरी उद्दीपन (Stimuli) के प्रति अनुक्रिया के रूप में समझता है। इसका मानना है कि मानव मस्तिष्क मानवीय व्यवहार के अतिरिक्त कुछ भी नहीं है। इसका अवलोकन और मापन संभव है। राजनीति विज्ञान के व्यवहारवादी (Behaviouralism) पर मनोविज्ञान के व्यवहारपरकवाद का प्रभाव अवश्य है। लेकिन यह मानव व्यवहार को केवल उद्दीपन और उसकी अनुक्रिया के रूप में नहीं देखता। इसका मानना है कि मानवीय व्यवहार में मनुष्य की सोच की महत्त्वपूर्ण भूमिका होती है। राजनीति विज्ञान के व्यवहारवाद का कोई निश्चित अर्थ बताना कठिन है। यह एक बौद्धिक प्रवृत्ति, शोध की एक दृष्टि और एक आंदोलन माना जाता है। इन बिंदुओं पर भी व्यवहारवादियों में मतैक्य नहीं है। व्यवहारवाद मनुष्य के राजनीतिक व्यवहार को अध्ययन की इकाई मानता है। उसका अध्ययन वैज्ञानिक पद्धति से हो सकता है। उनसे संबंधित निष्कर्षों को परिमाणात्मक रूप से प्रस्तुत किया जा सकता है। उन निष्कर्षों का सत्यापन संभव है। अंततः राजनीति के संबंध में वैज्ञानिक सिद्धांतों का निर्माण हो सकता है। व्यवहारवाद प्राकृतिक विज्ञानों की तर्ज पर 'राजनीति के विज्ञान' (Science of politics) को विकसित करने का पक्षधर है। चार्ल्स मेरियम (1874–1953 ई.), हेराल्ड लासवेल (1902–1978 ई.), डेविड ईस्टन (1917–2014 ई.), हर्बर्ट साइमन (1916-2001 ई.), ग्रेबियल आमंड (1911–2002 ई.) आदि व्यवहारवाद के प्रमुख समर्थक हैं।

शक्ति (Power) : शक्ति राजनीति विज्ञान का केंद्र बिंदु है। शक्ति एक प्रकार की क्षमता है जो दूसरों से मनचाहा काम करवा लेती है। इसके अभाव में वे ऐसा नहीं करते। यह सहमति अथवा बाध्यता पर आधारित हो सकती है। इसमें पुरस्कार और दंड निहित होते हैं। इस प्रकार शक्ति संबंध पर आधारित (relational) है। यह एक विशेष परिस्थिति या संदर्भ में काम करती है। इसलिए यह स्थितिजन्य (Situational) होती है। इसके साथ ही यह सापेक्ष होती है। जब इसे प्रयोग में लाया जाता है, तभी इसका अस्तित्व होता है। शक्ति और बल (Force) में अंतर किया जाता है। शक्ति बल के रूप में प्रगट होती है। इसलिए बल प्रगट शक्ति और शक्ति अप्रगट बल है। वैध (Legitimate) शक्ति सत्ता (Authority) कहलाती है।

शीत युद्ध (Cold War) : द्वितीय विश्व युद्ध के बाद दो महाशक्तियों का उदय हुआ– अमेरिका और सोवियत संघ। दोनों का उद्देश्य पूरे विश्व में अपने–अपने प्रभाव का विस्तार करना और दूसरे के प्रभाव को रोकना था। इसके लिए दोनों ने सैनिक गठबंधनों का निर्माण कर लिया था। इन दोनों के मध्य चलने वाली प्रतियोगिता और परस्पर विरोध को शीत युद्ध की संज्ञा दी गई। सर्वप्रथम इसका प्रयोग अमेरिकी राष्ट्रपति के वित्तीय सलाहकार बर्नार्ड बारूश (Barnard Baruch) ने 1947 ई. में किया। शीतयुद्ध न तो शांति की अवस्था थी और न ही युद्ध की स्थिति। यह अमेरिकी पूँजीवादी व्यवस्था और सोवियत संघ की समाजवादी व्यवस्था के मध्य संघर्ष था। इसमें विचारधारा और प्रचार के अस्त्र का उपयोग हो रहा था।

शीतयुद्ध के दौरान परमाणु अस्त्रों की संख्या में बेतहाशा वृद्धि हुई। इसके फलस्वरूप पूरी दुनिया महाविनाश के खतरे के साये में जी रही थी। सोवियत संघ के विघटन (1991 ई.) के बाद शीतयुद्ध समाप्त हो गया।

संरचनावाद (Structuralism) : संरचनावाद सर्वप्रथम भाषाविज्ञान में उभरा। इसकी उत्पत्ति भाषावैज्ञानिक फर्डिनेंड द सस्यूर (1857–1913 ई.) के व्याख्यानों के आधार पर हुई। हालाँकि इसका विकास फ्रांस में 1960 ई. के दशक में हुआ। इसी समय इसने एक बौद्धिक आंदोलन का रूप भी ग्रहण कर लिया। संरचनावाद यह मानता है कि सारे ज्ञान-विज्ञान का लेखन भाषा में ही होता है। अतः वे सभी भाषा मात्र हैं। इसलिए किसी विचार, अवधारणा या सिद्धांत का अर्थ भाषा की संरचना से निर्धारित होता है, संरचना विभिन्न भागों से बनी होती है। वे एकीकृत होते हैं। उनके बीच व्यवस्थित (Ordered) संबंध होते हैं। संरचनावाद समाज और राजनीति को संरचना के रूप में समझना चाहता है। इसका और इसकी पद्धति का प्रयोग राजनीतिक अध्ययन में भी होने लगा। लुईस अल्थूसर (1918–1990 ई.) द्वारा संरचनावाद के द्वारा मार्क्सवाद की व्याख्या इसका एक प्रमुख उदाहरण है। संरचनावाद इस बात पर बल देता है कि किसी व्यवस्था या संगठन की संरचना उसके सदस्यों (अंगों) के व्यवहार से ज्यादा महत्त्वपूर्ण है। व्यक्ति के व्यवहार का स्वतंत्र रूप से कोई अर्थ नहीं है। उसको एक-दूसरे के परस्पर संबंधों के रूप में ही समझा जा सकता है। संरचनावाद के विकास में इन विद्वानों का नाम विशेष रूप से आता है- क्लॉड लेवी स्ट्रास (1908–2009 ई.), जॉक लाकां (1901–1981 ई.), रोलां बार्थ (1915–1980 ई.) और लुईस अल्थूसर (1918–1990 ई.)।

समाजवाद (Socialism) : समाजवाद का निश्चित अर्थ बताना कठिन है। इसके कई अर्थ और कई रूप हैं। समाजवाद एक विचारधारा भी है और एक आंदोलन भी। विचारधारा के रूप में इसके राजनीतिक और आर्थिक पक्ष हैं जो परस्पर संबंधित हैं। समाजवाद एक ऐसे समाज की रूपरेखा प्रस्तुत करता है जो शोषण से रहित और समानता पर आधारित है। इस समाज में सभी मनुष्य अच्छा जीवन जीते हैं और सभी की बुनियादी आवश्यकताएँ एवं इच्छाएँ पूरी होती हैं। ऐसा इसलिए संभव हो पाता है कि उत्पादन के साधनों पर सामूहिक स्वामित्व होता है। इस प्रकार समाजवाद पूँजीवाद और निजी संपत्ति का विरोध करता है। मार्क्स के अनुसार समाजवाद पूँजीवाद के नष्ट होने के बाद की और साम्यवादी व्यवस्था के आगमन से पूर्व एक संक्रांतिकालीन अवस्था है जिसमें सर्वहारा वर्ग की तानाशाही होती है। समाजवादी समाज की प्रकृति और समाजवाद को साकार करने के साधनों पर पर्याप्त मतभेद हैं। कुछ लोग लोकतांत्रिक तरीके से समाजवादी व्यवस्था कायम करना चाहते हैं तो मार्क्स जैसे विचारक इसके लिए मजदूर वर्ग के नेतृत्व में क्रांति की आवश्यकता पर बल देते हैं। पुनः कुछ चिंतक समाजवादी व्यवस्था में उत्पादन, वितरण और विनिमय पर राज्य का नियंत्रण चाहते हैं तो कुछ समाजवादी उत्पादन के साधनों पर सामूहिक स्वामित्व की बात करते हैं। लेकिन इन भिन्नताओं के बावजूद यह सर्वमान्य है कि समाजवाद सामाजिक-आर्थिक समानता पर आधारित समाज का लक्ष्य सामने रखता है जिसमें व्यक्ति परस्पर सहयोग पर आधारित जीवन जीते हैं।

समाजीकरण (Socialisation) : समाजीकरण एक प्रक्रिया है। इसके माध्यम से व्यक्ति समाज के रीति-रिवाज, व्यवहार के प्रतिमान और सांस्कृतिक मूल्यों को सीखता है और उन्हें आत्मसात करता है। समाजीकरण के द्वारा व्यक्ति समाज में अपनी भूमिका निभाने के योग्य बनता है। यह प्रक्रिया मनुष्य के पूरे जीवन भर चलती है। परिवार, स्कूल विश्वविद्यालय, सामाजिक एव व्यावसायिक समूह, राजनीतिक संस्थाएँ आदि समाजीकरण के प्रमुख साधन हैं।

सत्तावाद (Authoritarianism) : सत्तावाद शासन की एक शैली (Style of govenment) है। इसमें शासक जनता से यह माँग करते हैं कि वह बगैर कोई प्रश्न किए शासकों की आज्ञा का पालन करती रहे। सत्तावाद इस विश्वास पर आधारित होता है कि नेताओं की बुद्धिमत्ता संशय से परे है और सामाजिक व्यवस्था को बनाए रखने के लिए आज्ञापालन आवश्यक और वांछनीय है। इसमें शासकों द्वारा जनता की प्राथमिकताओं और जनमत से कोई विशेष सरोकार नहीं रखा जाता है।

सर्वखंडनवाद (Nihilism) : सर्वखंडनवाद अंग्रेजी के 'निहिलिज्म' का हिंदी अनुवाद है। कुछ लोग इसके लिए शून्यवाद का भी प्रयोग करते हैं। यह कोई राजनीतिक सिद्धांत नहीं है। यह एक प्रकार का विश्वास है, मस्तिष्क की स्थिति (State of mind) है। यह 'कुछ भी नहीं' में विश्वास (Belief in nothing) करता है। इसका मानना है कि समाज झूठ पर आधारित है। इसलिए सभी नैतिक नियमों, मूल्यों, मानकों, राजनीतिक सिद्धांतों, धार्मिक एवं मानवतावादी विश्वासों का परित्याग कर देना आवश्यक है।

सर्वाधिकारवाद (Totalitarianism) : सर्वाधिकारवाद राज्य और शासन-व्यवस्था का एक रूप है। यह व्यक्ति के निजी जीवन और सामाजिक जीवन के हर पहलू को राज्य के दायरे में रखने का पक्षधर है। इस व्यवस्था में समाज के सभी संगठनों, मीडिया, शिक्षण संस्थाएँ, सांस्कृतिक संगठन आदि पर शासकों का नियंत्रण स्थापित होता है। किसी भी संस्था की स्वायत्तता नहीं रह जाती। व्यक्ति की स्वतंत्रता और अधिकार की कोई गुंजाइश नहीं बचती। सर्वाधिकारवाद राज्य का महिमामंडन करता है। इसके अनुसार राज्य ही सब कुछ और सर्वशक्तिमान है। इसलिए सर्वाधिकारवाद को प्रायः निरंकुशता और तानाशाही के समानार्थक समझा जाता है।

सामाजिक न्याय (Social justice) : व्यापक तौर पर सामाजिक न्याय का प्रयोग बीसवीं सदी में होने लगा। इसका कारण यह था कि लोकतांत्रिक शासन-व्यवस्था आर्थिक असमानता को दूर करने में विफल रही। सामाजिक न्याय के अर्थ के प्रश्न पर विद्वानों में मतभेद हैं। व्यापक अर्थ में यह एक ऐसी सामाजिक व्यवस्था कायम करने का पक्षधर है जो सभी के लिए उचित (Fair) और न्यायपूर्ण (Just) हो। इसमें संसाधनों का न्यायपूर्ण वितरण अंतर्निहित है। इसलिए सामाजिक न्याय वितरण का सिद्धांत या रूप है। यह लाभ, प्रतिष्ठा, आत्मसम्मान और आर्थिक संसाधनों के पुनर्वितरण की माँग करता है। इसके केंद्र में समाज का वंचित और कमजोर तबका है। इसलिए सामाजिक न्याय उनको विशेष संरक्षण और सुविधाएँ प्रदान करने का प्रबल समर्थन करता है। भारतीय संविधान में अनुसूचित जाति और जनजाति के लिए आरक्षण का प्रावधान सामाजिक न्याय की दिशा में एक महत्त्वपूर्ण कदम माना जाता है।

सामुदायिकवाद या समुदायवाद (Communitarianism) : सामुदायिकवाद (कुछ लोग समुदायवाद का प्रयोग करते हैं) की चर्चा 1980 ई. के दशक में प्रमुखता से होने लगी। यह उदारवाद का प्रखर आलोचक है। सामुदायिकवाद उदारवाद की व्यक्ति की उदारवादी अवधारणा को खारिज करता है। इसके अनुसार व्यक्ति की पहचान समुदाय से बनती है। समुदाय में जीते हुए ही वह मूल्यों को आत्मसात करता है और जीवन पद्धति का चुनाव करता है। सामुदायिकवाद औद्योगिक रूप से विकसित समाजों में व्यक्ति के अकेलेपन, मादक द्रव्यों के उपयोग, अपराध, तलाक, आत्महत्या आदि समस्याओं पर अपना ध्यान केंद्रित करता है। इसका मानना है कि इन समस्याओं का समाधान आधुनिक समाज में समुदाय को पुनर्जीवित करना है। व्यक्ति सामुदायिक बंधन को महसूस करे, उसमें सामुदायिक मूल्यों के प्रति लगाव हो और उसमें समुदाय के प्रति दायित्व बोध हो। यही कारगर समाधान है। अमेरिका में सामुदायिकवाद एक राजनीतिक आंदोलन के तौर पर भी पनपा। सामुदायिकवाद का पक्ष रखने वाले विचारकों में एम. सैंडेल (1953 ई. –), मैकिनटायरे (1929 ई. –),एम. वाल्जर (1935 ई. –) और चार्ल्स टेलर (1931 ई. –) के नाम प्रमुख हैं।

सापेक्षवाद (Relativism) : सापेक्षवाद का प्रयोग ज्ञान, नैतिकता और संस्कृति के संदर्भ में प्रमुखता से होता है। यह प्रत्येक ज्ञान को समय और स्थान के सापेक्ष मानता है। उसकी सत्यता इन्हीं संदर्भों में होती है। इसी प्रकार इसका मानना है कि कोई भी नैतिक मूल्य और आदर्श सार्वभौम रूप से वैध नहीं हो सकता। उसकी वैधता विशिष्ट सामाजिक और ऐतिहासिक स्थितियों में ही होती है। सांस्कृतिक क्षेत्र में सापेक्षवाद का आशय है कि विशिष्ट विश्वास और प्रचलन एक विशिष्ट सांस्कृतिक संदर्भ में अर्थ ग्रहण करता है। इन्हें दूसरी संस्कृति में प्रतिरोपित नहीं किया जा सकता।

साम्यवाद (Communism) : साम्यवाद मूलतः मार्क्स के सिद्धांतों पर आधारित है जिसमें यह एक आदर्श समाज है। इसमें संपत्ति पर निजी स्वामित्व नहीं होता। उत्पादन के साधनों पर सामूहिक स्वामित्व होता है। साम्यवादी व्यवस्था राज्यविहीन और वर्गविहीन है। यह आर्थिक-सामाजिक समानता पर आधारित है जिसमें सभी व्यक्ति आपसी सहयोग और समरसता के साथ रहते हैं। लोग किसी तरह की सत्ता के बगैर सामुदायिक जीवन जीते हैं। मार्क्स के अनुसार साम्यवाद ऐतिहासिक विकास की अंतिम और सर्वश्रेष्ठ व्यवस्था है। दूसरे अर्थ में साम्यवाद एक क्रांतिकारी आंदोलन है जिसके द्वारा यह व्यवस्था निर्मित की जाती हैं। यह आंदोलन वर्ग संघर्ष है जिसका नेतृत्व मजदूर वर्ग के हाथों में होता है। इसके द्वारा पूँजीवादी व्यवस्था को नष्ट कर समाजवादी व्यवस्था कायम की जाती है जो विकसित होकर साम्यवादी व्यवस्था की ओर अग्रसर होती है।

सूचना-समाज (Information society) : सूचना-समाज की अवधारणा के सबसे प्रमुख प्रतिपादक डेनियल बेल हैं। उनका कहना है कि औद्योगिक रूप से अत्यंत विकसित (उत्तर-औद्योगिक) समाज सूचना–समाज है। यह समाज औद्योगिक समाज से भिन्न है। औद्योगिक समाज में वस्तुओं के उत्पादन की प्रमुखता होती है। लेकिन सूचना-समाज में सूचनाओं के उत्पादन, अर्जन और वितरण की प्रमुखता है। यह संचार क्रांति का परिणाम

है। इंटरनेट और कम्प्यूटर के कारण सूचनाओं का प्रवाह तीव्र है। यह भी तर्क दिया जाता है कि सूचना-समाज लोकतंत्र को समृद्ध करता है। सूचनाओं का प्रसार पूरे समाज में होता है। इसके फलस्वरूप लोग जागरूक और शिक्षित होते हैं। फ्रांसीसी समाजशास्त्री ज्याँ बॉड्रिलार्ड (1929-2007 ई.) सूचना–समाज की एक अलग तस्वीर प्रस्तुत करते हैं। उनके अनुसार सूचना-समाज में व्यक्ति की दुनिया संचार माध्यमों तक सिमट गई है। संचार माध्यमों का व्यक्ति के निजी जीवन में भी हस्तक्षेप होने लगा है। व्यक्ति अब स्वतंत्र कर्ता न होकर सूचनाओं का वाहक मात्र रह गया है।

स्वतंत्रतावाद (Libertarianism) : स्वतंत्रतावाद कोई स्वतंत्र विचारधारा नहीं है। यह उदारवाद का ही एक रूप है। यह व्यक्तिगत स्वतंत्रता को सर्वोच्च महत्त्व देता है। इसके अनुसार व्यक्ति अपने शरीर और श्रम का स्वामी स्वयं है। वह इनका उपयोग अपनी इच्छानुसार करने के लिए स्वतंत्र है। वह यह भी तय करने के लिए स्वतंत्र है कि वह कैसे जीना चाहता है? स्वतंत्रतावाद के अनुसार व्यक्तिगत स्वंतत्रता पर केवल एक ही न्यायोचित प्रतिबंध है। कोई व्यक्ति दूसरे की स्वतंत्रता का अतिक्रमण न करे। यह व्यक्ति के अधिकारों का प्रबल पक्षधर है। इसके अनुसार राज्य का कार्य उन अधिकारों की रक्षा करना है। इसके लिए स्वतंत्रतावाद राज्य के सीमित कार्यक्षेत्र का पक्षधर है। यह निजी संपत्ति तथा अर्थव्यवस्था को राज्य के नियंत्रण से मुक्त रखने का प्रबल पक्षधर है। यही कारण है कि यह समाजवाद की कटु आलोचना करता है। अर्थशास्त्री लुडविग वॉन माइजेज (1881-1973 ई.), फ्रेडरिक अगस्ट हैक (1899-1992 ई.), एयन रैंड (1905-1982 ई.), मिल्टन फ्राइडमैन (1912-2006 ई.), मरी रोथबार्ड (1929-1995 ई.), और राबर्ट नॉजिक (1938-2002 ई.) प्रमुख स्वतंत्रतावादी विचारक हैं। हाँलाकि इनमें काफी मत विभिन्नता है।

ज्ञानोदय (Enlightenment) : ज्ञानोदय पश्चिमी चिंतन के इतिहास की एक अवस्था है। यह मोटे तौर पर सत्रहवीं सदी के मध्य से और अठारहवीं सदी के अंत तक का काल है। ज्ञानोदय शब्द का प्रयोग इस काल में विकसित सिद्धांतों एवं विचारों के लिए किया जाता है। यह एक साथ विज्ञान, दर्शन, समाज और राजनीति सभी क्षेत्रों में घटित हुआ। ज्ञानोदय के केंद्र में मनुष्य की विवकेशीलता में विश्वास है। मनुष्य ने जब धर्म और धार्मिक संगठनों के नियंत्रण से मुक्त होकर सोचना प्रारंभ किया तो दुनिया बदलने लगी, धार्मिक मान्यताएँ ध्वस्त होने लगीं। ज्ञानोदय काल के चिंतन की परिणति फ्रांस की क्रांति में हुई। इस क्रांति ने परंपरा और पदसोपान पर आधारित सामाजिक-राजनीतिक व्यवस्था को खत्म कर दिया। उस व्यवस्था में राजा का शासन था, सामंतों के विशेषाधिकार थे और चर्च की राजनीतिक सत्ता थी। फ्रांस की क्रांति ने एक नई व्यवस्था की नींव रखी जो स्वतंत्रता, समानता और बंधुत्व पर आधारित थी। इसलिए ज्ञानोदय को उदारवाद और समाजवाद का पूर्ववर्ती माना जाता है।

परिशिष्ट–2

महत्त्वपूर्ण चिंतकों की सूची

अगस्त कॉम्ते	Auguste Comte
अंतोनियो ग्राम्शी	Antonio Gramsci
अंतोनियो लेब्रियोला	Antonio Labriola
अन्तोइने डेस्ट्ट दि ट्रेसी	Antoine Destutt De Tracy
अर्ने नैस	Arne Naess
अर्नेस्ट इजरा मैन्डेल	Ernest Ezra Mandel
अर्नेस्टो लैक्लाउ	Ernesto Laclau
अर्नोल्ड ब्रेख्त	Arnold Brecht
अमिटेई इट्जियोनी	Amitai Etzioni
अरस्तू	Aristotle
अल्फ्रेड कोबाँ	Alfred Cobban
अल्बर्ट कामू	Albert Camus
अलेक्सेन्द्रे कोजेव	Alexandre Kojeve
ओट्टो न्यूराथ	Otto Neurath
आर्थर केसलर	Arthur Koestler
आर.एफ. बेंटले	R.F. Bentley
इताइन बालीबार	Etienne Balibar
इमैनुअल कांट	Immanuel Kant
इवरॉन एम. किर्कपैट्रिक	Evron M. Kirkpatrick
इवा फाइग्स	Eva Figes
इसायाह बर्लिन	Isaiah Berlin
एडम स्मिथ	Adam Smith
एडमंड बर्क	Edmund Burke
एडवर्ड शिल्स	Edward Shils
ए.डी. लिंडसे	A.D. Lindsay
एम. वाल्जर	M. Walzer
एम. सैंडेल	M. Sandel
एम्मा गोल्डमान	Emma Goldman
एयन रैंड	Ayn Rand

एरिक वोगेलिन	Eric Voegelin
एरिक हॉब्सबाम	Eric Hobsbawm
एलेन ब्लूम	Allen Bloom
ऐलेसदायर मैकिनटायरे	Alasdair MacIntyre
एस.एम. लिपसेट	S. M. Lipset
एंड्रियू विन्सेंट	Andrew Vincent
एंड्रियू हेवुड	Andrew Heywood
एंड्रियू हैकर	Andrew Hacker
एंथनी डाउन्स	Anthony Downs
करोल पेटमैन	Carole Pateman
कार्ल कॉटस्की	Karl Kautsky
कार्ल जेरगर्स	Karl Jaspers
कार्ल डायच	Karl Deutch
कार्ल पॉपर	Karl Popper
कार्ल पोलन्यी	Karl Polanyi
कार्ल मार्क्स	Karl Marx
क्रिश्चियन बे	Christian Bay
केट मिलेट	Kate Millett
केरोल गिलिगन	Carol Gilligan
एलिजाबेथ कैडी स्टेन्टन	Elizabeth Cady Stanton
कैनेथ एरो	Kenneth Arrow
कैरोलिन मर्चेंट	Carolyn Merchant
क्लॉड लेवी स्ट्रास	Claude Levi-Strauss
क्वेन्टिन स्किनर	Quentin Skinner
गीटानी मोस्का	Gaetano Mosca
ग्राहम वालास	Graham Wallas
ग्रेबियल आमंड	Gabriel Almond
गैलीलियो	Galileo
गोर्डन टूलॉक	Gordon Tullock
गियर्गी प्लेखानोव	Georgi Plekhanov
ग्योर्गी लूकास	Gyorgy Lukacs
चान्टल मौफी	Chantal Mouffe
चार्ल्स टेलर	Charles Taylor
चार्ल्स फोरियर	Charles Fourier
चेन तु–हिसुई	Chen Tu-hsiu
चार्ल्स ई. मेरियम	Charles E. Merriam
जर्गेन हैबरमास	Jurgen Habermas

जरमैन ग्रीर	Germaine Greer
जॉक देरिदा	Jacques Derrida
जॉक लाकां	Jacques Lacan
जॉर्ज एच. सेबाइन	George H. Sabine
जॉर्ज कैटलिन	George Catlin
जॉर्ज विलहेम फ्रेडरिक हीगल	Georg Wilhelm Friedrich Hegel
जॉर्ज सोरेल	Georges Sorel
जॉर्ज बर्कले	George Berkeley
जॉन डन	John Dunn
जॉन डेवी	John Dewey
जॉन डब्लू. बर्गेस	John W. Burgess
जॉन प्लामनाज	John Plamentaz
जेम्स बर्नहम	James Burnham
जॉन यूरी	John Urry
जॉन रॉल्स	John Rawls
जॉन लॉक	John Locke
ज्याँ पॉल सार्त्र	Jean Paul Sartre
ज्याँ-फ्रांस्वा ल्योतार	Jean Francois Lyotard
ज्याँ बॉड्रिलार्ड	Jean Baudrillard
जिल डिल्यूज	Gilles Deleuze
जी.ए. कोहेन	G.A. Cohen
जीन जेकस रूसो	Jean-Jacques Rousseau
जूलियट मिशेल	Juliet Mitchell
जूलिया क्रिस्टेवा	Julia Kristeva
जे.एस. मिल	J.S. Mill
जे.जी.ए. पोकॉक	J.G.A. Pocock
जेम्स बुचानन	James Buchanan
जेम्स ब्राइस	James Bryce
जे. राज	J. Raz
जेरेमी बेंथम	Jeremy Bentham
जेम्स लवलॉक	James Lovelock
जोसेफ स्टालिन	Joseph Stalin
टी. एच. ग्रीन	T. H. Green
टेरी ईगल्टन	Terry Eagleton
डेनियल बेल	Daniel Bell
डेविड इमाइल दुर्खीम	David Emile Durkheim
डेविड ईस्टन	David Easton

डेविड ट्रूमैन	David Truman
डेविड मैक्लेलान	David McLellan
डेविड रिकार्डो	David Ricardo
डेविड ह्यूम	David Hume
डेविड हार्वे	David Harvey
डब्लू.डब्लू. विलोबी	W. W. Willoughby
थामस कून	Thomas Kuhn
थामस हॉब्स	Thomas Hobbes
थिओडोर डब्लू. एडॉर्नो	Theodor W. Adorno
थेल्स	Thales
थियोडोर ड्वाइट वूल्जे	Theodor Dwight Woolsey
दांते जरमीनो	Dante Germino
नोएम चोम्स्की	Noam Chomsky
निकोलो मैकियावेली	Niccolo Machiavelli
पॉल इर्लिक	Paul Ehrlich
पॉल लेजासफेल्ड	Paul Lazarsfeld
पीएरे जोसेफ प्रूधों	Pierre-Joseph Proudhon
पीटर क्रोपोटकिन	Peter Kropotkin
पीटर लैसलेट	Peter Laslett
प्लेटो	Plato
फ्रांसिस फुकुयामा	Francis Fukuyama
फ्रांसिस बेकन	Francis Bacon
फ्रांसिस लीबर	Francis Lieber
ज्याँ-फ्रांस्वा ल्योतार	Jean-Francois Lyotard
फ्टिजॉफ काप्रा	Fritjof Capra
फ्रेडरिक अगस्त हैक	Friedrich August Hayek
फ्रेडरिक एंगिल्स	Friedrich Engels
फ्रेडरिक जेम्सन	Fredric Jameson
फ्रेडरिक नीत्शे	Friedrich Nietzsche
फ्रेडरिक शुमाकर	Friedrich Schumacher
फ्रेंज न्यूमैन	Franz Neumann
बरट्रेंड डि जोवेनेल	Bertrand de Jouvenel
बर्टेंड रसेल	Bertrand Russell
बारुक स्पिनोजा	Baruch Spinoza
बेट्टी फ्रीडान	Betty Friedan
बैरी स्मार्ट	Barry Smart
भीखू पारेख	Bhikhu Parekh

मरी रोथबार्ड	Murray Rothbard
माओ त्से-तुंग	Mao Tse-tung
माइकेल ऑकशॉट	Michael Oakeshott
माइकेल ए. लेवोविट्ज	Michael A. Lebowitz
मार्क बेनी	Mark Benny
मार्टिन हायडेगर	Martin Heidegger
मारिया स्टीवर्ट	Maria Stewart
मारित्ज शिलक	Moritz Schlick
मार्सिलियो ऑफ पडुआ	Marsiglio of Padua
मांटेस्क्यू	Montesquieu
मिखाइल बाकुनिन	Mikhail Bakunin
मिल्टन फ्राइडमैन	Milton Friedman
मिशेल फूको	Michel Foucault
मेरी एस्टेल	Mary Astell
मेरी वॉल्स्टनक्राफ्ट	Mary Wollstonecraft
मैक्स वेबर	Max Weber
मैक्स स्टर्नर	Max Stirner
मैक्स हॉर्खीमर	Max Horkheimer
यूजीन मीहान	Eugene Meehan
रचेल कार्सन	Rachel Carson
राबर्ट ए. डाल	Robert A. Dahl
राबर्ट गूडिन	Robert Goodin
राबर्ट नॉजिक	Robert Nozick
राबर्ट मिचेल्स	Robert Michels
रूडोल्फ कार्नप	Rudolf Carnap
रेने देकार्त	Rene Descartes
रेमण्ड एरन	Raymond Aron
रोजा लक्ज़ेमबर्ग	Rosa Luxemburg
रोलेंड बार्थ	Roland Barthes
लॉरेंस लावेल	Lawrence Lowell
लियो स्ट्रॉस	Leo Strauss
लियॉन ट्रॉट्स्की	Leon Trotsky
ली ता-चाओ	Li Ta-chao
लुइस अल्थूसर	Louis Althusser
लुइस ब्लांकी	Louis Blanqui
लुडविग फायरबॉख	Ludwig Feuerbach
लुडविग वॉन माइजेज	Ludwig von Mises

लेजेक कोलाकोवस्की	Leszek Kolakowski
व्लादिमिर लेनिन	Vladimir Lenin
वाल्टर बेगहॉट	Walter Bagehot
विक्टर क्राफ्ट	Victor Kraft
विल किमलिका	Will Kymlicka
विलफ्रेडो परेटो	Vilfredo Pareto
विलियम ए. डनिंग	William A. Dunning
विलियम गॉडविन	William Godwin
वी.ओ. की	V. O. Key
वुडरो विल्सन	Woodrow Wilson
स्कॉट लैश	Scott Lash
शुल्मीथ फायरस्टोन	Shulamith Firestone
सिडनी वर्बा	Sidney Verba
सिडनी हुक	Sidney Hook
सिंगमंड फ्रायड	Sigmund Freud
सी.बी. मैकफरसन	C. B. Macpherson
सीमोन द बोउवार	Simone de Beauvoir
सेनेका	Seneca
सैमुअल पी. हटिंगटन	Samuel P. Huntington
सोरेन कीर्कगार्द	Soren Kierkegaard
संत थामस एक्विनाज	St. Thomas Aquinas
संत साइमन	Saint-Simon
हर्बर्ट मार्क्यूज	Herbert Marcuse
हर्बर्ट साइमन	Herbert Simon
हर्बर्ट स्पेन्सर	Herbert Spencer
हन्ना एरेंट	Hannah Arendt
हींज यूलाओ	Heinz Eulau
हेनरी डेविड थोरो	Henry David Thoreau
हेनरी लेफेब्रे	Henri Lefebvre
हेराल्ड डी. लासवेल	Herald D. Lasswell
हैडी हार्टमान	Heidi Hartmann
हैरियट टेलर	Harriet Taylor
हंस मार्गेन्थाउ	Hans Morgenthau

शब्द-अनुक्रमणिका